Third Edition

501

SPANISH VERBS

fully conjugated in all the tenses
in a new easy to learn format
alphabetically arranged

Third Edition

501

SPANISH VERBS

fully conjugated in all the tenses in a new easy to learn format
alphabetically arranged

Two new features added for TRAVELERS in Spain and other Spanish-speaking countries and regions of the world

by

Christopher Kendris

B.S., M.S., Columbia University
M.A., Ph.D., Northwestern University
Diplômé, Faculté des Lettres, Sorbonne

Formerly Assistant Professor
Department of French and Spanish
State University of New York
Albany, New York

BARRON'S EDUCATIONAL SERIES, INC.

About the Author

Dr. Kendris earned his B.S. and M.S. degrees at Columbia University in the City of New York, where he held a New York State Scholarship, and his M.A. and Ph.D. degrees at Northwestern University in Evanston, Illinois. He also earned two diplomas with *Mention Très Honorable* at the Université de Paris (en Sorbonne), Faculté des Lettres, Ecole Supérieure de Préparation et de Perfectionnement des Professeurs de Français à l'Etranger, and at the Institut de Phonétique, Paris.

Dr. Kendris has taught at the College of The University of Chicago as visiting summer lecturer and at Northwestern University, where he held a Teaching Assistantship and Tutorial Fellowship for four years. He has also taught at Colby College, Duke University, Rutgers—The State University of New Jersey, and the State University of New York at Albany. He was Chairman of the Foreign Languages Department at Farmingdale High School, Farmingdale, New York, where he was also a teacher of Spanish and French. He is the author of numerous school and college books, workbooks, and other language aids. Among his most popular works are *201* and *301 Spanish Verbs Fully Conjugated in All the Tenses* (with special new features), *201* and *301 French Verbs Fully Conjugated in All the Tenses* (with special new features), *How to Prepare for the College Board Achievement Test in Spanish, How to Prepare for the College Board Achievement Test in French, French Now!* for French Level One, and two workbooks: *Beginning to Write in Spanish* and *Beginning to Write in French,* all of which have been issued by this publisher.

Dr. Kendris has lived in France, Greece, and Germany and has traveled in Spain, Portugal, Canada, Belgium, England, Switzerland, and Italy. He is listed in *Contemporary Authors* and *Directory of American Scholars.*

In 1986 he was one of ninety-five American high school teachers of foreign languages across the United States who was honored with a Rockefeller Foundation Fellowship in a competition that included about 1,000 candidates. The Fellowship gave him the opportunity to study new teaching methods and techniques at the Pedagogical Institute of the International School of French Language and Civilization of the Alliance Française in Paris. He was one of only four winners in New York State.

Contents

Passive voice means that the action of the verb falls on the subject; in other words, the subject receives the action: *La ventana fue abierta por el ladrón*/The window was opened by the robber. Note that *abierta* (really a form of the past part. *abrir/ abierto*) is used as an adjective and it must agree in gender and number with the subject that it describes.

Active voice means that the subject performs the action and the subject is always stated: *El ladrón abrió la ventana*/The robber opened the window.

To form the true passive, use **ser** + the past part. of the verb you have in mind; the past part. then serves as an adjective and it must agree in gender and number with the subject that it describes. In the true passive, the agent (the doer) is always expressed with the prep. **por** in front of it. The formula for the true passive construction is: subject + tense of **ser** + past part. + **por** + the agent (the doer): *Estas composiciones fueron escritas por Juan*/These compositions were written by John.

The reflexive pronoun **se** may be used to substitute for the true passive voice construction. When you use the **se** construction, the subject is a thing (not a person) and the doer (agent) is not stated: *Aquí se habla español*/Spanish is spoken here; *Aquí se hablan español e inglés*/Spanish and English are spoken here; *Se venden libros en esta tienda*/Books are sold in this store.

There are a few standard idiomatic expressions that are commonly used with the pronoun **se**. These expressions are not truly passive, the pronoun **se** is not truly a reflexive pronoun, and the verb form is in the 3rd pers. sing. only. In this construction, there is no subject expressed; the subject is contained in the use of **se** + the 3rd pers. sing. of the verb at all times and the common translations into English are: it is . . . , people . . . , they . . . , one . . .

Se cree que . . . It is believed that . . . , people believe that . . . , they believe that . . . , one believes that . . .

Se cree que este criminal es culpable. It is believed that this criminal is guilty.

Se dice que . . . It is said that . . . , people say that . . . , they say that . . . , one says that . . . , you say . . .

Se dice que va a nevar esta noche. They say that it's going to snow tonight.
¿Cómo se dice en español "ice cream"? How do you say *ice cream* in Spanish?

Se sabe que . . . It is known that . . . , people know that . . . , they know that . . . , one knows that . . .

Se sabe que María va a casarse con Juan./People know that Mary is going to marry John.

The **se** reflexive pronoun construction is avoided if the subject is a person because there can be ambiguity in meaning. For example, how would you translate into English the following? **Se da un regalo.** Which of the following two meanings is intended? She (he) is being given a present, *or* She (he) is giving a present to himself (to herself). In correct Spanish you would have to say: **Le da (a María, a Juan, etc.) un regalo**/He (she) is giving a present to Mary (to John, etc.). Avoid using the **se** construction in the passive when the subject is a person; change your sentence around and state it in the active voice to make the meaning clear. Otherwise, the pronoun **se** seems to go with the verb, as if the verb itself is reflexive, which gives an entirely different meaning. Another example: **Se miró** would mean *He (she) looked at himself (herself)*, not *He (she) was looked at*! If you mean to say *He (she) looked at her*, say: **La miró** or, if in the plural, say: **La miraron**/They looked at her.

Principal Parts of Some Important Spanish Verbs

INFINITIVE	PRESENT PARTICIPLE	PAST PARTICIPLE	PRESENT INDICATIVE	PRETERIT
abrir	abriendo	abierto	abro	abrí
andar	andando	andado	ando	anduve
caber	cabiendo	cabido	quepo	cupe
caer	cayendo	caído	caigo	caí
conseguir	consiguiendo	conseguido	consigo	conseguí
construir	construyendo	construido	construyo	construí
corregir	corrigiendo	corregido	corrijo	corregí
creer	creyendo	creído	creo	creí
cubrir	cubriendo	cubierto	cubro	cubrí
dar	dando	dado	doy	di
decir	diciendo	dicho	digo	dije
descubrir	descubriendo	descubierto	descubro	descubrí
deshacer	deshaciendo	deshecho	deshago	deshice
despedirse	despidiéndose	despedido	me despido	me despedí
destruir	destruyendo	destruido	destruyo	destruí
devolver	devolviendo	devuelto	devuelvo	devolví
divertirse	divirtiéndose	divertido	me divierto	me divertí
dormir	durmiendo	dormido	duermo	dormí
escribir	escribiendo	escrito	escribo	escribí
estar	estando	estado	estoy	estuve
haber	habiendo	habido	he	hube
hacer	haciendo	hecho	hago	hice
huir	huyendo	huido	huyo	huí
ir	yendo	ido	voy	fui
irse	yéndose	ido	me voy	me fui
leer	leyendo	leído	leo	leí
mentir	mintiendo	mentido	miento	mentí
morir	muriendo	muerto	muero	morí
oír	oyendo	oído	oigo	oí
oler	oliendo	olido	huelo	olí
pedir	pidiendo	pedido	pido	pedí
poder	pudiendo	podido	puedo	pude
poner	poniendo	puesto	pongo	puse
querer	queriendo	querido	quiero	quise
reír	riendo	reído	río	reí
repetir	repitiendo	repetido	repito	repetí
resolver	resolviendo	resuelto	resuelvo	resolví
romper	rompiendo	roto	rompo	rompí
saber	sabiendo	sabido	sé	supe
salir	saliendo	salido	salgo	salí

INFINITIVE	PRESENT PARTICIPLE	PAST PARTICIPLE	PRESENT INDICATIVE	PRETERIT
seguir	siguiendo	seguido	sigo	seguí
sentir	sintiendo	sentido	siento	sentí
ser	siendo	sido	soy	fui
servir	sirviendo	servido	sirvo	serví
tener	teniendo	tenido	tengo	tuve
traer	trayendo	traído	traigo	traje
venir	viniendo	venido	vengo	vine
ver	viendo	visto	veo	vi
vestir	vistiendo	vestido	visto	vestí
volver	volviendo	vuelto	vuelvo	volví

INFINITIVE **to eat**
PRESENT PARTICIPLE eating   *PAST PARTICIPLE* eaten

Tense no.	The seven simple tenses
1 *Present* *Indicative*	I eat, you eat, he (she, it) eats; we eat, you eat, they eat
	or: I do eat, you do eat, he (she, it) does eat; we do eat, you do eat, they do eat
	or: I am eating, you are eating, he (she, it) is eating; we are eating, you are eating, they are eating
2 *Imperfect* *Indicative*	I was eating, you were eating, he (she, it) was eating; we were eating, you were eating, they were eating
	or: I ate, you ate, he (she, it) ate; we ate, you ate, they ate
	or: I used to eat, you used to eat, he (she, it) used to eat; we used to eat, you used to eat, they used to eat
3 *Preterit*	I ate, you ate, he (she, it) ate; we ate, you ate, they ate
	or: I did eat, you did eat, he (she, it) did eat; we did eat, you did eat, they did eat
4 *Future*	I shall eat, you will eat, he (she, it) will eat; we shall eat, you will eat, they will eat
5 *Conditional*	I would eat, you would eat, he (she, it) would eat; we would eat, you would eat, they would eat
6 *Present* *Subjunctive*	that I may eat, that you may eat, that he (she, it) may eat; that we may eat, that you may eat, that they may eat
7 *Imperfect or* *Past Subjunctive*	that I might eat, that you might eat, that he (she, it) might eat; that we might eat, that you might eat, that they might eat

Tense no.	The seven compound tenses
8 *Present Perfect or Past Indefinite*	I have eaten, you have eaten, he (she, it) has eaten; we have eaten, you have eaten, they have eaten
9 *Pluperfect Indic. or Past Perfect*	I had eaten, you had eaten, he (she, it) had eaten; we had eaten, you had eaten, they had eaten
10 *Past Anterior or Preterit Perfect*	I had eaten, you had eaten, he (she, it) had eaten; we had eaten, you had eaten, they had eaten
11 *Future Perfect or Future Anterior*	I shall have eaten, you will have eaten, he (she, it) will have eaten; we shall have eaten, you will have eaten, they will have eaten
12 *Conditional Perfect*	I would have eaten, you would have eaten, he (she, it) would have eaten; we would have eaten, you would have eaten, they would have eaten
13 *Present Perfect or Past Subjunctive*	that I may have eaten, that you may have eaten, that he (she, it) may have eaten; that we may have eaten, that you may have eaten, that they may have eaten
14 *Pluperfect or Past Perfect Subjunctive*	that I might have eaten, that you might have eaten, that he (she, it) might have eaten; that we might have eaten, that you might have eaten, that they might have eaten
Imperative or Command	—— eat, let him (her) eat; let us eat, eat, let them eat

A Summary of Meanings and Uses of Spanish Verb Tenses and Moods as Related to English Verb Tenses and Moods

A verb is where the action is! A verb is a word that expresses an action (like *go, eat, write*) or a state of being (like *think, believe, be*). Tense means time. Spanish and English verb tenses are divided into three main groups of time: past, present, and future. A verb tense shows if an action or state of being took place, is taking place, or will take place.

Spanish and English verbs are also used in four moods, or modes. (There is also the Infinitive Mood, but we are not concerned with that here.) Mood has to do with the *way* a person regards an action or a state that he expresses. For example, a person may merely make a statement or ask a question — this is the Indicative Mood, which we use most of the time in Spanish and English. A person may say that he *would do* something if something else were possible or that he *would have done* something if something else had been possible — this is the Conditional Mood. A person may use a verb *in such a way* that he indicates a wish, a fear, a regret, a joy, a request, a supposition, or something of this sort — this is the Subjunctive Mood. The Subjunctive Mood is used in Spanish much more than in English. Finally, a person may command someone to do something or demand that something be done — this is the Imperative Mood.

There are six tenses in English: Present, Past, Future, Present Perfect, Past Perfect, and Future Perfect. The first three are simple tenses. The other three are compound tenses and are based on the simple tenses. In Spanish, however, there are fourteen tenses, seven of which are simple and seven of which are compound. The seven compound tenses are based on the seven simple tenses. In Spanish and English a verb tense is simple if it consists of one verb form, e.g., *estudio*. A verb tense is compound if it consists of two parts — the auxiliary (or helping) verb plus the past participle, e.g., *he estudiado*. See the Summary of verb tenses and moods in Spanish with English equivalents on page xxxviii. I have numbered each tense name for easy reference and recognition.

In Spanish there is also another tense which is used to express an action in the present. It is called the Progressive Present. It is used only if an action is actually in progress at the present time; for example, *Estoy leyendo*/I am reading (right now). It is formed by using the Present Indicative of *estar* plus the present participle of the verb. There is still another tense in Spanish which is used to express an action that was taking place in the past. It is called the Progressive Past. It is used if an action was actually in progress at a certain moment in the past; for example, *Estaba leyendo cuando mi hermano entró*/I was reading when my brother came in. The Progressive Past is formed by using the Imperfect Indicative of *estar* plus the present participle of the verb.

In the pages that follow, the tenses and moods are given in Spanish and the equivalent name or names in English are given in parentheses. Although some of the names given in English are not considered to be tenses (for there are only six), they are given for the purpose of identification as they are related to the Spanish names. The comparison includes only the essential points you need to know about the meanings and uses of Spanish verb tenses and moods as related to English usage. I shall use examples to illustrate their meanings and uses. This is not intended to be a treatise in detail. It is merely a summary. I hope you find it helpful.

Tense No. 1 Presente de Indicativo
(Present Indicative)

This tense is used most of the time in Spanish and English. It indicates:

(a) An action or a state of being at the present time.

EXAMPLES:
1. **Hablo** español. *I speak* Spanish.
   I am speaking Spanish.
   I do speak Spanish.
2. **Creo en** Dios. *I believe* in God.

(b) Habitual action.

EXAMPLE:
Voy a la biblioteca todos los días.
I go to the library every day.
I do go to the library every day.

(c) A general truth, something which is permanently true

EXAMPLES:
1. Seis menos dos **son** cuatro.
   Six minus two *are* four.
2. El ejercicio **hace** maestro al novicio.
   Practice *makes* perfect.

(d) Vividness when talking or writing about past events.

EXAMPLE:
El asesino **se pone** pálido. **Tiene** miedo. **Sale** de la casa y **corre** a lo largo del río.
The murderer *turns* pale. *He is* afraid. *He goes out* of the house and *runs* along the river.

(e) A near future.

EXAMPLES:
1. Mi hermano **llega** mañana.
   My brother *arrives* tomorrow.
2. ¿**Escuchamos** un disco ahora?
   Shall we *listen* to a record now?

(f) An action or state of being that occurred in the past and *continues up to the present*. In Spanish this is an idiomatic use of the present tense of a verb with **hace**, which is also in the present.

EXAMPLE:
Hace tres horas que **miro** la televisión.
I have been watching television for three hours.

(g) The meaning of *almost* or *nearly* when used with **por poco**.

EXAMPLE:
Por poco me **matan**.
They almost *killed* me.

This tense is regularly formed as follows:

Drop the **-ar** ending of an infinitive, like **hablar,** and add the following endings: **o, as, a; amos, áis, an**

You then get: hablo, hablas, habla;
                hablamos, habláis, hablan

Drop the **-er** ending of an infinitive, like **beber,** and add the following endings: **o, es, e; emos, éis, en**

You then get: bebo, bebes, bebe;
                bebemos, bebéis, beben

Drop the **-ir** ending of an infinitive, like **recibir,** and add the following endings: **o, es, e; imos, ís, en**

You then get: recibo, recibes, recibe;
                recibimos, recibís, reciben

Tense No. 2   Imperfecto de Indicativo
(Imperfect Indicative)

This is a past tense. Imperfect suggests incomplete. The imperfect tense expresses an action or a state of being that was continuous in the past and its completion is not indicated. This tense is used, therefore, to express:

(a) An action that was going on in the past at the same time as another action.
EXAMPLE:
Mi hermano **leía** y mi padre **hablaba.**
My brother *was reading* and my father *was talking.*

(b) An action that was going on in the past when another action occurred.
EXAMPLE:
Mi hermana **cantaba** cuando yo entré.
My sister *was singing* when I came in.

(c) An action that a person did habitually in the past.
EXAMPLE:
1. Cuando **estábamos** en Nueva York, **íbamos** al cine todos los sábados.
   When *we were* in New York, *we went* to the movies every Saturday.
   When *we were* in New York, *we used to go* to the movies every Saturday.
2. Cuando **vivíamos** en California, **íbamos** a la playa todos los días.
   When *we used to live* in California, *we would go* to the beach every day.
NOTE: In this last example, *we would go* looks like the conditional, but it is not. It is the imperfect tense in this sentence because habitual action in the past is expressed.

(d) A description of a mental, emotional, or physical condition in the past.
EXAMPLES:
1. (mental condition)   **Quería** ir al cine.
                         I *wanted* to go to the movies.
   Common verbs in this use are **creer, desear, pensar, poder, preferir, querer, saber, sentir.**
2. (emotional condition)   **Estaba** contento de verlo.
                            I *was* happy to see him.
3. (physical condition)   Mi madre **era** hermosa cuando **era** pequeña.
                           My mother *was* beautiful when she *was* young.

(e) The time of day in the past.
EXAMPLES:
1. ¿Qué hora **era**?
   What time *was* it?
2. **Eran** las tres.
   It was three o'clock.

(f) An action or state of being that occurred in the past and *lasted for a certain length of time* prior to another past action. In English it is usually translated as a pluperfect tense and is formed with *had been* plus the present participle of the verb you are using. It is like the special use of the presente de indicativo explained in the above section in paragraph (f), except that the action or state of being no longer exists at present. This is an idiomatic use of the imperfect tense of a verb with **hacía**, which is also in the imperfect.
EXAMPLE:
Hacía tres horas que **miraba** la televisión cuando mi hermano entró.
I had been watching television for three hours when my brother came in.

(g) An indirect quotation in the past.
EXAMPLE:
Present: Dice que **quiere** venir a mi casa.
           He says *he wants* to come to my house.
Past: Dijo que **quería** venir a mi casa.
           He said *he wanted* to come to my house.

This tense is regularly formed as follows:

Drop the **-ar** ending of an infinitive, like **hablar**, and add the following endings: **aba, abas, aba; ábamos, abais, aban**

You then get: **hablaba, hablabas, hablaba;**
              hablábamos, hablabais, hablaban

The usual equivalent in English is: I was talking OR I used to talk OR I talked; you were talking OR you used to talk OR you talked, etc.

Drop the **-er** ending of an infinitive, like **beber**, or the **-ir** ending of an infinitive, like **recibir**, and add the following endings: **ía, ías, ía; íamos, íais, ían**

You then get: **bebía, bebías, bebía;**
              bebíamos, bebíais, bebían
              recibía, recibías, recibía;
              recibíamos, recibíais, recibían

The usual equivalent in English is: I was drinking OR I used to drink OR I drank; you were drinking OR you used to drink OR you drank, etc.; I was receiving OR I used to receive OR I received; you were receiving OR you used to receive OR you received, etc.

Verbs irregular in the imperfect indicative:

ir/to go	**iba, ibas, iba;** (I was going, I used to go, etc.)
	íbamos, ibais, iban
ser/to be	**era, eras, era;** (I was, I used to be, etc.)
	éramos, erais, eran
ver/to see	**veía, veías, veía;** (I was seeing, I used to see, etc.)
	veíamos, veíais, veían

Tense No. 3 Pretérito
(Preterit)

This tense expresses an action that was completed at some time in the past.

EXAMPLES:
1. Mi padre **llegó** ayer.
   My father *arrived* yesterday.
   My father *did arrive* yesterday.
2. María **fue** a la iglesia esta mañana.
   Mary *went* to church this morning.
   Mary *did go* to church this morning.
3. ¿Qué **pasó**?
   What *happened*?
   What *did happen*?
4. **Tomé** el desayuno a las siete.
   I *had* breakfast at seven o'clock.
   I *did have* breakfast at seven o'clock.
5. **Salí** de casa, **tomé** el autobús y **llegué** a la escuela a las ocho.
   I left the house, *I took* the bus and *I arrived* at school at eight o'clock.

In Spanish, some verbs that express a mental state have a different meaning when used in the preterit.

EXAMPLES:
1. La **conocí** la semana pasada en el baile.
   I *met* her last week at the dance.
   (**Conocer**, which means *to know* or *be acquainted with*, means *met*, that is, introduced to for the first time, in the preterit.)
2. **Pude** hacerlo.
   I *succeeded* in doing it.
   (**poder**, which means *to be able*, means *succeeded* in the preterit.
3. **No pude** hacerlo.
   I *failed* to do it.
   (**Poder**, when used in the negative in the preterit, means *failed* or *did not succeed*.)
4. **Quise** llamarle.
   I tried to call you.
   (**Querer**, which means *to wish* or *want*, means *tried* in the preterit.)
5. **No quise** hacerlo.
   I refused to do it.
   (**Querer**, when used in the negative in the preterit, means *refused*.)
6. **Supe** la verdad.
   I found out the truth.
   (**Saber**, which means *to know*, means *found out* in the preterit.)
7. **Tuve** una carta de mi amigo Roberto.
   I received a letter from my friend Robert.
   (**Tener**, which means *to have*, means *received* in the preterit.)

This tense is regularly formed as follows:

Drop the -ar ending of an infinitive, like **hablar**, and add the following endings: **é, aste, ó; amos, asteis, aron**

You then get: **hablé, hablaste, habló;**
                  hablamos, hablasteis, hablaron

The usual equivalent in English is: I talked OR I did talk; you talked OR you did talk, etc. OR I spoke OR I did speak; you spoke OR you did speak, etc.

Drop the **-er** ending of an infinitive, like **beber**, or the **-ir** ending of an infinitive, like **recibir**, and add the following endings: **í, iste, ió; imos, isteis, ieron**

You then get: **bebí, bebiste, bebió;**
     bebimos, bebisteis, bebieron

     recibí, recibiste, recibió;
     recibimos, recibisteis, recibieron

The usual equivalent in English is: I drank OR I did drink; you drank OR you did drink, etc.; I received OR I did receive, etc.

Tense No. 4   Futuro
           (Future)

In Spanish and English, the future tense is used to express an action or a state of being that will take place at some time in the future.

EXAMPLES:
1. Lo **haré**.
   I shall do it.
   I will do it.
2. **Iremos** al campo la semana que viene.
   We shall go to the country next week.
   We will go to the country next week.

Also, in Spanish the future tense is used to indicate:

(a) Conjecture regarding the present.
   EXAMPLES:
   1. ¿Qué hora **será**?
      I wonder what time *it is*.
   2. ¿Quién **será** a la puerta?
      Who *can that be* at the door?
      I wonder who is at the door.

(b) Probability regarding the present.
   EXAMPLES:
   1. **Serán** las cinco.
      It is probably five o'clock.
      It must be five o'clock.
   2. **Tendrá** muchos amigos.
      He probably has many friends.
      He must have many friends.
   3. María **estará** enferma.
      Mary *is probably* sick.
      Mary *must be* sick.

   (c) An indirect quotation.
   EXAMPLE:
   María dice que **vendrá** mañana.
   Mary says that she *will come* tomorrow.

Finally, remember that the future is never used in Spanish after *si* when *si* means *if*.

This tense is regularly formed as follows:

Add the following endings to the whole infinitive: **é, ás, á; emos, éis, án**

Note that these Future endings happen to be the endings of **haber** in the present indicative: **he, has, ha; hemos, habéis, han**. Also note the accent marks on the Future endings, except for **emos**.

You then get: **hablaré, hablarás, hablará;
hablaremos, hablaréis, hablarán**

**beberé, beberás, beberá;
beberemos, beberéis, beberán**

**recibiré, recibirás, recibirá;
recibiremos, recibiréis, recibirán**

Tense No. 5 Potencial Simple
(Conditional)

The conditional is used in Spanish and in English to express:

(a) An action that you *would do* if something else were possible.

EXAMPLE:

Iría a España si tuviera dinero.
I would go to Spain if I had money.

(b) A conditional desire. This is a conditional of courtesy.

EXAMPLE:

Me **gustaría** tomar una limonada.
I would like (*I should like*) to have a lemonade . . . (if you are willing to let me have it).

(c) An indirect quotation.

EXAMPLES:

1. María **dijo** que **vendría** mañana.
   Mary *said* that she *would come* tomorrow.
2. María **decía** que **vendría** mañana.
   Mary *was saying* that she *would come* tomorrow.
3. María **había dicho** que **vendría** nañana.
   Mary *had said* that she *would come* tomorrow.

(d) Conjecture regarding the past.

EXAMPLE:

¡Quién **sería**?
I wonder who that was.

(e) Probability regarding the past.

EXAMPLE:

Serían las cinco cuando salieron.
It was probably five o'clock when they went out.

This tense is regularly formed as follows:

Add the following endings to the whole infinitive:

ía, ías, ía; íamos, íais, ían

Note that these conditional endings are the same endings of the imperfect indicative for **-er** and **-ir** verbs.

You then get: **hablaría, hablarías, hablaría;**
hablaríamos, hablaríais, hablarían

bebería, beberías, bebería;
beberíamos, beberíais, beberían

recibiría, recibirías, recibiría;
recibiríamos, recibiríais, recibirían

The usual translation in English is: I would talk, you would talk, etc.; I would drink, you would drink, etc.; I would receive, you would receive, etc.

Tense No. 6   Presente de Subjuntivo
(Present Subjunctive)

The subjunctive mood is used in Spanish much more than in English. In Spanish the present subjunctive is used:

(a) To express a command in the **usted** or **ustedes** form, either in the affirmative or negative.

EXAMPLES:
1. **Siéntese** Vd. *Sit down.*
2. **No se siente** Vd. *Don't sit down.*
3. **Cierren** Vds. la puerta. *Close the door.*
4. **No cierren** Vds. la puerta. *Don't close the door.*
5. **Dígame** Vd. la verdad. *Tell me the truth.*

(b) To express a negative command in the familiar form (**tú**).

EXAMPLES:
1. **No te sientes.** *Don't sit down.*
2. **No entres.** *Don't come in.*
3. **No duermas.** *Don't sleep.*
4. **No lo hagas.** *Don't do it.*

(c) To express a negative command in the second person plural (**vosotros**).

EXAMPLES:
1. **No os sentéis.** *Don't sit down.*
2. **No entréis.** *Don't come in.*
3. **No durmáis.** *Don't sleep.*
4. **No lo hagáis.** *Don't do it.*

(d) To express a command in the first person plural, either in the affirmative or negative (**nosotros**).

EXAMPLES:
1. **Sentémonos.** *Let's sit down.*
2. **No entremos.** *Let's not go in.*

See also **Imperativo** (Imperative) farther on.

(e) After a verb that expresses some kind of wish, insistence, preference, suggestion, or request.

EXAMPLES:
1. *Quiero* que María lo **haga.**
I want Mary to do it.
NOTE: In this example, English uses the infinitive form, *to do*. In Spanish, however, a new clause is needed introduced by *que* because there is a new subject, María. The present subjunctive of *hacer* is used (haga) because the main verb is *Quiero*, which indicates a wish. If there were no change in subject, Spanish would use the infinitive form, as we do in English, for example, *Quiero hacerlo/*I want to do it.

xxvii

In English, this tense is formed with the past tense of *to have* (had) plus the past participle of your main verb. In Spanish, this tense is formed with the imperfect indicative of **haber** plus the past participle of the verb you have in mind. Note the translation into English in the examples that follow. Then compare this tense with the **pluscuamperfecto de subjuntivo**, which is tense no. 14. For the seven simple tenses of **haber** (which you need to know to form these seven compound tense), see **haber** listed alphabetically among the 501 verbs in this book.

EXAMPLES:

1. Cuando **llegué a casa, mi hermano había salido.**
   When I *arrived* home, my brother *had gone out.*
   NOTE: *First*, my brother went out; *then*, I arrived home. Both actions happened in the past. The action that occurred in the past *before* the other past action is in the pluperfect, and in this example, it is *my brother had gone out* (**mi hermano había salido**).
   NOTE also that **llegué** (*I arrived*) is in the preterit because it is an action that happened in the past and it was completed.
2. Juan lo **había perdido** en la calle.
   John *had lost* it in the street.
   NOTE: In this example, the pluperfect indicative is used even though no other past action is expressed. It is assumed that John *had lost* something *before* some other past action.

Tense No. 10   Pretérito Anterior *or* Pretérito Perfecto
(Past Anterior *or* Preterit Perfect)

This is the third of the compound tenses. This past tense is compound because it is formed with the preterit of **haber** plus the past participle of the verb you are using. It is translated into English like the pluperfect indicative, which is tense no. 9. This tense is not used much in spoken Spanish. Ordinarily, the pluperfect indicative is used in spoken Spanish (and sometimes even the simple preterit) in place of the past anterior.

This tense is ordinarily used in formal writing, such as history and literature. It is normally used after certain conjunctions of time, e.g., **después que, cuando, apenas, luego que, en cuanto.**

EXAMPLE:
Después que **hubo hablado**, salió.
After *he had spoken*, he left.

Tense No. 11   Futuro Perfecto
(Future Perfect *or* Future Anterior)

This is the fourth of the compound tenses. This compound tense is formed with the future of **haber** plus the past participle of the verb you have in mind. In Spanish and in English, this tense is used to express an action that will happen in the future *before* another future action. In English, this tense is formed by using *shall have* or *will have* plus the past participle of the verb you have in mind.

EXAMPLE:
María llegará mañana y **habré terminado** mi trabajo.
Mary will arrive tomorrow and *I shall have finished* my work.

NOTE: *First*, I shall finish my work; *then*, Mary will arrive. The action that will occur in the future *before* the other future action is in the **Futuro perfecto**, and in this example it is (yo) **habré terminado mi trabajo**.

Also, in Spanish the future perfect is used to indicate conjecture or probability regarding recent past time.

EXAMPLES:

1. María **se habrá acostado**.
   Mary *has probably gone to bed*.
   Mary *must have gone to bed*.
2. José **habrá llegado**.
   Joseph *has probably arrived*.
   Joseph *must have arrived*.

Tense No. 12 Potencial Compuesto
(Conditional Perfect)

This is the fifth of the compound tenses. It is formed with the conditional of **haber** plus the past participle of your main verb. It is used in Spanish and English to express an action that you *would have done* if something else had been possible; that is, you would have done something *on condition* that something else had been possible.

In English it is formed by using *would have* plus the past participle of the verb you have in mind. Observe the difference between the following example and the one given for the use of the potencial simple.

EXAMPLE:

Habría ido a España si hubiera tenido dinero.
I would have gone to Spain if I had had money.

Also, in Spanish the conditional perfect is used to indicate probability or conjecture in the past.

EXAMPLES:

1. **Habrían sido** las cinco cuando salieron.
   It must have been five o'clock when they went out.
   (Compare this with the example given for the simple conditional.)
2. ¡Quién **habría sido**?
   Who *could that have been*? (*or* I wonder *who that could have been*.)
   (Compare this with the example given for the simple conditional.)

Tense No. 13 Perfecto de Subjuntivo
(Present Perfect *or* Past Subjunctive)

This is the sixth of the compound tenses. It is formed by using the present subjunctive of **haber** as the helping verb plus the past participle of the verb you have in mind.

If the verb in the main clause is in the present indicative, future, or present perfect tense, the present subjunctive is used *or* this tense is used in the dependent clause — provided, of course, that there is some element which requires the use of the subjunctive.

The present subjunctive is used if the action is not past. However, if the action is past, this tense (present perfect subjunctive) is used, as in the examples given below.

EXAMPLES:
1. María duda que yo le **haya hablado** al profesor.
   Mary doubts that *I have spoken* to the professor.
2. Siento que tú no **hayas venido** a verme.
   I am sorry that you *have not come* to see me.
3. Me alegro de que Elena **haya ganado** el premio.
   I am glad that Helen *has won* the prize.

In these three examples, the auxiliary verb **haber** is used in the present subjunctive because the main verb in the clause that precedes is one that requires the subjunctive mood of the verb in the dependent clause.

Tense No. 14 Pluscuamperfecto de Subjuntivo
(Pluperfect *or* Past Perfect Subjunctive)

This is the seventh of the compound tenses. It is formed by using the imperfect subjunctive of **haber** as the helping verb plus the past participle of your main verb.

The translation of this tense into English is often like the pluperfect indicative.

If the verb in the main clause is in a past tense, this tense is used in the dependent clause — provided, of course, that there is some element which requires the use of the subjunctive.

EXAMPLES:
1. Sentí mucho que **no hubiera venido** María.
   I was very sorry that Mary *had not come*.
2. Me alegraba de que **hubiera venido** María.
   I was glad that Mary *had come*.
3. No creía que María **hubiera llegado**.
   I did not believe that Mary *had arrived*.

So much for the seven simple tenses and the seven compound tenses. Now, let's look at the Imperative Mood.

Imperativo
(Imperative *or* Command)

The imperative mood is used in Spanish and in English to express a command. We saw earlier that the subjunctive mood is used to express commands in the **Ud.** and **Uds.** forms, in addition to other uses of the subjunctive mood.

Here are other points you ought to know about the imperative.

(a) An indirect command or deep desire expressed in the third pers. sing. or pl. is in the subjunctive. Notice the use of *Let* or *May* in the English translations. **Que** introduces this kind of command.

EXAMPLES:
1. ¡Que lo **haga** Jorge!
   Let George do it!
2. ¡Que Dios se lo **pague**!
   May God reward you!
3. ¡Que **vengan** pronto!
   Let them come quickly!
4. ¡Que **entre** Roberto!
   Let Robert enter!
5. ¡Que **salgan**!
   Let them leave!
6. ¡Que **entren** las muchachas!
   Let the girls come in!

(b) In some indirect commands, **que** is omitted. Here, too, the subjunctive is used.

EXAMPLE:

¡**Viva** el presidente!

Long live the president!

(c) The verb form of the affirmative sing. familiar (**tú**) is the same as the 3rd pers. sing. of the present indicative when expressing a command.

EXAMPLES:

1. ¡**Entra** pronto!
   Come in quickly!
2. ¡**Sigue** leyendo!
   Keep on reading!
   Continue reading!

(d) There are some exceptions, however, to (c) above. The following verb forms are irregular in the affirmative sing. imperative (**tú** form only).

di (decir)	**sal** (salir)	**val** (valer)
haz (hacer)	**sé** (ser)	**ve** (ir)
he (haber)	**ten** (tener)	**ven** (venir)
pon (poner)		

(e) In the affirmative command, 1st pers. pl., instead of using the present subjunctive hortatory command, **vamos a** (*Let's* or *Let us*) + **inf.** may be used.

EXAMPLES:

1. **Vamos a** comer/Let's eat.
   or: **Comamos** (1st pers. pl., present subj., hortatory command)
2. **Vamos a** cantar/Let's sing.
   or: **Cantemos** (1st pers. pl., present subj., hortatory command)

(f) In the affirmative command, 1st pers. pl., **vamos** may be used to mean *Let's go*: **Vamos** al cine/Let's go to the movies.

(g) However, if in the negative (*Let's not go*), the present subjunctive of **ir** must be used: **No vayamos** al cine/Let's not go to the movies.

(h) Note that **vámonos** (1st pers. pl. of **irse**, imperative) means *Let's go*, or *Let's go away*, or *Let's leave*. See (m) below.

(i) Also note that **no nos vayamos** (1st pers. pl. of **irse**, present subjunctive) means *Let's not go*, or *Let's not go away*, or *Let's not leave*.

(j) The imperative in the affirmative familiar plural (**vosotros, vosotras**) is formed by dropping the final **r** of the inf. and adding **d**.

EXAMPLES:

1. ¡**Hablad**!/Speak!
2. ¡**Comed**!/Eat!
3. ¡**Id**!/Go!
4. ¡**Venid**!/Come!

(k) When forming the affirmative familiar plural (**vosotros, vosotras**) imperative of a reflexive verb, the final **d** on the inf. must be dropped before the reflexive pronoun **os** is added, and both elements are joined to make one word.

EXAMPLES:

1. ¡**Levantaos**!/Get up!
2. ¡**Sentaos**!/Sit down!

(l) Referring to (k) above, when the final **d** is dropped in a reflexive verb ending in **-ir**, an accent mark must be written on the **i**.

EXAMPLES:

1. ¡**Vestíos**!/Get dressed!
2. ¡**Divertíos**!/Have a good time!

to burn, to set on fire

The Seven Simple Tenses		The Seven Compound Tenses	
Singular	Plural	Singular	Plural

1　presente de indicativo		8　perfecto de indicativo	
abraso	abrasamos	he abrasado	hemos abrasado
abrasas	abrasáis	has abrasado	habéis abrasado
abrasa	abrasan	ha abrasado	han abrasado

2　imperfecto de indicativo		9　pluscuamperfecto de indicativo	
abrasaba	abrasábamos	había abrasado	habíamos abrasado
abrasabas	abrasabais	habías abrasado	habíais abrasado
abrasaba	abrasaban	había abrasado	habían abrasado

3　pretérito		10　pretérito anterior	
abrasé	abrasamos	hube abrasado	hubimos abrasado
abrasaste	abrasasteis	hubiste abrasado	hubisteis abrasado
abrasó	abrasaron	hubo abrasado	hubieron abrasado

4　futuro		11　futuro perfecto	
abrasaré	abrasaremos	habré abrasado	habremos abrasado
abrasarás	abrasaréis	habrás abrasado	habréis abrasado
abrasará	abrasarán	habrá abrasado	habrán abrasado

5　potencial simple		12　potencial compuesto	
abrasaría	abrasaríamos	habría abrasado	habríamos abrasado
abrasarías	abrasaríais	habrías abrasado	habríais abrasado
abrasaría	abrasarían	habría abrasado	habrían abrasado

6　presente de subjuntivo		13　perfecto de subjuntivo	
abrase	abrasemos	haya abrasado	hayamos abrasado
abrases	abraséis	hayas abrasado	hayáis abrasado
abrase	abrasen	haya abrasado	hayan abrasado

7　imperfecto de subjuntivo		14　pluscuamperfecto de subjuntivo	
abrasara	abrasáramos	hubiera abrasado	hubiéramos abrasado
abrasaras	abrasarais	hubieras abrasado	hubierais abrasado
abrasara	abrasaran	hubiera abrasado	hubieran abrasado
OR		OR	
abrasase	abrasásemos	hubiese abrasado	hubiésemos abrasado
abrasases	abrasaseis	hubieses abrasado	hubieseis abrasado
abrasase	abrasasen	hubiese abrasado	hubiesen abrasado

imperativo	
—	abrasemos
abrasa; no abrases	abrasad; no abraséis
abrase	abrasen

Words and expressions related to this verb

abrasadamente ardently, fervently
abrasado, abrasada burning; flushed with anger
el abrasamiento burning; excessive passion

abrasar vivo to burn with passion
abrasar de amor to be passionately
　in love

to embrace, to hug; to clamp

The Seven Simple Tenses		The Seven Compound Tenses	
Singular	Plural	Singular	Plural

1   presente de indicativo

abrazo	abrazamos		
abrazas	abrazáis		
abraza	abrazan		

8   perfecto de indicativo

he abrazado	hemos abrazado
has abrazado	habéis abrazado
ha abrazado	han abrazado

2   imperfecto de indicativo

abrazaba	abrazábamos
abrazabas	abrazabais
abrazaba	abrazaban

9   pluscuamperfecto de indicativo

había abrazado	habíamos abrazado
habías abrazado	habíais abrazado
había abrazado	habían abrazado

3   pretérito

abracé	abrazamos
abrazaste	abrazasteis
abrazó	abrazaron

10   pretérito anterior

hube abrazado	hubimos abrazado
hubiste abrazado	hubisteis abrazado
hubo abrazado	hubieron abrazado

4   futuro

abrazaré	abrazaremos
abrazarás	abrazaréis
abrazará	abrazarán

11   futuro perfecto

habré abrazado	habremos abrazado
habrás abrazado	habréis abrazado
habrá abrazado	habrán abrazado

5   potencial simple

abrazaría	abrazaríamos
abrazarías	abrazaríais
abrazaría	abrazarían

12   potencial compuesto

habría abrazado	habríamos abrazado
habrías abrazado	habríais abrazado
habría abrazado	habrían abrazado

6   presente de subjuntivo

abrace	abracemos
abraces	abracéis
abrace	abracen

13   perfecto de subjuntivo

haya abrazado	hayamos abrazado
hayas abrazado	hayáis abrazado
haya abrazado	hayan abrazado

7   imperfecto de subjuntivo

abrazara	abrazáramos
abrazaras	abrazarais
abrazara	abrazaran
OR	
abrazase	abrazásemos
abrazases	abrazaseis
abrazase	abrazasen

14   pluscuamperfecto de subjuntivo

hubiera abrazado	hubiéramos abrazado
hubieras abrazado	hubierais abrazado
hubiera abrazado	hubieran abrazado
OR	
hubiese abrazado	hubiésemos abrazado
hubieses abrazado	hubieseis abrazado
hubiese abrazado	hubiesen abrazado

imperativo

—	abracemos
abraza; no abraces	abrazad; no abracéis
abrace	abracen

Words related to this verb

un abrazo embrace, hug	**una abrazada** embrace
el abrazamiento embracing	**un abrazador, una abrazadora** embracer, hugger

Be sure to consult the sections on verbs used in idiomatic expressions, verbs with prepositions, and the list of over 1,000 verbs conjugated like model verbs in the back pages.

abrir

to open

The Seven Simple Tenses		The Seven Compound Tenses	
Singular	Plural	Singular	Plural

1   presente de indicativo

		8 perfecto de indicativo	
abro	abrimos	he abierto	hemos abierto
abres	abrís	has abierto	habéis abierto
abre	abren	ha abierto	han abierto

2   imperfecto de indicativo

		9 pluscuamperfecto de indicativo	
abría	abríamos	había abierto	habíamos abierto
abrías	abríais	habías abierto	habíais abierto
abría	abrían	había abierto	habían abierto

3   pretérito

		10 pretérito anterior	
abrí	abrimos	hube abierto	hubimos abierto
abriste	abristeis	hubiste abierto	hubisteis abierto
abrió	abrieron	hubo abierto	hubieron abierto

4   futuro

		11 futuro perfecto	
abriré	abriremos	habré abierto	habremos abierto
abrirás	abriréis	habrás abierto	habréis abierto
abrirá	abrirán	habrá abierto	habrán abierto

5   potencial simple

		12 potencial compuesto	
abriría	abriríamos	habría abierto	habríamos abierto
abrirías	abriríais	habrías abierto	habríais abierto
abriría	abrirían	habría abierto	habrían abierto

6   presente de subjuntivo

		13 perfecto de subjuntivo	
abra	abramos	haya abierto	hayamos abierto
abras	abráis	hayas abierto	hayáis abierto
abra	abran	haya abierto	hayan abierto

7   imperfecto de subjuntivo

		14 pluscuamperfecto de subjuntivo	
abriera	abriéramos	hubiera abierto	hubiéramos abierto
abrieras	abrierais	hubieras abierto	hubierais abierto
abriera	abrieran	hubiera abierto	hubieran abierto
OR		OR	
abriese	abriésemos	hubiese abierto	hubiésemos abierto
abrieses	abrieseis	hubieses abierto	hubieseis abierto
abriese	abriesen	hubiese abierto	hubiesen abierto

imperativo

—	abramos
abre; no abras	abrid; no abráis
abra	abran

Sentences using this verb and words related to it

La maestra dijo a los alumnos: — Abran los libros en la página diez, por favor.
Todos los alumnos abrieron los libros en la página diez y Pablo comenzó a leer la lectura.

un abrimiento opening	**La puerta está abierta.**	The door is open.
abrir paso to make way	**Los libros están abiertos.**	The books are open.

to absolve, to acquit

The Seven Simple Tenses		The Seven Compound Tenses	
Singular	Plural	Singular	Plural

1   presente de indicativo

absuelvo	absolvemos	
absuelves	absolvéis	
absuelve	absuelven	

8   perfecto de indicativo

he absuelto	hemos absuelto
has absuelto	habéis absuelto
ha absuelto	han absuelto

2   imperfecto de indicativo

absolvía	absolvíamos
absolvías	absolvíais
absolvía	absolvían

9   pluscuamperfecto de indicativo

había absuelto	habíamos absuelto
habías absuelto	habíais absuelto
había absuelto	habían absuelto

3   pretérito

absolví	absolvimos
absolviste	absolvisteis
absolvió	absolvieron

10   pretérito anterior

hube absuelto	hubimos absuelto
hubiste absuelto	hubisteis absuelto
hubo absuelto	hubieron absuelto

4   futuro

absolveré	absolveremos
absolverás	absolveréis
absolverá	absolverán

11   futuro perfecto

habré absuelto	habremos absuelto
habrás absuelto	habréis absuelto
habrá absuelto	habrán absuelto

5   potencial simple

absolvería	absolveríamos
absolverías	absolveríais
absolvería	absolverían

12   potencial compuesto

habría absuelto	habríamos absuelto
habrías absuelto	habríais absuelto
habría absuelto	habrían absuelto

6   presente de subjuntivo

absuelva	absolvamos
absuelvas	absolváis
absuelva	absuelvan

13   perfecto de subjuntivo

haya absuelto	hayamos absuelto
hayas absuelto	hayáis absuelto
haya absuelto	hayan absuelto

7   imperfecto de subjuntivo

absolviera	absolviéramos
absolvieras	absolvierais
absolviera	absolvieran
OR	
absolviese	absolviésemos
absolvieses	absolvieseis
absolviese	absolviesen

14   pluscuamperfecto de subjuntivo

hubiera absuelto	hubiéramos absuelto
hubieras absuelto	hubierais absuelto
hubiera absuelto	hubieran absuelto
OR	
hubiese absuelto	hubiésemos absuelto
hubieses absuelto	hubieseis absuelto
hubiese absuelto	hubiesen absuelto

imperativo

—	absolvamos
absuelve; no absuelvas	absolved; no absolváis
absuelva	absuelvan

Words related to this verb

la absolución   absolution, acquittal, pardon
absolutamente   absolutely
absoluto, absoluta   absolute, unconditional

to abstain

The Seven Simple Tenses		The Seven Compound Tenses	
Singular	Plural	Singular	Plural
1 presente de indicativo		**8 perfecto de indicativo**	
me abstengo	nos abstenemos	me he abstenido	nos hemos abstenido
te abstienes	os abstenéis	te has abstenido	os habéis abstenido
se abstiene	se abstienen	se ha abstenido	se han abstenido
2 imperfecto de indicativo		**9 pluscuamperfecto de indicativo**	
me abstenía	nos absteníamos	me había abstenido	nos habíamos abstenido
te abstenías	os absteníais	te habías abstenido	os habíais abstenido
se abstenía	se abstenían	se había abstenido	se habían abstenido
3 pretérito		**10 pretérito anterior**	
me abstuve	nos abstuvimos	me hube abstenido	nos hubimos abstenido
te abstuviste	os abstuvisteis	te hubiste abstenido	os hubisteis abstenido
se abstuvo	se abstuvieron	se hubo abstenido	se hubieron abstenido
4 futuro		**11 futuro perfecto**	
me abstendré	nos abstendremos	me habré abstenido	nos habremos abstenido
te abstendrás	os abstendréis	te habrás abstenido	os habréis abstenido
se abstendrá	se abstendrán	se habrá abstenido	se habrán abstenido
5 potencial simple		**12 potencial compuesto**	
me abstendría	nos abstendríamos	me habría abstenido	nos habríamos abstenido
te abstendrías	os abstendríais	te habrías abstenido	os habríais abstenido
se abstendría	se abstendrían	se habría abstenido	se habrían abstenido
6 presente de subjuntivo		**13 perfecto de subjuntivo**	
me abstenga	nos abstengamos	me haya abstenido	nos hayamos abstenido
te abstengas	os abstengáis	te hayas abstenido	os hayáis abstenido
se abstenga	se abstengan	se haya abstenido	se hayan abstenido
7 imperfecto de subjuntivo		**14 pluscuamperfecto de subjuntivo**	
me abstuviera	nos abstuviéramos	me hubiera abstenido	nos hubiéramos abstenido
te abstuvieras	os abstuvierais	te hubieras abstenido	os hubierais abstenido
se abstuviera	se abstuvieran	se hubiera abstenido	se hubieran abstenido
OR		OR	
me abstuviese	nos abstuviésemos	me hubiese abstenido	nos hubiésemos abstenido
te abstuvieses	os abstuvieseis	te hubieses abstenido	os hubieseis abstenido
se abstuviese	se abstuviesen	se hubiese abstenido	se hubiesen abstenido

imperativo

—	**abstengámonos**
abstente; no te abstengas	**absteneos; no os abstengáis**
absténgase	**absténganse**

Words related to this verb

la abstención	abstention, forbearance
abstenerse de	to abstain from
la abstinencia	abstinence, fasting

to annoy, to bore, to vex

The Seven Simple Tenses		The Seven Compound Tenses	
Singular	Plural	Singular	Plural

1   presente de indicativo

		8 perfecto de indicativo	
aburro	aburrimos	he aburrido	hemos aburrido
aburres	aburrís	has aburrido	habéis aburrido
aburre	aburren	ha aburrido	han aburrido

2   imperfecto de indicativo

		9 pluscuamperfecto de indicativo	
aburría	aburríamos	había aburrido	habíamos aburrido
aburrías	aburríais	habías aburrido	habíais aburrido
aburría	aburrían	había aburrido	habían aburrido

3   pretérito

		10 pretérito anterior	
aburrí	aburrimos	hube aburrido	hubimos aburrido
aburriste	aburristeis	hubiste aburrido	hubisteis aburrido
aburrió	aburrieron	hubo aburrido	hubieron aburrido

4   futuro

		11 futuro perfecto	
aburriré	aburriremos	habré aburrido	habremos aburrido
aburrirás	aburriréis	habrás aburrido	habréis aburrido
aburrirá	aburrirán	habrá aburrido	habrán aburrido

5   potencial simple

		12 potencial compuesto	
aburriría	aburriríamos	habría aburrido	habríamos aburrido
aburrirías	aburriríais	habrías aburrido	habríais aburrido
aburriría	aburrirían	habría aburrido	habrían aburrido

6   presente de subjuntivo

		13 perfecto de subjuntivo	
aburra	aburramos	haya aburrido	hayamos aburrido
aburras	aburráis	hayas aburrido	hayáis aburrido
aburra	aburran	haya aburrido	hayan aburrido

7   imperfecto de subjuntivo

		14 pluscuamperfecto de subjuntivo	
aburriera	aburriéramos	hubiera aburrido	hubiéramos aburrido
aburrieras	aburrierais	hubieras aburrido	hubierais aburrido
aburriera	aburrieran	hubiera aburrido	hubieran aburrido
OR		OR	
aburriese	aburriésemos	hubiese aburrido	hubiésemos aburrido
aburrieses	aburrieseis	hubieses aburrido	hubieseis aburrido
aburriese	aburriesen	hubiese aburrido	hubiesen aburrido

imperativo	
—	aburramos
aburre; no aburras	aburrid; no aburráis
aburra	aburran

Sentences using this verb and words related to it

El profesor de español cree que Pedro está aburrido, que María está aburrida, que todos los alumnos en la clase están aburridos.

un aburrimiento annoyance, weariness	**un aburridor, una aburridora** boring person

See also **aburrirse.**

The subject pronouns are found on the page facing page 1.

to be bored, to grow tired, to grow weary

The Seven Simple Tenses		The Seven Compound Tenses	
Singular	Plural	Singular	Plural

1 presente de indicativo

me aburro	nos aburrimos		
te aburres	os aburrís		
se aburre	se aburren		

8 perfecto de indicativo

me he aburrido	nos hemos aburrido		
te has aburrido	os habéis aburrido		
se ha aburrido	se han aburrido		

2 imperfecto de indicativo

me aburría	nos aburríamos
te aburrías	os aburríais
se aburría	se aburrían

9 pluscuamperfecto de indicativo

me había aburrido	nos habíamos aburrido
te habías aburrido	os habíais aburrido
se había aburrido	se habían aburrido

3 pretérito

me aburrí	nos aburrimos
te aburriste	os aburristeis
se aburrió	se aburrieron

10 pretérito anterior

me hube aburrido	nos hubimos aburrido
te hubiste aburrido	os hubisteis aburrido
se hubo aburrido	se hubieron aburrido

4 futuro

me aburriré	nos aburriremos
te aburrirás	os aburriréis
se aburrirá	se aburrirán

11 futuro perfecto

me habré aburrido	nos habremos aburrido
te habrás aburrido	os habréis aburrido
se habrá aburrido	se habrán aburrido

5 potencial simple

me aburriría	nos aburriríamos
te aburrirías	os aburriríais
se aburriría	se aburrirían

12 potencial compuesto

me habría aburrido	nos habríamos aburrido
te habrías aburrido	os habríais aburrido
se habría aburrido	se habrían aburrido

6 presente de subjuntivo

me aburra	nos aburramos
te aburras	os aburráis
se aburra	se aburran

13 perfecto de subjuntivo

me haya aburrido	nos hayamos aburrido
te hayas aburrido	os hayáis aburrido
se haya aburrido	se hayan aburrido

7 imperfecto de subjuntivo

me aburriera	nos aburriéramos
te aburrieras	os aburrierais
se aburriera	se aburrieran
OR	
me aburriese	nos aburriésemos
te aburrieses	os aburrieseis
se aburriese	se aburriesen

14 pluscuamperfecto de subjuntivo

me hubiera aburrido	nos hubiéramos aburrido
te hubieras aburrido	os hubierais aburrido
se hubiera aburrido	se hubieran aburrido
OR	
me hubiese aburrido	nos hubiésemos aburrido
te hubieses aburrido	os hubieseis aburrido
se hubiese aburrido	se hubiesen aburrido

imperativo

—	aburrámonos
abúrrete; no te aburras	aburríos; no os aburráis
abúrrase	abúrranse

Sentences using this verb and words related to it

El profesor de español se aburre en la clase de español porque hace treinta años que enseña la lengua en la misma escuela.

un aburrimiento annoyance, weariness
aburridamente tediously
See also **aburrir**.

to finish, to end, to complete

The Seven Simple Tenses		The Seven Compound Tenses	
Singular	Plural	Singular	Plural

1 presente de indicativo		8 perfecto de indicativo	
acabo	acabamos	he acabado	hemos acabado
acabas	acabáis	has acabado	habéis acabado
acaba	acaban	ha acabado	han acabado

2 imperfecto de indicativo		9 pluscuamperfecto de indicativo	
acababa	acabábamos	había acabado	habíamos acabado
acababas	acababais	habías acabado	habíais acabado
acababa	acababan	había acabado	habían acabado

3 pretérito		10 pretérito anterior	
acabé	acabamos	hube acabado	hubimos acabado
acabaste	acabasteis	hubiste acabado	hubisteis acabado
acabó	acabaron	hubo acabado	hubieron acabado

4 futuro		11 futuro perfecto	
acabaré	acabaremos	habré acabado	habremos acabado
acabarás	acabaréis	habrás acabado	habréis acabado
acabará	acabarán	habrá acabado	habrán acabado

5 potencial simple		12 potencial compuesto	
acabaría	acabaríamos	habría acabado	habríamos acabado
acabarías	acabaríais	habrías acabado	habríais acabado
acabaría	acabarían	habría acabado	habrían acabado

6 presente de subjuntivo		13 perfecto de subjuntivo	
acabe	acabemos	haya acabado	hayamos acabado
acabes	acabéis	hayas acabado	hayáis acabado
acabe	acaben	haya acabado	hayan acabado

7 imperfecto de subjuntivo		14 pluscuamperfecto de subjuntivo	
acabara	acabáramos	hubiera acabado	hubiéramos acabado
acabaras	acabarais	hubieras acabado	hubierais acabado
acabara	acabaran	hubiera acabado	hubieran acabado
OR		OR	
acabase	acabásemos	hubiese acabado	hubiésemos acabado
acabases	acabaseis	hubieses acabado	hubieseis acabado
acabase	acabasen	hubiese acabado	hubiesen acabado

imperativo

—	acabemos
acaba; no acabes	acabad; no acabéis
acabe	acaben

Sentences using this verb and words related to it

Yo acabo de leer la lección de español, Miguel acaba de escribir una composición, y los otros alumnos acaban de hablar en español.

el acabamiento   completion
acabar de + inf.   to have just + past part.
acabar por   to end by, to . . . finally

Consult the back pages for
the sections on verbs in idioms
and with prepositions.

The subject pronouns are found on the page facing page 1.   **9**

to accelerate, to speed, to hasten, to hurry

The Seven Simple Tenses		The Seven Compound Tenses	
Singular	Plural	Singular	Plural
1 presente de indicativo		**8 perfecto de indicativo**	
acelero	aceleramos	he acelerado	hemos acelerado
aceleras	aceleráis	has acelerado	habéis acelerado
acelera	aceleran	ha acelerado	han acelerado
2 imperfecto de indicativo		**9 pluscuamperfecto de indicativo**	
aceleraba	acelerábamos	había acelerado	habíamos acelerado
acelerabas	acelerabais	habías acelerado	habíais acelerado
aceleraba	aceleraban	había acelerado	habían acelerado
3 pretérito		**10 pretérito anterior**	
aceleré	aceleramos	hube acelerado	hubimos acelerado
aceleraste	acelerasteis	hubiste acelerado	hubisteis acelerado
aceleró	aceleraron	hubo acelerado	hubieron acelerado
4 futuro		**11 futuro perfecto**	
aceleraré	aceleraremos	habré acelerado	habremos acelerado
acelerarás	aceleraréis	habrás acelerado	habréis acelerado
acelerará	acelerarán	habrá acelerado	habrán acelerado
5 potencial simple		**12 potencial compuesto**	
aceleraría	aceleraríamos	habría acelerado	habríamos acelerado
acelerarías	aceleraríais	habrías acelerado	habríais acelerado
aceleraría	acelerarían	habría acelerado	habrían acelerado
6 presente de subjuntivo		**13 perfecto de subjuntivo**	
acelere	aceleremos	haya acelerado	hayamos acelerado
aceleres	aceleréis	hayas acelerado	hayáis acelerado
acelere	aceleren	haya acelerado	hayan acelerado
7 imperfecto de subjuntivo		**14 pluscuamperfecto de subjuntivo**	
acelerara	aceleráramos	hubiera acelerado	hubiéramos acelerado
aceleraras	acelerarais	hubieras acelerado	hubierais acelerado
acelerara	aceleraran	hubiera acelerado	hubieran acelerado
OR		OR	
acelerase	acelerásemos	hubiese acelerado	hubiésemos acelerado
acelerases	aceleraseis	hubieses acelerado	hubieseis acelerado
acelerase	acelerasen	hubiese acelerado	hubiesen acelerado

imperativo

—	aceleremos
acelera; no aceleres	acelerad; no aceleréis
acelere	aceleren

Words related to this verb

aceleradamente hastily, quickly, speedily
la aceleración haste, acceleration

acelerante accelerating
el aceleramiento acceleration

Be sure to consult the sections on verbs bused in idiomatic expressions, verbs with prepositions, and the list of over 1,000 verbs conjugated like model verbs in the back pages.

The Seven Simple Tenses		The Seven Compound Tenses	
Singular	Plural	Singular	Plural
1 presente de indicativo		**8 perfecto de indicativo**	
acepto	aceptamos	he aceptado	hemos aceptado
aceptas	aceptáis	has aceptado	habéis aceptado
acepta	aceptan	ha aceptado	han aceptado
2 imperfecto de indicativo		**9 pluscuamperfecto de indicativo**	
aceptaba	aceptábamos	había aceptado	habíamos aceptado
aceptabas	aceptabais	habías aceptado	habíais aceptado
aceptaba	aceptaban	había aceptado	habían aceptado
3 pretérito		**10 pretérito anterior**	
acepté	aceptamos	hube aceptado	hubimos aceptado
aceptaste	aceptasteis	hubiste aceptado	hubisteis aceptado
aceptó	aceptaron	hubo aceptado	hubieron aceptado
4 futuro		**11 futuro perfecto**	
aceptaré	aceptaremos	habré aceptado	habremos aceptado
aceptarás	aceptaréis	habrás aceptado	habréis aceptado
aceptará	aceptarán	habrá aceptado	habrán aceptado
5 potencial simple		**12 potencial compuesto**	
aceptaría	aceptaríamos	habría aceptado	habríamos aceptado
aceptarías	aceptaríais	habrías aceptado	habríais aceptado
aceptaría	aceptarían	habría aceptado	habrían aceptado
6 presente de subjuntivo		**13 perfecto de subjuntivo**	
acepte	aceptemos	haya aceptado	hayamos aceptado
aceptes	aceptéis	hayas aceptado	hayáis aceptado
acepte	acepten	haya aceptado	hayan aceptado
7 imperfecto de subjuntivo		**14 pluscuamperfecto de subjuntivo**	
aceptara	aceptáramos	hubiera aceptado	hubiéramos aceptado
aceptaras	aceptarais	hubieras aceptado	hubierais aceptado
aceptara	aceptaran	hubiera aceptado	hubieran aceptado
OR		OR	
aceptase	aceptásemos	hubiese aceptado	hubiésemos aceptado
aceptases	aceptaseis	hubieses aceptado	hubieseis aceptado
aceptase	aceptasen	hubiese aceptado	hubiesen aceptado

imperativo

—	aceptemos
acepta; no aceptes	aceptad; no aceptéis
acepte	acepten

Words and expressions related to this verb

aceptable acceptable
el aceptador, la aceptadora acceptor
el aceptante, la aceptante accepter
la aceptación acceptance, acceptation

aceptar a + inf. to agree + inf.
aceptar empleo to take a job
acepto, acepta acceptable

to bring near, to place near

The Seven Simple Tenses		The Seven Compound Tenses	
Singular	Plural	Singular	Plural

1 presente de indicativo

		8 perfecto de indicativo	
acerco	acercamos	he acercado	hemos acercado
acercas	acercáis	has acercado	habéis acercado
acerca	acercan	ha acercado	han acercado

2 imperfecto de indicativo

		9 pluscuamperfecto de indicativo	
acercaba	acercábamos	había acercado	habíamos acercado
acercabas	acercabais	habías acercado	habíais acercado
acercaba	acercaban	había acercado	habían acercado

3 pretérito

		10 pretérito anterior	
acerqué	acercamos	hube acercado	hubimos acercado
acercaste	acercasteis	hubiste acercado	hubisteis acercado
acercó	acercaron	hubo acercado	hubieron acercado

4 futuro

		11 futuro perfecto	
acercaré	acercaremos	habré acercado	habremos acercado
acercarás	acercaréis	habrás acercado	habréis acercado
acercará	acercarán	habrá acercado	habrán acercado

5 potencial simple

		12 potencial compuesto	
acercaría	acercaríamos	habría acercado	habríamos acercado
acercarías	acercaríais	habrías acercado	habríais acercado
acercaría	acercarían	habría acercado	habrían acercado

6 presente de subjuntivo

		13 perfecto de subjuntivo	
acerque	acerquemos	haya acercado	hayamos acercado
acerques	acerquéis	hayas acercado	hayáis acercado
acerque	acerquen-	haya acercado	hayan acercado

7 imperfecto de subjuntivo

		14 pluscuamperfecto de subjuntivo	
acercara	acercáramos	hubiera acercado	hubiéramos acercado
acercaras	acercarais	hubieras acercado	hubierais acercado
acercara	acercaran	hubiera acercado	hubieran acercado
OR		OR	
acercase	acercásemos	hubiese acercado	hubiésemos acercado
acercases	acercaseis	hubieses acercado	hubieseis acercado
acercase	acercasen	hubiese acercado	hubiesen acercado

imperativo

—	acerquemos
acerca; no acerques	acercad; no acerquéis
acerque	acerquen

Words and expressions related to this verb

acerca de about, regarding, with regard to
el acercamiento approaching, approximation
cerca de near
de cerca close at hand, closely

acerca de esto hereof
la cerca fence, hedge
el cercado fenced in area

See also **acercarse.**

to approach, to draw near

The Seven Simple Tenses		The Seven Compound Tenses	
Singular	Plural	Singular	Plural

1 presente de indicativo

me acerco	nos acercamos		
te acercas	os acercáis		
se acerca	se acercan		

8 perfecto de indicativo

me he acercado	nos hemos acercado
te has acercado	os habéis acercado
se ha acercado	se han acercado

2 imperfecto de indicativo

me acercaba	nos acercábamos
te acercabas	os acercabais
se acercaba	se acercaban

9 pluscuamperfecto de indicativo

me había acercado	nos habíamos acercado
te habías acercado	os habíais acercado
se había acercado	se habían acercado

3 pretérito

me acerqué	nos acercamos
te acercaste	os acercasteis
se acercó	se acercaron

10 pretérito anterior

me hube acercado	nos hubimos acercado
te hubiste acercado	os hubisteis acercado
se hubo acercado	se hubieron acercado

4 futuro

me acercaré	nos acercaremos
te acercarás	os acercaréis
se acercará	se acercarán

11 futuro perfecto

me habré acercado	nos habremos acercado
te habrás acercado	os habréis acercado
se habrá acercado	se habrán acercado

5 potencial simple

me acercaría	nos acercaríamos
te acercarías	os acercaríais
se acercaría	se acercarían

12 potencial compuesto

me habría acercado	nos habríamos acercado
te habrías acercado	os habríais acercado
se habría acercado	se habrían acercado

6 presente de subjuntivo

me acerque	nos acerquemos
te acerques	os acerquéis
se acerque	se acerquen

13 perfecto de subjuntivo

me haya acercado	nos hayamos acercado
te hayas acercado	os hayáis acercado
se haya acercado	se hayan acercado

7 imperfecto de subjuntivo

me acercara	nos acercáramos
te acercaras	os acercarais
se acercara	se acercaran
OR	
me acercase	nos acercásemos
te acercases	os acercaseis
se acercase	se acercasen

14 pluscuamperfecto de subjuntivo

me hubiera acercado	nos hubiéramos acercado
te hubieras acercado	os hubierais acercado
se hubiera acercado	se hubieran acercado
OR	
me hubiese acercado	nos hubiésemos acercado
te hubieses acercado	os hubieseis acercado
se hubiese acercado	se hubiesen acercado

imperativo

—	acerquémonos
acércate; no te acerques	acercaos; no os acerquéis
acérquese	acérquense

Words and expressions related to this verb

acerca de about, regarding, with regard to
el acercamiento approaching, approximation
cerca de near
de cerca close at hand, closely

la cercadura fence
cercano, cercana near
cercar to enclose, fence in
las cercanías neighborhood

See also **acercar.**

The subject pronouns are found on the page facing page 1.   **13**

to hit the mark, to hit upon, to do (something) right, to succeed in

The Seven Simple Tenses		The Seven Compound Tenses	
Singular	Plural	Singular	Plural

1 presente de indicativo		8 perfecto de indicativo	
acierto	acertamos	he acertado	hemos acertado
aciertas	acertáis	has acertado	habéis acertado
acierta	aciertan	ha acertado	han acertado

2 imperfecto de indicativo		9 pluscuamperfecto de indicativo	
acertaba	acertábamos	había acertado	habíamos acertado
acertabas	acertabais	habías acertado	habíais acertado
acertaba	acertaban	había acertado	habían acertado

3 pretérito		10 pretérito anterior	
acerté	acertamos	hube acertado	hubimos acertado
acertaste	acertasteis	hubiste acertado	hubisteis acertado
acertó	acertaron	hubo acertado	hubieron acertado

4 futuro		11 futuro perfecto	
acertaré	acertaremos	habré acertado	habremos acertado
acertarás	acertaréis	habrás acertado	habréis acertado
acertará	acertarán	habrá acertado	habrán acertado

5 potencial simple		12 potencial compuesto	
acertaría	acertaríamos	habría acertado	habríamos acertado
acertarías	acertaríais	habrías acertado	habríais acertado
acertaría	acertarían	habría acertado	habrían acertado

6 presente de subjuntivo		13 perfecto de subjuntivo	
acierte	acertemos	haya acertado	hayamos acertado
aciertes	acertéis	hayas acertado	hayáis acertado
acierte	acierten	haya acertado	hayan acertado

7 imperfecto de subjuntivo		14 pluscuamperfecto de subjuntivo	
acertara	acertáramos	hubiera acertado	hubiéramos acertado
acertaras	acertarais	hubieras acertado	hubierais acertado
acertara	acertaran	hubiera acertado	hubieran acertado
OR		OR	
acertase	acertásemos	hubiese acertado	hubiésemos acertado
acertases	acertaseis	hubieses acertado	hubieseis acertado
acertase	acertasen	hubiese acertado	hubiesen acertado

imperativo

—	acertemos
acierta; no aciertes	acertad; no acertéis
acierte	acierten

Words and expressions related to this verb

acertado, acertada   proper, fit
el acertador, la acertadora   good guesser
acertar a   to happen
acertar con   to come across, to find

el acertamiento   tact, ability
el acertajo   riddle
acertadamente   opportunely
ciertamente   certainly

to acclaim, to applaud, to shout, to hail

The Seven Simple Tenses		The Seven Compound Tenses	
Singular	Plural	Singular	Plural

1   presente de indicativo

aclamo	aclamamos	
aclamas	aclamáis	
aclama	aclaman	

8   perfecto de indicativo

he aclamado	hemos aclamado
has aclamado	habéis aclamado
ha aclamado	han aclamado

2   imperfecto de indicativo

aclamaba	aclamábamos
aclamabas	aclamabais
aclamaba	aclamaban

9   pluscuamperfecto de indicativo

había aclamado	habíamos aclamado
habías aclamado	habíais aclamado
había aclamado	habían aclamado

3   pretérito

aclamé	aclamamos
aclamaste	aclamasteis
aclamó	aclamaron

10   pretérito anterior

hube aclamado	hubimos aclamado
hubiste aclamado	hubisteis aclamado
hubo aclamado	hubieron aclamado

4   futuro

aclamaré	aclamaremos
aclamarás	aclamaréis
aclamará	aclamarán

11   futuro perfecto

habré aclamado	habremos aclamado
habrás aclamado	habréis aclamado
habrá aclamado	habrán aclamado

5   potencial simple

aclamaría	aclamaríamos
aclamarías	aclamaríais
aclamaría	aclamarían

12   potencial compuesto

habría aclamado	habríamos aclamado
habrías aclamado	habríais aclamado
habría aclamado	habrían aclamado

6   presente de subjuntivo

aclame	aclamemos
aclames	aclaméis
aclame	aclamen

13   perfecto de subjuntivo

haya aclamado	hayamos aclamado
hayas aclamado	hayáis aclamado
haya aclamado	hayan aclamado

7   imperfecto de subjuntivo

aclamara	aclamáramos
aclamaras	aclamarais
aclamara	aclamaran
OR	
aclamase	aclamásemos
aclamases	aclamaseis
aclamase	aclamasen

14   pluscuamperfecto de subjuntivo

hubiera aclamado	hubiéramos aclamado
hubieras aclamado	hubierais aclamado
hubiera aclamado	hubieran aclamado
OR	
hubiese aclamado	hubiésemos aclamado
hubieses aclamado	hubieseis aclamado
hubiese aclamado	hubiesen aclamado

imperativo

—	aclamemos
aclama; no aclames	aclamad; no aclaméis
aclame	aclamen

Words and expressions related to this verb

aclamado, aclamada acclaimed
la aclamación acclaim, acclamation
la reclamación claim, demand
reclamar en juicio to sue

aclamable laudable
por aclamación unanimously
reclamar to claim, to demand, to reclaim
reclamar por daños to claim damages

The subject pronouns are found on the page facing page 1.   **15**

to explain, to clarify, to make clear, to rinse, to clear

The Seven Simple Tenses		The Seven Compound Tenses	
Singular	Plural	Singular	Plural
1 presente de indicativo		**8 perfecto de indicativo**	
aclaro	aclaramos	he aclarado	hemos aclarado
aclaras	aclaráis	has aclarado	habéis aclarado
aclara	aclaran	ha aclarado	han aclarado
2 imperfecto de indicativo		**9 pluscuamperfecto de indicativo**	
aclaraba	aclarábamos	había aclarado	habíamos aclarado
aclarabas	aclarabais	habías aclarado	habíais aclarado
aclaraba	aclaraban	había aclarado	habían aclarado
3 pretérito		**10 pretérito anterior**	
aclaré	aclaramos	hube aclarado	hubimos aclarado
aclaraste	aclarasteis	hubiste aclarado	hubisteis aclarado
aclaró	aclararon	hubo aclarado	hubieron aclarado
4 futuro		**11 futuro perfecto**	
aclararé	aclararemos	habré aclarado	habremos aclarado
aclararás	aclararéis	habrás aclarado	habréis aclarado
aclarará	aclararán	habrá aclarado	habrán aclarado
5 potencial simple		**12 potencial compuesto**	
aclararía	aclararíamos	habría aclarado	habríamos aclarado
aclararías	aclararíais	habrías aclarado	habríais aclarado
aclararía	aclararían	habría aclarado	habrían aclarado
6 presente de subjuntivo		**13 perfecto de subjuntivo**	
aclare	aclaremos	haya aclarado	hayamos aclarado
aclares	aclaréis	hayas aclarado	hayáis aclarado
aclare	aclaren	haya aclarado	hayan aclarado
7 imperfecto de subjuntivo		**14 pluscuamperfecto de subjuntivo**	
aclarara	aclaráramos	hubiera aclarado	hubiéramos aclarado
aclararas	aclararais	hubieras aclarado	hubierais aclarado
aclarara	aclararan	hubiera aclarado	hubieran aclarado
OR		OR	
aclarase	aclarásemos	hubiese aclarado	hubiésemos aclarado
aclarases	aclaraseis	hubieses aclarado	hubieseis aclarado
aclarase	aclarasen	hubiese aclarado	hubiesen aclarado

	imperativo
—	aclaremos
aclara; no aclares	aclarad; no aclaréis
aclare	aclaren

Words and expressions related to this verb

una aclaración explanation
aclarado, aclarada cleared, made clear; rinsed
aclarar la voz to clear one's throat

aclarecer to make clear
¡Claro que sí! Of course!
¡Claro que no! Of course not!

to accompany, to escort, to go with, to keep company

The Seven Simple Tenses		The Seven Compound Tenses	
Singular	Plural	Singular	Plural

1   presente de indicativo

acompaño	acompañamos	
acompañas	acompañáis	
acompaña	acompañan	

8   perfecto de indicativo

he acompañado	hemos acompañado
has acompañado	habéis acompañado
ha acompañado	han acompañado

2   imperfecto de indicativo

acompañaba	acompañábamos
acompañabas	acompañabais
acompañaba	acompañaban

9   pluscuamperfecto de indicativo

había acompañado	habíamos acompañado
habías acompañado	habíais acompañado
había acompañado	habían acompañado

3   pretérito

acompañé	acompañamos
acompañaste	acompañasteis
acompañó	acompañaron

10   pretérito anterior

hube acompañado	hubimos acompañado
hubiste acompañado	hubisteis acompañado
hubo acompañado	hubieron acompañado

4   futuro

acompañaré	acompañaremos
acompañarás	acompañaréis
acompañará	acompañarán

11   futuro perfecto

habré acompañado	habremos acompañado
habrás acompañado	habréis acompañado
habrá acompañado	habrán acompañado

5   potencial simple

acompañaría	acompañaríamos
acompañarías	acompañaríais
acompañaría	acompañarían

12   potencial compuesto

habría acompañado	habríamos acompañado
habrías acompañado	habríais acompañado
habría acompañado	habrían acompañado

6   presente de subjuntivo

acompañe	acompañemos
acompañes	acompañéis
acompañe	acompañen

13   perfecto de subjuntivo

haya acompañado	hayamos acompañado
hayas acompañado	hayáis acompañado
haya acompañado	hayan acompañado

7   imperfecto de subjuntivo

acompañara	acompañáramos
acompañaras	acompañarais
acompañara	acompañaran
OR	
acompañase	acompañásemos
acompañases	acompañaseis
acompañase	acompañasen

14   pluscuamperfecto de subjuntivo

hubiera acompañado	hubiéramos acompañado
hubieras acompañado	hubierais acompañado
hubiera acompañado	hubieran acompañado
OR	
hubiese acompañado	hubiésemos acompañado
hubieses acompañado	hubieseis acompañado
hubiese acompañado	hubiesen acompañado

imperativo

—	acompañemos
acompaña; no acompañes	acompañad; no acompañéis
acompañe	acompañen

Words and expressions related to this verb

el acompañador, la acompañadora companion, chaperon, accompanist
el acompañamiento accompaniment, attendance
el acompañado, la acompañada assistant
un compañero, una compañera friend, mate, companion;
    compañero de cuarto roommate; **compañero de juego** playmate

to advise, to counsel

The Seven Simple Tenses		The Seven Compound Tenses	
Singular	Plural	Singular	Plural
1 presente de indicativo		**8 perfecto de indicativo**	
aconsejo	aconsejamos	he aconsejado	hemos aconsejado
aconsejas	aconsejáis	has aconsejado	habéis aconsejado
aconseja	aconsejan	ha aconsejado	han aconsejado
2 imperfecto de indicativo		**9 pluscuamperfecto de indicativo**	
aconsejaba	aconsejábamos	había aconsejado	habíamos aconsejado
aconsejabas	aconsejabais	habías aconsejado	habíais aconsejado
aconsejaba	aconsejaban	había aconsejado	habían aconsejado
3 pretérito		**10 pretérito anterior**	
aconsejé	aconsejamos	hube aconsejado	hubimos aconsejado
aconsejaste	aconsejasteis	hubiste aconsejado	hubisteis aconsejado
aconsejó	aconsejaron	hubo aconsejado	hubieron aconsejado
4 futuro		**11 futuro perfecto**	
aconsejaré	aconsejaremos	habré aconsejado	habremos aconsejado
aconsejarás	aconsejaréis	habrás aconsejado	habréis aconsejado
aconsejará	aconsejarán	habrá aconsejado	habrán aconsejado
5 potencial simple		**12 potencial compuesto**	
aconsejaría	aconsejaríamos	habría aconsejado	habríamos aconsejado
aconsejarías	aconsejaríais	habrías aconsejado	habríais aconsejado
aconsejaría	aconsejarían	habría aconsejado	habrían aconsejado
6 presente de subjuntivo		**13 perfecto de subjuntivo**	
aconseje	aconsejemos	haya aconsejado	hayamos aconsejado
aconsejes	aconsejéis	hayas aconsejado	hayáis aconsejado
aconseje	aconsejen	haya aconsejado	hayan aconsejado
7 imperfecto de subjuntivo		**14 pluscuamperfecto de subjuntivo**	
aconsejara	aconsejáramos	hubiera aconsejado	hubiéramos aconsejado
aconsejaras	aconsejarais	hubieras aconsejado	hubierais aconsejado
aconsejara	aconsejaran	hubiera aconsejado	hubieran aconsejado
OR		OR	
aconsejase	aconsejásemos	hubiese aconsejado	hubiésemos aconsejado
aconsejases	aconsejaseis	hubieses aconsejado	hubieseis aconsejado
aconsejase	aconsejasen	hubiese aconsejado	hubiesen aconsejado

imperativo

—	aconsejemos
aconseja; no aconsejes	aconsejad; no aconsejéis
aconseje	aconsejen

Words and expressions related to this verb

el aconsejador, la aconsejadora adviser, counselor
aconsejar con to consult
el consejo advice, counsel
El tiempo da buen consejo. Time will tell.

aconsejarse to seek advice
aconsejarse de to consult with
el aconsejamiento counselling
desaconsejadamente ill-advisedly

to agree (upon)

The Seven Simple Tenses		The Seven Compound Tenses	
Singular	Plural	Singular	Plural

1   presente de indicativo

		8 perfecto de indicativo	
acuerdo	acordamos	he acordado	hemos acordado
acuerdas	acordáis	has acordado	habéis acordado
acuerda	acuerdan	ha acordado	han acordado

2   imperfecto de indicativo

		9 pluscuamperfecto de indicativo	
acordaba	acordábamos	había acordado	habíamos acordado
acordabas	acordabais	habías acordado	habíais acordado
acordaba	acordaban	había acordado	habían acordado

3   pretérito

		10 pretérito anterior	
acordé	acordamos	hube acordado	hubimos acordado
acordaste	acordasteis	hubiste acordado	hubisteis acordado
acordó	acordaron	hubo acordado	hubieron acordado

4   futuro

		11 futuro perfecto	
acordaré	acordaremos	habré acordado	habremos acordado
acordarás	acordaréis	habrás acordado	habréis acordado
acordará	acordarán	habrá acordado	habrán acordado

5   potencial simple

		12 potencial compuesto	
acordaría	acordaríamos	habría acordado	habríamos acordado
acordarías	acordaríais	habrías acordado	habríais acordado
acordaría	acordarían	habría acordado	habrían acordado

6   presente de subjuntivo

		13 perfecto de subjuntivo	
acuerde	acordemos	haya acordado	hayamos acordado
acuerdes	acordéis	hayas acordado	hayáis acordado
acuerde	acuerden	haya acordado	hayan acordado

7   imperfecto de subjuntivo

		14 pluscuamperfecto de subjuntivo	
acordara	acordáramos	hubiera acordado	hubiéramos acordado
acordaras	acordarais	hubieras acordado	hubierais acordado
acordara	acordaran	hubiera acordado	hubieran acordado
OR		OR	
acordase	acordásemos	hubiese acordado	hubiésemos acordado
acordases	acordaseis	hubieses acordado	hubieseis acordado
acordase	acordasen	hubiese acordado	hubiesen acordado

imperativo

—	acordemos
acuerda; no acuerdes	acordad; no acordéis
acuerde	acuerden

Words and expressions related to this verb

la acordada   decision, resolution
acordadamente   jointly, by common consent
un acuerdo   agreement
de acuerdo   in agreement
de común acuerdo   unanimously, by mutual agreement

desacordar   to put out of tune
desacordante   discordant
desacordado, desacordada
    out of tune (music)

See also **acordarse.**

The subject pronouns are found on the page facing page 1.

to remember

The Seven Simple Tenses		The Seven Compound Tenses	
Singular	Plural	Singular	Plural

1 presente de indicativo		8 perfecto de indicativo	
me acuerdo	nos acordamos	me he acordado	nos hemos acordado
te acuerdas	os acordáis	te has acordado	os habéis acordado
se acuerda	se acuerdan	se ha acordado	se han acordado

2 imperfecto de indicativo		9 pluscuamperfecto de indicativo	
me acordaba	nos acordábamos	me había acordado	nos habíamos acordado
te acordabas	os acordabais	te habías acordado	os habíais acordado
se acordaba	se acordaban	se había acordado	se habían acordado

3 pretérito		10 pretérito anterior	
me acordé	nos acordamos	me hube acordado	nos hubimos acordado
te acordaste	os acordasteis	te hubiste acordado	os hubisteis acordado
se acordó	se acordaron	se hubo acordado	se hubieron acordado

4 futuro		11 futuro perfecto	
me acordaré	nos acordaremos	me habré acordado	nos habremos acordado
te acordarás	os acordaréis	te habrás acordado	os habréis acordado
se acordará	se acordarán	se habrá acordado	se habrán acordado

5 potencial simple		12 potencial compuesto	
me acordaría	nos acordaríamos	me habría acordado	nos habríamos acordado
te acordarías	os acordaríais	te habrías acordado	os habríais acordado
se acordaría	se acordarían	se habría acordado	se habrían acordado

6 presente de subjuntivo		13 perfecto de subjuntivo	
me acuerde	nos acordemos	me haya acordado	nos hayamos acordado
te acuerdes	os acordéis	te hayas acordado	os hayáis acordado
se acuerde	se acuerden	se haya acordado	se hayan acordado

7 imperfecto de subjuntivo		14 pluscuamperfecto de subjuntivo	
me acordara	nos acordáramos	me hubiera acordado	nos hubiéramos acordado
te acordaras	os acordarais	te hubieras acordado	os hubierais acordado
se acordara	se acordaran	se hubiera acordado	se hubieran acordado
OR		OR	
me acordase	nos acordásemos	me hubiese acordado	nos hubiésemos acordado
te acordases	os acordaseis	te hubieses acordado	os hubieseis acordado
se acordase	se acordasen	se hubiese acordado	se hubiesen acordado

imperativo	
—	acordémonos
acuérdate; no te acuerdes	acordaos; no os acordéis
acuérdese	acuérdense

Words and expressions related to this verb

si mal no me acuerdo if I remember correctly, if my memory does not fail me
un acuerdo agreement
de acuerdo in agreement
de común acuerdo unanimously, by mutual agreement
desacordarse to become forgetful

See also **acordar.**

to go to bed, to lie down

The Seven Simple Tenses		The Seven Compound Tenses	
Singular	Plural	Singular	Plural

1   presente de indicativo

		8 perfecto de indicativo	
me acuesto	nos acostamos	me he acostado	nos hemos acostado
te acuestas	os acostáis	te has acostado	os habéis acostado
se acuesta	se acuestan	se ha acostado	se han acostado

2   imperfecto de indicativo / **9   pluscuamperfecto de indicativo**

me acostaba	nos acostábamos	me había acostado	nos habíamos acostado
te acostabas	os acostabais	te habías acostado	os habíais acostado
se acostaba	se acostaban	se había acostado	se habían acostado

3   pretérito / **10   pretérito anterior**

me acosté	nos acostamos	me hube acostado	nos hubimos acostado
te acostaste	os acostasteis	te hubiste acostado	os hubisteis acostado
se acostó	se acostaron	se hubo acostado	se hubieron acostado

4   futuro / **11   futuro perfecto**

me acostaré	nos acostaremos	me habré acostado	nos habremos acostado
te acostarás	os acostaréis	te habrás acostado	os habréis acostado
se acostará	se acostarán	se habrá acostado	se habrán acostado

5   potencial simple / **12   potencial compuesto**

me acostaría	nos acostaríamos	me habría acostado	nos habríamos acostado
te acostarías	os acostaríais	te habrías acostado	os habríais acostado
se acostaría	se acostarían	se habría acostado	se habrían acostado

6   presente de subjuntivo / **13   perfecto de subjuntivo**

me acueste	nos acostemos	me haya acostado	nos hayamos acostado
te acuestes	os acostéis	te hayas acostado	os hayáis acostado
se acueste	se acuesten	se haya acostado	se hayan acostado

7   imperfecto de subjuntivo / **14   pluscuamperfecto de subjuntivo**

me acostara	nos acostáramos	me hubiera acostado	nos hubiéramos acostado
te acostaras	os acostarais	te hubieras acostado	os hubierais acostado
se acostara	se acostaran	se hubiera acostado	se hubieran acostado
OR		OR	
me acostase	nos acostásemos	me hubiese acostado	nos hubiésemos acostado
te acostases	os acostaseis	te hubieses acostado	os hubieseis acostado
se acostase	se acostasen	se hubiese acostado	se hubiesen acostado

imperativo

—	acostémonos; no nos acostemos
acuéstate; no te acuestes	acostaos; no os acostéis
acuéstese; no se acueste	acuéstense; no se acuesten

Sentences using this verb and words and expressions related to it

Todas las noches me acuesto a las diez, mi hermanito se acuesta a las ocho, y mis padres se acuestan a las once.

el acostamiento   lying down, stretching
acostado, acostada   in bed, lying down

acostar   to put to bed
acostarse con las gallinas   to go to bed very early

The subject pronouns are found on the page facing page 1.   **21**

to be accustomed, to be in the habit of

The Seven Simple Tenses		The Seven Compound Tenses	
Singular	Plural	Singular	Plural
1 presente de indicativo		**8 perfecto de indicativo**	
acostumbro	acostumbramos	he acostumbrado	hemos acostumbrado
acostumbras	acostumbráis	has acostumbrado	habéis acostumbrado
acostumbra	acostumbran	ha acostumbrado	han acostumbrado
2 imperfecto de indicativo		**9 pluscuamperfecto de indicativo**	
acostumbraba	acostumbrábamos	había acostumbrado	habíamos acostumbrado
acostumbrabas	acostumbrabais	habías acostumbrado	habíais acostumbrado
acostumbraba	acostumbraban	había acostumbrado	habían acostumbrado
3 pretérito		**10 pretérito anterior**	
acostumbré	acostumbramos	hube acostumbrado	hubimos acostumbrado
acostumbraste	acostumbrasteis	hubiste acostumbrado	hubisteis acostumbrado
acostumbró	acostumbraron	hubo acostumbrado	hubieron acostumbrado
4 futuro		**11 futuro perfecto**	
acostumbraré	acostumbraremos	habré acostumbrado	habremos acostumbrado
acostumbrarás	acostumbraréis	habrás acostumbrado	habréis acostumbrado
acostumbrará	acostumbrarán	habrá acostumbrado	habrán acostumbrado
5 potencial simple		**12 potencial compuesto**	
acostumbraría	acostumbraríamos	habría acostumbrado	habríamos acostumbrado
acostumbrarías	acostumbraríais	habrías acostumbrado	habríais acostumbrado
acostumbraría	acostumbrarían	habría acostumbrado	habrían acostumbrado
6 presente de subjuntivo		**13 perfecto de subjuntivo**	
acostumbre	acostumbremos	haya acostumbrado	hayamos acostumbrado
acostumbres	acostumbréis	hayas acostumbrado	hayáis acostumbrado
acostumbre	acostumbren	haya acostumbrado	hayan acostumbrado
7 imperfecto de subjuntivo		**14 pluscuamperfecto de subjuntivo**	
acostumbrara	acostumbráramos	hubiera acostumbrado	hubiéramos acostumbrado
acostumbraras	acostumbrarais	hubieras acostumbrado	hubierais acostumbrado
acostumbrara	acostumbraran	hubiera acostumbrado	hubieran acostumbrado
OR		OR	
acostumbrase	acostumbrásemos	hubiese acostumbrado	hubiésemos acostumbrado
acostumbrases	acostumbraseis	hubieses acostumbrado	hubieseis acostumbrado
acostumbrase	acostumbrasen	hubiese acostumbrado	hubiesen acostumbrado

	imperativo
—	acostumbremos
acostumbra; no acostumbres	acostumbrad; no acostumbréis
acostumbre	acostumbren

Words and expressions related to this verb

acostumbradamente customarily
la costumbre custom, habit
de costumbre customary, usual
tener por costumbre to be in the habit of

to knife, to cut, to slash, to cut open

The Seven Simple Tenses		The Seven Compound Tenses	
Singular	Plural	Singular	Plural

1 presente de indicativo		8 perfecto de indicativo	
acuchillo	acuchillamos	he acuchillado	hemos acuchillado
acuchillas	acuchilláis	has acuchillado	habéis acuchillado
acuchilla	acuchillan	ha acuchillado	han acuchillado

2 imperfecto de indicativo		9 pluscuamperfecto de indicativo	
acuchillaba	acuchillábamos	había acuchillado	habíamos acuchillado
acuchillabas	acuchillabais	habías acuchillado	habíais acuchillado
acuchillaba	acuchillaban	había acuchillado	habían acuchillado

3 pretérito		10 pretérito anterior	
acuchillé	acuchillamos	hube acuchillado	hubimos acuchillado
acuchillaste	acuchillasteis	hubiste acuchillado	hubisteis acuchillado
acuchilló	acuchillaron	hubo acuchillado	hubieron acuchillado

4 futuro		11 futuro perfecto	
acuchillaré	acuchillaremos	habré acuchillado	habremos acuchillado
acuchillarás	acuchillaréis	habrás acuchillado	habréis acuchillado
acuchillará	acuchillarán	habrá acuchillado	habrán acuchillado

5 potencial simple		12 potencial compuesto	
acuchillaría	acuchillaríamos	habría acuchillado	habríamos acuchillado
acuchillarías	acuchillaríais	habrías acuchillado	habríais acuchillado
acuchillaría	acuchillarían	habría acuchillado	habrían acuchillado

6 presente de subjuntivo		13 perfecto de subjuntivo	
acuchille	acuchillemos	haya acuchillado	hayamos acuchillado
acuchilles	acuchilléis	hayas acuchillado	hayáis acuchillado
acuchille	acuchillen	haya acuchillado	hayan acuchillado

7 imperfecto de subjuntivo		14 pluscuamperfecto de subjuntivo	
acuchillara	acuchilláramos	hubiera acuchillado	hubiéramos acuchillado
acuchillaras	acuchillarais	hubieras acuchillado	hubierais acuchillado
acuchillara	acuchillaran	hubiera acuchillado	hubieran acuchillado
OR		OR	
acuchillase	acuchillásemos	hubiese acuchillado	hubiésemos acuchillado
acuchillases	acuchillaseis	hubieses acuchillado	hubieseis acuchillado
acuchillase	acuchillasen	hubiese acuchillado	hubiesen acuchillado

	imperativo	
—		acuchillemos
acuchilla; no acuchilles		acuchillad; no acuchilléis
acuchille		acuchillen

Words and expressions related to this verb

un cuchillo   knife
un acuchilladizo   fencer
un cuchillo de cocina   kitchen knife
ser cuchillo de otro   to be a thorn in someone's side
un acuchillador, una acuchilladora   quarrelsome person; bully

The subject pronouns are found on the page facing page 1.

to attend, to be present frequently, to respond (to a call), to come to the rescue

The Seven Simple Tenses		The Seven Compound Tenses	
Singular	Plural	Singular	Plural
1 presente de indicativo		**8 perfecto de indicativo**	
acudo	acudimos	he acudido	hemos acudido
acudes	acudís	has acudido	habéis acudido
acude	acuden	ha acudido	han acudido
2 imperfecto de indicativo		**9 pluscuamperfecto de indicativo**	
acudía	acudíamos	había acudido	habíamos acudido
acudías	acudíais	habías acudido	habíais acudido
acudía	acudían	había acudido	habían acudido
3 pretérito		**10 pretérito anterior**	
acudí	acudimos	hube acudido	hubimos acudido
acudiste	acudisteis	hubiste acudido	hubisteis acudido
acudió	acudieron	hubo acudido	hubieron acudido
4 futuro		**11 futuro perfecto**	
acudiré	acudiremos	habré acudido	habremos acudido
acudirás	acudiréis	habrás acudido	habréis acudido
acudirá	acudirán	habrá acudido	habrán acudido
5 potencial simple		**12 potencial compuesto**	
acudiría	acudiríamos	habría acudido	habríamos acudido
acudirías	acudiríais	habrías acudido	habríais acudido
acudiría	acudirían	habría acudido	habrían acudido
6 presente de subjuntivo		**13 perfecto de subjuntivo**	
acuda	acudamos	haya acudido	hayamos acudido
acudas	acudáis	hayas acudido	hayáis acudido
acuda	acudan	haya acudido	hayan acudido
7 imperfecto de subjuntivo		**14 pluscuamperfecto de subjuntivo**	
acudiera	acudiéramos	hubiera acudido	hubiéramos acudido
acudieras	acudierais	hubieras acudido	hubierais acudido
acudiera	acudieran	hubiera acudido	hubieran acudido
OR		OR	
acudiese	acudiésemos	hubiese acudido	hubiésemos acudido
acudieses	acudieseis	hubieses acudido	hubieseis acudido
acudiese	acudiesen	hubiese acudido	hubiesen acudido

imperativo

—	acudamos
acude; no acudas	acudid; no acudáis
acuda	acudan

Words and expressions related to this verb

el acudimiento aid
el acudidero a place where people assemble
acudir con el remedio to get there with the remedy
acudir a los tribunales to go to court (law)

The Seven Simple Tenses		The Seven Compound Tenses	
Singular	Plural	Singular	Plural

1 presente de indicativo		8 perfecto de indicativo	
acuso	**acusamos**	**he acusado**	**hemos acusado**
acusas	**acusáis**	**has acusado**	**habéis acusado**
acusa	**acusan**	**ha acusado**	**han acusado**

2 imperfecto de indicativo		9 pluscuamperfecto de indicativo	
acusaba	**acusábamos**	**había acusado**	**habíamos acusado**
acusabas	**acusabais**	**habías acusado**	**habíais acusado**
acusaba	**acusaban**	**había acusado**	**habían acusado**

3 pretérito		10 pretérito anterior	
acusé	**acusamos**	**hube acusado**	**hubimos acusado**
acusaste	**acusasteis**	**hubiste acusado**	**hubisteis acusado**
acusó	**acusaron**	**hubo acusado**	**hubieron acusado**

4 futuro		11 futuro perfecto	
acusaré	**acusaremos**	**habré acusado**	**habremos acusado**
acusarás	**acusaréis**	**habrás acusado**	**habréis acusado**
acusará	**acusarán**	**habrá acusado**	**habrán acusado**

5 potencial simple		12 potencial compuesto	
acusaría	**acusaríamos**	**habría acusado**	**habríamos acusado**
acusarías	**acusaríais**	**habrías acusado**	**habríais acusado**
acusaría	**acusarían**	**habría acusado**	**habrían acusado**

6 presente de subjuntivo		13 perfecto de subjuntivo	
acuse	**acusemos**	**haya acusado**	**hayamos acusado**
acuses	**acuséis**	**hayas acusado**	**hayáis acusado**
acuse	**acusen**	**haya acusado**	**hayan acusado**

7 imperfecto de subjuntivo		14 pluscuamperfecto de subjuntivo	
acusara	**acusáramos**	**hubiera acusado**	**hubiéramos acusado**
acusaras	**acusarais**	**hubieras acusado**	**hubierais acusado**
acusara	**acusaran**	**hubiera acusado**	**hubieran acusado**
OR		OR	
acusase	**acusásemos**	**hubiese acusado**	**hubiésemos acusado**
acusases	**acusaseis**	**hubieses acusado**	**hubieseis acusado**
acusase	**acusasen**	**hubiese acusado**	**hubiesen acusado**

imperativo

—	**acusemos**
acusa; no acuses	**acusad; no acuséis**
acuse	**acusen**

Words related to this verb

el acusado, la acusada   defendant, accused
la acusación   accusation
el acusador, la acusadora   accuser

adelantar
Gerundio **adelantando**   Part. pas. **adelantado**

to advance, to keep on, to progress, to go ahead

The Seven Simple Tenses		The Seven Compound Tenses	
Singular	Plural	Singular	Plural
1 presente de indicativo		**8 perfecto de indicativo**	
adelanto	adelantamos	he adelantado	hemos adelantado
adelantas	adelantáis	has adelantado	habéis adelantado
adelanta	adelantan	ha adelantado	han adelantado
2 imperfecto de indicativo		**9 pluscuamperfecto de indicativo**	
adelantaba	adelantábamos	había adelantado	habíamos adelantado
adelantabas	adelantabais	habías adelantado	habíais adelantado
adelantaba	adelantaban	había adelantado	habían adelantado
3 pretérito		**10 pretérito anterior**	
adelanté	adelantamos	hube adelantado	hubimos adelantado
adelantaste	adelantasteis	hubiste adelantado	hubisteis adelantado
adelantó	adelantaron	hubo adelantado	hubieron adelantado
4 futuro		**11 futuro perfecto**	
adelantaré	adelantaremos	habré adelantado	habremos adelantado
adelantarás	adelantaréis	habrás adelantado	habréis adelantado
adelantará	adelantarán	habrá adelantado	habrán adelantado
5 potencial simple		**12 potencial compuesto**	
adelantaría	adelantaríamos	habría adelantado	habríamos adelantado
adelantarías	adelantaríais	habrías adelantado	habríais adelantado
adelantaría	adelantarían	habría adelantado	habrían adelantado
6 presente de subjuntivo		**13 perfecto de subjuntivo**	
adelante	adelantemos	haya adelantado	hayamos adelantado
adelantes	adelantéis	hayas adelantado	hayáis adelantado
adelante	adelanten	haya adelantado	hayan adelantado
7 imperfecto de subjuntivo		**14 pluscuamperfecto de subjuntivo**	
adelantara	adelantáramos	hubiera adelantado	hubiéramos adelantado
adelantaras	adelantarais	hubieras adelantado	hubierais adelantado
adelantara	adelantaran	hubiera adelantado	hubieran adelantado
OR		OR	
adelantase	adelantasemos	hubiese adelantado	hubiésemos adelantado
adelantases	adelantaseis	hubieses adelantado	hubieseis adelantado
adelantase	adelantasen	hubiese adelantado	hubiesen adelantado

imperativo

—	adelantemos
adelanta; no adelantes	adelantad; no adelantéis
adelante	adelanten

Words and expressions related to this verb

el adelantamiento advance, growth, increase, progress
adelante ahead, forward; **¡Adelante!** Come in! Go ahead!
adelantar dinero to advance money; **un adelanto** advance payment
en adelante in the future
de aquí en adelante henceforth
de hoy en adelante from now on

For other words and expressions related to this verb, see **adelantarse.**

to go forward, to go ahead, to move ahead, to take the lead

The Seven Simple Tenses		The Seven Compound Tenses	
Singular	Plural	Singular	Plural

1 presente de indicativo

me adelanto	nos adelantamos		
te adelantas	os adelantáis		
se adelanta	se adelantan		

8 perfecto de indicativo

me he adelantado	nos hemos adelantado
te has adelantado	os habéis adelantado
se ha adelantado	se han adelantado

2 imperfecto de indicativo

me adelantaba	nos adelantábamos
te adelantabas	os adelantabais
se adelantaba	se adelantaban

9 pluscuamperfecto de indicativo

me había adelantado	nos habíamos adelantado
te habías adelantado	os habíais adelantado
se había adelantado	se habían adelantado

3 pretérito

me adelanté	nos adelantamos
te adelantaste	os adelantasteis
se adelantó	se adelantaron

10 pretérito anterior

me hube adelantado	nos hubimos adelantado
te hubiste adelantado	os hubisteis adelantado
se hubo adelantado	se hubieron adelantado

4 futuro

me adelantaré	nos adelantaremos
te adelantarás	os adelantaréis
se adelantará	se adelantarán

11 futuro perfecto

me habré adelantado	nos habremos adelantado
te habrás adelantado	os habréis adelantado
se habrá adelantado	se habrán adelantado

5 potencial simple

me adelantaría	nos adelantaríamos
te adelantarías	os adelantaríais
se adelantaría	se adelantarían

12 potencial compuesto

me habría adelantado	nos habríamos adelantado
te habrías adelantado	os habríais adelantado
se habría adelantado	se habrían adelantado

6 presente de subjuntivo

me adelante	nos adelantemos
te adelantes	os adelantéis
se adelante	se adelanten

13 perfecto de subjuntivo

me haya adelantado	nos hayamos adelantado
te hayas adelantado	os hayáis adelantado
se haya adelantado	se hayan adelantado

7 imperfecto de subjuntivo

me adelantara	nos adelantáramos
te adelantaras	os adelantarais
se adelantara	se adelantaran
OR	
me adelantase	nos adelantásemos
te adelantases	os adelantaseis
se adelantase	se adelantasen

14 pluscuamperfecto de subjuntivo

me hubiera adelantado	nos hubiéramos adelantado
te hubieras adelantado	os hubierais adelantado
se hubiera adelantado	se hubieran adelantado
OR	
me hubiese adelantado	nos hubiésemos adelantado
te hubieses adelantado	os hubieseis adelantado
se hubiese adelantado	se hubiesen adelantado

imperativo

—	adelantémonos
adelántate; no te adelantes	adelantaos; no os adelantéis
adelántese	adelántense

Words and expressions related to this verb

adelantado, adelantada   bold; anticipated; fast (watch or clock)
adelantadamente   in anticipation, beforehand
más adelante   later on; farther on
llevar adelante   to carry on, to go ahead

For other words and expressions related to this verb, see **adelantar.**

advertir

Gerundio **advirtiendo**   Part. pas. **advertido**

to advise, to give notice, to give warning, to take notice of, to warn

The Seven Simple Tenses		The Seven Compound Tenses	
Singular	Plural	Singular	Plural

1   presente de indicativo

advierto	advertimos
adviertes	advertís
advierte	advierten

8   perfecto de indicativo

he advertido	hemos advertido
has advertido	habéis advertido
ha advertido	han advertido

2   imperfecto de indicativo

advertía	advertíamos
advertías	advertíais
advertía	advertían

9   pluscuamperfecto de indicativo

había advertido	habíamos advertido
habías advertido	habíais advertido
había advertido	habían advertido

3   pretérito

advertí	advertimos
advertiste	advertisteis
advirtió	advirtieron

10   pretérito anterior

hube advertido	hubimos advertido
hubiste advertido	hubisteis advertido
hubo advertido	hubieron advertido

4   futuro

advertiré	advertiremos
advertirás	advertiréis
advertirá	advertirán

11   futuro perfecto

habré advertido	habremos advertido
habrás advertido	habréis advertido
habrá advertido	habrán advertido

5   potencial simple

advertiría	advertiríamos
advertirías	advertiríais
advertiría	advertirían

12   potencial compuesto

habría advertido	habríamos advertido
habrías advertido	habríais advertido
habría advertido	habrían advertido

6   presente de subjuntivo

advierta	advirtamos
adviertas	advirtáis
advierta	adviertan

13   perfecto de subjuntivo

haya advertido	hayamos advertido
hayas advertido	hayáis advertido
haya advertido	hayan advertido

7   imperfecto de subjuntivo

advirtiera	advirtiéramos
advirtieras	advirtierais
advirtiera	advirtieran
OR	
advirtiese	advirtiésemos
advirtieses	advirtieseis
advirtiese	advirtiesen

14   pluscuamperfecto de subjuntivo

hubiera advertido	hubiéramos advertido
hubieras advertido	hubierais advertido
hubiera advertido	hubieran advertido
OR	
hubiese advertido	hubiésemos advertido
hubieses advertido	hubieseis advertido
hubiese advertido	hubiesen advertido

imperativo

—	advirtamos
advierte; no adviertas	advertid; no advirtáis
advierta	adviertan

Words related to this verb

advertido, advertida   skillful, clever
la advertencia   warning, notice, foreword
advertidamente   advisedly

34

to shave oneself

The Seven Simple Tenses		The Seven Compound Tenses	
Singular	Plural	Singular	Plural
1 presente de indicativo		**8 perfecto de indicativo**	
me afeito	nos afeitamos	me he afeitado	nos hemos afeitado
te afeitas	os afeitáis	te has afeitado	os habéis afeitado
se afeita	se afeitan	se ha afeitado	se han afeitado
2 imperfecto de indicativo		**9 pluscuamperfecto de indicativo**	
me afeitaba	nos afeitábamos	me había afeitado	nos habíamos afeitado
te afeitabas	os afeitabais	te habías afeitado	os habíais afeitado
se afeitaba	se afeitaban	se había afeitado	se habían afeitado
3 pretérito		**10 pretérito anterior**	
me afeité	nos afeitamos	me hube afeitado	nos hubimos afeitado
te afeitaste	os afeitasteis	te hubiste afeitado	os hubisteis afeitado
se afeitó	se afeitaron	se hubo afeitado	se hubieron afeitado
4 futuro		**11 futuro perfecto**	
me afeitaré	nos afeitaremos	me habré afeitado	nos habremos afeitado
te afeitarás	os afeitaréis	te habrás afeitado	os habréis afeitado
se afeitará	se afeitarán	se habrá afeitado	se habrán afeitado
5 potencial simple		**12 potencial compuesto**	
me afeitaría	nos afeitaríamos	me habría afeitado	nos habríamos afeitado
te afeitarías	os afeitaríais	te habrías afeitado	os habríais afeitado
se afeitaría	se afeitarían	se habría afeitado	se habrían afeitado
6 presente de subjuntivo		**13 perfecto de subjuntivo**	
me afeite	nos afeitemos	me haya afeitado	nos hayamos afeitado
te afeites	os afeitéis	te hayas afeitado	os hayáis afeitado
se afeite	se afeiten	se haya afeitado	se hayan afeitado
7 imperfecto de subjuntivo		**14 pluscuamperfecto de subjuntivo**	
me afeitara	nos afeitáramos	me hubiera afeitado	nos hubiéramos afeitado
te afeitaras	os afeitarais	te hubieras afeitado	os hubierais afeitado
se afeitara	se afeitaran	se hubiera afeitado	se hubieran afeitado
OR		OR	
me afeitase	nos afeitásemos	me hubiese afeitado	nos hubiésemos afeitado
te afeitases	os afeitaseis	te hubieses afeitado	os hubieseis afeitado
se afeitase	se afeitasen	se hubiese afeitado	se hubiesen afeitado

imperativo

—	**afeitémonos**
aféitate; no te afeites	**afeitaos; no os afeitéis**
aféitese	**aféitense**

Words related to this verb

afeitar   to shave
una afeitada   a shave
el afeite   cosmetic, makeup

Consult the back pages for verbs with prepositions.

to grasp, to obtain, to seize, to catch, to clutch, to come upon

The Seven Simple Tenses		The Seven Compound Tenses	
Singular	Plural	Singular	Plural
1 presente de indicativo		8 perfecto de indicativo	
agarro	agarramos	he agarrado	hemos agarrado
agarras	agarráis	has agarrado	habéis agarrado
agarra	agarran	ha agarrado	han agarrado
2 imperfecto de indicativo		9 pluscuamperfecto de indicativo	
agarraba	agarrábamos	había agarrado	habíamos agarrado
agarrabas	agarrabais	habías agarrado	habíais agarrado
agarraba	agarraban	había agarrado	habían agarrado
3 pretérito		10 pretérito anterior	
agarré	agarramos	hube agarrado	hubimos agarrado
agarraste	agarrasteis	hubiste agarrado	hubisteis agarrado
agarró	agarraron	hubo agarrado	hubieron agarrado
4 futuro		11 futuro perfecto	
agarraré	agarraremos	habré agarrado	habremos agarrado
agarrarás	agarraréis	habrás agarrado	habréis agarrado
agarrará	agarrarán	habrá agarrado	habrán agarrado
5 potencial simple		12 potencial compuesto	
agarraría	agarraríamos	habría agarrado	habríamos agarrado
agarrarías	agarraríais	habrías agarrado	habríais agarrado
agarraría	agarrarían	habría agarrado	habrían agarrado
6 presente de subjuntivo		13 perfecto de subjuntivo	
agarre	agarremos	haya agarrado	hayamos agarrado
agarres	agarréis	hayas agarrado	hayáis agarrado
agarre	agarren	haya agarrado	hayan agarrado
7 imperfecto de subjuntivo		14 pluscuamperfecto de subjuntivo	
agarrara	agarráramos	hubiera agarrado	hubiéramos agarrado
agarraras	agarrarais	hubieras agarrado	hubierais agarrado
agarrara	agarraran	hubiera agarrado	hubieran agarrado
OR		OR	
agarrase	agarrásemos	hubiese agarrado	hubiésemos agarrado
agarrases	agarraseis	hubieses agarrado	hubieseis agarrado
agarrase	agarrasen	hubiese agarrado	hubiesen agarrado

imperativo

—	agarremos
agarra; no agarres	agarrad; no agarréis
agarre	agarren

Words and expressions related to this verb

el agarro grasp	**agarrante** grasping
el agarre handle, hold	**agarrar de un pelo** to provide an excuse
agarrarse a *or* **de** to seize	**desgarrar** to rend, rip, tear

Be sure to consult the back pages for sections on verbs used in idiomatic expressions, verbs with prepositions, and the list of over 1,000 verbs conjugated like model verbs.

to agitate, to wave, to shake up, to stir

The Seven Simple Tenses		The Seven Compound Tenses	
Singular	Plural	Singular	Plural

1   presente de indicativo

agito	agitamos
agitas	agitáis
agita	agitan

8   perfecto de indicativo

he agitado	hemos agitado
has agitado	habéis agitado
ha agitado	han agitado

2   imperfecto de indicativo

agitaba	agitábamos
agitabas	agitabais
agitaba	agitaban

9   pluscuamperfecto de indicativo

había agitado	habíamos agitado
habías agitado	habíais agitado
había agitado	habían agitado

3   pretérito

agité	agitamos
agitaste	agitasteis
agitó	agitaron

10   pretérito anterior

hube agitado	hubimos agitado
hubiste agitado	hubisteis agitado
hubo agitado	hubieron agitado

4   futuro

agitaré	agitaremos
agitarás	agitaréis
agitará	agitarán

11   futuro perfecto

habré agitado	habremos agitado
habrás agitado	habréis agitado
habrá agitado	habrán agitado

5   potencial simple

agitaría	agitaríamos
agitarías	agitaríais
agitaría	agitarían

12   potencial compuesto

habría agitado	habríamos agitado
habrías agitado	habríais agitado
habría agitado	habrían agitado

6   presente de subjuntivo

agite	agitemos
agites	agitéis
agite	agiten

13   perfecto de subjuntivo

haya agitado	hayamos agitado
hayas agitado	hayáis agitado
haya agitado	hayan agitado

7   imperfecto de subjuntivo

agitara	agitáramos
agitaras	agitarais
agitara	agitaran
OR	
agitase	agitásemos
agitases	agitaseis
agitase	agitasen

14   pluscuamperfecto de subjuntivo

hubiera agitado	hubiéramos agitado
hubieras agitado	hubierais agitado
hubiera agitado	hubieran agitado
OR	
hubiese agitado	hubiésemos agitado
hubieses agitado	hubieseis agitado
hubiese agitado	hubiesen agitado

imperativo

—	agitemos
agita; no agites	agitad; no agitéis
agite	agiten

Words related to this verb

la agitación   agitation, excitement
agitado, agitada   agitated, excited

agitable   agitable
un agitador, una agitadora   agitator, shaker

Consult the back pages for over 1,000 verbs conjugated like model verbs.

to thank, to be thankful for

The Seven Simple Tenses		The Seven Compound Tenses	
Singular	Plural	Singular	Plural
1 presente de indicativo		**8 perfecto de indicativo**	
agradezco	agradecemos	he agradecido	hemos agradecido
agradeces	agradecéis	has agradecido	habéis agradecido
agradece	agradecen	ha agradecido	han agradecido
2 imperfecto de indicativo		**9 pluscuamperfecto de indicativo**	
agradecía	agradecíamos	había agradecido	habíamos agradecido
agradecías	agradecíais	habías agradecido	habíais agradecido
agradecía	agradecían	había agradecido	habían agradecido
3 pretérito		**10 pretérito anterior**	
agradecí	agradecimos	hube agradecido	hubimos agradecido
agradeciste	agradecisteis	hubiste agradecido	hubisteis agradecido
agradeció	agradecieron	hubo agradecido	hubieron agradecido
4 futuro		**11 futuro perfecto**	
agradeceré	agradeceremos	habré agradecido	habremos agradecido
agradecerás	agradeceréis	habrás agradecido	habréis agradecido
agradecerá	agradecerán	habrá agradecido	habrán agradecido
5 potencial simple		**12 potencial compuesto**	
agradecería	agradeceríamos	habría agradecido	habríamos agradecido
agradecerías	agradeceríais	habrías agradecido	habríais agradecido
agradecería	agradecerían	habría agradecido	habrían agradecido
6 presente de subjuntivo		**13 perfecto de subjuntivo**	
agradezca	agradezcamos	haya agradecido	hayamos agradecido
agradezcas	agradezcáis	hayas agradecido	hayáis agradecido
agradezca	agradezcan	haya agradecido	hayan agradecido
7 imperfecto de subjuntivo		**14 pluscuamperfecto de subjuntivo**	
agradeciera	agradeciéramos	hubiera agradecido	hubiéramos agradecido
agradecieras	agradecierais	hubieras agradecido	hubierais agradecido
agradeciera	agradecieran	hubiera agradecido	hubieran agradecido
OR		OR	
agradeciese	agradeciésemos	hubiese agradecido	hubiésemos agradecido
agradecieses	agradecieseis	hubieses agradecido	hubieseis agradecido
agradeciese	agradeciesen	hubiese agradecido	hubiesen agradecido

imperativo

—	agradezcamos
agradece; no agradezcas	agradeced; no agradezcáis
agradezca	agradezcan

Words and expressions related to this verb

agradecido, agradecida thankful, grateful
el agradecimiento gratitude, gratefulness

desagradecer to be ungrateful
desagradecidamente ungratefully

Consult the back pages for verbs used in idiomatic expressions.

to enlarge, to grow larger, to increase

The Seven Simple Tenses		The Seven Compound Tenses	
Singular	Plural	Singular	Plural

1 presente de indicativo

		8 perfecto de indicativo	
agrando	agrandamos	he agrandado	hemos agrandado
agrandas	agrandáis	has agrandado	habéis agrandado
agranda	agrandan	ha agrandado	han agrandado

2 imperfecto de indicativo

		9 pluscuamperfecto de indicativo	
agrandaba	agrandábamos	había agrandado	habíamos agrandado
agrandabas	agrandabais	habías agrandado	habíais agrandado
agrandaba	agrandaban	había agrandado	habían agrandado

3 pretérito

		10 pretérito anterior	
agrandé	agrandamos	hube agrandado	hubimos agrandado
agrandaste	agrandasteis	hubiste agrandado	hubisteis agrandado
agrandó	agrandaron	hubo agrandado	hubieron agrandado

4 futuro

		11 futuro perfecto	
agrandaré	agrandaremos	habré agrandado	habremos agrandado
agrandarás	agrandaréis	habrás agrandado	habréis agrandado
agrandará	agrandarán	habrá agrandado	habrán agrandado

5 potencial simple

		12 potencial compuesto	
agrandaría	agrandaríamos	habría agrandado	habríamos agrandado
agrandarías	agrandaríais	habrías agrandado	habríais agrandado
agrandaría	agrandarían	habría agrandado	habrían agrandado

6 presente de subjuntivo

		13 perfecto de subjuntivo	
agrande	agrandemos	haya agrandado	hayamos agrandado
agrandes	agrandéis	hayas agrandado	hayáis agrandado
agrande	agranden	haya agrandado	hayan agrandado

7 imperfecto de subjuntivo

		14 pluscuamperfecto de subjuntivo	
agrandara	agrandáramos	hubiera agrandado	hubiéramos agrandado
agrandaras	agrandarais	hubieras agrandado	hubierais agrandado
agrandara	agrandaran	hubiera agrandado	hubieran agrandado
OR		OR	
agrandase	agrandásemos	hubiese agrandado	hubiésemos agrandado
agrandases	agrandaseis	hubieses agrandado	hubieseis agrandado
agrandase	agrandasen	hubiese agrandado	hubiesen agrandado

imperativo

—		**agrandemos**
	agranda; no agrandes	agrandad; no agrandéis
	agrande	agranden

Words and expressions related to this verb

el agrandamiento aggrandizement, increase
agrandable increasable
grandemente greatly

grande great, big, large, grand, huge
vivir en grande to live high (live it up)
dárselas de grande to swagger

Consult the back pages for Spanish proverbs using verbs.

The subject pronouns are found on the page facing page 1.   **41**

to aggravate, to make worse

The Seven Simple Tenses		The Seven Compound Tenses	
Singular	Plural	Singular	Plural

1 presente de indicativo		8 perfecto de indicativo	
agravo	agravamos	he agravado	hemos agravado
agravas	agraváis	has agravado	habéis agravado
agrava	agravan	ha agravado	han agravado

2 imperfecto de indicativo		9 pluscuamperfecto de indicativo	
agravaba	agravábamos	había agravado	habíamos agravado
agravabas	agravabais	habías agravado	habíais agravado
agravaba	agravaban	había agravado	habían agravado

3 pretérito		10 pretérito anterior	
agravé	agravamos	hube agravado	hubimos agravado
agravaste	agravasteis	hubiste agravado	hubisteis agravado
agravó	agravaron	hubo agravado	hubieron agravado

4 futuro		11 futuro perfecto	
agravaré	agravaremos	habré agravado	habremos agravado
agravarás	agravaréis	habrás agravado	habréis agravado
agravará	agravarán	habrá agravado	habrán agravado

5 potencial simple		12 potencial compuesto	
agravaría	agravaríamos	habría agravado	habríamos agravado
agravarías	agravaríais	habrías agravado	habríais agravado
agravaría	agravarían	habría agravado	habrían agravado

6 presente de subjuntivo		13 perfecto de subjuntivo	
agrave	agravemos	haya agravado	hayamos agravado
agraves	agravéis	hayas agravado	hayáis agravado
agrave	agraven	haya agravado	hayan agravado

7 imperfecto de subjuntivo		14 pluscuamperfecto de subjuntivo	
agravara	agraváramos	hubiera agravado	hubiéramos agravado
agravaras	agravarais	hubieras agravado	hubierais agravado
agravara	agravaran	hubiera agravado	hubieran agravado
OR		OR	
agravase	agravásemos	hubiese agravado	hubiésemos agravado
agravases	agravaseis	hubieses agravado	hubieseis agravado
agravase	agravasen	hubiese agravado	hubiesen agravado

imperativo

—	agravemos
agrava; no agraves	agravad; no agravéis
agrave	agraven

Words related to this verb

agraviadamente offensively
agraviado, agraviada insulted
el agraviamiento offense, wrongful injury

agravante aggravating
una agravación, un agravamiento aggravation

Consult the back pages for weather expressions using verbs.

to add, to collect, to gather, to aggregate, to collate

The Seven Simple Tenses		The Seven Compound Tenses	
Singular	Plural	Singular	Plural

1 presente de indicativo		8 perfecto de indicativo	
agrego	agregamos	he agregado	hemos agregado
agregas	agregáis	has agregado	habéis agregado
agrega	agregan	ha agregado	han agregado

2 imperfecto de indicativo		9 pluscuamperfecto de indicativo	
agregaba	agregábamos	había agregado	habíamos agregado
agregabas	agregabais	habías agregado	habíais agregado
agregaba	agregaban	había agregado	habían agregado

3 pretérito		10 pretérito anterior	
agregué	agregamos	hube agregado	hubimos agregado
agregaste	agregasteis	hubiste agregado	hubisteis agregado
agregó	agregaron	hubo agregado	hubieron agregado

4 futuro		11 futuro perfecto	
agregaré	agregaremos	habré agregado	habremos agregado
agregarás	agregaréis	habrás agregado	habréis agregado
agregará	agregarán	habrá agregado	habrán agregado

5 potencial simple		12 potencial compuesto	
agregaría	agregaríamos	habría agregado	habríamos agregado
agregarías	agregaríais	habrías agregado	habríais agregado
agregaría	agregarían	habría agregado	habrían agregado

6 presente de subjuntivo		13 perfecto de subjuntivo	
agregue	agreguemos	haya agregado	hayamos agregado
agregues	agreguéis	hayas agregado	hayáis agregado
agregue	agreguen	haya agregado	hayan agregado

7 imperfecto de subjuntivo		14 pluscuamperfecto de subjuntivo	
agregara	agregáramos	hubiera agregado	hubiéramos agregado
agregaras	agregarais	hubieras agregado	hubierais agregado
agregara	agregaran	hubiera agregado	hubieran agregado
OR		OR	
agregase	agregásemos	hubiese agregado	hubiésemos agregado
agregases	agregaseis	hubieses agregado	hubieseis agregado
agregase	agregasen	hubiese agregado	hubiesen agregado

imperativo

—	agreguemos
agrega; no agregues	agregad; no agreguéis
agregue	agreguen

Words and expressions related to this verb

la agregación, el agregamiento aggregation   **un agregado commercial** commercial attaché
agredable aggregate

Consult the back pages for over 1,000 Spanish verbs conjugated like model verbs among the 501 in this book.

to group

The Seven Simple Tenses		The Seven Compound Tenses	
Singular	Plural	Singular	Plural
1　presente de indicativo		8　perfecto de indicativo	
agrupo	agrupamos	he agrupado	hemos agrupado
agrupas	agrupáis	has agrupado	habéis agrupado
agrupa	agrupan	ha agrupado	han agrupado
2　imperfecto de indicativo		9　pluscuamperfecto de indicativo	
agrupaba	agrupábamos	había agrupado	habíamos agrupado
agrupabas	agrupabais	habías agrupado	habíais agrupado
agrupaba	agrupaban	había agrupado	habían agrupado
3　pretérito		10　pretérito anterior	
agrupé	agrupamos	hube agrupado	hubimos agrupado
agrupaste	agrupasteis	hubiste agrupado	hubisteis agrupado
agrupó	agruparon	hubo agrupado	hubieron agrupado
4　futuro		11　futuro perfecto	
agruparé	agruparemos	habré agrupado	habremos agrupado
agruparás	agruparéis	habrás agrupado	habréis agrupado
agrupará	agruparán	habrá agrupado	habrán agrupado
5　potencial simple		12　potencial compuesto	
agruparía	agruparíamos	habría agrupado	habríamos agrupado
agruparías	agruparíais	habrías agrupado	habríais agrupado
agruparía	agruparían	habría agrupado	habrían agrupado
6　presente de subjuntivo		13　perfecto de subjuntivo	
agrupe	agrupemos	haya agrupado	hayamos agrupado
agrupes	agrupéis	hayas agrupado	hayáis agrupado
agrupe	agrupen	haya agrupado	hayan agrupado
7　imperfecto de subjuntivo		14　pluscuamperfecto de subjuntivo	
agrupara	agrupáramos	hubiera agrupado	hubiéramos agrupado
agruparas	agruparais	hubieras agrupado	hubierais agrupado
agrupara	agruparan	hubiera agrupado	hubieran agrupado
OR		OR	
agrupase	agrupásemos	hubiese agrupado	hubiésemos agrupado
agrupases	agrupaseis	hubieses agrupado	hubieseis agrupado
agrupase	agrupasen	hubiese agrupado	hubiesen agrupado

imperativo	
—	agrupemos
agrupa; no agrupes	agrupad; no agrupéis
agrupe	agrupen

Words related to this verb

una agrupación, un agrupamiento group (cluster)　　　**un grupo** group
agrupado, agrupada grouped

Consult the back pages for verbs used in idiomatic expressions.

to expect, to wait for

The Seven Simple Tenses		The Seven Compound Tenses	
Singular	Plural	Singular	Plural

1 presente de indicativo		8 perfecto de indicativo	
aguardo	aguardamos	he aguardado	hemos aguardado
aguardas	aguardáis	has aguardado	habéis aguardado
aguarda	aguardan	ha aguardado	han aguardado

2 imperfecto de indicativo		9 pluscuamperfecto de indicativo	
aguardaba	aguardábamos	había aguardado	habíamos aguardado
aguardabas	aguardabais	habías aguardado	habíais aguardado
aguardaba	aguardaban	había aguardado	habían aguardado

3 pretérito		10 pretérito anterior	
aguardé	aguardamos	hube aguardado	hubimos aguardado
aguardaste	aguardasteis	hubiste aguardado	hubisteis aguardado
aguardó	aguardaron	hubo aguardado	hubieron aguardado

4 futuro		11 futuro perfecto	
aguardaré	aguardaremos	habré aguardado	habremos aguardado
aguardarás	aguardaréis	habrás aguardado	habréis aguardado
aguardará	aguardarán	habrá aguardado	habrán aguardado

5 potencial simple		12 potencial compuesto	
aguardaría	aguardaríamos	habría aguardado	habríamos aguardado
aguardarías	aguardaríais	habrías aguardado	habríais aguardado
aguardaría	aguardarían	habría aguardado	habrían aguardado

6 presente de subjuntivo		13 perfecto de subjuntivo	
aguarde	aguardemos	haya aguardado	hayamos aguardado
aguardes	aguardéis	hayas aguardado	hayáis aguardado
aguarde	aguarden	haya aguardado	hayan aguardado

7 imperfecto de subjuntivo		14 pluscuamperfecto de subjuntivo	
aguardara	aguardáramos	hubiera aguardado	hubiéramos aguardado
aguardaras	aguardarais	hubieras aguardado	hubierais aguardado
aguardara	aguardaran	hubiera aguardado	hubieran aguardado
OR		OR	
aguardase	aguardásemos	hubiese aguardado	hubiésemos aguardado
aguardases	aguardaseis	hubieses aguardado	hubieseis aguardado
aguardase	aguardasen	hubiese aguardado	hubiesen aguardado

imperativo

—	aguardemos
aguarda; no aguardes	aguardad; no aguardéis
aguarde	aguarden

Words and expressions related to this verb

la aguardada   expecting, waiting   **guardar silencio**   to keep silent
guardar   to guard, to watch (over)   **¡Dios guarde al Rey!**   God save the King!

Consult the sections on verbs used in idiomatic expressions, verbs with prepositions, and the list of over 1,000 verbs conjugated like model verbs in the back pages.

to economize, to save

The Seven Simple Tenses		The Seven Compound Tenses	
Singular	Plural	Singular	Plural

1 presente de indicativo		8 perfecto de indicativo	
ahorro	ahorramos	he ahorrado	hemos ahorrado
ahorras	ahorráis	has ahorrado	habéis ahorrado
ahorra	ahorran	ha ahorrado	han ahorrado

2 imperfecto de indicativo		9 pluscuamperfecto de indicativo	
ahorraba	ahorrábamos	había ahorrado	habíamos ahorrado
ahorrabas	ahorrabais	habías ahorrado	habíais ahorrado
ahorraba	ahorraban	había ahorrado	habían ahorrado

3 pretérito		10 pretérito anterior	
ahorré	ahorramos	hube ahorrado	hubimos ahorrado
ahorraste	ahorrasteis	hubiste ahorrado	hubisteis ahorrado
ahorró	ahorraron	hubo ahorrado	hubieron ahorrado

4 futuro		11 futuro perfecto	
ahorraré	ahorraremos	habré ahorrado	habremos ahorrado
ahorrarás	ahorraréis	habrás ahorrado	habréis ahorrado
ahorrará	ahorrarán	habrá ahorrado	habrán ahorrado

5 potencial simple		12 potencial compuesto	
ahorraría	ahorraríamos	habría ahorrado	habríamos ahorrado
ahorrarías	ahorraríais	habrías ahorrado	habríais ahorrado
ahorraría	ahorrarían	habría ahorrado	habrían ahorrado

6 presente de subjuntivo		13 perfecto de subjuntivo	
ahorre	ahorremos	haya ahorrado	hayamos ahorrado
ahorres	ahorréis	hayas ahorrado	hayáis ahorrado
ahorre	ahorren	haya ahorrado	hayan ahorrado

7 imperfecto de subjuntivo		14 pluscuamperfecto de subjuntivo	
ahorrara	ahorráramos	hubiera ahorrado	hubiéramos ahorrado
ahorraras	ahorrarais	hubieras ahorrado	hubierais ahorrado
ahorrara	ahorraran	hubiera ahorrado	hubieran ahorrado
OR		OR	
ahorrase	ahorrásemos	hubiese ahorrado	hubiésemos ahorrado
ahorrases	ahorraseis	hubieses ahorrado	hubieseis ahorrado
ahorrase	ahorrasen	hubiese ahorrado	hubiesen ahorrado

imperativo	
—	ahorremos
ahorra; no ahorres	ahorrad; no ahorréis
ahorre	ahorren

Words and expressions related to this verb

ahorrado, ahorrada thrifty
un ahorrador de tiempo time saver

el ahorramiento saving, economy
no ahorrarse con nadie not to be afraid of anybody

Consult the back pages for Spanish proverbs using verbs.

to reach, to overtake

The Seven Simple Tenses		The Seven Compound Tenses	
Singular	Plural	Singular	Plural
1 presente de indicativo		**8 perfecto de indicativo**	
alcanzo	alcanzamos	he alcanzado	hemos alcanzado
alcanzas	alcanzáis	has alcanzado	habéis alcanzado
alcanza	alcanzan	ha alcanzado	han alcanzado
2 imperfecto de indicativo		**9 pluscuamperfecto de indicativo**	
alcanzaba	alcanzábamos	había alcanzado	habíamos alcanzado
alcanzabas	alcanzabais	habías alcanzado	habíais alcanzado
alcanzaba	alcanzaban	había alcanzado	habían alcanzado
3 pretérito		**10 pretérito anterior**	
alcancé	alcanzamos	hube alcanzado	hubimos alcanzado
alcanzaste	alcanzasteis	hubiste alcanzado	hubisteis alcanzado
alcanzó	alcanzaron	hubo alcanzado	hubieron alcanzado
4 futuro		**11 futuro perfecto**	
alcanzaré	alcanzaremos	habré alcanzado	habremos alcanzado
alcanzarás	alcanzaréis	habrás alcanzado	habréis alcanzado
alcanzará	alcanzarán	habrá alcanzado	habrán alcanzado
5 potencial simple		**12 potencial compuesto**	
alcanzaría	alcanzaríamos	habría alcanzado	habríamos alcanzado
alcanzarías	alcanzaríais	habrías alcanzado	habríais alcanzado
alcanzaría	alcanzarían	habría alcanzado	habrían alcanzado
6 presente de subjuntivo		**13 perfecto de subjuntivo**	
alcance	alcancemos	haya alcanzado	hayamos alcanzado
alcances	alcancéis	hayas alcanzado	hayáis alcanzado
alcance	alcancen	haya alcanzado	hayan alcanzado
7 imperfecto de subjuntivo		**14 pluscuamperfecto de subjuntivo**	
alcanzara	alcanzáramos	hubiera alcanzado	hubiéramos alcanzado
alcanzaras	alcanzarais	hubieras alcanzado	hubierais alcanzado
alcanzara	alcanzaran	hubiera alcanzado	hubieran alcanzado
OR		OR	
alcanzase	alcanzásemos	hubiese alcanzado	hubiésemos alcanzado
alcanzases	alcanzaseis	hubieses alcanzado	hubieseis alcanzado
alcanzase	alcanzasen	hubiese alcanzado	hubiesen alcanzado

imperativo	
—	alcancemos
alcanza; no alcances	alcanzad; no alcancéis
alcance	alcancen

Words and expressions related to this verb

el alcance   overtaking, reach
al alcance de   within reach of
dar alcance a   to overtake

Consult the back pages for verbs with prepositions.

to be glad, to rejoice

The Seven Simple Tenses		The Seven Compound Tenses	
Singular	Plural	Singular	Plural

1 presente de indicativo		8 perfecto de indicativo	
me alegro	nos alegramos	me he alegrado	nos hemos alegrado
te alegras	os alegráis	te has alegrado	os habéis alegrado
se alegra	se alegran	se ha alegrado	se han alegrado

2 imperfecto de indicativo		9 pluscuamperfecto de indicativo	
me alegraba	nos alegrábamos	me había alegrado	nos habíamos alegrado
te alegrabas	os alegrabais	te habías alegrado	os habíais alegrado
se alegraba	se alegraban	se había alegrado	se habían alegrado

3 pretérito		10 pretérito anterior	
me alegré	nos alegramos	me hube alegrado	nos hubimos alegrado
te alegraste	os alegrasteis	te hubiste alegrado	os hubisteis alegrado
se alegró	se alegraron	se hubo alegrado	se hubieron alegrado

4 futuro		11 futuro perfecto	
me alegraré	nos alegraremos	me habré alegrado	nos habremos alegrado
te alegrarás	os alegraréis	te habrás alegrado	os habréis alegrado
se alegrará	se alegrarán	se habrá alegrado	se habrán alegrado

5 potencial simple		12 potencial compuesto	
me alegraría	nos alegraríamos	me habría alegrado	nos habríamos alegrado
te alegrarías	os alegraríais	te habrías alegrado	os habríais alegrado
se alegraría	se alegrarían	se habría alegrado	se habrían alegrado

6 presente de subjuntivo		13 perfecto de subjuntivo	
me alegre	nos alegremos	me haya alegrado	nos hayamos alegrado
te alegres	os alegréis	te hayas alegrado	os hayáis alegrado
se alegre	se alegren	se haya alegrado	se hayan alegrado

7 imperfecto de subjuntivo		14 pluscuamperfecto de subjuntivo	
me alegrara	nos alegráramos	me hubiera alegrado	nos hubiéramos alegrado
te alegraras	os alegrarais	te hubieras alegrado	os hubierais alegrado
se alegrara	se alegraran	se hubiera alegrado	se hubieran alegrado
OR		OR	
me alegrase	nos alegrásemos	me hubiese alegrado	nos hubiésemos alegrado
te alegrases	os alegraseis	te hubieses alegrado	os hubieseis alegrado
se alegrase	se alegrasen	se hubiese alegrado	se hubiesen alegrado

	imperativo	
—		alegrémonos
	alégrate; no te alegres	alegraos; no os alegréis
	alégrese	alégrense

Words related to this verb

la alegría   joy, rejoicing, mirth
alegro   allegro

alegremente   gladly, cheerfully
alegre   happy, joyful, merry

to lunch, to have lunch

The Seven Simple Tenses		The Seven Compound Tenses	
Singular	Plural	Singular	Plural

1 presente de indicativo		8 perfecto de indicativo	
almuerzo	almorzamos	he almorzado	hemos almorzado
almuerzas	almorzáis	has almorzado	habéis almorzado
almuerza	almuerzan	ha almorzado	han almorzado

2 imperfecto de indicativo		9 pluscuamperfecto de indicativo	
almorzaba	almorzábamos	había almorzado	habíamos almorzado
almorzabas	almorzabais	habías almorzado	habíais almorzado
almorzaba	almorzaban	había almorzado	habían almorzado

3 pretérito		10 pretérito anterior	
almorcé	almorzamos	hube almorzado	hubimos almorzado
almorzaste	almorzasteis	hubiste almorzado	hubisteis almorzado
almorzó	almorzaron	hubo almorzado	hubieron almorzado

4 futuro		11 futuro perfecto	
almorzaré	almorzaremos	habré almorzado	habremos almorzado
almorzarás	almorzaréis	habrás almorzado	habréis almorzado
almorzará	almorzarán	habrá almorzado	habrán almorzado

5 potencial simple		12 potencial compuesto	
almorzaría	almorzaríamos	habría almorzado	habríamos almorzado
almorzarías	almorzaríais	habrías almorzado	habríais almorzado
almorzaría	almorzarían	habría almorzado	habrían almorzado

6 presente de subjuntivo		13 perfecto de subjuntivo	
almuerce	almorcemos	haya almorzado	hayamos almorzado
almuerces	almorcéis	hayas almorzado	hayáis almorzado
almuerce	almuercen	haya almorzado	hayan almorzado

7 imperfecto de subjuntivo		14 pluscuamperfecto de subjuntivo	
almorzara	almorzáramos	hubiera almorzado	hubiéramos almorzado
almorzaras	almorzarais	hubieras almorzado	hubierais almorzado
almorzara	almorzaran	hubiera almorzado	hubieran almorzado
OR		OR	
almorzase	almorzásemos	hubiese almorzado	hubiésemos almorzado
almorzases	almorzaseis	hubieses almorzado	hubieseis almorzado
almorzase	almorzasen	hubiese almorzado	hubiesen almorzado

	imperativo		
	—	almorcemos	
	almuerza; no almuerces	almorzad; no almorcéis	
	almuerce	almuercen	

Sentences using this verb and words related to it

**Todos los días tomo el desayuno en casa, tomo el almuerzo en la escuela con mis amigos, y
ceno con mi familia a las ocho.**

el desayuno   breakfast   **la cena**   dinner, supper
el almuerzo   lunch   **cenar**   to have dinner, supper

to be (get) high, to get tipsy, to become lively (from liquor)

The Seven Simple Tenses		The Seven Compound Tenses	
Singular	Plural	Singular	Plural

1 presente de indicativo

		8 perfecto de indicativo	
me alumbro	nos alumbramos	me he alumbrado	nos hemos alumbrado
te alumbras	os alumbráis	te has alumbrado	os habéis alumbrado
se alumbra	se alumbran	se ha alumbrado	se han alumbrado

2 imperfecto de indicativo

		9 pluscuamperfecto de indicativo	
me alumbraba	nos alumbrábamos	me había alumbrado	nos habíamos alumbrado
te alumbrabas	os alumbrabais	te habías alumbrado	os habíais alumbrado
se alumbraba	se alumbraban	se había alumbrado	se habían alumbrado

3 pretérito

		10 pretérito anterior	
me alumbré	nos alumbramos	me hube alumbrado	nos hubimos alumbrado
te alumbraste	os alumbrasteis	te hubiste alumbrado	os hubisteis alumbrado
se alumbró	se alumbraron	se hubo alumbrado	se hubieron alumbrado

4 futuro

		11 futuro perfecto	
me alumbraré	nos alumbraremos	me habré alumbrado	nos habremos alumbrado
te alumbrarás	os alumbraréis	te habrás alumbrado	os habréis alumbrado
se alumbrará	se alumbrarán	se habrá alumbrado	se habrán alumbrado

5 potencial simple

		12 potencial compuesto	
me alumbraría	nos alumbraríamos	me habría alumbrado	nos habríamos alumbrado
te alumbrarías	os alumbraríais	te habrías alumbrado	os habríais alumbrado
se alumbraría	se alumbrarían	se habría alumbrado	se habrían alumbrado

6 presente de subjuntivo

		13 perfecto de subjuntivo	
me alumbre	nos alumbremos	me haya alumbrado	nos hayamos alumbrado
te alumbres	os alumbréis	te hayas alumbrado	os hayáis alumbrado
se alumbre	se alumbren	se haya alumbrado	se hayan alumbrado

7 imperfecto de subjuntivo

		14 pluscuamperfecto de subjuntivo	
me alumbrara	nos alumbráramos	me hubiera alumbrado	nos hubiéramos alumbrado
te alumbraras	os alumbrarais	te hubieras alumbrado	os hubierais alumbrado
se alumbrara	se alumbraran	se hubiera alumbrado	se hubieran alumbrado
OR		OR	
me alumbrase	nos alumbrásemos	me hubiese alumbrado	nos hubiésemos alumbrado
te alumbrases	os alumbraseis	te hubieses alumbrado	os hubieseis alumbrado
se alumbrase	se alumbrasen	se hubiese alumbrado	se hubiesen alumbrado

imperativo	
—	alumbrémonos
alúmbrate; no te alumbres	alumbraos; no os alumbréis
alúmbrese	alúmbrense

For words and expressions related to this verb, see **alumbrar**.

Be sure to consult the back pages for sections on verbs used in idiomatic expressions, verbs with prepositions, and the list of over 1,000 verbs conjugated like model verbs.

to heave, to lift, to pick up, to raise (prices)

The Seven Simple Tenses		The Seven Compound Tenses	
Singular	Plural	Singular	Plural

1 presente de indicativo

		8 perfecto de indicativo	
alzo	alzamos	he alzado	hemos alzado
alzas	alzáis	has alzado	habéis alzado
alza	alzan	ha alzado	han alzado

2 imperfecto de indicativo

		9 pluscuamperfecto de indicativo	
alzaba	alzábamos	había alzado	habíamos alzado
alzabas	alzabais	habías alzado	habíais alzado
alzaba	alzaban	había alzado	habían alzado

3 pretérito

		10 pretérito anterior	
alcé	alzamos	hube alzado	hubimos alzado
alzaste	alzasteis	hubiste alzado	hubisteis alzado
alzó	alzaron	hubo alzado	hubieron alzado

4 futuro

		11 futuro perfecto	
alzaré	alzaremos	habré alzado	habremos alzado
alzarás	alzaréis	habrás alzado	habréis alzado
alzará	alzarán	habrá alzado	habrán alzado

5 potencial simple

		12 potencial compuesto	
alzaría	alzaríamos	habría alzado	habríamos alzado
alzarías	alzaríais	habrías alzado	habríais alzado
alzaría	alzarían	habría alzado	habrían alzado

6 presente de subjuntivo

		13 perfecto de subjuntivo	
alce	alcemos	haya alzado	hayamos alzado
alces	alcéis	hayas alzado	hayáis alzado
alce	alcen	haya alzado	hayan alzado

7 imperfecto de subjuntivo

		14 pluscuamperfecto de subjuntivo	
alzara	alzáramos	hubiera alzado	hubiéramos alzado
alzaras	alzarais	hubieras alzado	hubierais alzado
alzara	alzaran	hubiera alzado	hubieran alzado
OR		OR	
alzase	alzásemos	hubiese alzado	hubiésemos alzado
alzases	alzaseis	hubieses alzado	hubieseis alzado
alzase	alzasen	hubiese alzado	hubiesen alzado

imperativo	
—	alcemos
alza; no alces	alzad; no alcéis
alce	alcen

Words and expressions related to this verb

alzar velas   to set the sails
alzar con   to run off with, to steal
la alzadura   elevation
el alzamiento   raising, lifting

to love

The Seven Simple Tenses		The Seven Compound Tenses	
Singular	Plural	Singular	Plural
1 presente de indicativo		**8 perfecto de indicativo**	
amo	amamos	he amado	hemos amado
amas	amáis	has amado	habéis amado
ama	aman	ha amado	han amado
2 imperfecto de indicativo		**9 pluscuamperfecto de indicativo**	
amaba	amábamos	había amado	habíamos amado
amabas	amabais	habías amado	habíais amado
amaba	amaban	había amado	habían amado
3 pretérito		**10 pretérito anterior**	
amé	amamos	hube amado	hubimos amado
amaste	amasteis	hubiste amado	hubisteis amado
amó	amaron	hubo amado	hubieron amado
4 futuro		**11 futuro perfecto**	
amaré	amaremos	habré amado	habremos amado
amarás	amaréis	habrás amado	habréis amado
amará	amarán	habrá amado	habrán amado
5 potencial simple		**12 potencial compuesto**	
amaría	amaríamos	habría amado	habríamos amado
amarías	amaríais	habrías amado	habríais amado
amaría	amarían	habría amado	habrían amado
6 presente de subjuntivo		**13 perfecto de subjuntivo**	
ame	amemos	haya amado	hayamos amado
ames	améis	hayas amado	hayáis amado
ame	amen	haya amado	hayan amado
7 imperfecto de subjuntivo		**14 pluscuamperfecto de subjuntivo**	
amara	amáramos	hubiera amado	hubiéramos amado
amaras	amarais	hubieras amado	hubierais amado
amara	amaran	hubiera amado	hubieran amado
OR		OR	
amase	amásemos	hubiese amado	hubiésemos amado
amases	amaseis	hubieses amado	hubieseis amado
amase	amasen	hubiese amado	hubiesen amado

	imperativo
—	amemos
ama; no ames	amad; no améis
ame	amen

Words related to this verb

la amabilidad amiability, kindness   **amablemente** amiably, kindly
amable amiable, kind, affable   **el amor** love

Consult the back pages for verbs used in idiomatic expressions.

The Seven Simple Tenses		The Seven Compound Tenses	
Singular	Plural	Singular	Plural
1 presente de indicativo		**8 perfecto de indicativo**	
ando	**andamos**	**he andado**	**hemos andado**
andas	**andáis**	**has andado**	**habéis andado**
anda	**andan**	**ha andado**	**han andado**
2 imperfecto de indicativo		**9 pluscuamperfecto de indicativo**	
andaba	**andábamos**	**había andado**	**habíamos andado**
andabas	**andabais**	**habías andado**	**habíais andado**
andaba	**andaban**	**había andado**	**habían andado**
3 pretérito		**10 pretérito anterior**	
anduve	**anduvimos**	**hube andado**	**hubimos andado**
anduviste	**anduvisteis**	**hubiste andado**	**hubisteis andado**
anduvo	**anduvieron**	**hubo andado**	**hubieron andado**
4 futuro		**11 futuro perfecto**	
andaré	**andaremos**	**habré andado**	**habremos andado**
andarás	**andaréis**	**habrás andado**	**habréis andado**
andará	**andarán**	**habrá andado**	**habrán andado**
5 potencial simple		**12 potencial compuesto**	
andaría	**andaríamos**	**habría andado**	**habríamos andado**
andarías	**andaríais**	**habrías andado**	**habríais andado**
andaría	**andarían**	**habría andado**	**habrían andado**
6 presente de subjuntivo		**13 perfecto de subjuntivo**	
ande	**andemos**	**haya andado**	**hayamos andado**
andes	**andéis**	**hayas andado**	**hayáis andado**
ande	**anden**	**haya andado**	**hayan andado**
7 imperfecto de subjuntivo		**14 pluscuamperfecto de subjuntivo**	
anduviera	**anduviéramos**	**hubiera andado**	**hubiéramos andado**
anduvieras	**anduvierais**	**hubieras andado**	**hubierais andado**
anduviera	**anduvieran**	**hubiera andado**	**hubieran andado**
OR		OR	
anduviese	**anduviésemos**	**hubiese andado**	**hubiésemos andado**
anduvieses	**anduvieseis**	**hubieses andado**	**hubieseis andado**
anduviese	**anduviesen**	**hubiese andado**	**hubiesen andado**

imperativo

—	**andemos**
anda; no andes	**andad; no andéis**
ande	**anden**

Words and expressions related to this verb

las andanzas running about
buena andanza good fortune
mala andanza bad fortune

a todo andar at full speed
a largo andar in the long run
desandar to retrace

Anda despacio que tengo prisa. Make haste slowly.
Dime con quien andas y te diré quien eres. Tell me who your friends are and I will tell you who you are.

to announce, to foretell, to proclaim

The Seven Simple Tenses		The Seven Compound Tenses	
Singular	Plural	Singular	Plural

1   presente de indicativo

anuncio	anunciamos	
anuncias	anunciáis	
anuncia	anuncian	

8   perfecto de indicativo

he anunciado	hemos anunciado
has anunciado	habéis anunciado
ha anunciado	han anunciado

2   imperfecto de indicativo

anunciaba	anunciábamos
anunciabas	anunciabais
anunciaba	anunciaban

9   pluscuamperfecto de indicativo

había anunciado	habíamos anunciado
habías anunciado	habíais anunciado
había anunciado	habían anunciado

3   pretérito

anuncié	anunciamos
anunciaste	anunciasteis
anunció	anunciaron

10   pretérito anterior

hube anunciado	hubimos anunciado
hubiste anunciado	hubisteis anunciado
hubo anunciado	hubieron anunciado

4   futuro

anunciaré	anunciaremos
anunciarás	anunciaréis
anunciará	anunciarán

11   futuro perfecto

habré anunciado	habremos anunciado
habrás anunciado	habréis anunciado
habrá anunciado	habrán anunciado

5   potencial simple

anunciaría	anunciaríamos
anunciarías	anunciaríais
anunciaría	anunciarían

12   potencial compuesto

habría anunciado	habríamos anunciado
habrías anunciado	habríais anunciado
habría anunciado	habrían anunciado

6   presente de subjuntivo

anuncie	anunciemos
anuncies	anunciéis
anuncie	anuncien

13   perfecto de subjuntivo

haya anunciado	hayamos anunciado
hayas anunciado	hayáis anunciado
haya anunciado	hayan anunciado

7   imperfecto de subjuntivo

anunciara	anunciáramos
anunciaras	anunciarais
anunciara	anunciaran
OR	
anunciase	anunciásemos
anunciases	anunciaseis
anunciase	anunciasen

14   pluscuamperfecto de subjuntivo

hubiera anunciado	hubiéramos anunciado
hubieras anunciado	hubierais anunciado
hubiera anunciado	hubieran anunciado
OR	
hubiese anunciado	hubiésemos anunciado
hubieses anunciado	hubieseis anunciado
hubiese anunciado	hubiesen anunciado

imperativo

—	anunciemos
anuncia; no anuncies	anunciad; no anunciéis
anuncie	anuncien

Words related to this verb

el, la anunciante advertiser
la Anunciación Annunciation
el anunciador, la anunciadora advertiser, announcer
un anuncio advertisement, announcement

The Seven Simple Tenses		The Seven Compound Tenses	
Singular	Plural	Singular	Plural

1 presente de indicativo		8 perfecto de indicativo	
añado	añadimos	he añadido	hemos añadido
añades	añadís	has añadido	habéis añadido
añade	añaden	ha añadido	han añadido

2 imperfecto de indicativo		9 pluscuamperfecto de indicativo	
añadía	añadíamos	había añadido	habíamos añadido
añadías	añadíais	habías añadido	habíais añadido
añadía	añadían	había añadido	habían añadido

3 pretérito		10 pretérito anterior	
añadí	añadimos	hube añadido	hubimos añadido
añadiste	añadisteis	hubiste añadido	hubisteis añadido
añadió	añadieron	hubo añadido	hubieron añadido

4 futuro		11 futuro perfecto	
añadiré	añadiremos	habré añadido	habremos añadido
añadirás	añadiréis	habrás añadido	habréis añadido
añadirá	añadirán	habrá añadido	habrán añadido

5 potencial simple		12 potencial compuesto	
añadiría	añadiríamos	habría añadido	habríamos añadido
añadirías	añadiríais	habrías añadido	habríais añadido
añadiría	añadirían	habría añadido	habrían añadido

6 presente de subjuntivo		13 perfecto de subjuntivo	
añada	añadamos	haya añadido	hayamos añadido
añadas	añadáis	hayas añadido	hayáis añadido
añada	añadan	haya añadido	hayan añadido

7 imperfecto de subjuntivo		14 pluscuamperfecto de subjuntivo	
añadiera	añadiéramos	hubiera añadido	hubiéramos añadido
añadieras	añadierais	hubieras añadido	hubierais añadido
añadiera	añadieran	hubiera añadido	hubieran añadido
OR		OR	
añadiese	añadiésemos	hubiese añadido	hubiésemos añadido
añadieses	añadieseis	hubieses añadido	hubieseis añadido
añadiese	añadiesen	hubiese añadido	hubiesen añadido

imperativo

—	añadamos
añade; no añadas	añadid; no añadáis
añada	añadan

Words and expressions related to this verb

la añadidura   increase, addition   **el añadimiento**   addition
por añadidura   in addition   **añadido, añadida**   added, additional

Consult the back pages for verbs used in idioms.

to put out (flame, fire), to extinguish, to turn off (flame, fire, light)

The Seven Simple Tenses		The Seven Compound Tenses	
Singular	Plural	Singular	Plural
1 presente de indicativo		**8 perfecto de indicativo**	
apago	apagamos	he apagado	hemos apagado
apagas	apagáis	has apagado	habéis apagado
apaga	apagan	ha apagado	han apagado
2 imperfecto de indicativo		**9 pluscuamperfecto de indicativo**	
apagaba	apagábamos	había apagado	habíamos apagado
apagabas	apagabais	habías apagado	habíais apagado
apagaba	apagaban	había apagado	habían apagado
3 pretérito		**10 pretérito anterior**	
apagué	apagamos	hube apagado	hubimos apagado
apagaste	apagasteis	hubiste apagado	hubisteis apagado
apagó	apagaron	hubo apagado	hubieron apagado
4 futuro		**11 futuro perfecto**	
apagaré	apagaremos	habré apagado	habremos apagado
apagarás	apagaréis	habrás apagado	habréis apagado
apagará	apagarán	habrá apagado	habrán apagado
5 potencial simple		**12 potencial compuesto**	
apagaría	apagaríamos	habría apagado	habríamos apagado
apagarías	apagaríais	habrías apagado	habríais apagado
apagaría	apagarían	habría apagado	habrían apagado
6 presente de subjuntivo		**13 perfecto de subjuntivo**	
apague	apaguemos	haya apagado	hayamos apagado
apagues	apaguéis	hayas apagado	hayáis apagado
apague	apaguen	haya apagado	hayan apagado
7 imperfecto de subjuntivo		**14 pluscuamperfecto de subjuntivo**	
apagara	apagáramos	hubiera apagado	hubiéramos apagado
apagaras	apagarais	hubieras apagado	hubierais apagado
apagara	apagaran	hubiera apagado	hubieran apagado
OR		OR	
apagase	apagásemos	hubiese apagado	hubiésemos apagado
apagases	apagaseis	hubieses apagado	hubieseis apagado
apagase	apagasen	hubiese apagado	hubiesen apagado

	imperativo	
—	apaguemos
apaga; no apagues	apagad; no apaguéis
apague	apaguen

Words and expressions related to this verb

el apagafuegos, el apagaincendios   fire extinguisher
apagadizo, apagadiza   fire resistant
¡Apaga y vámonos!   Let's end this and let's go! Let's put an end to all this!

The Seven Simple Tenses | The Seven Compound Tenses

Singular	Plural	Singular	Plural

1 presente de indicativo
aparezco | aparecemos
apareces | aparecéis
aparece | aparecen

8 perfecto de indicativo
he aparecido | hemos aparecido
has aparecido | habéis aparecido
ha aparecido | han aparecido

2 imperfecto de indicativo
aparecía | aparecíamos
aparecías | aparecíais
aparecía | aparecían

9 pluscuamperfecto de indicativo
había aparecido | habíamos aparecido
habías aparecido | habíais aparecido
había aparecido | habían aparecido

3 pretérito
aparecí | aparecimos
apareciste | aparecisteis
apareció | aparecieron

10 pretérito anterior
hube aparecido | hubimos aparecido
hubiste aparecido | hubisteis aparecido
hubo aparecido | hubieron aparecido

4 futuro
apareceré | apareceremos
aparecerás | apareceréis
aparecerá | aparecerán

11 futuro perfecto
habré aparecido | habremos aparecido
habrás aparecido | habréis aparecido
habrá aparecido | habrán aparecido

5 potencial simple
aparecería | apareceríamos
aparecerías | apareceríais
aparecería | aparecerían

12 potencial compuesto
habría aparecido | habríamos aparecido
habrías aparecido | habríais aparecido
habría aparecido | habrían aparecido

6 presente de subjuntivo
aparezca | aparezcamos
aparezcas | aparezcáis
aparezca | aparezcan

13 perfecto de subjuntivo
haya aparecido | hayamos aparecido
hayas aparecido | hayáis aparecido
haya aparecido | hayan aparecido

7 imperfecto de subjuntivo
apareciera | apareciéramos
aparecieras | aparecierais
apareciera | aparecieran
OR
apareciese | apareciésemos
aparecieses | aparecieseis
apareciese | apareciesen

14 pluscuamperfecto de subjuntivo
hubiera aparecido | hubiéramos aparecido
hubieras aparecido | hubierais aparecido
hubiera aparecido | hubieran aparecido
OR
hubiese aparecido | hubiésemos aparecido
hubieses aparecido | hubieseis aparecido
hubiese aparecido | hubiesen aparecido

imperativo

— | aparezcamos
aparece; no aparezcas | apareced; no aparezcáis
aparezca | aparezcan

Words and expressions related to this verb

un aparecimiento apparition
un aparecido ghost
una aparición apparition, appearance
parecer to seem, to appear
parecerse a to look alike

aparecerse en casa to arrive home
  unexpectedly
aparecerse a alguno to see a ghost
aparecerse entre sueños to see someone
  in a dream

The subject pronouns are found on the page facing page 1.

59

The Seven Simple Tenses		The Seven Compound Tenses	
Singular	Plural	Singular	Plural

1 presente de indicativo		8 perfecto de indicativo	
aplaudo	aplaudimos	he aplaudido	hemos aplaudido
aplaudes	aplaudís	has aplaudido	habéis aplaudido
aplaude	aplauden	ha aplaudido	han aplaudido

2 imperfecto de indicativo		9 pluscuamperfecto de indicativo	
aplaudía	aplaudíamos	había aplaudido	habíamos aplaudido
aplaudías	aplaudíais	habías aplaudido	habíais aplaudido
aplaudía	aplaudían	había aplaudido	habían aplaudido

3 pretérito		10 pretérito anterior	
aplaudí	aplaudimos	hube aplaudido	hubimos aplaudido
aplaudiste	aplaudisteis	hubiste aplaudido	hubisteis aplaudido
aplaudió	aplaudieron	hubo aplaudido	hubieron aplaudido

4 futuro		11 futuro perfecto	
aplaudiré	aplaudiremos	habré aplaudido	habremos aplaudido
aplaudirás	aplaudiréis	habrás aplaudido	habréis aplaudido
aplaudirá	aplaudirán	habrá aplaudido	habrán aplaudido

5 potencial simple		12 potencial compuesto	
aplaudiría	aplaudiríamos	habría aplaudido	habríamos aplaudido
aplaudirías	aplaudiríais	habrías aplaudido	habríais aplaudido
aplaudiría	aplaudirían	habría aplaudido	habrían aplaudido

6 presente de subjuntivo		13 perfecto de subjuntivo	
aplauda	aplaudamos	haya aplaudido	hayamos aplaudido
aplaudas	aplaudáis	hayas aplaudido	hayáis aplaudido
aplauda	aplaudan	haya aplaudido	hayan aplaudido

7 imperfecto de subjuntivo		14 pluscuamperfecto de subjuntivo	
aplaudiera	aplaudiéramos	hubiera aplaudido	hubiéramos aplaudido
aplaudieras	aplaudierais	hubieras aplaudido	hubierais aplaudido
aplaudiera	aplaudieran	hubiera aplaudido	hubieran aplaudido
OR		OR	
aplaudiese	aplaudiésemos	hubiese aplaudido	hubiésemos aplaudido
aplaudieses	aplaudieseis	hubieses aplaudido	hubieseis aplaudido
aplaudiese	aplaudiesen	hubiese aplaudido	hubiesen aplaudido

imperativo	
—	aplaudamos
aplaude; no aplaudas	aplaudid; no aplaudáis
aplauda	aplaudan

Words related to this verb

el aplauso applause, praise
el aplaudidor, la aplaudidora applauder

Consult the back pages for Spanish proverbs using verbs.

to take power, to take possession

The Seven Simple Tenses		The Seven Compound Tenses	
Singular	Plural	Singular	Plural

1 presente de indicativo		8 perfecto de indicativo	
me apodero	nos apoderamos	me he apoderado	nos hemos apoderado
te apoderas	os apoderáis	te has apoderado	os habéis apoderado
se apodera	se apoderan	se ha apoderado	se han apoderado

2 imperfecto de indicativo		9 pluscuamperfecto de indicativo	
me apoderaba	nos apoderábamos	me había apoderado	nos habíamos apoderado
te apoderabas	os apoderabais	te habías apoderado	os habíais apoderado
se apoderaba	se apoderaban	se había apoderado	se habían apoderado

3 pretérito		10 pretérito anterior	
me apoderé	nos apoderamos	me hube apoderado	nos hubimos apoderado
te apoderaste	os apoderasteis	te hubiste apoderado	os hubisteis apoderado
se apoderó	se apoderaron	se hubo apoderado	se hubieron apoderado

4 futuro		11 futuro perfecto	
me apoderaré	nos apoderaremos	me habré apoderado	nos habremos apoderado
te apoderarás	os apoderaréis	te habrás apoderado	os habréis apoderado
se apoderará	se apoderarán	se habrá apoderado	se habrán apoderado

5 potencial simple		12 potencial compuesto	
me apoderaría	nos apoderaríamos	me habría apoderado	nos habríamos apoderado
te apoderarías	os apoderaríais	te habrías apoderado	os habríais apoderado
se apoderaría	se apoderarían	se habría apoderado	se habrían apoderado

6 presente de subjuntivo		13 perfecto de subjuntivo	
me apodere	nos apoderemos	me haya apoderado	nos hayamos apoderado
te apoderes	os apoderéis	te hayas apoderado	os hayáis apoderado
se apodere	se apoderen	se haya apoderado	se hayan apoderado

7 imperfecto de subjuntivo		14 pluscuamperfecto de subjuntivo	
me apoderara	nos apoderáramos	me hubiera apoderado	nos hubiéramos apoderado
te apoderaras	os apoderarais	te hubieras apoderado	os hubierais apoderado
se apoderara	se apoderaran	se hubiera apoderado	se hubieran apoderado
OR		OR	
me apoderase	nos apoderásemos	me hubiese apoderado	nos hubiésemos apoderado
te apoderases	os apoderaseis	te hubieses apoderado	os hubieseis apoderado
se apoderase	se apoderasen	se hubiese apoderado	se hubiesen apoderado

imperativo

—	apoderémonos
apodérate; no te apoderes	apoderaos; no os apoderéis
apodérese	apodérense

Words and expressions related to this verb

poder   to be able   **apoderarse de algo**   to take possession of something
el poder   power   **apoderado, apoderada**   empowered
el apoderado   proxy

Consult the back pages for verbs used with certain prepositions.

to appreciate, to appraise, to esteem

The Seven Simple Tenses		The Seven Compound Tenses	
Singular	Plural	Singular	Plural
1 presente de indicativo		**8 perfecto de indicativo**	
aprecio	apreciamos	he apreciado	hemos apreciado
aprecias	apreciáis	has apreciado	habéis apreciado
aprecia	aprecian	ha apreciado	han apreciado
2 imperfecto de indicativo		**9 pluscuamperfecto de indicativo**	
apreciaba	apreciábamos	había apreciado	habíamos apreciado
apreciabas	apreciabais	habías apreciado	habíais apreciado
apreciaba	apreciaban	había apreciado	habían apreciado
3 pretérito		**10 pretérito anterior**	
aprecié	apreciamos	hube apreciado	hubimos apreciado
apreciaste	apreciasteis	hubiste apreciado	hubisteis apreciado
apreció	apreciaron	hubo apreciado	hubieron apreciado
4 futuro		**11 futuro perfecto**	
apreciaré	apreciaremos	habré apreciado	habremos apreciado
apreciarás	apreciaréis	habrás apreciado	habréis apreciado
apreciará	apreciarán	habrá apreciado	habrán apreciado
5 potencial simple		**12 potencial compuesto**	
apreciaría	apreciaríamos	habría apreciado	habríamos apreciado
apreciarías	apreciaríais	habrías apreciado	habríais apreciado
apreciaría	apreciarían	habría apreciado	habrían apreciado
6 presente de subjuntivo		**13 perfecto de subjuntivo**	
aprecie	apreciemos	haya apreciado	hayamos apreciado
aprecies	apreciéis	hayas apreciado	hayáis apreciado
aprecie	aprecien	haya apreciado	hayan apreciado
7 imperfecto de subjuntivo		**14 pluscuamperfecto de subjuntivo**	
apreciara	apreciáramos	hubiera apreciado	hubiéramos apreciado
apreciaras	apreciarais	hubieras apreciado	hubierais apreciado
apeciara	apreciaran	hubiera apreciado	hubieran apreciado
OR		OR	
apreciase	apreciásemos	hubiese apreciado	hubiésemos apreciado
apreciases	apreciaseis	hubieses apreciado	hubieseis apreciado
apreciase	apreciasen	hubiese apreciado	hubiesen apreciado

	imperativo	
—	apreciemos
aprecia; no aprecies	apreciad; no apreciéis
aprecie	aprecien

Words and expressions related to this verb

el aprecio appreciation, esteem
la apreciación appreciation, estimation
apreciable appreciable; worthy
la apreciabilidad appreciability

preciar to appraise, to estimate
el precio price; **no tener precio** to be
priceless
un precio fijo set price

The Seven Simple Tenses		The Seven Compound Tenses	
Singular	Plural	Singular	Plural

1 presente de indicativo		8 perfecto de indicativo	
aprendo	aprendemos	he aprendido	hemos aprendido
aprendes	aprendéis	has aprendido	habéis aprendido
aprende	aprenden	ha aprendido	han aprendido

2 imperfecto de indicativo		9 pluscuamperfecto de indicativo	
aprendía	aprendíamos	había aprendido	habíamos aprendido
aprendías	aprendíais	habías aprendido	habíais aprendido
aprendía	aprendían	había aprendido	habían aprendido

3 pretérito		10 pretérito anterior	
aprendí	aprendimos	hube aprendido	hubimos aprendido
aprendiste	aprendisteis	hubiste aprendido	hubisteis aprendido
aprendió	aprendieron	hubo aprendido	hubieron aprendido

4 futuro		11 futuro perfecto	
aprenderé	aprenderemos	habré aprendido	habremos aprendido
aprenderás	aprenderéis	habrás aprendido	habréis aprendido
aprenderá	aprenderán	habrá aprendido	habrán aprendido

5 potencial simple		12 potencial compuesto	
aprendería	aprenderíamos	habría aprendido	habríamos aprendido
aprenderías	aprenderíais	habrías aprendido	habríais aprendido
aprendería	aprenderían	habría aprendido	habrían aprendido

6 presente de subjuntivo		13 perfecto de subjuntivo	
aprenda	aprendamos	haya aprendido	hayamos aprendido
aprendas	aprendáis	hayas aprendido	hayáis aprendido
aprenda	aprendan	haya aprendido	hayan aprendido

7 imperfecto de subjuntivo		14 pluscuamperfecto de subjuntivo	
aprendiera	aprendiéramos	hubiera aprendido	hubiéramos aprendido
aprendieras	aprendierais	hubieras aprendido	hubierais aprendido
aprendiera	aprendieran	hubiera aprendido	hubieran aprendido
OR		OR	
aprendiese	aprendiésemos	hubiese aprendido	hubiésemos aprendido
aprendieses	aprendieseis	hubieses aprendido	hubieseis aprendido
aprendiese	aprendiesen	hubiese aprendido	hubiesen aprendido

imperativo	
—	aprendamos
aprende; no aprendas	aprended; no aprendáis
aprenda	aprendan

Sentences using this verb and words and expressions related to it

Aprendo mucho en la escuela. En la clase de español aprendemos a hablar, a leer, y a escribir en español.

el **aprendedor**, la **aprendedora** learner	**aprender a + inf.** to learn + inf.
el **aprendizaje** apprenticeship	**aprender de memoria** to memorize
el **aprendiz**, la **aprendiza** apprentice	**aprender con** to study with

The subject pronouns are found on the page facing page 1.   **63**

to hasten, to hurry, to rush

The Seven Simple Tenses		The Seven Compound Tenses	
Singular	Plural	Singular	Plural
1 presente de indicativo		**8 perfecto de indicativo**	
me apresuro	nos apresuramos	me he apresurado	nos hemos apresurado
te apresuras	os apresuráis	te has apresurado	os habéis apresurado
se apresura	se apresuran	se ha apresurado	se han apresurado
2 imperfecto de indicativo		**9 pluscuamperfecto de indicativo**	
me apresuraba	nos apresurábamos	me había apresurado	nos habíamos apresurado
te apresurabas	os apresurabais	te habías apresurado	os habíais apresurado
se apresuraba	se apresuraban	se había apresurado	se habían apresurado
3 pretérito		**10 pretérito anterior**	
me apresuré	nos apresuramos	me hube apresurado	nos hubimos apresurado
te apresuraste	os apresurasteis	te hubiste apresurado	os hubisteis apresurado
se apresuró	se apresuraron	se hubo apresurado	se hubieron apresurado
4 futuro		**11 futuro perfecto**	
me apresuraré	nos apresuraremos	me habré apresurado	nos habremos apresurado
te apresurarás	os apresuraréis	te habrás apresurado	os habréis apresurado
se apresurará	se apresurarán	se habrá apresurado	se habrán apresurado
5 potencial simple		**12 potencial compuesto**	
me apresuraría	nos apresuraríamos	me habría apresurado	nos habríamos apresurado
te apresurarías	os apresuraríais	te habrías apresurado	os habríais apresurado
se apresuraría	se apresurarían	se habría apresurado	se habrían apresurado
6 presente de subjuntivo		**13 perfecto de subjuntivo**	
me apresure	nos apresuremos	me haya apresurado	nos hayamos apresurado
te apresures	os apresuréis	te hayas apresurado	os hayáis apresurado
se apresure	se apresuren	se haya apresurado	se hayan apresurado
7 imperfecto de subjuntivo		**14 pluscuamperfecto de subjuntivo**	
me apresurara	nos apresuráramos	me hubiera apresurado	nos hubiéramos apresurado
te apresuraras	os apresurarais	te hubieras apresurado	os hubierais apresurado
se apresurara	se apresuraran	se hubiera apresurado	se hubieran apresurado
OR		OR	
me apresurase	nos apresurásemos	me hubiese apresurado	nos hubiésemos apresurado
te apresurases	os apresuraseis	te hubieses apresurado	os hubieseis apresurado
se apresurase	se apresurasen	se hubiese apresurado	se hubiesen apresurado

imperativo

—	apresurémonos
apresúrate; no te apresures	apresuraos; no os apresuréis
apresúrese	apresúrense

Words and expressions related to this verb

la apresuración haste
apresurado, apresurada hasty, quick
apresuradamente hastily
la prisa haste

el apresuramiento hastiness
apresurar to accelerate
apresurarse a + inf. to hurry + inf.
tener prisa to be in a hurry

to approve, to pass a test

The Seven Simple Tenses		The Seven Compound Tenses	
Singular	Plural	Singular	Plural

1 presente de indicativo

		8 perfecto de indicativo	
apruebo	aprobamos	he aprobado	hemos aprobado
apruebas	aprobáis	has aprobado	habéis aprobado
aprueba	aprueban	ha aprobado	han aprobado

2 imperfecto de indicativo

		9 pluscuamperfecto de indicativo	
aprobaba	aprobábamos	había aprobado	habíamos aprobado
aprobabas	aprobabais	habías aprobado	habíais aprobado
aprobaba	aprobaban	había aprobado	habían aprobado

3 pretérito

		10 pretérito anterior	
aprobé	aprobamos	hube aprobado	hubimos aprobado
aprobaste	aprobasteis	hubiste aprobado	hubisteis aprobado
aprobó	aprobaron	hubo aprobado	hubieron aprobado

4 futuro

		11 futuro perfecto	
aprobaré	aprobaremos	habré aprobado	habremos aprobado
aprobarás	aprobaréis	habrás aprobado	habréis aprobado
aprobará	aprobarán	habrá aprobado	habrán aprobado

5 potencial simple

		12 potencial compuesto	
aprobaría	aprobaríamos	habría aprobado	habríamos aprobado
aprobarías	aprobaríais	habrías aprobado	habríais aprobado
aprobaría	aprobarían	habría aprobado	habrían aprobado

6 presente de subjuntivo

		13 perfecto de subjuntivo	
apruebe	aprobemos	haya aprobado	hayamos aprobado
apruebes	aprobéis	hayas aprobado	hayáis aprobado
apruebe	aprueben	haya aprobado	hayan aprobado

7 imperfecto de subjuntivo

		14 pluscuamperfecto de subjuntivo	
aprobara	aprobáramos	hubiera aprobado	hubiéramos aprobado
aprobaras	aprobarais	hubieras aprobado	hubierais aprobado
aprobara	aprobaran	hubiera aprobado	hubieran aprobado
OR		OR	
aprobase	aprobásemos	hubiese aprobado	hubiésemos aprobado
aprobases	aprobaseis	hubieses aprobado	hubieseis aprobado
aprobase	aprobasen	hubiese aprobado	hubiesen aprobado

	imperativo	
—		aprobemos
aprueba; no apruebes		aprobad; no aprobéis
apruebe		aprueben

Words and expressions related to this verb

la aprobación   approbation, approval, consent
aprobatoriamente   approvingly
el aprobado   passing grade in an exam
aprobado, aprobada   accepted, admitted, approved, passed (in an exam)
aprobado por mayoría   accepted by a majority
comprobar   to verify, compare, check, prove; **desaprobar**   to disapprove
la desaprobación   disapproval

The subject pronouns are found on the page facing page 1.   **65**

atreverse

to dare, to venture

The Seven Simple Tenses		The Seven Compound Tenses	
Singular	Plural	Singular	Plural
1 presente de indicativo		**8 perfecto de indicativo**	
me atrevo	nos atrevemos	me he atrevido	nos hemos atrevido
te atreves	os atrevéis	te has atrevido	os habéis atrevido
se atreve	se atreven	se ha atrevido	se han atrevido
2 imperfecto de indicativo		**9 pluscuamperfecto de indicativo**	
me atrevía	nos atrevíamos	me había atrevido	nos habíamos atrevido
te atrevías	os atrevíais	te habías atrevido	os habíais atrevido
se atrevía	se atrevían	se había atrevido	se habían atrevido
3 pretérito		**10 pretérito anterior**	
me atreví	nos atrevimos	me hube atrevido	nos hubimos atrevido
te atreviste	os atrevisteis	te hubiste atrevido	os hubisteis atrevido
se atrevió	se atrevieron	se hubo atrevido	se hubieron atrevido
4 futuro		**11 futuro perfecto**	
me atreveré	nos atreveremos	me habré atrevido	nos habremos atrevido
te atreverás	os atreveréis	te habrás atrevido	os habréis atrevido
se atreverá	se atreverán	se habrá atrevido	se habrán atrevido
5 potencial simple		**12 potencial compuesto**	
me atrevería	nos atreveríamos	me habría atrevido	nos habríamos atrevido
te atreverías	os atreveríais	te habrías atrevido	os habríais atrevido
se atrevería	se atreverían	se habría atrevido	se habrían atrevido
6 presente de subjuntivo		**13 perfecto de subjuntivo**	
me atreva	nos atrevamos	me haya atrevido	nos hayamos atrevido
te atrevas	os atreváis	te hayas atrevido	os hayáis atrevido
se atreva	se atrevan	se haya atrevido	se hayan atrevido
7 imperfecto de subjuntivo		**14 pluscuamperfecto de subjuntivo**	
me atreviera	nos atreviéramos	me hubiera atrevido	nos hubiéramos atrevido
te atrevieras	os atrevierais	te hubieras atrevido	os hubierais atrevido
se atreviera	se atrevieran	se hubiera atrevido	se hubieran atrevido
OR		OR	
me atreviese	nos atreviésemos	me hubiese atrevido	nos hubiésemos atrevido
te atrevieses	os atrevieseis	te hubieses atrevido	os hubieseis atrevido
se atreviese	se atreviesen	se hubiese atrevido	se hubiesen atrevido

imperativo

—	atrevámonos
atrévete; no te atrevas	atreveos; no os atreváis
atrévase	atrévanse

Words related to this verb

atrevido, atrevida   daring, bold
el atrevimiento   audacity, boldness
atrevidamente   boldly, daringly

The Seven Simple Tenses		The Seven Compound Tenses	
Singular	Plural	Singular	Plural

1 presente de indicativo		8 perfecto de indicativo	
avanzo	avanzamos	he avanzado	hemos avanzado
avanzas	avanzáis	has avanzado	habéis avanzado
avanza	avanzan	ha avanzado	han avanzado

2 imperfecto de indicativo		9 pluscuamperfecto de indicativo	
avanzaba	avanzábamos	había avanzado	habíamos avanzado
avanzabas	avanzabais	habías avanzado	habíais avanzado
avanzaba	avanzaban	había avanzado	habían avanzado

3 pretérito		10 pretérito anterior	
avancé	avanzamos	hube avanzado	hubimos avanzado
avanzaste	avanzasteis	hubiste avanzado	hubisteis avanzado
avanzó	avanzaron	hubo avanzado	hubieron avanzado

4 futuro		11 futuro perfecto	
avanzaré	avanzaremos	habré avanzado	habremos avanzado
avanzarás	avanzaréis	habrás avanzado	habréis avanzado
avanzará	avanzarán	habrá avanzado	habrán avanzado

5 potencial simple		12 potencial compuesto	
avanzaría	avanzaríamos	habría avanzado	habríamos avanzado
avanzarías	avanzaríais	habrías avanzado	habríais avanzado
avanzaría	avanzarían	habría avanzado	habrían avanzado

6 presente de subjuntivo		13 perfecto de subjuntivo	
avance	avancemos	haya avanzado	hayamos avanzado
avances	avancéis	hayas avanzado	hayáis avanzado
avance	avancen	haya avanzado	hayan avanzado

7 imperfecto de subjuntivo		14 pluscuamperfecto de subjuntivo	
avanzara	avanzáramos	hubiera avanzado	hubiéramos avanzado
avanzaras	avanzarais	hubieras avanzado	hubierais avanzado
avanzara	avanzaran	hubiera avanzado	hubieran avanzado
OR		OR	
avanzase	avanzásemos	hubiese avanzado	hubiésemos avanzado
avanzases	avanzaseis	hubieses avanzado	hubieseis avanzado
avanzase	avanzasen	hubiese avanzado	hubiesen avanzado

imperativo

—	avancemos
avanza; no avances	avanzad; no avancéis
avance	avancen

Words and expressions related to this verb

avanzado, avanzada   advanced; **edad avanzada**   advanced in years
la avanzada   advance guard
avante   forward, ahead
salir avante   to succeed

to sweep, to whisk

The Seven Simple Tenses		The Seven Compound Tenses	
Singular	Plural	Singular	Plural
1 presente de indicativo		**8 perfecto de indicativo**	
barro	barremos	he barrido	hemos barrido
barres	barréis	has barrido	habéis barrido
barre	barren	ha barrido	han barrido
2 imperfecto de indicativo		**9 pluscuamperfecto de indicativo**	
barría	barríamos	había barrido	habíamos barrido
barrías	barríais	habías barrido	habíais barrido
barría	barrían	había barrido	habían barrido
3 pretérito		**10 pretérito anterior**	
barrí	barrimos	hube barrido	hubimos barrido
barriste	barristeis	hubiste barrido	hubisteis barrido
barrió	barrieron	hubo barrido	hubieron barrido
4 futuro		**11 futuro perfecto**	
barreré	barreremos	habré barrido	habremos barrido
barrerás	barreréis	habrás barrido	habréis barrido
barrerá	barrerán	habrá barrido	habrán barrido
5 potencial simple		**12 potencial compuesto**	
barrería	barreríamos	habría barrido	habríamos barrido
barrerías	barreríais	habrías barrido	habríais barrido
barrería	barrerían	habría barrido	habrían barrido
6 presente de subjuntivo		**13 perfecto de subjuntivo**	
barra	barramos	haya barrido	hayamos barrido
barras	barráis	hayas barrido	hayáis barrido
barra	barran	haya barrido	hayan barrido
7 imperfecto de subjuntivo		**14 pluscuamperfecto de subjuntivo**	
barriera	barriéramos	hubiera barrido	hubiéramos barrido
barrieras	barrierais	hubieras barrido	hubierais barrido
barriera	barrieran	hubiera barrido	hubieran barrido
OR		OR	
barriese	barriésemos	hubiese barrido	hubiésemos barrido
barrieses	barrieseis	hubieses barrido	hubieseis barrido
barriese	barriesen	hubiese barrido	hubiesen barrido

imperativo

—	barramos
barre; no barras	barred; no barráis
barra	barran

Words and expressions related to this verb

la barredera street sweeper
el barredero de alfombra carpet sweeper
la barredura sweeping

to be enough, to be sufficient, to suffice

The Seven Simple Tenses		The Seven Compound Tenses	
Singular	Plural	Singular	Plural
1 presente de indicativo		8 perfecto de indicativo	
basta	**bastan**	**ha bastado**	**han bastado**
2 imperfecto de indicativo		9 pluscuamperfecto de indicativo	
bastaba	**bastaban**	**había bastado**	**habían bastado**
3 pretérito		10 pretérito anterior	
bastó	**bastaron**	**hubo bastado**	**hubieron bastado**
4 futuro		11 futuro perfecto	
bastará	**bastarán**	**habrá bastado**	**habrán bastado**
5 potencial simple		12 potencial compuesto	
bastaría	**bastarían**	**habría bastado**	**habrían bastado**
6 presente de subjuntivo		13 perfecto de subjuntivo	
que baste	**que basten**	**haya bastado**	**hayan bastado**
7 imperfecto de subjuntivo		14 pluscuamperfecto de subjuntivo	
que bastara	**que bastaran**	**hubiera bastado**	**hubieran bastado**
OR		OR	
que bastase	**que bastasen**	**hubiese bastado**	**hubiesen bastado**

imperativo
¡Que baste!   ¡Que basten!

Common expression related to this verb

¡Basta!   Enough! That will do!

This is an impersonal verb and it is used mainly in the third person singular and plural.

Consult the back pages for verbs used in idiomatic expressions, verbs and prepositions, and Spanish proverbs using verbs.

The subject pronouns are found on the page facing page 1.   **89**

bautizar

Gerundio **bautizando**   Part. pas. **bautizado**

to baptize, to christen

The Seven Simple Tenses		The Seven Compound Tenses	
Singular	Plural	Singular	Plural
1 presente de indicativo		**8 perfecto de indicativo**	
bautizo	bautizamos	he bautizado	hemos bautizado
bautizas	bautizáis	has bautizado	habéis bautizado
bautiza	bautizan	ha bautizado	han bautizado
2 imperfecto de indicativo		**9 pluscuamperfecto de indicativo**	
bautizaba	bautizábamos	había bautizado	habíamos bautizado
bautizabas	bautizabais	habías bautizado	habíais bautizado
bautizaba	bautizaban	había bautizado	habían bautizado
3 pretérito		**10 pretérito anterior**	
bauticé	bautizamos	hube bautizado	hubimos bautizado
bautizaste	bautizasteis	hubiste bautizado	hubisteis bautizado
bautizó	bautizaron	hubo bautizado	hubieron bautizado
4 futuro		**11 futuro perfecto**	
bautizaré	bautizaremos	habré bautizado	habremos bautizado
bautizarás	bautizaréis	habrás bautizado	habréis bautizado
bautizará	bautizarán	habrá bautizado	habrán bautizado
5 potencial simple		**12 potencial compuesto**	
bautizaría	bautizaríamos	habría bautizado	habríamos bautizado
bautizarías	bautizaríais	habrías bautizado	habríais bautizado
bautizaría	bautizarían	habría bautizado	habrían bautizado
6 presente de subjuntivo		**13 perfecto de subjuntivo**	
bautice	bauticemos	haya bautizado	hayamos bautizado
bautices	bauticéis	hayas bautizado	hayáis bautizado
bautice	bauticen	haya bautizado	hayan bautizado
7 imperfecto de subjuntivo		**14 pluscuamperfecto de subjuntivo**	
bautizara	bautizáramos	hubiera bautizado	hubiéramos bautizado
bautizaras	bautizarais	hubieras bautizado	hubierais bautizado
bautizara	bautizaran	hubiera bautizado	hubieran bautizado
OR		OR	
bautizase	bautizásemos	hubiese bautizado	hubiésemos bautizado
bautizases	bautizaseis	hubieses bautizado	hubieseis bautizado
bautizase	bautizasen	hubiese bautizado	hubiesen bautizado

	imperativo	
	—	bauticemos
	bautiza; no bautices	bautizad; no bauticéis
	bautice	bauticen

Words related to this verb

el bautisterio   baptistery
el bautismo   baptism, christening
bautismal   baptismal

90

The Seven Simple Tenses		The Seven Compound Tenses	
Singular	Plural	Singular	Plural

1   presente de indicativo

		8 perfecto de indicativo	
bebo	bebemos	he bebido	hemos bebido
bebes	bebéis	has bebido	habéis bebido
bebe	beben	ha bebido	han bebido

2   imperfecto de indicativo

		9 pluscuamperfecto de indicativo	
bebía	bebíamos	había bebido	habíamos bebido
bebías	bebíais	habías bebido	habíais bebido
bebía	bebían	había bebido	habían bebido

3   pretérito

		10 pretérito anterior	
bebí	bebimos	hube bebido	hubimos bebido
bebiste	bebisteis	hubiste bebido	hubisteis bebido
bebió	bebieron	hubo bebido	hubieron bebido

4   futuro

		11 futuro perfecto	
beberé	beberemos	habré bebido	habremos bebido
beberás	beberéis	habrás bebido	habréis bebido
beberá	beberán	habrá bebido	habrán bebido

5   potencial simple

		12 potencial compuesto	
bebería	beberíamos	habría bebido	habríamos bebido
beberías	beberíais	habrías bebido	habríais bebido
bebería	beberían	habría bebido	habrían bebido

6   presente de subjuntivo

		13 perfecto de subjuntivo	
beba	bebamos	haya bebido	hayamos bebido
bebas	bebáis	hayas bebido	hayáis bebido
beba	beban	haya bebido	hayan bebido

7   imperfecto de subjuntivo

		14 pluscuamperfecto de subjuntivo	
bebiera	bebiéramos	hubiera bebido	hubiéramos bebido
bebieras	bebierais	hubieras bebido	hubierais bebido
bebiera	bebieran	hubiera bebido	hubieran bebido
OR		OR	
bebiese	bebiésemos	hubiese bebido	hubiésemos bebido
bebieses	bebieseis	hubieses bebido	hubieseis bebido
bebiese	bebiesen	hubiese bebido	hubiesen bebido

imperativo

—	bebamos
bebe; no bebas	bebed; no bebáis
beba	beban

Words and expressions related to this verb

una bebida drink, beverage
beber en to drink from
beber a la salud to drink to health

beber como una cuba to drink like a fish
querer beber la sangre a otro to hate
  somebody bitterly

bendecir

Gerundio **bendiciendo**   Part. pas. **bendecido (bendito,** when used as an adj. with **estar)**

to bless, to consecrate

The Seven Simple Tenses		The Seven Compound Tenses	
Singular	Plural	Singular	Plural
1 presente de indicativo		**8 perfecto de indicativo**	
bendigo	bendecimos	he bendecido	hemos bendecido
bendices	bendecís	has bendecido	habéis bendecido
bendice	bendicen	ha bendecido	han bendecido
2 imperfecto de indicativo		**9 pluscuamperfecto de indicativo**	
bendecía	bendecíamos	había bendecido	habíamos bendecido
bendecías	bendecíais	habías bendecido	habíais bendecido
bendecía	bendecían	había bendecido	habían bendecido
3 pretérito		**10 pretérito anterior**	
bendije	bendijimos	hube bendecido	hubimos bendecido
bendijiste	bendijisteis	hubiste bendecido	hubisteis bendecido
bendijo	bendijeron	hubo bendecido	hubieron bendecido
4 futuro		**11 futuro perfecto**	
bendeciré	bendeciremos	habré bendecido	habremos bendecido
bendecirás	bendeciréis	habrás bendecido	habréis bendecido
bendecirá	bendecirán	habrá bendecido	habrán bendecido
5 potencial simple		**12 potencial compuesto**	
bendeciría	bendeciríamos	habría bendecido	habríamos bendecido
bendecirías	bendeciríais	habrías bendecido	habríais bendecido
bendeciría	bendecirían	habría bendecido	habrían bendecido
6 presente de subjuntivo		**13 perfecto de subjuntivo**	
bendiga	bendigamos	haya bendecido	hayamos bendecido
bendigas	bendigáis	hayas bendecido	hayáis bendecido
bendiga	bendigan	haya bendecido	hayan bendecido
7 imperfecto de subjuntivo		**14 pluscuamperfecto de subjuntivo**	
bendijera	bendijéramos	hubiera bendecido	hubiéramos bendecido
bendijeras	bendijerais	hubieras bendecido	hubierais bendecido
bendijera	bendijeran	hubiera bendecido	hubieran bendecido
OR		OR	
bendijese	bendijésemos	hubiese bendecido	hubiésemos bendecido
bendijeses	bendijeseis	hubieses bendecido	hubieseis bendecido
bendijese	bendijesen	hubiese bendecido	hubiesen bendecido

	imperativo
—	bendigamos
bendice; no bendigas	bendecid; no bendigáis
bendiga	bendigan

Words and expressions related to this verb

la bendición benediction, blessing
las bendiciones nupciales marriage ceremony
un bendecidor, una bendecidora blesser

to erase, to cross out

The Seven Simple Tenses		The Seven Compound Tenses	
Singular	Plural	Singular	Plural

1 presente de indicativo		8 perfecto de indicativo	
borro	borramos	he borrado	hemos borrado
borras	borráis	has borrado	habéis borrado
borra	borran	ha borrado	han borrado

2 imperfecto de indicativo		9 pluscuamperfecto de indicativo	
borraba	borrábamos	había borrado	habíamos borrado
borrabas	borrabais	habías borrado	habíais borrado
borraba	borraban	había borrado	habían borrado

3 pretérito		10 pretérito anterior	
borré	borramos	hube borrado	hubimos borrado
borraste	borrasteis	hubiste borrado	hubisteis borrado
borró	borraron	hubo borrado	hubieron borrado

4 futuro		11 futuro perfecto	
borraré	borraremos	habré borrado	habremos borrado
borrarás	borraréis	habrás borrado	habréis borrado
borrará	borrarán	habrá borrado	habrán borrado

5 potencial simple		12 potencial compuesto	
borraría	borraríamos	habría borrado	habríamos borrado
borrarías	borraríais	habrías borrado	habríais borrado
borraría	borrarían	habría borrado	habrían borrado

6 presente de subjuntivo		13 perfecto de subjuntivo	
borre	borremos	haya borrado	hayamos borrado
borres	borréis	hayas borrado	hayáis borrado
borre	borren	haya borrado	hayan borrado

7 imperfecto de subjuntivo		14 pluscuamperfecto de subjuntivo	
borrara	borráramos	hubiera borrado	hubiéramos borrado
borraras	borrarais	hubieras borrado	hubierais borrado
borrara	borraran	hubiera borrado	hubieran borrado
OR		OR	
borrase	borrásemos	hubiese borrado	hubiésemos borrado
borrases	borraseis	hubieses borrado	hubieseis borrado
borrase	borrasen	hubiese borrado	hubiesen borrado

imperativo	
—	borremos
borra; no borres	borrad; no borréis
borre	borren

Words and expressions related to this verb

la goma de borrar   rubber eraser
la borradura   erasure
el borrador   eraser (chalk)

desborrar   to burl
emborrar   to pad, to stuff, to wad; to gulp
   down food

---

bostezar

Gerundio **bostezando**   Part. pas. **bostezado**

to yawn, to gape

The Seven Simple Tenses		The Seven Compound Tenses	
Singular	Plural	Singular	Plural
1 presente de indicativo		**8 perfecto de indicativo**	
bostezo	bostezamos	he bostezado	hemos bostezado
bostezas	bostezáis	has bostezado	habéis bostezado
bosteza	bostezan	ha bostezado	han bostezado
2 imperfecto de indicativo		**9 pluscuamperfecto de indicativo**	
bostezaba	bostezábamos	había bostezado	habíamos bostezado
bostezabas	bostezabais	habías bostezado	habíais bostezado
bostezaba	bostezaban	había bostezado	habían bostezado
3 pretérito		**10 pretérito anterior**	
bostecé	bostezamos	hube bostezado	hubimos bostezado
bostezaste	bostezasteis	hubiste bostezado	hubisteis bostezado
bostezó	bostezaron	hubo bosezado	hubieron bostezado
4 futuro		**11 futuro perfecto**	
bostezaré	bostezaremos	habré bostezado	habremos bostezado
bostezarás	bostezaréis	habrás bostezado	habréis bostezado
bostezará	bostezarán	habrá bostezado	habrán bostezado
5 potencial simple		**12 potencial compuesto**	
bostezaría	bostezaríamos	habría bostezado	habríamos bostezado
bostezarías	bostezaríais	habrías bostezado	habríais bostezado
bostezaría	bostezarían	habría bostezado	habrían bostezado
6 presente de subjuntivo		**13 perfecto de subjuntivo**	
bostece	bostecemos	haya bostezado	hayamos bostezado
bosteces	bostecéis	hayas bostezado	hayáis bostezado
bostece	bostecen	haya bostezado	hayan bostezado
7 imperfecto de subjuntivo		**14 pluscuamperfecto de subjuntivo**	
bostezara	bostezáramos	hubiera bostezado	hubiéramos bostezado
bostezaras	bostezarais	hubieras bostezado	hubierais bostezado
bostezara	bostezaran	hubiera bostezado	hubieran bostezado
OR		OR	
bostezase	bostezásemos	hubiese bostezado	hubiésemos bostezado
bostezases	bostezaseis	hubieses bostezado	hubieseis bostezado
bostezase	bostezasen	hubiese bostezado	hubiesen bostezado

	imperativo	
—		bostecemos
bosteza; no bosteces		bostezad; no bostecéis
bostece		bostecen

Words related to this verb

un bostezo   yawn
bostezante   yawning, gaping

bostezador, bostezadora   forever yawning

Be sure to consult the back pages for verbs used in idiomatic expressions, Spanish proverbs using verbs, weather expressions using verbs, verbs with prepositions, and over 1,000 Spanish verbs conjugated like model verbs.

to fling, to cast (away), to throw (away), to launch

The Seven Simple Tenses		The Seven Compound Tenses	
Singular	Plural	Singular	Plural
1 presente de indicativo		**8 perfecto de indicativo**	
boto	botamos	he botado	hemos botado
botas	botáis	has botado	habéis botado
bota	botan	ha botado	han botado
2 imperfecto de indicativo		**9 pluscuamperfecto de indicativo**	
botaba	botábamos	había botado	habíamos botado
botabas	botabais	habías botado	habíais botado
botaba	botaban	había botado	habían botado
3 pretérito		**10 pretérito anterior**	
boté	botamos	hube botado	hubimos botado
botaste	botasteis	hubiste botado	hubisteis botado
botó	botaron	hubo botado	hubieron botado
4 futuro		**11 futuro perfecto**	
botaré	botaremos	habré botado	habremos botado
botarás	botaréis	habrás botado	habréis botado
botará	botarán	habrá botado	habrán botado
5 potencial simple		**12 potencial compuesto**	
botaría	botaríamos	habría botado	habríamos botado
botarías	botaríais	habrías botado	habríais botado
botaría	botarían	habría botado	habrían botado
6 presente de subjuntivo		**13 perfecto de subjuntivo**	
bote	botemos	haya botado	hayamos botado
botes	botéis	hayas botado	hayáis botado
bote	boten	haya botado	hayan botado
7 imperfecto de subjuntivo		**14 pluscuamperfecto de subjuntivo**	
botara	botáramos	hubiera botado	hubiéramos botado
botaras	botarais	hubieras botado	hubierais botado
botara	botaran	hubiera botado	hubieran botado
OR		OR	
botase	botásemos	hubiese botado	hubiésemos botado
botases	botaseis	hubieses botado	hubieseis botado
botase	botasen	hubiese botado	hubiesen botado

imperativo

—	botemos
bota; no botes	botad; no botéis
bote	boten

Words and expressions related to this verb

un bote   thrust, blow; boat; **un bote de remos**   rowboat
rebotar   to bend back; to repel; to bounce back, rebound
un rebote   bounce, rebound; **de rebote**   indirectly
dar bote   to buck
por botes   by starts

to bronze, to tan

The Seven Simple Tenses		The Seven Compound Tenses	
Singular	Plural	Singular	Plural

1 presente de indicativo		8 perfecto de indicativo	
bronceo	bronceamos	he bronceado	hemos bronceado
bronceas	bronceáis	has bronceado	habéis bronceado
broncea	broncean	ha bronceado	han bronceado

2 imperfecto de indicativo		9 pluscuamperfecto de indicativo	
bronceaba	bronceábamos	había bronceado	habíamos bronceado
bronceabas	bronceabais	habías bronceado	habíais bronceado
bronceaba	bronceaban	había bronceado	habían bronceado

3 pretérito		10 pretérito anterior	
bronceé	bronceamos	hube bronceado	hubimos bronceado
bronceaste	bronceasteis	hubiste bronceado	hubisteis bronceado
bronceó	broncearon	hubo bronceado	hubieron bronceado

4 futuro		11 futuro perfecto	
broncearé	broncearemos	habré bronceado	habremos bronceado
broncearás	broncearéis	habrás bronceado	habréis bronceado
bronceará	broncearán	habrá bronceado	habrán bronceado

5 potencial simple		12 potencial compuesto	
broncearía	broncearíamos	habría bronceado	habríamos bronceado
broncearías	broncearíais	habrías bronceado	habríais bronceado
broncearía	broncearían	habría bronceado	habrían bronceado

6 presente de subjuntivo		13 perfecto de subjuntivo	
broncee	bronceemos	haya bronceado	hayamos bronceado
broncees	bronceéis	hayas bronceado	hayáis bronceado
broncee	bronceen	haya bronceado	hayan bronceado

7 imperfecto de subjuntivo		14 pluscuamperfecto de subjuntivo	
bronceara	bronceáramos	hubiera bronceado	hubiéramos bronceado
broncearas	broncearais	hubieras bronceado	hubierais bronceado
bronceara	broncearan	hubiera bronceado	hubieran bronceado
OR		OR	
broncease	bronceásemos	hubiese bronceado	hubiésemos bronceado
bronceases	bronceaseis	hubieses bronceado	hubieseis bronceado
broncease	bronceasen	hubiese bronceado	hubiesen bronceado

imperativo	
—	bronceemos
broncea; no broncees	broncead; no bronceéis
broncee	bronceen

Words related to this verb

el bronce bronze
bronceado, bronceada bronze colored, sunburned, tanned
broncearse to tan, bronze oneself (skin)

Be sure to consult the back pages for sections on verbs used in idiomatic expressions, verbs with prepositions, and the list of over 1,000 verbs conjugated like model verbs.

to boil, to bustle, to hustle, to stir

The Seven Simple Tenses		The Seven Compound Tenses	
Singular	Plural	Singular	Plural

1   presente de indicativo

		8 perfecto de indicativo	
bullo	bullimos	he bullido	hemos bullido
bulles	bullís	has bullido	habéis bullido
bulle	bullen	ha bullido	han bullido

2   imperfecto de indicativo

		9 pluscuamperfecto de indicativo	
bullía	bullíamos	había bullido	habíamos bullido
bullías	bullíais	habías bullido	habíais bullido
bullía	bullían	había bullido	habían bullido

3   pretérito

		10 pretérito anterior	
bullí	bullimos	hube bullido	hubimos bullido
bulliste	bullisteis	hubiste bullido	hubisteis bullido
bulló	bulleron	hubo bullido	hubieron bullido

4   futuro

		11 futuro perfecto	
bulliré	bulliremos	habré bullido	habremos bullido
bullirás	bulliréis	habrás bullido	habréis bullido
bullirá	bullirán	habrá bullido	habrán bullido

5   potencial simple

		12 potencial compuesto	
bulliría	bulliríamos	habría bullido	habríamos bullido
bullirías	bulliríais	habrías bullido	habríais bullido
bulliría	bullirían	habría bullido	habrían bullido

6   presente de subjuntivo

		13 perfecto de subjuntivo	
bulla	bullamos	haya bullido	hayamos bullido
bullas	bulláis	hayas bullido	hayáis bullido
bulla	bullan	haya bullido	hayan bullido

7   imperfecto de subjuntivo

		14 pluscuamperfecto de subjuntivo	
bullera	bulléramos	hubiera bullido	hubiéramos bullido
bulleras	bullerais	hubieras bullido	hubierais bullido
bullera	bulleran	hubiera bullido	hubieran bullido
OR		OR	
bullese	bullésemos	hubiese bullido	hubiésemos bullido
bulleses	bulleseis	hubieses bullido	hubieseis bullido
bullese	bullesen	hubiese bullido	hubiesen bullido

imperativo

—	bullamos
bulle; no bullas	bullid; no bulláis
bulla	bullan

Words related to this verb

un, una bullebulle busybody
el bullicio noise, bustle
bulliciosamente noisily

bullente bubbling
la bulla bustle, noise; mob
un bullaje noisy crowd

to characterize

The Seven Simple Tenses		The Seven Compound Tenses	
Singular	Plural	Singular	Plural

1 presente de indicativo

caracterizo	caracterizamos		
caracterizas	caracterizáis		
caracteriza	caracterizan		

8 perfecto de indicativo

he caracterizado	hemos caracterizado
has caracterizado	habéis caracterizado
ha caracterizado	han caracterizado

2 imperfecto de indicativo

caracterizaba	caracterizábamos
caracterizabas	caracterizabais
caracterizaba	caracterizaban

9 pluscuamperfecto de indicativo

había caracterizado	habíamos caracterizado
habías caracterizado	habíais caracterizado
había caracterizado	habían caracterizado

3 pretérito

caractericé	caracterizamos
caracterizaste	caracterizasteis
caracterizó	caracterizaron

10 pretérito anterior

hube caracterizado	hubimos caracterizado
hubiste caracterizado	hubisteis caracterizado
hubo caracterizado	hubieron caracterizado

4 futuro

caracterizaré	caracterizaremos
caracterizarás	caracterizaréis
caracterizará	caracterizarán

11 futuro perfecto

habré caracterizado	habremos caracterizado
habrás caracterizado	habréis caracterizado
habrá caracterizado	habrán caracterizado

5 potencial simple

caracterizaría	caracterizaríamos
caracterizarías	caracterizaríais
caracterizaría	caracterizarían

12 potencial compuesto

habría caracterizado	habríamos caracterizado
habrías caracterizado	habríais caracterizado
habría caracterizado	habrían caracterizado

6 presente de subjuntivo

caracterice	caractericemos
caracterices	caractericéis
caracterice	caractericen

13 perfecto de subjuntivo

haya caracterizado	hayamos caracterizado
hayas caracterizado	hayáis caracterizado
haya caracterizado	hayan caracterizado

7 imperfecto de subjuntivo

caracterizara	caracterizáramos
caracterizaras	caracterizarais
caracterizara	caracterizaran
OR	
caracterizase	caracterizásemos
caracterizases	caracterizaseis
caracterizase	caracterizasen

14 pluscuamperfecto de subjuntivo

hubiera caracterizado	hubiéramos caracterizado
hubieras caracterizado	hubierais caracterizado
hubiera caracterizado	hubieran caracterizado
OR	
hubiese caracterizado	hubiésemos caracterizado
hubieses caracterizado	hubieseis caracterizado
hubiese caracterizado	hubiesen caracterizado

imperativo

—	caractericemos
caracteriza; no caracterices	caracterizad; no caractericéis
caracterice	caractericen

Words related to this verb

el carácter   character (of a person); do not confuse with **personaje**   character (in a play)
característico, característica   characteristic
característicamente   characteristically
la caracterización   characterization

to load, to burden

The Seven Simple Tenses		The Seven Compound Tenses	
Singular	Plural	Singular	Plural

1   presente de indicativo

cargo	cargamos		
cargas	cargáis		
carga	cargan		

8   perfecto de indicativo

he cargado	hemos cargado
has cargado	habéis cargado
ha cargado	han cargado

2   imperfecto de indicativo

cargaba	cargábamos
cargabas	cargabais
cargaba	cargaban

9   pluscuamperfecto de indicativo

había cargado	habíamos cargado
habías cargado	habíais cargado
había cargado	habían cargado

3   pretérito

cargué	cargamos
cargaste	cargasteis
cargó	cargaron

10   pretérito anterior

hube cargado	hubimos cargado
hubiste cargado	hubisteis cargado
hubo cargado	hubieron cargado

4   futuro

cargaré	cargaremos
cargarás	cargaréis
cargará	cargarán

11   futuro perfecto

habré cargado	habremos cargado
habrás cargado	habréis cargado
habrá cargado	habrán cargado

5   potencial simple

cargaría	cargaríamos
cargarías	cargaríais
cargaría	cargarían

12   potencial compuesto

habría cargado	habríamos cargado
habrías cargado	habríais cargado
habría cargado	habrían cargado

6   presente de subjuntivo

cargue	carguemos
cargues	carguéis
cargue	carguen

13   perfecto de subjuntivo

haya cargado	hayamos cargado
hayas cargado	hayáis cargado
haya cargado	hayan cargado

7   imperfecto de subjuntivo

cargara	cargáramos
cargaras	cargarais
cargara	cargaran
OR	
cargase	cargásemos
cargases	cargaseis
cargase	cargasen

14   pluscuamperfecto de subjuntivo

hubiera cargado	hubiéramos cargado
hubieras cargado	hubierais cargado
hubiera cargado	hubieran cargado
OR	
hubiese cargado	hubiésemos cargado
hubieses cargado	hubieseis cargado
hubiese cargado	hubiesen cargado

imperativo

—	carguemos
carga; no cargues	cargad; no carguéis
cargue	carguen

Words and expressions related to this verb

cargoso, cargosa   burdensome
la cargazón   cargo
una cargazón de cabeza   heaviness of the head
el cargamento   shipment
el cargador   shipper

The subject pronouns are found on the page facing page 1.   **111**

to get married, to marry

The Seven Simple Tenses		The Seven Compound Tenses	
Singular	Plural	Singular	Plural

1 presente de indicativo

		8 perfecto de indicativo	
me caso	nos casamos	me he casado	nos hemos casado
te casas	os casáis	te has casado	os habéis casado
se casa	se casan	se ha casado	se han casado

2 imperfecto de indicativo

		9 pluscuamperfecto de indicativo	
me casaba	nos casábamos	me había casado	nos habíamos casado
te casabas	os casabais	te habías casado	os habíais casado
se casaba	se casaban	se había casado	se habían casado

3 pretérito

		10 pretérito anterior	
me casé	nos casamos	me hube casado	nos hubimos casado
te casaste	os casasteis	te hubiste casado	os hubisteis casado
se casó	se casaron	se hubo casado	se hubieron casado

4 futuro

		11 futuro perfecto	
me casaré	nos casaremos	me habré casado	nos habremos casado
te casarás	os casaréis	te habrás casado	os habréis casado
se casará	se casarán	se habrá casado	se habrán casado

5 potencial simple

		12 potencial compuesto	
me casaría	nos casaríamos	me habría casado	nos habríamos casado
te casarías	os casaríais	te habrías casado	os habríais casado
se casaría	se casarían	se habría casado	se habrían casado

6 presente de subjuntivo

		13 perfecto de subjuntivo	
me case	nos casemos	me haya casado	nos hayamos casado
te cases	os caséis	te hayas casado	os hayáis casado
se case	se casen	se haya casado	se hayan casado

7 imperfecto de subjuntivo

		14 pluscuamperfecto de subjuntivo	
me casara	nos casáramos	me hubiera casado	nos hubiéramos casado
te casaras	os casarais	te hubieras casado	os hubierais casado
se casara	se casaran	se hubiera casado	se hubieran casado
OR		OR	
me casase	nos casásemos	me hubiese casado	nos hubiésemos casado
te casases	os casaseis	te hubieses casado	os hubieseis casado
se casase	se casasen	se hubiese casado	se hubiesen casado

	imperativo	
—		casémonos
cásate; no te cases		casaos; no os caséis
cásese		cásense

Words and expressions related to this verb

Antes que te cases, mira lo que haces. Look before you leap.

casarse con alguien to marry someone
los recién casados newlyweds

The Seven Simple Tenses		The Seven Compound Tenses	
Singular	Plural	Singular	Plural

1 presente de indicativo		8 perfecto de indicativo	
celebro	celebramos	he celebrado	hemos celebrado
celebras	celebráis	has celebrado	habéis celebrado
celebra	celebran	ha celebrado	han celebrado

2 imperfecto de indicativo		9 pluscuamperfecto de indicativo	
celebraba	celebrábamos	había celebrado	habíamos celebrado
celebrabas	celebrabais	habías celebrado	habíais celebrado
celebraba	celebraban	había celebrado	habían celebrado

3 pretérito		10 pretérito anterior	
celebré	celebramos	hube celebrado	hubimos celebrado
celebraste	celebrasteis	hubiste celebrado	hubisteis celebrado
celebró	celebraron	hubo celebrado	hubieron celebrado

4 futuro		11 futuro perfecto	
celebraré	celebraremos	habré celebrado	habremos celebrado
celebrarás	celebraréis	habrás celebrado	habréis celebrado
celebrará	celebrarán	habrá celebrado	habrán celebrado

5 potencial simple		12 potencial compuesto	
celebraría	celebraríamos	habría celebrado	habríamos celebrado
celebrarías	celebraríais	habrías celebrado	habríais celebrado
celebraría	celebrarían	habría celebrado	habrían celebrado

6 presente de subjuntivo		13 perfecto de subjuntivo	
celebre	celebremos	haya celebrado	hayamos celebrado
celebres	celebréis	hayas celebrado	hayáis celebrado
celebre	celebren	haya celebrado	hayan celebrado

7 imperfecto de subjuntivo		14 pluscuamperfecto de subjuntivo	
celebrara	celebráramos	hubiera celebrado	hubiéramos celebrado
celebraras	celebrarais	hubieras celebrado	hubierais celebrado
celebrara	celebraran	hubiera celebrado	hubieran celebrado
OR		OR	
celebrase	celebrásemos	hubiese celebrado	hubiésemos celebrado
celebrases	celebraseis	hubieses celebrado	hubieseis celebrado
celebrase	celebrasen	hubiese celebrado	hubiesen celebrado

imperativo

—	celebremos
celebra; no celebres	celebrad; no celebréis
celebre	celebren

Words related to this verb

célebre   famous, celebrated, renowned
la celebridad   fame, celebrity
la celebración   celebration

cenar

Gerundio **cenando** Part. pas. **cenado**

to have supper, to eat supper

The Seven Simple Tenses		The Seven Compound Tenses	
Singular	Plural	Singular	Plural
1 presente de indicativo		**8 perfecto de indicativo**	
ceno	cenamos	he cenado	hemos cenado
cenas	cenáis	has cenado	habéis cenado
cena	cenan	ha cenado	han cenado
2 imperfecto de indicativo		**9 pluscuamperfecto de indicativo**	
cenaba	cenábamos	había cenado	habíamos cenado
cenabas	cenabais	habías cenado	habíais cenado
cenaba	cenaban	había cenado	habían cenado
3 pretérito		**10 pretérito anterior**	
cené	cenamos	hube cenado	hubimos cenado
cenaste	cenasteis	hubiste cenado	hubisteis cenado
cenó	cenaron	hubo cenado	hubieron cenado
4 futuro		**11 futuro perfecto**	
cenaré	cenaremos	habré cenado	habremos cenado
cenarás	cenaréis	habrás cenado	habréis cenado
cenará	cenarán	habrá cenado	habrán cenado
5 potencial simple		**12 potencial compuesto**	
cenaría	cenaríamos	habría cenado	habríamos cenado
cenarías	cenaríais	habrías cenado	habríais cenado
cenaría	cenarían	habría cenado	habrían cenado
6 presente de subjuntivo		**13 perfecto de subjuntivo**	
cene	cenemos	haya cenado	hayamos cenado
cenes	cenéis	hayas cenado	hayáis cenado
cene	cenen	haya cenado	hayan cenado
7 imperfecto de subjuntivo		**14 pluscuamperfecto de subjuntivo**	
cenara	cenáramos	hubiera cenado	hubiéramos cenado
cenaras	cenarais	hubieras cenado	hubierais cenado
cenara	cenaran	hubiera cenado	hubieran cenado
OR		OR	
cenase	cenásemos	hubiese cenado	hubiésemos cenado
cenases	cenaseis	hubieses cenado	hubieseis cenado
cenase	cenasen	hubiese cenado	hubiesen cenado

imperativo	
—	cenemos
cena; no cenes	cenad; no cenéis
cene	cenen

Sentences using this verb and words related to it

—**Carlos, ¿A qué hora cenas?**
—**Ceno a las ocho con mi familia en casa.**

la cena supper (dinner)   **la hora de cenar** dinnertime, suppertime
La Cena (The Last Supper, fresco by Leonardo da Vinci)

to brush

The Seven Simple Tenses		The Seven Compound Tenses	
Singular	Plural	Singular	Plural

1   presente de indicativo

cepillo	cepillamos
cepillas	cepilláis
cepilla	cepillan

2   imperfecto de indicativo

cepillaba	cepillábamos
cepillabas	cepillabais
cepillaba	cepillaban

3   pretérito

cepillé	cepillamos
cepillaste	cepillasteis
cepilló	cepillaron

4   futuro

cepillaré	cepillaremos
cepillarás	cepillaréis
cepillará	cepillarán

5   potencial simple

cepillaría	cepillaríamos
cepillarías	cepillaríais
cepillaría	cepillarían

6   presente de subjuntivo

cepille	cepillemos
cepilles	cepilléis
cepille	cepillen

7   imperfecto de subjuntivo

cepillara	cepilláramos
cepillaras	cepillarais
cepillara	cepillaran
OR	
cepillase	cepillásemos
cepillases	cepillaseis
cepillase	cepillasen

8   perfecto de indicativo

he cepillado	hemos cepillado
has cepillado	habéis cepillado
ha cepillado	han cepillado

9   pluscuamperfecto de indicativo

había cepillado	habíamos cepillado
habías cepillado	habíais cepillado
había cepillado	habían cepillado

10   pretérito anterior

hube cepillado	hubimos cepillado
hubiste cepillado	hubisteis cepillado
hubo cepillado	hubieron cepillado

11   futuro perfecto

habré cepillado	habremos cepillado
habrás cepillado	habréis cepillado
habrá cepillado	habrán cepillado

12   potencial compuesto

habría cepillado	habríamos cepillado
habrías cepillado	habríais cepillado
habría cepillado	habrían cepillado

13   perfecto de subjuntivo

haya cepillado	hayamos cepillado
hayas cepillado	hayáis cepillado
haya cepillado	hayan cepillado

14   pluscuamperfecto de subjuntivo

hubiera cepillado	hubiéramos cepillado
hubieras cepillado	hubierais cepillado
hubiera cepillado	hubieran cepillado
OR	
hubiese cepillado	hubiésemos cepillado
hubieses cepillado	hubieseis cepillado
hubiese cepillado	hubiesen cepillado

imperativo

—	**cepillemos**
cepilla; no cepilles	**cepillad; no cepilléis**
cepille	**cepillen**

Words and expressions related to this verb

un cepillo brush	**un cepillo de dientes** toothbrush
un cepillo de cabeza hairbrush	**un cepillo de ropa** clothesbrush

Consult the back pages for over 1,000 Spanish verbs conjugated like model verbs among the 501 in this book.

to close

The Seven Simple Tenses		The Seven Compound Tenses	
Singular	Plural	Singular	Plural
1 presente de indicativo		**8 perfecto de indicativo**	
cierro	cerramos	he cerrado	hemos cerrado
cierras	cerráis	has cerrado	habéis cerrado
cierra	cierran	ha cerrado	han cerrado
2 imperfecto de indicativo		**9 pluscuamperfecto de indicativo**	
cerraba	cerrábamos	había cerrado	habíamos cerrado
cerrabas	cerrabais	habías cerrado	habíais cerrado
cerraba	cerraban	había cerrado	habían cerrado
3 pretérito		**10 pretérito anterior**	
cerré	cerramos	hube cerrado	hubimos cerrado
cerraste	cerrasteis	hubiste cerrado	hubisteis cerrado
cerró	cerraron	hubo cerrado	hubieron cerrado
4 futuro		**11 futuro perfecto**	
cerraré	cerraremos	habré cerrado	habremos cerrado
cerrarás	cerraréis	habrás cerrado	habréis cerrado
cerrará	cerrarán	habrá cerrado	habrán cerrado
5 potencial simple		**12 potencial compuesto**	
cerraría	cerraríamos	habría cerrado	habríamos cerrado
cerrarías	cerraríais	habrías cerrado	habríais cerrado
cerraría	cerrarían	habría cerrado	habrían cerrado
6 presente de subjuntivo		**13 perfecto de subjuntivo**	
cierre	cerremos	haya cerrado	hayamos cerrado
cierres	cerréis	hayas cerrado	hayáis cerrado
cierre	cierren	haya cerrado	hayan cerrado
7 imperfecto de subjuntivo		**14 pluscuamperfecto de subjuntivo**	
cerrara	cerráramos	hubiera cerrado	hubiéramos cerrado
cerraras	cerrarais	hubieras cerrado	hubierais cerrado
cerrara	cerraran	hubiera cerrado	hubieran cerrado
OR		OR	
cerrase	cerrásemos	hubiese cerrado	hubiésemos cerrado
cerrases	cerraseis	hubieses cerrado	hubieseis cerrado
cerrase	cerrasen	hubiese cerrado	hubiesen cerrado

imperativo

—	cerremos
cierra; no cierres	cerrad; no cerréis
cierre	cierren

Common idiomatic expressions using this verb

cerrar los ojos to close one's eyes
cerrar los oídos to turn a deaf ear
cerrar la boca to shut up, to keep silent
la cerradura lock
La puerta está cerrada. The door is closed.
Las ventanas están cerradas. The windows are closed.

encerrar to lock up, to confine
encerrarse to live in seclusion, to retire

to certify, to register (a letter), to attest

The Seven Simple Tenses		The Seven Compound Tenses	
Singular	Plural	Singular	Plural
1 presente de indicativo		**8 perfecto de indicativo**	
certifico	certificamos	he certificado	hemos certificado
certificas	certificáis	has certificado	habéis certificado
certifica	certifican	ha certificado	han certificado
2 imperfecto de indicativo		**9 pluscuamperfecto de indicativo**	
certificaba	certificábamos	había certificado	habíamos certificado
certificabas	certificabais	habías certificado	habíais certificado
certificaba	certificaban	había certificado	habían certificado
3 pretérito		**10 pretérito anterior**	
certifiqué	certificamos	hube certificado	hubimos certificado
certificaste	certificasteis	hubiste certificado	hubisteis certificado
certificó	certificaron	hubo certificado	hubieron certificado
4 futuro		**11 futuro perfecto**	
certificaré	certificaremos	habré certificado	habremos certificado
certificarás	certificaréis	habrás certificado	habréis certificado
certificará	certificarán	habrá certificado	habrán certificado
5 potencial simple		**12 potencial compuesto**	
certificaría	certificaríamos	habría certificado	habríamos certificado
certificarías	certificaríais	habrías certificado	habríais certificado
certificaría	certificarían	habría certificado	habrían certificado
6 presente de subjuntivo		**13 perfecto de subjuntivo**	
certifique	certifiquemos	haya certificado	hayamos certificado
certifiques	certifiquéis	hayas certificado	hayáis certificado
certifique	certifiquen	haya certificado	hayan certificado
7 imperfecto de subjuntivo		**14 pluscuamperfecto de subjuntivo**	
certificara	certificáramos	hubiera certificado	hubiéramos certificado
certificaras	certificarais	hubieras certificado	hubierais certificado
certificara	certificaran	hubiera certificado	hubieran certificado
OR		OR	
certificase	certificásemos	hubiese certificado	hubiésemos certificado
certificases	certificaseis	hubieses certificado	hubieseis certificado
certificase	certificasen	hubiese certificado	hubiesen certificado

imperativo

—	certifiquemos
certifica; no certifiques	certificad; no certifiquéis
certifique	certifiquen

Words related to this verb

la certificación certificate, certification
certificador, certificadora certifier
la certidumbre certainty

la certeza certainty
la certinidad assurance, certainty
la certitude certitude

to cook

The Seven Simple Tenses		The Seven Compound Tenses	
Singular	Plural	Singular	Plural

1 presente de indicativo		8 perfecto de indicativo	
cocino	cocinamos	he cocinado	hemos cocinado
cocinas	cocináis	has cocinado	habéis cocinado
cocina	cocinan	ha cocinado	han cocinado

2 imperfecto de indicativo		9 pluscuamperfecto de indicativo	
cocinaba	cocinábamos	había cocinado	habíamos cocinado
cocinabas	cocinabais	habías cocinado	habíais cocinado
cocinaba	cocinaban	había cocinado	habían cocinado

3 pretérito		10 pretérito anterior	
cociné	cocinamos	hube cocinado	hubimos cocinado
cocinaste	cocinasteis	hubiste cocinado	hubisteis cocinado
cocinó	cocinaron	hubo cocinado	hubieron cocinado

4 futuro		11 futuro perfecto	
cocinaré	cocinaremos	habré cocinado	habremos cocinado
cocinarás	cocinaréis	habrás cocinado	habréis cocinado
cocinará	cocinarán	habrá cocinado	habrán cocinado

5 potencial simple		12 potencial compuesto	
cocinaría	cocinaríamos	habría cocinado	habríamos cocinado
cocinarías	cocinaríais	habrías cocinado	habríais cocinado
cocinaría	cocinarían	habría cocinado	habrían cocinado

6 presente de subjuntivo		13 perfecto de subjuntivo	
cocine	cocinemos	haya cocinado	hayamos cocinado
cocines	cocinéis	hayas cocinado	hayáis cocinado
cocine	cocinen	haya cocinado	hayan cocinado

7 imperfecto de subjuntivo		14 pluscuamperfecto de subjuntivo	
cocinara	cocináramos	hubiera cocinado	hubiéramos cocinado
cocinaras	cocinarais	hubieras cocinado	hubierais cocinado
cocinara	cocinaran	hubiera cocinado	hubieran cocinado
OR		OR	
cocinase	cocinásemos	hubiese cocinado	hubiésemos cocinado
cocinases	cocinaseis	hubieses cocinado	hubieseis cocinado
cocinase	cocinasen	hubiese cocinado	hubiesen cocinado

	imperativo	
—	cocinemos	
cocina; no cocines	cocinad; no cocinéis	
cocine	cocinen	

Words related to this verb

la cocina kitchen; cooking, cuisine
cocer to cook, to bake, to boil
el cocinero, la cocinera cook, kitchen chef
la cocinilla kitchenette

el cocimiento cooking
el cocido plate of boiled meat and vegetables

to seize, to take, to grasp, to grab, to catch

The Seven Simple Tenses		The Seven Compound Tenses	
Singular	Plural	Singular	Plural
1　presente de indicativo		**8　perfecto de indicativo**	
cojo	cogemos	he cogido	hemos cogido
coges	cogéis	has cogido	habéis cogido
coge	cogen	ha cogido	han cogido
2　imperfecto de indicativo		**9　pluscuamperfecto de indicativo**	
cogía	cogíamos	había cogido	habíamos cogido
cogías	cogíais	habías cogido	habíais cogido
cogía	cogían	había cogido	habían cogido
3　pretérito		**10　pretérito anterior**	
cogí	cogimos	hube cogido	hubimos cogido
cogiste	cogisteis	hubiste cogido	hubisteis cogido
cogió	cogieron	hubo cogido	hubieron cogido
4　futuro		**11　futuro perfecto**	
cogeré	cogeremos	habré cogido	habremos cogido
cogerás	cogeréis	habrás cogido	habréis cogido
cogerá	cogerán	habrá cogido	habrán cogido
5　potencial simple		**12　potencial compuesto**	
cogería	cogeríamos	habría cogido	habríamos cogido
cogerías	cogeríais	habrías cogido	habríais cogido
cogería	cogerían	habría cogido	habrían cogido
6　presente de subjuntivo		**13　perfecto de subjuntivo**	
coja	cojamos	haya cogido	hayamos cogido
cojas	cojáis	hayas cogido	hayáis cogido
coja	cojan	haya cogido	hayan cogido
7　imperfecto de subjuntivo		**14　pluscuamperfecto de subjuntivo**	
cogiera	cogiéramos	hubiera cogido	hubiéramos cogido
cogieras	cogierais	hubieras cogido	hubierais cogido
cogiera	cogieran	hubiera cogido	hubieran cogido
OR		OR	
cogiese	cogiésemos	hubiese cogido	hubiésemos cogido
cogieses	cogieseis	hubieses cogido	hubieseis cogido
cogiese	cogiesen	hubiese cogido	hubiesen cogido

imperativo	
—	cojamos
coge; no cojas	coged; no cojáis
coja	cojan

Sentences using this verb and words related to it

Quien siembra vientos recoge tempestades.　If you sow the wind, you will reap the whirlwind.

la cogida　gathering of fruits, a catch
el cogedor　collector, dust pan
escoger　to choose, to select
coger catarro (o resfriado)　to catch cold

recoger　to pick (up), to gather
acoger　to greet, to receive, to welcome
encoger　to shorten, to shrink
descoger　to expand, to extend

The subject pronouns are found on the page facing page 1.　　　　**119**

to collect

The Seven Simple Tenses		The Seven Compound Tenses	
Singular	Plural	Singular	Plural
1 presente de indicativo		**8 perfecto de indicativo**	
colijo	colegimos	he colegido	hemos colegido
coliges	colegís	has colegido	habéis colegido
colige	coligen	ha colegido	han colegido
2 imperfecto de indicativo		**9 pluscuamperfecto de indicativo**	
colegía	colegíamos	había colegido	habíamos colegido
colegías	colegíais	habías colegido	habíais colegido
colegía	colegían	había colegido	habían colegido
3 pretérito		**10 pretérito anterior**	
colegí	colegimos	hube colegido	hubimos colegido
colegiste	colegisteis	hubiste colegido	hubisteis colegido
coligió	coligieron	hubo colegido	hubieron colegido
4 futuro		**11 futuro perfecto**	
colegiré	colegiremos	habré colegido	habremos colegido
colegirás	colegiréis	habrás colegido	habréis colegido
colegirá	colegirán	habrá colegido	habrán colegido
5 potencial simple		**12 potencial compuesto**	
colegiría	colegiríamos	habría colegido	habríamos colegido
colegirías	colegiríais	habrías colegido	habríais colegido
colegiría	colegirían	habría colegido	habrían colegido
6 presente de subjuntivo		**13 perfecto de subjuntivo**	
colija	colijamos	haya colegido	hayamos colegido
colijas	colijáis	hayas colegido	hayáis colegido
colija	colijan	haya colegido	hayan colegido
7 imperfecto de subjuntivo		**14 pluscuamperfecto de subjuntivo**	
coligiera	coligiéramos	hubiera colegido	hubiéramos colegido
coligieras	coligierais	hubieras colegido	hubierais colegido
coligiera	coligieran	hubiera colegido	hubieran colegido
OR		OR	
coligiese	coligiésemos	hubiese colegido	hubiésemos colegido
coligieses	coligieseis	hubieses colegido	hubieseis colegido
coligiese	coligiesen	hubiese colegido	hubiesen colegido

imperativo

—	colijamos
colige; no colijas	colegid; no colijáis
colija	colijan

Words related to this verb

el colegio   college, school
la colección   collection

colectivo, colectiva   collective
el colegio electoral   electoral college

Consult the section on verbs used in idiomatic expressions, verbs with prepositions, and the list of over 1,000 verbs conjugated like model verbs in the back pages.

to hang (up)

The Seven Simple Tenses		The Seven Compound Tenses	
Singular	Plural	Singular	Plural

1   presente de indicativo

cuelgo	colgamos		
cuelgas	colgáis		
cuelga	cuelgan		

8   perfecto de indicativo

he colgado	hemos colgado
has colgado	habéis colgado
ha colgado	han colgado

2   imperfecto de indicativo

colgaba	colgábamos
colgabas	colgabais
colgaba	colgaban

9   pluscuamperfecto de indicativo

había colgado	habíamos colgado
habías colgado	habíais colgado
había colgado	habían colgado

3   pretérito

colgué	colgamos
colgaste	colgasteis
colgó	colgaron

10   pretérito anterior

hube colgado	hubimos colgado
hubiste colgado	hubisteis colgado
hubo colgado	hubieron colgado

4   futuro

colgaré	colgaremos
colgarás	colgaréis
colgará	colgarán

11   futuro perfecto

habré colgado	habremos colgado
habrás colgado	habréis colgado
habrá colgado	habrán colgado

5   potencial simple

colgaría	colgaríamos
colgarías	colgaríais
colgaría	colgarían

12   potencial compuesto

habría colgado	habríamos colgado
habrías colgado	habríais colgado
habría colgado	habrían colgado

6   presente de subjuntivo

cuelgue	colguemos
cuelgues	colguéis
cuelgue	cuelguen

13   perfecto de subjuntivo

haya colgado	hayamos colgado
hayas colgado	hayáis colgado
haya colgado	hayan colgado

7   imperfecto de subjuntivo

colgara	colgáramos
colgaras	colgarais
colgara	colgaran
OR	
colgase	colgásemos
colgases	colgaseis
colgase	colgasen

14   pluscuamperfecto de subjuntivo

hubiera colgado	hubiéramos colgado
hubieras colgado	hubierais colgado
hubiera colgado	hubieran colgado
OR	
hubiese colgado	hubiésemos colgado
hubieses colgado	hubieseis colgado
hubiese colgado	hubiesen colgado

imperativo

—	colguemos
cuelga; no cuelgues	colgad; no colguéis
cuelgue	cuelguen

Words related to this verb

el colgadero   hanger, hook on which to hang things
dejar colgado (colgada)   to be left disappointed
la colgadura   drapery, tapestry

to buy, to purchase

The Seven Simple Tenses		The Seven Compound Tenses	
Singular	Plural	Singular	Plural

1 presente de indicativo		8 perfecto de indicativo	
compro	compramos	he comprado	hemos comprado
compras	compráis	has comprado	habéis comprado
compra	compran	ha comprado	han comprado

2 imperfecto de indicativo		9 pluscuamperfecto de indicativo	
compraba	comprábamos	había comprado	habíamos comprado
comprabas	comprabais	habías comprado	habíais comprado
compraba	compraban	había comprado	habían comprado

3 pretérito		10 pretérito anterior	
compré	compramos	hube comprado	hubimos comprado
compraste	comprasteis	hubiste comprado	hubisteis comprado
compró	compraron	hubo comprado	hubieron comprado

4 futuro		11 futuro perfecto	
compraré	compraremos	habré comprado	habremos comprado
comprarás	compraréis	habrás comprado	habréis comprado
comprará	comprarán	habrá comprado	habrán comprado

5 potencial simple		12 potencial compuesto	
compraría	compraríamos	habría comprado	habríamos comprado
comprarías	compraríais	habrías comprado	habríais comprado
compraría	comprarían	habría comprado	habrían comprado

6 presente de subjuntivo		13 perfecto de subjuntivo	
compre	compremos	haya comprado	hayamos comprado
compres	compréis	hayas comprado	hayáis comprado
compre	compren	haya comprado	hayan comprado

7 imperfecto de subjuntivo		14 pluscuamperfecto de subjuntivo	
comprara	compráramos	hubiera comprado	hubiéramos comprado
compraras	comprarais	hubieras comprado	hubierais comprado
comprara	compraran	hubiera comprado	hubieran comprado
OR		OR	
comprase	comprásemos	hubiese comprado	hubiésemos comprado
comprases	compraseis	hubieses comprado	hubieseis comprado
comprase	comprasen	hubiese comprado	hubiesen comprado

imperativo

—	compremos
compra; no compres	comprad; no compréis
compre	compren

Words and expressions related to this verb

comprador, compradora, comprante buyer
la compra purchase
comprable purchasable
ir de compras to go shopping

comprar fiado, comprar a crédito
    to buy on credit
comprar con rebaja to buy at a
    discount

The Seven Simple Tenses		The Seven Compound Tenses	
Singular	Plural	Singular	Plural

1 presente de indicativo

		8 perfecto de indicativo	
comprendo	comprendemos	he comprendido	hemos comprendido
comprendes	comprendéis	has comprendido	habéis comprendido
comprende	comprenden	ha comprendido	han comprendido

2 imperfecto de indicativo   **9 pluscuamperfecto de indicativo**

comprendía	comprendíamos	había comprendido	habíamos comprendido
comprendías	comprendíais	habías comprendido	habíais comprendido
comprendía	comprendían	había comprendido	habían comprendido

3 pretérito   **10 pretérito anterior**

comprendí	comprendimos	hube comprendido	hubimos comprendido
comprendiste	comprendisteis	hubiste comprendido	hubisteis comprendido
comprendió	comprendieron	hubo comprendido	hubieron comprendido

4 futuro   **11 futuro perfecto**

comprenderé	comprenderemos	habré comprendido	habremos comprendido
comprenderás	comprenderéis	habrás comprendido	habréis comprendido
comprenderá	comprenderán	habrá comprendido	habrán comprendido

5 potencial simple   **12 potencial compuesto**

comprendería	comprenderíamos	habría comprendido	habríamos comprendido
comprenderías	comprenderíais	habrías comprendido	habríais comprendido
comprendería	comprenderían	habría comprendido	habrían comprendido

6 presente de subjuntivo   **13 perfecto de subjuntivo**

comprenda	comprendamos	haya comprendido	hayamos comprendido
comprendas	comprendáis	hayas comprendido	hayáis comprendido
comprenda	comprendan	haya comprendido	hayan comprendido

7 imperfecto de subjuntivo   **14 pluscuamperfecto de subjuntivo**

comprendiera	comprendiéramos	hubiera comprendido	hubiéramos comprendido
comprendieras	comprendierais	hubieras comprendido	hubierais comprendido
comprendiera	comprendieran	hubiera comprendido	hubieran comprendido
OR		OR	
comprendiese	comprendiésemos	hubiese comprendido	hubiésemos comprendido
comprendieses	comprendieseis	hubieses comprendido	hubieseis comprendido
comprendiese	comprendiesen	hubiese comprendido	hubiesen comprendido

imperativo

—	**comprendamos**
comprende; no comprendas	**comprended; no comprendáis**
comprenda	**comprendan**

Words related to this verb

la comprensión   comprehension, understanding
la comprensibilidad   comprehensibility, intelligibility
comprensivo, comprensiva   comprehensive
comprensible   comprehensible, understandable

conducir

Gerundio **conduciendo**   Part. pas. **conducido**

to lead, to conduct, to drive

The Seven Simple Tenses		The Seven Compound Tenses	
Singular	Plural	Singular	Plural
1 presente de indicativo		**8 perfecto de indicativo**	
conduzco	conducimos	he conducido	hemos conducido
conduces	conducís	has conducido	habéis conducido
conduce	conducen	ha conducido	han conducido
2 imperfecto de indicativo		**9 pluscuamperfecto de indicativo**	
conducía	conducíamos	había conducido	habíamos conducido
conducías	conducíais	habías conducido	habíais conducido
conducía	conducían	había conducido	habían conducido
3 pretérito		**10 pretérito anterior**	
conduje	condujimos	hube conducido	hubimos conducido
condujiste	condujisteis	hubiste conducido	hubisteis conducido
condujo	condujeron	hubo conducido	hubieron conducido
4 futuro		**11 futuro perfecto**	
conduciré	conduciremos	habré conducido	habremos conducido
conducirás	conduciréis	habrás conducido	habréis conducido
conducirá	conducirán	habrá conducido	habrán conducido
5 potencial simple		**12 potencial compuesto**	
conduciría	conduciríamos	habría conducido	habríamos conducido
conducirías	conduciríais	habrías conducido	habríais conducido
conduciría	conducirían	habría conducido	habrían conducido
6 presente de subjuntivo		**13 perfecto de subjuntivo**	
conduzca	conduzcamos	haya conducido	hayamos conducido
conduzcas	conduzcáis	hayas conducido	hayáis conducido
conduzca	conduzcan	haya conducido	hayan conducido
7 imperfecto de subjuntivo		**14 pluscuamperfecto de subjuntivo**	
condujera	condujéramos	hubiera conducido	hubiéramos conducido
condujeras	condujerais	hubieras conducido	hubierais conducido
condujera	condujeran	hubiera conducido	hubieran conducido
OR		OR	
condujese	condujésemos	hubiese conducido	hubiésemos conducido
condujeses	condujeseis	hubieses conducido	hubieseis conducido
condujese	condujesen	hubiese conducido	hubiesen conducido

imperativo

—	conduzcamos
conduce; no conduzcas	conducid; no conduzcáis
conduzca	conduzcan

Words related to this verb

conductor, conductora   conductor, director
el conducto   conduit, duct
la conducta   conduct, behavior
conducente   conducive

The Seven Simple Tenses		The Seven Compound Tenses	
Singular	Plural	Singular	Plural
1 presente de indicativo		**8 perfecto de indicativo**	
confieso	confesamos	he confesado	hemos confesado
confiesas	confesáis	has confesado	habéis confesado
confiesa	confiesan	ha confesado	han confesado
2 imperfecto de indicativo		**9 pluscuamperfecto de indicativo**	
confesaba	confesábamos	había confesado	habíamos confesado
confesabas	confesabais	habías confesado	habíais confesado
confesaba	confesaban	había confesado	habían confesado
3 pretérito		**10 pretérito anterior**	
confesé	confesamos	hube confesado	hubimos confesado
confesaste	confesasteis	hubiste confesado	hubisteis confesado
confesó	confesaron	hubo confesado	hubieron confesado
4 futuro		**11 futuro perfecto**	
confesaré	confesaremos	habré confesado	habremos confesado
confesarás	confesaréis	habrás confesado	habréis confesado
confesará	confesarán	habrá confesado	habrán confesado
5 potencial simple		**12 potencial compuesto**	
confesaría	confesaríamos	habría confesado	habríamos confesado
confesarías	confesaríais	habrías confesado	habríais confesado
confesaría	confesarían	habría confesado	habrían confesado
6 presente de subjuntivo		**13 perfecto de subjuntivo**	
confiese	confesemos	haya confesado	hayamos confesado
confieses	confeséis	hayas confesado	hayáis confesado
confiese	confiesen	haya confesado	hayan confesado
7 imperfecto de subjuntivo		**14 pluscuamperfecto de subjuntivo**	
confesara	confesáramos	hubiera confesado	hubiéramos confesado
confesaras	confesarais	hubieras confesado	hubierais confesado
confesara	confesaran	hubiera confesado	hubieran confesado
OR		OR	
confesase	confesásemos	hubiese confesado	hubiésemos confesado
confesases	confesaseis	hubieses confesado	hubieseis confesado
confesase	confesasen	hubiese confesado	hubiesen confesado

	imperativo	
—		confesemos
confiesa; no confieses		confesad; no confeséis
confiese		confiesen

Words and expressions related to this verb

la confesión confession
el confesionario confession box
el confesor confessor

confesar de plano to confess openly
un, una confesante confessor

to constitute, to make up

The Seven Simple Tenses		The Seven Compound Tenses	
Singular	Plural	Singular	Plural
1 presente de indicativo		**8 perfecto de indicativo**	
constituyo	constituimos	he constituido	hemos constituido
constituyes	constituís	has constituido	habéis constituido
constituye	constituyen	ha constituido	han constituido
2 imperfecto de indicativo		**9 pluscuamperfecto de indicativo**	
constituía	constituíamos	había constituido	habíamos constituido
constituías	constituíais	habías constituido	habíais constituido
constituía	constituían	había constituido	habían constituido
3 pretérito		**10 pretérito anterior**	
constituí	constituimos	hube constituido	hubimos constituido
constituiste	constituisteis	hubiste constituido	hubisteis constituido
constituyó	constituyeron	hubo constituido	hubieron constituido
4 futuro		**11 futuro perfecto**	
constituiré	constituiremos	habré constituido	habremos constituido
constituirás	constituiréis	habrás constituido	habréis constituido
constituirá	constituirán	habrá constituido	habrán constituido
5 potencial simple		**12 potencial compuesto**	
constituiría	constituiríamos	habría constituido	habríamos constituido
constituirías	constituiríais	habrías constituido	habríais constituido
constituiría	constituirían	habría constituido	habrían constituido
6 presente de subjuntivo		**13 perfecto de subjuntivo**	
constituya	constituyamos	haya constituido	hayamos constituido
constituyas	constituyáis	hayas constituido	hayáis constituido
constituya	constituyan	haya constituido	hayan constituido
7 imperfecto de subjuntivo		**14 pluscuamperfecto de subjuntivo**	
constituyera	constituyéramos	hubiera constituido	hubiéramos constituido
constituyeras	constituyerais	hubieras constituido	hubierais constituido
constituyera	constituyeran	hubiera constituido	hubieran constituido
OR		OR	
constituyese	constituyésemos	hubiese constituido	hubiésemos constituido
constituyeses	constituyeseis	hubieses constituido	hubieseis constituido
constituyese	constituyesen	hubiese constituido	hubiesen constituido

imperativo

—	constituyamos
constituye; no constituyas	constituid; no constituyáis
constituya	constituyan

Words related to this verb

constitutivo, constitutiva constitutive, essential
la constitución constitution
el constitucionalismo constitutionalism
constituyente constituent

instituir to institute, to instruct, to teach
restituir to restore, to give back

to construct, to build

The Seven Simple Tenses		The Seven Compound Tenses	
Singular	Plural	Singular	Plural
1 presente de indicativo		**8 perfecto de indicativo**	
construyo	construimos	he construido	hemos construido
construyes	construís	has construido	habéis construido
construye	construyen	ha construido	han construido
2 imperfecto de indicativo		**9 pluscuamperfecto de indicativo**	
construía	construíamos	había construido	habíamos construido
construías	construíais	habías construido	habíais construido
construía	construían	había construido	habían construido
3 pretérito		**10 pretérito anterior**	
construí	construimos	hube construido	hubimos construido
construiste	construisteis	hubiste construido	hubisteis construido
construyó	construyeron	hubo construido	hubieron construido
4 futuro		**11 futuro perfecto**	
construiré	construiremos	habré construido	habremos construido
construirás	construiréis	habrás construido	habréis construido
construirá	construirán	habrá construido	habrán construido
5 potencial simple		**12 potencial compuesto**	
construiría	construiríamos	habría construido	habríamos construido
construirías	construiríais	habrías construido	habríais construido
construiría	construirían	habría construido	habrían construido
6 presente de subjuntivo		**13 perfecto de subjuntivo**	
construya	construyamos	haya construido	hayamos construido
construyas	construyáis	hayas construido	hayáis construido
construya	construyan	haya construido	hayan construido
7 imperfecto de subjuntivo		**14 pluscuamperfecto de subjuntivo**	
construyera	construyéramos	hubiera construido	hubiéramos construido
construyeras	construyerais	hubieras construido	hubierais construido
construyera	construyeran	hubiera construido	hubieran construido
OR		OR	
construyese	construyésemos	hubiese construido	hubiésemos construido
construyeses	construyeseis	hubieses construido	hubieseis construido
construyese	construyesen	hubiese construido	hubiesen construido

imperativo

—	**construyamos**
construye; no construyas	**construid; no construyáis**
construya	**construyan**

Words related to this verb

la construcción construction
constructor, constructora builder
la construcción de buques shipbuilding

reconstruir to reconstruct
construible constructible

to call together, to convene, to convoke, to summon

The Seven Simple Tenses		The Seven Compound Tenses	
Singular	Plural	Singular	Plural
1 presente de indicativo		**8 perfecto de indicativo**	
convoco	convocamos	he convocado	hemos convocado
convocas	convocáis	has convocado	habéis convocado
convoca	convocan	ha convocado	han convocado
2 imperfecto de indicativo		**9 pluscuamperfecto de indicativo**	
convocaba	convocábamos	había convocado	habíamos convocado
convocabas	convocabais	habías convocado	habíais convocado
convocaba	convocaban	había convocado	habían convocado
3 pretérito		**10 pretérito anterior**	
convoqué	convocamos	hube convocado	hubimos convocado
convocaste	convocasteis	hubiste convocado	hubisteis convocado
convocó	convocaron	hubo convocado	hubieron convocado
4 futuro		**11 futuro perfecto**	
convocaré	convocaremos	habré convocado	habremos convocado
convocarás	convocaréis	habrás convocado	habréis convocado
convocará	convocarán	habrá convocado	habrán convocado
5 potencial simple		**12 potencial compuesto**	
convocaría	convocaríamos	habría convocado	habríamos convocado
convocarías	convocaríais	habrías convocado	habríais convocado
convocaría	convocarían	habría convocado	habrían convocado
6 presente de subjuntivo		**13 perfecto de subjuntivo**	
convoque	convoquemos	haya convocado	hayamos convocado
convoques	convoquéis	hayas convocado	hayáis convocado
convoque	convoquen	haya convocado	hayan convocado
7 imperfecto de subjuntivo		**14 pluscuamperfecto de subjuntivo**	
convocara	convocáramos	hubiera convocado	hubiéramos convocado
convocaras	convocarais	hubieras convocado	hubierais convocado
convocara	convocaran	hubiera convocado	hubieran convocado
OR		OR	
convocase	convocásemos	hubiese convocado	hubiésemos convocado
convocases	convocaseis	hubieses convocado	hubieseis convocado
convocase	convocasen	hubiese convocado	hubiesen convocado

imperativo	
—	convoquemos
convoca; no convoques	convocad; no convoquéis
convoque	convoquen

Words and expressions related to this verb

la convocación convocation
la vocación vocation, calling
el vocabulario vocabulary

un vocablo word, expression, term
jugar del vocablo to pun, to make a pun

142

The Seven Simple Tenses		The Seven Compound Tenses	
Singular	Plural	Singular	Plural

1 presente de indicativo		8 perfecto de indicativo	
corrijo	**corregimos**	**he corregido**	**hemos corregido**
corriges	**corregís**	**has corregido**	**habéis corregido**
corrige	**corrigen**	**ha corregido**	**han corregido**

2 imperfecto de indicativo		9 pluscuamperfecto de indicativo	
corregía	**corregíamos**	**había corregido**	**habíamos corregido**
corregías	**corregíais**	**habías corregido**	**habíais corregido**
corregía	**corregían**	**había corregido**	**habían corregido**

3 pretérito		10 pretérito anterior	
corregí	**corregimos**	**hube corregido**	**hubimos corregido**
corregiste	**corregisteis**	**hubiste corregido**	**hubisteis corregido**
corrigió	**corrigieron**	**hubo corregido**	**hubieron corregido**

4 futuro		11 futuro perfecto	
corregiré	**corregiremos**	**habré corregido**	**habremos corregido**
corregirás	**corregiréis**	**habrás corregido**	**habréis corregido**
corregirá	**corregirán**	**habrá corregido**	**habrán corregido**

5 potencial simple		12 potencial compuesto	
corregiría	**corregiríamos**	**habría corregido**	**habríamos corregido**
corregirías	**corregiríais**	**habrías corregido**	**habríais corregido**
corregiría	**corregirían**	**habría corregido**	**habrían corregido**

6 presente de subjuntivo		13 perfecto de subjuntivo	
corrija	**corrijamos**	**haya corregido**	**hayamos corregido**
corrijas	**corrijáis**	**hayas corregido**	**hayáis corregido**
corrija	**corrijan**	**haya corregido**	**hayan corregido**

7 imperfecto de subjuntivo		14 pluscuamperfecto de subjuntivo	
corrigiera	**corrigiéramos**	**hubiera corregido**	**hubiéramos corregido**
corrigieras	**corrigierais**	**hubieras corregido**	**hubierais corregido**
corrigiera	**corrigieran**	**hubiera corregido**	**hubieran corregido**
OR		OR	
corrigiese	**corrigiésemos**	**hubiese corregido**	**hubiésemos corregido**
corrigieses	**corrigieseis**	**hubieses corregido**	**hubieseis corregido**
corrigiese	**corrigiesen**	**hubiese corregido**	**hubiesen corregido**

imperativo	
—	**corrijamos**
corrige; no corrijas	**corregid; no corrijáis**
corrija	**corrijan**

Words related to this verb

corregir pruebas to read proofs	**correcto, correcta** correct
corregible corrigible	**correctamente** correctly
incorregible incorrigible	**correccional** correctional
la corrección correction	**el correccionalismo** reformatory

to run, to race, to flow

The Seven Simple Tenses		The Seven Compound Tenses	
Singular	Plural	Singular	Plural
1 presente de indicativo		**8 perfecto de indicativo**	
corro	corremos	he corrido	hemos corrido
corres	corréis	has corrido	habéis corrido
corre	corren	ha corrido	han corrido
2 imperfecto de indicativo		**9 pluscuamperfecto de indicativo**	
corría	corríamos	había corrido	habíamos corrido
corrías	corríais	habías corrido	habíais corrido
corría	corrían	había corrido	habían corrido
3 pretérito		**10 pretérito anterior**	
corrí	corrimos	hube corrido	hubimos corrido
corriste	corristeis	hubiste corrido	hubisteis corrido
corrió	corrieron	hubo corrido	hubieron corrido
4 futuro		**11 futuro perfecto**	
correré	correremos	habré corrido	habremos corrido
correrás	correréis	habrás corrido	habréis corrido
correrá	correrán	habrá corrido	habrán corrido
5 potencial simple		**12 potencial compuesto**	
correría	correríamos	habría corrido	habríamos corrido
correrías	correríais	habrías corrido	habríais corrido
correría	correrían	habría corrido	habrían corrido
6 presente de subjuntivo		**13 perfecto de subjuntivo**	
corra	corramos	haya corrido	hayamos corrido
corras	corráis	hayas corrido	hayáis corrido
corra	corran	haya corrido	hayan corrido
7 imperfecto de subjuntivo		**14 pluscuamperfecto de subjuntivo**	
corriera	corriéramos	hubiera corrido	hubiéramos corrido
corrieras	corrierais	hubieras corrido	hubierais corrido
corriera	corrieran	hubiera corrido	hubieran corrido
OR		OR	
corriese	corriésemos	hubiese corrido	hubiésemos corrido
corrieses	corrieseis	hubieses corrido	hubieseis corrido
corriese	corriesen	hubiese corrido	hubiesen corrido

imperativo

—	corramos
corre; no corras	corred; no corráis
corra	corran

Words and expressions related to this verb

el correo mail, post
correo aéreo air mail
echar una carta al correo to mail (post) a letter
la corrida race
de corrida at full speed

descorrer to flow (liquids); to draw a curtain or drape
por correo aparte under separate cover (mail)
recorrer to travel on, to go over

to cut, to cut off, to cut out

The Seven Simple Tenses		The Seven Compound Tenses	
Singular	Plural	Singular	Plural
1 presente de indicativo		**8 perfecto de indicativo**	
corto	cortamos	he cortado	hemos cortado
cortas	cortáis	has cortado	habéis cortado
corta	cortan	ha cortado	han cortado
2 imperfecto de indicativo		**9 pluscuamperfecto de indicativo**	
cortaba	cortábamos	había cortado	habíamos cortado
cortabas	cortabais	habías cortado	habíais cortado
cortaba	cortaban	había cortado	habían cortado
3 pretérito		**10 pretérito anterior**	
corté	cortamos	hube cortado	hubimos cortado
cortaste	cortasteis	hubiste cortado	hubisteis cortado
cortó	cortaron	hubo cortado	hubieron cortado
4 futuro		**11 futuro perfecto**	
cortaré	cortaremos	habré cortado	habremos cortado
cortarás	cortaréis	habrás cortado	habréis cortado
cortará	cortarán	habrá cortado	habrán cortado
5 potencial simple		**12 potencial compuesto**	
cortaría	cortaríamos	habría cortado	habríamos cortado
cortarías	cortaríais	habrías cortado	habríais cortado
cortaría	cortarían	habría cortado	habrían cortado
6 presente de subjuntivo		**13 perfecto de subjuntivo**	
corte	cortemos	haya cortado	hayamos cortado
cortes	cortéis	hayas cortado	hayáis cortado
corte	corten	haya cortado	hayan cortado
7 imperfecto de subjuntivo		**14 pluscuamperfecto de subjuntivo**	
cortara	cortáramos	hubiera cortado	hubiéramos cortado
cortaras	cortarais	hubieras cortado	hubierais cortado
cortara	cortaran	hubiera cortado	hubieran cortado
OR		OR	
cortase	cortásemos	hubiese cortado	hubiésemos cortado
cortases	cortaseis	hubieses cortado	hubieseis cortado
cortase	cortasen	hubiese cortado	hubiesen cortado

imperativo

—	cortemos
corta; no cortes	cortad; no cortéis
corte	corten

Words and expressions related to this verb

cortar el agua   to cut off the water
cortar las alas a uno   to cut a person down, "to cut off one's wings"
cortar el vino con agua   to dilute wine
corto, corta   short; **corto de oído**   hard of hearing
recortar   to trim, cut off, cut away; **un recorte**   clipping from a newspaper

The subject pronouns are found on the page facing page 1.   **145**

to believe

The Seven Simple Tenses		The Seven Compound Tenses	
Singular	Plural	Singular	Plural

1   presente de indicativo

		8 perfecto de indicativo	
creo	creemos	he creído	hemos creído
crees	creéis	has creído	habéis creído
cree	creen	ha creído	han creído

2   imperfecto de indicativo

		9 pluscuamperfecto de indicativo	
creía	creíamos	había creído	habíamos creído
creías	creíais	habías creído	habíais creído
creía	creían	había creído	habían creído

3   pretérito

		10 pretérito anterior	
creí	creímos	hube creído	hubimos creído
creíste	creísteis	hubiste creído	hubisteis creído
creyó	creyeron	hubo creído	hubieron creído

4   futuro

		11 futuro perfecto	
creeré	creeremos	habré creído	habremos creído
creerás	creeréis	habrás creído	habréis creído
creerá	creerán	habrá creído	habrán creído

5   potencial simple

		12 potencial compuesto	
creería	creeríamos	habría creído	habríamos creído
creerías	creeríais	habrías creído	habríais creído
creería	creerían	habría creído	habrían creído

6   presente de subjuntivo

		13 perfecto de subjuntivo	
crea	creamos	haya creído	hayamos creído
creas	creáis	hayas creído	hayáis creído
crea	crean	haya creído	hayan creído

7   imperfecto de subjuntivo

		14 pluscuamperfecto de subjuntivo	
creyera	creyéramos	hubiera creído	hubiéramos creído
creyeras	creyerais	hubieras creído	hubierais creído
creyera	creyeran	hubiera creído	hubieran creído
OR		OR	
creyese	creyésemos	hubiese creído	hubiésemos creído
creyeses	creyeseis	hubieses creído	hubieseis creído
creyese	creyesen	hubiese creído	hubiesen creído

imperativo

—	creamos
cree; no creas	creed; no creáis
crea	crean

Words and expressions related to this verb

Ver y creer   Seeing is believing.
¡Ya lo creo!   Of course!
crédulo, crédula   credulous
descreer   to disbelieve

la credulidad   credulity
el credo   creed
dar crédito   to believe

to breed, to raise, to bring up (rear)

The Seven Simple Tenses		The Seven Compound Tenses	
Singular	Plural	Singular	Plural
1 presente de indicativo		**8 perfecto de indicativo**	
crío	criamos	he criado	hemos criado
crías	criáis	has criado	habéis criado
cría	crían	ha criado	han criado
2 imperfecto de indicativo		**9 pluscuamperfecto de indicativo**	
criaba	criábamos	había criado	habíamos criado
criabas	criabais	habías criado	habíais criado
criaba	criaban	había criado	habían criado
3 pretérito		**10 pretérito anterior**	
crié	criamos	hube criado	hubimos criado
criaste	criasteis	hubiste criado	hubisteis criado
crió	criaron	hubo criado	hubieron criado
4 futuro		**11 futuro perfecto**	
criaré	criaremos	habré criado	habremos criado
criarás	criaréis	habrás criado	habréis criado
criará	criarán	habrá criado	habrán criado
5 potencial simple		**12 potencial compuesto**	
criaría	criaríamos	habría criado	habríamos criado
criarías	criaríais	habrías criado	habríais criado
criaría	criarían	habría criado	habrían criado
6 presente de subjuntivo		**13 perfecto de subjuntivo**	
críe	criemos	haya criado	hayamos criado
críes	criéis	hayas criado	hayáis criado
críe	críen	haya criado	hayan criado
7 imperfecto de subjuntivo		**14 pluscuamperfecto de subjuntivo**	
criara	criáramos	hubiera criado	hubiéramos criado
criaras	criarais	hubieras criado	hubierais criado
criara	criaran	hubiera criado	hubieran criado
OR		OR	
criase	criásemos	hubiese criado	hubiésemos criado
criases	criaseis	hubieses criado	hubieseis criado
criase	criasen	hubiese criado	hubiesen criado

imperativo

—	criemos
cría; no críes	criad; no criéis
críe	críen

Words and expressions related to this verb

la criandera, la criadora   wet nurse
el criado, la criada   servant
la crianza   nursing, education
dar crianza   to educate, to bring up

mala crianza   bad manners, impoliteness
Dios los cría y ellos se juntan   Birds of a
     feather flock together.

to cross

The Seven Simple Tenses		The Seven Compound Tenses	
Singular	Plural	Singular	Plural
1 presente de indicativo		**8 perfecto de indicativo**	
cruzo	cruzamos	he cruzado	hemos cruzado
cruzas	cruzáis	has cruzado	habéis cruzado
cruza	cruzan	ha cruzado	han cruzado
2 imperfecto de indicativo		**9 pluscuamperfecto de indicativo**	
cruzaba	cruzábamos	había cruzado	habíamos cruzado
cruzabas	cruzabais	habías cruzado	habíais cruzado
cruzaba	cruzaban	había cruzado	habían cruzado
3 pretérito		**10 pretérito anterior**	
crucé	cruzamos	hube cruzado	hubimos cruzado
cruzaste	cruzasteis	hubiste cruzado	hubisteis cruzado
cruzó	cruzaron	hubo cruzado	hubieron cruzado
4 futuro		**11 futuro perfecto**	
cruzaré	cruzaremos	habré cruzado	habremos cruzado
cruzarás	cruzaréis	habrás cruzado	habréis cruzado
cruzará	cruzarán	habrá cruzado	habrán cruzado
5 potencial simple		**12 potencial compuesto**	
cruzaría	cruzaríamos	habría cruzado	habríamos cruzado
cruzarías	cruzaríais	habrías cruzado	habríais cruzado
cruzaría	cruzarían	habría cruzado	habrían cruzado
6 presente de subjuntivo		**13 perfecto de subjuntivo**	
cruce	crucemos	haya cruzado	hayamos cruzado
cruces	crucéis	hayas cruzado	hayáis cruzado
cruce	crucen	haya cruzado	hayan cruzado
7 imperfecto de subjuntivo		**14 pluscuamperfecto de subjuntivo**	
cruzara	cruzáramos	hubiera cruzado	hubiéramos cruzado
cruzaras	cruzarais	hubieras cruzado	hubierais cruzado
cruzara	cruzaran	hubiera cruzado	hubieran cruzado
OR		OR	
cruzase	cruzásemos	hubiese cruzado	hubiésemos cruzado
cruzases	cruzaseis	hubieses cruzado	hubieseis cruzado
cruzase	cruzasen	hubiese cruzado	hubiesen cruzado

imperativo

—	crucemos
cruza; no cruces	cruzad; no crucéis
cruce	crucen

Sentences using this verb and words related to it

El que no se aventura no cruza el mar.   Nothing ventured, nothing gained.

el cruzamiento   crossing
la cruzada   crusade, crossroads
la cruz   cross
la cruz de Malta   Maltese cross

150

The Seven Simple Tenses		The Seven Compound Tenses	
Singular	Plural	Singular	Plural

1 presente de indicativo		8 perfecto de indicativo	
cubro	cubrimos	he cubierto	hemos cubierto
cubres	cubrís	has cubierto	habéis cubierto
cubre	cubren	ha cubierto	han cubierto

2 imperfecto de indicativo		9 pluscuamperfecto de indicativo	
cubría	cubríamos	había cubierto	habíamos cubierto
cubrías	cubríais	habías cubierto	habíais cubierto
cubría	cubrían	había cubierto	habían cubierto

3 pretérito		10 pretérito anterior	
cubrí	cubrimos	hube cubierto	hubimos cubierto
cubriste	cubristeis	hubiste cubierto	hubisteis cubierto
cubrió	cubrieron	hubo cubierto	hubieron cubierto

4 futuro		11 futuro perfecto	
cubriré	cubriremos	habré cubierto	habremos cubierto
cubrirás	cubriréis	habrás cubierto	habréis cubierto
cubrirá	cubrirán	habrá cubierto	habrán cubierto

5 potencial simple		12 potencial compuesto	
cubriría	cubriríamos	habría cubierto	habríamos cubierto
cubrirías	cubriríais	habrías cubierto	habríais cubierto
cubriría	cubrirían	habría cubierto	habrían cubierto

6 presente de subjuntivo		13 perfecto de subjuntivo	
cubra	cubramos	haya cubierto	hayamos cubierto
cubras	cubráis	hayas cubierto	hayáis cubierto
cubra	cubran	haya cubierto	hayan cubierto

7 imperfecto de subjuntivo		14 pluscuamperfecto de subjuntivo	
cubriera	cubriéramos	hubiera cubierto	hubiéramos cubierto
cubrieras	cubrierais	hubieras cubierto	hubierais cubierto
cubriera	cubrieran	hubiera cubierto	hubieran cubierto
OR		OR	
cubriese	cubriésemos	hubiese cubierto	hubiésemos cubierto
cubrieses	cubrieseis	hubieses cubierto	hubieseis cubierto
cubriese	cubriesen	hubiese cubierto	hubiesen cubierto

imperativo		
—	cubramos	
cubre; no cubras	cubrid; no cubráis	
cubra	cubran	

Words and expressions related to this verb

la cubierta   cover, wrapping
la cubierta del motor   hood of an automobile
el cubrimiento   covering
cubrir la mesa   to lay the table
cubrir los gastos   to pay expenses
cubiertamente   under cover

encubrir   to hide, to conceal, to mask
el encubrimiento   hiding, concealment
descubrir   to discover

The subject pronouns are found on the page facing page 1.

to take care of oneself

The Seven Simple Tenses		The Seven Compound Tenses	
Singular	Plural	Singular	Plural
1 presente de indicativo		**8 perfecto de indicativo**	
me cuido	nos cuidamos	me he cuidado	nos hemos cuidado
te cuidas	os cuidáis	te has cuidado	os habéis cuidado
se cuida	se cuidan	se ha cuidado	se han cuidado
2 imperfecto de indicativo		**9 pluscuamperfecto de indicativo**	
me cuidaba	nos cuidábamos	me había cuidado	nos habíamos cuidado
te cuidabas	os cuidabais	te habías cuidado	os habíais cuidado
se cuidaba	se cuidaban	se había cuidado	se habían cuidado
3 pretérito		**10 pretérito anterior**	
me cuidé	nos cuidamos	me hube cuidado	nos hubimos cuidado
te cuidaste	os cuidasteis	te hubiste cuidado	os hubisteis cuidado
se cuidó	se cuidaron	se hubo cuidado	se hubieron cuidado
4 futuro		**11 futuro perfecto**	
me cuidaré	nos cuidaremos	me habré cuidado	nos habremos cuidado
te cuidarás	os cuidaréis	te habrás cuidado	os habréis cuidado
se cuidará	se cuidarán	se habrá cuidado	se habrán cuidado
5 potencial simple		**12 potencial compuesto**	
me cuidaría	nos cuidaríamos	me habría cuidado	nos habríamos cuidado
te cuidarías	os cuidaríais	te habrías cuidado	os habríais cuidado
se cuidaría	se cuidarían	se habría cuidado	se habrían cuidado
6 presente de subjuntivo		**13 perfecto de subjuntivo**	
me cuide	nos cuidemos	me haya cuidado	nos hayamos cuidado
te cuides	os cuidéis	te hayas cuidado	os hayáis cuidado
se cuide	se cuiden	se haya cuidado	se hayan cuidado
7 imperfecto de subjuntivo		**14 pluscuamperfecto de subjuntivo**	
me cuidara	nos cuidáramos	me hubiera cuidado	nos hubiéramos cuidado
te cuidaras	os cuidarais	te hubieras cuidado	os hubierais cuidado
se cuidara	se cuidaran	se hubiera cuidado	se hubieran cuidado
OR		OR	
me cuidase	nos cuidásemos	me hubiese cuidado	nos hubiésemos cuidado
te cuidases	os cuidaseis	te hubieses cuidado	os hubieseis cuidado
se cuidase	se cuidasen	se hubiese cuidado	se hubiesen cuidado

imperativo

—	cuidémonos
cuídate; no te cuides	cuidaos; no os cuidéis
cuídese	cuídense

Words and expressions related to this verb

cuidar de   to care for, to look after
cuidarse de   to care about, to be careful
el cuidado   care, concern
con cuidado   with care
descuidar   to neglect, overlook
el descuido   negligence, neglect

cuidadosamente   carefully
cuidadoso, cuidadosa   careful
al cuidado de   under the care of
tener cuidado   to be careful
descuidarse de   not to bother about
descuidarse de + inf.   to neglect + inf.

to fulfill, to keep (a promise), to reach one's birthday (use with **años**)

The Seven Simple Tenses		The Seven Compound Tenses	
Singular	Plural	Singular	Plural
1 presente de indicativo		**8 perfecto de indicativo**	
cumplo	cumplimos	he cumplido	hemos cumplido
cumples	cumplís	has cumplido	habéis cumplido
cumple	cumplen	ha cumplido	han cumplido
2 imperfecto de indicativo		**9 pluscuamperfecto de indicativo**	
cumplía	cumplíamos	había cumplido	habíamos cumplido
cumplías	cumplíais	habías cumplido	habíais cumplido
cumplía	cumplían	había cumplido	habían cumplido
3 pretérito		**10 pretérito anterior**	
cumplí	cumplimos	hube cumplido	hubimos cumplido
cumpliste	cumplisteis	hubiste cumplido	hubisteis cumplido
cumplió	cumplieron	hubo cumplido	hubieron cumplido
4 futuro		**11 futuro perfecto**	
cumpliré	cumpliremos	habré cumplido	habremos cumplido
cumplirás	cumpliréis	habrás cumplido	habréis cumplido
cumplirá	cumplirán	habrá cumplido	habrán cumplido
5 potencial simple		**12 potencial compuesto**	
cumpliría	cumpliríamos	habría cumplido	habríamos cumplido
cumplirías	cumpliríais	habrías cumplido	habríais cumplido
cumpliría	cumplirían	habría cumplido	habrían cumplido
6 presente de subjuntivo		**13 perfecto de subjuntivo**	
cumpla	cumplamos	haya cumplido	hayamos cumplido
cumplas	cumpláis	hayas cumplido	hayáis cumplido
cumpla	cumplan	haya cumplido	hayan cumplido
7 imperfecto de subjuntivo		**14 pluscuamperfecto de subjuntivo**	
cumpliera	cumpliéramos	hubiera cumplido	hubiéramos cumplido
cumplieras	cumplierais	hubieras cumplido	hubierais cumplido
cumpliera	cumplieran	hubiera cumplido	hubieran cumplido
OR		OR	
cumpliese	cumpliésemos	hubiese cumplido	hubiésemos cumplido
cumplieses	cumplieseis	hubieses cumplido	hubieseis cumplido
cumpliese	cumpliesen	hubiese cumplido	hubiesen cumplido

	imperativo	
—		cumplamos
cumple; no cumplas		cumplid; no cumpláis
cumpla		cumplan

Words and expressions related to this verb

el cumpleaños birthday
cumplidamente completely
el cumplimiento completion
cumplir con to fulfill

cumplir . . . años   to reach the age of . . .
Hoy cumplo diez y siete años   Today I am seventeen
years old.

to suck

The Seven Simple Tenses		The Seven Compound Tenses	
Singular	Plural	Singular	Plural

1 presente de indicativo		8 perfecto de indicativo	
chupo	chupamos	he chupado	hemos chupado
chupas	chupáis	has chupado	habéis chupado
chupa	chupan	ha chupado	han chupado

2 imperfecto de indicativo		9 pluscuamperfecto de indicativo	
chupaba	chupábamos	había chupado	habíamos chupado
chupabas	chupabais	habías chupado	habíais chupado
chupaba	chupaban	había chupado	habían chupado

3 pretérito		10 pretérito anterior	
chupé	chupamos	hube chupado	hubimos chupado
chupaste	chupasteis	hubiste chupado	hubisteis chupado
chupó	chuparon	hubo chupado	hubieron chupado

4 futuro		11 futuro perfecto	
chuparé	chuparemos	habré chupado	habremos chupado
chuparás	chuparéis	habrás chupado	habréis chupado
chupará	chuparán	habrá chupado	habrán chupado

5 potencial simple		12 potencial compuesto	
chuparía	chuparíamos	habría chupado	habríamos chupado
chuparías	chuparíais	habrías chupado	habríais chupado
chuparía	chuparían	habría chupado	habrían chupado

6 presente de subjuntivo		13 perfecto de subjuntivo	
chupe	chupemos	haya chupado	hayamos chupado
chupes	chupéis	hayas chupado	hayáis chupado
chupe	chupen	haya chupado	hayan chupado

7 imperfecto de subjuntivo		14 pluscuamperfecto de subjuntivo	
chupara	chupáramos	hubiera chupado	hubiéramos chupado
chuparas	chuparais	hubieras chupado	hubierais chupado
chupara	chuparan	hubiera chupado	hubieran chupado
OR		OR	
chupase	chupásemos	hubiese chupado	hubiésemos chupado
chupases	chupaseis	hubieses chupado	hubieseis chupado
chupase	chupasen	hubiese chupado	hubiesen chupado

imperativo	
—	chupemos
chupa; no chupes	chupad; no chupéis
chupe	chupen

Words and expressions related to this verb

un chupadero, un chupaderito teething ring
la chupada, la chupadura suck, sucking
chupadero, chupadera absorbent
chuparse los dedos to lick one's lips (fingers)

to give

The Seven Simple Tenses		The Seven Compound Tenses	
Singular	Plural	Singular	Plural
1 presente de indicativo		**8 perfecto de indicativo**	
doy	damos	he dado	hemos dado
das	dais	has dado	habéis dado
da	dan	ha dado	han dado
2 imperfecto de indicativo		**9 pluscuamperfecto de indicativo**	
daba	dábamos	había dado	habíamos dado
dabas	dabais	habías dado	habíais dado
daba	daban	había dado	habían dado
3 pretérito		**10 pretérito anterior**	
dí	dimos	hube dado	hubimos dado
diste	disteis	hubiste dado	hubisteis dado
dio	dieron	hubo dado	hubieron dado
4 futuro		**11 futuro perfecto**	
daré	daremos	habré dado	habremos dado
darás	daréis	habrás dado	habréis dado
dará	darán	habrá dado	habrán dado
5 potencial simple		**12 potencial compuesto**	
daría	daríamos	habría dado	habríamos dado
darías	daríais	habrías dado	habríais dado
daría	darían	habría dado	habrían dado
6 presente de subjuntivo		**13 perfecto de subjuntivo**	
dé	demos	haya dado	hayamos dado
des	deis	hayas dado	hayáis dado
dé	den	haya dado	hayan dado
7 imperfecto de subjuntivo		**14 pluscuamperfecto de subjuntivo**	
diera	diéramos	hubiera dado	hubiéramos dado
dieras	dierais	hubieras dado	hubierais dado
diera	dieran	hubiera dado	hubieran dado
OR		OR	
diese	diésemos	hubiese dado	hubiésemos dado
dieses	dieseis	hubieses dado	hubieseis dado
diese	diesen	hubiese dado	hubiesen dado

imperativo

—	demos
da; no des	dad; no deis
dé	den

Common idiomatic expressions using this verb

A Dios rogando y con el mazo dando.   Put your faith in God and keep your powder dry.
El tiempo da buen consejo.   Time will tell.
dar la mano (las manos) a alguien   to shake hands with someone
dar de comer   to feed
darse   to give oneself up, to give in

Consult the back pages for verbs used in idiomatic expressions.

The subject pronouns are found on the page facing page 1.   **157**

decir

to say, to tell

The Seven Simple Tenses		The Seven Compound Tenses	
Singular	Plural	Singular	Plural
1 presente de indicativo		**8 perfecto de indicativo**	
digo	decimos	he dicho	hemos dicho
dices	decís	has dicho	habéis dicho
dice	dicen	ha dicho	han dicho
2 imperfecto de indicativo		**9 pluscuamperfecto de indicativo**	
decía	decíamos	había dicho	habíamos dicho
decías	decíais	habías dicho	habíais dicho
decía	decían	había dicho	habían dicho
3 pretérito		**10 pretérito anterior**	
dije	dijimos	hube dicho	hubimos dicho
dijiste	dijisteis	hubiste dicho	hubisteis dicho
dijo	dijeron	hubo dicho	hubieron dicho
4 futuro		**11 futuro perfecto**	
diré	diremos	habré dicho	habremos dicho
dirás	diréis	habrás dicho	habréis dicho
dirá	dirán	habrá dicho	habrán dicho
5 potencial simple		**12 potencial compuesto**	
diría	diríamos	habría dicho	habríamos dicho
dirías	diríais	habrías dicho	habríais dicho
diría	dirían	habría dicho	habrían dicho
6 presente de subjuntivo		**13 perfecto de subjuntivo**	
diga	digamos	haya dicho	hayamos dicho
digas	digáis	hayas dicho	hayáis dicho
diga	digan	haya dicho	hayan dicho
7 imperfecto de subjuntivo		**14 pluscuamperfecto de subjuntivo**	
dijera	dijéramos	hubiera dicho	hubiéramos dicho
dijeras	dijerais	hubieras dicho	hubierais dicho
dijera	dijeran	hubiera dicho	hubieran dicho
OR		OR	
dijese	dijésemos	hubiese dicho	hubiésemos dicho
dijeses	dijeseis	hubieses dicho	hubieseis dicho
dijese	dijesen	hubiese dicho	hubiesen dicho

imperativo	
—	**digamos**
di; no digas	**decid; no digáis**
diga	**digan**

Sentences using this verb and words related to it

Dicho y hecho.   No sooner said than done.
Dime con quien andas y te diré quien eres.   Tell me who your friends are and I will tell you who you are.

querer decir   to mean
un decir   a familiar saying

See the back pages for verbs
used in idiomatic expressions.

160

declarar

to declare

The Seven Simple Tenses		The Seven Compound Tenses	
Singular	Plural	Singular	Plural

1 presente de indicativo

		8 perfecto de indicativo	
declaro	declaramos	he declarado	hemos declarado
declaras	declaráis	has declarado	habéis declarado
declara	declaran	ha declarado	han declarado

2 imperfecto de indicativo

		9 pluscuamperfecto de indicativo	
declaraba	declarábamos	había declarado	habíamos declarado
declarabas	declarabais	habías declarado	habíais declarado
declaraba	declaraban	había declarado	habían declarado

3 pretérito

		10 pretérito anterior	
declaré	declaramos	hube declarado	hubimos declarado
declaraste	declarasteis	hubiste declarado	hubisteis declarado
declaró	declararon	hubo declarado	hubieron declarado

4 futuro

		11 futuro perfecto	
declararé	declararemos	habré declarado	habremos declarado
declararás	declararéis	habrás declarado	habréis declarado
declarará	declararán	habrá declarado	habrán declarado

5 potencial simple

		12 potencial compuesto	
declararía	declararíamos	habría declarado	habríamos declarado
declararías	declararíais	habrías declarado	habríais declarado
declararía	declararían	habría declarado	habrían declarado

6 presente de subjuntivo

		13 perfecto de subjuntivo	
declare	declaremos	haya declarado	hayamos declarado
declares	declaréis	hayas declarado	hayáis declardo
declare	declaren	haya declarado	hayan declarado

7 imperfecto de subjuntivo

		14 pluscuamperfecto de subjuntivo	
declarara	declaráramos	hubiera declarado	hubiéramos declarado
declararas	declararais	hubieras declarado	hubierais declarado
declarara	declararan	hubiera declarado	hubieran declarado
OR		OR	
declarase	declarásemos	hubiese declarado	hubiésemos declarado
declarases	declaraseis	hubieses declarado	hubieseis declarado
declarase	declarasen	hubiese declarado	hubiesen declarado

imperativo

—	declaremos
declara; no declares	declarad; no declaréis
declare	declaren

Words related to this verb

una declaración   declaration
declarado, declarada   declared
declarativo, declarativa   declarative
una declamación   declamation, recitation

dejar

Gerundio **dejando**   Part. pas. **dejado**

to let, to permit, to allow, to leave

The Seven Simple Tenses		The Seven Compound Tenses	
Singular	Plural	Singular	Plural
1 presente de indicativo		**8 perfecto de indicativo**	
dejo	dejamos	he dejado	hemos dejado
dejas	dejáis	has dejado	habéis dejado
deja	dejan	ha dejado	han dejado
2 imperfecto de indicativo		**9 pluscuamperfecto de indicativo**	
dejaba	dejábamos	había dejado	habíamos dejado
dejabas	dejabais	habías dejado	habíais dejado
dejaba	dejaban	había dejado	habían dejado
3 pretérito		**10 pretérito anterior**	
dejé	dejamos	hube dejado	hubimos dejado
dejaste	dejasteis	hubiste dejado	hubisteis dejado
dejó	dejaron	hubo dejado	hubieron dejado
4 futuro		**11 futuro perfecto**	
dejaré	dejaremos	habré dejado	habremos dejado
dejarás	dejaréis	habrás dejado	habréis dejado
dejará	dejarán	habrá dejado	habrán dejado
5 potencial simple		**12 potencial compuesto**	
dejaría	dejaríamos	habría dejado	habríamos dejado
dejarías	dejaríais	habrías dejado	habríais dejado
dejaría	dejarían	habría dejado	habrían dejado
6 presente de subjuntivo		**13 perfecto de subjuntivo**	
deje	dejemos	haya dejado	hayamos dejado
dejes	dejéis	hayas dejado	hayáis dejado
deje	dejen	haya dejado	hayan dejado
7 imperfecto de subjuntivo		**14 pluscuamperfecto de subjuntivo**	
dejara	dejáramos	hubiera dejado	hubiéramos dejado
dejaras	dejarais	hubieras dejado	hubierais dejado
dejara	dejaran	hubiera dejado	hubieran dejado
OR		OR	
dejase	dejásemos	hubiese dejado	hubiésemos dejado
dejases	dejaseis	hubieses dejado	hubieseis dejado
dejase	dejasen	hubiese dejado	hubiesen dejado

	imperativo	
—		dejemos
deja; no dejes		dejad; no dejéis
deje		dejen

Words and expressions related to this verb

dejar caer to drop (to let fall)
el dejo abandonment
dejado, dejada dejected

dejarse to abandon (neglect) oneself
dejar atrás to leave behind
dejar de + inf. to stop + pres. part.

Consult the back pages for verbs used in idiomatic expressions and verbs used with certain prepositions.

164

to be guilty, to offend

The Seven Simple Tenses		The Seven Compound Tenses	
Singular	Plural	Singular	Plural

1 presente de indicativo		8 perfecto de indicativo	
delinco	delinquimos	he delinquido	hemos delinquido
delinques	delinquís	has delinquido	habéis delinquido
delinque	delinquen	ha delinquido	han delinquido

2 imperfecto de indicativo		9 pluscuamperfecto de indicativo	
delinquía	delinquíamos	había delinquido	habíamos delinquido
delinquías	delinquíais	habías delinquido	habíais delinquido
delinquía	delinquían	había delinquido	habían delinquido

3 pretérito		10 pretérito anterior	
delinquí	delinquimos	hube delinquido	hubimos delinquido
delinquiste	delinquisteis	hubiste delinquido	hubisteis delinquido
delinquió	delinquieron	hubo delinquido	hubieron delinquido

4 futuro		11 futuro perfecto	
delinquiré	delinquiremos	habré delinquido	habremos delinquido
delinquirás	delinquiréis	habrás delinquido	habréis delinquido
delinquirá	delinquirán	habrá delinquido	habrán delinquido

5 potencial simple		12 potencial compuesto	
delinquiría	delinquiríamos	habría delinquido	habríamos delinquido
delinquirías	delinquiríais	habrías delinquido	habríais delinquido
delinquiría	delinquirían	habría delinquido	habrían delinquido

6 presente de subjuntivo		13 perfecto de subjuntivo	
delinca	delincamos	haya delinquido	hayamos delinquido
delincas	delincáis	hayas delinquido	hayáis delinquido
delinca	delincan	haya delinquido	hayan delinquido

7 imperfecto de subjuntivo		14 pluscuamperfecto de subjuntivo	
delinquiera	delinquiéramos	hubiera delinquido	hubiéramos delinquido
delinquieras	delinquierais	hubieras delinquido	hubierais delinquido
delinquiera	delinquieran	hubiera delinquido	hubieran delinquido
OR		OR	
delinquiese	delinquiésemos	hubiese delinquido	hubiésemos delinquido
delinquieses	delinquieseis	hubieses delinquido	hubieseis delinquido
delinquiese	delinquiesen	hubiese delinquido	hubiesen delinquido

imperativo		
—	delincamos
delinque; no delincas	delinquid; no delincáis
delinca	delincan

Words related to this verb

el delinquimiento, la delincuencia   delinquency
delincuente   delinquent

Consult the back pages for over 1,000 Spanish verbs conjugated like model verbs among the 501 in this book.

depender

Gerundio **dependiendo**   Part. pas. **dependido**

to depend

The Seven Simple Tenses		The Seven Compound Tenses	
Singular	Plural	Singular	Plural

1 presente de indicativo		8 perfecto de indicativo	
dependo	dependemos	he dependido	hemos dependido
dependes	dependéis	has dependido	habéis dependido
depende	dependen	ha dependido	han dependido

2 imperfecto de indicativo		9 pluscuamperfecto de indicativo	
dependía	dependíamos	había dependido	habíamos dependido
dependías	dependíais	habías dependido	habíais dependido
dependía	dependían	había dependido	habían dependido

3 pretérito		10 pretérito anterior	
dependí	dependimos	hube dependido	hubimos dependido
dependiste	dependisteis	hubiste dependido	hubisteis dependido
dependió	dependieron	hubo dependido	hubieron dependido

4 futuro		11 futuro perfecto	
dependeré	dependeremos	habré dependido	habremos dependido
dependerás	dependeréis	habrás dependido	habréis dependido
dependerá	dependerán	habrá dependido	habrán dependido

5 potencial simple		12 potencial compuesto	
dependería	dependeríamos	habría dependido	habríamos dependido
dependerías	dependeríais	habrías dependido	habríais dependido
dependería	dependerían	habría dependido	habrían dependido

6 presente de subjuntivo		13 perfecto de subjuntivo	
dependa	dependamos	haya dependido	hayamos dependido
dependas	dependáis	hayas dependido	hayáis dependido
dependa	dependan	haya dependido	hayan dependido

7 imperfecto de subjuntivo		14 pluscuamperfecto de subjuntivo	
dependiera	dependiéramos	hubiera dependido	hubiéramos dependido
dependieras	dependierais	hubieras dependido	hubierais dependido
dependiera	dependieran	hubiera dependido	hubieran dependido
OR		OR	
dependiese	dependiésemos	hubiese dependido	hubiésemos dependido
dependieses	dependieseis	hubieses dependido	hubieseis dependido
dependiese	dependiesen	hubiese dependido	hubiesen dependido

imperativo	
—	dependamos
depende; no dependas	depended; no dependáis
dependa	dependan

Words and expressions related to this verb

depender de   to depend on, to rely on
no depender de nadie   to stand on one's own two feet
un, una dependiente   dependent, employee, clerk
la dependencia   dependence, dependency
pender   to dangle, hang, to be pending
suspender   to suspend, hang, hang up; **suspender pagos**   to stop payment

168

to knock down, to overthrow, to tear down, to throw down

The Seven Simple Tenses		The Seven Compound Tenses	
Singular	Plural	Singular	Plural

1   presente de indicativo

		8 perfecto de indicativo	
derribo	derribamos	he derribado	hemos derribado
derribas	derribáis	has derribado	habéis derribado
derriba	derriban	ha derribado	han derribado

2   imperfecto de indicativo

		9 pluscuamperfecto de indicativo	
derribaba	derribábamos	había derribado	habíamos derribado
derribabas	derribabais	habías derribado	habíais derribado
derribaba	derribaban	había derribado	habían derribado

3   pretérito

		10 pretérito anterior	
derribé	derribamos	hube derribado	hubimos derribado
derribaste	derribasteis	hubiste derribado	hubisteis derribado
derribó	derribaron	hubo derribado	hubieron derribado

4   futuro

		11 futuro perfecto	
derribaré	derribaremos	habré derribado	habremos derribado
derribarás	derribaréis	habrás derribado	habréis derribado
derribará	derribarán	habrá derribado	habrán derribado

5   potencial simple

		12 potencial compuesto	
derribaría	derribaríamos	habría derribado	habríamos derribado
derribarías	derribaríais	habrías derribado	habríais derribado
derribaría	derribarían	habría derribado	habrían derribado

6   presente de subjuntivo

		13 perfecto de subjuntivo	
derribe	derribemos	haya derribado	hayamos derribado
derribes	derribéis	hayas derribado	hayáis derribado
derribe	derriben	haya derribado	hayan derribado

7   imperfecto de subjuntivo

		14 pluscuamperfecto de subjuntivo	
derribara	derribáramos	hubiera derribado	hubiéramos derribado
derribaras	derribarais	hubieras derribado	hubierais derribado
derribara	derribaran	hubiera derribado	hubieran derribado
OR		OR	
derribase	derribásemos	hubiese derribado	hubiésemos derribado
derribases	derribaseis	hubieses derribado	hubieseis derribado
derribase	derribasen	hubiese derribado	hubiesen derribado

imperativo

—	derribemos
derriba; no derribes	derribad; no derribéis
derribe	derriben

Words and expressions related to this verb

derribar a tiros   to shoot down
derribado, derribada   demolished, humiliated
el derribador, la derribadora   overthrower

deshacer

Gerundio **deshaciendo**   Part. pas. **deshecho**

to undo, to destroy, to take apart

The Seven Simple Tenses		The Seven Compound Tenses	
Singular	Plural	Singular	Plural
1 presente de indicativo		**8 perfecto de indicativo**	
deshago	deshacemos	he deshecho	hemos deshecho
deshaces	deshacéis	has deshecho	habéis deshecho
deshace	deshacen	ha deshecho	han deshecho
2 imperfecto de indicativo		**9 pluscuamperfecto de indicativo**	
deshacía	deshacíamos	había deshecho	habíamos deshecho
deshacías	deshacíais	habías deshecho	habíais deshecho
deshacía	deshacían	había deshecho	habían deshecho
3 pretérito		**10 pretérito anterior**	
deshice	deshicimos	hube deshecho	hubimos deshecho
deshiciste	deshicisteis	hubiste deshecho	hubisteis deshecho
deshizo	deshicieron	hubo deshecho	hubieron deshecho
4 futuro		**11 futuro perfecto**	
desharé	desharemos	habré deshecho	habremos deshecho
desharás	desharéis	habrás deshecho	habréis deshecho
deshará	desharán	habrá deshecho	habrán deshecho
5 potencial simple		**12 potencial compuesto**	
desharía	desharíamos	habría deshecho	habríamos deshecho
desharías	desharíais	habrías deshecho	habríais deshecho
desharía	desharían	habría deshecho	habrían deshecho
6 presente de subjuntivo		**13 perfecto de subjuntivo**	
deshaga	deshagamos	haya deshecho	hayamos deshecho
deshagas	deshagáis	hayas deshecho	hayáis deshecho
deshaga	deshagan	haya deshecho	hayan deshecho
7 imperfecto de subjuntivo		**14 pluscuamperfecto de subjuntivo**	
deshiciera	deshiciéramos	hubiera deshecho	hubiéramos deshecho
deshicieras	deshicierais	hubieras deshecho	hubierais deshecho
deshiciera	deshicieran	hubiera deshecho	hubieran deshecho
OR		OR	
deshiciese	deshiciésemos	hubiese deshecho	hubiésemos deshecho
deshicieses	deshicieseis	hubieses deshecho	hubieseis deshecho
deshiciese	deshiciesen	hubiese deshecho	hubiesen deshecho

	imperativo	
—	deshagamos	
deshaz; no deshagas	deshaced; no deshagáis	
deshaga	deshagan	

Words and expressions related to this verb

deshecho, deshecha   destroyed, wasted, undone
el deshechizo   disappointment
hacer la deshecha   to pretend, to feign

For other words and expressions related to this verb, see **hacer.**

176

to take leave of, to say good-bye to

The Seven Simple Tenses		The Seven Compound Tenses	
Singular	Plural	Singular	Plural
1 presente de indicativo		**8 perfecto de indicativo**	
me despido	nos despedimos	me he despedido	nos hemos despedido
te despides	os despedís	te has despedido	os habéis despedido
se despide	se despiden	se ha despedido	se han despedido
2 imperfecto de indicativo		**9 pluscuamperfecto de indicativo**	
me despedía	nos despedíamos	me había despedido	nos habíamos despedido
te despedías	os despedíais	te habías despedido	os habíais despedido
se despedía	se despedían	se había despedido	se habían despedido
3 pretérito		**10 pretérito anterior**	
me despedí	nos despedimos	me hube despedido	nos hubimos despedido
te despediste	os despedisteis	te hubiste despedido	os hubisteis despedido
se despidió	se despidieron	se hubo despedido	se hubieron despedido
4 futuro		**11 futuro perfecto**	
me despediré	nos despediremos	me habré despedido	nos habremos despedido
te despedirás	os despediréis	te habrás despedido	os habréis despedido
se despedirá	se despedirán	se habrá despedido	se habrán despedido
5 potencial simple		**12 potencial compuesto**	
me despediría	nos despediríamos	me habría despedido	nos habríamos despedido
te despedirías	os despediríais	te habrías despedido	os habríais despedido
se despediría	se despedirían	se habría despedido	se habrían despedido
6 presente de subjuntivo		**13 perfecto de subjuntivo**	
me despida	nos despidamos	me haya despedido	nos hayamos despedido
te despidas	os despidáis	te hayas despedido	os hayáis despedido
se despida	se despidan	se haya despedido	se hayan despedido
7 imperfecto de subjuntivo		**14 pluscuamperfecto de subjuntivo**	
me despidiera	nos despidiéramos	me hubiera despedido	nos hubiéramos despedido
te despidieras	os despidierais	te hubieras despedido	os hubierais despedido
se despidiera	se despidieran	se hubiera despedido	se hubieran despedido
OR		OR	
me despidiese	nos despidiésemos	me hubiese despedido	nos hubiésemos despedido
te despidieses	os despidieseis	te hubieses despedido	os hubieseis despedido
se despidiese	se despidiesen	se hubiese despedido	se hubiesen despedido

	imperativo	
—	despidámonos	
despídete; no te despidas	despedíos; no os despidáis	
despídase	despídanse	

Words and expressions related to this verb

despedirse a la francesa   to take French leave
despedir   to dismiss
un despedimiento, una despedida   dismissal, discharge, farewell
despedirse de   to take lea\` : of, to say good-bye to

Consult the back pages for verbs with prepositions.

The subject pronouns are found on the page facing page 1.   **177**

despertarse

Gerundio **despertándose**   Part. pas. **despertado**

to wake up oneself

The Seven Simple Tenses		The Seven Compound Tenses	
Singular	Plural	Singular	Plural
1 presente de indicativo		**8 perfecto de indicativo**	
me despierto	nos despertamos	me he despertado	nos hemos despertado
te despiertas	os despertáis	te has despertado	os habéis despertado
se despierta	se despiertan	se ha despertado	se han despertado
2 imperfecto de indicativo		**9 pluscuamperfecto de indicativo**	
me despertaba	nos despertábamos	me había despertado	nos habíamos despertado
te despertabas	os despertabais	te habías despertado	os habíais despertado
se despertaba	se despertaban	se había despertado	se habían despertado
3 pretérito		**10 pretérito anterior**	
me desperté	nos despertamos	me hube despertado	nos hubimos despertado
te despertaste	os despertasteis	te hubiste despertado	os hubisteis despertado
se despertó	se despertaron	se hubo despertado	se hubieron despertado
4 futuro		**11 futuro perfecto**	
me despertaré	nos despertaremos	me habré despertado	nos habremos despertado
te despertarás	os despertaréis	te habrás despertado	os habréis despertado
se despertará	se despertarán	se habrá despertado	se habrán despertado
5 potencial simple		**12 potencial compuesto**	
me despertaría	nos despertaríamos	me habría despertado	nos habríamos despertado
te despertarías	os despertaríais	te habrías despertado	os habríais despertado
se despertaría	se despertarían	se habría despertado	se habrían despertado
6 presente de subjuntivo		**13 perfecto de subjuntivo**	
me despierte	nos despertemos	me haya despertado	nos hayamos despertado
te despiertes	os despertéis	te hayas despertado	os hayáis despertado
se despierte	se despierten	se haya despertado	se hayan despertado
7 imperfecto de subjuntivo		**14 pluscuamperfecto de subjuntivo**	
me despertara	nos despertáramos	me hubiera despertado	nos hubiéramos despertado
te despertaras	os despertarais	te hubieras despertado	os hubierais despertado
se despertara	se despertaran	se hubiera despertado	se hubieran despertado
OR		OR	
me despertase	nos despertásemos	me hubiese despertado	nos hubiésemos despertado
te despertases	os despertaseis	te hubieses despertado	os hubieseis despertado
se despertase	se despertasen	se hubiese despertado	se hubiesen despertado

	imperativo	
—		despertémonos
despiértate; no te despiertes		despertaos; no os despertéis
despiértese		despiértense

Words related to this verb

despertar   to awaken (someone), to enliven
un despertador   alarm clock
el despertamiento   awakening

The Seven Simple Tenses		The Seven Compound Tenses	
Singular	Plural	Singular	Plural

1   presente de indicativo

		8 perfecto de indicativo	
destruyo	destruimos	he destruido	hemos destruido
destruyes	destruís	has destruido	habéis destruido
destruye	destruyen	ha destruido	han destruido

2   imperfecto de indicativo   **9   pluscuamperfecto de indicativo**

destruía	destruíamos	había destruido	habíamos destruido
destruías	destruíais	habías destruido	habíais destruido
destruía	destruían	había destruido	habían destruido

3   pretérito   **10   pretérito anterior**

destruí	destruimos	hube destruido	hubimos destruido
destruiste	destruisteis	hubiste destruido	hubisteis destruido
destruyó	destruyeron	hubo destruido	hubieron destruido

4   futuro   **11   futuro perfecto**

destruiré	destruiremos	habré destruido	habremos destruido
destruirás	destruiréis	habrás destruido	habréis destruido
destruirá	destruirán	habrá destruido	habrán destruido

5   potencial simple   **12   potencial compuesto**

destruiría	destruiríamos	habría destruido	habríamos destruido
destruirías	destruiríais	habrías destruido	habríais destruido
destruiría	destruirían	habría destruido	habrían destruido

6   presente de subjuntivo   **13   perfecto de subjuntivo**

destruya	destruyamos	haya destruido	hayamos destruido
destruyas	destruyáis	hayas destruido	hayáis destruido
destruya	destruyan	haya destruido	hayan destruido

7   imperfecto de subjuntivo   **14   pluscuamperfecto de subjuntivo**

destruyera	destruyéramos	hubiera destruido	hubiéramos destruido
destruyeras	destruyerais	hubieras destruido	hubierais destruido
destruyera	destruyeran	hubiera destruido	hubieran destruido
OR		OR	
destruyese	destruyésemos	hubiese destruido	hubiésemos destruido
destruyeses	destruyeseis	hubieses destruido	hubieseis destruido
destruyese	destruyesen	hubiese destruido	hubiesen destruido

imperativo	
—	**destruyamos**
destruye; no destruyas	**destruid; no destruyáis**
destruya	**destruyan**

Words related to this verb

destructor, destructora destructor, destroyer
la destrucción destruction
destruible destructible

destructivo, destructiva destructive
destruidor, destruidora destroyer

to undress oneself, to get undressed

The Seven Simple Tenses		The Seven Compound Tenses	
Singular	Plural	Singular	Plural

1 presente de indicativo

		8 perfecto de indicativo	
me desvisto	nos desvestimos	me he desvestido	nos hemos desvestido
te desvistes	os desvestís	te has desvestido	os habéis desvestido
se desviste	se desvisten	se ha desvestido	se han desvestido

2 imperfecto de indicativo

		9 pluscuamperfecto de indicativo	
me desvestía	nos desvestíamos	me había desvestido	nos habíamos desvestido
te desvestías	os desvestíais	te habías desvestido	os habíais desvestido
se desvestía	se desvestían	se había desvestido	se habían desvestido

3 pretérito

		10 pretérito anterior	
me desvestí	nos desvestimos	me hube desvestido	nos hubimos desvestido
te desvestiste	os desvestisteis	te hubiste desvestido	os hubisteis desvestido
se desvistió	se desvistieron	se hubo desvestido	se hubieron desvestido

4 futuro

		11 futuro perfecto	
me desvestiré	nos desvestiremos	me habré desvestido	nos habremos desvestido
te desvestirás	os desvestiréis	te habrás desvestido	os habréis desvestido
se desvestirá	se desvestirán	se habrá desvestido	se habrán desvestido

5 potencial simple

		12 potencial compuesto	
me desvestiría	nos desvestiríamos	me habría desvestido	nos habríamos desvestido
te desvestirías	os desvestiríais	te habrías desvestido	os habríais desvestido
se desvestiría	se desvestirían	se habría desvestido	se habrían desvestido

6 presente de subjuntivo

		13 perfecto de subjuntivo	
me desvista	nos desvistamos	me haya desvestido	nos hayamos desvestido
te desvistas	os desvistáis	te hayas desvestido	os hayáis desvestido
se desvista	se desvistan	se haya desvestido	se hayan desvestido

7 imperfecto de subjuntivo

		14 pluscuamperfecto de subjuntivo	
me desvistiera	nos desvistiéramos	me hubiera desvestido	nos hubiéramos desvestido
te desvistieras	os desvistierais	te hubieras desvestido	os hubierais desvestido
se desvistiera	se desvistieran	se hubiera desvestido	se hubieran desvestido
OR		OR	
me desvistiese	nos desvistiésemos	me hubiese desvestido	nos hubiésemos desvestido
te desvistieses	os desvistieseis	te hubieses desvestido	os hubieseis desvestido
se desvistiese	se desvistiesen	se hubiese desvestido	se hubiesen desvestido

imperativo

—	desvistámonos
desvístete; no te desvistas	desvestíos; no os desvistáis
desvístase	desvístanse

Words related to this verb

vestir   to clothe, to dress
vestirse   to clothe oneself, to dress oneself
el vestido   clothing, clothes, dress
vestidos usados   secondhand clothing

to stop (someone or something), to detain

The Seven Simple Tenses		The Seven Compound Tenses	
Singular	Plural	Singular	Plural

1   presente de indicativo

		8 perfecto de indicativo	
detengo	**detenemos**	**he detenido**	**hemos detenido**
detienes	**detenéis**	**has detenido**	**habéis detenido**
detiene	**detienen**	**ha detenido**	**han detenido**

2   imperfecto de indicativo   9   pluscuamperfecto de indicativo

detenía	**deteníamos**	**había detenido**	**habíamos detenido**
detenías	**deteníais**	**habías detenido**	**habíais detenido**
detenía	**detenían**	**había detenido**	**habían detenido**

3   pretérito   10   pretérito anterior

detuve	**detuvimos**	**hube detenido**	**hubimos detenido**
detuviste	**detuvisteis**	**hubiste detenido**	**hubisteis detenido**
detuvo	**detuvieron**	**hubo detenido**	**hubieron detenido**

4   futuro   11   futuro perfecto

detendré	**detendremos**	**habré detenido**	**habremos detenido**
detendrás	**detendréis**	**habrás detenido**	**habréis detenido**
detendrá	**detendrán**	**habrá detenido**	**habrán detenido**

5   potencial simple   12   potencial compuesto

detendría	**detendríamos**	**habría detenido**	**habríamos detenido**
detendrías	**detendríais**	**habrías detenido**	**habríais detenido**
detendría	**detendrían**	**habría detenido**	**habrían detenido**

6   presente de subjuntivo   13   perfecto de subjuntivo

detenga	**detengamos**	**haya detenido**	**hayamos detenido**
detengas	**detengáis**	**hayas detenido**	**hayáis detenido**
detenga	**detengan**	**haya detenido**	**hayan detenido**

7   imperfecto de subjuntivo   14   pluscuamperfecto de subjuntivo

detuviera	**detuviéramos**	**hubiera detenido**	**hubiéramos detenido**
detuvieras	**detuvierais**	**hubieras detenido**	**hubierais detenido**
detuviera	**detuvieran**	**hubiera detenido**	**hubieran detenido**
OR		OR	
detuviese	**detuviésemos**	**hubiese detenido**	**hubiésemos detenido**
detuvieses	**detuvieseis**	**hubieses detenido**	**hubieseis detenido**
detuviese	**detuviesen**	**hubiese detenido**	**hubiesen detenido**

imperativo

—	**detengamos**
detén; no detengas	**detened; no detengáis**
detenga	**detengan**

Words related to this verb

el detenimiento delay
detenido, detenida careful
sostener to support, to sustain

la detención detention, detainment
detenerse a + inf. to stop + inf.
el sostenimiento support, sustenance

See also **tener.**

detenerse

Gerundio **deteniéndose**   Part. pas. **detenido**

to stop (oneself)

The Seven Simple Tenses		The Seven Compound Tenses	
Singular	Plural	Singular	Plural

1   presente de indicativo

me detengo	nos detenemos
te detienes	os detenéis
se detiene	se detienen

8   perfecto de indicativo

me he detenido	nos hemos detenido
te has detenido	os habéis detenido
se ha detenido	se han detenido

2   imperfecto de indicativo

me detenía	nos deteníamos
te detenías	os deteníais
se detenía	se detenían

9   pluscuamperfecto de indicativo

me había detenido	nos habíamos detenido
te habías detenido	os habíais detenido
se había detenido	se habían detenido

3   pretérito

me detuve	nos detuvimos
te detuviste	os detuvisteis
se detuvo	se detuvieron

10   pretérito anterior

me hube detenido	nos hubimos detenido
te hubiste detenido	os hubisteis detenido
se hubo detenido	se hubieron detenido

4   futuro

me detendré	nos detendremos
te detendrás	os detendréis
se detendrá	se detendrán

11   futuro perfecto

me habré detenido	nos habremos detenido
te habrás detenido	os habréis detenido
se habrá detenido	se habrán detenido

5   potencial simple

me detendría	nos detendríamos
te detendrías	os detendríais
se detendría	se detendrían

12   potencial compuesto

me habría detenido	nos habríamos detenido
te habrías detenido	os habríais detenido
se habría detenido	se habrían detenido

6   presente de subjuntivo

me detenga	nos detengamos
te detengas	os detengáis
se detenga	se detengan

13   perfecto de subjuntivo

me haya detenido	nos hayamos detenido
te hayas detenido	os hayáis detenido
se haya detenido	se hayan detenido

7   imperfecto de subjuntivo

me detuviera	nos detuviéramos
te detuvieras	os detuvierais
se detuviera	se detuvieran
OR	
me detuviese	nos detuviésemos
te detuvieses	os detuvieseis
se detuviese	se detuviesen

14   pluscuamperfecto de subjuntivo

me hubiera detenido	nos hubiéramos detenido
te hubieras detenido	os hubierais detenido
se hubiera detenido	se hubieran detenido
OR	
me hubiese detenido	nos hubiésemos detenido
te hubieses detenido	os hubieseis detenido
se hubiese detenido	se hubiesen detenido

imperativo

—	detengámonos
detente; no te detengas	deteneos; no os detengáis
deténgase	deténganse

Words related to this verb

detener   to stop (someone or something), to detain
detenedor, detenedora   detainer

See also **detener.**

to return (an object), to refund, to give back

The Seven Simple Tenses		The Seven Compound Tenses	
Singular	Plural	Singular	Plural
1 presente de indicativo		8 perfecto de indicativo	
devuelvo	devolvemos	he devuelto	hemos devuelto
devuelves	devolvéis	has devuleto	habéis devuelto
devuelve	devuelven	ha devuelto	han devuelto
2 imperfecto de indicativo		9 pluscuamperfecto de indicativo	
devolvía	devolvíamos	había devuelto	habíamos devuelto
devolvías	devolvíais	habías deveulto	habíais devuelto
devolvía	devolvían	había devuelto	habían devuelto
3 pretérito		10 pretérito anterior	
devolví	devolvimos	hube devuelto	hubimos devuelto
devolviste	devolvisteis	hubiste devuelto	hubisteis devuelto
devolvió	devolvieron	hubo devuelto	hubieron devuelto
4 futuro		11 futuro perfecto	
devolveré	devolveremos	habré devuelto	habremos devuelto
devolverás	devolveréis	habrás devuelto	habréis devuelto
devolverá	devolverán	habrá devuelto	habrán devuelto
5 potencial simple		12 potencial compuesto	
devolvería	devolveríamos	habría devuelto	habríamos devuelto
devolverías	devolveríais	habrías devuelto	habríais devuelto
devolvería	devolverían	habría devuelto	habrían devuelto
6 presente de subjuntivo		13 perfecto de subjuntivo	
devuelva	devolvamos	haya devuelto	hayamos devuelto
devuelvas	devolváis	hayas devuelto	hayáis devuelto
devuelva	devuelvan	haya devuelto	hayan devuelto
7 imperfecto de subjuntivo		14 pluscuamperfecto de subjuntivo	
devolviera	devolviéramos	hubiera devuelto	hubiéramos devuelto
devolvieras	devolvierais	hubieras devuelto	hubierais devuelto
devolviera	devolvieran	hubiera devuelto	hubieran devuelto
OR		OR	
devolviese	devolviésemos	hubiese devuelto	hubiésemos devuelto
devolvieses	devolvieseis	hubieses devuelto	hubieseis devuelto
devolviese	devolviesen	hubiese devuelto	hubiesen devuelto

imperativo	
—	devolvamos
devuelve; no devuelvas	devolved; no devolváis
devuelva	devuelvan

Sentences using this verb and words related to it

—¿**Ha devuelto Ud. los libros a la biblioteca?**
—**Sí, señora, los devolví ayer.**

devolutivo, devolutiva returnable
volver to return, to go back

devolver to vomit
la devolución restitution

Consult the back pages for the section on verbs used in idiomatic expressions.
The subject pronouns are found on the page facing page 1.

185

to apologize, to excuse (oneself)

The Seven Simple Tenses		The Seven Compound Tenses	
Singular	Plural	Singular	Plural
1 presente de indicativo		8 perfecto de indicativo	
me disculpo	nos disculpamos	me he disculpado	nos hemos disculpado
te disculpas	os disculpáis	te has disculpado	os habéis disculpado
se disculpa	se disculpan	se ha disculpado	se han disculpado
2 imperfecto de indicativo		9 pluscuamperfecto de indicativo	
me disculpaba	nos disculpábamos	me había disculpado	nos habíamos disculpado
te disculpabas	os disculpabais	te habías disculpado	os habíais disculpado
se disculpaba	se disculpaban	se había disculpado	se habían disculpado
3 pretérito		10 pretérito anterior	
me disculpé	nos disculpamos	me hube disculpado	nos hubimos disculpado
te disculpaste	os disculpasteis	te hubiste disculpado	os hubisteis disculpado
se disculpó	se disculparon	se hubo disculpado	se hubieron disculpado
4 futuro		11 futuro perfecto	
me disculparé	nos disculparemos	me habré disculpado	nos habremos disculpado
te disculparás	os disculparéis	te habrás disculpado	os habréis disculpado
se disculpará	se disculparán	se habrá disculpado	se habrán disculpado
5 potencial simple		12 potencial compuesto	
me disculparía	nos disculparíamos	me habría disculpado	nos habríamos disculpado
te disculparías	os disculparíais	te habrías disculpado	os habríais disculpado
se disculparía	se disculparían	se habría disculpado	se habrían disculpado
6 presente de subjuntivo		13 perfecto de subjuntivo	
me disculpe	nos disculpemos	me haya disculpado	nos hayamos disculpado
te disculpes	os disculpéis	te hayas disculpado	os hayáis disculpado
se disculpe	se disculpen	se haya disculpado	se hayan disculpado
7 imperfecto de subjuntivo		14 pluscuamperfecto de subjuntivo	
me disculpara	nos disculpáramos	me hubiera disculpado	nos hubiéramos disculpado
te disculparas	os disculparais	te hubieras disculpado	os hubierais disculpado
se disculpara	se disculparan	se hubiera disculpado	se hubieran disculpado
OR		OR	
me disculpase	nos disculpásemos	me hubiese disculpado	nos hubiésemos disculpado
te disculpases	os disculpaseis	te hubieses disculpado	os hubieseis disculpado
se disculpase	se disculpasen	se hubiese disculpado	se hubiesen disculpado

imperativo	
—	disculpémonos
discúlpate; no te disculpes	disculpaos; no os disculpéis
discúlpese	discúlpense

Words and expressions related to this verb

disculpar   to excuse, to pardon (someone)
disculparse con   to apologize to, to make excuses to
disculparse de   to apologize for, to make excuses for
una disculpa   excuse, apology

la culpa   fault, blame, guilt
tener la culpa   to be to blame
culpar   to blame, to accuse
culparse   to blame oneself

The Seven Simple Tenses		The Seven Compound Tenses	
Singular	Plural	Singular	Plural

1 presente de indicativo		8 perfecto de indicativo	
discuto	discutimos	he discutido	hemos discutido
discutes	discutís	has discutido	habéis discutido
discute	discuten	ha discutido	han discutido

2 imperfecto de indicativo		9 pluscuamperfecto de indicativo	
discutía	discutíamos	había discutido	habíamos discutido
discutías	discutíais	habías discutido	habíais discutido
discutía	discutían	había discutido	habían discutido

3 pretérito		10 pretérito anterior	
discutí	discutimos	hube discutido	hubimos discutido
discutiste	discutisteis	hubiste discutido	hubisteis discutido
discutió	discutieron	hubo discutido	hubieron discutido

4 futuro		11 futuro perfecto	
discutiré	discutiremos	habré discutido	habremos discutido
discutirás	discutiréis	habrás discutido	habréis discutido
discutirá	discutirán	habrá discutido	habrán discutido

5 potencial simple		12 potencial compuesto	
discutiría	discutiríamos	habría discutido	habríamos discutido
discutirías	discutiríais	habrías discutido	habríais discutido
discutiría	discutirían	habría discutido	habrían discutido

6 presente de subjuntivo		13 perfecto de subjuntivo	
discuta	discutamos	haya discutido	hayamos discutido
discutas	discutáis	hayas discutido	hayáis discutido
discuta	discutan	haya discutido	hayan discutido

7 imperfecto de subjuntivo		14 pluscuamperfecto de subjuntivo	
discutiera	discutiéramos	hubiera discutido	hubiéramos discutido
discutieras	discutierais	hubieras discutido	hubierais discutido
discutiera	discutieran	hubiera discutido	hubieran discutido
OR		OR	
discutiese	discutiésemos	hubiese discutido	hubiésemos discutido
discutieses	discutieseis	hubieses discutido	hubieseis discutido
discutiese	discutiesen	hubiese discutido	hubiesen discutido

imperativo	
—	discutamos
discute; no discutas	discutid; no discutáis
discuta	discutan

Words and expressions related to this verb

discutir sobre   to argue about
discutible   debatable, disputable
la discusión   discussion

un discurso   discourse, speech
el discurso de la corona   King's (Queen's) speech

The subject pronouns are found on the page facing page 1.

189

dispensar

Gerundio **dispensando**   Part. pas. **dispensado**

to excuse, to dispense, to distribute, to exempt

The Seven Simple Tenses		The Seven Compound Tenses	
Singular	Plural	Singular	Plural
1 presente de indicativo		**8 perfecto de indicativo**	
dispenso	dispensamos	he dispensado	hemos dispensado
dispensas	dispensáis	has dispensado	habéis dispensado
dispensa	dispensan	ha dispensado	han dispensado
2 imperfecto de indicativo		**9 pluscuamperfecto de indicativo**	
dispensaba	dispensábamos	había dispensado	habíamos dispensado
dispensabas	dispensabais	habías dispensado	habíais dispensado
dispensaba	dispensaban	había dispensado	habían dispensado
3 pretérito		**10 pretérito anterior**	
dispensé	dispensamos	hube dispensado	hubimos dispensado
dispensaste	dispensasteis	hubiste dispensado	hubisteis dispensado
dispensó	dispensaron	hubo dispensado	hubieron dispensado
4 futuro		**11 futuro perfecto**	
dispensaré	dispensaremos	habré dispensado	habremos dispensado
dispensarás	dispensaréis	habrás dispensado	habréis dispensado
dispensará	dispensarán	habrá dispensado	habrán dispensado
5 potencial simple		**12 potencial compuesto**	
dispensaría	dispensaríamos	habría dispensado	habríamos dispensado
dispensarías	dispensaríais	habrías dispensado	habríais dispensado
dispensaría	dispensarían	habría dispensado	habrían dispensado
6 presente de subjuntivo		**13 perfecto de subjuntivo**	
dispense	dispensemos	haya dispensado	hayamos dispensado
dispenses	dispenséis	hayas dispensado	hayáis dispensado
dispense	dispensen	haya dispensado	hayan dispensado
7 imperfecto de subjuntivo		**14 pluscuamperfecto de subjuntivo**	
dispensara	dispensáramos	hubiera dispensado	hubiéramos dispensado
dispensaras	dispensarais	hubieras dispensado	hubierais dispensado
dispensara	dispensaran	hubiera dispensado	hubieran dispensado
OR		OR	
dispensase	dispensásemos	hubiese dispensado	hubiésemos dispensado
dispensases	dispensaseis	hubieses dispensado	hubieseis dispensado
dispensase	dispensasen	hubiese dispensado	hubiesen dispensado

imperativo	
—	dispensemos
dispensa; no dispenses	dispensad; no dispenséis
dispense	dispensen

Words and expressions related to this verb

¡**Dispénseme!** Excuse me!
la dispensación dispensation
el dispensario dispensary, clinic

dispensar de + inf. to excuse from + pres. part.
la dispensa privilege

190

to distinguish

The Seven Simple Tenses		The Seven Compound Tenses	
Singular	Plural	Singular	Plural

1   presente de indicativo

distingo	distinguimos		
distingues	distinguís		
distingue	distinguen		

8   perfecto de indicativo

he distinguido	hemos distinguido
has distinguido	habéis distinguido
ha distinguido	han distinguido

2   imperfecto de indicativo

distinguía	distinguíamos
distinguías	distinguíais
distinguía	distinguían

9   pluscuamperfecto de indicativo

había distinguido	habíamos distinguido
habías distinguido	habíais distinguido
había distinguido	habían distinguido

3   pretérito

distinguí	distinguimos
distinguiste	distinguisteis
distinguió	distinguieron

10   pretérito anterior

hube distinguido	hubimos distinguido
hubiste distinguido	hubisteis distinguido
hubo distinguido	hubieron distinguido

4   futuro

distinguiré	distinguiremos
distinguirás	distinguiréis
distinguirá	distinguirán

11   futuro perfecto

habré distinguido	habremos distinguido
habrás distinguido	habréis distinguido
habrá distinguido	habrán distinguido

5   potencial simple

distinguiría	distinguiríamos
distinguirías	distinguiríais
distinguiría	distinguirían

12   potencial compuesto

habría distinguido	habríamos distinguido
habrías distinguido	habríais distinguido
habría distinguido	habrían distinguido

6   presente de subjuntivo

distinga	distingamos
distingas	distingáis
distinga	distingan

13   perfecto de subjuntivo

haya distinguido	hayamos distinguido
hayas distinguido	hayáis distinguido
haya distinguido	hayan distinguido

7   imperfecto de subjuntivo

distinguiera	distinguiéramos
distinguieras	distinguierais
distinguiera	distinguieran
OR	
distinguiese	distinguiésemos
distinguieses	distinguieseis
distinguiese	distinguiesen

14   pluscuamperfecto de subjuntivo

hubiera distinguido	hubiéramos distinguido
hubieras distinguido	hubierais distinguido
hubiera distinguido	hubieran distinguido
OR	
hubiese distinguido	hubiésemos distinguido
hubieses distinguido	hubieseis distinguido
hubiese distinguido	hubiesen distinguido

imperativo

—	distingamos
distingue; no distingas	distinguid; no distingáis
distinga	distingan

Words related to this verb

distinguirse   to distinguish oneself
distintivo, distintiva   distinctive
el distingo   restriction
la distinción   distinction

divertirse

to have a good time, to enjoy oneself

The Seven Simple Tenses		The Seven Compound Tenses	
Singular	Plural	Singular	Plural

1   presente de indicativo

me divierto	nos divertimos		
te diviertes	os divertís		
se divierte	se divierten		

8   perfecto de indicativo

me he divertido	nos hemos divertido		
te has divertido	os habéis divertido		
se ha divertido	se han divertido		

2   imperfecto de indicativo

me divertía	nos divertíamos
te divertías	os divertíais
se divertía	se divertían

9   pluscuamperfecto de indicativo

me había divertido	nos habíamos divertido
te habías divertido	os habíais divertido
se había divertido	se habían divertido

3   pretérito

me divertí	nos divertimos
te divertiste	os divertisteis
se divirtió	se divirtieron

10   pretérito anterior

me hube divertido	nos hubimos divertido
te hubiste divertido	os hubisteis divertido
se hubo divertido	se hubieron divertido

4   futuro

me divertiré	nos divertiremos
te divertirás	os divertiréis
se divertirá	se divertirán

11   futuro perfecto

me habré divertido	nos habremos divertido
te habrás divertido	os habréis divertido
se habrá divertido	se habrán divertido

5   potencial simple

me divertiría	nos divertiríamos
te divertirías	os divertiríais
se divertiría	se divertirían

12   potencial compuesto

me habría divertido	nos habríamos divertido
te habrías divertido	os habríais divertido
se habría divertido	se habrían divertido

6   presente de subjuntivo

me divierta	nos divirtamos
te diviertas	os divirtáis
se divierta	se diviertan

13   perfecto de subjuntivo

me haya divertido	nos hayamos divertido
te hayas divertido	os hayáis divertido
se haya divertido	se hayan divertido

7   imperfecto de subjuntivo

me divirtiera	nos divirtiéramos
te divirtieras	os divirtierais
se divirtiera	se divirtieran
OR	
me divirtiese	nos divirtiésemos
te divirtieses	os divirtieseis
se divirtiese	se divirtiesen

14   pluscuamperfecto de subjuntivo

me hubiera divertido	nos hubiéramos divertido
te hubieras divertido	os hubierais divertido
se hubiera divertido	se hubieran divertido
OR	
me hubiese divertido	nos hubiésemos divertido
te hubieses divertido	os hubieseis divertido
se hubiese divertido	se hubiesen divertido

imperativo

—	divirtámonos; no nos divirtamos
diviértete; no te diviertas	divertíos; no os divirtáis
diviértase; no se divierta	diviértanse; no se diviertan

Words related to this verb

el divertimiento   amusement, diversion
diverso, diversa   diverse, different
la diversión   entertainment
divertir   to entertain

to be (get) divorced

The Seven Simple Tenses		The Seven Compound Tenses	
Singular	Plural	Singular	Plural

1   presente de indicativo

me divorcio	**nos divorciamos**		
te divorcias	**os divorciáis**		
se divorcia	**se divorcian**		

8   perfecto de indicativo

me he divorciado	**nos hemos divorciado**		
te has divorciado	**os habéis divorciado**		
se ha divorciado	**se han divorciado**		

2   imperfecto de indicativo

me divorciaba	**nos divorciábamos**
te divorciabas	**os divorciabais**
se divorciaba	**se divorciaban**

9   pluscuamperfecto de indicativo

me había divorciado	**nos habíamos divorciado**
te habías divorciado	**os habíais divorciado**
se había divorciado	**se habían divorciado**

3   pretérito

me divorcié	**nos divorciamos**
te divorciaste	**os divorciasteis**
se divorció	**se divorciaron**

10   pretérito anterior

me hube divorciado	**nos hubimos divorciado**
te hubiste divorciado	**os hubisteis divorciado**
se hubo divorciado	**se hubieron divorciado**

4   futuro

me divorciaré	**nos divorciaremos**
te divorciarás	**os divorciaréis**
se divorciará	**se divorciarán**

11   futuro perfecto

me habré divorciado	**nos habremos divorciado**
te habrás divorciado	**os habréis divorciado**
se habrá divorciado	**se habrán divorciado**

5   potencial simple

me divorciaría	**nos divorciaríamos**
te divorciarías	**os divorciaríais**
se divorciaría	**se divorciarían**

12   potencial compuesto

me habría divorciado	**nos habríamos divorciado**
te habrías divorciado	**os habríais divorciado**
se habría divorciado	**se habrían divorciado**

6   presente de subjuntivo

me divorcie	**nos divorciemos**
te divorcies	**os divorciéis**
se divorcie	**se divorcien**

13   perfecto de subjuntivo

me haya divorciado	**nos hayamos divorciado**
te hayas divorciado	**os hayáis divorciado**
se haya divorciado	**se hayan divorciado**

7   imperfecto de subjuntivo

me divorciara	**nos divorciáramos**
te divorciaras	**os divorciarais**
se divorciara	**se divorciaran**
OR	
me divorciase	**nos divorciásemos**
te divorciases	**os divorciaseis**
se divorciase	**se divorciasen**

14   pluscuamperfecto de subjuntivo

me hubiera divorciado	**nos hubiéramos divorciado**
te hubieras divorciado	**os hubierais divorciado**
se hubiera divorciado	**se hubieran divorciado**
OR	
me hubiese divorciado	**nos hubiésemos divorciado**
te hubieses divorciado	**os hubieseis divorciado**
se hubiese divorciado	**se hubiesen divorciado**

imperativo

—	**divorciémonos**
divórciate; no te divorcies	**divorciaos; no os divorciéis**
divórciese	**divórciense**

Words related to this verb

divorciarse de   to get a divorce from
el divorcio   divorce, separation

divorciar   to separate, divide, part
un divorciador, una divorciadora   divorcer

Be sure to consult the back pages for sections on verbs used in idiomatic expressions, verbs with prepositions, and the list of over 1,000 verbs conjugated like model verbs.

to ache, to pain, to hurt, to cause grief, to cause regret

The Seven Simple Tenses		The Seven Compound Tenses	
Singular	Plural	Singular	Plural
1 presente de indicativo		8 perfecto de indicativo	
duelo	dolemos	he dolido	hemos dolido
dueles	doléis	has dolido	habéis dolido
duele	duelen	ha dolido	han dolido
2 imperfecto de indicativo		9 pluscuamperfecto de indicativo	
dolía	dolíamos	había dolido	habíamos dolido
dolías	dolíais	habías dolido	habíais dolido
dolía	dolían	había dolido	habían dolido
3 pretérito		10 pretérito anterior	
dolí	dolimos	hube dolido	hubimos dolido
doliste	dolisteis	hubiste dolido	hubisteis dolido
dolió	dolieron	hubo dolido	hubieron dolido
4 futuro		11 futuro perfecto	
doleré	doleremos	habré dolido	habremos dolido
dolerás	doleréis	habrás dolido	habréis dolido
dolerá	dolerán	habrá dolido	habrán dolido
5 potencial simple		12 potencial compuesto	
dolería	doleríamos	habría dolido	habríamos dolido
dolerías	doleríais	habrías dolido	habríais dolido
dolería	dolerían	habría dolido	habrían dolido
6 presente de subjuntivo		13 perfecto de subjuntivo	
duela	dolamos	haya dolido	hayamos dolido
duelas	doláis	hayas dolido	hayáis dolido
duela	duelan	haya dolido	hayan dolido
7 imperfecto de subjuntivo		14 pluscuamperfecto de subjuntivo	
doliera	doliéramos	hubiera dolido	hubiéramos dolido
dolieras	dolierais	hubieras dolido	hubierais dolido
doliera	dolieran	hubiera dolido	hubieran dolido
OR		OR	
doliese	doliésemos	hubiese dolido	hubiésemos dolido
dolieses	dolieseis	hubieses dolido	hubieseis dolido
doliese	doliesen	hubiese dolido	hubiesen dolido

imperativo

—	dolamos
duele; no duelas	doled; no doláis
duela	duelan

Common idiomatic expressions using this verb

dolerse de   to complain about
un dolor   ache, hurt, pain, regret
causar dolor   to pain
estar con dolores   to be in labor

tener dolor de cabeza   to have a headache
tener dolor de muelas   to have a toothache
tener dolor de oído   to have an earache

The Seven Simple Tenses		The Seven Compound Tenses	
Singular	Plural	Singular	Plural

1 presente de indicativo		8 perfecto de indicativo	
duermo	**dormimos**	**he dormido**	**hemos dormido**
duermes	**dormís**	**has dormido**	**habéis dormido**
duerme	**duermen**	**ha dormido**	**han dormido**

2 imperfecto de indicativo		9 pluscuamperfecto de indicativo	
dormía	**dormíamos**	**había dormido**	**habíamos dormido**
dormías	**dormíais**	**habías dormido**	**habíais dormido**
dormía	**dormían**	**había dormido**	**habían dormido**

3 pretérito		10 pretérito anterior	
dormí	**dormimos**	**hube dormido**	**hubimos dormido**
dormiste	**dormisteis**	**hubiste dormido**	**hubisteis dormido**
durmió	**durmieron**	**hubo dormido**	**hubieron dormido**

4 futuro		11 futuro perfecto	
dormiré	**dormiremos**	**habré dormido**	**habremos dormido**
dormirás	**dormiréis**	**habrás dormido**	**habréis dormido**
dormirá	**dormirán**	**habrá dormido**	**habrán dormido**

5 potencial simple		12 potencial compuesto	
dormiría	**dormiríamos**	**habría dormido**	**habríamos dormido**
dormirías	**dormiríais**	**habrías dormido**	**habríais dormido**
dormiría	**dormirían**	**habría dormido**	**habrían dormido**

6 presente de subjuntivo		13 perfecto de subjuntivo	
duerma	**durmamos**	**haya dormido**	**hayamos dormido**
duermas	**durmáis**	**hayas dormido**	**hayáis dormido**
duerma	**duerman**	**haya dormido**	**hayan dormido**

7 imperfecto de subjuntivo		14 pluscuamperfecto de subjuntivo	
durmiera	**durmiéramos**	**hubiera dormido**	**hubiéramos dormido**
durmieras	**durmierais**	**hubieras dormido**	**hubierais dormido**
durmiera	**durmieran**	**hubiera dormido**	**hubieran dormido**
OR		OR	
durmiese	**durmiésemos**	**hubiese dormido**	**hubiésemos dormido**
durmieses	**durmieseis**	**hubieses dormido**	**hubieseis dormido**
durmiese	**durmiesen**	**hubiese dormido**	**hubiesen dormido**

imperativo

—	**durmamos**
duerme; no duermas	**dormid; no durmáis**
duerma	**duerman**

Words and expressions related to this verb

dormirse   to fall asleep; (pres. part.: **durmiéndose**)
dormir a pierna suelta   to sleep soundly
dormitar   to doze
el dormitorio   bedroom, dormitory

to take a shower, to shower oneself

The Seven Simple Tenses		The Seven Compound Tenses	
Singular	Plural	Singular	Plural
1 presente de indicativo		**8 perfecto de indicativo**	
me ducho	nos duchamos	me he duchado	nos hemos duchado
te duchas	os ducháis	te has duchado	os habéis duchado
se ducha	se duchan	se ha duchado	se han duchado
2 imperfecto de indicativo		**9 pluscuamperfecto de indicativo**	
me duchaba	nos duchábamos	me había duchado	nos habíamos duchado
te duchabas	os duchabais	te habías duchado	os habíais duchado
se duchaba	se duchaban	se había duchado	se habían duchado
3 pretérito		**10 pretérito anterior**	
me duché	nos duchamos	me hube duchado	nos hubimos duchado
te duchaste	os duchasteis	te hubiste duchado	os hubisteis duchado
se duchó	se ducharon	se hubo duchado	se hubieron duchado
4 futuro		**11 futuro perfecto**	
me ducharé	nos ducharemos	me habré duchado	nos habremos duchado
te ducharás	os ducharéis	te habrás duchado	os habréis duchado
se duchará	se ducharán	se habrá duchado	se habrán duchado
5 potencial simple		**12 potencial compuesto**	
me ducharía	nos ducharíamos	me habría duchado	nos habríamos duchado
te ducharías	os ducharíais	te habrías duchado	os habríais duchado
se ducharía	se ducharían	se habría duchado	se habrían duchado
6 presente de subjuntivo		**13 perfecto de subjuntivo**	
me duche	nos duchemos	me haya duchado	nos hayamos duchado
te duches	os duchéis	te hayas duchado	os hayáis duchado
se duche	se duchen	se haya duchado	se hayan duchado
7 imperfecto de subjuntivo		**14 pluscuamperfecto de subjuntivo**	
me duchara	nos ducháramos	me hubiera duchado	nos hubiéramos duchado
te ducharas	os ducharais	te hubieras duchado	os hubierais duchado
se duchara	se ducharan	se hubiera duchado	se hubieran duchado
OR		OR	
me duchase	nos duchásemos	me hubiese duchado	nos hubiésemos duchado
te duchases	os duchaseis	te hubieses duchado	os hubieseis duchado
se duchase	se duchasen	se hubiese duchado	se hubiesen duchado

imperativo	
—	duchémonos
dúchate; no te duches	duchaos; no os duchéis
dúchese	dúchense

Sentences using this verb and words related to it

Por lo general, me ducho todas las mañanas, pero esta mañana no me duché y mi padre me dijo:
— ¡Dúchate!

una ducha   shower bath, douche

The Seven Simple Tenses		The Seven Compound Tenses	
Singular	Plural	Singular	Plural

1 presente de indicativo

		8 perfecto de indicativo	
dudo	dudamos	he dudado	hemos dudado
dudas	dudáis	has dudado	habéis dudado
duda	dudan	ha dudado	han dudado

2 imperfecto de indicativo

		9 pluscuamperfecto de indicativo	
dudaba	dudábamos	había dudado	habíamos dudado
dudabas	dudabais	habías dudado	habíais dudado
dudaba	dudaban	había dudado	habían dudado

3 pretérito

		10 pretérito anterior	
dudé	dudamos	hube dudado	hubimos dudado
dudaste	dudasteis	hubiste dudado	hubisteis dudado
dudó	dudaron	hubo dudado	hubieron dudado

4 futuro

		11 futuro perfecto	
dudaré	dudaremos	habré dudado	habremos dudado
dudarás	dudaréis	habrás dudado	habréis dudado
dudará	dudarán	habrá dudado	habrán dudado

5 potencial simple

		12 potencial compuesto	
dudaría	dudaríamos	habría dudado	habríamos dudado
dudarías	dudaríais	habrías dudado	habríais dudado
dudaría	dudarían	habría dudado	habrían dudado

6 presente de subjuntivo

		13 perfecto de subjuntivo	
dude	dudemos	haya dudado	hayamos dudado
dudes	dudéis	hayas dudado	hayáis dudado
dude	duden	haya dudado	hayan dudado

7 imperfecto de subjuntivo

		14 pluscuamperfecto de subjuntivo	
dudara	dudáramos	hubiera dudado	hubiéramos dudado
dudaras	dudarais	hubieras dudado	hubierais dudado
dudara	dudaran	hubiera dudado	hubieran dudado
OR		OR	
dudase	dudásemos	hubiese dudado	hubiésemos dudado
dudases	dudaseis	hubieses dudado	hubieseis dudado
dudase	dudasen	hubiese dudado	hubiesen dudado

imperativo

—	dudemos
duda; no dudes	dudad; no dudéis
dude	duden

Words and expressions related to this verb

la duda doubt
sin duda undoubtedly, without a doubt
dudoso, dudosa doubtful
dudosamente doubtfully

poner en duda to doubt, to question
No cabe duda There is no doubt.

The subject pronouns are found on the page facing page 1.   **197**

to cast, to fling, to hurl, to pitch, to throw

The Seven Simple Tenses		The Seven Compound Tenses	
Singular	Plural	Singular	Plural
1 presente de indicativo		**8 perfecto de indicativo**	
echo	echamos	he echado	hemos echado
echas	echáis	has echado	habéis echado
echa	echan	ha echado	han echado
2 imperfecto de indicativo		**9 pluscuamperfecto de indicativo**	
echaba	echábamos	había echado	habíamos echado
echabas	echabais	habías echado	habíais echado
echaba	echaban	había echado	habían echado
3 pretérito		**10 pretérito anterior**	
eché	echamos	hube echado	hubimos echado
echaste	echasteis	hubiste echado	hubisteis echado
echó	echaron	hubo echado	hubieron echado
4 futuro		**11 futuro perfecto**	
echaré	echaremos	habré echado	habremos echado
echarás	echaréis	habrás echado	habréis echado
echará	echarán	habrá echado	habrán echado
5 potencial simple		**12 potencial compuesto**	
echaría	echaríamos	habría echado	habríamos echado
echarías	echaríais	habrías echado	habríais echado
echaría	echarían	habría echado	habrían echado
6 presente de subjuntivo		**13 perfecto de subjuntivo**	
eche	echemos	haya echado	hayamos echado
eches	echéis	hayas echado	hayáis echado
eche	echen	haya echado	hayan echado
7 imperfecto de subjuntivo		**14 pluscuamperfecto de subjuntivo**	
echara	echáramos	hubiera echado	hubiéramos echado
echaras	echarais	hubieras echado	hubierais echado
echara	echaran	hubiera echado	hubieran echado
OR		OR	
echase	echásemos	hubiese echado	hubiésemos echado
echases	echaseis	hubieses echado	hubieseis echado
echase	echasen	hubiese echado	hubiesen echado

	imperativo
—	echemos
echa; no eches	echad; no echéis
eche	echen

Words and expressions related to this verb

echar mano a to grab; **echar de menos a una persona** to miss a person
echar una carta al correo to mail (post) a letter; **echar raíces** to take root
una echada, un echamiento cast, throw, casting, throwing
echarse to lie down, rest, stretch out (oneself)
desechar to reject

198

to execute, to carry out, to perform

The Seven Simple Tenses		The Seven Compound Tenses	
Singular	Plural	Singular	Plural

1 presente de indicativo		8 perfecto de indicativo	
ejecuto	**ejecutamos**	**he ejecutado**	**hemos ejecutado**
ejecutas	**ejecutáis**	**has ejecutado**	**habéis ejecutado**
ejecuta	**ejecutan**	**ha ejecutado**	**han ejecutado**

2 imperfecto de indicativo		9 pluscuamperfecto de indicativo	
ejecutaba	**ejecutábamos**	**había ejecutado**	**habíamos ejecutado**
ejecutabas	**ejecutabais**	**habías ejecutado**	**habíais ejecutado**
ejecutaba	**ejecutaban**	**había ejecutado**	**habían ejecutado**

3 pretérito		10 pretérito anterior	
ejecuté	**ejecutamos**	**hube ejecutado**	**hubimos ejecutado**
ejecutaste	**ejecutasteis**	**hubiste ejecutado**	**hubisteis ejecutado**
ejecutó	**ejecutaron**	**hubo ejecutado**	**hubieron ejecutado**

4 futuro		11 futuro perfecto	
ejecutaré	**ejecutaremos**	**habré ejecutado**	**habremos ejecutado**
ejecutarás	**ejecutaréis**	**habrás ejecutado**	**habréis ejecutado**
ejecutará	**ejecutarán**	**habrá ejecutado**	**habrán ejecutado**

5 potencial simple		12 potencial compuesto	
ejecutaría	**ejecutaríamos**	**habría ejecutado**	**habríamos ejecutado**
ejecutarías	**ejecutaríais**	**habrías ejecutado**	**habríais ejecutado**
ejecutaría	**ejecutarían**	**habría ejecutado**	**habrían ejecutado**

6 presente de subjuntivo		13 perfecto de subjuntivo	
ejecute	**ejecutemos**	**haya ejecutado**	**hayamos ejecutado**
ejecutes	**ejecutéis**	**hayas ejecutado**	**hayáis ejecutado**
ejecute	**ejecuten**	**haya ejecutado**	**hayan ejecutado**

7 imperfecto de subjuntivo		14 pluscuamperfecto de subjuntivo	
ejecutara	**ejecutáramos**	**hubiera ejecutado**	**hubiéramos ejecutado**
ejecutaras	**ejecutarais**	**hubieras ejecutado**	**hubierais ejecutado**
ejecutara	**ejecutaran**	**hubiera ejecutado**	**hubieran ejecutado**
OR		OR	
ejecutase	**ejecutásemos**	**hubiese ejecutado**	**hubiésemos ejecutado**
ejecutases	**ejecutaseis**	**hubieses ejecutado**	**hubieseis ejecutado**
ejecutase	**ejecutasen**	**hubiese ejecutado**	**hubiesen ejecutado**

imperativo

—	**ejecutemos**
ejecuta; no ejecutes	**ejecutad; no ejecutéis**
ejecute	**ejecuten**

Words and expressions related to this verb

un ejecutivo, una ejecutiva executive
un ejecutor de la justicia executioner

ejecutar un ajuste to make an agreement
ejecutar un contrato to carry out a contract

to exert, to exercise

The Seven Simple Tenses		The Seven Compound Tenses	
Singular	Plural	Singular	Plural

1 presente de indicativo		8 perfecto de indicativo	
ejerzo	**ejercemos**	**he ejercido**	**hemos ejercido**
ejerces	**ejercéis**	**has ejercido**	**habéis ejercido**
ejerce	**ejercen**	**ha ejercido**	**han ejercido**

2 imperfecto de indicativo		9 pluscuamperfecto de indicativo	
ejercía	**ejercíamos**	**había ejercido**	**habíamos ejercido**
ejercías	**ejercíais**	**habías ejercido**	**habíais ejercido**
ejercía	**ejercían**	**había ejercido**	**habían ejercido**

3 pretérito		10 pretérito anterior	
ejercí	**ejercimos**	**hube ejercido**	**hubimos ejercido**
ejerciste	**ejercisteis**	**hubiste ejercido**	**hubisteis ejercido**
ejerció	**ejercieron**	**hubo ejercido**	**hubieron ejercido**

4 futuro		11 futuro perfecto	
ejerceré	**ejerceremos**	**habré ejercido**	**habremos ejercido**
ejercerás	**ejerceréis**	**habrás ejercido**	**habréis ejercido**
ejercerá	**ejercerán**	**habrá ejercido**	**habrán ejercido**

5 potencial simple		12 potencial compuesto	
ejercería	**ejerceríamos**	**habría ejercido**	**habríamos ejercido**
ejercerías	**ejerceríais**	**habrías ejercido**	**habríais ejercido**
ejercería	**ejercerían**	**habría ejercido**	**habrían ejercido**

6 presente de subjuntivo		13 perfecto de subjuntivo	
ejerza	**ejerzamos**	**haya ejercido**	**hayamos ejercido**
ejerzas	**ejerzáis**	**hayas ejercido**	**hayáis ejercido**
ejerza	**ejerzan**	**haya ejercido**	**hayan ejercido**

7 imperfecto de subjuntivo		14 pluscuamperfecto de subjuntivo	
ejerciera	**ejerciéramos**	**hubiera ejercido**	**hubiéramos ejercido**
ejercieras	**ejercierais**	**hubieras ejercido**	**hubierais ejercido**
ejerciera	**ejercieran**	**hubiera ejercido**	**hubieran ejercido**
OR		OR	
ejerciese	**ejerciésemos**	**hubiese ejercido**	**hubiésemos ejercido**
ejercieses	**ejercieseis**	**hubieses ejercido**	**hubieseis ejercido**
ejerciese	**ejerciesen**	**hubiese ejercido**	**hubiesen ejercido**

imperativo	
—	**ejerzamos**
ejerce; no ejerzas	**ejerced; no ejerzáis**
ejerza	**ejerzan**

Words and expressions related to this verb

el ejercicio   exercise
hacer ejercicio   to drill, to exercise
el ejército   army
ejercitar   to drill, to exercise, to train

to elect, to select, to choose

The Seven Simple Tenses		The Seven Compound Tenses	
Singular	Plural	Singular	Plural
1 presente de indicativo		**8 perfecto de indicativo**	
elijo	elegimos	he elegido	hemos elegido
eliges	elegís	has elegido	habéis elegido
elige	eligen	ha elegido	han elegido
2 imperfecto de indicativo		**9 pluscuamperfecto de indicativo**	
elegía	elegíamos	había elegido	habíamos elegido
elegías	elegíais	habías elegido	habíais elegido
elegía	elegían	había elegido	habían elegido
3 pretérito		**10 pretérito anterior**	
elegí	elegimos	hube elegido	hubimos elegido
elegiste	elegisteis	hubiste elegido	hubisteis elegido
eligió	eligieron	hubo elegido	hubieron elegido
4 futuro		**11 futuro perfecto**	
elegiré	elegiremos	habré elegido	habremos elegido
elegirás	elegiréis	habrás elegido	habréis elegido
elegirá	elegirán	habrá elegido	habrán elegido
5 potencial simple		**12 potencial compuesto**	
elegiría	elegiríamos	habría elegido	habríamos elegido
elegirías	elegiríais	habrías elegido	habríais elegido
elegiría	elegirían	habría elegido	habrían elegido
6 presente de subjuntivo		**13 perfecto de subjuntivo**	
elija	elijamos	haya elegido	hayamos elegido
elijas	elijáis	hayas elegido	hayáis elegido
elija	elijan	haya elegido	hayan elegido
7 imperfecto de subjuntivo		**14 pluscuamperfecto de subjuntivo**	
eligiera	eligiéramos	hubiera elegido	hubiéramos elegido
eligieras	eligierais	hubieras elegido	hubierais elegido
eligiera	eligieran	hubiera elegido	hubieran elegido
OR		OR	
eligiese	eligiésemos	hubiese elegido	hubiésemos elegido
eligieses	eligieseis	hubieses elegido	hubieseis elegido
eligiese	eligiesen	hubiese elegido	hubiesen elegido

	imperativo	
—	elijamos
elige; no elijas	elegid; no elijáis
elija	elijan

Words related to this verb

elegible eligible
la elegibilidad eligibility
la elección election

elegir + inf. to choose + inf.
reelegir to reelect
el elector, la electora elector

embeber

Gerundio **embebiendo**   Part. pas. **embebido**

to soak in, to soak up, to suck in, to imbibe

The Seven Simple Tenses		The Seven Compound Tenses	
Singular	Plural	Singular	Plural
1 presente de indicativo		**8 perfecto de indicativo**	
embebo	embebemos	he embebido	hemos embebido
embebes	embebéis	has embebido	habéis embebido
embebe	embeben	ha embebido	han embebido
2 imperfecto de indicativo		**9 pluscuamperfecto de indicativo**	
embebía	embebíamos	había embebido	habíamos embebido
embebía	embebíais	habías embebido	habíais embebido
embebía	embebían	había embebido	habían embebido
3 pretérito		**10 pretérito anterior**	
embebí	embebimos	hube embebido	hubimos embebido
embebiste	embebisteis	hubiste embebido	hubisteis embebido
embebió	embebieron	hubo embebido	hubieron embebido
4 futuro		**11 futuro perfecto**	
embeberé	embeberemos	habré embebido	habremos embebido
embeberás	embeberéis	habrás embebido	habréis embebido
embeberá	embeberán	habrá embebido	habrán embebido
5 potencial simple		**12 potencial compuesto**	
embebería	embeberíamos	habría embebido	habríamos embebido
embeberías	embeberíais	habrías embebido	habríais embebido
embebería	embeberían	habría embebido	habrían embebido
6 presente de subjuntivo		**13 perfecto de subjuntivo**	
embeba	embebamos	haya embebido	hayamos embebido
embebas	embebáis	hayas embebido	hayáis embebido
embeba	embeban	haya embebido	hayan embebido
7 imperfecto de subjuntivo		**14 pluscuamperfecto de subjuntivo**	
embebiera	embebiéramos	hubiera embebido	hubiéramos embebido
embebieras	embebierais	hubieras embebido	hubierais embebido
embebiera	embebieran	hubiera embebido	hubieran embebido
OR		OR	
embebiese	embebiésemos	hubiese embebido	hubiésemos embebido
embebieses	embebieseis	hubieses embebido	hubieseis embebido
embebiese	embebiesen	hubiese embebido	hubiesen embebido

	imperativo
—	embebamos
embebe; no embebas	embebed; no embebáis
embeba	embeban

Words related to this verb

embebido, embebida spongy
embebedor, embebedora absorbent, imbibing

beber to drink
una bebida drink, beverage

to begin, to start

The Seven Simple Tenses		The Seven Compound Tenses	
Singular	Plural	Singular	Plural

1   presente de indicativo

		8 perfecto de indicativo	
empiezo	empezamos	he empezado	hemos empezado
empiezas	empezáis	has empezado	habéis empezado
empieza	empiezan	ha empezado	han empezado

2   imperfecto de indicativo

		9 pluscuamperfecto de indicativo	
empezaba	empezábamos	había empezado	habíamos empezado
empezabas	empezabais	habías empezado	habíais empezado
empezaba	empezaban	había empezado	habían empezado

3   pretérito

		10 pretérito anterior	
empecé	empezamos	hube empezado	hubimos empezado
empezaste	empezasteis	hubiste empezado	hubisteis empezado
empezó	empezaron	hubo empezado	hubieron empezado

4   futuro

		11 futuro perfecto	
empezaré	empezaremos	habré empezado	habremos empezado
empezarás	empezaréis	habrás empezado	habréis empezado
empezará	empezarán	habrá empezado	habrán empezado

5   potencial simple

		12 potencial compuesto	
empezaría	empezaríamos	habría empezado	habríamos empezado
empezarías	empezaríais	habrías empezado	habríais empezado
empezaría	empezarían	habría empezado	habrían empezado

6   presente de subjuntivo

		13 perfecto de subjuntivo	
empiece	empecemos	haya empezado	hayamos empezado
empieces	empecéis	hayas empezado	hayáis empezado
empiece	empiecen	haya empezado	hayan empezado

7   imperfecto de subjuntivo

		14 pluscuamperfecto de subjuntivo	
empezara	empezáramos	hubiera empezado	hubiéramos empezado
empezaras	empezarais	hubieras empezado	hubierais empezado
empezara	empezaran	hubiera empezado	hubieran empezado
OR		OR	
empezase	empezásemos	hubiese empezado	hubiésemos empezado
empezases	empezaseis	hubieses empezado	hubieseis empezado
empezase	empezasen	hubiese empezado	hubiesen empezado

imperativo

—	empecemos
empieza; no empieces	empezad; no empecéis
empiece	empiecen

Common idiomatic expressions using this verb

empezar por + inf.   to begin by + pres. part.
empezar a + inf.   to begin + inf.; **Ricardo empieza a escribir en inglés.**
para empezar   to begin with

Consult the back pages for the section on verbs used with prepositions.

The subject pronouns are found on the page facing page 1.   **203**

to become angry

The Seven Simple Tenses		The Seven Compound Tenses	
Singular	Plural	Singular	Plural

1   presente de indicativo

me enfado	nos enfadamos
te enfadas	os enfadáis
se enfada	se enfadan

8   perfecto de indicativo

me he enfadado	nos hemos enfadado
te has enfadado	os habéis enfadado
se ha enfadado	se han enfadado

2   imperfecto de indicativo

me enfadaba	nos enfadábamos
te enfadabas	os enfadabais
se enfadaba	se enfadaban

9   pluscuamperfecto de indicativo

me había enfadado	nos habíamos enfadado
te habías enfadado	os habíais enfadado
se había enfadado	se habían enfadado

3   pretérito

me enfadé	nos enfadamos
te enfadaste	os enfadasteis
se enfadó	se enfadaron

10   pretérito anterior

me hube enfadado	nos hubimos enfadado
te hubiste enfadado	os hubisteis enfadado
se hubo enfadado	se hubieron enfadado

4   futuro

me enfadaré	nos enfadaremos
te enfadarás	os enfadaréis
se enfadará	se enfadarán

11   futuro perfecto

me habré enfadado	nos habremos enfadado
te habrás enfadado	os habréis enfadado
se habrá enfadado	se habrán enfadado

5   potencial simple

me enfadaría	nos enfadaríamos
te enfadarías	os enfadaríais
se enfadaría	se enfadarían

12   potencial compuesto

me habría enfadado	nos habríamos enfadado
te habrías enfadado	os habríais enfadado
se habría enfadado	se habrían enfadado

6   presente de subjuntivo

me enfade	nos enfademos
te enfades	os enfadéis
se enfade	se enfaden

13   perfecto de subjuntivo

me haya enfadado	nos hayamos enfadado
te hayas enfadado	os hayáis enfadado
se haya enfadado	se hayan enfadado

7   imperfecto de subjuntivo

me enfadara	nos enfadáramos
te enfadaras	os enfadarais
se enfadara	se enfadaran
OR	
me enfadase	nos enfadásemos
te enfadases	os enfadaseis
se enfadase	se enfadasen

14   pluscuamperfecto de subjuntivo

me hubiera enfadado	nos hubiéramos enfadado
te hubieras enfadado	os hubierais enfadado
se hubiera enfadado	se hubieran enfadado
OR	
me hubiese enfadado	nos hubiésemos enfadado
te hubieses enfadado	os hubieseis enfadado
se hubiese enfadado	se hubiesen enfadado

	imperativo	
—	enfadémonos
enfádate; no te enfades	enfadaos; no os enfadéis
enfádese	enfádense

Words related to this verb

enfadoso, enfadosa annoying
el enfado anger, vexation
enfadadizo, enfadadiza irritable

enfadosamente annoyingly
enfadar to anger

to get sick, to fall sick, to become sick, to fall ill, to become ill

The Seven Simple Tenses		The Seven Compound Tenses	
Singular	Plural	Singular	Plural

1 presente de indicativo

me enfermo	nos enfermamos		
te enfermas	os enfermáis		
se enferma	se enferman		

8 perfecto de indicativo

me he enfermado	nos hemos enfermado		
te has enfermado	os habéis enfermado		
se ha enfermado	se han enfermado		

2 imperfecto de indicativo

me enfermaba	nos enfermábamos
te enfermabas	os enfermabais
se enfermaba	se enfermaban

9 pluscuamperfecto de indicativo

me había enfermado	nos habíamos enfermado
te habías enfermado	os habíais enfermado
se había enfermado	se habían enfermado

3 pretérito

me enfermé	nos enfermamos
te enfermaste	os enfermasteis
se enfermó	se enfermaron

10 pretérito anterior

me hube enfermado	nos hubimos enfermado
te hubiste enfermado	os hubisteis enfermado
se hubo enfermado	se hubieron enfermado

4 futuro

me enfermaré	nos enfermaremos
te enfermarás	os enfermaréis
se enfermará	se enfermarán

11 futuro perfecto

me habré enfermado	nos habremos enfermado
te habrás enfermado	os habréis enfermado
se habrá enfermado	se habrán enfermado

5 potencial simple

me enfermaría	nos enfermaríamos
te enfermarías	os enfermaríais
se enfermaría	se enfermarían

12 potencial compuesto

me habría enfermado	nos habríamos enfermado
te habrías enfermado	os habríais enfermado
se habría enfermado	se habrían enfermado

6 presente de subjuntivo

me enferme	nos enfermemos
te enfermes	os enferméis
se enferme	se enfermen

13 perfecto de subjuntivo

me haya enfermado	nos hayamos enfermado
te hayas enfermado	os hayáis enfermado
se haya enfermado	se hayan enfermado

7 imperfecto de subjuntivo

me enfermara	nos enfermáramos
te enfermaras	os enfermarais
se enfermara	se enfermaran
OR	
me enfermase	nos enfermásemos
te enfermases	os enfermaseis
se enfermase	se enfermasen

14 pluscuamperfecto de subjuntivo

me hubiera enfermado	nos hubiéramos enfermado
te hubieras enfermado	os hubierais enfermado
se hubiera enfermado	se hubieran enfermado
OR	
me hubiese enfermado	nos hubiésemos enfermado
te hubieses enfermado	os hubieseis enfermado
se hubiese enfermado	se hubiesen enfermado

imperativo

—	enfermémonos
enférmate; no te enfermes	enfermaos; no os enferméis
enférmese	enférmense

Words and expressions related to this verb

la enfermedad illness, sickness
la enfermería infirmary
enfermo de amor lovesick
enfermar to fall sick, to make sick
un enfermo, una enferma patient
enfermoso, enfermosa sickly

un enfermero, una enfermera nurse
enfermero (enfermera) ambulante visiting nurse
caer enfermo (enferma) to get sick
enfermizo, enfermiza sickly, ailing, unhealthy
enfermo interno in-patient

The subject pronouns are found on the page facing page 1.

to become angry, to get angry, to get cross

The Seven Simple Tenses		The Seven Compound Tenses	
Singular	Plural	Singular	Plural
1 presente de indicativo		8 perfecto de indicativo	
me enojo	nos enojamos	me he enojado	nos hemos enojado
te enojas	os enojáis	te has enojado	os habéis enojado
se enoja	se enojan	se ha enojado	se han enojado
2 imperfecto de indicativo		9 pluscuamperfecto de indicativo	
me enojaba	nos enojábamos	me había enojado	nos habíamos enojado
te enojabas	os enojabais	te habías enojado	os habíais enojado
se enojaba	se enojaban	se había enojado	se habían enojado
3 pretérito		10 pretérito anterior	
me enojé	nos enojamos	me hube enojado	nos hubimos enojado
te enojaste	os enojasteis	te hubiste enojado	os hubisteis enojado
se enojó	se enojaron	se hubo enojado	se hubieron enojado
4 futuro		11 futuro perfecto	
me enojaré	nos enojaremos	me habré enojado	nos habremos enojado
te enojarás	os enojaréis	te habrás enojado	os habréis enojado
se enojará	se enojarán	se habrá enojado	se habrán enojado
5 potencial simple		12 potencial compuesto	
me enojaría	nos enojaríamos	me habría enojado	nos habríamos enojado
te enojarías	os enojaríais	te habrías enojado	os habríais enojado
se enojaría	se enojarían	se habría enojado	se habrían enojado
6 presente de subjuntivo		13 perfecto de subjuntivo	
me enoje	nos enojemos	me haya enojado	nos hayamos enojado
te enojes	os enojéis	te hayas enojado	os hayáis enojado
se enoje	se enojen	se haya enojado	se hayan enojado
7 imperfecto de subjuntivo		14 pluscuamperfecto de subjuntivo	
me enojara	nos enojáramos	me hubiera enojado	nos hubiéramos enojado
te enojaras	os enojarais	te hubieras enojado	os hubierais enojado
se enojara	se enojaran	se hubiera enojado	se hubieran enojado
OR		OR	
me enojase	nos enojásemos	me hubiese enojado	nos hubiésemos enojado
te enojases	os enojaseis	te hubieses enojado	os hubieseis enojado
se enojase	se enojasen	se hubiese enojado	se hubiesen enojado

imperativo

—	enojémonos
enójate; no te enojes	enojaos; no os enojéis
enójese	enójense

Words and expressions related to this verb

enojar   to annoy, to irritate, to make angry, to vex; **enojarse de**   to become angry at
    someone
el enojo   anger, annoyance; **enojadizo, enojadiza**   ill-tempered, irritable
enojoso, enojosa   irritating, troublesome
enojosamente   angrily
enojado, enojada   angry; **una enojada**   fit of anger
enojarse con (contra) alguien   to become angry with someone

to teach, to show, to point out

The Seven Simple Tenses		The Seven Compound Tenses	
Singular	Plural	Singular	Plural

1   presente de indicativo

enseño	enseñamos
enseñas	enseñáis
enseña	enseñan

8   perfecto de indicativo

he enseñado	hemos enseñado
has enseñado	habéis enseñado
ha enseñado	han enseñado

2   imperfecto de indicativo

enseñaba	enseñábamos
enseñabas	enseñabais
enseñaba	enseñaban

9   pluscuamperfecto de indicativo

había enseñado	habíamos enseñado
habías enseñado	habíais enseñado
había enseñado	habían enseñado

3   pretérito

enseñé	enseñamos
enseñaste	enseñasteis
enseñó	enseñaron

10   pretérito anterior

hube enseñado	hubimos enseñado
hubiste enseñado	hubisteis enseñado
hubo enseñado	hubieron enseñado

4   futuro

enseñaré	enseñaremos
enseñarás	enseñaréis
enseñará	enseñarán

11   futuro perfecto

habré enseñado	habremos enseñado
habrás enseñado	habréis enseñado
habrá enseñado	habrán enseñado

5   potencial simple

enseñaría	enseñaríamos
enseñarías	enseñaríais
enseñaría	enseñarían

12´   potencial compuesto

habría enseñado	habríamos enseñado
habrías enseñado	habríais enseñado
habría enseñado	habrían enseñado

6   presente de subjuntivo

enseñe	enseñemos
enseñes	enseñéis
enseñe	enseñen

13   perfecto de subjuntivo

haya enseñado	hayamos enseñado
hayas enseñado	hayáis enseñado
haya enseñado	hayan enseñado

7   imperfecto de subjuntivo

enseñara	enseñáramos
enseñaras	enseñarais
enseñara	enseñaran
OR	
enseñase	enseñásemos
enseñases	enseñaseis
enseñase	enseñasen

14   pluscuamperfecto de subjuntivo

hubiera enseñado	hubiéramos enseñado
hubieras enseñado	hubierais enseñado
hubiera enseñado	hubieran enseñado
OR	
hubiese enseñado	hubiésemos enseñado
hubieses enseñado	hubieseis enseñado
hubiese enseñado	hubiesen enseñado

imperativo

—	enseñemos
enseña; no enseñes	enseñad; no enseñéis
enseñe	enseñen

Words and expressions related to this verb

enseñarse   to teach oneself
el enseño   teaching
el enseñamiento, la enseñanza   teaching, educatión
  la enseñanza primaria   primary education
  la enseñanza secundaria   secondary (high school) education
  la enseñanza superior   higher education
el enseñador, la enseñadora   instructor

diseñar   to design
el diseño   design

The subject pronouns are found on the page facing page 1.

entender

Gerundio **entendiendo**   Part. pas. **entendido**

to understand

The Seven Simple Tenses		The Seven Compound Tenses	
Singular	Plural	Singular	Plural
1 presente de indicativo		**8 perfecto de indicativo**	
entiendo	entendemos	he entendido	hemos entendido
entiendes	entendéis	has entendido	habéis entendido
entiende	entienden	ha entendido	han entendido
2 imperfecto de indicativo		**9 pluscuamperfecto de indicativo**	
entendía	entendíamos	había entendido	habíamos entendido
entendías	entendíais	habías entendido	habíais entendido
entendía	entendían	había entendido	habían entendido
3 pretérito		**10 pretérito anterior**	
entendí	entendimos	hube entendido	hubimos entendido
entendiste	entendisteis	hubiste entendido	hubisteis entendido
entendió	entendieron	hubo entendido	hubieron entendido
4 futuro		**11 futuro perfecto**	
entenderé	entenderemos	habré entendido	habremos entendido
entenderás	entenderéis	habrás entendido	habréis entendido
entenderá	entenderán	habrá entendido	habrán entendido
5 potencial simple		**12 potencial compuesto**	
entendería	entenderíamos	habría entendido	habríamos entendido
entenderías	entenderíais	habrías entendido	habríais entendido
entendería	entenderían	habría entendido	habrían entendido
6 presente de subjuntivo		**13 perfecto de subjuntivo**	
entienda	entendamos	haya entendido	hayamos entendido
entiendas	entendáis	hayas entendido	hayáis entendido
entienda	entiendan	haya entendido	hayan entendido
7 imperfecto de subjuntivo		**14 pluscuamperfecto de subjuntivo**	
entendiera	entendiéramos	hubiera entendido	hubiéramos entendido
entendieras	entendierais	hubieras entendido	hubierais entendido
entendiera	entendieran	hubiera entendido	hubieran entendido
OR		OR	
entendiese	entendiésemos	hubiese entendido	hubiésemos entendido
entendieses	entendieseis	hubieses entendido	hubieseis entendido
entendiese	entendiesen	hubiese entendido	hubiesen entendido

	imperativo
—	entendamos
entiende; no entiendas	entended; no entendáis
entienda	entiendan

Words and expressions related to this verb

dar a entender to insinuate, to hint
el entender understanding
según mi entender according to my understanding
el entendimiento comprehension, understanding

entenderse to understand
each other
desentenderse de to pay no
attention to

to enter, to go (in), to come (in)

The Seven Simple Tenses		The Seven Compound Tenses	
Singular	Plural	Singular	Plural

1 presente de indicativo		8 perfecto de indicativo	
entro	entramos	he entrado	hemos entrado
entras	entráis	has entrado	habéis entrado
entra	entran	ha entrado	han entrado

2 imperfecto de indicativo		9 pluscuamperfecto de indicativo	
entraba	entrábamos	había entrado	habíamos entrado
entrabas	entrabais	habías entrado	habíais entrado
entraba	entraban	había entrado	habían entrado

3 pretérito		10 pretérito anterior	
entré	entramos	hube entrado	hubimos entrado
entraste	entrasteis	hubiste entrado	hubisteis entrado
entró	entraron	hubo entrado	hubieron entrado

4 futuro		11 futuro perfecto	
entraré	entraremos	habré entrado	habremos entrado
entrarás	entraréis	habrás entrado	habréis entrado
entrará	entrarán	habrá entrado	habrán entrado

5 potencial simple		12 potencial compuesto	
entraría	entraríamos	habría entrado	habríamos entrado
entrarías	entraríais	habrías entrado	habríais entrado
entraría	entrarían	habría entrado	habrían entrado

6 presente de subjuntivo		13 perfecto de subjuntivo	
entre	entremos	haya entrado	hayamos entrado
entres	entréis	hayas entrado	hayáis entrado
entre	entren	haya entrado	hayan entrado

7 imperfecto de subjuntivo		14 pluscuamperfecto de subjuntivo	
entrara	entráramos	hubiera entrado	hubiéramos entrado
entraras	entrarais	hubieras entrado	hubierais entrado
entrara	entraran	hubiera entrado	hubieran entrado
OR		OR	
entrase	entrásemos	hubiese entrado	hubiésemos entrado
entrases	entraseis	hubieses entrado	hubieseis entrado
entrase	entrasen	hubiese entrado	hubiesen entrado

imperativo	
—	entremos
entra; no entres	entrad; no entréis
entre	entren

Words and expressions related to this verb

la entrada   entrance
entrada general   general admission (theater, movies)
entrado (entrada) en años   advanced in years

enviar

Gerundio **enviando**   Part. pas. **enviado**

to send

The Seven Simple Tenses		The Seven Compound Tenses	
Singular	Plural	Singular	Plural
1 presente de indicativo		**8 perfecto de indicativo**	
envío	enviamos	he enviado	hemos enviado
envías	enviáis	has enviado	habéis enviado
envía	envían	ha enviado	han enviado
2 imperfecto de indicativo		**9 pluscuamperfecto de indicativo**	
enviaba	enviábamos	había enviado	habíamos enviado
enviabas	enviabais	habías enviado	habíais enviado
enviaba	enviaban	había enviado	habían enviado
3 pretérito		**10 pretérito anterior**	
envié	enviamos	hube enviado	hubimos enviado
enviaste	enviasteis	hubiste enviado	hubisteis enviado
envió	enviaron	hubo enviado	hubieron enviado
4 futuro		**11 futuro perfecto**	
enviaré	enviaremos	habré enviado	habremos enviado
enviarás	enviaréis	habrás enviado	habréis enviado
enviará	enviarán	habrá enviado	habrán enviado
5 potencial simple		**12 potencial compuesto**	
enviaría	enviaríamos	habría enviado	habríamos enviado
enviarías	enviaríais	habrías enviado	habríais enviado
enviaría	enviarían	habría enviado	habrían enviado
6 presente de subjuntivo		**13 perfecto de subjuntivo**	
envíe	enviemos	haya enviado	hayamos enviado
envíes	enviéis	hayas enviado	hayáis enviado
envíe	envíen	haya enviado	hayan enviado
7 imperfecto de subjuntivo		**14 pluscuamperfecto de subjuntivo**	
enviara	enviáramos	hubiera enviado	hubiéramos enviado
enviaras	enviarais	hubieras enviado	hubierais enviado
enviara	enviaran	hubiera enviado	hubieran enviado
OR		OR	
enviase	enviásemos	hubiese enviado	hubiésemos enviado
enviases	enviaseis	hubieses enviado	hubieseis enviado
enviase	enviasen	hubiese enviado	hubiesen enviado

	imperativo	
—	enviemos	
envía; no envíes	enviad; no enviéis	
envíe	envíen	

Words and expressions related to this verb

enviar a alguien a pasear   to send someone to take a walk
enviador, enviadora   sender; **un enviado**   envoy
la enviada   shipment
reenviar   to send back; to forward

to wrap up

The Seven Simple Tenses		The Seven Compound Tenses	
Singular	Plural	Singular	Plural

1 presente de indicativo		8 perfecto de indicativo	
envuelvo	envolvemos	he envuelto	hemos envuelto
envuelves	envolvéis	has envuelto	habéis envuelto
envuelve	envuelven	ha envuelto	han envuelto

2 imperfecto de indicativo		9 pluscuamperfecto de indicativo	
envolvía	envolvíamos	había envuelto	habíamos envuelto
envolvías	envolvíais	habías envuelto	habíais envuelto
envolvía	envolvían	había envuelto	habían envuelto

3 pretérito		10 pretérito anterior	
envolví	envolvimos	hube envuelto	hubimos envuelto
envolviste	envolvisteis	hubiste envuelto	hubisteis envuelto
envolvió	envolvieron	hubo envuelto	hubieron envuelto

4 futuro		11 futuro perfecto	
envolveré	envolveremos	habré envuelto	habremos envuelto
envolverás	envolveréis	habrás envuelto	habréis envuelto
envolverá	envolverán	habrá envuelto	habrán envuelto

5 potencial simple		12 potencial compuesto	
envolvería	envolveríamos	habría envuelto	habríamos envuelto
envolverías	envolveríais	habrías envuelto	habríais envuelto
envolvería	envolverían	habría envuelto	habrían envuelto

6 presente de subjuntivo		13 perfecto de subjuntivo	
envuelva	envolvamos	haya envuelto	hayamos envuelto
envuelvas	envolváis	hayas envuelto	hayáis envuelto
envuelva	envuelvan	haya envuelto	hayan envuelto

7 imperfecto de subjuntivo		14 pluscuamperfecto de subjuntivo	
envolviera	envolviéramos	hubiera envuelto	hubiéramos envuelto
envolvieras	envolvierais	hubieras envuelto	hubierais envuelto
envolviera	envolvieran	hubiera envuelto	hubieran envuelto
OR		OR	
envolviese	envolviésemos	hubiese envuelto	hubiésemos envuelto
envolvieses	envolvieseis	hubieses envuelto	hubieseis envuelto
envolviese	envolviesen	hubiese envuelto	hubiesen envuelto

imperativo

—	envolvamos
envuelve; no envuelvas	envolved; no envolváis
envuelva	envuelvan

Words related to this verb

envolverse   to have an affair, to become involved
el envolvimiento   wrapping; involvement
envuelto, envuelta   wrapped
una envoltura   envelope, wrapper, cover

to be mistaken

The Seven Simple Tenses		The Seven Compound Tenses	
Singular	Plural	Singular	Plural

1 presente de indicativo		8 perfecto de indicativo	
me equivoco	nos equivocamos	me he equivocado	nos hemos equivocado
te equivocas	os equivocáis	te has equivocado	os habéis equivocado
se equivoca	se equivocan	se ha equivocado	se han equivocado

2 imperfecto de indicativo		9 pluscuamperfecto de indicativo	
me equivocaba	nos equivocábamos	me había equivocado	nos habíamos equivocado
te equivocabas	os equivocabais	te habías equivocado	os habíais equivocado
se equivocaba	se equivocaban	se había equivocado	se habían equivocado

3 pretérito		10 pretérito anterior	
me equivoqué	nos equivocamos	me hube equivocado	nos hubimos equivocado
te equivocaste	os equivocasteis	te hubiste equivocado	os hubisteis equivocado
se equivocó	se equivocaron	se hubo equivocado	se hubieron equivocado

4 futuro		11 futuro perfecto	
me equivocaré	nos equivocaremos	me habré equivocado	nos habremos equivocado
te equivocarás	os equivocaréis	te habrás equivocado	os habréis equivocado
se equivocará	se equivocarán	se habrá equivocado	se habrán equivocado

5 potencial simple		12 potencial compuesto	
me equivocaría	nos equivocaríamos	me habría equivocado	nos habríamos equivocado
te equivocarías	os equivocaríais	te habrías equivocado	os habríais equivocado
se equivocaría	se equivocarían	se habría equivocado	se habrían equivocado

6 presente de subjuntivo		13 perfecto de subjuntivo	
me equivoque	nos equivoquemos	me haya equivocado	nos hayamos equivocado
te equivoques	os equivoquéis	te hayas equivocado	os hayáis equivocado
se equivoque	se equivoquen	se haya equivocado	se hayan equivocado

7 imperfecto de subjuntivo		14 pluscuamperfecto de subjuntivo	
me equivocara	nos equivocáramos	me hubiera equivocado	nos hubiéramos equivocado
te equivocaras	os equivocarais	te hubieras equivocado	os hubierais equivocado
se equivocara	se equivocaran	se hubiera equivocado	se hubieran equivocado
OR		OR	
me equivocase	nos equivocásemos	me hubiese equivocado	nos hubiésemos equivocado
te equivocases	os equivocaseis	te hubieses equivocado	os hubieseis equivocado
se equivocase	se equivocasen	se hubiese equivocado	se hubiesen equivocado

	imperativo	
—	equivoquémonos	
equivócate; no te equivoques	equivocaos; no os equivoquéis	
equivóquese	equivóquense	

Words related to this verb

equivoquista   quibbler
equivocado, equivocada   mistaken
una equivocación   error, mistake, equivocation

to erect, to set up straight

The Seven Simple Tenses		The Seven Compound Tenses	
Singular	Plural	Singular	Plural

1 presente de indicativo		8 perfecto de indicativo	
irgo (yergo)	**erguimos**	**he erguido**	**hemos erguido**
irgues (yergues)	**erguís**	**has erguido**	**habéis erguido**
irgue (yergue)	**irguen (yerguen)**	**ha erguido**	**han erguido**

2 imperfecto de indicativo		9 pluscuamperfecto de indicativo	
erguía	**erguíamos**	**había erguido**	**habíamos erguido**
erguías	**erguíais**	**habías erguido**	**habíais erguido**
erguía	**erguían**	**había erguido**	**habían erguido**

3 pretérito		10 pretérito anterior	
erguí	**erguimos**	**hube erguido**	**hubimos erguido**
erguiste	**erguisteis**	**hubiste erguido**	**hubisteis erguido**
irguió	**irguieron**	**hubo erguido**	**hubieron erguido**

4 futuro		11 futuro perfecto	
erguiré	**erguiremos**	**habré erguido**	**habremos erguido**
erguirás	**erguiréis**	**habrás erguido**	**habréis erguido**
erguirá	**erguirán**	**habrá erguido**	**habrán erguido**

5 potencial simple		12 potencial compuesto	
erguiría	**erguiríamos**	**habría erguido**	**habríamos erguido**
erguirías	**erguiríais**	**habrías erguido**	**habríais erguido**
erguiría	**erguirían**	**habría erguido**	**habrían erguido**

6 presente de subjuntivo		13 perfecto de subjuntivo	
irga (yerga)	**irgamos (yergamos)**	**haya erguido**	**hayamos erguido**
irgas (yergas)	**irgáis (yergáis)**	**hayas erguido**	**hayáis erguido**
irga (yerga)	**irgan (yergan)**	**haya erguido**	**hayan erguido**

7 imperfecto de subjuntivo		14 pluscuamperfecto de subjuntivo	
irguiera	**irguiéramos**	**hubiera erguido**	**hubiéramos erguido**
irguieras	**irguierais**	**hubieras erguido**	**hubierais erguido**
irguiera	**irguieran**	**hubiera erguido**	**hubieran erguido**
OR		OR	
irguiese	**irguiésemos**	**hubiese erguido**	**hubiésemos erguido**
irguieses	**irguieseis**	**hubieses erguido**	**hubieseis erguido**
irguiese	**irguiesen**	**hubiese erguido**	**hubiesen erguido**

imperativo

—	**irgamos (yergamos)**
irgue (yergue); no irgas (yergas)	**erguid; no irgáis (yergáis)**
irga (yerga)	**irgan (yergan)**

Words related to this verb

erguirse   to swell up with pride; to stiffen
un erguimiento   straightening, raising, erection

errar

to err, to wander, to roam, to miss

The Seven Simple Tenses		The Seven Compound Tenses	
Singular	Plural	Singular	Plural
1 presente de indicativo		**8 perfecto de indicativo**	
yerro	erramos	he errado	hemos errado
yerras	erráis	has errado	habéis errado
yerra	yerran	ha errado	han errado
2 imperfecto de indicativo		**9 pluscuamperfecto de indicativo**	
erraba	errábamos	había errado	habíamos errado
errabas	errabais	habías errado	habíais errado
erraba	erraban	había errado	habían errado
3 pretérito		**10 pretérito anterior**	
erré	erramos	hube errado	hubimos errado
erraste	errasteis	hubiste errado	hubisteis errado
erró	erraron	hubo errado	hubieron errado
4 futuro		**11 futuro perfecto**	
erraré	erraremos	habré errado	habremos errado
errarás	erraréis	habrás errado	habréis errado
errará	errarán	habrá errado	habrán errado
5 potencial simple		**12 potencial compuesto**	
erraría	erraríamos	habría errado	habríamos errado
errarías	erraríais	habrías errado	habríais errado
erraría	errarían	habría errado	habrían errado
6 presente de subjuntivo		**13 perfecto de subjuntivo**	
yerre	erremos	haya errado	hayamos errado
yerres	erréis	hayas errado	hayáis errado
yerre	yerren	haya errado	hayan errado
7 imperfecto de subjuntivo		**14 pluscuamperfecto de subjuntivo**	
errara	erráramos	hubiera errado	hubiéramos errado
erraras	errarais	hubieras errado	hubierais errado
errara	erraran	hubiera errado	hubieran errado
OR		OR	
errase	errásemos	hubiese errado	hubiésemos errado
errases	erraseis	hubieses errado	hubieseis errado
errase	errasen	hubiese errado	hubiesen errado

imperativo

—	erremos
yerra; no yerres	errad; no erréis
yerre	yerren

Words and expressions related to this verb

una errata erratum, typographical error
errante errant, wandering
un error error, mistake

un yerro error, fault, mistake
deshacer un yerro to amend an error

220

to choose, to select

The Seven Simple Tenses		The Seven Compound Tenses	
Singular	Plural	Singular	Plural

1   presente de indicativo

		8 perfecto de indicativo	
escojo	escogemos	he escogido	hemos escogido
escoges	escogéis	has escogido	habéis escogido
escoge	escogen	ha escogido	han escogido

2   imperfecto de indicativo

		9 pluscuamperfecto de indicativo	
escogía	escogíamos	había escogido	habíamos escogido
escogías	escogíais	habías escogido	habíais escogido
escogía	escogían	había escogido	habían escogido

3   pretérito

		10 pretérito anterior	
escogí	escogimos	hube escogido	hubimos escogido
escogiste	escogisteis	hubiste escogido	hubisteis escogido
escogió	escogieron	hubo escogido	hubieron escogido

4   futuro

		11 futuro perfecto	
escogeré	escogeremos	habré escogido	habremos escogido
escogerás	escogeréis	habrás escogido	habréis escogido
escogerá	escogerán	habrá escogido	habrán escogido

5   potencial simple

		12 potencial compuesto	
escogería	escogeríamos	habría escogido	habríamos escogido
escogerías	escogeríais	habrías escogido	habríais escogido
escogería	escogerían	habría escogido	habrían escogido

6   presente de subjuntivo

		13 perfecto de subjuntivo	
escoja	escojamos	haya escogido	hayamos escogido
escojas	escojáis	hayas escogido	hayáis escogido
escoja	escojan	haya escogido	hayan escogido

7   imperfecto de subjuntivo

		14 pluscuamperfecto de subjuntivo	
escogiera	escogiéramos	hubiera escogido	hubiéramos escogido
escogieras	escogierais	hubieras escogido	hubierais escogido
escogiera	escogieran	hubiera escogido	hubieran escogido
OR		OR	
escogiese	escogiésemos	hubiese escogido	hubiésemos escogido
escogieses	escogieseis	hubieses escogido	hubieseis escogido
escogiese	escogiesen	hubiese escogido	hubiesen escogido

imperativo	
—	escojamos
escoge; no escojas	escoged; no escojáis
escoja	escojan

Words related to this verb

un escogimiento   choice, selection
escogedor, escogedora   chooser
escogido, escogida   chosen

See also **coger**.

to scatter, to spread

The Seven Simple Tenses		The Seven Compound Tenses	
Singular	Plural	Singular	Plural
1 presente de indicativo		**8 perfecto de indicativo**	
esparzo	esparcimos	he esparcido	hemos esparcido
esparces	esparcís	has esparcido	habéis esparcido
esparce	esparcen	ha esparcido	han esparcido
2 imperfecto de indicativo		**9 pluscuamperfecto de indicativo**	
esparcía	esparcíamos	había esparcido	habíamos esparcido
esparcías	esparcíais	habías esparcido	habíais esparcido
esparcía	esparcían	había esparcido	habían esparcido
3 pretérito		**10 pretérito anterior**	
esparcí	esparcimos	hube esparcido	hubimos esparcido
esparciste	esparcisteis	hubiste esparcido	hubisteis esparcido
esparció	esparcieron	hubo esparcido	hubieron esparcido
4 futuro		**11 futuro perfecto**	
esparciré	esparciremos	habré esparcido	habremos esparcido
esparcirás	esparciréis	habrás esparcido	habréis esparcido
esparcirá	esparcirán	habrá esparcido	habrán esparcido
5 potencial simple		**12 potencial compuesto**	
esparciría	esparciríamos	habría esparcido	habríamos esparcido
esparcirías	esparciríais	habrías esparcido	habríais esparcido
esparciría	esparcirían	habría esparcido	habrían esparcido
6 presente de subjuntivo		**13 perfecto de subjuntivo**	
esparza	esparzamos	haya esparcido	hayamos esparcido
esparzas	esparzáis	hayas esparcido	hayáis esparcido
esparza	esparzan	haya esparcido	hayan esparcido
7 imperfecto de subjuntivo		**14 pluscuamperfecto de subjuntivo**	
esparciera	esparciéramos	hubiera esparcido	hubiéramos esparcido
esparcieras	esparcierais	hubieras esparcido	hubierais esparcido
esparciera	esparcieran	hubiera esparcido	hubieran esparcido
OR		OR	
esparciese	esparciésemos	hubiese esparcido	hubiésemos esparcido
esparcieses	esparcieseis	hubieses esparcido	hubieseis esparcido
esparciese	esparciesen	hubiese esparcido	hubiesen esparcido

imperativo	
—	esparzamos
esparce; no esparzas	esparcid; no esparzáis
esparza	esparzan

Words related to this verb

el esparcimiento scattering, spreading
esparcidamente separately, here and there
el esparcidor, la esparcidora spreader, scatterer

Consult the sections on verbs used in idiomatic expressions, verbs with prepositions, and the list of over 1,000 verbs conjugated like model verbs in the back pages.

to expect, to hope, to wait (for)

The Seven Simple Tenses		The Seven Compound Tenses	
Singular	Plural	Singular	Plural

1   presente de indicativo

espero	esperamos		
esperas	esperáis		
espera	esperan		

8   perfecto de indicativo

he esperado	hemos esperado		
has esperado	habéis esperado		
ha esperado	han esperado		

2   imperfecto de indicativo

esperaba	esperábamos
esperabas	esperabais
esperaba	esperaban

9   pluscuamperfecto de indicativo

había esperado	habíamos esperado
habías esperado	habíais esperado
había esperado	habían esperado

3   pretérito

esperé	esperamos
esperaste	esperasteis
esperó	esperaron

10   pretérito anterior

hube esperado	hubimos esperado
hubiste esperado	hubisteis esperado
hubo esperado	hubieron esperado

4   futuro

esperaré	esperaremos
esperarás	esperaréis
esperará	esperarán

11   futuro perfecto

habré esperado	habremos esperado
habrás esperado	habréis esperado
habrá esperado	habrán esperado

5   potencial simple

esperaría	esperaríamos
esperarías	esperaríais
esperaría	esperarían

12   potencial compuesto

habría esperado	habríamos esperado
habrías esperado	habríais esperado
habría esperado	habrían esperado

6   presente de subjuntivo

espere	esperemos
esperes	esperéis
espere	esperen

13   perfecto de subjuntivo

haya esperado	hayamos esperado
hayas esperado	hayáis esperado
haya esperado	hayan esperado

7   imperfecto de subjuntivo

esperara	esperáramos
esperaras	esperarais
esperara	esperaran
OR	
esperase	esperásemos
esperases	esperaseis
esperase	esperasen

14   pluscuamperfecto de subjuntivo

hubiera esperado	hubiéramos esperado
hubieras esperado	hubierais esperado
hubiera esperado	hubieran esperado
OR	
hubiese esperado	hubiésemos esperado
hubieses esperado	hubieseis esperado
hubiese esperado	hubiesen esperado

imperativo

—	esperemos
espera; no esperes	esperad; no esperéis
espere	esperen

Sentences using this verb and words related to it

Mientras hay alma hay esperanza.   Where there is life there is hope.
la esperanza   hope
No hay esperanza.   There is no hope.
dar esperanzas   to give encouragement
desesperar   to despair

to explain

The Seven Simple Tenses		The Seven Compound Tenses	
Singular	Plural	Singular	Plural

1 presente de indicativo		8 perfecto de indicativo	
explico	explicamos	he explicado	hemos explicado
explicas	explicáis	has explicado	habéis explicado
explica	explican	ha explicado	han explicado

2 imperfecto de indicativo		9 pluscuamperfecto de indicativo	
explicaba	explicábamos	había explicado	habíamos explicado
explicabas	explicabais	habías explicado	habíais explicado
explicaba	explicaban	había explicado	habían explicado

3 pretérito		10 pretérito anterior	
expliqué	explicamos	hube explicado	hubimos explicado
explicaste	explicasteis	hubiste explicado	hubisteis explicado
explicó	explicaron	hubo explicado	hubieron explicado

4 futuro		11 futuro perfecto	
explicaré	explicaremos	habré explicado	habremos explicado
explicarás	explicaréis	habrás explicado	habréis explicado
explicará	explicarán	habrá explicado	habrán explicado

5 potencial simple		12 potencial compuesto	
explicaría	explicaríamos	habría explicado	habríamos explicado
explicarías	explicaríais	habrías explicado	habríais explicado
explicaría	explicarían	habría explicado	habrían explicado

6 presente de subjuntivo		13 perfecto de subjuntivo	
explique	expliquemos	haya explicado	hayamos explicado
expliques	expliquéis	hayas explicado	hayáis explicado
explique	expliquen	haya explicado	hayan explicado

7 imperfecto de subjuntivo		14 pluscuamperfecto de subjuntivo	
explicara	explicáramos	hubiera explicado	hubiéramos explicado
explicaras	explicarais	hubieras explicado	hubierais explicado
explicara	explicaran	hubiera explicado	hubieran explicado
OR		OR	
explicase	explicásemos	hubiese explicado	hubiésemos explicado
explicases	explicaseis	hubieses explicado	hubieseis explicado
explicase	explicasen	hubiese explicado	hubiesen explicado

imperativo

—	expliquemos
explica; no expliques	explicad; no expliquéis
explique	expliquen

Words and expressions related to this verb

una explicación explanation
explícito, explícita explicit
explícitamente explicitly

explicativo, explicativa explanatory
pedir explicaciones to demand an explanation

to express

The Seven Simple Tenses		The Seven Compound Tenses	
Singular	Plural	Singular	Plural

1   presente de indicativo

expreso	expresamos
expresas	expresáis
expresa	expresan

2   imperfecto de indicativo

expresaba	expresábamos
expresabas	expresabais
expresaba	expresaban

3   pretérito

expresé	expresamos
expresaste	expresasteis
expresó	expresaron

4   futuro

expresaré	expresaremos
expresarás	expresaréis
expresará	expresarán

5   potencial simple

expresaría	expresaríamos
expresarías	expresaríais
expresaría	expresarían

6   presente de subjuntivo

exprese	expresemos
expreses	expreséis
exprese	expresen

7   imperfecto de subjuntivo

expresara	expresáramos
expresaras	expresarais
expresara	expresaran
OR	
expresase	expresásemos
expresases	expresaseis
expresase	expresasen

8   perfecto de indicativo

he expresado	hemos expresado
has expresado	habéis expresado
ha expresado	han expresado

9   pluscuamperfecto de indicativo

había expresado	habíamos expresado
habías expresado	habíais expresado
había expresado	habían expresado

10   pretérito anterior

hube expresado	hubimos expresado
hubiste expresado	hubisteis expresado
hubo expresado	hubieron expresado

11   futuro perfecto

habré expresado	habremos expresado
habrás expresado	habréis expresado
habrá expresado	habrán expresado

12   potencial compuesto

habría expresado	habríamos expresado
habrías expresado	habríais expresado
habría expresado	habrían expresado

13   perfecto de subjuntivo

haya expresado	hayamos expresado
hayas expresado	hayáis expresado
haya expresado	hayan expresado

14   pluscuamperfecto de subjuntivo

hubiera expresado	hubiéramos expresado
hubieras expresado	hubierais expresado
hubiera expresado	hubieran expresado
OR	
hubiese expresado	hubiésemos expresado
hubieses expresado	hubieseis expresado
hubiese expresado	hubiesen expresado

imperativo

—	**expresemos**
expresa; no expreses	**expresad; no expreséis**
exprese	**expresen**

Words and expressions related to this verb

expresarse   to express oneself
una expresión   expression, phrase
expresamente   expressly, on purpose
expresivamente   expressively

expresiones de mi parte   kindest regards
el expresionismo   expressionism
expreso   on purpose; express

to fabricate, to manufacture

The Seven Simple Tenses		The Seven Compound Tenses	
Singular	Plural	Singular	Plural

1 presente de indicativo		8 perfecto de indicativo	
fabrico	fabricamos	he fabricado	hemos fabricado
fabricas	fabricáis	has fabricado	habéis fabricado
fabrica	fabrican	ha fabricado	han fabricado

2 imperfecto de indicativo		9 pluscuamperfecto de indicativo	
fabricaba	fabricábamos	había fabricado	habíamos fabricado
fabricabas	fabricabais	habías fabricado	habíais fabricado
fabricaba	fabricaban	había fabricado	habían fabricado

3 pretérito		10 pretérito anterior	
fabriqué	fabricamos	hube fabricado	hubimos fabricado
fabricaste	fabricasteis	hubiste fabricado	hubisteis fabricado
fabricó	fabricaron	hubo fabricado	hubieron fabricado

4 futuro		11 futuro perfecto	
fabricaré	fabricaremos	habré fabricado	habremos fabricado
fabricarás	fabricaréis	habrás fabricado	habréis fabricado
fabricará	fabricarán	habrá fabricado	habrán fabricado

5 potencial simple		12 potencial compuesto	
fabricaría	fabricaríamos	habría fabricado	habríamos fabricado
fabricarías	fabricaríais	habrías fabricado	habríais fabricado
fabricaría	fabricarían	habría fabricado	habrían fabricado

6 presente de subjuntivo		13 perfecto de subjuntivo	
fabrique	fabriquemos	haya fabricado	hayamos fabricado
fabriques	fabriquéis	hayas fabricado	hayáis fabricado
fabrique	fabriquen	haya fabricado	hayan fabricado

7 imperfecto de subjuntivo		14 pluscuamperfecto de subjuntivo	
fabricara	fabricáramos	hubiera fabricado	hubiéramos fabricado
fabricaras	fabricarais	hubieras fabricado	hubierais fabricado
fabricara	fabricaran	hubiera fabricado	hubieran fabricado
OR		OR	
fabricase	fabricásemos	hubiese fabricado	hubiésemos fabricado
fabricases	fabricaseis	hubieses fabricado	hubieseis fabricado
fabricase	fabricasen	hubiese fabricado	hubiesen fabricado

imperativo	
—	fabriquemos
fabrica; no fabriques	fabricad; no fabriquéis
fabrique	fabriquen

Words and expressions related to this verb

la fábrica factory
la fabricación fabrication, manufacturing
de fabricación casera homemade

el frabricante manufacturer
fabricación en masa mass production
prefabricar to prefabricate

to be lacking, to be wanting, to lack, to miss, to need

The Seven Simple Tenses		The Seven Compound Tenses	
Singular	Plural	Singular	Plural

1 presente de indicativo		8 perfecto de indicativo	
falto	faltamos	he faltado	hemos faltado
faltas	faltáis	has faltado	habéis faltado
falta	faltan	ha faltado	han faltado

2 imperfecto de indicativo		9 pluscuamperfecto de indicativo	
faltaba	faltábamos	había faltado	habíamos faltado
faltabas	faltabais	habías faltado	habíais faltado
faltaba	faltaban	había faltado	habían faltado

3 pretérito		10 pretérito anterior	
falté	faltamos	hube faltado	hubimos faltado
faltaste	faltasteis	hubiste faltado	hubisteis faltado
faltó	faltaron	hubo faltado	hubieron faltado

4 futuro		11 futuro perfecto	
faltaré	faltaremos	habré faltado	habremos faltado
faltarás	faltaréis	habrás faltado	habréis faltado
faltará	faltarán	habrá faltado	habrán faltado

5 potencial simple		12 potencial compuesto	
faltaría	faltaríamos	habría faltado	habríamos faltado
faltarías	faltaríais	habrías faltado	habríais faltado
faltaría	faltarían	habría faltado	habrían faltado

6 presente de subjuntivo		13 perfecto de subjuntivo	
falte	faltemos	haya faltado	hayamos faltado
faltes	faltéis	hayas faltado	hayáis faltado
falte	falten	haya faltado	hayan faltado

7 imperfecto de subjuntivo		14 pluscuamperfecto de subjuntivo	
faltara	faltáramos	hubiera faltado	hubiéramos faltado
faltaras	faltarais	hubieras faltado	hubierais faltado
faltara	faltaran	hubiera faltado	hubieran faltado
OR		OR	
faltase	faltásemos	hubiese faltado	hubiésemos faltado
faltases	faltaseis	hubieses faltado	hubieseis faltado
faltase	faltasen	hubiese faltado	hubiesen faltado

imperativo

—	faltemos
falta; no faltes	faltad; no faltéis
falte	falten

Common idiomatic expressions using this verb

a falta de   for lack of
sin falta   without fail, without fault
la falta   lack, want
faltante   lacking, wanting
poner faltas a   to find fault with

¡No faltaba más!   That's the limit!
faltar poco para + inf.   not to be long before
hacer falta   to be necessary

The subject pronouns are found on the page facing page 1.   **235**

to congratulate, to felicitate

The Seven Simple Tenses		The Seven Compound Tenses	
Singular	Plural	Singular	Plural

1 presente de indicativo

felicito	felicitamos		
felicitas	felicitáis		
felicita	felicitan		

8 perfecto de indicativo

he felicitado	hemos felicitado
has felicitado	habéis felicitado
ha felicitado	han felicitado

2 imperfecto de indicativo

felicitaba	felicitábamos
felicitabas	felicitabais
felicitaba	felicitaban

9 pluscuamperfecto de indicativo

había felicitado	habíamos felicitado
habías felicitado	habíais felicitado
había felicitado	habían felicitado

3 pretérito

felicité	felicitamos
felicitaste	felicitasteis
felicitó	felicitaron

10 pretérito anterior

hube felicitado	hubimos felicitado
hubiste felicitado	hubisteis felicitado
hubo felicitado	hubieron felicitado

4 futuro

felicitaré	felicitaremos
felicitarás	felicitaréis
felicitará	felicitarán

11 futuro perfecto

habré felicitado	habremos felicitado
habrás felicitado	habréis felicitado
habrá felicitado	habrán felicitado

5 potencial simple

felicitaría	felicitaríamos
felicitarías	felicitaríais
felicitaría	felicitarían

12 potencial compuesto

habría felicitado	habríamos felicitado
habrías felicitado	habríais felicitado
habría felicitado	habrían felicitado

6 presente de subjuntivo

felicite	felicitemos
felicites	felicitéis
felicite	feliciten

13 perfecto de subjuntivo

haya felicitado	hayamos felicitado
hayas felicitado	hayáis felicitado
haya felicitado	hayan felicitado

7 imperfecto de subjuntivo

felicitara	felicitáramos
felicitaras	felicitarais
felicitara	felicitaran
OR	
felicitase	felicitásemos
felicitases	felicitaseis
felicitase	felicitasen

14 pluscuamperfecto de subjuntivo

hubiera felicitado	hubiéramos felicitado
hubieras felicitado	hubierais felicitado
hubiera felicitado	hubieran felicitado
OR	
hubiese felicitado	hubiésemos felicitado
hubieses felicitado	hubieseis felicitado
hubiese felicitado	hubiesen felicitado

imperativo

—	felicitemos
felicita; no felicites	felicitad; no felicitéis
felicite	feliciten

Words related to this verb

la felicitación, las felicitaciones congratulations
la felicidad happiness, good fortune
felizmente happily, fortunately

feliz happy, fortunate, lucky
(*pl.* **felices**)

to feast, to entertain, to celebrate

The Seven Simple Tenses		The Seven Compound Tenses	
Singular	Plural	Singular	Plural

1 presente de indicativo		8 perfecto de indicativo	
festejo	festejamos	he festejado	hemos festejado
festejas	festejáis	has festejado	habéis festejado
festeja	festejan	ha festejado	han festejado

2 imperfecto de indicativo		9 pluscuamperfecto de indicativo	
festejaba	festejábamos	había festejado	habíamos festejado
festejabas	festejabais	habías festejado	habíais festejado
festejaba	festejaban	había festejado	habían festejado

3 pretérito		10 pretérito anterior	
festejé	festejamos	hube festejado	hubimos festejado
festejaste	festejasteis	hubiste festejado	hubisteis festejado
festejó	festejaron	hubo festejado	hubieron festejado

4 futuro		11 futuro perfecto	
festejaré	festejaremos	habré festejado	habremos festejado
festejarás	festejaréis	habrás festejado	habréis festejado
festejará	festejarán	habrá festejado	habrán festejado

5 potencial simple		12 potencial compuesto	
festejaría	festejaríamos	habría festejado	habríamos festejado
festejarías	festejaríais	habrías festejado	habríais festejado
festejaría	festejarían	habría festejado	habrían festejado

6 presente de subjuntivo		13 perfecto de subjuntivo	
festeje	festejemos	haya festejado	hayamos festejado
festejes	festejéis	hayas festejado	hayáis festejado
festeje	festejen	haya festejado	hayan festejado

7 imperfecto de subjuntivo		14 pluscuamperfecto de subjuntivo	
festejara	festejáramos	hubiera festejado	hubiéramos festejado
festejaras	festejarais	hubieras festejado	hubierais festejado
festejara	festejaran	hubiera festejado	hubieran festejado
OR		OR	
festejase	festejásemos	hubiese festejado	hubiésemos festejado
festejases	festejaseis	hubieses festejado	hubieseis festejado
festejase	festejasen	hubiese festejado	hubiesen festejado

imperativo

—	festejemos
festeja; no festejes	festejad; no festejéis
festeje	festejen

Words and expressions related to this verb

un festejo banquet, feast, celebration
una fiesta feast, holy day, festivity
la fiesta de la raza Columbus Day

la fiesta nacional national holiday
la fiesta de todos los santos All Saints' Day

to confide, to intrust

The Seven Simple Tenses		The Seven Compound Tenses	
Singular	Plural	Singular	Plural
1 presente de indicativo		**8 perfecto de indicativo**	
fío	fiamos	he fiado	hemos fiado
fías	fiáis	has fiado	habéis fiado
fía	fían	ha fiado	han fiado
2 imperfecto de indicativo		**9 pluscuamperfecto de indicativo**	
fiaba	fiábamos	había fiado	habíamos fiado
fiabas	fiabais	habías fiado	habíais fiado
fiaba	fiaban	había fiado	habían fiado
3 pretérito		**10 pretérito anterior**	
fié	fiamos	hube fiado	hubimos fiado
fiaste	fiasteis	hubiste fiado	hubisteis fiado
fió	fiaron	hubo fiado	hubieron fiado
4 futuro		**11 futuro perfecto**	
fiaré	fiaremos	habré fiado	habremos fiado
fiarás	fiaréis	habrás fiado	habréis fiado
fiará	fiarán	habrá fiado	habrán fiado
5 potencial simple		**12 potencial compuesto**	
fiaría	fiaríamos	habría fiado	habríamos fiado
fiarías	fiaríais	habrías fiado	habríais fiado
fiaría	fiarían	habría fiado	habrían fiado
6 presente de subjuntivo		**13 perfecto de subjuntivo**	
fíe	fiemos	haya fiado	hayamos fiado
fíes	fiéis	hayas fiado	hayáis fiado
fíe	fíen	haya fiado	hayan fiado
7 imperfecto de subjuntivo		**14 pluscuamperfecto de subjuntivo**	
fiara	fiáramos	hubiera fiado	hubiéramos fiado
fiaras	fiarais	hubieras fiado	hubierais fiado
fiara	fiaran	hubiera fiado	hubieran fiado
OR		OR	
fiase	fiásemos	hubiese fiado	hubiésemos fiado
fiases	fiaseis	hubieses fiado	hubieseis fiado
fiase	fiasen	hubiese fiado	hubiesen fiado

	imperativo	
—		fiemos
fía; no fíes		fiad; no fiéis
fíe		fíen

Words and expressions related to this verb

fiarse de to have confidence in
la fianza security, surety, guarantee
al fiado on credit, on trust
fiable trustworthy

fiar en to trust in
el fíat consent, fiat

to take notice, to pay attention, to settle

The Seven Simple Tenses		The Seven Compound Tenses	
Singular	Plural	Singular	Plural

1 presente de indicativo

me fijo	nos fijamos		
te fijas	os fijáis		
se fija	se fijan		

8 perfecto de indicativo

me he fijado	nos hemos fijado		
te has fijado	os habéis fijado		
se ha fijado	se han fijado		

2 imperfecto de indicativo

me fijaba	nos fijábamos
te fijabas	os fijabais
se fijaba	se fijaban

9 pluscuamperfecto de indicativo

me había fijado	nos habíamos fijado
te habías fijado	os habíais fijado
se había fijado	se habían fijado

3 pretérito

me fijé	nos fijamos
te fijaste	os fijasteis
se fijó	se fijaron

10 pretérito anterior

me hube fijado	nos hubimos fijado
te hubiste fijado	os hubisteis fijado
se hubo fijado	se hubieron fijado

4 futuro

me fijaré	nos fijaremos
te fijarás	os fijaréis
se fijará	se fijarán

11 futuro perfecto

me habré fijado	nos habremos fijado
te habrás fijado	os habréis fijado
se habrá fijado	se habrán fijado

5 potencial simple

me fijaría	nos fijaríamos
te fijarías	os fijaríais
se fijaría	se fijarían

12 potencial compuesto

me habría fijado	nos habríamos fijado
te habrías fijado	os habríais fijado
se habría fijado	se habrían fijado

6 presente de subjuntivo

me fije	nos fijemos
te fijes	os fijéis
se fije	se fijen

13 perfecto de subjuntivo

me haya fijado	nos hayamos fijado
te hayas fijado	os hayáis fijado
se haya fijado	se hayan fijado

7 imperfecto de subjuntivo

me fijara	nos fijáramos
te fijaras	os fijarais
se fijara	se fijaran
OR	
me fijase	nos fijásemos
te fijases	os fijaseis
se fijase	se fijasen

14 pluscuamperfecto de subjuntivo

me hubiera fijado	nos hubiéramos fijado
te hubieras fijado	os hubierais fijado
se hubiera fijado	se hubieran fijado
OR	
me hubiese fijado	nos hubiésemos fijado
te hubieses fijado	os hubieseis fijado
se hubiese fijado	se hubiesen fijado

imperativo

—	fijémonos
fíjate; no te fijes	fijaos; no os fijéis
fíjese	fíjense

Words and expressions related to this verb

fijar to clinch, to fasten, to fix; **fijo** (when used as an adj.)
fijarse en to take notice of, to pay attention to, to settle in
hora fija set time, set hour, time agreed on; **de fijo** surely
fijamente fixedly, assuredly; **fijar el precio** to fix the price
una fija door hinge; **una fijación** fixation
la fijación de precios price fixing

fingir

to feign, to pretend

The Seven Simple Tenses		The Seven Compound Tenses	
Singular	Plural	Singular	Plural
1 presente de indicativo		**8 perfecto de indicativo**	
finjo	fingimos	he fingido	hemos fingido
finges	fingís	has fingido	habéis fingido
finge	fingen	ha fingido	han fingido
2 imperfecto de indicativo		**9 pluscuamperfecto de indicativo**	
fingía	fingíamos	había fingido	habíamos fingido
fingías	fingíais	habías fingido	habíais fingido
fingía	fingían	había fingido	habían fingido
3 pretérito		**10 pretérito anterior**	
fingí	fingimos	hube fingido	hubimos fingido
fingiste	fingisteis	hubiste fingido	hubisteis fingido
fingió	fingieron	hubo fingido	hubieron fingido
4 futuro		**11 futuro perfecto**	
fingiré	fingiremos	habré fingido	habremos fingido
fingirás	fingiréis	habrás fingido	habréis fingido
fingirá	fingirán	habrá fingido	habrán fingido
5 potencial simple		**12 potencial compuesto**	
fingiría	fingiríamos	habría fingido	habríamos fingido
fingirías	fingiríais	habrías fingido	habríais fingido
fingiría	fingirían	habría fingido	habrían fingido
6 presente de subjuntivo		**13 perfecto de subjuntivo**	
finja	finjamos	haya fingido	hayamos fingido
finjas	finjáis	hayas fingido	hayáis fingido
finja	finjan	haya fingido	hayan fingido
7 imperfecto de subjuntivo		**14 pluscuamperfecto de subjuntivo**	
fingiera	fingiéramos	hubiera fingido	hubiéramos fingido
fingieras	fingierais	hubieras fingido	hubierais fingido
fingiera	fingieran	hubiera fingido	hubieran fingido
OR		OR	
fingiese	fingiésemos	hubiese fingido	hubiésemos fingido
fingieses	fingieseis	hubieses fingido	hubieseis fingido
fingiese	fingiesen	hubiese fingido	hubiesen fingido

	imperativo	
—	**finjamos**	
finge; no finjas	**fingid; no finjáis**	
finja	**finjan**	

Words related to this verb

fingir + inf. to pretend + inf.
el fingimiento deceit, pretense, feigning
un fingidor, una fingidora faker, feigner
fingidamente fictitiously

The Seven Simple Tenses		The Seven Compound Tenses	
Singular	Plural	Singular	Plural
1 presente de indicativo		**8 perfecto de indicativo**	
firmo	firmamos	he firmado	hemos firmado
firmas	firmáis	has firmado	habéis firmado
firma	firman	ha firmado	han firmado
2 imperfecto de indicativo		**9 pluscuamperfecto de indicativo**	
firmaba	firmábamos	había firmado	habíamos firmado
firmabas	firmabais	habías firmado	habíais firmado
firmaba	firmaban	había firmado	habían firmado
3 pretérito		**10 pretérito anterior**	
firmé	firmamos	hube firmado	hubimos firmado
firmaste	firmasteis	hubiste firmado	hubisteis firmado
firmó	firmaron	hubo firmado	hubieron firmado
4 futuro		**11 futuro perfecto**	
firmaré	firmaremos	habré firmado	habremos firmado
firmarás	firmaréis	habrás firmado	habréis firmado
firmará	firmarán	habrá firmado	habrán firmado
5 potencial simple		**12 potencial compuesto**	
firmaría	firmaríamos	habría firmado	habríamos firmado
firmarías	firmaríais	habrías firmado	habríais firmado
firmaría	firmarían	habría firmado	habrían firmado
6 presente de subjuntivo		**13 perfecto de subjuntivo**	
firme	firmemos	haya firmado	hayamos firmado
firmes	firméis	hayas firmado	hayáis firmado
firme	firmen	haya firmado	hayan firmado
7 imperfecto de subjuntivo		**14 pluscuamperfecto de subjuntivo**	
firmara	firmáramos	hubiera firmado	hubiéramos firmado
firmaras	firmarais	hubieras firmado	hubierais firmado
firmara	firmaran	hubiera firmado	hubieran firmado
OR		OR	
firmase	firmásemos	hubiese firmado	hubiésemos firmado
firmases	firmaseis	hubieses firmado	hubieseis firmado
firmase	firmasen	hubiese firmado	hubiesen firmado

imperativo

—	firmemos
firma; no firmes	firmad; no firméis
firme	firmen

Words and expressions related to this verb

firmar y sellar to sign and seal   **de firme** steadily
el, la firmante signer   **en lo firme** in the right
confirmar to confirm

to form, to shape

The Seven Simple Tenses		The Seven Compound Tenses	
Singular	Plural	Singular	Plural

1 presente de indicativo

		8 perfecto de indicativo	
formo	formamos	he formado	hemos formado
formas	formáis	has formado	habéis formado
forma	forman	ha formado	han formado

2 imperfecto de indicativo

		9 pluscuamperfecto de indicativo	
formaba	formábamos	había formado	habíamos formado
formabas	formabais	habías formado	habíais formado
formaba	formaban	había formado	habían formado

3 pretérito

		10 pretérito anterior	
formé	formamos	hube formado	hubimos formado
formaste	formasteis	hubiste formado	hubisteis formado
formó	formaron	hubo formado	hubieron formado

4 futuro

		11 futuro perfecto	
formaré	formaremos	habré formado	habremos formado
formarás	formaréis	habrás formado	habréis formado
formará	formarán·	habrá formado	habrán formado

5 potencial simple

		12 potencial compuesto	
formaría	formaríamos	habría formado	habríamos formado
formarías	formaríais	habrías formado	habríais formado
formaría	formarían	habría formado	habrían formado

6 presente de subjuntivo

		13 perfecto de subjuntivo	
forme	formemos	haya formado	hayamos formado
formes	forméis	hayas formado	hayáis formado
forme	formen	haya formado	hayan formado

7 imperfecto de subjuntivo

		14 pluscuamperfecto de subjuntivo	
formara	formáramos	hubiera formado	hubiéramos formado
formaras	formarais	hubieras formado	hubierais formado
formara	formaran	hubiera formado	hubieran formado
OR		OR	
formase	formásemos	hubiese formado	hubiésemos formado
formases	formaseis	hubieses formado	hubieseis formado
formase	formasen	hubiese formado	hubiesen formado

imperativo

—	formemos
forma; no formes	formad; no forméis
forme	formen

Words and expressions related to this verb

formativo, formativa formative
formante forming
transformar to transform
la forma form, shape
de esta forma in this way

la formación formation
formalmente formally
la formalidad formality
de forma que. . . so that . . .
de una forma o de otra somehow or other, one way or another

to wash dishes, to scrub

The Seven Simple Tenses		The Seven Compound Tenses	
Singular	Plural	Singular	Plural

1 presente de indicativo

friego	fregamos
friegas	fregáis
friega	friegan

8 perfecto de indicativo

he fregado	hemos fregado
has fregado	habéis fregado
ha fregado	han fregado

2 imperfecto de indicativo

fregaba	fregábamos
fregabas	fregabais
fregaba	fregaban

9 pluscuamperfecto de indicativo

había fregado	habíamos fregado
habías fregado	habíais fregado
había fregado	habían fregado

3 pretérito

fregué	fregamos
fregaste	fregasteis
fregó	fregaron

10 pretérito anterior

hube fregado	hubimos fregado
hubiste fregado	hubisteis fregado
hubo fregado	hubieron fregado

4 futuro

fregaré	fregaremos
fregarás	fregaréis
fregará	fregarán

11 futuro perfecto

habré fregado	habremos fregado
habrás fregado	habréis fregado
habrá fregado	habrán fregado

5 potencial simple

fregaría	fregaríamos
fregarías	fregaríais
fregaría	fregarían

12 potencial compuesto

habría fregado	habríamos fregado
habrías fregado	habríais fregado
habría fregado	habrían fregado

6 presente de subjuntivo

friegue	freguemos
friegues	freguéis
friegue	frieguen

13 perfecto de subjuntivo

haya fregado	hayamos fregado
hayas fregado	hayáis fregado
haya fregado	hayan fregado

7 imperfecto de subjuntivo

fregara	fregáramos
fregaras	fregarais
fregara	fregaran
OR	
fregase	fregásemos
fregases	fregaseis
fregase	fregasen

14 pluscuamperfecto de subjuntivo

hubiera fregado	hubiéramos fregado
hubieras fregado	hubierais fregado
hubiera fregado	hubieran fregado
OR	
hubiese fregado	hubiésemos fregado
hubieses fregado	hubieseis fregado
hubiese fregado	hubiesen fregado

imperativo

—	freguemos
friega; no friegues	fregad; no freguéis
friegue	frieguen

Words related to this verb

un fregador, una fregadora dishwasher; **el fregador** kitchen sink
el fregadero kitchen sink
la fregadura dishwashing, mopping, scrubbing
refregar to rub; **el refregamiento** rubbing

The subject pronouns are found on the page facing page 1.   **243**

to fry

The Seven Simple Tenses		The Seven Compound Tenses	
Singular	Plural	Singular	Plural
1 presente de indicativo		**8 perfecto de indicativo**	
frío	freímos	he frito	hemos frito
fríes	freís	has frito	habéis frito
fríe	fríen	ha frito	han frito
2 imperfecto de indicativo		**9 pluscuamperfecto de indicativo**	
freía	freíamos	había frito	habíamos frito
freías	freíais	habías frito	habíais frito
freía	freían	había frito	habían frito
3 pretérito		**10 pretérito anterior**	
freí	freímos	hube frito	hubimos frito
freíste	freísteis	hubiste frito	hubisteis frito
frió	frieron	hubo frito	hubieron frito
4 futuro		**11 futuro perfecto**	
freiré	freiremos	habré frito	habremos frito
freirás	freiréis	habrás frito	habréis frito
freirá	freirán	habrá frito	habrán frito
5 potencial simple		**12 potencial compuesto**	
freiría	freiríamos	habría frito	habríamos frito
freirías	freiríais	habrías frito	habríais frito
freiría	freirían	habría frito	habrían frito
6 presente de subjuntivo		**13 perfecto de subjuntivo**	
fría	friamos	haya frito	hayamos frito
frías	friáis	hayas frito	hayáis frito
fría	frían	haya frito	hayan frito
7 imperfecto de subjuntivo		**14 pluscuamperfecto de subjuntivo**	
friera	friéramos	hubiera frito	hubiéramos frito
frieras	frierais	hubieras frito	hubierais frito
friera	frieran	hubiera frito	hubieran frito
OR		OR	
friese	friésemos	hubiese frito	hubiésemos frito
frieses	frieseis	hubieses frito	hubieseis frito
friese	friesen	hubiese frito	hubiesen frito

	imperativo	
—		friamos
fríe; no frías		freíd; no friáis
fría		frían

Words and expressions related to this verb

patatas fritas   fried potatoes, French fries
patatas fritas a la inglesa   potato chips

la fritada   fried food
la fritura   fry

The Seven Simple Tenses		The Seven Compound Tenses	
Singular	Plural	Singular	Plural

1 presente de indicativo

fumo	fumamos
fumas	fumáis
fuma	fuman

8 perfecto de indicativo

he fumado	hemos fumado
has fumado	habéis fumado
ha fumado	han fumado

2 imperfecto de indicativo

fumaba	fumábamos
fumabas	fumabais
fumaba	fumaban

9 pluscuamperfecto de indicativo

había fumado	habíamos fumado
habías fumado	habíais fumado
había fumado	habían fumado

3 pretérito

fumé	fumamos
fumaste	fumasteis
fumó	fumaron

10 pretérito anterior

hube fumado	hubimos fumado
hubiste fumado	hubisteis fumado
hubo fumado	hubieron fumado

4 futuro

fumaré	fumaremos
fumarás	fumaréis
fumará	fumarán

11 futuro perfecto

habré fumado	habremos fumado
habrás fumado	habréis fumado
habrá fumado	habrán fumado

5 potencial simple

fumaría	fumaríamos
fumarías	fumaríais
fumaría	fumarían

12 potencial compuesto

habría fumado	habríamos fumado
habrías fumado	habríais fumado
habría fumado	habrían fumado

6 presente de subjuntivo

fume	fumemos
fumes	fuméis
fume	fumen

13 perfecto de subjuntivo

haya fumado	hayamos fumado
hayas fumado	hayáis fumado
haya fumado	hayan fumado

7 imperfecto de subjuntivo

fumara	fumáramos
fumaras	fumarais
fumara	fumaran
OR	
fumase	fumásemos
fumases	fumaseis
fumase	fumasen

14 pluscuamperfecto de subjuntivo

hubiera fumado	hubiéramos fumado
hubieras fumado	hubierais fumado
hubiera fumado	hubieran fumado
OR	
hubiese fumado	hubiésemos fumado
hubieses fumado	hubieseis fumado
hubiese fumado	hubiesen fumado

imperativo

—	fumemos
fuma; no fumes	fumad; no fuméis
fume	fumen

Words and expressions related to this verb

un fumador, una fumadora smoker
una fumada, una fumarada puff of smoke

un fumadero smoking room
SE PROHIBE FUMAR NO SMOKING

The subject pronouns are found on the page facing page 1.

to function, to run (machine)

The Seven Simple Tenses		The Seven Compound Tenses	
Singular	Plural	Singular	Plural

1 presente de indicativo		8 perfecto de indicativo	
funciono	funcionamos	he funcionado	hemos funcionado
funcionas	funcionáis	has funcionado	habéis funcionado
funciona	funcionan	ha funcionado	han funcionado

2 imperfecto de indicativo		9 pluscuamperfecto de indicativo	
funcionaba	funcionábamos	había funcionado	habíamos funcionado
funcionabas	funcionabais	habías funcionado	habíais funcionado
funcionaba	funcionaban	había funcionado	habían funcionado

3 pretérito		10 pretérito anterior	
funcioné	funcionamos	hube funcionado	hubimos funcionado
funcionaste	funcionasteis	hubiste funcionado	hubisteis funcionado
funcionó	funcionaron	hubo funcionado	hubieron funcionado

4 futuro		11 futuro perfecto	
funcionaré	funcionaremos	habré funcionado	habremos funcionado
funcionarás	funcionaréis	habrás funcionado	habréis funcionado
funcionará	funcionarán	habrá funcionado	habrán funcionado

5 potencial simple		12 potencial compuesto	
funcionaría	funcionaríamos	habría funcionado	habríamos funcionado
funcionarías	funcionaríais	habrías funcionado	habríais funcionado
funcionaría	funcionarían	habría funcionado	habrían funcionado

6 presente de subjuntivo		13 perfecto de subjuntivo	
funcione	funcionemos	haya funcionado	hayamos funcionado
funciones	funcionéis	hayas funcionado	hayáis funcionado
funcione	funcionen	haya funcionado	hayan funcionado

7 imperfecto de subjuntivo		14 pluscuamperfecto de subjuntivo	
funcionara	funcionáramos	hubiera funcionado	hubiéramos funcionado
funcionaras	funcionarais	hubieras funcionado	hubierais funcionado
funcionara	funcionaran	hubiera funcionado	hubieran funcionado
OR		OR	
funcionase	funcionásemos	hubiese funcionado	hubiésemos funcionado
funcionases	funcionaseis	hubieses funcionado	hubieseis funcionado
funcionase	funcionasen	hubiese funcionado	hubiesen funcionado

imperativo

—	funcionemos
funciona; no funciones	funcionad; no funcionéis
funcione	funcionen

Words and expressions related to this verb

una función function
función de títeres puppet show

un funcionario de aduanas customs official
funcionero, funcionera officious; fussy

to earn, to gain, to win

The Seven Simple Tenses		The Seven Compound Tenses	
Singular	Plural	Singular	Plural
1 presente de indicativo		**8 perfecto de indicativo**	
gano	ganamos	he ganado	hemos ganado
ganas	ganáis	has ganado	habéis ganado
gana	ganan	ha ganado	han ganado
2 imperfecto de indicativo		**9 pluscuamperfecto de indicativo**	
ganaba	ganábamos	había ganado	habíamos ganado
ganabas	ganabais	habías ganado	habíais ganado
ganaba	ganaban	había ganado	habían ganado
3 pretérito		**10 pretérito anterior**	
gané	ganamos	hube ganado	hubimos ganado
ganaste	ganasteis	hubiste ganado	hubisteis ganado
ganó	ganaron	hubo ganado	hubieron ganado
4 futuro		**11 futuro perfecto**	
ganaré	ganaremos	habré ganado	habremos ganado
ganarás	ganaréis	habrás ganado	habréis ganado
ganará	ganarán	habrá ganado	habrán ganado
5 potencial simple		**12 potencial compuesto**	
ganaría	ganaríamos	habría ganado	habríamos ganado
ganarías	ganaríais	habrías ganado	habríais ganado
ganaría	ganarían	habría ganado	habrían ganado
6 presente de subjuntivo		**13 perfecto de subjuntivo**	
gane	ganemos	haya ganado	hayamos ganado
ganes	ganéis	hayas ganado	hayáis ganado
gane	ganen	haya ganado	hayan ganado
7 imperfecto de subjuntivo		**14 pluscuamperfecto de subjuntivo**	
ganara	ganáramos	hubiera ganado	hubiéramos ganado
ganaras	ganarais	hubieras ganado	hubierais ganado
ganara	ganaran	hubiera ganado	hubieran ganado
OR		OR	
ganase	ganásemos	hubiese ganado	hubiésemos ganado
ganases	ganaseis	hubieses ganado	hubieseis ganado
ganase	ganasen	hubiese ganado	hubiesen ganado

imperativo	
—	ganemos
gana; no ganes	ganad; no ganéis
gane	ganen

Words and expressions related to this verb

ganar el pan, ganar la vida   to earn a living
la ganancia   profit, gain
ganador, ganadora   winner
ganar dinero   to earn (make) money

desganar   to dissuade
desganarse   to lose one's appetite;
   to be bored
ganar el premio gordo   to win first prize

to spend (money), to wear out, to waste

The Seven Simple Tenses		The Seven Compound Tenses	
Singular	Plural	Singular	Plural

1 presente de indicativo		8 perfecto de indicativo	
gasto	gastamos	he gastado	hemos gastado
gastas	gastáis	has gastado	habéis gastado
gasta	gastan	ha gastado	han gastado

2 imperfecto de indicativo		9 pluscuamperfecto de indicativo	
gastaba	gastábamos	había gastado	habíamos gastado
gastabas	gastabais	habías gastado	habíais gastado
gastaba	gastaban	había gastado	habían gastado

3 pretérito		10 pretérito anterior	
gasté	gastamos	hube gastado	hubimos gastado
gastaste	gastasteis	hubiste gastado	hubisteis gastado
gastó	gastaron	hubo gastado	hubieron gastado

4 futuro		11 futuro perfecto	
gastaré	gastaremos	habré gastado	habremos gastado
gastarás	gastaréis	habrás gastado	habréis gastado
gastará	gastarán	habrá gastado	habrán gastado

5 potencial simple		12 potencial compuesto	
gastaría	gastaríamos	habría gastado	habríamos gastado
gastarías	gastaríais	habrías gastado	habríais gastado
gastaría	gastarían	habría gastado	habrían gastado

6 presente de subjuntivo		13 perfecto de subjuntivo	
gaste	gastemos	haya gastado	hayamos gastado
gastes	gastéis	hayas gastado	hayáis gastado
gaste	gasten	haya gastado	hayan gastado

7 imperfecto de subjuntivo		14 pluscuamperfecto de subjuntivo	
gastara	gastáramos	hubiera gastado	hubiéramos gastado
gastaras	gastarais	hubieras gastado	hubierais gastado
gastara	gastaran	hubiera gastado	hubieran gastado
OR		OR	
gastase	gastásemos	hubiese gastado	hubiésemos gastado
gastases	gastaseis	hubieses gastado	hubieseis gastado
gastase	gastasen	hubiese gastado	hubiesen gastado

imperativo	
—	gastemos
gasta; no gastes	gastad; no gastéis
gaste	gasten

Words and expressions related to this verb

el gasto expense, expenditure
cubrir gastos to cover expenses
un gastador, una gastadora spendthrift, wasteful
pagar los gastos to foot the bill, to pay the tab
malgastar to squander, misspend, waste

Consult the back pages for the section on verbs used in idiomatic expressions.

to grieve, to groan, to moan

The Seven Simple Tenses		The Seven Compound Tenses	
Singular	Plural	Singular	Plural
1 presente de indicativo		**8 perfecto de indicativo**	
gimo	gemimos	he gemido	hemos gemido
gimes	gemís	has gemido	habéis gemido
gime	gimen	ha gemido	han gemido
2 imperfecto de indicativo		**9 pluscuamperfecto de indicativo**	
gemía	gemíamos	había gemido	habíamos gemido
gemías	gemíais	habías gemido	habíais gemido
gemía	gemían	había gemido	habían gemido
3 pretérito		**10 pretérito anterior**	
gemí	gemimos	hube gemido	hubimos gemido
gemiste	gemisteis	hubiste gemido	hubisteis gemido
gimió	gimieron	hubo gemido	hubieron gemido
4 futuro		**11 futuro perfecto**	
gemiré	gemiremos	habré gemido	habremos gemido
gemirás	gemiréis	habrás gemido	habréis gemido
gemirá	gemirán	habrá gemido	habrán gemido
5 potencial simple		**12 potencial compuesto**	
gemiría	gemiríamos	habría gemido	habríamos gemido
gemirías	gemiríais	habrías gemido	habríais gemido
gemiría	gemirían	habría gemido	habrían gemido
6 presente de subjuntivo		**13 perfecto de subjuntivo**	
gima	gimamos	haya gemido	hayamos gemido
gimas	gimáis	hayas gemido	hayáis gemido
gima	giman	haya gemido	hayan gemido
7 imperfecto de subjuntivo		**14 pluscuamperfecto de subjuntivo**	
gimiera	gimiéramos	hubiera gemido	hubiéramos gemido
gimieras	gimierais	hubieras gemido	hubierais gemido
gimiera	gimieran	hubiera gemido	hubieran gemido
OR		OR	
gimiese	gimiésemos	hubiese gemido	hubiésemos gemido
gimieses	gimieseis	hubieses gemido	hubieseis gemido
gimiese	gimiesen	hubiese gemido	hubiesen gemido

imperativo

—	gimamos
gime; no gimas	gemid; no gimáis
gima	giman

Words related to this verb

gemidor, gemidora lamenter, griever
el gemido lamentation, howl, groan, moan

gemiquear to whine
el gemiqueo whining

gobernar

Gerundio **gobernando**   Part. pas. **gobernado**

to govern, to rule

The Seven Simple Tenses		The Seven Compound Tenses	
Singular	Plural	Singular	Plural

1 presente de indicativo

gobierno	gobernamos
gobiernas	gobernáis
gobierna	gobiernan

8 perfecto de indicativo

he gobernado	hemos gobernado
has gobernado	habéis gobernado
ha gobernado	han gobernado

2 imperfecto de indicativo

gobernaba	gobernábamos
gobernabas	gobernabais
gobernaba	gobernaban

9 pluscuamperfecto de indicativo

había gobernado	habíamos gobernado
habías gobernado	habíais gobernado
había gobernado	habían gobernado

3 pretérito

goberné	gobernamos
gobernaste	gobernasteis
gobernó	gobernaron

10 pretérito anterior

hube gobernado	hubimos gobernado
hubiste gobernado	hubisteis gobernado
hubo gobernado	hubieron gobernado

4 futuro

gobernaré	gobernaremos
gobernarás	gobernaréis
gobernará	gobernarán

11 futuro perfecto

habré gobernado	habremos gobernado
habrás gobernado	habréis gobernado
habrá gobernado	habrán gobernado

5 potencial simple

gobernaría	gobernaríamos
gobernarías	gobernaríais
gobernaría	gobernarían

12 potencial compuesto

habría gobernado	habríamos gobernado
habrías gobernado	habríais gobernado
habría gobernado	habrían gobernado

6 presente de subjuntivo

gobierne	gobernemos
gobiernes	gobernéis
gobierne	gobiernen

13 perfecto de subjuntivo

haya gobernado	hayamos gobernado
hayas gobernado	hayáis gobernado
haya gobernado	hayan gobernado

7 imperfecto de subjuntivo

gobernara	gobernáramos
gobernaras	gobernarais
gobernara	gobernaran
OR	
gobernase	gobernásemos
gobernases	gobernaseis
gobernase	gobernasen

14 pluscuamperfecto de subjuntivo

hubiera gobernado	hubiéramos gobernado
hubieras gobernado	hubierais gobernado
hubiera gobernado	hubieran gobernado
OR	
hubiese gobernado	hubiésemos gobernado
hubieses gobernado	hubieseis gobernado
hubiese gobernado	hubiesen gobernado

imperativo

—	gobernemos
gobierna; no gobiernes	gobernad; no gobernéis
gobierne	gobiernen

Words and expressions related to this verb

un gobernador, una gobernadora governor
el gobierno government

un gobierno fantoche puppet government
la gobernación governing

The Seven Simple Tenses		The Seven Compound Tenses	
Singular	Plural	Singular	Plural

1   presente de indicativo

		8 perfecto de indicativo	
gozo	gozamos	he gozado	hemos gozado
gozas	gozáis	has gozado	habéis gozado
goza	gozan	ha gozado	han gozado

2   imperfecto de indicativo

		9 pluscuamperfecto de indicativo	
gozaba	gozábamos	había gozado	habíamos gozado
gozabas	gozabais	habías gozado	habíais gozado
gozaba	gozaban	había gozado	habían gozado

3   pretérito

		10 pretérito anterior	
gocé	gozamos	hube gozado	hubimos gozado
gozaste	gozasteis	hubiste gozado	hubisteis gozado
gozó	gozaron	hubo gozado	hubieron gozado

4   futuro

		11 futuro perfecto	
gozaré	gozaremos	habré gozado	habremos gozado
gozarás	gozaréis	habrás gozado	habréis gozado
gozará	gozarán	habrá gozado	habrán gozado

5   potencial simple

		12 potencial compuesto	
gozaría	gozaríamos	habría gozado	habríamos gozado
gozarías	gozaríais	habrías gozado	habríais gozado
gozaría	gozarían	habría gozado	habrían gozado

6   presente de subjuntivo

		13 perfecto de subjuntivo	
goce	gocemos	haya gozado	hayamos gozado
goces	gocéis	hayas gozado	hayáis gozado
goce	gocen	haya gozado	hayan gozado

7   imperfecto de subjuntivo

		14 pluscuamperfecto de subjuntivo	
gozara	gozáramos	hubiera gozado	hubiéramos gozado
gozaras	gozarais	hubieras gozado	hubierais gozado
gozara	gozaran	hubiera gozado	hubieran gozado
OR		OR	
gozase	gozásemos	hubiese gozado	hubiésemos gozado
gozases	gozaseis	hubieses gozado	hubieseis gozado
gozase	gozasen	hubiese gozado	hubiesen gozado

imperativo

—	gocemos
goza; no goces	gozad; no gocéis
goce	gocen

Words and expressions related to this verb

el goce   enjoyment
gozador, gozadora, gozante   enjoyer
el gozo   joy, pleasure
saltar de gozo   to jump with joy
gozosamente   joyfully

The subject pronouns are found on the page facing page 1.   **251**

gritar

to shout, to scream, to shriek, to cry out

The Seven Simple Tenses		The Seven Compound Tenses	
Singular	Plural	Singular	Plural
1 presente de indicativo		**8 perfecto de indicativo**	
grito	gritamos	he gritado	hemos gritado
gritas	gritáis	has gritado	habéis gritado
grita	gritan	ha gritado	han gritado
2 imperfecto de indicativo		**9 pluscuamperfecto de indicativo**	
gritaba	gritábamos	había gritado	habíamos gritado
gritabas	gritabais	habías gritado	habíais gritado
gritaba	gritaban	había gritado	habían gritado
3 pretérito		**10 pretérito anterior**	
grité	gritamos	hube gritado	hubimos gritado
gritaste	gritasteis	hubiste gritado	hubisteis gritado
gritó	gritaron	hubo gritado	hubieron gritado
4 futuro		**11 futuro perfecto**	
gritaré	gritaremos	habré gritado	habremos gritado
gritarás	gritaréis	habrás gritado	habréis gritado
gritará	gritarán	habrá gritado	habrán gritado
5 potencial simple		**12 potencial compuesto**	
gritaría	gritaríamos	habría gritado	habríamos gritado
gritarías	gritaríais	habrías gritado	habríais gritado
gritaría	gritarían	habría gritado	habrían gritado
6 presente de subjuntivo		**13 perfecto de subjuntivo**	
grite	gritemos	haya gritado	hayamos gritado
grites	gritéis	hayas gritado	hayáis gritado
grite	griten	haya gritado	hayan gritado
7 imperfecto de subjuntivo		**14 pluscuamperfecto de subjuntivo**	
gritara	gritáramos	hubiera gritado	hubiéramos gritado
gritaras	gritarais	hubieras gritado	hubierais gritado
gritara	gritaran	hubiera gritado	hubieran gritado
OR		OR	
gritase	gritásemos	hubiese gritado	hubiésemos gritado
gritases	gritaseis	hubieses gritado	hubieseis gritado
gritase	gritasen	hubiese gritado	hubiesen gritado

imperativo	
—	gritemos
grita; no grites	gritad; no gritéis
grite	griten

Words and expressions related to this verb

el grito   cry, scream, shout
a gritos   at the top of one's voice, loudly
la grita, la gritería   outcry, shouting

un gritón, una gritona   screamer
dar grita a   to hoot at

to grumble, to grunt, to growl, to creak

The Seven Simple Tenses		The Seven Compound Tenses	
Singular	Plural	Singular	Plural

1 presente de indicativo		8 perfecto de indicativo	
gruño	gruñimos	he gruñido	hemos gruñido
gruñes	gruñís	has gruñido	habéis gruñido
gruñe	gruñen	ha gruñido	han gruñido

2 imperfecto de indicativo		9 pluscuamperfecto de indicativo	
gruñía	gruñíamos	había gruñido	habíamos gruñido
gruñías	gruñíais	habías gruñido	habíais gruñido
gruñía	gruñían	había gruñido	habían gruñido

3 pretérito		10 pretérito anterior	
gruñí	gruñimos	hube gruñido	hubimos gruñido
gruñiste	gruñisteis	hubiste gruñido	hubisteis gruñido
gruñó	gruñeron	hubo gruñido	hubieron gruñido

4 futuro		11 futuro perfecto	
gruñiré	gruñiremos	habré gruñido	habremos gruñido
gruñirás	gruñiréis	habrás gruñido	habréis gruñido
gruñirá	gruñirán	habrá gruñido	habrán gruñido

5 potencial simple		12 potencial compuesto	
gruñiría	gruñiríamos	habría gruñido	habríamos gruñido
gruñirías	gruñiríais	habrías gruñido	habríais gruñido
gruñiría	gruñirían	habría gruñido	habrían gruñido

6 presente de subjuntivo		13 perfecto de subjuntivo	
gruña	gruñamos	haya gruñido	hayamos gruñido
gruñas	gruñáis	hayas gruñido	hayáis gruñido
gruña	gruñan	haya gruñido	hayan gruñido

7 imperfecto de subjuntivo		14 pluscuamperfecto de subjuntivo	
gruñera	gruñéramos	hubiera gruñido	hubiéramos gruñido
gruñeras	gruñerais	hubieras gruñido	hubierais gruñido
gruñera	gruñeran	hubiera gruñido	hubieran gruñido
OR		OR	
gruñese	gruñésemos	hubiese gruñido	hubiésemos gruñido
gruñeses	gruñeseis	hubieses gruñido	hubieseis gruñido
gruñese	gruñesen	hubiese gruñido	hubiesen gruñido

imperativo	
—	gruñamos
gruñe; no gruñas	gruñid; no gruñáis
gruña	gruñan

Words related to this verb

gruñón, gruñona   cranky
el gruñido, el gruñimiento   grunting, grunt, growling, growl
gruñidor, gruñidora   growler, grumbler

guiar

to lead, to guide

The Seven Simple Tenses		The Seven Compound Tenses	
Singular	Plural	Singular	Plural
1 presente de indicativo		**8 perfecto de indicativo**	
guío	guiamos	he guiado	hemos guiado
guías	guiáis	has guiado	habéis guiado
guía	guían	ha guiado	han guiado
2 imperfecto de indicativo		**9 pluscuamperfecto de indicativo**	
guiaba	guiábamos	había guiado	habíamos guiado
guiabas	guiabais	habías guiado	habíais guiado
guiaba	guiaban	había guiado	habían guiado
3 pretérito		**10 pretérito anterior**	
guié	guiamos	hube guiado	hubimos guiado
guiaste	guiasteis	hubiste guiado	hubisteis guiado
guió	guiaron	hubo guiado	hubieron guiado
4 futuro		**11 futuro perfecto**	
guiaré	guiaremos	habré guiado	habremos guiado
guiarás	guiaréis	habrás guiado	habréis guiado
guiará	guiarán	habrá guiado	habrán guiado
5 potencial simple		**12 potencial compuesto**	
guiaría	guiaríamos	habría guiado	habríamos guiado
guiarías	guiaríais	habrías guiado	habríais guiado
guiaría	guiarían	habría guiado	habrían guiado
6 presente de subjuntivo		**13 perfecto de subjuntivo**	
guíe	guiemos	haya guiado	hayamos guiado
guíes	guiéis	hayas guiado	hayáis guiado
guíe	guíen	haya guiado	hayan guiado
7 imperfecto de subjuntivo		**14 pluscuamperfecto de subjuntivo**	
guiara	guiáramos	hubiera guiado	hubiéramos guiado
guiaras	guiarais	hubieras guiado	hubierais guiado
guiara	guiaran	hubiera guiado	hubieran guiado
OR		OR	
guiase	guiásemos	hubiese guiado	hubiésemos guiado
guiases	guiaseis	hubieses guiado	hubieseis guiado
guiase	guiasen	hubiese guiado	hubiesen guiado

	imperativo	
—	guiemos	
guía; no guíes	guiad; no guiéis	
guíe	guíen	

Words and expressions related to this verb

el guía   guide, leader
la guía   guidebook
guiarse por   to be guided by, to be governed by

to be pleasing (to), to like

The Seven Simple Tenses		The Seven Compound Tenses	
Singular	Plural	Singular	Plural
1 presente de indicativo		8 perfecto de indicativo	
gusta	**gustan**	**ha gustado**	**han gustado**
2 imperfecto de indicativo		9 pluscuamperfecto de indicativo	
gustaba	**gustaban**	**había gustado**	**habían gustado**
3 pretérito		10 pretérito anterior	
gustó	**gustaron**	**hubo gustado**	**hubieron gustado**
4 futuro		11 futuro perfecto	
gustará	**gustarán**	**habrá gustado**	**habrán gustado**
5 potencial simple		12 potencial compuesto	
gustaría	**gustarían**	**habría gustado**	**habrían gustado**
6 presente de subjuntivo		13 perfecto de subjuntivo	
que guste	**que gusten**	**que haya gustado**	**que hayan gustado**
7 imperfecto de subjuntivo		14 pluscuamperfecto de subjuntivo	
que gustara	**que gustaran**	**que hubiera gustado**	**que hubieran gustado**
OR		OR	
que gustase	**que gustasen**	**que hubiese gustado**	**que hubiesen gustado**

imperativo

¡Que guste!   **¡Que gusten!**

Sentences using this verb and words and expressions related to it

Me gusta el café.   I like coffee.
  Me gustan la leche y el café.   I like milk and coffee.
  A María le gustan los dulces.   Mary likes candy.
  A José y a Elena les gustan los deportes.   Joseph and Helen like sports.
el gusto   taste, pleasure, liking   **dar gusto**   to please
gustoso, gustosa   tasty, pleasing   **tener gusto en**   to be glad to

This verb is commonly used in the third person singular or plural, as in the above examples.
Consult the back pages for verbs used in idiomatic expressions.

The subject pronouns are found on the page facing page 1.   **255**

to have (as an auxiliary, helping verb to form the compound tenses)

The Seven Simple Tenses		The Seven Compound Tenses	
Singular	Plural	Singular	Plural

1 presente de indicativo		8 perfecto de indicativo	
he	hemos	he habido	hemos habido
has	habéis	has habido	habéis habido
ha	han	ha habido	han habido

2 imperfecto de indicativo		9 pluscuamperfecto de indicativo	
había	habíamos	había habido	habíamos habido
habías	habíais	habías habido	habíais habido
había	habían	había habido	habían habido

3 pretérito		10 pretérito anterior	
hube	hubimos	hube habido	hubimos habido
hubiste	hubisteis	hubiste habido	hubisteis habido
hubo	hubieron	hubo habido	hubieron habido

4 futuro		11 futuro perfecto	
habré	habremos	habré habido	habremos habido
habrás	habréis	habrás habido	habréis habido
habrá	habrán	habrá habido	habrán habido

5 potencial simple		12 potencial compuesto	
habría	habríamos	habría habido	habríamos habido
habrías	habríais	habrías habido	habríais habido
habría	habrían	habría habido	habrían habido

6 presente de subjuntivo		13 perfecto de subjuntivo	
haya	hayamos	haya habido	hayamos habido
hayas	hayáis	hayas habido	hayáis habido
haya	hayan	haya habido	hayan habido

7 imperfecto de subjuntivo		14 pluscuamperfecto de subjuntivo	
hubiera	hubiéramos	hubiera habido	hubiéramos habido
hubieras	hubierais	hubieras habido	hubierais habido
hubiera	hubieran	hubiera habido	hubieran habido
OR		OR	
hubiese	hubiésemos	hubiese habido	hubiésemos habido
hubieses	hubieseis	hubieses habido	hubieseis habido
hubiese	hubiesen	hubiese habido	hubiesen habido

imperativo

—	hayamos
he; no hayas	habed; no hayáis
haya	hayan

Words and expressions related to this verb

el haber credit (in bookkeeping)
los haberes assets, possessions, property
habérselas con alguien to have a showdown with someone

Consult the sections on verbs used in idiomatic expressions, verbs with prepositions, and the list of over 1,000 verbs conjugated like model verbs in the back pages.

to inhabit, to dwell, to live, to reside

The Seven Simple Tenses		The Seven Compound Tenses	
Singular	Plural	Singular	Plural
1 presente de indicativo		8 perfecto de indicativo	
habito	**habitamos**	**he habitado**	**hemos habitado**
habitas	**habitáis**	**has habitado**	**habéis habitado**
habita	**habitan**	**ha habitado**	**han habitado**
2 imperfecto de indicativo		9 pluscuamperfecto de indicativo	
habitaba	**habitábamos**	**había habitado**	**habíamos habitado**
habitabas	**habitabais**	**habías habitado**	**habíais habitado**
habitaba	**habitaban**	**había habitado**	**habían habitado**
3 pretérito		10 pretérito anterior	
habité	**habitamos**	**hube habitado**	**hubimos habitado**
habitaste	**habitasteis**	**hubiste habitado**	**hubisteis habitado**
habitó	**habitaron**	**hubo habitado**	**hubieron habitado**
4 futuro		11 futuro perfecto	
habitaré	**habitaremos**	**habré habitado**	**habremos habitado**
habitarás	**habitaréis**	**habrás habitado**	**habréis habitado**
habitará	**habitarán**	**habrá habitado**	**habrán habitado**
5 potencial simple		12 potencial compuesto	
habitaría	**habitaríamos**	**habría habitado**	**habríamos habitado**
habitarías	**habitaríais**	**habrías habitado**	**habríais habitado**
habitaría	**habitarían**	**habría habitado**	**habrían habitado**
6 presente de subjuntivo		13 perfecto de subjuntivo	
habite	**habitemos**	**haya habitado**	**hayamos habitado**
habites	**habitéis**	**hayas habitado**	**hayáis habitado**
habite	**habiten**	**haya habitado**	**hayan habitado**
7 imperfecto de subjuntivo		14 pluscuamperfecto de subjuntivo	
habitara	**habitáramos**	**hubiera habitado**	**hubiéramos habitado**
habitaras	**habitarais**	**hubieras habitado**	**hubierais habitado**
habitara	**habitaran**	**hubiera habitado**	**hubieran habitado**
OR		OR	
habitase	**habitásemos**	**hubiese habitado**	**hubiésemos habitado**
habitases	**habitaseis**	**hubieses habitado**	**hubieseis habitado**
habitase	**habitasen**	**hubiese habitado**	**hubiesen habitado**

	imperativo	
—		**habitemos**
	habita; no habites	**habitad; no habitéis**
	habite	**habiten**

Words related to this verb

la habitación   habitation, residence, dwelling, abode
habitador, habitadora   inhabitant
la habitabilidad   habitability
el, la habitante   inhabitant

The subject pronouns are found on the page facing page 1.   **257**

hablar

to talk, to speak

The Seven Simple Tenses		The Seven Compound Tenses	
Singular	Plural	Singular	Plural
1 presente de indicativo		**8 perfecto de indicativo**	
hablo	hablamos	he hablado	hemos hablado
hablas	habláis	has hablado	habéis hablado
habla	hablan	ha hablado	han hablado
2 imperfecto de indicativo		**9 pluscuamperfecto de indicativo**	
hablaba	hablábamos	había hablado	habíamos hablado
hablabas	hablabais	habías hablado	habíais hablado
hablaba	hablaban	había hablado	habían hablado
3 pretérito		**10 pretérito anterior**	
hablé	hablamos	hube hablado	hubimos hablado
hablaste	hablasteis	hubiste hablado	hubisteis hablado
habló	hablaron	hubo hablado	hubieron hablado
4 futuro		**11 futuro perfecto**	
hablaré	hablaremos	habré hablado	habremos hablado
hablarás	hablaréis	habrás hablado	habréis hablado
hablará	hablarán	habrá hablado	habrán hablado
5 potencial simple		**12 potencial compuesto**	
hablaría	hablaríamos	habría hablado	habríamos hablado
hablarías	hablaríais	habrías hablado	habríais hablado
hablaría	hablarían	habría hablado	habrían hablado
6 presente de subjuntivo		**13 perfecto de subjuntivo**	
hable	hablemos	haya hablado	hayamos hablado
hables	habléis	hayas hablado	hayáis hablado
hable	hablen	haya hablado	hayan hablado
7 imperfecto de subjuntivo		**14 pluscuamperfecto de subjuntivo**	
hablara	habláramos	hubiera hablado	hubiéramos hablado
hablaras	hablarais	hubieras hablado	hubierais hablado
hablara	hablaran	hubiera hablado	hubieran hablado
OR		OR	
hablase	hablásemos	hubiese hablado	hubiésemos hablado
hablases	hablaseis	hubieses hablado	hubieseis hablado
hablase	hablasen	hubiese hablado	hubiesen hablado

	imperativo	
—		**hablemos**
habla; no hables		**hablad; no habléis**
hable		**hablen**

Words and expressions related to this verb

hablador, habladora talkative, chatterbox
hablar a gritos to shout
hablar entre dientes to mumble
de habla inglesa English-speaking
hablar al oído to whisper in one's ear

la habladuría gossip, idle rumor
de habla española Spanish-speaking

to do, to make

The Seven Simple Tenses		The Seven Compound Tenses	
Singular	Plural	Singular	Plural

1 presente de indicativo		8 perfecto de indicativo	
hago	**hacemos**	**he hecho**	**hemos hecho**
haces	**hacéis**	**has hecho**	**habéis hecho**
hace	**hacen**	**ha hecho**	**han hecho**

2 imperfecto de indicativo		9 pluscuamperfecto de indicativo	
hacía	**hacíamos**	**había hecho**	**habíamos hecho**
hacías	**hacíais**	**habías hecho**	**habíais hecho**
hacía	**hacían**	**había hecho**	**habían hecho**

3 pretérito		10 pretérito anterior	
hice	**hicimos**	**hube hecho**	**hubimos hecho**
hiciste	**hicisteis**	**hubiste hecho**	**hubisteis hecho**
hizo	**hicieron**	**hubo hecho**	**hubieron hecho**

4 futuro		11 futuro perfecto	
haré	**haremos**	**habré hecho**	**habremos hecho**
harás	**haréis**	**habrás hecho**	**habréis hecho**
hará	**harán**	**habrá hecho**	**habrán hecho**

5 potencial simple		12 potencial compuesto	
haría	**haríamos**	**habría hecho**	**habríamos hecho**
harías	**haríais**	**habrías hecho**	**habríais hecho**
haría	**harían**	**habría hecho**	**habrían hecho**

6 presente de subjuntivo		13 perfecto de subjuntivo	
haga	**hagamos**	**haya hecho**	**hayamos hecho**
hagas	**hagáis**	**hayas hecho**	**hayáis hecho**
haga	**hagan**	**haya hecho**	**hayan hecho**

7 imperfecto de subjuntivo		14 pluscuamperfecto de subjuntivo	
hiciera	**hiciéramos**	**hubiera hecho**	**hubiéramos hecho**
hicieras	**hicierais**	**hubieras hecho**	**hubierais hecho**
hiciera	**hicieran**	**hubiera hecho**	**hubieran hecho**
OR		OR	
hiciese	**hiciésemos**	**hubiese hecho**	**hubiésemos hecho**
hicieses	**hicieseis**	**hubieses hecho**	**hubieseis hecho**
hiciese	**hiciesen**	**hubiese hecho**	**hubiesen hecho**

imperativo

—	**hagamos**
haz; no hagas	**haced; no hagáis**
haga	**hagan**

Common idiomatic expressions using this verb

Dicho y hecho.   No sooner said than done.
La práctica hace maestro al novicio.   Practice makes perfect.
Si a Roma fueres, haz como vieres.   When in Rome do as the Romans do. [Note that it is not uncommon to use the future subjunctive in proverbs, as in *fueres* (**ir** or **ser**) and *vieres* (**ver**); see p. xxxvii.]

Consult the back pages for verbs used in idiomatic expressions.

to find, to come across

The Seven Simple Tenses		The Seven Compound Tenses	
Singular	Plural	Singular	Plural

1 presente de indicativo

		8 perfecto de indicativo	
hallo	hallamos	he hallado	hemos hallado
hallas	halláis	has hallado	habéis hallado
halla	hallan	ha hallado	han hallado

2 imperfecto de indicativo

		9 pluscuamperfecto de indicativo	
hallaba	hallábamos	había hallado	habíamos hallado
hallabas	hallabais	habías hallado	habíais hallado
hallaba	hallaban	había hallado	habían hallado

3 pretérito

		10 pretérito anterior	
hallé	hallamos	hube hallado	hubimos hallado
hallaste	hallasteis	hubiste hallado	hubisteis hallado
halló	hallaron	hubo hallado	hubieron hallado

4 futuro

		11 futuro perfecto	
hallaré	hallaremos	habré hallado	habremos hallado
hallarás	hallaréis	habrás hallado	habréis hallado
hallará	hallarán	habrá hallado	habrán hallado

5 potencial simple

		12 potencial compuesto	
hallaría	hallaríamos	habría hallado	habríamos hallado
hallarías	hallaríais	habrías hallado	habríais hallado
hallaría	hallarían	habría hallado	habrían hallado

6 presente de subjuntivo

		13 perfecto de subjuntivo	
halle	hallemos	haya hallado	hayamos hallado
halles	halléis	hayas hallado	hayáis hallado
halle	hallen	haya hallado	hayan hallado

7 imperfecto de subjuntivo

		14 pluscuamperfecto de subjuntivo	
hallara	halláramos	hubiera hallado	hubiéramos hallado
hallaras	hallarais	hubieras hallado	hubierais hallado
hallara	hallaran	hubiera hallado	hubieran hallado
OR		OR	
hallase	hallásemos	hubiese hallado	hubiésemos hallado
hallases	hallaseis	hubieses hallado	hubieseis hallado
hallase	hallasen	hubiese hallado	hubiesen hallado

imperativo

—	hallemos
halla; no halles	hallad; no halléis
halle	hallen

Words and expressions related to this verb

hallar bien con   to be well pleased with
un hallazgo   a find, something found
hallador, halladora   discoverer, finder

helar

to freeze

The Seven Simple Tenses	The Seven Compound Tenses
Singular	Singular
1 presente de indicativo **hiela** OR **está helando**	8 perfecto de indicativo **ha helado**
2 imperfecto de indicativo **helaba** OR **estaba helando**	9 pluscuamperfecto de indicativo **había helado**
3 pretérito **heló**	10 pretérito anterior **hubo helado**
4 futuro **helará**	11 futuro perfecto **habrá helado**
5 potencial simple **helaría**	12 potencial compuesto **habría helado**
6 presente de subjuntivo **hiele**	13 perfecto de subjuntivo **haya helado**
7 imperfecto de subjuntivo **helara** OR **helase**	14 pluscuamperfecto de subjuntivo **hubiera helado** OR **hubiese helado**

imperativo
¡Que hiele! (Let it freeze!)

Words related to this verb

la helada frost   **el helado** ice cream; ice, sherbet
la heladora freezer   **helado, helada** frozen, frosty

This verb is impersonal because it refers to the weather primarily; it is used in the third person singular.

heredar

to inherit

The Seven Simple Tenses		The Seven Compound Tenses	
Singular	Plural	Singular	Plural
1 presente de indicativo		**8 perfecto de indicativo**	
heredo	heredamos	he heredado	hemos heredado
heredas	heredáis	has heredado	habéis heredado
hereda	heredan	ha heredado	han heredado
2 imperfecto de indicativo		**9 pluscuamperfecto de indicativo**	
heredaba	heredábamos	había heredado	habíamos heredado
heredabas	heredabais	habías heredado	habíais heredado
heredaba	heredaban	había heredado	habían heredado
3 pretérito		**10 pretérito anterior**	
heredé	heredamos	hube heredado	hubimos heredado
heredaste	heredasteis	hubiste heredado	hubisteis heredado
heredó	heredaron	hubo heredado	hubieron heredado
4 futuro		**11 futuro perfecto**	
heredaré	heredaremos	habré heredado	habremos heredado
heredarás	heredaréis	habrás heredado	habréis heredado
heredará	heredarán	habrá heredado	habrán heredado
5 potencial simple		**12 potencial compuesto**	
heredaría	heredaríamos	habría heredado	habríamos heredado
heredarías	heredaríais	habrías heredado	habríais heredado
heredaría	herdarían	habría heredado	habrían heredado
6 presente de subjuntivo		**13 perfecto de subjuntivo**	
herede	heredemos	haya heredado	hayamos heredado
heredes	heredéis	hayas heredado	hayáis heredado
herede	hereden	haya heredado	hayan heredado
7 imperfecto de subjuntivo		**14 pluscuamperfecto de subjuntivo**	
heredara	heredáramos	hubiera heredado	hubiéramos heredado
heredaras	heredarais	hubieras heredado	hubierais heredado
heredara	heredaran	hubiera heredado	hubieran heredado
OR		OR	
heredase	heredásemos	hubiese heredado	hubiésemos heredado
heredases	heredaseis	hubieses heredado	hubieseis heredado
heredase	heredasen	hubiese heredado	hubiesen heredado

	imperativo
—	heredemos
hereda; no heredes	heredad; no heredéis
herede	hereden

Words related to this verb

el heredero heir; **la heredera** heiress
hereditable inheritable
hereditario, hereditaria hereditary
el heredamiento inheritance

to harm, to hurt, to wound

The Seven Simple Tenses		The Seven Compound Tenses	
Singular	Plural	Singular	Plural

1 presente de indicativo

		8 perfecto de indicativo	
hiero	herimos	he herido	hemos herido
hieres	herís	has herido	habéis herido
hiere	hieren	ha herido	han herido

2 imperfecto de indicativo

		9 pluscuamperfecto de indicativo	
hería	heríamos	había herido	habíamos herido
herías	heríais	habías herido	habíais herido
hería	herían	había herido	habían herido

3 pretérito

		10 pretérito anterior	
herí	herimos	hube herido	hubimos herido
heriste	heristeis	hubiste herido	hubisteis herido
hirió	hirieron	hubo herido	hubieron herido

4 futuro

		11 futuro perfecto	
heriré	heriremos	habré herido	habremos herido
herirás	heriréis	habrás herido	habréis herido
herirá	herirán	habrá herido	habrán herido

5 potencial simple

		12 potencial compuesto	
heriría	heriríamos	habría herido	habríamos herido
herirías	heriríais	habrías herido	habríais herido
heriría	herirían	habría herido	habrían herido

6 presente de subjuntivo

		13 perfecto de subjuntivo	
hiera	hiramos	haya herido	hayamos herido
hieras	hiráis	hayas herido	hayáis herido
hiera	hieran	haya herido	hayan herido

7 imperfecto de subjuntivo

		14 pluscuamperfecto de subjuntivo	
hiriera	hiriéramos	hubiera herido	hubiéramos herido
hirieras	hirierais	hubieras herido	hubierais herido
hiriera	hirieran	hubiera herido	hubieran herido
OR		OR	
hiriese	hiriésemos	hubiese herido	hubiésemos herido
hirieses	hirieseis	hubieses herido	hubieseis herido
hiriese	hiriesen	hubiese herido	hubiesen herido

imperativo

—	hiramos
hiere; no hieras	herid; no hiráis
hiera	hieran

Words and expressions related to this verb

la herida wound
mal herido, mal herida seriously wounded

una herida abierta open wound
a grito herido in loud cries

huir

to escape, to flee, to run away, to slip away

The Seven Simple Tenses		The Seven Compound Tenses	
Singular	Plural	Singular	Plural
1 presente de indicativo		**8 perfecto de indicativo**	
huyo	huimos	he huido	hemos huido
huyes	huís	has huido	habéis huido
huye	huyen	ha huido	han huido
2 imperfecto de indicativo		**9 pluscuamperfecto de indicativo**	
huía	huíamos	había huido	habíamos huido
huías	huíais	habías huido	habíais huido
huía	huían	había huido	habían huido
3 pretérito		**10 pretérito anterior**	
huí	huimos	hube huido	hubimos huido
huiste	huisteis	hubiste huido	hubisteis huido
huyó	huyeron	hubo huido	hubieron huido
4 futuro		**11 futuro perfecto**	
huiré	huiremos	habré huido	habremos huido
huirás	huiréis	habrás huido	habréis huido
huirá	huirán	habrá huido	habrán huido
5 potencial simple		**12 potencial compuesto**	
huiría	huiríamos	habría huido	habríamos huido
huirías	huiríais	habrías huido	habríais huido
huiría	huirían	habría huido	habrían huido
6 presente de subjuntivo		**13 perfecto de subjuntivo**	
huya	huyamos	haya huido	hayamos huido
huyas	huyáis	hayas huido	hayáis huido
huya	huyan	haya huido	hayan huido
7 imperfecto de subjuntivo		**14 pluscuamperfecto de subjuntivo**	
huyera	huyéramos	hubiera huido	hubiéramos huido
huyeras	huyerais	hubieras huido	hubierais huido
huyera	huyeran	hubiera huido	hubieran huido
OR		OR	
huyese	huyésemos	hubiese huido	hubiésemos huido
huyeses	huyeseis	hubieses huido	hubieseis huido
huyese	huyesen	hubiese huido	hubiesen huido

	imperativo	
—	huyamos	
huye; no huyas	huid; no huyáis	
huya	huyan	

Words and expressions related to this verb

huir de   to keep away from
la huída   escape, flight
huidizo, huidiza   fugitive

huidor, huidora   fleeing, fugitive
rehuir   to avoid, refuse, shun

ignorar

to be ignorant of, not to know

The Seven Simple Tenses		The Seven Compound Tenses	
Singular	Plural	Singular	Plural

1 presente de indicativo		8 perfecto de indicativo	
ignoro	ignoramos	he ignorado	hemos ignorado
ignoras	ignoráis	has ignorado	habéis ignorado
ignora	ignoran	ha ignorado	han ignorado

2 imperfecto de indicativo		9 pluscuamperfecto de indicativo	
ignoraba	ignorábamos	había ignorado	habíamos ignorado
ignorabas	ignorabais	habías ignorado	habíais ignorado
ignoraba	ignoraban	había ignorado	habían ignorado

3 pretérito		10 pretérito anterior	
ignoré	ignoramos	hube ignorado	hubimos ignorado
ignoraste	ignorasteis	hubiste ignorado	hubisteis ignorado
ignoró	ignoraron	hubo ignorado	hubieron ignorado

4 futuro		11 futuro perfecto	
ignoraré	ignoraremos	habré ignorado	habremos ignorado
ignorarás	ignoraréis	habrás ignorado	habréis ignorado
ignorará	ignorarán	habrá ignorado	habrán ignorado

5 potencial simple		12 potencial compuesto	
ignoraría	ignoraríamos	habría ignorado	habríamos ignorado
ignorarías	ignoraríais	habrías ignorado	habríais ignorado
ignoraría	ignorarían	habría ignorado	habrían ignorado

6 presente de subjuntivo		13 perfecto de subjuntivo	
ignore	ignoremos	haya ignorado	hayamos ignorado
ignores	ignoréis	hayas ignorado	hayáis ignorado
ignore	ignoren	haya ignorado	hayan ignorado

7 imperfecto de subjuntivo		14 pluscuamperfecto de subjuntivo	
ignorara	ignoráramos	hubiera ignorado	hubiéramos ignorado
ignoraras	ignorarais	hubieras ignorado	hubierais ignorado
ignorara	ignoraran	hubiera ignorado	hubieran ignorado
OR		OR	
ignorase	ignorásemos	hubiese ignorado	hubiésemos ignorado
ignorases	ignoraseis	hubieses ignorado	hubieseis ignorado
ignorase	ignorasen	hubiese ignorado	hubiesen ignorado

imperativo	
—	ignoremos
ignora; no ignores	ignorad; no ignoréis
ignore	ignoren

Words related to this verb

la ignorancia ignorance	**ignorantemente** ignorantly
ignorante ignorant	**ignominioso, ignominiosa** disgraceful, ignominious
ignoto, ignota unknown	**la ignominia** disgrace, infamy, ignominy

Be sure to consult the back pages for sections on verbs used in idiomatic expressions, verbs with prepositions, and the list of over 1,000 verbs conjugated like model verbs.

The subject pronouns are found on the page facing page 1.

impedir

to hinder, to impede, to prevent

The Seven Simple Tenses		The Seven Compound Tenses	
Singular	Plural	Singular	Plural
1 presente de indicativo		**8 perfecto de indicativo**	
impido	impedimos	he impedido	hemos impedido
impides	impedís	has impedido	habéis impedido
impide	impiden	ha impedido	han impedido
2 imperfecto de indicativo		**9 pluscuamperfecto de indicativo**	
impedía	impedíamos	había impedido	habíamos impedido
impedías	impedíais	habías impedido	habíais impedido
impedía	impedían	había impedido	habían impedido
3 pretérito		**10 pretérito anterior**	
impedí	impedimos	hube impedido	hubimos impedido
impediste	impedisteis	hubiste impedido	hubisteis impedido
impidió	impidieron	hubo impedido	hubieron impedido
4 futuro		**11 futuro perfecto**	
impediré	impediremos	habré impedido	habremos impedido
impedirás	impediréis	habrás impedido	habréis impedido
impedirá	impedirán	habrá impedido	habrán impedido
5 potencial simple		**12 potencial compuesto**	
impediría	impediríamos	habría impedido	habríamos impedido
impedirías	impediríais	habrías impedido	habríais impedido
impediría	impedirían	habría impedido	habrían impedido
6 presente de subjuntivo		**13 perfecto de subjuntivo**	
impida	impidamos	haya impedido	hayamos impedido
impidas	impidáis	hayas impedido	hayáis impedido
impida	impidan	haya impedido	hayan impedido
7 imperfecto de subjuntivo		**14 pluscuamperfecto de subjuntivo**	
impidiera	impidiéramos	hubiera impedido	hubiéramos impedido
impidieras	impidierais	hubieras impedido	hubierais impedido
impidiera	impidieran	hubiera impedido	hubieran impedido
OR		OR	
impidiese	impidiésemos	hubiese impedido	hubiésemos impedido
impidieses	impidieseis	hubieses impedido	hubieseis impedido
impidiese	impidiesen	hubiese impedido	hubiesen impedido

imperativo	
—	**impidamos**
impide; no impidas	**impedid; no impidáis**
impida	**impidan**

Words and expressions related to this verb

impediente impedient
un impedimento impediment, hindrance
impedir algo a uno to prevent somebody from doing something
impeditivo, impeditiva hindering, impending, preventive

See also **pedir.**

266

to matter, to be important

The Seven Simple Tenses		The Seven Compound Tenses	
Singular	Plural	Singular	Plural
1 presente de indicativo		8 perfecto de indicativo	
importa	**importan**	**ha importado**	**han importado**
2 imperfecto de indicativo		9 pluscuamperfecto de indicativo	
importaba	**importaban**	**había importado**	**habían importado**
3 pretérito		10 pretérito anterior	
importó	**importaron**	**hubo importado**	**hubieron importado**
4 futuro		11 futuro perfecto	
importará	**importarán**	**habrá importado**	**habrán importado**
5 potencial simple		12 potencial compuesto	
importaría	**importarían**	**habría importado**	**habrían importado**
6 presente de subjuntivo		13 perfecto de subjuntivo	
que importe	**que importen**	**que haya importado**	**que hayan importado**
7 imperfecto de subjuntivo		14 pluscuamperfecto de subjuntivo	
que importara	**que importaran**	**que hubiera importado**	**que hubieran importado**
OR		OR	
que importase	**que importasen**	**que hubiese importado**	**que hubiesen importado**

imperativo
¡Que importe!   **¡Que importen!**

Words and expressions related to this verb

No importa.   It does not matter.
Eso no importa.   That does not matter.
No me importaría.   It wouldn't matter to me.
la importancia   importance
importante   important

dar importancia a   to value
de gran importancia   of great importance
darse importancia   to be pretentious
¿Qué importa?   What difference does it make?

This verb can be conjugated regularly in all the persons but it is used most commonly as an impersonal verb in the third person.

The subject pronouns are found on the page facing page 1.   **267**

to imprint, to impress, to print, to fix in the mind

The Seven Simple Tenses		The Seven Compound Tenses	
Singular	Plural	Singular	Plural
1 presente de indicativo		8 perfecto de indicativo	
imprimo	imprimimos	he impreso	hemos impreso
imprimes	imprimís	has impreso	habéis impreso
imprime	imprimen	ha impreso	han impreso
2 imperfecto de indicativo		9 pluscuamperfecto de indicativo	
imprimía	imprimíamos	había impreso	habíamos impreso
imprimías	imprimíais	habías impreso	habíais impreso
imprimía	imprimían	había impreso	habían impreso
3 pretérito		10 pretérito anterior	
imprimí	imprimimos	hube impreso	hubimos impreso
imprimiste	imprimisteis	hubiste impreso	hubisteis impreso
imprimió	imprimieron	hubo impreso	hubieron impreso
4 futuro		11 futuro perfecto	
imprimiré	imprimiremos	habré impreso	habremos impreso
imprimirás	imprimiréis	habrás impreso	habréis impreso
imprimirá	imprimirán	habrá impreso	habrán impreso
5 potencial simple		12 potencial compuesto	
imprimiría	imprimiríamos	habría impreso	habríamos impreso
imprimirías	imprimiríais	habrías impreso	habríais impreso
imprimiría	imprimirían	habría impreso	habrían impreso
6 presente de subjuntivo		13 perfecto de subjuntivo	
imprima	imprimamos	haya impreso	hayamos impreso
imprimas	imprimáis	hayas impreso	hayáis impreso
imprima	impriman	haya impreso	hayan impreso
7 imperfecto de subjuntivo		14 pluscuamperfecto de subjuntivo	
imprimiera	imprimiéramos	hubiera impreso	hubiéramos impreso
imprimieras	imprimierais	hubieras impreso	hubierais impreso
imprimiera	imprimieran	hubiera impreso	hubieran impreso
OR		OR	
imprimiese	imprimiésemos	hubiese impreso	hubiésemos impreso
imprimieses	imprimieseis	hubieses impreso	hubieseis impreso
imprimiese	imprimiesen	hubiese impreso	hubiesen impreso

	imperativo
—	imprimamos
imprime; no imprimas	imprimid; no imprimáis
imprima	impriman

Words related to this verb

imprimible   printable
el imprimátur   imprimatur
impreso, impresa   printed, stamped

to include, to enclose

The Seven Simple Tenses		The Seven Compound Tenses	
Singular	Plural	Singular	Plural

1 presente de indicativo		8 perfecto de indicativo	
incluyo	**incluimos**	**he incluido**	**hemos incluido**
incluyes	**incluís**	**has incluido**	**habéis incluido**
incluye	**incluyen**	**ha incluido**	**han incluido**

2 imperfecto de indicativo		9 pluscuamperfecto de indicativo	
incluía	**incluíamos**	**había incluido**	**habíamos incluido**
incluías	**incluíais**	**habías incluido**	**habíais incluido**
incluía	**incluían**	**había incluido**	**habían incluido**

3 pretérito		10 pretérito anterior	
incluí	**incluimos**	**hube incluido**	**hubimos incluido**
incluiste	**incluisteis**	**hubiste incluido**	**hubisteis incluido**
incluyó	**incluyeron**	**hubo incluido**	**hubieron incluido**

4 futuro		11 futuro perfecto	
incluiré	**incluiremos**	**habré incluido**	**habremos incluido**
incluirás	**incluiréis**	**habrás incluido**	**habréis incluido**
incluirá	**incluirán**	**habrá incluido**	**habrán incluido**

5 potencial simple		12 potencial compuesto	
incluiría	**incluiríamos**	**habría incluido**	**habríamos incluido**
incluirías	**incluiríais**	**habrías incluido**	**habríais incluido**
incluiría	**incluirían**	**habría incluido**	**habrían incluido**

6 presente de subjuntivo		13 perfecto de subjuntivo	
incluya	**incluyamos**	**haya incluido**	**hayamos incluido**
incluyas	**incluyáis**	**hayas incluido**	**hayáis incluido**
incluya	**incluyan**	**haya incluido**	**hayan incluido**

7 imperfecto de subjuntivo		14 pluscuamperfecto de subjuntivo	
incluyera	**incluyéramos**	**hubiera incluido**	**hubiéramos incluido**
incluyeras	**incluyerais**	**hubieras incluido**	**hubierais incluido**
incluyera	**incluyeran**	**hubiera incluido**	**hubieran incluido**
OR		OR	
incluyese	**incluyésemos**	**hubiese incluido**	**hubiésemos incluido**
incluyeses	**incluyeseis**	**hubieses incluido**	**hubieseis incluido**
incluyese	**incluyesen**	**hubiese incluido**	**hubiesen incluido**

imperativo	
—	**incluyamos**
incluye; no incluyas	**incluid; no incluyáis**
incluya	**incluyan**

Words related to this verb

inclusivo, inclusiva   inclusive, including
la inclusión   inclusion
una inclusa   foundling home

to indicate, to point out

The Seven Simple Tenses		The Seven Compound Tenses	
Singular	Plural	Singular	Plural

1 presente de indicativo

		8 perfecto de indicativo	
indico	indicamos	he indicado	hemos indicado
indicas	indicáis	has indicado	habéis indicado
indica	indican	ha indicado	han indicado

2 imperfecto de indicativo   **9 pluscuamperfecto de indicativo**

indicaba	indicábamos	había indicado	habíamos indicado
indicabas	indicabais	habías indicado	habíais indicado
indicaba	indicaban	había indicado	habían indicado

3 pretérito   **10 pretérito anterior**

indiqué	indicamos	hube indicado	hubimos indicado
indicaste	indicasteis	hubiste indicado	hubisteis indicado
indicó	indicaron	hubo indicado	hubieron indicado

4 futuro   **11 futuro perfecto**

indicaré	indicaremos	habré indicado	habremos indicado
indicarás	indicaréis	habrás indicado	habréis indicado
indicará	indicarán	habrá indicado	habrán indicado

5 potencial simple   **12 potencial compuesto**

indicaría	indicaríamos	habría indicado	habríamos indicado
indicarías	indicaríais	habrías indicado	habríais indicado
indicaría	indicarían	habría indicado	habrían indicado

6 presente de subjuntivo   **13 perfecto de subjuntivo**

indique	indiquemos	haya indicado	hayamos indicado
indiques	indiquéis	hayas indicado	hayáis indicado
indique	indiquen	haya indicado	hayan indicado

7 imperfecto de subjuntivo   **14 pluscuamperfecto de subjuntivo**

indicara	indicáramos	hubiera indicado	hubiéramos indicado
indicaras	indicarais	hubieras indicado	hubierais indicado
indicara	indicaran	hubiera indicado	hubieran indicado
OR		OR	
indicase	indicásemos	hubiese indicado	hubiésemos indicado
indicases	indicaseis	hubieses indicado	hubieseis indicado
indicase	indicasen	hubiese indicado	hubiesen indicado

imperativo

—	indiquemos
indica; no indiques	indicad; no indiquéis
indique	indiquen

Words and expressions related to this verb

indicativo, indicativa indicative
la indicación indication
el indicador indicator; **el indicador de incendios** fire alarm

to induce, to influence, to persuade

The Seven Simple Tenses		The Seven Compound Tenses	
Singular	Plural	Singular	Plural

1 presente de indicativo		8 perfecto de indicativo	
induzco	**inducimos**	**he inducido**	**hemos inducido**
induces	**inducís**	**has inducido**	**habéis inducido**
induce	**inducen**	**ha inducido**	**han inducido**

2 imperfecto de indicativo		9 pluscuamperfecto de indicativo	
inducía	**inducíamos**	**había inducido**	**habíamos inducido**
inducías	**inducíais**	**habías inducido**	**habíais inducido**
inducía	**inducían**	**había inducido**	**habían inducido**

3 pretérito		10 pretérito anterior	
induje	**indujimos**	**hube inducido**	**hubimos inducido**
indujiste	**indujisteis**	**hubiste inducido**	**hubisteis inducido**
indujo	**indujeron**	**hubo inducido**	**hubieron inducido**

4 futuro		11 futuro perfecto	
induciré	**induciremos**	**habré inducido**	**habremos inducido**
inducirás	**induciréis**	**habrás inducido**	**habréis inducido**
inducirá	**inducirán**	**habrá inducido**	**habrán inducido**

5 potencial simple		12 potencial compuesto	
induciría	**induciríamos**	**habría inducido**	**habríamos inducido**
inducirías	**induciríais**	**habrías inducido**	**habríais inducido**
induciría	**inducirían**	**habría inducido**	**habrían inducido**

6 presente de subjuntivo		13 perfecto de subjuntivo	
induzca	**induzcamos**	**haya inducido**	**hayamos inducido**
induzcas	**induzcáis**	**hayas inducido**	**hayáis inducido**
induzca	**induzcan**	**haya inducido**	**hayan inducido**

7 imperfecto de subjuntivo		14 pluscuamperfecto de subjuntivo	
indujera	**indujéramos**	**hubiera inducido**	**hubiéramos inducido**
indujeras	**indujerais**	**hubieras inducido**	**hubierais inducido**
indujera	**indujeran**	**hubiera inducido**	**hubieran inducido**
OR		OR	
indujese	**indujésemos**	**hubiese inducido**	**hubiésemos inducido**
indujeses	**indujeseis**	**hubieses inducido**	**hubieseis inducido**
indujese	**indujesen**	**hubiese inducido**	**hubiesen inducido**

imperativo

—	**induzcamos**
induce; no induzcas	**inducid; no induzcáis**
induzca	**induzcan**

Words related to this verb

inducidor, inducidora   inducer
el inducimiento   inducement
la inducción   inducement, induction

The subject pronouns are found on the page facing page 1.
                    271

to influence

The Seven Simple Tenses		The Seven Compound Tenses	
Singular	Plural	Singular	Plural

1 presente de indicativo

influyo	influimos
influyes	influís
influye	influyen

8 perfécto de indicativo

he influido	hemos influido
has influido	habéis influido
ha influido	han influido

2 imperfecto de indicativo

influía	influíamos
influías	influíais
influía	influían

9 pluscuamperfecto de indicativo

había influido	habíamos influido
habías influido	habíais influido
había influido	habían influido

3 pretérito

influí	influimos
influiste	influisteis
influyó	influyeron

10 pretérito anterior

hube influido	hubimos influido
hubiste influido	hubisteis influido
hubo influido	hubieron influido

4 futuro

influiré	influiremos
influirás	influiréis
influirá	influirán

11 futuro perfecto

habré influido	habremos influido
habrás influido	habréis influido
habrá influido	habrán influido

5 potencial simple

influiría	influiríamos
influirías	influiríais
influiría	influirían

12 potencial compuesto

habría influido	habríamos influido
habrías influido	habríais influido
habría influido	habrían influido

6 presente de subjuntivo

influya	influyamos
influyas	influyáis
influya	influyan

13 perfécto de subjuntivo

haya influido	hayamos influido
hayas influido	hayáis influido
haya influido	hayan influido

7 imperfecto de subjuntivo

influyera	influyéramos
influyeras	influyerais
influyera	influyeran
OR	
influyese	influyésemos
influyeses	influyeseis
influyese	influyesen

14 pluscuamperfecto de subjuntivo

hubiera influido	hubiéramos influido
hubieras influido	hubierais influido
hubiera influido	hubieran influido
OR	
hubiese influido	hubiésemos influido
hubieses influido	hubieseis influido
hubiese influido	hubiesen influido

imperativo

—	influyamos
influye; no influyas	influid; no influyáis
influya	influyan

Words related to this verb

la influencia influence
influente influential, influencing
influir en to affect, to have an influence on, upon

to inform oneself, to find out

The Seven Simple Tenses		The Seven Compound Tenses	
Singular	Plural	Singular	Plural

1   presente de indicativo

me informo	nos informamos
te informas	os informáis
se informa	se informan

8   perfecto de indicativo

me he informado	nos hemos informado
te has informado	os habéis informado
se ha informado	se han informado

2   imperfecto de indicativo

me informaba	nos informábamos
te informabas	os informabais
se informaba	se informaban

9   pluscuamperfecto de indicativo

me había informado	nos habíamos informado
te habías informado	os habíais informado
se había informado	se habían informado

3   pretérito

me informé	nos informamos
te informaste	os informasteis
se informó	se informaron

10   pretérito anterior

me hube informado	nos hubimos informado
te hubiste informado	os hubisteis informado
se hubo informado	se hubieron informado

4   futuro

me informaré	nos informaremos
te informarás	os informaréis
se informará	se informarán

11   futuro perfecto

me habré informado	nos habremos informado
te habrás informado	os habréis informado
se habrá informado	se habrán informado

5   potencial simple

me informaría	nos informaríamos
te informarías	os informaríais
se informaría	se informarían

12   potencial compuesto

me habría informado	nos habríamos informado
te habrías informado	os habríais informado
se habría informado	se habrían informado

6   presente de subjuntivo

me informe	nos informemos
te informes	os informéis
se informe	se informen

13   perfecto de subjuntivo

me haya informado	nos hayamos informado
te hayas informado	os hayáis informado
se haya informado	se hayan informado

7   imperfecto de subjuntivo

me informara	nos informáramos
te informaras	os informarais
se informara	se informaran
OR	
me informase	nos informásemos
te informases	os informaseis
se informase	se informasen

14   pluscuamperfecto de subjuntivo

me hubiera informado	nos hubiéramos informado
te hubieras informado	os hubierais informado
se hubiera informado	se hubieran informado
OR	
me hubiese informado	nos hubiésemos informado
te hubieses informado	os hubieseis informado
se hubiese informado	se hubiesen informado

imperativo

—	informémonos
infórmate; no te informes	informaos; no os informéis
infórmese	infórmense

Words and expressions related to this verb

el informe, los informes   information
un informe en confianza   confidential report
informativo, informativa   informative, informational
informarse de   to find out about
el, la informante   informant; reporter

informar   to inform, report
informar contra   to inform against
la información   information, report
información económica   financial news

inscribir   Gerundio **inscribiendo**   Part. pas. **inscrito (inscripto,** *as an adj.***)**

to inscribe, to record

The Seven Simple Tenses		The Seven Compound Tenses	
Singular	Plural	Singular	Plural
1 presente de indicativo		**8 perfecto de indicativo**	
inscribo	inscribimos	he inscrito	hemos inscrito
inscribes	inscribís	has inscrito	habéis inscrito
inscribe	inscriben	ha inscrito	han inscrito
2 imperfecto de indicativo		**9 pluscuamperfecto de indicativo**	
inscribía	inscribíamos	había inscrito	habíamos inscrito
inscribías	inscribíais	habías inscrito	habíais inscrito
inscribía	inscribían	había inscrito	habían inscrito
3 pretérito		**10 pretérito anterior**	
inscribí	inscribimos	hube inscrito	hubimos inscrito
inscribiste	inscribisteis	hubiste inscrito	hubisteis inscrito
inscribió	inscribieron	hubo inscrito	hubieron inscrito
4 futuro		**11 futuro perfecto**	
inscribiré	inscribiremos	habré inscrito	habremos inscrito
inscribirás	inscribiréis	habrás inscrito	habréis inscrito
inscribirá	inscribirán	habrá inscrito	habrán inscrito
5 potencial simple		**12 potencial compuesto**	
inscribiría	inscribiríamos	habría inscrito	habríamos inscrito
inscribirías	inscribiríais	habrías inscrito	habríais inscrito
inscribiría	inscribirían	habría inscrito	habrían inscrito
6 presente de subjuntivo		**13 perfecto de subjuntivo**	
inscriba	inscribamos	haya inscrito	hayamos inscrito
inscribas	inscribáis	hayas inscrito	hayáis inscrito
inscriba	inscriban	haya inscrito	hayan inscrito
7 imperfecto de subjuntivo		**14 pluscuamperfecto de subjuntivo**	
inscribiera	inscribiéramos	hubiera inscrito	hubiéramos inscrito
inscribieras	inscribierais	hubieras inscrito	hubierais inscrito
inscribiera	inscribieran	hubiera inscrito	hubieran inscrito
OR		OR	
inscribiese	inscribiésemos	hubiese inscrito	hubiésemos inscrito
inscribieses	inscribieseis	hubieses inscrito	hubieseis inscrito
inscribiese	inscribiesen	hubiese inscrito	hubiesen inscrito

	imperativo	
—		**inscribamos**
	inscribe; no inscribas	**inscribid; no inscribáis**
	inscriba	**inscriban**

Words related to this verb

la inscripción   inscription, registration
inscripto, inscripta   inscribed, registered
escribir   to write

describir   to describe, to sketch
la descripción   description

to enroll, to register

The Seven Simple Tenses		The Seven Compound Tenses	
Singular	Plural	Singular	Plural
1 presente de indicativo		**8 perfecto de indicativo**	
me inscribo	nos inscribimos	me he inscrito	nos hemos inscrito
te inscribes	os inscribís	te has inscrito	os habéis inscrito
se inscribe	se inscriben	se ha inscrito	se han inscrito
2 imperfecto de indicativo		**9 pluscuamperfecto de indicativo**	
me inscribía	nos inscribíamos	me había inscrito	nos habíamos inscrito
te inscribías	os inscribíais	te habías inscrito	os habíais inscrito
se inscribía	se inscribían	se había inscrito	se habían inscrito
3 pretérito		**10 pretérito anterior**	
me inscribí	nos inscribimos	me hube inscrito	nos hubimos inscrito
te inscribiste	os inscribisteis	te hubiste inscrito	os hubisteis inscrito
se inscribió	se inscribieron	se hubo inscrito	se hubieron inscrito
4 futuro		**11 futuro perfecto**	
me inscribiré	nos inscribiremos	me habré inscrito	nos habremos inscrito
te inscribirás	os inscribiréis	te habrás inscrito	os habréis inscrito
se inscribirá	se inscribirán	se habrá inscrito	se habrán inscrito
5 potencial simple		**12 potencial compuesto**	
me inscribiría	nos inscribiríamos	me habría inscrito	nos habríamos inscrito
te inscribirías	os inscribiríais	te habrías inscrito	os habríais inscrito
se inscribiría	se inscribirían	se habría inscrito	se habrían inscrito
6 presente de subjuntivo		**13 perfecto de subjuntivo**	
me inscriba	nos inscribamos	me haya inscrito	nos hayamos inscrito
te inscribas	os inscribáis	te hayas inscrito	os hayáis inscrito
se inscriba	se inscriban	se haya inscrito	se hayan inscrito
7 imperfecto de subjuntivo		**14 pluscuamperfecto de subjuntivo**	
me inscribiera	nos inscribiéramos	me hubiera inscrito	nos hubiéramos inscrito
te inscribieras	os inscribierais	te hubieras inscrito	os hubierais inscrito
se inscribiera	se inscribieran	se hubiera inscrito	se hubieran inscrito
OR		OR	
me inscribiese	nos inscribiésemos	me hubiese inscrito	nos hubiésemos inscrito
te inscribieses	os inscribieseis	te hubieses inscrito	os hubieseis inscrito
se inscribiese	se inscribiesen	se hubiese inscrito	se hubiesen inscrito

imperativo	
—	**inscribámonos**
inscríbete; no te inscribas	**inscribíos; no os inscribáis**
inscríbase	**inscríbanse**

For words and expressions related to this verb, see **inscribir**.

Be sure to consult the back pages for sections on verbs used in idiomatic expressions, verbs with prepositions, and the list of over 1,000 verbs conjugated like model verbs.

The subject pronouns are found on the page facing page 1.   **275**

to insist, to persist

The Seven Simple Tenses		The Seven Compound Tenses	
Singular	Plural	Singular	Plural

1 presente de indicativo

		8 perfecto de indicativo	
insisto	insistimos	he insistido	hemos insistido
insistes	insistís	has insistido	habéis insistido
insiste	insisten	ha insistido	han insistido

2 imperfecto de indicativo

		9 pluscuamperfecto de indicativo	
insistía	insistíamos	había insistido	habíamos insistido
insistías	insistíais	habías insistido	habíais insistido
insistía	insistían	había insistido	habían insistido

3 pretérito

		10 pretérito anterior	
insistí	insistimos	hube insistido	hubimos insistido
insististe	insististeis	hubiste insistido	hubisteis insistido
insistió	insistieron	hubo insistido	hubieron insistido

4 futuro

		11 futuro perfecto	
insistiré	insistiremos	habré insistido	habremos insistido
insistirás	insistiréis	habrás insistido	habréis insistido
insistirá	insistirán	habrá insistido	habrán insistido

5 potencial simple

		12 potencial compuesto	
insistiría	insistiríamos	habría insistido	habríamos insistido
insistirías	insistiríais	habrías insistido	habríais insistido
insistiría	insistirían	habría insistido	habrían insistido

6 presente de subjuntivo

		13 perfecto de subjuntivo	
insista	insistamos	haya insistido	hayamos insistido
insistas	insistáis	hayas insistido	hayáis insistido
insista	insistan	haya insistido	hayan insistido

7 imperfecto de subjuntivo

		14 pluscuamperfecto de subjuntivo	
insistiera	insistiéramos	hubiera insistido	hubiéramos insistido
insistieras	insistierais	hubieras insistido	hubierais insistido
insistiera	insistieran	hubiera insistido	hubieran insistido
OR		OR	
insistiese	insistiésemos	hubiese insistido	hubiésemos insistido
insistieses	insistieseis	hubieses insistido	hubieseis insistido
insistiese	insistiesen	hubiese insistido	hubiesen insistido

imperativo

—	**insistamos**
insiste; no insistas	**insistid; no insistáis**
insista	**insistan**

Words related to this verb

insistir en   to insist on, to persist in   **insistente**   insistent
la insistencia   insistence, persistence

The Seven Simple Tenses		The Seven Compound Tenses	
Singular	Plural	Singular	Plural
1 presente de indicativo		**8 perfecto de indicativo**	
me intereso	nos interesamos	me he interesado	nos hemos interesado
te interesas	os interesáis	te has interesado	os habéis interesado
se interesa	se interesan	se ha interesado	se han interesado
2 imperfecto de indicativo		**9 pluscuamperfecto de indicativo**	
me interesaba	nos interesábamos	me había interesado	nos habíamos interesado
te interesabas	os interesabais	te habías interesado	os habíais interesado
se interesaba	se interesaban	se había interesado	se habían interesado
3 pretérito		**10 pretérito anterior**	
me interesé	nos interesamos	me hube interesado	nos hubimos interesado
te interesaste	os interesasteis	te hubiste interesado	os hubisteis interesado
se interesó	se interesaron	se hubo interesado	se hubieron interesado
4 futuro		**11 futuro perfecto**	
me interesaré	nos interesaremos	me habré interesado	nos habremos interesado
te interesarás	os interesaréis	te habrás interesado	os habréis interesado
se interesará	se interesarán	se habrá interesado	se habrán interesado
5 potencial simple		**12 potencial compuesto**	
me interesaría	nos interesaríamos	me habría interesado	nos habríamos interesado
te interesarías	os interesaríais	te habrías interesado	os habríais interesado
se interesaría	se interesarían	se habría interesado	se habrían interesado
6 presente de subjuntivo		**13 perfecto de subjuntivo**	
me interese	nos interesemos	me haya interesado	nos hayamos interesado
te intereses	os intereséis	te hayas interesado	os hayáis interesado
se interese	se interesen	se haya interesado	se hayan interesado
7 imperfecto de subjuntivo		**14 pluscuamperfecto de subjuntivo**	
me interesara	nos interesáramos	me hubiera interesado	nos hubiéramos interesado
te interesaras	os interesarais	te hubieras interesado	os hubierais interesado
se interesara	se interesaran	se hubiera interesado	se hubieran interesado
OR		OR	
me interesase	nos interesásemos	me hubiese interesado	nos hubiésemos interesado
te interesases	os interesaseis	te hubieses interesado	os hubieseis interesado
se interesase	se interesasen	se hubiese interesado	se hubiesen interesado

	imperativo	
—	interesémonos	
interésate; no te intereses	interesaos; no os intereséis	
interésese	interésense	

Words and expressions related to this verb

interesarse en   to be interested in
interesar   to interest
el interés   interest
en interés de   on behalf of
desinteresarse   to become disinterested;
    to lose interest

interesante   interesting
interesado, interesada   interested
sin interés   uninteresting
desinteresar   to disinterest
desinteresado, desinteresada   disinterested
el desinterés   disinterest

The subject pronouns are found on the page facing page 1.

to introduce

The Seven Simple Tenses		The Seven Compound Tenses	
Singular	Plural	Singular	Plural
1 presente de indicativo		**8 perfecto de indicativo**	
introduzco	introducimos	he introducido	hemos introducido
introduces	introducís	has introducido	habéis introducido
introduce	introducen	ha introducido	han introducido
2 imperfecto de indicativo		**9 pluscuamperfecto de indicativo**	
introducía	introducíamos	había introducido	habíamos introducido
introducías	introducíais	habías introducido	habíais introducido
introducía	introducían	había introducido	habían introducido
3 pretérito		**10 pretérito anterior**	
introduje	introdujimos	hube introducido	hubimos introducido
introdujiste	introdujisteis	hubiste introducido	hubisteis introducido
introdujo	introdujeron	hubo introducido	hubieron introducido
4 futuro		**11 futuro perfecto**	
introduciré	introduciremos	habré introducido	habremos introducido
introducirás	introduciréis	habrás introducido	habréis introducido
introducirá	introducirán	habrá introducido	habrán introducido
5 potencial simple		**12 potencial compuesto**	
introduciría	introduciríamos	habría introducido	habríamos introducido
introducirías	introduciríais	habrías introducido	habríais introducido
introduciría	introducirían	habría introducido	habrían introducido
6 presente de subjuntivo		**13 perfecto de subjuntivo**	
introduzca	introduzcamos	haya introducido	hayamos introducido
introduzcas	introduzcáis	hayas introducido	hayáis introducido
introduzca	introduzcan	haya introducido	hayan introducido
7 imperfecto de subjuntivo		**14 pluscuamperfecto de subjuntivo**	
introdujera	introdujéramos	hubiera introducido	hubiéramos introducido
introdujeras	introdujerais	hubieras introducido	hubierais introducido
introdujera	introdujeran	hubiera introducido	hubieran introducido
OR		OR	
introdujese	introdujésemos	hubiese introducido	hubiésemos introducido
introdujeses	introdujeseis	hubieses introducido	hubieseis introducido
introdujese	introdujesen	hubiese introducido	hubiesen introducido

imperativo

—	**introduzcamos**
introduce; no introduzcas	**introducid; no introduzcáis**
introduzca	**introduzcan**

Words related to this verb

la introducción introduction
introductor, introductora introducer

introductivo, introductiva introductive,
  introductory

invitar

to invite

The Seven Simple Tenses		The Seven Compound Tenses	
Singular	Plural	Singular	Plural
1 presente de indicativo		**8 perfecto de indicativo**	
invito	invitamos	he invitado	hemos invitado
invitas	invitáis	has invitado	habéis invitado
invita	invitan	ha invitado	han invitado
2 imperfecto de indicativo		**9 pluscuamperfecto de indicativo**	
invitaba	invitábamos	había invitado	habíamos invitado
invitabas	invitabais	habías invitado	habíais invitado
invitaba	invitaban	había invitado	habían invitado
3 pretérito		**10 pretérito anterior**	
invité	invitamos	hube invitado	hubimos invitado
invitaste	invitasteis	hubiste invitado	hubisteis invitado
invitó	invitaron	hubo invitado	hubieron invitado
4 futuro		**11 futuro perfecto**	
invitaré	invitaremos	habré invitado	habremos invitado
invitarás	invitaréis	habrás invitado	habréis invitado
invitará	invitarán	habrá invitado	habrán invitado
5 potencial simple		**12 potencial compuesto**	
invitaría	invitaríamos	habría invitado	habríamos invitado
invitarías	invitaríais	habrías invitado	habríais invitado
invitaría	invitarían	habría invitado	habrían invitado
6 presente de subjuntivo		**13 perfecto de subjuntivo**	
invite	invitemos	haya invitado	hayamos invitado
invites	invitéis	hayas invitado	hayáis invitado
invite	inviten	haya invitado	hayan invitado
7 imperfecto de subjuntivo		**14 pluscuamperfecto de subjuntivo**	
invitara	invitáramos	hubiera invitado	hubiéramos invitado
invitaras	invitarais	hubieras invitado	hubierais invitado
invitara	invitaran	hubiera invitado	hubieran invitado
OR		OR	
invitase	invitásemos	hubiese invitado	hubiésemos invitado
invitases	invitaseis	hubieses invitado	hubieseis invitado
invitase	invitasen	hubiese invitado	hubiesen invitado

	imperativo	
—	invitemos
invita; no invites	invitad; no invitéis
invite	inviten

Words related to this verb

invitar a + inf.   to invite + inf.
la invitación   invitation
un invitado, una invitada guest

el invitador   host
la invitadora   hostess
evitar   to avoid

Consult the back pages for the list of over 1,000 verbs conjugated like model verbs.

The subject pronouns are found on the page facing page 1.

to go

The Seven Simple Tenses		The Seven Compound Tenses	
Singular	Plural	Singular	Plural

1 presente de indicativo		8 perfecto de indicativo	
voy	**vamos**	**he ido**	**hemos ido**
vas	**vais**	**has ido**	**habéis ido**
va	**van**	**ha ido**	**han ido**

2 imperfecto de indicativo		9 pluscuamperfecto de indicativo	
iba	**íbamos**	**había ido**	**habíamos ido**
ibas	**ibais**	**habías ido**	**habíais ido**
iba	**iban**	**había ido**	**habían ido**

3 pretérito		10 pretérito anterior	
fui	**fuimos**	**hube ido**	**hubimos ido**
fuiste	**fuisteis**	**hubiste ido**	**hubisteis ido**
fue	**fueron**	**hubo ido**	**hubieron ido**

4 futuro		11 futuro perfecto	
iré	**iremos**	**habré ido**	**habremos ido**
irás	**iréis**	**habrás ido**	**habréis ido**
irá	**irán**	**habrá ido**	**habrán ido**

5 potencial simple		12 potencial compuesto	
iría	**iríamos**	**habría ido**	**habríamos ido**
irías	**iríais**	**habrías ido**	**habríais ido**
iría	**irían**	**habría ido**	**habrían ido**

6 presente de subjuntivo		13 perfecto de subjuntivo	
vaya	**vayamos**	**haya ido**	**hayamos ido**
vayas	**vayáis**	**hayas ido**	**hayáis ido**
vaya	**vayan**	**haya ido**	**hayan ido**

7 imperfecto de subjuntivo		14 pluscuamperfecto de subjuntivo	
fuera	**fuéramos**	**hubiera ido**	**hubiéramos ido**
fueras	**fuerais**	**hubieras ido**	**hubierais ido**
fuera	**fueran**	**hubiera ido**	**hubieran ido**
OR		OR	
fuese	**fuésemos**	**hubiese ido**	**hubiésemos ido**
fueses	**fueseis**	**hubieses ido**	**hubieseis ido**
fuese	**fuesen**	**hubiese ido**	**hubiesen ido**

imperativo

—	**vamos (no vayamos)**
ve; no vayas	**id; no vayáis**
vaya	**vayan**

Common idiomatic expressions using this verb

ir de compras   to go shopping
ir de brazo   to walk arm in arm
¿Cómo le va?   How goes it? How are you?

ir a caballo   to ride horseback
un billete de ida y vuelta   return ticket
¡Qué va!   Nonsense!

Cuando el gato va a sus devociones, bailan los ratones.   When the cat is away, the mice will play.

See also the back pages for verbs used in idiomatic expressions.

The Seven Simple Tenses		The Seven Compound Tenses	
Singular	Plural	Singular	Plural

1   presente de indicativo

me voy	nos vamos		
te vas	os vais		
se va	se van		

8   perfecto de indicativo

me he ido	nos hemos ido
te has ido	os habéis ido
se ha ido	se han ido

2   imperfecto de indicativo

me iba	nos íbamos
te ibas	os ibais
se iba	se iban

9   pluscuamperfecto de indicativo

me había ido	nos habíamos ido
te habías ido	os habíais ido
se había ido	se habían ido

3   pretérito

me fui	nos fuimos
te fuiste	os fuisteis
se fue	se fueron

10   pretérito anterior

me hube ido	nos hubimos ido
te hubiste ido	os hubisteis ido
se hubo ido	se hubieron ido

4   futuro

me iré	nos iremos
te irás	os iréis
se irá	se irán

11   futuro perfecto

me habré ido	nos habremos ido
te habrás ido	os habréis ido
se habrá ido	se habrán ido

5   potencial simple

me iría	nos iríamos
te irías	os iríais
se iría	se irían

12   potencial compuesto

me habría ido	nos habríamos ido
te habrías ido	os habríais ido
se habría ido	se habrían ido

6   presente de subjuntivo

me vaya	nos vayamos
te vayas	os vayáis
se vaya	se vayan

13   perfecto de subjuntivo

me haya ido	nos hayamos ido
te hayas ido	os hayáis ido
se haya ido	se hayan ido

7   imperfecto de subjuntivo

me fuera	nos fuéramos
te fueras	os fuerais
se fuera	se fueran
OR	
me fuese	nos fuésemos
te fueses	os fueseis
se fuese	se fuesen

14   pluscuamperfecto de subjuntivo

me hubiera ido	nos hubiéramos ido
te hubieras ido	os hubierais ido
se hubiera ido	se hubieran ido
OR	
me hubiese ido	nos hubiésemos ido
te hubieses ido	os hubieseis ido
se hubiese ido	se hubiesen ido

imperativo

—	vámonos; no nos vayamos
vete; no te vayas	idos; no os vayáis
váyase; no se vaya	váyanse; no se vayan

Common idiomatic expressions using this verb

Vámonos!   Let's go! Let's leave! **¡Vete!**   Go away! **¡Váyase!**   Go away!
Si a Roma fueres, haz como vieres.   When in Rome do as the Romans do. [Note that it is
   not uncommon to use the future subjunctive in proverbs, as in *fueres* (**ir** or **ser**) and
   vieres (**ver**); see p. xxxvii.]

For additional common idiomatic expressions, see **ir**, which is related to **irse**.
See also the back pages for verbs used in idiomatic expressions.

The subject pronouns are found on the page facing page 1.

to play (a game, sport)

The Seven Simple Tenses	The Seven Compound Tenses

Singular	Plural	Singular	Plural
1 presente de indicativo		**8 perfecto de indicativo**	
juego	jugamos	he jugado	hemos jugado
juegas	jugáis	has jugado	habéis jugado
juega	juegan	ha jugado	han jugado
2 imperfecto de indicativo		**9 pluscuamperfecto de indicativo**	
jugaba	jugábamos	había jugado	habíamos jugado
jugabas	jugabais	habías jugado	habíais jugado
jugaba	jugaban	había jugado	habían jugado
3 pretérito		**10 pretérito anterior**	
jugué	jugamos	hube jugado	hubimos jugado
jugaste	jugasteis	hubiste jugado	hubisteis jugado
jugó	jugaron	hubo jugado	hubieron jugado
4 futuro		**11 futuro perfecto**	
jugaré	jugaremos	habré jugado	habremos jugado
jugarás	jugaréis	habrás jugado	habréis jugado
jugará	jugarán	habrá jugado	habrán jugado
5 potencial simple		**12 potencial compuesto**	
jugaría	jugaríamos	habría jugado	habríamos jugado
jugarías	jugaríais	habrías jugado	habríais jugado
jugaría	jugarían	habría jugado	habrían jugado
6 presente de subjuntivo		**13 perfecto de subjuntivo**	
juegue	juguemos	haya jugado	hayamos jugado
juegues	juguéis	hayas jugado	hayáis jugado
juegue	jueguen	haya jugado	hayan jugado
7 imperfecto de subjuntivo		**14 pluscuamperfecto de subjuntivo**	
jugara	jugáramos	hubiera jugado	hubiéramos jugado
jugaras	jugarais	hubieras jugado	hubierais jugado
jugara	jugaran	hubiera jugado	hubieran jugado
OR		OR	
jugase	jugásemos	hubiese jugado	hubiésemos jugado
jugases	jugaseis	hubieses jugado	hubieseis jugado
jugase	jugasen	hubiese jugado	hubiesen jugado

imperativo

—	juguemos
juega; no juegues	jugad; no juguéis
juegue	jueguen

Words and expressions related to this verb

un juguete   toy, plaything
jugador, jugadora   player
un juego   game

jugar a los naipes   to play cards
jugar al tenis   to play tennis
jugar al béisbol   to play baseball

Consult the back pages for verbs used in idiomatic expressions.

to join, to unite, to connect

The Seven Simple Tenses		The Seven Compound Tenses	
Singular	Plural	Singular	Plural

1 presente de indicativo		8 perfecto de indicativo	
junto	juntamos	he juntado	hemos juntado
juntas	juntáis	has juntado	habéis juntado
junta	juntan	ha juntado	han juntado

2 imperfecto de indicativo		9 pluscuamperfecto de indicativo	
juntaba	juntábamos	había juntado	habíamos juntado
juntabas	juntabais	habías juntado	habíais juntado
juntaba	juntaban	había juntado	habían juntado

3 pretérito		10 pretérito anterior	
junté	juntamos	hube juntado	hubimos juntado
juntaste	juntasteis	hubiste juntado	hubisteis juntado
juntó	juntaron	hubo juntado	hubieron juntado

4 futuro		11 futuro perfecto	
juntaré	juntaremos	habré juntado	habremos juntado
juntarás	juntaréis	habrás juntado	habréis juntado
juntará	juntarán	habrá juntado	habrán juntado

5 potencial simple		12 potencial compuesto	
juntaría	juntaríamos	habría juntado	habríamos juntado
juntarías	juntaríais	habrías juntado	habríais juntado
juntaría	juntarían	habría juntado	habrían juntado

6 presente de subjuntivo		13 perfecto de subjuntivo	
junte	juntemos	haya juntado	hayamos juntado
juntes	juntéis	hayas juntado	hayáis juntado
junte	junten	haya juntado	hayan juntado

7 imperfecto de subjuntivo		14 pluscuamperfecto de subjuntivo	
juntara	juntáramos	hubiera juntado	hubiéramos juntado
juntaras	juntarais	hubieras juntado	hubierais juntado
juntara	juntaran	hubiera juntado	hubieran juntado
OR		OR	
juntase	juntásemos	hubiese juntado	hubiésemos juntado
juntases	juntaseis	hubieses juntado	hubieseis juntado
juntase	juntasen	hubiese juntado	hubiesen juntado

	imperativo	
—	juntemos	
junta; no juntes	juntad; no juntéis	
junte	junten	

Words and expressions related to this verb

juntar con   to associate with   **juntar meriendas**   to join interests
juntarse   to assemble, gather together
la junta   junta, conference, convention, meeting

Consult the back pages for sections on verbs used in idiomatic expressions, verbs with prepositions, and the list of over 1,000 verbs conjugated like model verbs.

to swear, to take an oath

The Seven Simple Tenses		The Seven Compound Tenses	
Singular	Plural	Singular	Plural

1 presente de indicativo

juro	juramos
juras	juráis
jura	juran

8 perfecto de indicativo

he jurado	hemos jurado
has jurado	habéis jurado
ha jurado	han jurado

2 imperfecto de indicativo

juraba	jurábamos
jurabas	jurabais
juraba	juraban

9 pluscuamperfecto de indicativo

había jurado	habíamos jurado
habías jurado	habíais jurado
había jurado	habían jurado

3 pretérito

juré	juramos
juraste	jurasteis
juró	juraron

10 pretérito anterior

hube jurado	hubimos jurado
hubiste jurado	hubisteis jurado
hubo jurado	hubieron jurado

4 futuro

juraré	juraremos
jurarás	juraréis
jurará	jurarán

11 futuro perfecto

habré jurado	habremos jurado
habrás jurado	habréis jurado
habrá jurado	habrán jurado

5 potencial simple

juraría	juraríamos
jurarías	juraríais
juraría	jurarían

12 potencial compuesto

habría jurado	habríamos jurado
habrías jurado	habríais jurado
habría jurado	habrían jurado

6 presente de subjuntivo

jure	juremos
jures	juréis
jure	juren

13 perfecto de subjuntivo

haya jurado	hayamos jurado
hayas jurado	hayáis jurado
haya jurado	hayan jurado

7 imperfecto de subjuntivo

jurara	juráramos
juraras	jurarais
jurara	juraran
OR	
jurase	jurásemos
jurases	juraseis
jurase	jurasen

14 pluscuamperfecto de subjuntivo

hubiera jurado	hubiéramos jurado
hubieras jurado	hubierais jurado
hubiera jurado	hubierán jurado
OR	
hubiese jurado	hubiésemos jurado
hubieses jurado	hubieseis jurado
hubiese jurado	hubiesen jurado

imperativo

—	juremos
jura; no jures	jurad; no juréis
jure	juren

Words and expressions related to this verb

jurar en falso to commit perjury
jurar decir la verdad to swear to tell the truth
un juramento oath; **juramento falso** perjury
juramentarse to take an oath, to be sworn in

The Seven Simple Tenses

The Seven Compound Tenses

Singular	Plural	Singular	Plural
1 presente de indicativo		**8 perfecto de indicativo**	
juzgo	juzgamos	he juzgado	hemos juzgado
juzgas	juzgáis	has juzgado	habéis juzgado
juzga	juzgan	ha juzgado	han juzgado
2 imperfecto de indicativo		**9 pluscuamperfecto de indicativo**	
juzgaba	juzgábamos	había juzgado	habíamos juzgado
juzgabas	juzgabais	habías juzgado	habíais juzgado
juzgaba	juzgaban	había juzgado	habían juzgado
3 pretérito		**10 pretérito anterior**	
juzgué	juzgamos	hube juzgado	hubimos juzgado
juzgaste	juzgasteis	hubiste juzgado	hubisteis juzgado
juzgó	juzgaron	hubo juzgado	hubieron juzgado
4 futuro		**11 futuro perfecto**	
juzgaré	juzgaremos	habré juzgado	habremos juzgado
juzgarás	juzgaréis	habrás juzgado	habréis juzgado
juzgará	juzgarán	habrá juzgado	habrán juzgado
5 potencial simple		**12 potencial compuesto**	
juzgaría	juzgaríamos	habría juzgado	habríamos juzgado
juzgarías	juzgaríais	habrías juzgado	habríais juzgado
juzgaría	juzgarían	habría juzgado	habrían juzgado
6 presente de subjuntivo		**13 perfecto de subjuntivo**	
juzgue	juzguemos	haya juzgado	hayamos juzgado
juzgues	juzguéis	hayas juzgado	hayáis juzgado
juzgue	juzguen	haya juzgado	hayan juzgado
7 imperfecto de subjuntivo		**14 pluscuamperfecto de subjuntivo**	
juzgara	juzgáramos	hubiera juzgado	hubiéramos juzgado
juzgaras	juzgarais	hubieras juzgado	hubierais juzgado
juzgara	juzgaran	hubiera juzgado	hubieran juzgado
OR		OR	
juzgase	juzgásemos	hubiese juzgado	hubiésemos juzgado
juzgases	juzgaseis	hubieses juzgado	hubieseis juzgado
juzgase	juzgasen	hubiese juzgado	hubiesen juzgado

imperativo

—	juzguemos
juzga; no juzgues	juzgad; no juzguéis
juzgue	juzguen

Words and expressions related to this verb

a juzgar por   judging by
juzgar de   to pass judgment on
el juzgado   court of justice
el juez   judge
juez de paz, juez municipal   justice of the peace
prejuzgar   to prejudge

The subject pronouns are found on the page facing page 1.

to throw, to hurl, to fling, to launch

The Seven Simple Tenses		The Seven Compound Tenses	
Singular	Plural	Singular	Plural
1 presente de indicativo		**8 perfecto de indicativo**	
lanzo	lanzamos	he lanzado	hemos lanzado
lanzas	lanzáis	has lanzado	habéis lanzado
lanza	lanzan	ha lanzado	han lanzado
2 imperfecto de indicativo		**9 pluscuamperfecto de indicativo**	
lanzaba	lanzábamos	había lanzado	habíamos lanzado
lanzabas	lanzabais	habías lanzado	habíais lanzado
lanzaba	lanzaban	había lanzado	habían lanzado
3 pretérito		**10 pretérito anterior**	
lancé	lanzamos	hube lanzado	hubimos lanzado
lanzaste	lanzasteis	hubiste lanzado	hubisteis lanzado
lanzó	lanzaron	hubo lanzado	hubieron lanzado
4 futuro		**11 futuro perfecto**	
lanzaré	lanzaremos	habré lanzado	habremos lanzado
lanzarás	lanzaréis	habrás lanzado	habréis lanzado
lanzará	lanzarán	habrá lanzado	habrán lanzado
5 potencial simple		**12 potencial compuesto**	
lanzaría	lanzaríamos	habría lanzado	habríamos lanzado
lanzarías	lanzaríais	habrías lanzado	habríais lanzado
lanzaría	lanzarían	habría lanzado	habrían lanzado
6 presente de subjuntivo		**13 perfecto de subjuntivo**	
lance	lancemos	haya lanzado	hayamos lanzado
lances	lancéis	hayas lanzado	hayáis lanzado
lance	lancen	haya lanzado	hayan lanzado
7 imperfecto de subjuntivo		**14 pluscuamperfecto de subjuntivo**	
lanzara	lanzáramos	hubiera lanzado	hubiéramos lanzado
lanzaras	lanzarais	hubieras lanzado	hubierais lanzado
lanzara	lanzaran	hubiera lanzado	hubieran lanzado
OR		OR	
lanzase	lanzásemos	hubiese lanzado	hubiésemos lanzado
lanzases	lanzaseis	hubieses lanzado	hubieseis lanzado
lanzase	lanzasen	hubiese lanzado	hubiesen lanzado

	imperativo	
—		lancemos
lanza; no lances		lanzad; no lancéis
lance		lancen

Words related to this verb

la lanza   lance, spear
el lanzamiento   casting, throwing, launching

to hurt oneself, to feel sorry for, to complain, to regret

The Seven Simple Tenses		The Seven Compound Tenses	
Singular	Plural	Singular	Plural
1 presente de indicativo		**8 perfecto de indicativo**	
me lastimo	nos lastimamos	me he lastimado	nos hemos lastimado
te lastimas	os lastimáis	te has lastimado	os habéis lastimado
se lastima	se lastiman	se ha lastimado	se han lastimado
2 imperfecto de indicativo		**9 pluscuamperfecto de indicativo**	
me lastimaba	nos lastimábamos	me había lastimado	nos habíamos lastimado
te lastimabas	os lastimabais	te habías lastimado	os habíais lastimado
se lastimaba	se lastimaban	se había lastimado	se habían lastimado
3 pretérito		**10 pretérito anterior**	
me lastimé	nos lastimamos	me hube lastimado	nos hubimos lastimado
te lastimaste	os lastimasteis	te hubiste lastimado	os hubisteis lastimado
se lastimó	se lastimaron	se hubo lastimado	se hubieron lastimado
4 futuro		**11 .futuro perfecto**	
me lastimaré	nos lastimaremos	me habré lastimado	nos habremos lastimado
te lastimarás	os lastimaréis	te habrás lastimado	os habréis lastimado
se lastimará	se lastimarán	se habrá lastimado	se habrán lastimado
5 potencial simple		**12 potencial compuesto**	
me lastimaría	nos lastimaríamos	me habría lastimado	nos habríamos lastimado
te lastimarías	os lastimaríais	te habrías lastimado	os habríais lastimado
se lastimaría	se lastimarían	se habría lastimado	se habrían lastimado
6 presente de subjuntivo		**13 perfecto de subjuntivo**	
me lastime	nos lastimemos	me haya lastimado	nos hayamos lastimado
te lastimes	os lastiméis	te hayas lastimado	os hayáis lastimado
se lastime	se lastimen	se haya lastimado	se hayan lastimado
7 imperfecto de subjuntivo		**14 pluscuamperfecto de subjuntivo**	
me lastimara	nos lastimáramos	me hubiera lastimado	nos hubiéramos lastimado
te lastimaras	os lastimarais	te hubieras lastimado	os hubierais lastimado
se lastimara	se lastimaran	se hubiera lastimado	se hubieran lastimado
OR		OR	
me lastimase	nos lastimásemos	me hubiese lastimado	nos hubiésemos lastimado
te lastimases	os lastimaseis	te hubieses lastimado	os hubieseis lastimado
se lastimase	se lastimasen	se hubiese lastimado	se hubiesen lastimado

	imperativo	
—		lastimémonos
	lastímate; no te lastimes	lastimaos; no os lastiméis
	lastímese	lastímense

Words and expressions related to this verb

lastimar   to hurt, damage, injure, offend
lastimarse de   to feel sorry for, to complain about
una lástima   pity; **¡Qué lástima!**   What a pity! What a shame!
tener lástima   to feel sorry

Consult the back pages for the section on verbs with prepositions.

The subject pronouns are found on the page facing page 1.   **287**

lavar

to wash

The Seven Simple Tenses		The Seven Compound Tenses	
Singular	Plural	Singular	Plural
1 presente de indicativo		**8 perfecto de indicativo**	
lavo	lavamos	he lavado	hemos lavado
lavas	laváis	has lavado	habéis lavado
lava	lavan	ha lavado	han lavado
2 imperfecto de indicativo		**9 pluscuamperfecto de indicativo**	
lavaba	lavábamos	había lavado	habíamos lavado
lavabas	lavabais	habías lavado	habíais lavado
lavaba	lavaban	había lavado	habían lavado
3 pretérito		**10 pretérito anterior**	
lavé	lavamos	hube lavado	hubimos lavado
lavaste	lavasteis	hubiste lavado	hubisteis lavado
lavó	lavaron	hubo lavado	hubieron lavado
4 futuro		**11 futuro perfecto**	
lavaré	lavaremos	habré lavado	habremos lavado
lavarás	lavaréis	habrás lavado	habréis lavado
lavará	lavarán	habrá lavado	habrán lavado
5 potencial simple		**12 potencial compuesto**	
lavaría	lavaríamos	habría lavado	habríamos lavado
lavarías	lavaríais	habrías lavado	habríais lavado
lavaría	lavarían	habría lavado	habrían lavado
6 presente de subjuntivo		**13 perfecto de subjuntivo**	
lave	lavemos	haya lavado	hayamos lavado
laves	lavéis	hayas lavado	hayáis lavado
lave	laven	haya lavado	hayan lavado
7 imperfecto de subjuntivo		**14 pluscuamperfecto de subjuntivo**	
lavara	laváramos	hubiera lavado	hubiéramos lavado
lavaras	lavarais	hubieras lavado	hubierais lavado
lavara	lavaran	hubiera lavado	hubieran lavado
OR		OR	
lavase	lavásemos	hubiese lavado	hubiésemos lavado
lavases	lavaseis	hubieses lavado	hubieseis lavado
lavase	lavasen	hubiese lavado	hubiesen lavado

imperativo	
—	lavemos
lava; no laves	lavad; no lavéis
lave	laven

Words and expressions related to this verb

el lavatorio, el lavabo lavatory, washroom, washstand
lavandero, lavandera launderer
la lavandería laundry
el lavamanos washstand, washbowl
See also **lavarse.**

lavar en seco to dry clean
el lavarropa, la lavadora
  clothes washing machine

to wash oneself

The Seven Simple Tenses		The Seven Compound Tenses	
Singular	Plural	Singular	Plural

1 presente de indicativo

me lavo	nos lavamos
te lavas	os laváis
se lava	se lavan

8 perfecto de indicativo

me he lavado	nos hemos lavado
te has lavado	os habéis lavado
se ha lavado	se han lavado

2 imperfecto de indicativo

me lavaba	nos lavábamos
te lavabas	os lavabais
se lavaba	se lavaban

9 pluscuamperfecto de indicativo

me había lavado	nos habíamos lavado
te habías lavado	os habíais lavado
se había lavado	se habían lavado

3 pretérito

me lavé	nos lavamos
te lavaste	os lavasteis
se lavó	se lavaron

10 pretérito anterior

me hube lavado	nos hubimos lavado
te hubiste lavado	os hubisteis lavado
se hubo lavado	se hubieron lavado

4 futuro

me lavaré	nos lavaremos
te lavarás	os lavaréis
se lavará	se lavarán

11 futuro perfecto

me habré lavado	nos habremos lavado
te habrás lavado	os habréis lavado
se habrá lavado	se habrán lavado

5 potencial simple

me lavaría	nos lavaríamos
te lavarías	os lavaríais
se lavaría	se lavarían

12 potencial compuesto

me habría lavado	nos habríamos lavado
te habrías lavado	os habríais lavado
se habría lavado	se habrían lavado

6 presente de subjuntivo

me lave	nos lavemos
te laves	os lavéis
se lave	se laven

13 perfecto de subjuntivo

me haya lavado	nos hayamos lavado
te hayas lavado	os hayáis lavado
se haya lavado	se hayan lavado

7 imperfecto de subjuntivo

me lavara	nos laváramos
te lavaras	os lavarais
se lavara	se lavaran
OR	
me lavase	nos lavásemos
te lavases	os lavaseis
se lavase	se lavasen

14 pluscuamperfecto de subjuntivo

me hubiera lavado	nos hubiéramos lavado
te hubieras lavado	os hubierais lavado
se hubiera lavado	se hubieran lavado
OR	
me hubiese lavado	nos hubiésemos lavado
te hubieses lavado	os hubieseis lavado
se hubiese lavado	se hubiesen lavado

imperativo

—	lavémonos; no nos lavemos
lávate; no te laves	lavaos; no os lavéis
lávese; no se lave	lávense; no se laven

Words related to this verb

el lavatorio, el lavabo   lavatory, washroom, washstand
lavandero, lavandera   launderer
la lavandería   laundry

For other words and expressions related to this verb, see **lavar.**

to read

The Seven Simple Tenses		The Seven Compound Tenses	
Singular	Plural	Singular	Plural

1 presente de indicativo

		8 perfecto de indicativo	
leo	leemos	he leído	hemos leído
lees	leéis	has leído	habéis leído
lee	leen	ha leído	han leído

2 imperfecto de indicativo

		9 pluscuamperfecto de indicativo	
leía	leíamos	había leído	habíamos leído
leías	leíais	habías leído	habíais leído
leía	leían	había leído	habían leído

3 pretérito

		10 pretérito anterior	
leí	leímos	hube leído	hubimos leído
leíste	leísteis	hubiste leído	hubisteis leído
leyó	leyeron	hubo leído	hubieron leído

4 futuro

		11 futuro perfecto	
leeré	leeremos	habré leído	habremos leído
leerás	leeréis	habrás leído	habréis leído
leerá	leerán	habrá leído	habrán leído

5 potencial simple

		12 potencial compuesto	
leería	leeríamos	habría leído	habríamos leído
leerías	leeríais	habrías leído	habríais leído
leería	leerían	habría leído	habrían leído

6 presente de subjuntivo

		13 perfecto de subjuntivo	
lea	leamos	haya leído	hayamos leído
leas	leáis	hayas leído	hayáis leído
lea	lean	haya leído	hayan leído

7 imperfecto de subjuntivo

		14 pluscuamperfecto de subjuntivo	
leyera	leyéramos	hubiera leído	hubiéramos leído
leyeras	leyerais	hubieras leído	hubierais leído
leyera	leyeran	hubiera leído	hubieran leído
OR		OR	
leyese	leyésemos	hubiese leído	hubiésemos leído
leyeses	leyeseis	hubieses leído	hubieseis leído
leyese	leyesen	hubiese leído	hubiesen leído

imperativo

—	leamos
lee; no leas	leed; no leáis
lea	lean

Words and expressions related to this verb

la lectura reading
   Me gusta la lectura. I like reading.
la lección lesson
lector, lectora reader
leer mal to misread

releer to read again, to reread
leer entre líneas to read between the lines
un, una leccionista private tutor
leer para sí to read to oneself

to lift, to raise

The Seven Simple Tenses		The Seven Compound Tenses	
Singular	Plural	Singular	Plural

1 presente de indicativo

		8 perfecto de indicativo	
levanto	levantamos	he levantado	hemos levantado
levantas	levantáis	has levantado	habéis levantado
levanta	levantan	ha levantado	han levantado

2 imperfecto de indicativo

		9 pluscuamperfecto de indicativo	
levantaba	levantábamos	había levantado	habíamos levantado
levantabas	levantabais	habías levantado	habíais levantado
levantaba	levantaban	había levantado	habían levantado

3 pretérito

		10 pretérito anterior	
levanté	levantamos	hube levantado	hubimos levantado
levantaste	levantasteis	hubiste levantado	hubisteis levantado
levantó	levantaron	hubo levantado	hubieron levantado

4 futuro

		11 futuro perfecto	
levantaré	levantaremos	habré levantado	habremos levantado
levantarás	levantaréis	habrás levantado	habréis levantado
levantará	levantarán	habrá levantado	habrán levantado

5 potencial simple

		12 potencial compuesto	
levantaría	levantaríamos	habría levantado	habríamos levantado
levantarías	levantaríais	habrías levantado	habríais levantado
levantaría	levantarían	habría levantado	habrían levantado

6 presente de subjuntivo

		13 perfecto de subjuntivo	
levante	levantemos	haya levantado	hayamos levantado
levantes	levantéis	hayas levantado	hayáis levantado
levante	levanten	haya levantado	hayan levantado

7 imperfecto de subjuntivo

		14 pluscuamperfecto de subjuntivo	
levantara	levantáramos	hubiera levantado	hubiéramos levantado
levantaras	levantarais	hubieras levantado	hubierais levantado
levantara	levantaran	hubiera levantado	hubieran levantado
OR		OR	
levantase	levantásemos	hubiese levantado	hubiésemos levantado
levantases	levantaseis	hubieses levantado	hubieseis levantado
levantase	levantasen	hubiese levantado	hubiesen levantado

imperativo

—	levantemos
levanta; no levantes	levantad; no levantéis
levante	levanten

Words and expressions related to this verb

levantar los manteles to clear the table
levantar con algo to get away with something
el levante Levant, East
el levantamiento elevation, raising

levantar fuego to make a disturbance
levantar la cabeza to take heart
(courage)

See also **levantarse.**

The subject pronouns are found on the page facing page 1.

to get up, to rise

The Seven Simple Tenses		The Seven Compound Tenses	
Singular	Plural	Singular	Plural

1 presente de indicativo

me levanto	nos levantamos	
te levantas	os levantáis	
se levanta	se levantan	

8 perfecto de indicativo

me he levantado	nos hemos levantado
te has levantado	os habéis levantado
se ha levantado	se han levantado

2 imperfecto de indicativo

me levantaba	nos levantábamos
te levantabas	os levantabais
se levantaba	se levantaban

9 pluscuamperfecto de indicativo

me había levantado	nos habíamos levantado
te habías levantado	os habíais levantado
se había levantado	se habían levantado

3 pretérito

me levanté	nos levantamos
te levantaste	os levantasteis
se levantó	se levantaron

10 pretérito anterior

me hube levantado	nos hubimos levantado
te hubiste levantado	os hubisteis levantado
se hubo levantado	se hubieron levantado

4 futuro

me levantaré	nos levantaremos
te levantarás	os levantaréis
se levantará	se levantarán

11 futuro perfecto

me habré levantado	nos habremos levantado
te habrás levantado	os habréis levantado
se habrá levantado	se habrán levantado

5 potencial simple

me levantaría	nos levantaríamos
te levantarías	os levantaríais
se levantaría	se levantarían

12 potencial compuesto

me habría levantado	nos habríamos levantado
te habrías levantado	os habríais levantado
se habría levantado	se habrían levantado

6 presente de subjuntivo

me levante	nos levantemos
te levantes	os levantéis
se levante	se levanten

13 perfecto de subjuntivo

me haya levantado	nos hayamos levantado
te hayas levantado	os hayáis levantado
se haya levantado	se hayan levantado

7 imperfecto de subjuntivo

me levantara	nos levantáramos
te levantaras	os levantarais
se levantara	se levantaran
OR	
me levantase	nos levantásemos
te levantases	os levantaseis
se levantase	se levantasen

14 pluscuamperfecto de subjuntivo

me hubiera levantado	nos hubiéramos levantado
te hubieras levantado	os hubierais levantado
se hubiera levantado	se hubieran levantado
OR	
me hubiese levantado	nos hubiésemos levantado
te hubieses levantado	os hubieseis levantado
se hubiese levantado	se hubiesen levantado

imperativo

—	levantémonos; no nos levantemos
levántate; no te levantes	levantaos; no os levantéis
levántese; no se levante	levántense; no se levanten

Words and expressions related to this verb

levantar los manteles to clear the table
levantar con algo to get away with something
el levante Levant, East
el levantamiento elevation, raising

levantar la sesión to adjourn
levantar la voz to raise one's voice
levantarse de la cama to get out of bed

See also **levantar**.

The Seven Simple Tenses		The Seven Compound Tenses	
Singular	Plural	Singular	Plural
1 presente de indicativo		**8 perfecto de indicativo**	
limpio	limpiamos	he limpiado	hemos limpiado
limpias	limpiáis	has limpiado	habéis limpiado
limpia	limpian	ha limpiado	han limpiado
2 imperfecto de indicativo		**9 pluscuamperfecto de indicativo**	
limpiaba	limpiábamos	había limpiado	habíamos limpiado
limpiabas	limpiabais	habías limpiado	habíais limpiado
limpiaba	limpiaban	había limpiado	habían limpiado
3 pretérito		**10 pretérito anterior**	
limpié	limpiamos	hube limpiado	hubimos limpiado
limpiaste	limpiasteis	hubiste limpiado	hubisteis limpiado
limpió	limpiaron	hubo limpiado	hubieron limpiado
4 futuro		**11 futuro perfecto**	
limpiaré	limpiaremos	habré limpiado	habremos limpiado
limpiarás	limpiaréis	habrás limpiado	habréis limpiado
limpiará	limpiarán	habrá limpiado	habrán limpiado
5 potencial simple		**12 potencial compuesto**	
limpiaría	limpiaríamos	habría limpiado	habríamos limpiado
limpiarías	limpiaríais	habrías limpiado	habríais limpiado
limpiaría	limpiarían	habría limpiado	habrían limpiado
6 presente de subjuntivo		**13 perfecto de subjuntivo**	
limpie	limpiemos	haya limpiado	hayamos limpiado
limpies	limpiéis	hayas limpiado	hayáis limpiado
limpie	limpien	haya limpiado	hayan limpiado
7 imperfecto de subjuntivo		**14 pluscuamperfecto de subjuntivo**	
limpiara	limpiáramos	hubiera limpiado	hubiéramos limpiado
limpiaras	limpiarais	hubieras limpiado	hubierais limpiado
limpiara	limpiaran	hubiera limpiado	hubieran limpiado
OR		OR	
limpiase	limpiásemos	hubiese limpiado	hubiésemos limpiado
limpiases	limpiaseis	hubieses limpiado	hubieseis limpiado
limpiase	limpiasen	hubiese limpiado	hubiesen limpiado

	imperativo	
—	limpiemos	
limpia; no limpies	limpiad; no limpiéis	
limpie	limpien	

Words and expressions related to this verb

limpiar en seco to dry clean; **limpiar las faltriqueras a uno** to pick someone's pocket
la limpieza cleaning, cleanliness; **limpieza de manos** integrity
jugar limpio to play fair

For other words and expressions related to this verb, see **limpiarse.**

limpiarse

Gerundio **limpiándose**   Part. pas. **limpiado**

to clean oneself

The Seven Simple Tenses		The Seven Compound Tenses	
Singular	Plural	Singular	Plural

1   presente de indicativo

		8 perfecto de indicativo	
me limpio	nos limpiamos	me he limpiado	nos hemos limpiado
te limpias	os limpiáis	te has limpiado	os habéis limpiado
se limpia	se limpian	se ha limpiado	se han limpiado

2   imperfecto de indicativo

		9 pluscuamperfecto de indicativo	
me limpiaba	nos limpiábamos	me había limpiado	nos habíamos limpiado
te limpiabas	os limpiabais	te habías limpiado	os habíais limpiado
se limpiaba	se limpiaban	se había limpiado	se habían limpiado

3   pretérito

		10 pretérito anterior	
me limpié	nos limpiamos	me hube limpiado	nos hubimos limpiado
te limpiaste	os limpiasteis	te hubiste limpiado	os hubisteis limpiado
se limpió	se limpiaron	se hubo limpiado	se hubieron limpiado

4   futuro

		11 futuro perfecto	
me limpiaré	nos limpiaremos	me habré limpiado	nos habremos limpiado
te limpiarás	os limpiaréis	te habrás limpiado	os habréis limpiado
se limpiará	se limpiarán	se habrá limpiado	se habrán limpiado

5   potencial simple

		12 potencial compuesto	
me limpiaría	nos limpiaríamos	me habría limpiado	nos habríamos limpiado
te limpiarías	os limpiaríais	te habrías limpiado	os habríais limpiado
se limpiaría	se limpiarían	se habría limpiado	se habrían limpiado

6   presente de subjuntivo

		13 perfecto de subjuntivo	
me limpie	nos limpiemos	me haya limpiado	nos hayamos limpiado
te limpies	os limpiéis	te hayas limpiado	os hayáis limpiado
se limpie	se limpien	se haya limpiado	se hayan limpiado

7   imperfecto de subjuntivo

		14 pluscuamperfecto de subjuntivo	
me limpiara	nos limpiáramos	me hubiera limpiado	nos hubiéramos limpiado
te limpiaras	os limpiarais	te hubieras limpiado	os hubierais limpiado
se limpiara	se limpiaran	se hubiera limpiado	se hubieran limpiado
OR		OR	
me limpiase	nos limpiásemos	me hubiese limpiado	nos hubiésemos limpiado
te limpiases	os limpiaseis	te hubieses limpiado	os hubieseis limpiado
se limpiase	se limpiasen	se hubiese limpiado	se hubiesen limpiado

imperativo

—	**limpiémonos**
límpiate; no te limpies	**limpiaos; no os limpiéis**
límpiese	**límpiense**

Words related to this verb

un limpiapipas pipe cleaner
un limpianieve snowplow

un limpiadientes toothpick
un limpiachimeneas chimney sweep

For other words and expressions related to this verb, see **limpiar**.

to fight, to strive, to struggle, to wrestle

The Seven Simple Tenses		The Seven Compound Tenses	
Singular	Plural	Singular	Plural

1   presente de indicativo

lucho	luchamos	
luchas	lucháis	
lucha	luchan	

8   perfecto de indicativo

he luchado	hemos luchado
has luchado	habéis luchado
ha luchado	han luchado

2   imperfecto de indicativo

luchaba	luchábamos
luchabas	luchabais
luchaba	luchaban

9   pluscuamperfecto de indicativo

había luchado	habíamos luchado
habías luchado	habíais luchado
había luchado	habían luchado

3   pretérito

luché	luchamos
luchaste	luchasteis
luchó	lucharon

10   pretérito anterior

hube luchado	hubimos luchado
hubiste luchado	hubisteis luchado
hubo luchado	hubieron luchado

4   futuro

lucharé	lucharemos
lucharás	lucharéis
luchará	lucharán

11   futuro perfecto

habré luchado	habremos luchado
habrás luchado	habréis luchado
habrá luchado	habrán luchado

5   potencial simple

lucharía	lucharíamos
lucharías	lucharíais
lucharía	lucharían

12   potencial compuesto

habría luchado	habríamos luchado
habrías luchado	habríais luchado
habría luchado	habrían luchado

6   presente de subjuntivo

luche	luchemos
luches	luchéis
luche	luchen

13   perfecto de subjuntivo

haya luchado	hayamos luchado
hayas luchado	hayáis luchado
haya luchado	hayan luchado

7   imperfecto de subjuntivo

luchara	lucháramos
lucharas	lucharais
luchara	lucharan
OR	
luchase	luchásemos
luchases	luchaseis
luchase	luchasen

14   pluscuamperfecto de subjuntivo

hubiera luchado	hubiéramos luchado
hubieras luchado	hubierais luchado
hubiera luchado	hubieran luchado
OR	
hubiese luchado	hubiésemos luchado
hubieses luchado	hubieseis luchado
hubiese luchado	hubiesen luchado

imperativo

—	luchemos
lucha; no luches	luchad; no luchéis
luche	luchen

Words related to this verb

luchar por + inf.   to struggle + inf.
un luchador, una luchadora   wrestler, fighter
la lucha   battle, combat, fight, struggle, quarrel

The subject pronouns are found on the page facing page 1.

llamar

Gerundio **llamando**   Part. pas. **llamado**

to call, to name

The Seven Simple Tenses		The Seven Compound Tenses	
Singular	Plural	Singular	Plural
1 presente de indicativo		**8 perfecto de indicativo**	
llamo	llamamos	he llamado	hemos llamado
llamas	llamáis	has llamado	habéis llamado
llama	llaman	ha llamado	han llamado
2 imperfecto de indicativo		**9 pluscuamperfecto de indicativo**	
llamaba	llamábamos	había llamado	habíamos llamado
llamabas	llamabais	habías llamado	habíais llamado
llamaba	llamaban	había llamado	habían llamado
3 pretérito		**10 pretérito anterior**	
llamé	llamamos	hube llamado	hubimos llamado
llamaste	llamasteis	hubiste llamado	hubisteis llamado
llamó	llamaron	hubo llamado	hubieron llamado
4 futuro		**11 futuro perfecto**	
llamaré	llamaremos	habré llamado	habremos llamado
llamarás	llamaréis	habrás llamado	habréis llamado
llamará	llamarán	habrá llamado	habrán llamado
5 potencial simple		**12 potencial compuesto**	
llamaría	llamaríamos	habría llamado	habríamos llamado
llamarías	llamaríais	habrías llamado	habríais llamado
llamaría	llamarían	habría llamado	habrían llamado
6 presente de subjuntivo		**13 perfecto de subjuntivo**	
llame	llamemos	haya llamado	hayamos llamado
llames	llaméis	hayas llamado	hayáis llamado
llame	llamen	haya llamado	hayan llamado
7 imperfecto de subjuntivo		**14 pluscuamperfecto de subjuntivo**	
llamara	llamáramos	hubiera llamado	hubiéramos llamado
llamaras	llamarais	hubieras llamado	hubierais llamado
llamara	llamaran	hubiera llamado	hubieran llamado
OR		OR	
llamase	llamásemos	hubiese llamado	hubiésemos llamado
llamases	llamaseis	hubieses llamado	hubieseis llamado
llamase	llamasen	hubiese llamado	hubiesen llamado

	imperativo
—	llamemos
llama; no llames	llamad; no llaméis
llame	llamen

Words and expressions related to this verb

llamar al doctor   to call the doctor
llamar por teléfono   to telephone
llamar la atención sobre   to call attention to

llamar por los nombres   to call the roll
una llamada   call, knock, ring

See also **llamarse**.

to be called, to be named

The Seven Simple Tenses		The Seven Compound Tenses	
Singular	Plural	Singular	Plural

1   presente de indicativo

me llamo	nos llamamos
te llamas	os llamáis
se llama	se llaman

8   perfecto de indicativo

me he llamado	nos hemos llamado
te has llamado	os habéis llamado
se ha llamado	se han llamado

2   imperfecto de indicativo

me llamaba	nos llamábamos
te llamabas	os llamabais
se llamaba	se llamaban

9   pluscuamperfecto de indicativo

me había llamado	nos habíamos llamado
te habías llamado	os habíais llamado
se había llamado	se habían llamado

3   pretérito

me llamé	nos llamamos
te llamaste	os llamasteis
se llamó	se llamaron

10   pretérito anterior

me hube llamado	nos hubimos llamado
te hubiste llamado	os hubisteis llamado
se hubo llamado	se hubieron llamado

4   futuro

me llamaré	nos llamaremos
te llamarás	os llamaréis
se llamará	se llamarán

11   futuro perfecto

me habré llamado	nos habremos llamado
te habrás llamado	os habréis llamado
se habrá llamado	se habrán llamado

5   potencial simple

me llamaría	nos llamaríamos
te llamarías	os llamaríais
se llamaría	se llamarían

12   potencial compuesto

me habría llamado	nos habríamos llamado
te habrías llamado	os habríais llamado
se habría llamado	se habrían llamado

6   presente de subjuntivo

me llame	nos llamemos
te llames	os llaméis
se llame	se llamen

13   perfecto de subjuntivo

me haya llamado	nos hayamos llamado
te hayas llamado	os hayáis llamado
se haya llamado	se hayan llamado

7   imperfecto de subjuntivo

me llamara	nos llamáramos
te llamaras	os llamarais
se llamara	se llamaran
OR	
me llamase	nos llamásemos
te llamases	os llamaseis
se llamase	se llamasen

14   pluscuamperfecto de subjuntivo

me hubiera llamado	nos hubiéramos llamado
te hubieras llamado	os hubierais llamado
se hubiera llamado	se hubieran llamado
OR	
me hubiese llamado	nos hubiésemos llamado
te hubieses llamado	os hubieseis llamado
se hubiese llamado	se hubiesen llamado

imperativo

—	llamémonos; no nos llamemos
llámate; no te llames	llamaos; no os llaméis
llámese; no se llame	llámense; no se llamen

Common idiomatic expressions using this verb

— ¿**Cómo se llama usted?**   What is your name? (How do you call yourself?)
— **Me llamo Juan Morales.**   My name is Juan Morales.
— ¿**Y cómo se llaman sus hermanos?**   And what are your brother's and sister's names?
— **Se llaman Teresa y Pedro.**   Their names are Teresa and Peter.

For other words and expressions related to this verb, see **llamar.**

The subject pronouns are found on the page facing page 1.   **297**

to arrive

The Seven Simple Tenses		The Seven Compound Tenses	
Singular	Plural	Singular	Plural

1 presente de indicativo		8 perfecto de indicativo	
llego	llegamos	he llegado	hemos llegado
llegas	llegáis	has llegado	habéis llegado
llega	llegan	ha llegado	han llegado

2 imperfecto de indicativo		9 pluscuamperfecto de indicativo	
llegaba	llegábamos	había llegado	habíamos llegado
llegabas	llegabais	habías llegado	habíais llegado
llegaba	llegaban	había llegado	habían llegado

3 pretérito		10 pretérito anterior	
llegué	llegamos	hube llegado	hubimos llegado
llegaste	llegasteis	hubiste llegado	hubisteis llegado
llegó	llegaron	hubo llegado	hubieron llegado

4 futuro		11 futuro perfecto	
llegaré	llegaremos	habré llegado	habremos llegado
llegarás	llegaréis	habrás llegado	habréis llegado
llegará	llegarán	habrá llegado	habrán llegado

5 potencial simple		12 potencial compuesto	
llegaría	llegaríamos	habría llegado	habríamos llegado
llegarías	llegaríais	habrías llegado	habríais llegado
llegaría	llegarían	habría llegado	habrían llegado

6 presente de subjuntivo		13 perfecto de subjuntivo	
llegue	lleguemos	haya llegado	hayamos llegado
llegues	lleguéis	hayas llegado	hayáis llegado
llegue	lleguen	haya llegado	hayan llegado

7 imperfecto de subjuntivo		14 pluscuamperfecto de subjuntivo	
llegara	llegáramos	hubiera llegado	hubiéramos llegado
llegaras	llegarais	hubieras llegado	hubierais llegado
llegara	llegaran	hubiera llegado	hubieran llegado
OR		OR	
llegase	llegásemos	hubiese llegado	hubiésemos llegado
llegases	llegaseis	hubieses llegado	hubieseis llegado
llegase	llegasen	hubiese llegado	hubiesen llegado

imperativo

—	lleguemos
llega; no llegues	llegad; no lleguéis
llegue	lleguen

Words and expressions related to this verb

llegar a ser   to become
   Luis y Luisa quieren llegar a ser médicos.   Louis and Louise want to become doctors.
llegar a saber   to find out   **llegar a**   to reach
la llegada   arrival   **al llegar**   on arrival, upon arriving
llegar tarde   to arrive late

Consult the back pages for verbs used in idiomatic expressions.

The Seven Simple Tenses		The Seven Compound Tenses	
Singular	Plural	Singular	Plural

1 presente de indicativo

		8 perfecto de indicativo	
lleno	llenamos	he llenado	hemos llenado
llenas	llenáis	has llenado	habéis llenado
llena	llenan	ha llenado	han llenado

2 imperfecto de indicativo | | **9 pluscuamperfecto de indicativo** |

llenaba	llenábamos	había llenado	habíamos llenado
llenabas	llenabais	habías llenado	habíais llenado
llenaba	llenaban	había llenado	habían llenado

3 pretérito | | **10 pretérito anterior** |

llené	llenamos	hube llenado	hubimos llenado
llenaste	llenasteis	hubiste llenado	hubisteis llenado
llenó	llenaron	hubo llenado	hubieron llenado

4 futuro | | **11 futuro perfecto** |

llenaré	llenaremos	habré llenado	habremos llenado
llenarás	llenaréis	habrás llenado	habréis llenado
llenará	llenarán	habrá llenado	habrán llenado

5 potencial simple | | **12 potencial compuesto** |

llenaría	llenaríamos	habría llenado	habríamos llenado
llenarías	llenaríais	habrías llenado	habríais llenado
llenaría	llenarían	habría llenado	habrían llenado

6 presente de subjuntivo | | **13 perfecto de subjuntivo** |

llene	llenemos	haya llenado	hayamos llenado
llenes	llenéis	hayas llenado	hayáis llenado
llene	llenen	haya llenado	hayan llenado

7 imperfecto de subjuntivo | | **14 pluscuamperfecto de subjuntivo** |

llenara	llenáramos	hubiera llenado	hubiéramos llenado
llenaras	llenarais	hubieras llenado	hubierais llenado
llenara	llenaran	hubiera llenado	hubieran llenado
OR		OR	
llenase	llenásemos	hubiese llenado	hubiésemos llenado
llenases	llenaseis	hubieses llenado	hubieseis llenado
llenase	llenasen	hubiese llenado	hubiesen llenado

imperativo

—	llenemos
llena; no llenes	llenad; no llenéis
llene	llenen

Words and expressions related to this verb

lleno, llena full, filled
la llenura abundance, fullness
llenamente fully

lleno de bote en bote full to the brim
llenar un pedido to fill an order
llenar un formulario to fill out a form

For other words related to this verb, see **rellenar.**

to carry (away), to take (away), to wear

The Seven Simple Tenses		The Seven Compound Tenses	
Singular	Plural	Singular	Plural
1 presente de indicativo		8 perfecto de indicativo	
llevo	llevamos	he llevado	hemos llevado
llevas	lleváis	has llevado	habéis llevado
lleva	llevan	ha llevado	han llevado
2 imperfecto de indicativo		9 pluscuamperfecto de indicativo	
llevaba	llevábamos	había llevado	habíamos llevado
llevabas	llevabais	habías llevado	habíais llevado
llevaba	llevaban	había llevado	habían llevado
3 pretérito		10 pretérito anterior	
llevé	llevamos	hube llevado	hubimos llevado
llevaste	llevasteis	hubiste llevado	hubisteis llevado
llevó	llevaron	hubo llevado	hubieron llevado
4 futuro		11 futuro perfecto	
llevaré	llevaremos	habré llevado	habremos llevado
llevarás	llevaréis	habrás llevado	habréis llevado
llevará	llevarán	habrá llevado	habrán llevado
5 potencial simple		12 potencial compuesto	
llevaría	llevaríamos	habría llevado	habríamos llevado
llevarías	llevaríais	habrías llevado	habríais llevado
llevaría	llevarían	habría llevado	habrían llevado
6 presente de subjuntivo		13 perfecto de subjuntivo	
lleve	llevemos	haya llevado	hayamos llevado
lleves	llevéis	hayas llevado	hayáis llevado
lleve	lleven	haya llevado	hayan llevado
7 imperfecto de subjuntivo		14 pluscuamperfecto de subjuntivo	
llevara	lleváramos	hubiera llevado	hubiéramos llevado
llevaras	llevarais	hubieras llevado	hubierais llevado
llevara	llevaran	hubiera llevado	hubieran llevado
OR		OR	
llevase	llevásemos	hubiese llevado	hubiésemos llevado
llevases	llevaseis	hubieses llevado	hubieseis llevado
llevase	llevasen	hubiese llevado	hubiesen llevado

	imperativo	
—	llevemos	
lleva; no lleves	llevad; no llevéis	
lleve	lleven	

Words and expressions related to this verb

llevar a cabo to carry through, to accomplish
llevar una caída to have a fall
llevador, llevadora carrier
llevar puesto to wear
llevarse algo de alguien to take something from someone

See also the back pages for verbs in idiomatic expressions.

to weep, to cry, to whine

The Seven Simple Tenses		The Seven Compound Tenses	
Singular	Plural	Singular	Plural

1   presente de indicativo

lloro	lloramos
lloras	lloráis
llora	lloran

8   perfecto de indicativo

he llorado	hemos llorado
has llorado	habéis llorado
ha llorado	han llorado

2   imperfecto de indicativo

lloraba	llorábamos
llorabas	llorabais
lloraba	lloraban

9   pluscuamperfecto de indicativo

había llorado	habíamos llorado
habías llorado	habíais llorado
había llorado	habían llorado

3   pretérito

lloré	lloramos
lloraste	llorasteis
lloró	lloraron

10   pretérito anterior

hube llorado	hubimos llorado
hubiste llorado	hubisteis llorado
hubo llorado	hubieron llorado

4   futuro

lloraré	lloraremos
llorarás	lloraréis
llorará	llorarán

11   futuro perfecto

habré llorado	habremos llorado
habrás llorado	habréis llorado
habrá llorado	habrán llorado

5   potencial simple

lloraría	lloraríamos
llorarías	lloraríais
lloraría	llorarían

12   potencial compuesto

habría llorado	habríamos llorado
habrías llorado	habríais llorado
habría llorado	habrían llorado

6   presente de subjuntivo

llore	lloremos
llores	lloréis
llore	lloren

13   perfecto de subjuntivo

haya llorado	hayamos llorado
hayas llorado	hayáis llorado
haya llorado	hayan llorado

7   imperfecto de subjuntivo

llorara	lloráramos
lloraras	llorarais
llorara	lloraran
OR	
llorase	llorásemos
llorases	lloraseis
llorase	llorasen

14   pluscuamperfecto de subjuntivo

hubiera llorado	hubiéramos llorado
hubieras llorado	hubierais llorado
hubiera llorado	hubieran llorado
OR	
hubiese llorado	hubiésemos llorado
hubieses llorado	hubieseis llorado
hubiese llorado	hubiesen llorado

imperativo

—	lloremos
llora; no llores	llorad; no lloréis
llore	lloren

Words and expressions related to this verb

lloroso, llorosa   tearful, sorrowful
el lloro   weeping, crying
llorador, lloradora   weeper
lloriquear   to cry constantly

llorar con un ojo   to shed crocodile tears
llorar por   to weep (cry) for
llorar por cualquier cosa   to cry about anything

llover

to rain

The Seven Simple Tenses	The Seven Compound Tenses
Singular	Singular
1 presente de indicativo **llueve** OR **está lloviendo**	8 perfecto de indicativo **ha llovido**
2 imperfecto de indicativo **llovía** OR **estaba lloviendo**	9 pluscuamperfecto de indicativo **había llovido**
3 pretérito **llovió**	10 pretérito anterior **hubo llovido**
4 futuro **lloverá**	11 futuro perfecto **habrá llovido**
5 potencial simple **llovería**	12 potencial compuesto **habría llovido**
6 presente de subjuntivo **llueva**	13 perfecto de subjuntivo **haya llovido**
7 imperfecto de subjuntivo **lloviera** OR **lloviese**	14 pluscuamperfecto de subjuntivo **hubiera llovido** OR **hubiese llovido**

imperativo
¡Que llueva!   Let it rain!

Words and expressions related to this verb

la lluvia   rain
lluvioso, lluviosa   rainy
llover a cántaros   to rain in torrents
llueva o no   rain or shine
la llovizna   drizzle

llover chuzos   to rain pitchforks (cats and dogs)
tiempo lluvioso   rainy weather
lloviznar   to drizzle

Consult the back pages for weather expressions using verbs.

Gerundio **maldiciendo**   Part. pas. **maldecido**   **maldecir**
(**maldito,** *when used as an adj. with* estar)

to curse

The Seven Simple Tenses		The Seven Compound Tenses	
Singular	Plural	Singular	Plural

1 presente de indicativo
maldigo	maldecimos
maldices	maldecís
maldice	maldicen

8 perfecto de indicativo
he maldecido	hemos maldecido
has maldecido	habéis maldecido
ha maldecido	han maldecido

2 imperfecto de indicativo
maldecía	maldecíamos
maldecías	maldecíais
maldecía	maldecían

9 pluscuamperfecto de indicativo
había maldecido	habíamos maldecido
habías maldecido	habíais maldecido
había maldecido	habían maldecido

3 pretérito
maldije	maldijimos
maldijiste	maldijisteis
maldijo	maldijeron

10 pretérito anterior
hube maldecido	hubimos maldecido
hubiste maldecido	hubisteis maldecido
hubo maldecido	hubieron maldecido

4 futuro
maldeciré	maldeciremos
maldecirás	maldeciréis
maldecirá	maldecirán

11 futuro perfecto
habré maldecido	habremos maldecido
habrás maldecido	habréis maldecido
habrá maldecido	habrán maldecido

5 potencial simple
maldeciría	maldeciríamos
maldecirías	maldeciríais
maldeciría	maldecirían

12 potencial compuesto
habría maldecido	habríamos maldecido
habrías maldecido	habríais maldecido
habría maldecido	habrían maldecido

6 presente de subjuntivo
maldiga	maldigamos
maldigas	maldigáis
maldiga	maldigan

13 perfecto de subjuntivo
haya maldecido	hayamos maldecido
hayas maldecido	hayáis maldecido
haya maldecido	hayan maldecido

7 imperfecto de subjuntivo
maldijera	maldijéramos
maldijeras	maldijerais
maldijera	maldijeran
OR	
maldijese	maldijésemos
maldijeses	maldijeseis
maldijese	maldijesen

14 pluscuamperfecto de subjuntivo
hubiera maldecido	hubiéramos maldecido
hubieras maldecido	hubierais maldecido
hubiera maldecido	hubieran maldecido
OR	
hubiese maldecido	hubiésemos maldecido
hubieses maldecido	hubieseis maldecido
hubiese maldecido	hubiesen maldecido

imperativo

—	maldigamos
maldice; no maldigas	maldecid; no maldigáis
maldiga	maldigan

Words related to this verb

maldecir de to speak ill of
una maldición curse, malediction
maldicho, maldicha accursed, damned
maldito, maldita damned

un, una maldiciente slanderer
maldecido, maldecida wicked
maldispuesto, maldispuesta ill-disposed
los malditos the damned

to manage, to handle, to drive, to operate (a vehicle)

The Seven Simple Tenses		The Seven Compound Tenses	
Singular	Plural	Singular	Plural
1 presente de indicativo		**8 perfecto de indicativo**	
manejo	manejamos	he manejado	hemos manejado
manejas	manejáis	has manejado	habéis manejado
maneja	manejan	ha manejado	han manejado
2 imperfecto de indicativo		**9 pluscuamperfecto de indicativo**	
manejaba	manejábamos	había manejado	habíamos manejado
manejabas	manejabais	habías manejado	habíais manejado
manejaba	manejaban	había manejado	habían manejado
3 pretérito		**10 pretérito anterior**	
manejé	manejamos	hube manejado	hubimos manejado
manejaste	manejasteis	hubiste manejado	hubisteis manejado
manejó	manejaron	hubo manejado	hubieron manejado
4 futuro		**11 futuro perfecto**	
manejaré	manejaremos	habré manejado	habremos manejado
manejarás	manejaréis	habrás manejado	habréis manejado
manejará	manejarán	habrá manejado	habrán manejado
5 potencial simple		**12 potencial compuesto**	
manejaría	manejaríamos	habría manejado	habríamos manejado
manejarías	manejaríais	habrías manejado	habríais manejado
manejaría	manejarían	habría manejado	habrían manejado
6 presente de subjuntivo		**13 perfecto de subjuntivo**	
maneje	manejemos	haya manejado	hayamos manejado
manejes	manejéis	hayas manejado	hayáis manejado
maneje	manejen	haya manejado	hayan manejado
7 imperfecto de subjuntivo		**14 pluscuamperfecto de subjuntivo**	
manejara	manejáramos	hubiera manejado	hubiéramos manejado
manejaras	manejarais	hubieras manejado	hubierais manejado
manejara	manejaran	hubiera manejado	hubieran manejado
OR		OR	
manejase	manejásemos	hubiese manejado	hubiésemos manejado
manejases	manejaseis	hubieses manejado	hubieseis manejado
manejase	manejasen	hubiese manejado	hubiesen manejado

	imperativo
—	manejemos
maneja; no manejes	manejad; no manejéis
maneje	manejen

Words related to this verb

el manejo   management; driving
el manejo doméstico   housekeeping
el manejo a distancia   remote control

manejable   manageable
la manejabilidad   manageability
la mano   hand

to maintain, to keep up, to support, to provide for

The Seven Simple Tenses		The Seven Compound Tenses	
Singular	Plural	Singular	Plural

1   presente de indicativo

		8 perfecto de indicativo	
mantengo	mantenemos	he mantenido	hemos mantenido
mantienes	mantenéis	has mantenido	habéis mantenido
mantiene	mantienen	ha mantenido	han mantenido

2   imperfecto de indicativo

		9 pluscuamperfecto de indicativo	
mantenía	manteníamos	había mantenido	habíamos mantenido
mantenías	manteníais	habías mantenido	habíais mantenido
mantenía	mantenían	había mantenido	habían mantenido

3   pretérito

		10 pretérito anterior	
mantuve	mantuvimos	hube mantenido	hubimos mantenido
mantuviste	mantuvisteis	hubiste mantenido	hubisteis mantenido
mantuvo	mantuvieron	hubo mantenido	hubieron mantenido

4   futuro

		11 futuro perfecto	
mantendré	mantendremos	habré mantenido	habremos mantenido
mantendrás	mantendréis	habrás mantenido	habréis mantenido
mantendrá	mantendrán	habrá mantenido	habrán mantenido

5   potencial simple

		12 potencial compuesto	
mantendría	mantendríamos	habría mantenido	habríamos mantenido
mantendrías	mantendríais	habrías mantenido	habríais mantenido
mantendría	mantendrían	habría mantenido	habrían mantenido

6   presente de subjuntivo

		13 perfecto de subjuntivo	
mantenga	mantengamos	haya mantenido	hayamos mantenido
mantengas	mantengáis	hayas mantenido	hayáis mantenido
mantenga	mantengan	haya mantenido	hayan mantenido

7   imperfecto de subjuntivo

		14 pluscuamperfecto de subjuntivo	
mantuviera	mantuviéramos	hubiera mantenido	hubiéramos mantenido
mantuvieras	mantuvierais	hubieras mantenido	hubierais mantenido
mantuviera	mantuvieran	hubiera mantenido	hubieran mantenido
OR		OR	
mantuviese	mantuviésemos	hubiese mantenido	hubiésemos mantenido
mantuvieses	mantuvieseis	hubieses mantenido	hubieseis mantenido
mantuviese	mantuviesen	hubiese mantenido	hubiesen mantenido

imperativo

—	mantengamos
manten; no mantengas	mantened; no mantengáis
mantenga	mantengan

Words and expressions related to this verb

mantener el orden   to keep (maintain) order
el mantenimiento, la mantenencia   maintenance, support
mantener la palabra   to keep one's word
mantenerse   to support oneself

The subject pronouns are found on the page facing page 1.   **305**

marcar   Gerundio **marcando**   Part. pas. **marcado**

to mark, to note, to observe

The Seven Simple Tenses		The Seven Compound Tenses	
Singular	Plural	Singular	Plural

1 presente de indicativo | | **8 perfecto de indicativo** |

marco	marcamos	he marcado	hemos marcado
marcas	marcáis	has marcado	habéis marcado
marca	marcan	ha marcado	han marcado

2 imperfecto de indicativo | | **9 pluscuamperfecto de indicativo** |

marcaba	marcábamos	había marcado	habíamos marcado
marcabas	marcabais	habías marcado	habíais marcado
marcaba	marcaban	había marcado	habían marcado

3 pretérito | | **10 pretérito anterior** |

marqué	marcamos	hube marcado	hubimos marcado
marcaste	marcasteis	hubiste marcado	hubisteis marcado
marcó	marcaron	hubo marcado	hubieron marcado

4 futuro | | **11 futuro perfecto** |

marcaré	marcaremos	habré marcado	habremos marcado
mararás	marcaréis	habrás marcado	habréis marcado
marcará	marcarán	habrá marcado	habrán marcado

5 potencial simple | | **12 potencial compuesto** |

marcaría	marcaríamos	habría marcado	habríamos marcado
marcarías	marcaríais	habrías marcado	habríais marcado
marcaría	marcarían	habría marcado	habrían marcado

6 presente de subjuntivo | | **13 perfecto de subjuntivo** |

marque	marquemos	haya marcado	hayamos marcado
marques	marquéis	hayas marcado	hayáis marcado
marque	marquen	haya marcado	hayan marcado

7 imperfecto de subjuntivo | | **14 pluscuamperfecto de subjuntivo** |

marcara	marcáramos	hubiera marcado	hubiéramos marcado
marcaras	marcarais	hubieras marcado	hubierais marcado
marcara	marcaran	hubiera marcado	hubieran marcado
OR		OR	
marcase	marcásemos	hubiese marcado	hubiésemos marcado
marcases	marcaseis	hubieses marcado	hubieseis marcado
marcase	marcasen	hubiese marcado	hubiesen marcado

imperativo

—	marquemos
marca; no marques	marcad; no marquéis
marque	marquen

Words and expressions related to this verb

marcar un número   to dial a telephone number
marcado, marcada   marked, remarkable
marcadamente   markedly, notably

to walk, to march, to function (machine), to run (machine)

The Seven Simple Tenses		The Seven Compound Tenses	
Singular	Plural	Singular	Plural

1 presente de indicativo		8 perfecto de indicativo	
marcho	marchamos	he marchado	hemos marchado
marchas	marcháis	has marchado	habéis marchado
marcha	marchan	ha marchado	han marchado

2 imperfecto de indicativo		9 pluscuamperfecto de indicativo	
marchaba	marchábamos	había marchado	habíamos marchado
marchabas	marchabais	habías marchado	habíais marchado
marchaba	marchaban	había marchado	habían marchado

3 pretérito		10 pretérito anterior	
marché	marchamos	hube marchado	hubimos marchado
marchaste	marchasteis	hubiste marchado	hubisteis marchado
marchó	marcharon	hubo marchado	hubieron marchado

4 futuro		11 futuro perfecto	
marcharé	marcharemos	habré marchado	habremos marchado
marcharás	marcharéis	habrás marchado	habréis marchado
marchará	marcharán	habrá marchado	habrán marchado

5 potencial simple		12 potencial compuesto	
marcharía	marcharíamos	habría marchado	habríamos marchado
marcharías	marcharíais	habrías marchado	habríais marchado
marcharía	marcharían	habría marchado	habrían marchado

6 presente de subjuntivo		13 perfecto de subjuntivo	
marche	marchemos	haya marchado	hayamos marchado
marches	marchéis	hayas marchado	hayáis marchado
marche	marchen	haya marchado	hayan marchado

7 imperfecto de subjuntivo		14 pluscuamperfecto de subjuntivo	
marchara	marcháramos	hubiera marchado	hubiéramos marchado
marcharas	marcharais	hubieras marchado	hubierais marchado
marchara	marcharan	hubiera marchado	hubieran marchado
OR		OR	
marchase	marchásemos	hubiese marchado	hubiésemos marchado
marchases	marchaseis	hubieses marchado	hubieseis marchado
marchase	marchasen	hubiese marchado	hubiesen marchado

imperativo

—	marchemos
marcha; no marches	marchad; no marchéis
marche	marchen

Words and expressions related to this verb

la marcha   march
a largas marchas   speedily, with speed
¡En marcha!   Forward march!
poner en marcha   to put in motion, to start
Esto no marcha   That won't work; That will not do.

to go away, to leave

The Seven Simple Tenses		The Seven Compound Tenses	
Singular	Plural	Singular	Plural

1 presente de indicativo

		8 perfecto de indicativo	
me marcho	nos marchamos	me he marchado	nos hemos marchado
te marchas	os marcháis	te has marchado	os habéis marchado
se marcha	se marchan	se ha marchado	se han marchado

2 imperfecto de indicativo

		9 pluscuamperfecto de indicativo	
me marchaba	nos marchábamos	me había marchado	nos habíamos marchado
te marchabas	os marchabais	te habías marchado	os habíais marchado
se marchaba	se marchaban	se había marchado	se habían marchado

3 pretérito

		10 pretérito anterior	
me marché	nos marchamos	me hube marchado	nos hubimos marchado
te marchaste	os marchasteis	te hubiste marchado	os hubisteis marchado
se marchó	se marcharon	se hubo marchado	se hubieron marchado

4 futuro

		11 futuro perfecto	
me marcharé	nos marcharemos	me habré marchado	nos habremos marchado
te marcharás	os marcharéis	te habrás marchado	os habréis marchado
se marchará	se marcharán	se habrá marchado	se habrán marchado

5 potencial simple

		12 potencial compuesto	
me marcharía	nos marcharíamos	me habría marchado	nos habríamos marchado
te marcharías	os marcharíais	te habrías marchado	os habríais marchado
se marcharía	se marcharían	se habría marchado	se habrían marchado

6 presente de subjuntivo

		13 perfecto de subjuntivo	
me marche	nos marchemos	me haya marchado	nos hayamos marchado
te marches	os marchéis	te hayas marchado	os hayáis marchado
se marche	se marchen	se haya marchado	se hayan marchado

7 imperfecto de subjuntivo

		14 pluscuamperfecto de subjuntivo	
me marchara	nos marcháramos	me hubiera marchado	nos hubiéramos marchado
te marcharas	os marcharais	te hubieras marchado	os hubierais marchado
se marchara	se marcharan	se hubiera marchado	se hubieran marchado
OR		OR	
me marchase	nos marchásemos	me hubiese marchado	nos hubiésemos marchado
te marchases	os marchaseis	te hubieses marchado	os hubieseis marchado
se marchase	se marchasen	se hubiese marchado	se hubiesen marchado

imperativo

—	marchémonos
márchate; no te marches	marchaos; no os marchéis
márchese	márchense

For words and expressions related to this verb, see **marchar** which is related to it.

Also, be sure to consult the back pages for verbs used in idiomatic expressions, Spanish proverbs using verbs, weather expressions using verbs, verbs with prepositions, and over 1,000 Spanish verbs conjugated like model verbs among the 501 verbs in this book.

The Seven Simple Tenses		The Seven Compound Tenses	
Singular	Plural	Singular	Plural

1 presente de indicativo

		8 perfecto de indicativo	
mato	matamos	he matado	hemos matado
matas	matáis	has matado	habéis matado
mata	matan	ha matado	han matado

2 imperfecto de indicativo

		9 pluscuamperfecto de indicativo	
mataba	matábamos	había matado	habíamos matado
matabas	matabais	habías matado	habíais matado
mataba	mataban	había matado	habían matado

3 pretérito

		10 pretérito anterior	
maté	matamos	hube matado	hubimos matado
mataste	matasteis	hubiste matado	hubisteis matado
mató	mataron	hubo matado	hubieron matado

4 futuro

		11 futuro perfecto	
mataré	mataremos	habré matado	habremos matado
matarás	mataréis	habrás matado	habréis matado
matará	matarán	habrá matado	habrán matado

5 potencial simple

		12 potencial compuesto	
mataría	mataríamos	habría matado	habríamos matado
matarías	mataríais	habrías matado	habríais matado
mataría	matarían	habría matado	habrían matado

6 presente de subjuntivo

		13 perfecto de subjuntivo	
mate	matemos	haya matado	hayamos matado
mates	matéis	hayas matado	hayáis matado
mate	maten	haya matado	hayan matado

7 imperfecto de subjuntivo

		14 pluscuamperfecto de subjuntivo	
matara	matáramos	hubiera matado	hubiéramos matado
mataras	matarais	hubieras matado	hubierais matado
matara	mataran	hubiera matado	hubieran matado
OR		OR	
matase	matásemos	hubiese matado	hubiésemos matado
matases	mataseis	hubieses matado	hubieseis matado
matase	matasen	hubiese matado	hubiesen matado

imperativo

—	matemos
mata; no mates	matad; no matéis
mate	maten

Words and expressions related to this verb

el mate   checkmate (chess)
dar mate a   to checkmate (chess)
matador, matadora   killer; **el matador**   bullfighter (kills the bull)
matar el tiempo   to kill time
estar a matar con alguien   to be angry at someone

The subject pronouns are found on the page facing page 1.

to compare, to judge, to measure, to weigh, to scan (verses)

The Seven Simple Tenses		The Seven Compound Tenses	
Singular	Plural	Singular	Plural
1 presente de indicativo		**8 perfecto de indicativo**	
mido	medimos	he medido	hemos medido
mides	medís	has medido	habéis medido
mide	miden	ha medido	han medido
2 imperfecto de indicativo		**9 pluscuamperfecto de indicativo**	
medía	medíamos	había medido	habíamos medido
medías	medíais	habías medido	habíais medido
medía	medían	había medido	habían medido
3 pretérito		**10 pretérito anterior**	
medí	medimos	hube medido	hubimos medido
mediste	medisteis	hubiste medido	hubisteis medido
midió	midieron	hubo medido	hubieron medido
4 futuro		**11 futuro perfecto**	
mediré	mediremos	habré medido	habremos medido
medirás	mediréis	habrás medido	habréis medido
medirá	medirán	habrá medido	habrán medido
5 potencial simple		**12 potencial compuesto**	
mediría	mediríamos	habría medido	habríamos medido
medirías	mediríais	habrías medido	habríais medido
mediría	medirían	habría medido	habrían medido
6 presente de subjuntivo		**13 perfecto de subjuntivo**	
mida	midamos	haya medido	hayamos medido
midas	midáis	hayas medido	hayáis medido
mida	midan	haya medido	hayan medido
7 imperfecto de subjuntivo		**14 pluscuamperfecto de subjuntivo**	
midiera	midiéramos	hubiera medido	hubiéramos medido
midieras	midierais	hubieras medido	hubierais medido
midiera	midieran	hubiera medido	hubieran medido
OR		OR	
midiese	midiésemos	hubiese medido	hubiésemos medido
midieses	midieseis	hubieses medido	hubieseis medido
midiese	midiesen	hubiese medido	hubiesen medido

imperativo	
—	midamos
mide; no midas	medid; no midáis
mida	midan

Common idiomatic expressions using this verb

medir las calles   to walk the streets out of a job
medir el suelo   to fall flat on the ground

Consult the sections on verbs used in idiomatic expressions, verbs with prepositions, and the list of over 1,000 verbs conjugated like model verbs in the back pages.

to improve

The Seven Simple Tenses		The Seven Compound Tenses	
Singular	Plural	Singular	Plural

1 presente de indicativo		8 perfecto de indicativo	
mejoro	mejoramos	he mejorado	hemos mejorado
mejoras	mejoráis	has mejorado	habéis mejorado
mejora	mejoran	ha mejorado	han mejorado

2 imperfecto de indicativo		9 pluscuamperfecto de indicativo	
mejoraba	mejorábamos	había mejorado	habíamos mejorado
mejorabas	mejorabais	habías mejorado	habíais mejorado
mejoraba	mejoraban	había mejorado	habían mejorado

3 pretérito		10 pretérito anterior	
mejoré	mejoramos	hube mejorado	hubimos mejorado
mejoraste	mejorasteis	hubiste mejorado	hubisteis mejorado
mejoró	mejoraron	hubo mejorado	hubieron mejorado

4 futuro		11 futuro perfecto	
mejoraré	mejoraremos	habré mejorado	habremos mejorado
mejorarás	mejoraréis	habrás mejorado	habréis mejorado
mejorará	mejorarán	habrá mejorado	habrán mejorado

5 potencial simple		12 potencial compuesto	
mejoraría	mejoraríamos	habría mejorado	habríamos mejorado
mejorarías	mejoraríais	habrías mejorado	habríais mejorado
mejoraría	mejorarían	habría mejorado	habrían mejorado

6 presente de subjuntivo		13 perfecto de subjuntivo	
mejore	mejoremos	haya mejorado	hayamos mejorado
mejores	mejoréis	hayas mejorado	hayáis mejorado
mejore	mejoren	haya mejorado	hayan mejorado

7 imperfecto de subjuntivo		14 pluscuamperfecto de subjuntivo	
mejorara	mejoráramos	hubiera mejorado	hubiéramos mejorado
mejoraras	mejorarais	hubieras mejorado	hubierais mejorado
mejorara	mejoraran	hubiera mejorado	hubieran mejorado
OR		OR	
mejorase	mejorásemos	hubiese mejorado	hubiésemos mejorado
mejorases	mejoraseis	hubieses mejorado	hubieseis mejorado
mejorase	mejorasen	hubiese mejorado	hubiesen mejorado

imperativo

—	mejoremos
mejora; no mejores	mejorad; no mejoréis
mejore	mejoren

Words and expressions related to this verb

la mejora, la mejoría improvement, betterment
mejor better, best
tanto mejor so much the better
desmejorar to spoil, make worse
mejorarse to get well, recover, improve oneself

mejor dicho rather
mejor que mejor much better
lo mejor the best
desmejorarse to decay, decline, get worse; lose one's health

The subject pronouns are found on the page facing page 1.

mencionar Gerundio **mencionando** Part. pas. **mencionado**

to mention

The Seven Simple Tenses		The Seven Compound Tenses	
Singular	Plural	Singular	Plural

1 presente de indicativo

menciono	mencionamos
mencionas	mencionáis
menciona	mencionan

8 perfecto de indicativo

he mencionado	hemos mencionado
has mencionado	habéis mencionado
ha mencionado	han mencionado

2 imperfecto de indicativo

mencionaba	mencionábamos
mencionabas	mencionabais
mencionaba	mencionaban

9 pluscuamperfecto de indicativo

había mencionado	habíamos mencionado
habías mencionado	habíais mencionado
había mencionado	habían mencionado

3 pretérito

mencioné	mencionamos
mencionaste	mencionasteis
mencionó	mencionaron

10 pretérito anterior

hube mencionado	hubimos mencionado
hubiste mencionado	hubisteis mencionado
hubo mencionado	hubieron mencionado

4 futuro

mencionaré	mencionaremos
mencionarás	mencionaréis
mencionará	mencionarán

11 futuro perfecto

habré mencionado	habremos mencionado
habrás mencionado	habréis mencionado
habrá mencionado	habrán mencionado

5 potencial simple

mencionaría	mencionaríamos
mencionarías	mencionaríais
mencionaría	mencionarían

12 potencial compuesto

habría mencionado	habríamos mencionado
habrías mencionado	habríais mencionado
habría mencionado	habrían mencionado

6 presente de subjuntivo

mencione	mencionemos
menciones	mencionéis
mencione	mencionen

13 perfecto de subjuntivo

haya mencionado	hayamos mencionado
hayas mencionado	hayáis mencionado
haya mencionado	hayan mencionado

7 imperfecto de subjuntivo

mencionara	mencionáramos
mencionaras	mencionarais
mencionara	mencionaran
OR	
mencionase	mencionásemos
mencionases	mencionaseis
mencionase	mencionasen

14 pluscuamperfecto de subjuntivo

hubiera mencionado	hubiéramos mencionado
hubieras mencionado	hubierais mencionado
hubiera mencionado	hubieran mencionado
OR	
hubiese mencionado	hubiésemos mencionado
hubieses mencionado	hubieseis mencionado
hubiese mencionado	hubiesen mencionado

imperativo

—	mencionemos
menciona; no menciones	mencionad; no mencionéis
mencione	mencionen

Words and expressions related to this verb

la mención mention
mención honorífica honorable mention

en mención under discussion
hacer mención de to make mention of

Consult the back pages for the section on verbs used in idiomatic expressions.

to lie, to tell a lie

The Seven Simple Tenses		The Seven Compound Tenses	
Singular	Plural	Singular	Plural
1 presente de indicativo		**8 perfecto de indicativo**	
miento	mentimos	he mentido	hemos mentido
mientes	mentís	has mentido	habéis mentido
miente	mienten	ha mentido	han mentido
2 imperfecto de indicativo		**9 pluscuamperfecto de indicativo**	
mentía	mentíamos	había mentido	habíamos mentido
mentías	mentíais	habías mentido	habíais mentido
mentía	mentían	había mentido	habían mentido
3 pretérito		**10 pretérito anterior**	
mentí	mentimos	hube mentido	hubimos mentido
mentiste	mentisteis	hubiste mentido	hubisteis mentido
mintió	mintieron	hubo mentido	hubieron mentido
4 futuro		**11 futuro perfecto**	
mentiré	mentiremos	habré mentido	habremos mentido
mentirás	mentiréis	habrás mentido	habréis mentido
mentirá	mentirán	habrá mentido	habrán mentido
5 potencial simple		**12 potencial compuesto**	
mentiría	mentiríamos	habría mentido	habríamos mentido
mentirías	mentiríais	habrías mentido	habríais mentido
mentiría	mentirían	habría mentido	habrían mentido
6 presente de subjuntivo		**13 perfecto de subjuntivo**	
mienta	mintamos	haya mentido	hayamos mentido
mientas	mintáis	hayas mentido	hayáis mentido
mienta	mientan	haya mentido	hayan mentido
7 imperfecto de subjuntivo		**14 pluscuamperfecto de subjuntivo**	
mintiera	mintiéramos	hubiera mentido	hubiéramos mentido
mintieras	mintierais	hubieras mentido	hubierais mentido
mintiera	mintieran	hubiera mentido	hubieran mentido
OR		OR	
mintiese	mintiésemos	hubiese mentido	hubiésemos mentido
mintieses	mintieseis	hubieses mentido	hubieseis mentido
mintiese	mintiesen	hubiese mentido	hubiesen mentido

imperativo

—	**mintamos**
miente; no mientas	**mentid; no mintáis**
mienta	**mientan**

Words and expressions related to this verb

una mentira   a lie
un mentirón   a great lie
una mentirilla   a fib

mentido, mentida   deceptive, false
mentirosamente   falsely
¡Parece mentira!   I just don't believe it!

to merit, to deserve

The Seven Simple Tenses		The Seven Compound Tenses	
Singular	Plural	Singular	Plural

1 presente de indicativo		8 perfecto de indicativo	
merezco	merecemos	he merecido	hemos merecido
mereces	merecéis	has merecido	habéis merecido
merece	merecen	ha merecido	han merecido

2 imperfecto de indicativo		9 pluscuamperfecto de indicativo	
merecía	merecíamos	había merecido	habíamos merecido
merecías	merecíais	habías merecido	habíais merecido
merecía	merecían	había merecido	habían merecido

3 pretérito		10 pretérito anterior	
merecí	merecimos	hube merecido	hubimos merecido
mereciste	merecisteis	hubiste merecido	hubisteis merecido
mereció	merecieron	hubo merecido	hubieron merecido

4 futuro		11 futuro perfecto	
mereceré	mereceremos	habré merecido	habremos merecido
merecerás	mereceréis	habrás merecido	habréis merecido
merecerá	merecerán	habrá merecido	habrán merecido

5 potencial simple		12 potencial compuesto	
merecería	mereceríamos	habría merecido	habríamos merecido
merecerías	mereceríais	habrías merecido	habríais merecido
merecería	merecerían	habría merecido	habrían merecido

6 presente de subjuntivo		13 perfecto de subjuntivo	
merezca	merezcamos	haya merecido	hayamos merecido
merezcas	merezcáis	hayas merecido	hayáis merecido
merezca	merezcan	haya merecido	hayan merecido

7 imperfecto de subjuntivo		14 pluscuamperfecto de subjuntivo	
mereciera	mereciéramos	hubiera merecido	hubiéramos merecido
merecieras	merecierais	hubieras merecido	hubierais merecido
mereciera	merecieran	hubiera merecido	hubieran merecido
OR		OR	
mereciese	mereciésemos	hubiese merecido	hubiésemos merecido
merecieses	merecieseis	hubieses merecido	hubieseis merecido
mereciese	mereciesen	hubiese merecido	hubiesen merecido

imperativo	
—	merezcamos
merece; no merezcas	mereced; no merezcáis
merezca	merezcan

Words and expressions related to this verb

merecer la pena to be worth the trouble
el merecimiento, el mérito merit
meritísimo, meritísima most deserving
merced a. . . thanks to. . .

meritar to merit
por sus propios méritos on one's own merits
hacer mérito de to make mention of
vuestra merced your honor, your grace; sir

to look, to look at, to watch

The Seven Simple Tenses		The Seven Compound Tenses	
Singular	Plural	Singular	Plural

1   presente de indicativo

		8 perfecto de indicativo	
miro	miramos	he mirado	hemos mirado
miras	miráis	has mirado	habéis mirado
mira	miran	ha mirado	han mirado

2   imperfecto de indicativo

9   pluscuamperfecto de indicativo

miraba	mirábamos	había mirado	habíamos mirado
mirabas	mirabais	habías mirado	habíais mirado
miraba	miraban	había mirado	habían mirado

3   pretérito

10   pretérito anterior

miré	miramos	hube mirado	hubimos mirado
miraste	mirasteis	hubiste mirado	hubisteis mirado
miró	miraron	hubo mirado	hubieron mirado

4   futuro

11   futuro perfecto

miraré	miraremos	habré mirado	habremos mirado
mirarás	miraréis	habrás mirado	habréis mirado
mirará	mirarán	habrá mirado	habrán mirado

5   potencial simple

12   potencial compuesto

miraría	miraríamos	habría mirado	habríamos mirado
mirarías	miraríais	habrías mirado	habríais mirado
miraría	mirarían	habría mirado	habrían mirado

6   presente de subjuntivo

13   perfecto de subjuntivo

mire	miremos	haya mirado	hayamos mirado
mires	miréis	hayas mirado	hayáis mirado
mire	miren	haya mirado	hayan mirado

7   imperfecto de subjuntivo

14   pluscuamperfecto de subjuntivo

mirara	miráramos	hubiera mirado	hubiéramos mirado
miraras	mirarais	hubieras mirado	hubierais mirado
mirara	miraran	hubiera mirado	hubieran mirado
OR		OR	
mirase	mirásemos	hubiese mirado	hubiésemos mirado
mirases	miraseis	hubieses mirado	hubieseis mirado
mirase	mirasen	hubiese mirado	hubiesen mirado

imperativo

—	miremos
mira; no mires	mirad; no miréis
mire	miren

Words and expressions related to this verb

mirar la televisión   to watch television
¡Mira!   Look! Look out! See here! Listen!

mira por   to look after
mirador, miradora   spectator
mirar de través   to squint

¡Antes que te cases, mira lo que haces!
   Look before you leap! (Before you get
   married, look at what you are doing!)

to look at oneself, to look at each other (**uno a otro; unos a otros**)

The Seven Simple Tenses		The Seven Compound Tenses	
Singular	Plural	Singular	Plural
1 presente de indicativo		**8 perfecto de indicativo**	
me miro	nos miramos	me he mirado	nos hemos mirado
te miras	os miráis	te has mirado	os habéis mirado
se mira	se miran	se ha mirado	se han mirado
2 imperfecto de indicativo		**9 pluscuamperfecto de indicativo**	
me miraba	nos mirábamos	me había mirado	nos habíamos mirado
te mirabas	os mirabais	te habías mirado	os habíais mirado
se miraba	se miraban	se había mirado	se habían mirado
3 pretérito		**10 pretérito anterior**	
me miré	nos miramos	me hube mirado	nos hubimos mirado
te miraste	os mirasteis	te hubiste mirado	os hubisteis mirado
se miró	se miraron	se hubo mirado	se hubieron mirado
4 futuro		**11 futuro perfecto**	
me miraré	nos miraremos	me habré mirado	nos habremos mirado
te mirarás	os miraréis	te habrás mirado	os habréis mirado
se mirará	se mirarán	se habrá mirado	se habrán mirado
5 potencial simple		**12 potencial compuesto**	
me miraría	nos miraríamos	me habría mirado	nos habríamos mirado
te mirarías	os miraríais	te habrías mirado	os habríais mirado
se miraría	se mirarían	se habría mirado	se habrían mirado
6 presente de subjuntivo		**13 perfecto de subjuntivo**	
me mire	nos miremos	me haya mirado	nos hayamos mirado
te mires	os miréis	te hayas mirado	os hayáis mirado
se mire	se miren	se haya mirado	se hayan mirado
7 imperfecto de subjuntivo		**14 pluscuamperfecto de subjuntivo**	
me mirara	nos miráramos	me hubiera mirado	nos hubiéramos mirado
te miraras	os mirarais	te hubieras mirado	os hubierais mirado
se mirara	se miraran	se hubiera mirado	se hubieran mirado
OR		OR	
me mirase	nos mirásemos	me hubiese mirado	nos hubiésemos mirado
te mirases	os miraseis	te hubieses mirado	os hubieseis mirado
se mirase	se mirasen	se hubiese mirado	se hubiesen mirado

imperativo	
—	mirémonos
mírate; no te mires	miraos; no os miréis
mírese	mírense

Words and expressions related to this verb

mirar to look (at), to watch
mirar la televisión to watch television
mirarse las uñas to twiddle one's thumbs (to be idle)
mirarse unos a otros to look at each other in awe

¡Mira! Look! Look out!
echar una mirada a to take a look at
mirar alrededor to look around

to get wet, to wet oneself

The Seven Simple Tenses		The Seven Compound Tenses	
Singular	Plural	Singular	Plural

1   presente de indicativo

me mojo	nos mojamos
te mojas	os mojáis
se moja	se mojan

8   perfecto de indicativo

me he mojado	nos hemos mojado
te has mojado	os habéis mojado
se ha mojado	se han mojado

2   imperfecto de indicativo

me mojaba	nos mojábamos
te mojabas	os mojabais
se mojaba	se mojaban

9   pluscuamperfecto de indicativo

me había mojado	nos habíamos mojado
te habías mojado	os habíais mojado
se había mojado	se habían mojado

3   pretérito

me mojé	nos mojamos
te mojaste	os mojasteis
se mojó	se mojaron

10   pretérito anterior

me hube mojado	nos hubimos mojado
te hubiste mojado	os hubisteis mojado
se hubo mojado	se hubieron mojado

4   futuro

me mojaré	nos mojaremos
te mojarás	os mojaréis
se mojará	se mojarán

11   futuro perfecto

me habré mojado	nos habremos mojado
te habrás mojado	os habréis mojado
se habrá mojado	se habrán mojado

5   potencial simple

me mojaría	nos mojaríamos
te mojarías	os mojaríais
se mojaría	se mojarían

12   potencial compuesto

me habría mojado	nos habríamos mojado
te habrías mojado	os habríais mojado
se habría mojado	se habrían mojado

6   presente de subjuntivo

me moje	nos mojemos
te mojes	os mojéis
se moje	se mojen

13   perfecto de subjuntivo

me haya mojado	nos hayamos mojado
te hayas mojado	os hayáis mojado
se haya mojado	se hayan mojado

7   imperfecto de subjuntivo

me mojara	nos mojáramos
te mojaras	os mojarais
se mojara	se mojaran
OR	
me mojase	nos mojásemos
te mojases	os mojaseis
se mojase	se mojasen

14   pluscuamperfecto de subjuntivo

me hubiera mojado	nos hubiéramos mojado
te hubieras mojado	os hubierais mojado
se hubiera mojado	se hubieran mojado
OR	
me hubiese mojado	nos hubiésemos mojado
te hubieses mojado	os hubieseis mojado
se hubiese mojado	se hubiesen mojado

imperativo

—	mojémonos
mójate; no te mojes	mojaos; no os mojéis
mójese	mójense

Words and expressions related to this verb

mojado, mojada   wet, drenched, soaked
mojar   to wet, to moisten; to interfere, to meddle
mojar en   to get mixed up in
remojar   to soak; **remojar la palabra**   to wet one's whistle (to drink something)

The subject pronouns are found on the page facing page 1.   **317**

to mount, to go up, to climb, to get on, to wind (a watch)

The Seven Simple Tenses		The Seven Compound Tenses	
Singular	Plural	Singular	Plural

1 presente de indicativo		8 perfecto de indicativo	
monto	montamos	he montado	hemos montado
montas	montáis	has montado	habéis montado
monta	montan	ha montado	han montado

2 imperfecto de indicativo		9 pluscuamperfecto de indicativo	
montaba	montábamos	había montado	habíamos montado
montabas	montabais	habías montado	habíais montado
montaba	montaban	había montado	habían montado

3 pretérito		10 pretérito anterior	
monté	montamos	hube montado	hubimos montado
montaste	montasteis	hubiste montado	hubisteis montado
montó	montaron	hubo montado	hubieron montado

4 futuro		11 futuro perfecto	
montaré	montaremos	habré montado	habremos montado
montarás	montaréis	habrás montado	habréis montado
montará	montarán	habrá montado	habrán montado

5 potencial simple		12 potencial compuesto	
montaría	montaríamos	habría montado	habríamos montado
montarías	montaríais	habrías montado	habríais montado
montaría	montarían	habría montado	habrían montado

6 presente de subjuntivo		13 perfecto de subjuntivo	
monte	montemos	haya montado	hayamos montado
montes	montéis	hayas montado	hayáis montado
monte	monten	haya montado	hayan montado

7 imperfecto de subjuntivo		14 pluscuamperfecto de subjuntivo	
montara	montáramos	hubiera montado	hubiéramos montado
montaras	montarais	hubieras montado	hubierais montado
montara	montaran	hubiera montado	hubieran montado
OR		OR	
montase	montásemos	hubiese montado	hubiésemos montado
montases	montaseis	hubieses montado	hubieseis montado
montase	montasen	hubiese montado	hubiesen montado

imperativo	
—	montemos
monta; no montes	montad; no montéis
monte	monten

Words and expressions related to this verb

montar a caballo   to ride horseback
montar en pelo   to ride bareback
montar a horcajadas   to straddle
el monte   mount, mountain
la montaña   mountain

montarse   to mount, to get on top
remontar   to frighten away, to scare away; to go back up, to get back on; to go back (in time)
trasmontar   to go over mountains
montar a   to amount to

318

The Seven Simple Tenses		The Seven Compound Tenses	
Singular	Plural	Singular	Plural
1 presente de indicativo		8 perfecto de indicativo	
muerdo	mordemos	he mordido	hemos mordido
muerdes	mordéis	has mordido	habéis mordido
muerde	muerden	ha mordido	han mordido
2 imperfecto de indicativo		9 pluscuamperfecto de indicativo	
mordía	mordíamos	había mordido	habíamos mordido
mordías	mordíais	habías mordido	habíais mordido
mordía	mordían	había mordido	habían mordido
3 pretérito		10 pretérito anterior	
mordí	mordimos	hube mordido	hubimos mordido
mordiste	mordisteis	hubiste mordido	hubisteis mordido
mordió	mordieron	hubo mordido	hubieron mordido
4 futuro		11 futuro perfecto	
morderé	morderemos	habré mordido	habremos mordido
morderás	morderéis	habrás mordido	habréis mordido
morderá	morderán	habrá mordido	habrán mordido
5 potencial simple		12 potencial compuesto	
mordería	morderíamos	habría mordido	habríamos mordido
morderías	morderíais	habrías mordido	habríais mordido
mordería	morderían	habría mordido	habrían mordido
6 presente de subjuntivo		13 perfecto de subjuntivo	
muerda	mordamos	haya mordido	hayamos mordido
muerdas	mordáis	hayas mordido	hayáis mordido
muerda	muerdan	haya mordido	hayan mordido
7 imperfecto de subjuntivo		14 pluscuamperfecto de subjuntivo	
mordiera	mordiéramos	hubiera mordido	hubiéramos mordido
mordieras	mordierais	hubieras mordido	hubierais mordido
mordiera	mordieran	hubiera mordido	hubieran mordido
OR		OR	
mordiese	mordiésemos	hubiese mordido	hubiésemos mordido
mordieses	mordieseis	hubieses mordido	hubieseis mordido
mordiese	mordiesen	hubiese mordido	hubiesen mordido

imperativo

—	mordamos
muerde; no muerdas	morded; no mordáis
muerda	muerdan

Sentences using this verb and words related to it

Perro que ladra no muerde.   A barking dog does not bite.
una mordaza   muzzle
la mordacidad   mordancy
mordazmente   bitingly
una mordedura   a bite

to die

The Seven Simple Tenses		The Seven Compound Tenses	
Singular	Plural	Singular	Plural
1 presente de indicativo		**8 perfecto de indicativo**	
muero	morimos	he muerto	hemos muerto
mueres	morís	has muerto	habéis muerto
muere	mueren	ha muerto	han muerto
2 imperfecto de indicativo		**9 pluscuamperfecto de indicativo**	
moría	moríamos	había muerto	habíamos muerto
morías	moríais	habías muerto	habíais muerto
moría	morían	había muerto	habían muerto
3 pretérito		**10 pretérito anterior**	
morí	morimos	hube muerto	hubimos muerto
moriste	moristeis	hubiste muerto	hubisteis muerto
murió	murieron	hubo muerto	hubieron muerto
4 futuro		**11 futuro perfecto**	
moriré	moriremos	habré muerto	habremos muerto
morirás	moriréis	habrás muerto	habréis muerto
morirá	morirán	habrá muerto	habrán muerto
5 potencial simple		**12 potencial compuesto**	
moriría	moriríamos	habría muerto	habríamos muerto
morirías	moriríais	habrías muerto	habríais muerto
moriría	morirían	habría muerto	habrían muerto
6 presente de subjuntivo		**13 perfecto de subjuntivo**	
muera	muramos	haya muerto	hayamos muerto
mueras	muráis	hayas muerto	hayáis muerto
muera	mueran	haya muerto	hayan muerto
7 imperfecto de subjuntivo		**14 pluscuamperfecto de subjuntivo**	
muriera	muriéramos	hubiera muerto	hubiéramos muerto
murieras	murierais	hubieras muerto	hubierais muerto
muriera	murieran	hubiera muerto	hubieran muerto
OR		OR	
muriese	muriésemos	hubiese muerto	hubiésemos muerto
murieses	murieseis	hubieses muerto	hubieseis muerto
muriese	muriesen	hubiese muerto	hubiesen muerto

	imperativo	
—		muramos
muere; no mueras		morid; no muráis
muera		mueran

Words and expressions related to this verb

la muerte death	**entremorir** to burn out, to flicker
mortal fatal, mortal	**morir de repente** to drop dead
la mortalidad mortality	**hasta morir** until death
morir de risa to die laughing	**morirse de miedo** to be scared to death

to show, to point out

The Seven Simple Tenses		The Seven Compound Tenses	
Singular	Plural	Singular	Plural

1   presente de indicativo

muestro	mostramos	
muestras	mostráis	
muestra	muestran	

8   perfecto de indicativo

he mostrado	hemos mostrado
has mostrado	habéis mostrado
ha mostrado	han mostrado

2   imperfecto de indicativo

mostraba	mostrábamos
mostrabas	mostrabais
mostraba	mostraban

9   pluscuamperfecto de indicativo

había mostrado	habíamos mostrado
habías mostrado	habíais mostrado
había mostrado	habían mostrado

3   pretérito

mostré	mostramos
mostraste	mostrasteis
mostró	mostraron

10   pretérito anterior

hube mostrado	hubimos mostrado
hubiste mostrado	hubisteis mostrado
hubo mostrado	hubieron mostrado

4   futuro

mostraré	mostraremos
mostrarás	mostraréis
mostrará	mostrarán

11   futuro perfecto

habré mostrado	habremos mostrado
habrás mostrado	habréis mostrado
habrá mostrado	habrán mostrado

5   potencial simple

mostraría	mostraríamos
mostrarías	mostraríais
mostraría	mostrarían

12   potencial compuesto

habría mostrado	habríamos mostrado
habrías mostrado	habríais mostrado
habría mostrado	habrían mostrado

6   presente de subjuntivo

muestre	mostremos
muestres	mostréis
muestre	muestren

13   perfecto de subjuntivo

haya mostrado	hayamos mostrado
hayas mostrado	hayáis mostrado
haya mostrado	hayan mostrado

7   imperfecto de subjuntivo

mostrara	mostráramos
mostraras	mostrarais
mostrara	mostraran
OR	
mostrase	mostrásemos
mostrases	mostraseis
mostrase	mostrasen

14   pluscuamperfecto de subjuntivo

hubiera mostrado	hubiéramos mostrado
hubieras mostrado	hubierais mostrado
hubiera mostrado	hubieran mostrado
OR	
hubiese mostrado	hubiésemos mostrado
hubieses mostrado	hubieseis mostrado
hubiese mostrado	hubiesen mostrado

imperativo

—	mostremos
muestra; no muestres	mostrad; no mostréis
muestre	muestren

Words related to this verb

mostrador, mostradora   demonstrator, counter (in a store where merchandise is displayed
   under a glass case)
mostrarse   to show oneself, to appear

See also **demostrar**.

to move, to persuade, to excite

The Seven Simple Tenses		The Seven Compound Tenses	
Singular	Plural	Singular	Plural

1 presente de indicativo		8 perfecto de indicativo	
muevo	movemos	he movido	hemos movido
mueves	movéis	has movido	habéis movido
mueve	mueven	ha movido	han movido

2 imperfecto de indicativo		9 pluscuamperfecto de indicativo	
movía	movíamos	había movido	habíamos movido
movías	movíais	habías movido	habíais movido
movía	movían	había movido	habían movido

3 pretérito		10 pretérito anterior	
moví	movimos	hube movido	hubimos movido
moviste	movisteis	hubiste movido	hubisteis movido
movió	movieron	hubo movido	hubieron movido

4 futuro		11 futuro perfecto	
moveré	moveremos	habré movido	habremos movido
moverás	moveréis	habrás movido	habréis movido
moverá	moverán	habrá movido	habrán movido

5 potencial simple		12 potencial compuesto	
movería	moveríamos	habría movido	habríamos movido
moverías	moveríais	habrías movido	habríais movido
movería	moverían	habría movido	habrían movido

6 presente de subjuntivo		13 perfecto de subjuntivo	
mueva	movamos	haya movido	hayamos movido
muevas	mováis	hayas movido	hayáis movido
mueva	muevan	haya movido	hayan movido

7 imperfecto de subjuntivo		14 pluscuamperfecto de subjuntivo	
moviera	moviéramos	hubiera movido	hubiéramos movido
movieras	movierais	hubieras movido	hubierais movido
moviera	movieran	hubiera movido	hubieran movido
OR		OR	
moviese	moviésemos	hubiese movido	hubiésemos movido
movieses	movieseis	hubieses movido	hubieseis movido
moviese	moviesen	hubiese movido	hubiesen movido

imperativo

—	movamos
mueve; no muevas	moved; no mováis
mueva	muevan

Words and expressions related to this verb

mover a alguien a + inf.　to move someone + inf.
la movilidad　mobility
el movimiento　movement, motion
mover cielo y tierra　to move heaven and earth
remover　to move, transfer, remove; **removerse**
　to move away

conmover　to move (one's
　emotions), to touch, stir,
　upset, shake
conmoverse　to be moved, touched
promover　to promote, to further

to change one's clothes, to change one's place of residence, to move

The Seven Simple Tenses		The Seven Compound Tenses	
Singular	Plural	Singular	Plural

1 presente de indicativo

me mudo	nos mudamos		
te mudas	os mudáis		
se muda	se mudan		

8 perfecto de indicativo

me he mudado	nos hemos mudado
te has mudado	os habéis mudado
se ha mudado	se han mudado

2 imperfecto de indicativo

me mudaba	nos mudábamos
te mudabas	os mudabais
se mudaba	se mudaban

9 pluscuamperfecto de indicativo

me había mudado	nos habíamos mudado
te habías mudado	os habíais mudado
se había mudado	se habían mudado

3 pretérito

me mudé	nos mudamos
te mudaste	os mudasteis
se mudó	se mudaron

10 pretérito anterior

me hube mudado	nos hubimos mudado
te hubiste mudado	os hubisteis mudado
se hubo mudado	se hubieron mudado

4 futuro

me mudaré	nos mudaremos
te mudarás	os mudaréis
se mudará	se mudarán

11 futuro perfecto

me habré mudado	nos habremos mudado
te habrás mudado	os habréis mudado
se habrá mudado	se habrán mudado

5 potencial simple

me mudaría	nos mudaríamos
te mudarías	os mudaríais
se mudaría	se mudarían

12 potencial compuesto

me habría mudado	nos habríamos mudado
te habrías mudado	os habríais mudado
se habría mudado	se habrían mudado

6 presente de subjuntivo

me mude	nos mudemos
te mudes	os mudéis
se mude	se muden

13 perfecto de subjuntivo

me haya mudado	nos hayamos mudado
te hayas mudado	os hayáis mudado
se haya mudado	se hayan mudado

7 imperfecto de subjuntivo

me mudara	nos mudáramos
te mudaras	os mudarais
se mudara	se mudaran
OR	
me mudase	nos mudásemos
te mudases	os mudaseis
se mudase	se mudasen

14 pluscuamperfecto de subjuntivo

me hubiera mudado	nos hubiéramos mudado
te hubieras mudado	os hubierais mudado
se hubiera mudado	se hubieran mudado
OR	
me hubiese mudado	nos hubiésemos mudado
te hubieses mudado	os hubieseis mudado
se hubiese mudado	se hubiesen mudado

imperativo

—	mudémonos
múdate; no te mudes	mudaos; no os mudéis
múdese	múdense

Words and expressions related to this verb

transmudar, trasmudar to transmute
la mudanza moving (change)
un carro de mudanza moving van
demudar to change, alter, disguise

mudar to change
mudar de casa to move from one house to another
mudar de ropa to change clothes
demudarse to be changed, disguise oneself

Be sure to consult the back pages for sections on verbs used in idiomatic expressions, verbs with prepositions, and the list of over 1,000 verbs conjugated like model verbs.
The subject pronouns are found on the page facing page 1.

to be born

The Seven Simple Tenses		The Seven Compound Tenses	
Singular	Plural	Singular	Plural

1　presente de indicativo

		8　perfecto de indicativo	
nazco	nacemos	he nacido	hemos nacido
naces	nacéis	has nacido	habéis nacido
nace	nacen	ha nacido	han nacido

2　imperfecto de indicativo

		9　pluscuamperfecto de indicativo	
nacía	nacíamos	había nacido	habíamos nacido
nacías	nacíais	habías nacido	habíais nacido
nacía	nacían	había nacido	habían nacido

3　pretérito

		10　pretérito anterior	
nací	nacimos	hube nacido	hubimos nacido
naciste	nacisteis	hubiste nacido	hubisteis nacido
nació	nacieron	hubo nacido	hubieron nacido

4　futuro

		11　futuro perfecto	
naceré	naceremos	habré nacido	habremos nacido
nacerás	naceréis	habrás nacido	habréis nacido
nacerá	nacerán	habrá nacido	habrán nacido

5　potencial simple

		12　potencial compuesto	
nacería	naceríamos	habría nacido	habríamos nacido
nacerías	naceríais	habrías nacido	habríais nacido
nacería	nacerían	habría nacido	habrían nacido

6　presente de subjuntivo

		13　perfecto de subjuntivo	
nazca	nazcamos	haya nacido	hayamos nacido
nazcas	nazcáis	hayas nacido	hayáis nacido
nazca	nazcan	haya nacido	hayan nacido

7　imperfecto de subjuntivo

		14　pluscuamperfecto de subjuntivo	
naciera	naciéramos	hubiera nacido	hubiéramos nacido
nacieras	nacierais	hubieras nacido	hubierais nacido
naciera	nacieran	hubiera nacido	hubieran nacido
OR		OR	
naciese	naciésemos	hubiese nacido	hubiésemos nacido
nacieses	nacieseis	hubieses nacido	hubieseis nacido
naciese	naciesen	hubiese nacido	hubiesen nacido

imperativo	
—	nazcamos
nace; no nazcas	naced; no nazcáis
nazca	nazcan

Words and expressions related to this verb

bien nacido (nacida)　well bred; **mal nacido (nacida)**　ill bred
el nacimiento　birth
renacer　to be born again, to be reborn
nacer tarde　to be born yesterday (not much intelligence)
nacer de pies　to be born with a silver spoon in one's mouth

The Seven Simple Tenses		The Seven Compound Tenses	
Singular	Plural	Singular	Plural

1   presente de indicativo

		8 perfecto de indicativo	
nado	nadamos	he nadado	hemos nadado
nadas	nadáis	has nadado	habéis nadado
nada	nadan	ha nadado	han nadado

2   imperfecto de indicativo   **9   pluscuamperfecto de indicativo**

nadaba	nadábamos	había nadado	habíamos nadado
nadabas	nadabais	habías nadado	habíais nadado
nadaba	nadaban	había nadado	habían nadado

3   pretérito   **10   pretérito anterior**

nadé	nadamos	hube nadado	hubimos nadado
nadaste	nadasteis	hubiste nadado	hubisteis nadado
nadó	nadaron	hubo nadado	hubieron nadado

4   futuro   **11   futuro perfecto**

nadaré	nadaremos	habré nadado	habremos nadado
nadarás	nadaréis	habrás nadado	habréis nadado
nadará	nadarán	habrá nadado	habrán nadado

5   potencial simple   **12   potencial compuesto**

nadaría	nadaríamos	habría nadado	habríamos nadado
nadarías	nadaríais	habrías nadado	habríais nadado
nadaría	nadarían	habría nadado	habrían nadado

6   presente de subjuntivo   **13   perfecto de subjuntivo**

nade	nademos	haya nadado	hayamos nadado
nades	nadéis	hayas nadado	hayáis nadado
nade	naden	haya nadado	hayan nadado

7   imperfecto de subjuntivo   **14   pluscuamperfecto de subjuntivo**

nadara	nadáramos	hubiera nadado	hubiéramos nadado
nadaras	nadarais	hubieras nadado	hubierais nadado
nadara	nadaran	hubiera nadado	hubieran nadado
OR		OR	
nadase	nadásemos	hubiese nadado	hubiésemos nadado
nadases	nadaseis	hubieses nadado	hubieseis nadado
nadase	nadasen	hubiese nadado	hubiesen nadado

imperativo

—	nademos
nada; no nades	nadad; no nadéis
nade	naden

Words and expressions related to this verb

nadador, nadadora swimmer
la natación swimming

nadar entre dos aguas to swim underwater
nadar en to revel in, to delight in, to take great
  pleasure in

Consult the back pages for the section on weather expressions using verbs.

to navigate, to sail

The Seven Simple Tenses		The Seven Compound Tenses	
Singular	Plural	Singular	Plural

1 presente de indicativo		8 perfecto de indicativo	
navego	navegamos	he navegado	hemos navegado
navegas	navegáis	has navegado	habéis navegado
navega	navegan	ha navegado	han navegado

2 imperfecto de indicativo		9 pluscuamperfecto de indicativo	
navegaba	navegábamos	había navegado	habíamos navegado
navegabas	navegabais	habías navegado	habíais navegado
navegaba	navegaban	había navegado	habían navegado

3 pretérito		10 pretérito anterior	
navegué	navegamos	hube navegado	hubimos navegado
navegaste	navegasteis	hubiste navegado	hubisteis navegado
navegó	navegaron	hubo navegado	hubieron navegado

4 futuro		11 futuro perfecto	
navegaré	navegaremos	habré navegado	habremos navegado
navegarás	navegaréis	habrás navegado	habréis navegado
navegará	navegarán	habrá navegado	habrán navegado

5 potencial simple		12 potencial compuesto	
navegaría	navegaríamos	habría navegado	habríamos navegado
navegarías	navegaríais	habrías navegado	habríais navegado
navegaría	navegarían	habría navegado	habrían navegado

6 presente de subjuntivo		13 perfecto de subjuntivo	
navegue	naveguemos	haya navegado	hayamos navegado
navegues	naveguéis	hayas navegado	hayáis navegado
navegue	naveguen	haya navegado	hayan navegado

7 imperfecto de subjuntivo		14 pluscuamperfecto de subjuntivo	
navegara	navegáramos	hubiera navegado	hubiéramos navegado
navegaras	navegarais	hubieras navegado	hubierais navegado
navegara	navegaran	hubiera navegado	hubieran navegado
OR		OR	
navegase	navegásemos	hubiese navegado	hubiésemos navegado
navegases	navegaseis	hubieses navegado	hubieseis navegado
navegase	navegasen	hubiese navegado	hubiesen navegado

imperativo

—	naveguemos
navega; no navegues	navegad; no naveguéis
navegue	naveguen

Words and expressions related to this verb

la navegación navigation
navegación de ultramar overseas shipping
navegar a distancia de to steer clear away
la nave ship

naval naval, nautical
navegable navigable
una naveta, una navecilla small ship
una nave cósmica spaceship

The Seven Simple Tenses		The Seven Compound Tenses	
Singular	Plural	Singular	Plural

1 presente de indicativo		8 perfecto de indicativo	
necesito	necesitamos	he necesitado	hemos necesitado
necesitas	necesitáis	has necesitado	habéis necesitado
necesita	necesitan	ha necesitado	han necesitado

2 imperfecto de indicativo		9 pluscuamperfecto de indicativo	
necesitaba	necesitábamos	había necesitado	habíamos necesitado
necesitabas	necesitabais	habías necesitado	habíais necesitado
necesitaba	necesitaban	había necesitado	habían necesitado

3 pretérito		10 pretérito anterior	
necesité	necesitamos	hube necesitado	hubimos necesitado
necesitaste	necesitasteis	hubiste necesitado	hubisteis necesitado
necesitó	necesitaron	hubo necesitado	hubieron necesitado

4 futuro		11 futuro perfecto	
necesitaré	necesitaremos	habré necesitado	habremos necesitado
necesitarás	necesitaréis	habrás necesitado	habréis necesitado
necesitará	necesitarán	habrá necesitado	habrán necesitado

5 potencial simple		12 potencial compuesto	
necesitaría	necesitaríamos	habría necesitado	habríamos necesitado
necesitarías	necesitaríais	habrías necesitado	habríais necesitado
necesitaría	necesitarían	habría necesitado	habrían necesitado

6 presente de subjuntivo		13 perfecto de subjuntivo	
necesite	necesitemos	haya necesitado	hayamos necesitado
necesites	necesitéis	hayas necesitado	hayáis necesitado
necesite	necesiten	haya necesitado	hayan necesitado

7 imperfecto de subjuntivo		14 pluscuamperfecto de subjuntivo	
necesitara	necesitáramos	hubiera necesitado	hubiéramos necesitado
necesitaras	necesitarais	hubieras necesitado	hubierais necesitado
necesitara	necesitaran	hubiera necesitado	hubieran necesitado
OR		OR	
necesitase	necesitásemos	hubiese necesitado	hubiésemos necesitado
necesitases	necesitaseis	hubieses necesitado	hubieseis necesitado
necesitase	necesitasen	hubiese necesitado	hubiesen necesitado

imperativo

—	necesitemos
necesita; no necesites	necesitad; no necesitéis
necesite	necesiten

Words and expressions related to this verb

la necesidad necessity
por necesidad from necessity
necesario, necesaria necessary

necesitar + inf. to have + inf., to need + inf.
un necesitado, una necesitada needy person
necesariamente necessarily

to deny

The Seven Simple Tenses		The Seven Compound Tenses	
Singular	Plural	Singular	Plural
1 presente de indicativo		**8 perfecto de indicativo**	
niego	negamos	he negado	hemos negado
niegas	negáis	has negado	habéis negado
niega	niegan	ha negado	han negado
2 imperfecto de indicativo		**9 pluscuamperfecto de indicativo**	
negaba	negábamos	había negado	habíamos negado
negabas	negabais	habías negado	habíais negado
negaba	negaban	había negado	habían negado
3 pretérito		**10 pretérito anterior**	
negué	negamos	hube negado	hubimos negado
negaste	negasteis	hubiste negado	hubisteis negado
negó	negaron	hubo negado	hubieron negado
4 futuro		**11 futuro perfecto**	
negaré	negaremos	habré negado	habremos negado
negarás	negaréis	habrás negado	habréis negado
negará	negarán	habrá negado	habrán negado
5 potencial simple		**12 potencial compuesto**	
negaría	negaríamos	habría negado	habríamos negado
negarías	negaríais	habrías negado	habríais negado
negaría	negarían	habría negado	habrían negado
6 presente de subjuntivo		**13 perfecto de subjuntivo**	
niegue	neguemos	haya negado	hayamos negado
niegues	neguéis	hayas negado	hayáis negado
niegue	nieguen	haya negado	hayan negado
7 imperfecto de subjuntivo		**14 pluscuamperfecto de subjuntivo**	
negara	negáramos	hubiera negado	hubiéramos negado
negaras	negarais	hubieras negado	hubierais negado
negara	negaran	hubiera negado	hubieran negado
OR		OR	
negase	negásemos	hubiese negado	hubiésemos negado
negases	negaseis	hubieses negado	hubieseis negado
negase	negasen	hubiese negado	hubiesen negado

	imperativo	
—		neguemos
niega; no niegues		negad; no neguéis
niegue		nieguen

Words and expressions related to this verb

negador, negadora denier
negativo, negativa negative
la negación denial, negation
negable deniable

negar haber + past part. to deny having + past part.
negarse a to refuse
renegar to abhor, to deny vehemently

The Seven Simple Tenses	The Seven Compound Tenses
Singular	Singular
1 presente de indicativo **nieva** OR **está nevando**	8 perfecto de indicativo **ha nevado**
2 imperfecto de indicativo **nevaba** OR **estaba nevando**	9 pluscuamperfecto de indicativo **había nevado**
3 pretérito **nevó**	10 pretérito anterior **hubo nevado**
4 futuro **nevará**	11 futuro perfecto **habrá nevado**
5 potencial simple **nevaría**	12 potencial compuesto **habría nevado**
6 presente de subjuntivo **nieve**	13 perfecto de subjuntivo **haya nevado**
7 imperfecto de subjuntivo **nevara** OR **nevase**	14 pluscuamperfecto de subjuntivo **hubiera nevado** OR **hubiese nevado**

imperativo
¡Que nieve!   Let it snow!

Words and expressions related to this verb

la nieve snow
  Me gusta la nieve. I like snow.
nevado, nevada snowy, snow covered
la nevada snowfall; the state of Nevada, U.S.A.

la nevera refrigerator
un copo de nieve snowflake
una bola de nieve snowball

Consult the back pages for the section on weather expressions using verbs.

to obey

The Seven Simple Tenses		The Seven Compound Tenses	
Singular	Plural	Singular	Plural

1 presente de indicativo

obedezco	obedecemos		
obedeces	obedecéis		
obedece	obedecen		

8 perfecto de indicativo

he obedecido	hemos obedecido
has obedecido	habéis obedecido
ha obedecido	han obedecido

2 imperfecto de indicativo

obedecía	obedecíamos
obedecías	obedecíais
obedecía	obedecían

9 pluscuamperfecto de indicativo

había obedecido	habíamos obedecido
habías obedecido	habíais obedecido
había obedecido	habían obedecido

3 pretérito

obedecí	obedecimos
obedeciste	obedecisteis
obedeció	obedecieron

10 pretérito anterior

hube obedecido	hubimos obedecido
hubiste obedecido	hubisteis obedecido
hubo obedecido	hubieron obedecido

4 futuro

obedeceré	obedeceremos
obedecerás	obedeceréis
obedecerá	obedecerán

11 futuro perfecto

habré obedecido	habremos obedecido
habrás obedecido	habréis obedecido
habrá obedecido	habrán obedecido

5 potencial simple

obedecería	obedeceríamos
obedecerías	obedeceríais
obedecería	obedecerían

12 potencial compuesto

habría obedecido	habríamos obedecido
habrías obedecido	habríais obedecido
habría obedecido	habrían obedecido

6 presente de subjuntivo

obedezca	obedezcamos
obedezcas	obedezcáis
obedezca	obedezcan

13 perfecto de subjuntivo

haya obedecido	hayamos obedecido
hayas obedecido	hayáis obedecido
haya obedecido	hayan obedecido

7 imperfecto de subjuntivo

obedeciera	obedeciéramos
obedecieras	obedecierais
obedeciera	obedecieran
OR	
obedeciese	obedeciésemos
obedecieses	obedecieseis
obedeciese	obedeciesen

14 pluscuamperfecto de subjuntivo

hubiera obedecido	hubiéramos obedecido
hubieras obedecido	hubierais obedecido
hubiera obedecido	hubieran obedecido
OR	
hubiese obedecido	hubiésemos obedecido
hubieses obedecido	hubieseis obedecido
hubiese obedecido	hubiesen obedecido

imperativo

—	obedezcamos
obedece; no obedezcas	obedeced; no obedezcáis
obedezca	obedezcan

Words related to this verb

el obedecimiento, la obediencia obedience
obediente obedient

obedientemente obediently
desobedecer to disobey

The Seven Simple Tenses		The Seven Compound Tenses	
Singular	Plural	Singular	Plural

1   presente de indicativo

observo	observamos		
observas	observáis		
observa	observan		

8   perfecto de indicativo

he observado	hemos observado
has observado	habéis observado
ha observado	han observado

2   imperfecto de indicativo

observaba	observábamos
observabas	observabais
observaba	observaban

9   pluscuamperfecto de indicativo

había observado	habíamos observado
habías observado	habíais observado
había observado	habían observado

3   pretérito

observé	observamos
observaste	observasteis
observó	observaron

10   pretérito anterior

hube observado	hubimos observado
hubiste observado	hubisteis observado
hubo observado	hubieron observado

4   futuro

observaré	observaremos
observarás	observaréis
observará	observarán

11   futuro perfecto

habré observado	habremos observado
habrás observado	habréis observado
habrá observado	habrán observado

5   potencial simple

observaría	observaríamos
observarías	observaríais
observaría	observarían

12   potencial compuesto

habría observado	habríamos observado
habrías observado	habríais observado
habría observado	habrían observado

6   presente de subjuntivo

observe	observemos
observes	observéis
observe	observen

13   perfecto de subjuntivo

haya observado	hayamos observado
hayas observado	hayáis observado
haya observado	hayan observado

7   imperfecto de subjuntivo

observara	observáramos
observaras	observarais
observara	observaran
OR	
observase	observásemos
observases	observaseis
observase	observasen

14   pluscuamperfecto de subjuntivo

hubiera observado	hubiéramos observado
hubieras observado	hubierais observado
hubiera observado	hubieran observado
OR	
hubiese observado	hubiésemos observado
hubieses observado	hubieseis observado
hubiese observado	hubiesen observado

imperativo

—	observemos
observa; no observes	observad; no observéis
observe	observen

Words related to this verb

el observatorio observatory   **la observancia** observance
la observación observation   **observante** observant

Be sure to consult the back pages for sections on verbs used in idiomatic expressions, verbs with prepositions, and the list of over 1,000 verbs conjugated like model verbs.

to obtain, to get

The Seven Simple Tenses		The Seven Compound Tenses	
Singular	Plural	Singular	Plural
1 presente de indicativo		**8 perfecto de indicativo**	
obtengo	obtenemos	he obtenido	hemos obtenido
obtienes	obtenéis	has obtenido	habéis obtenido
obtiene	obtienen	ha obtenido	han obtenido
2 imperfecto de indicativo		**9 pluscuamperfecto de indicativo**	
obtenía	obteníamos	había obtenido	habíamos obtenido
obtenías	obteníais	habías obtenido	habíais obtenido
obtenía	obtenían	había obtenido	habían obtenido
3 pretérito		**10 pretérito anterior**	
obtuve	obtuvimos	hube obtenido	hubimos obtenido
obtuviste	obtuvisteis	hubiste obtenido	hubisteis obtenido
obtuvo	obtuvieron	hubo obtenido	hubieron obtenido
4 futuro		**11 futuro perfecto**	
obtendré	obtendremos	habré obtenido	habremos obtenido
obtendrás	obtendréis	habrás obtenido	habréis obtenido
obtendrá	obtendrán	habrá obtenido	habrán obtenido
5 potencial simple		**12 potencial compuesto**	
obtendría	obtendríamos	habría obtenido	habríamos obtenido
obtendrías	obtendríais	habrías obtenido	habríais obtenido
obtendría	obtendrían	habría obtenido	habrían obtenido
6 presente de subjuntivo		**13 perfecto de subjuntivo**	
obtenga	obtengamos	haya obtenido	hayamos obtenido
obtengas	obtengáis	hayas obtenido	hayáis obtenido
obtenga	obtengan	haya obtenido	hayan obtenido
7 imperfecto de subjuntivo		**14 pluscuamperfecto de subjuntivo**	
obtuviera	obtuviéramos	hubiera obtenido	hubiéramos obtenido
obtuvieras	obtuvierais	hubieras obtenido	hubierais obtenido
obtuviera	obtuvieran	hubiera obtenido	hubieran obtenido
OR		OR	
obtuviese	obtuviésemos	hubiese obtenido	hubiésemos obtenido
obtuvieses	obtuvieseis	hubieses obtenido	hubieseis obtenido
obtuviese	obtuviesen	hubiese obtenido	hubiesen obtenido

imperativo	
—	obtengamos
obtén; no obtengas	obtened; no obtengáis
obtenga	obtengan

Words related to this verb

obtenible   obtainable, available
obtener una colocación   to get a job
la obtención   obtainment

Consult the sections on verbs used in idiomatic expressions, verbs with prepositions, and the list of over 1,000 verbs conjugated like model verbs in the back pages.

The Seven Simple Tenses		The Seven Compound Tenses	
Singular	Plural	Singular	Plural

1   presente de indicativo

me oculto	nos ocultamos
te ocultas	os ocultáis
se oculta	se ocultan

8   perfecto de indicativo

me he ocultado	nos hemos ocultado
te has ocultado	os habéis ocultado
se ha ocultado	se han ocultado

2   imperfecto de indicativo

me ocultaba	nos ocultábamos
te ocultabas	os ocultabais
se ocultaba	se ocultaban

9   pluscuamperfecto de indicativo

me había ocultado	nos habíamos ocultado
te habías ocultado	os habíais ocultado
se había ocultado	se habían ocultado

3   pretérito

me oculté	nos ocultamos
te ocultaste	os ocultasteis
se ocultó	se ocultaron

10   pretérito anterior

me hube ocultado	nos hubimos ocultado
te hubiste ocultado	os hubisteis ocultado
se hubo ocultado	se hubieron ocultado

4   futuro

me ocultaré	nos ocultaremos
te ocultarás	os ocultaréis
se ocultará	se ocultarán

11   futuro perfecto

me habré ocultado	nos habremos ocultado
te habrás ocultado	os habréis ocultado
se habrá ocultado	se habrán ocultado

5   potencial simple

me ocultaría	nos ocultaríamos
te ocultarías	os ocultaríais
se ocultaría	se ocultarían

12   potencial compuesto

me habría ocultado	nos habríamos ocultado
te habrías ocultado	os habríais ocultado
se habría ocultado	se habrían ocultado

6   presente de subjuntivo

me oculte	nos ocultemos
te ocultes	os ocultéis
se oculte	se oculten

13   perfecto de subjuntivo

me haya ocultado	nos hayamos ocultado
te hayas ocultado	os hayáis ocultado
se haya ocultado	se hayan ocultado

7   imperfecto de subjuntivo

me ocultara	nos ocultáramos
te ocultaras	os ocultarais
se ocultara	se ocultaran
OR	
me ocultase	nos ocultásemos
te ocultases	os ocultaseis
se ocultase	se ocultasen

14   pluscuamperfecto de subjuntivo

me hubiera ocultado	nos hubiéramos ocultado
te hubieras ocultado	os hubierais ocultado
se hubiera ocultado	se hubieran ocultado
OR	
me hubiese ocultado	nos hubiésemos ocultado
te hubieses ocultado	os hubieseis ocultado
se hubiese ocultado	se hubiesen ocultado

imperativo

—	ocultémonos
ocúltate; no te ocultes	ocultaos; no os ocultéis
ocúltese	ocúltense

Words and expressions related to this verb

ocultar   to hide, conceal
ocultar una cosa de una persona   to hide something from someone
ocultarsele a uno   to hide oneself from someone
oculto, oculta   occult; hidden, concealed; **en oculto**   secretly
las Ciencias ocultas   the Occult Sciences

The subject pronouns are found on the page facing page 1.   **333**

to occupy

The Seven Simple Tenses		The Seven Compound Tenses	
Singular	Plural	Singular	Plural

1 presente de indicativo		8 perfecto de indicativo	
ocupo	ocupamos	he ocupado	hemos ocupado
ocupas	ocupáis	has ocupado	habéis ocupado
ocupa	ocupan	ha ocupado	han ocupado

2 imperfecto de indicativo		9 pluscuamperfecto de indicativo	
ocupaba	ocupábamos	había ocupado	habíamos ocupado
ocupabas	ocupabais	habías ocupado	habíais ocupado
ocupaba	ocupaban	había ocupado	habían ocupado

3 pretérito		10 pretérito anterior	
ocupé	ocupamos	hube ocupado	hubimos ocupado
ocupaste	ocupasteis	hubiste ocupado	hubisteis ocupado
ocupó	ocuparon	hubo ocupado	hubieron ocupado

4 futuro		11 futuro perfecto	
ocuparé	ocuparemos	habré ocupado	habremos ocupado
ocuparás	ocuparéis	habrás ocupado	habréis ocupado
ocupará	ocuparán	habrá ocupado	habrán ocupado

5 potencial simple		12 potencial compuesto	
ocuparía	ocuparíamos	habría ocupado	habríamos ocupado
ocuparías	ocuparíais	habrías ocupado	habríais ocupado
ocuparía	ocuparían	habría ocupado	habrían ocupado

6 presente de subjuntivo		13 perfecto de subjuntivo	
ocupe	ocupemos	haya ocupado	hayamos ocupado
ocupes	ocupéis	hayas ocupado	hayáis ocupado
ocupe	ocupen	haya ocupado	hayan ocupado

7 imperfecto de subjuntivo		14 pluscuamperfecto de subjuntivo	
ocupara	ocupáramos	hubiera ocupado	hubiéramos ocupado
ocuparas	ocuparais	hubieras ocupado	hubierais ocupado
ocupara	ocuparan	hubiera ocupado	hubieran ocupado
OR		OR	
ocupase	ocupasemos	hubiese ocupado	hubiésemos ocupado
ocupases	ocupaseis	hubieses ocupado	hubieseis ocupado
ocupase	ocupasen	hubiese ocupado	hubiesen ocupado

imperativo

—	ocupemos
ocupa; no ocupes	ocupad; no ocupéis
ocupe	ocupen

Words and expressions related to this verb

ocupado, ocupada busy, occupied
la ocupación occupation
ocuparse de (en) to be busy with, in, to be engaged in
un, una ocupante occupant
See also **preocuparse.**

desocupar to vacate
ocuparse con algo to
be busy with
something

to occur, to happen

The Seven Simple Tenses		The Seven Compound Tenses	
Singular	Plural	Singular	Plural
1 presente de indicativo		8 perfecto de indicativo	
ocurre	**ocurren**	**ha ocurrido**	**han ocurrido**
2 imperfecto de indicativo		9 pluscuamperfecto de indicativo	
ocurría	**ocurrían**	**había ocurrido**	**habían ocurrido**
3 pretérito		10 pretérito anterior	
ocurrió	**ocurrieron**	**hubo ocurrido**	**hubieron ocurrido**
4 futuro		11 futuro perfecto	
ocurrirá	**ocurrirán**	**habrá ocurrido**	**habrán ocurrido**
5 potencial simple		12 potencial compuesto	
ocurriría	**ocurrirían**	**habría ocurrido**	**habrían ocurrido**
6 presente de subjuntivo		13 perfecto de subjuntivo	
ocurra	**ocurran**	**haya ocurrido**	**hayan ocurrido**
7 imperfecto de subjuntivo		14 pluscuamperfecto de subjuntivo	
ocurriera	**ocurrieran**	**hubiera ocurrido**	**hubieran ocurrido**
OR		OR	
ocurriese	**ocurriesen**	**hubiese ocurrido**	**hubiesen ocurrido**

imperativo

¡Que ocurra!   **¡Que ocurran!**
Let it occur!   Let them occur!

Words related to this verb

ocurrente   occurring; funny, witty, humorous
la ocurrencia   occurrence, happening, event; witticism

This verb is generally used in the third person singular and plural.

Consult the sections on verbs used in idiomatic expressions, verbs with prepositions, and the list of over 1,000 verbs conjugated like model verbs in the back pages.

to offer

The Seven Simple Tenses		The Seven Compound Tenses	
Singular	Plural	Singular	Plural

1 presente de indicativo

		8 perfecto de indicativo	
ofrezco	ofrecemos	he ofrecido	hemos ofrecido
ofreces	ofrecéis	has ofrecido	habéis ofrecido
ofrece	ofrecen	ha ofrecido	han ofrecido

2 imperfecto de indicativo

		9 pluscuamperfecto de indicativo	
ofrecía	ofrecíamos	había ofrecido	habíamos ofrecido
ofrecías	ofrecíais	habías ofrecido	habíais ofrecido
ofrecía	ofrecían	había ofrecido	habían ofrecido

3 pretérito

		10 pretérito anterior	
ofrecí	ofrecimos	hube ofrecido	hubimos ofrecido
ofreciste	ofrecisteis	hubiste ofrecido	hubisteis ofrecido
ofreció	ofrecieron	hubo ofrecido	hubieron ofrecido

4 futuro

		11 futuro perfecto	
ofreceré	ofreceremos	habré ofrecido	habremos ofrecido
ofrecerás	ofreceréis	habrás ofrecido	habréis ofrecido
ofrecerá	ofrecerán	habrá ofrecido	habrán ofrecido

5 potencial simple

		12 potencial compuesto	
ofrecería	ofreceríamos	habría ofrecido	habríamos ofrecido
ofrecerías	ofreceríais	habrías ofrecido	habríais ofrecido
ofrecería	ofrecerían	habría ofrecido	habrían ofrecido

6 presente de subjuntivo

		13 perfecto de subjuntivo	
ofrezca	ofrezcamos	haya ofrecido	hayamos ofrecido
ofrezcas	ofrezcáis	hayas ofrecido	hayáis ofrecido
ofrezca	ofrezcan	haya ofrecido	hayan ofrecido

7 imperfecto de subjuntivo

		14 pluscuamperfecto de subjuntivo	
ofreciera	ofreciéramos	hubiera ofrecido	hubiéramos ofrecido
ofrecieras	ofrecierais	hubieras ofrecido	hubierais ofrecido
ofreciera	ofrecieran	hubiera ofrecido	hubieran ofrecido
OR		OR	
ofreciese	ofreciésemos	hubiese ofrecido	hubiésemos ofrecido
ofrecieses	ofrecieseis	hubieses ofrecido	hubieseis ofrecido
ofreciese	ofreciesen	hubiese ofrecido	hubiesen ofrecido

imperativo

—	ofrezcamos
ofrece; no ofrezcas	ofreced; no ofrezcáis
ofrezca	ofrezcan

Words related to this verb

ofreciente offering
el ofrecimiento offer, offering
la ofrenda gift, oblation

ofrecer + inf. to offer + inf.
el ofrecedor, la ofrecedora offerer

The Seven Simple Tenses

Singular	Plural

1   presente de indicativo

oigo	oímos
oyes	oís
oye	oyen

2   imperfecto de indicativo

oía	oíamos
oías	oíais
oía	oían

3   pretérito

oí	oímos
oíste	oísteis
oyó	oyeron

4   futuro

oiré	oiremos
oirás	oiréis
oirá	oirán

5   potencial simple

oiría	oiríamos
oirías	oiríais
oiría	oirían

6   presente de subjuntivo

oiga	oigamos
oigas	oigáis
oiga	oigan

7   imperfecto de subjuntivo

oyera	oyéramos
oyeras	oyerais
oyera	oyeran
OR	
oyese	oyésemos
oyeses	oyeseis
oyese	oyesen

The Seven Compound Tenses

Singular	Plural

8   perfecto de indicativo

he oído	hemos oído
has oído	habéis oído
ha oído	han oído

9   pluscuamperfecto de indicativo

había oído	habíamos oído
habías oído	habíais oído
había oído	habían oído

10   pretérito anterior

hube oído	hubimos oído
hubiste oído	hubisteis oído
hubo oído	hubieron oído

11   futuro perfecto

habré oído	habremos oído
habrás oído	habréis oído
habrá oído	habrán oído

12   potencial compuesto

habría oído	habríamos oído
habrías oído	habríais oído
habría oído	habrían oído

13   perfecto de subjuntivo

haya oído	hayamos oído
hayas oído	hayáis oído
haya oído	hayan oído

14   pluscuamperfecto de subjuntivo

hubiera oído	hubiéramos oído
hubieras oído	hubierais oído
hubiera oído	hubieran oído
OR	
hubiese oído	hubiésemos oído
hubieses oído	hubieseis oído
hubiese oído	hubiesen oído

imperativo

—	oigamos
oye; no oigas	oíd; no oigáis
oiga	oigan

Words and expressions related to this verb

la oída hearing; **de oídas** by hearsay
dar oídos to lend an ear
oír decir to hear tell, to hear say
oír hablar de to hear of, to hear talk of

por oídos, de oídos by hearing
al oído confidentially
el oído hearing (sense)
desoír to ignore, to be deaf to

The subject pronouns are found on the page facing page 1.

to smell, to scent

The Seven Simple Tenses		The Seven Compound Tenses	
Singular	Plural	Singular	Plural
1 presente de indicativo		**8 perfecto de indicativo**	
huelo	olemos	he olido	hemos olido
hueles	oléis	has olido	habéis olido
huele	huelen	ha olido	han olido
2 imperfecto de indicativo		**9 pluscuamperfecto de indicativo**	
olía	olíamos	había olido	habíamos olido
olías	olíais	habías olido	habíais olido
olía	olían	había olido	habían olido
3 pretérito		**10 pretérito anterior**	
olí	olimos	hube olido	hubimos olido
oliste	olisteis	hubiste olido	hubisteis olido
olió	olieron	hubo olido	hubieron olido
4 futuro		**11 futuro perfecto**	
oleré	oleremos	habré olido	habremos olido
olerás	oleréis	habrás olido	habréis olido
olerá	olerán	habrá olido	habrán olido
5 potencial simple		**12 potencial compuesto**	
olería	oleríamos	habría olido	habríamos olido
olerías	oleríais	habrías olido	habríais olido
olería	olerían	habría olido	habrían olido
6 presente de subjuntivo		**13 perfecto de subjuntivo**	
huela	olamos	haya olido	hayamos olido
huelas	oláis	hayas olido	hayáis olido
huela	huelan	haya olido	hayan olido
7 imperfecto de subjuntivo		**14 pluscuamperfecto de subjuntivo**	
oliera	oliéramos	hubiera olido	hubiéramos olido
olieras	olierais	hubieras olido	hubierais olido
oliera	olieran	hubiera olido	hubieran olido
OR		OR	
oliese	oliésemos	hubiese olido	hubiésemos olido
olieses	olieseis	hubieses olido	hubieseis olido
oliese	oliesen	hubiese olido	hubiesen olido

imperativo

—	olamos
huele; no huelas	oled; no oláis
huela	huelan

Words and expressions related to this verb

el olfato, la olfacción olfaction (the sense of smelling, act of smelling)
olfatear to sniff
oler a to smell of
No huele bien It looks fishy (It doesn't smell good.)

The Seven Simple Tenses		The Seven Compound Tenses	
Singular	Plural	Singular	Plural

1 presente de indicativo

		8 perfecto de indicativo	
olvido	olvidamos	he olvidado	hemos olvidado
olvidas	olvidáis	has olvidado	habéis olvidado
olvida	olvidan	ha olvidado	han olvidado

2 imperfecto de indicativo

		9 pluscuamperfecto de indicativo	
olvidaba	olvidábamos	había olvidado	habíamos olvidado
olvidabas	olvidabais	habías olvidado	habíais olvidado
olvidaba	olvidaban	había olvidado	habían olvidado

3 pretérito

		10 pretérito anterior	
olvidé	olvidamos	hube olvidado	hubimos olvidado
olvidaste	olvidasteis	hubiste olvidado	hubisteis olvidado
olvidó	olvidaron	hubo olvidado	hubieron olvidado

4 futuro

		11 futuro perfecto	
olvidaré	olvidaremos	habré olvidado	habremos olvidado
olvidarás	olvidaréis	habrás olvidado	habréis olvidado
olvidará	olvidarán	habrá olvidado	habrán olvidado

5 potencial simple

		12 potencial compuesto	
olvidaría	olvidaríamos	habría olvidado	habríamos olvidado
olvidarías	olvidaríais	habrías olvidado	habríais olvidado
olvidaría	olvidarían	habría olvidado	habrían olvidado

6 presente de subjuntivo

		13 perfecto de subjuntivo	
olvide	olvidemos	haya olvidado	hayamos olvidado
olvides	olvidéis	hayas olvidado	hayáis olvidado
olvide	olviden	haya olvidado	hayan olvidado

7 imperfecto de subjuntivo

		14 pluscuamperfecto de subjuntivo	
olvidara	olvidáramos	hubiera olvidado	hubiéramos olvidado
olvidaras	olvidarais	hubieras olvidado	hubierais olvidado
olvidara	olvidaran	hubiera olvidado	hubieran olvidado
OR		OR	
olvidase	olvidásemos	hubiese olvidado	hubiésemos olvidado
olvidases	olvidaseis	hubieses olvidado	hubieseis olvidado
olvidase	olvidasen	hubiese olvidado	hubiesen olvidado

imperativo	
—	olvidemos
olvida; no olvides	olvidad; no olvidéis
olvide	olviden

Words and expressions related to this verb

olvidado, olvidada forgotten
olvidadizo, olvidadiza forgetful
el olvido forgetfulness, oblivion
Se me olvidó It slipped my mind.

olvidar + inf. to forget + inf.
olvidarse de to forget
olvidarse de + inf. to forget + inf.

to oppose

The Seven Simple Tenses		The Seven Compound Tenses	
Singular	Plural	Singular	Plural
1 presente de indicativo		8 perfecto de indicativo	
opongo	oponemos	he opuesto	hemos opuesto
opones	oponéis	has opuesto	habéis opuesto
opone	oponen	ha opuesto	han opuesto
2 imperfecto de indicativo		9 pluscuamperfecto de indicativo	
oponía	oponíamos	había opuesto	habíamos opuesto
oponías	oponíais	habías opuesto	habíais opuesto
oponía	oponían	había opuesto	habían opuesto
3 pretérito		10 pretérito anterior	
opuse	opusimos	hube opuesto	hubimos opuesto
opusiste	opusisteis	hubiste opuesto	hubisteis opuesto
opuso	opusieron	hubo opuesto	hubieron opuesto
4 futuro		11 futuro perfecto	
opondré	opondremos	habré opuesto	habremos opuesto
opondrás	opondréis	habrás opuesto	habréis opuesto
opondrá	opondrán	habrá opuesto	habrán opuesto
5 potencial simple		12 potencial compuesto	
opondría	opondríamos	habría opuesto	habríamos opuesto
opondrías	opondríais	habrías opuesto	habríais opuesto
opondría	opondrían	habría opuesto	habrían opuesto
6 presente de subjuntivo		13 perfecto de subjuntivo	
oponga	opongamos	haya opuesto	hayamos opuesto
opongas	opongáis	hayas opuesto	hayáis opuesto
oponga	opongan	haya opuesto	hayan opuesto
7 imperfecto de subjuntivo		14 pluscuamperfecto de subjuntivo	
opusiera	opusiéramos	hubiera opuesto	hubiéramos opuesto
opusieras	opusierais	hubieras opuesto	hubierais opuesto
opusiera	opusieran	hubiera opuesto	hubieran opuesto
OR		OR	
opusiese	opusiésemos	hubiese opuesto	hubiésemos opuesto
opusieses	opusieseis	hubieses opuesto	hubieseis opuesto
opusiese	opusiesen	hubiese opuesto	hubiesen opuesto

imperativo	
—	opongamos
opón; no opongas	oponed; no opongáis
oponga	opongan

Words related to this verb

oponerse a to be against   **la oposición** opposition
oponible opposable   **el, la oposicionista** oppositionist

Be sure to consult the back pages for sections on verbs used in idiomatic expressions, verbs with prepositions, and the list of over 1,000 verbs conjugated like model verbs.

to order, to command, to put in order, to arrange

The Seven Simple Tenses		The Seven Compound Tenses	
Singular	Plural	Singular	Plural
1 presente de indicativo		**8 perfecto de indicativo**	
ordeno	ordenamos	he ordenado	hemos ordenado
ordenas	ordenáis	has ordenado	habéis ordenado
ordena	ordenan	ha ordenado	han ordenado
2 imperfecto de indicativo		**9 pluscuamperfecto de indicativo**	
ordenaba	ordenábamos	había ordenado	habíamos ordenado
ordenabas	ordenabais	habías ordenado	habíais ordenado
ordenaba	ordenaban	había ordenado	habían ordenado
3 pretérito		**10 pretérito anterior**	
ordené	ordenamos	hube ordenado	hubimos ordenado
ordenaste	ordenasteis	hubiste ordenado	hubisteis ordenado
ordenó	ordenaron	hubo ordenado	hubieron ordenado
4 futuro		**11 futuro perfecto**	
ordenaré	ordenaremos	habré ordenado	habremos ordenado
ordenarás	ordenaréis	habrás ordenado	habréis ordenado
ordenará	ordenarán	habrá ordenado	habrán ordenado
5 potencial simple		**12 potencial compuesto**	
ordenaría	ordenaríamos	habría ordenado	habríamos ordenado
ordenarías	ordenaríais	habrías ordenado	habríais ordenado
ordenaría	ordenarían	habría ordenado	habrían ordenado
6 presente de subjuntivo		**13 perfecto de subjuntivo**	
ordene	ordenemos	haya ordenado	hayamos ordenado
ordenes	ordenéis	hayas ordenado	hayáis ordenado
ordene	ordenen	haya ordenado	hayan ordenado
7 imperfecto de subjuntivo		**14 pluscuamperfecto de subjuntivo**	
ordenara	ordenáramos	hubiera ordenado	hubiéramos ordenado
ordenaras	ordenarais	hubieras ordenado	hubierais ordenado
ordenara	ordenaran	hubiera ordenado	hubieran ordenado
OR		OR	
ordenase	ordenásemos	hubiese ordenado	hubiésemos ordenado
ordenases	ordenaseis	hubieses ordenado	hubieseis ordenado
ordenase	ordenasen	hubiese ordenado	hubiesen ordenado

imperativo	
—	ordenemos
ordena; no ordenes	ordenad; no ordenéis
ordene	ordenen

Words and expressions related to this verb

el orden, los órdenes order, orders
el orden del día order of the day
ordenadamente in order, orderly, methodically

ordenarse to become ordained, to take orders
llamar al orden to call to order

to pay

The Seven Simple Tenses		The Seven Compound Tenses

Singular	Plural	Singular	Plural
1 presente de indicativo		**8 perfecto de indicativo**	
pago	pagamos	he pagado	hemos pagado
pagas	pagáis	has pagado	habéis pagado
paga	pagan	ha pagado	han pagado
2 imperfecto de indicativo		**9 pluscuamperfecto de indicativo**	
pagaba	pagábamos	había pagado	habíamos pagado
pagabas	pagabais	habías pagado	habíais pagado
pagaba	pagaban	había pagado	habían pagado
3 pretérito		**10 pretérito anterior**	
pagué	pagamos	hube pagado	hubimos pagado
pagaste	pagasteis	hubiste pagado	hubisteis pagado
pagó	pagaron	hubo pagado	hubieron pagado
4 futuro		**11 futuro perfecto**	
pagaré	pagaremos	habré pagado	habremos pagado
pagarás	pagaréis	habrás pagado	habréis pagado
pagará	pagarán	habrá pagado	habrán pagado
5 potencial simple		**12 potencial compuesto**	
pagaría	pagaríamos	habría pagado	habríamos pagado
pagarías	pagaríais	habrías pagado	habríais pagado
pagaría	pagarían	habría pagado	habrían pagado
6 presente de subjuntivo		**13 perfecto de subjuntivo**	
pague	paguemos	haya pagado	hayamos pagado
pagues	paguéis	hayas pagado	hayáis pagado
pague	paguen	haya pagado	hayan pagado
7 imperfecto de subjuntivo		**14 pluscuamperfecto de subjuntivo**	
pagara	pagáramos	hubiera pagado	hubiéramos pagado
pagaras	pagarais	hubieras pagado	hubierais pagado
pagara	pagaran	hubiera pagado	hubieran pagado
OR		OR	
pagase	pagásemos	hubiese pagado	hubiésemos pagado
pagases	pagaseis	hubieses pagado	hubieseis pagado
pagase	pagasen	hubiese pagado	hubiesen pagado

imperativo

—	paguemos
paga; no pagues	pagad; no paguéis
pague	paguen

Words and expressions related to this verb

la paga   payment
pagable   payable
pagador, pagadora   payer
el pagaré   promissory note, I.O.U.

pagar al contado   to pay in cash
pagar contra entrega   C.O.D. (Collect on delivery)
pagar la cuenta   to pay the bill
pagar un ojo de la cara   to pay an arm and a leg; to pay through your nose

to stop (someone or something)

The Seven Simple Tenses		The Seven Compound Tenses	
Singular	Plural	Singular	Plural

1 presente de indicativo		8 perfecto de indicativo	
paro	paramos	he parado	hemos parado
paras	paráis	has parado	habéis parado
para	paran	ha parado	han parado

2 imperfecto de indicativo		9 pluscuamperfecto de indicativo	
paraba	parábamos	había parado	habíamos parado
parabas	parabais	habías parado	habíais parado
paraba	paraban	había parado	habían parado

3 pretérito		10 pretérito anterior	
paré	paramos	hube parado	hubimos parado
paraste	parasteis	hubiste parado	hubisteis parado
paró	pararon	hubo parado	hubieron parado

4 futuro		11 futuro perfecto	
pararé	pararemos	habré parado	habremos parado
pararás	pararéis	habrás parado	habréis parado
parará	pararán	habrá parado	habrán parado

5 potencial simple		12 potencial compuesto	
pararía	pararíamos	habría parado	habríamos parado
pararías	pararíais	habrías parado	habríais parado
pararía	pararían	habría parado	habrían parado

6 presente de subjuntivo		13 perfecto de subjuntivo	
pare	paremos	haya parado	hayamos parado
pares	paréis	hayas parado	hayáis parado
pare	paren	haya parado	hayan parado

7 imperfecto de subjuntivo		14 pluscuamperfecto de subjuntivo	
parara	paráramos	hubiera parado	hubiéramos parado
pararas	pararais	hubieras parado	hubierais parado
parara	pararan	hubiera parado	hubieran parado
OR		OR	
parase	parásemos	hubiese parado	hubiésemos parado
parases	paraseis	hubieses parado	hubieseis parado
parase	parasen	hubiese parado	hubiesen parado

imperativo	
—	paremos
para; no pares	parad; no paréis
pare	paren

Words and expressions related to this verb

parar en mal to end badly
PARADA STOP
la parada de coches taxi stand
pararse en to pay attention to

la parada del autobús bus stop
parar en seco dead stop
una paradeta short stop
sin parar right away (without stopping)

For other words and expressions related to this verb, see **pararse.**

The subject pronouns are found on the page facing page 1.

pararse

Gerundio **parándose**   Part. pas. **parado**

to stop (oneself)

The Seven Simple Tenses		The Seven Compound Tenses	
Singular	Plural	Singular	Plural
1 presente de indicativo		**8 perfecto de indicativo**	
me paro	nos paramos	me he parado	nos hemos parado
te paras	os paráis	te has parado	os habéis parado
se para	se paran	se ha parado	se han parado
2 imperfecto de indicativo		**9 pluscuamperfecto de indicativo**	
me paraba	nos parábamos	me había parado	nos habíamos parado
te parabas	os parabais	te habías parado	os habíais parado
se paraba	se paraban	se había parado	se habían parado
3 pretérito		**10 pretérito anterior**	
me paré	nos paramos	me hube parado	nos hubimos parado
te paraste	os parasteis	te hubiste parado	os hubisteis parado
se paró	se pararon	se hubo parado	se hubieron parado
4 futuro		**11 futuro perfecto**	
me pararé	nos pararemos	me habré parado	nos habremos parado
te pararás	os pararéis	te habrás parado	os habréis parado
se parará	se pararán	se habrá parado	se habrán parado
5 potencial simple		**12 potencial compuesto**	
me pararía	nos pararíamos	me habría parado	nos habríamos parado
te pararías	os pararíais	te habrías parado	os habríais parado
se pararía	se pararían	se habría parado	se habrían parado
6 presente de subjuntivo		**13 perfecto de subjuntivo**	
me pare	nos paremos	me haya parado	nos hayamos parado
te pares	os paréis	te hayas parado	os hayáis parado
se pare	se paren	se haya parado	se hayan parado
7 imperfecto de subjuntivo		**14 pluscuamperfecto de subjuntivo**	
me parara	nos paráramos	me hubiera parado	nos hubiéramos parado
te pararas	os pararais	te hubieras parado	os hubierais parado
se parara	se pararan	se hubiera parado	se hubieran parado
OR		OR	
me parase	nos parásemos	me hubiese parado	nos hubiésemos parado
te parases	os paraseis	te hubieses parado	os hubieseis parado
se parase	se parasen	se hubiese parado	se hubiesen parado

imperativo	
—	parémonos
párate; no te pares	paraos; no os paréis
párese	párense

Words and expressions related to this verb

la parada   stop
una paradeta, una paradilla   pause
una parada en seco   dead stop

parar   to stop (someone or something)
no poder parar   to be restless
parar en mal   to end badly

For other words and expressions related to this verb, see **parar**.

to seem, to appear

The Seven Simple Tenses		The Seven Compound Tenses	
Singular	Plural	Singular	Plural

1 presente de indicativo

		8 perfecto de indicativo	
parezco	parecemos	he parecido	hemos parecido
pareces	parecéis	has parecido	habéis parecido
parece	parecen	ha parecido	han parecido

2 imperfecto de indicativo

		9 pluscuamperfecto de indicativo	
parecía	parecíamos	había parecido	habíamos parecido
parecías	parecíais	habías parecido	habíais parecido
parecía	parecían	había parecido	habían parecido

3 pretérito

		10 pretérito anterior	
parecí	parecimos	hube parecido	hubimos parecido
pareciste	parecisteis	hubiste parecido	hubisteis parecido
pareció	parecieron	hubo parecido	hubieron parecido

4 futuro

		11 futuro perfecto	
pareceré	pareceremos	habré parecido	habremos parecido
parecerás	pareceréis	habrás parecido	habréis parecido
parecerá	parecerán	habrá parecido	habrán parecido

5 potencial simple

		12 potencial compuesto	
parecería	pareceríamos	habría parecido	habríamos parecido
parecerías	pareceríais	habrías parecido	habríais parecido
parecería	parecerían	habría parecido	habrían parecido

6 presente de subjuntivo

		13 perfecto de subjuntivo	
parezca	parezcamos	haya parecido	hayamos parecido
parezcas	parezcáis	hayas parecido	hayáis parecido
parezca	parezcan	haya parecido	hayan parecido

7 imperfecto de subjuntivo

		14 pluscuamperfecto de subjuntivo	
pareciera	pareciéramos	hubiera parecido	hubiéramos parecido
parecieras	parecierais	hubieras parecido	hubierais parecido
pareciera	parecieran	hubiera parecido	hubieran parecido
OR		OR	
pareciese	pareciésemos	hubiese parecido	hubiésemos parecido
parecieses	parecieseis	hubieses parecido	hubieseis parecido
pareciese	pareciesen	hubiese parecido	hubiesen parecido

imperativo

—	parezcamos
parece; no parezcas	pareced; no parezcáis
parezca	parezcan

Words and expressions related to this verb

a lo que parece   according to what it seems
al parecer   seemingly, apparently
pareciente   similar
parecerse a   to resemble each other, to look alike
See also **parecerse.**

Me parece. . .   It seems to me . . .
por el bien parecer   for the sake of appearances

to resemble each other, to look alike

The Seven Simple Tenses		The Seven Compound Tenses	
Singular	Plural	Singular	Plural
1 presente de indicativo		**8 perfecto de indicativo**	
me parezco	nos parecemos	me he parecido	nos hemos parecido
te pareces	os parecéis	te has parecido	os habéis parecido
se parece	se parecen	se ha parecido	se han parecido
2 imperfecto de indicativo		**9 pluscuamperfecto de indicativo**	
me parecía	nos parecíamos	me había parecido	nos habíamos parecido
te parecías	os parecíais	te habías parecido	os habíais parecido
se parecía	se parecían	se había parecido	se habían parecido
3 pretérito		**10 pretérito anterior**	
me parecí	nos parecimos	me hube parecido	nos hubimos parecido
te pareciste	os parecisteis	te hubiste parecido	os hubisteis parecido
se pareció	se parecieron	se hubo parecido	se hubieron parecido
4 futuro		**11 futuro perfecto**	
me pareceré	nos pareceremos	me habré parecido	nos habremos parecido
te parecerás	os pareceréis	te habrás parecido	os habréis parecido
se parecerá	se parecerán	se habrá parecido	se habrán parecido
5 potencial simple		**12 potencial compuesto**	
me parecería	nos pareceríamos	me habría parecido	nos habríamos parecido
te parecerías	os pareceríais	te habrías parecido	os habríais parecido
se parecería	se parecerían	se habría parecido	se habrían parecido
6 presente de subjuntivo		**13 perfecto de subjuntivo**	
me parezca	nos parezcamos	me haya parecido	nos hayamos parecido
te parezcas	os parezcáis	te hayas parecido	os hayáis parecido
se parezca	se parezcan	se haya parecido	se hayan parecido
7 imperfecto de subjuntivo		**14 pluscuamperfecto de subjuntivo**	
me pareciera	nos pareciéramos	me hubiera parecido	nos hubiéramos parecido
te parecieras	os parecierais	te hubieras parecido	os hubierais parecido
se pareciera	se parecieran	se hubiera parecido	se hubieran parecido
OR		OR	
me pareciese	nos pareciésemos	me hubiese parecido	nos hubiésemos parecido
te parecieses	os parecieseis	te hubieses parecido	os hubieseis parecido
se pareciese	se pareciesen	se hubiese parecido	se hubiesen parecido

	imperativo
—	parezcámonos
parécete; no te parezcas	pareceos; no os parezcáis
parézcase	parézcanse

Words and expressions related to this verb

parecer   to seem, to appear
a lo que parece   according to what it seems

al parecer   seemingly, apparently
pareciente   similar

See also **parecer**.

Consult the back pages for verbs with prepositions.

to leave, to depart, to divide, to split

The Seven Simple Tenses		The Seven Compound Tenses	
Singular	Plural	Singular	Plural
1 presente de indicativo		**8 perfecto de indicativo**	
parto	partimos	he partido	hemos partido
partes	partís	has partido	habéis partido
parte	parten	ha partido	han partido
2 imperfecto de indicativo		**9 pluscuamperfecto de indicativo**	
partía	partíamos	había partido	habíamos partido
partías	partíais	habías partido	habíais partido
partía	partían	había partido	habían partido
3 pretérito		**10 pretérito anterior**	
partí	partimos	hube partido	hubimos partido
partiste	partisteis	hubiste partido	hubisteis partido
partió	partieron	hubo partido	hubieron partido
4 futuro		**11 futuro perfecto**	
partiré	partiremos	habré partido	habremos partido
partirás	partiréis	habrás partido	habréis partido
partirá	partirán	habrá partido	habrán partido
5 potencial simple		**12 potencial compuesto**	
partiría	partiríamos	habría partido	habríamos partido
partirías	partiríais	habrías partido	habríais partido
partiría	partirían	habría partido	habrían partido
6 presente de subjuntivo		**13 perfecto de subjuntivo**	
parta	partamos	haya partido	hayamos partido
partas	partáis	hayas partido	hayáis partido
parta	partan	haya partido	hayan partido
7 imperfecto de subjuntivo		**14 pluscuamperfecto de subjuntivo**	
partiera	partiéramos	hubiera partido	hubiéramos partido
partieras	partierais	hubieras partido	hubierais partido
partiera	partieran	hubiera partido	hubieran partido
OR		OR	
partiese	partiésemos	hubiese partido	hubiésemos partido
partieses	partieseis	hubieses partido	hubieseis partido
partiese	partiesen	hubiese partido	hubiesen partido

imperativo

—	partamos
parte; no partas	partid; no partáis
parta	partan

Words and expressions related to this verb

a partir de   beginning with, starting from
tomar partido   to take sides, to make up one's mind
la partida   departure

partirse   to become divided
repartir   to distribute

See also **repartir**.

to pass (by), to happen, to spend (time)

The Seven Simple Tenses		The Seven Compound Tenses	
Singular	Plural	Singular	Plural
1 presente de indicativo		8 perfecto de indicativo	
paso	pasamos	he pasado	hemos pasado
pasas	pasáis	has pasado	habéis pasado
pasa	pasan	ha pasado	han pasado
2 imperfecto de indicativo		9 pluscuamperfecto de indicativo	
pasaba	pasábamos	había pasado	habíamos pasado
pasabas	pasabais	habías pasado	habíais pasado
pasaba	pasaban	había pasado	habían pasado
3 pretérito		10 pretérito anterior	
pasé	pasamos	hube pasado	hubimos pasado
pasaste	pasasteis	hubiste pasado	hubisteis pasado
pasó	pasaron	hubo pasado	hubieron pasado
4 futuro		11 futuro perfecto	
pasaré	pasaremos	habré pasado	habremos pasado
pasarás	pasaréis	habrás pasado	habréis pasado
pasará	pasarán	habrá pasado	habrán pasado
5 potencial simple		12 potencial compuesto	
pasaría	pasaríamos	habría pasado	habríamos pasado
pasarías	pasaríais	habrías pasado	habríais pasado
pasaría	pasarían	habría pasado	habrían pasado
6 presente de subjuntivo		13 perfecto de subjuntivo	
pase	pasemos	haya pasado	hayamos pasado
pases	paséis	hayas pasado	hayáis pasado
pase	pasen	haya pasado	hayan pasado
7 imperfecto de subjuntivo		14 pluscuamperfecto de subjuntivo	
pasara	pasáramos	hubiera pasado	hubiéramos pasado
pasaras	pasarais	hubieras pasado	hubierais pasado
pasara	pasaran	hubiera pasado	hubieran pasado
OR		OR	
pasase	pasásemos	hubiese pasado	hubiésemos pasado
pasases	pasaseis	hubieses pasado	hubieseis pasado
pasase	pasasen	hubiese pasado	hubiesen pasado

	imperativo
—	pasemos
pasa; no pases	pasad; no paséis
pase	pasen

Words and expressions related to this verb

pasajero, pasajera passenger, traveler
¡Que lo pase Ud. bien! Good luck, good-bye!
¿Qué pasa? What's happening? What's going on?
el pasatiempo amusement, pastime

Consult the back pages for the section on verbs used in idiomatic expressions.

to take a walk, to parade

The Seven Simple Tenses		The Seven Compound Tenses	
Singular	Plural	Singular	Plural

1 presente de indicativo

me paseo	nos paseamos		
te paseas	os paseáis		
se pasea	se pasean		

8 perfecto de indicativo

me he paseado	nos hemos paseado		
te has paseado	os habéis paseado		
se ha paseado	se han paseado		

2 imperfecto de indicativo

me paseaba	nos paseábamos
te paseabas	os paseabais
se paseaba	se paseaban

9 pluscuamperfecto de indicativo

me había paseado	nos habíamos paseado
te habías paseado	os habíais paseado
se había paseado	se habían paseado

3 pretérito

me paseé	nos paseamos
te paseaste	os paseasteis
se paseó	se pasearon

10 pretérito anterior

me hube paseado	nos hubimos paseado
te hubiste paseado	os hubisteis paseado
se hubo paseado	se hubieron paseado

4 futuro

me pasearé	nos pasearemos
te pasearás	os pasearéis
se paseará	se pasearán

11 futuro perfecto

me habré paseado	nos habremos paseado
te habrás paseado	os habréis paseado
se habrá paseado	se habrán paseado

5 potencial simple

me pasearía	nos pasearíamos
te pasearías	os pasearíais
se pasearía	se pasearían

12 potencial compuesto

me habría paseado	nos habríamos paseado
te habrías paseado	os habríais paseado
se habría paseado	se habrían paseado

6 presente de subjuntivo

me pasee	nos paseemos
te pasees	os paseéis
se pasee	se paseen

13 perfecto de subjuntivo

me haya paseado	nos hayamos paseado
te hayas paseado	os hayáis paseado
se haya paseado	se hayan paseado

7 imperfecto de subjuntivo

me paseara	nos paseáramos
te pasearas	os pasearais
se paseara	se pasearan
OR	
me pasease	nos paseásemos
te paseases	os paseaseis
se pasease	se paseasen

14 pluscuamperfecto de subjuntivo

me hubiera paseado	nos hubiéramos paseado
te hubieras paseado	os hubierais paseado
se hubiera paseado	se hubieran paseado
OR	
me hubiese paseado	nos hubiésemos paseado
te hubieses paseado	os hubieseis paseado
se hubiese paseado	se hubiesen paseado

imperativo

—	paseémonos
paséate; no te pasees	paseaos; no os paseéis
paséese	paséense

Words and expressions related to this verb

un pase pass, permit	**ir de paseo** to go out for a walk
un, una paseante stroller	**un paseo campestre** picnic
un paseo a walk	**sacar a paseo** to take out for a walk
dar un paseo to take a walk	**pasear** to walk (a child, etc.)

The subject pronouns are found on the page facing page 1.

to ask for, to request

The Seven Simple Tenses		The Seven Compound Tenses	
Singular	Plural	Singular	Plural
1 presente de indicativo		**8 perfecto de indicativo**	
pido	pedimos	he pedido	hemos pedido
pides	pedís	has pedido	habéis pedido
pide	piden	ha pedido	han pedido
2 imperfecto de indicativo		**9 pluscuamperfecto de indicativo**	
pedía	pedíamos	había pedido	habíamos pedido
pedías	pedíais	habías pedido	habíais pedido
pedía	pedían	había pedido	habían pedido
3 pretérito		**10 pretérito anterior**	
pedí	pedimos	hube pedido	hubimos pedido
pediste	pedisteis	hubiste pedido	hubisteis pedido
pidió	pidieron	hubo pedido	hubieron pedido
4 futuro		**11 futuro perfecto**	
pediré	pediremos	habré pedido	habremos pedido
pedirás	pediréis	habrás pedido	habréis pedido
pedirá	pedirán	habrá pedido	habrán pedido
5 potencial simple		**12 potencial compuesto**	
pediría	pediríamos	habría pedido	habríamos pedido
pedirías	pediríais	habrías pedido	habríais pedido
pediría	pedirían	habría pedido	habrían pedido
6 presente de subjuntivo		**13 perfecto de subjuntivo**	
pida	pidamos	haya pedido	hayamos pedido
pidas	pidáis	hayas pedido	hayáis pedido
pida	pidan	haya pedido	hayan pedido
7 imperfecto de subjuntivo		**14 pluscuamperfecto de subjuntivo**	
pidiera	pidiéramos	hubiera pedido	hubiéramos pedido
pidieras	pidierais	hubieras pedido	hubierais pedido
pidiera	pidieran	hubiera pedido	hubieran pedido
OR		OR	
pidiese	pidiésemos	hubiese pedido	hubiésemos pedido
pidieses	pidieseis	hubieses pedido	hubieseis pedido
pidiese	pidiesen	hubiese pedido	hubiesen pedido

imperativo

—	pidamos
pide; no pidas	pedid; no pidáis
pida	pidan

Words and expressions related to this verb

un pedimento petition
hacer un pedido to place an order

See also **despedir.**
Consult the back pages for the section on verbs used in idiomatic expressions.

un pedido request, order
colocar un pedido to place an order
pedir prestado to borrow

to beat, to hit, to slap, to stick, to glue, to paste

The Seven Simple Tenses		The Seven Compound Tenses	
Singular	Plural	Singular	Plural

1 presente de indicativo		8 perfecto de indicativo	
pego	**pegamos**	**he pegado**	**hemos pegado**
pegas	**pegáis**	**has pegado**	**habéis pegado**
pega	**pegan**	**ha pegado**	**han pegado**

2 imperfecto de indicativo		9 pluscuamperfecto de indicativo	
pegaba	**pegábamos**	**había pegado**	**habíamos pegado**
pegabas	**pegabais**	**habías pegado**	**habíais pegado**
pegaba	**pegaban**	**había pegado**	**habían pegado**

3 pretérito		10 pretérito anterior	
pegué	**pegamos**	**hube pegado**	**hubimos pegado**
pegaste	**pegasteis**	**hubiste pegado**	**hubisteis pegado**
pegó	**pegaron**	**hubo pegado**	**hubieron pegado**

4 futuro		11 futuro perfecto	
pegaré	**pegaremos**	**habré pegado**	**habremos pegado**
pegarás	**pegaréis**	**habrás pegado**	**habréis pegado**
pegará	**pegarán**	**habrá pegado**	**habrán pegado**

5 potencial simple		12 potencial compuesto	
pegaría	**pegaríamos**	**habría pegado**	**habríamos pegado**
pegarías	**pegaríais**	**habrías pegado**	**habríais pegado**
pegaría	**pegarían**	**habría pegado**	**habrían pegado**

6 presente de subjuntivo		13 perfecto de subjuntivo	
pegue	**peguemos**	**haya pegado**	**hayamos pegado**
pegues	**peguéis**	**hayas pegado**	**hayáis pegado**
pegue	**peguen**	**haya pegado**	**hayan pegado**

7 imperfecto de subjuntivo		14 pluscuamperfecto de subjuntivo	
pegara	**pegáramos**	**hubiera pegado**	**hubiéramos pegado**
pegaras	**pegarais**	**hubieras pegado**	**hubierais pegado**
pegara	**pegaran**	**hubiera pegado**	**hubieran pegado**
OR		OR	
pegase	**pegásemos**	**hubiese pegado**	**hubiésemos pegado**
pegases	**pegaseis**	**hubieses pegado**	**hubieseis pegado**
pegase	**pegasen**	**hubiese pegado**	**hubiesen pegado**

	imperativo	
—	**peguemos**
pega; no pegues	**pegad; no peguéis**
pegue	**peguen**

Words and expressions related to this verb

pegar fuego a   to set fire to
pegar la boca a la pared
    to keep one's sorrow to oneself

pegarse las sábanas   to sleep late in the morning
pegársele a uno   to deceive someone
no pegar los ojos   to spend a sleepless night

For other words and expressions related to this verb, see **despegar**.

The subject pronouns are found on the page facing page 1.

to comb one's hair

The Seven Simple Tenses		The Seven Compound Tenses	
Singular	Plural	Singular	Plural

1 presente de indicativo

me peino	nos peinamos		
te peinas	os peináis		
se peina	se peinan		

8 perfecto de indicativo

me he peinado	nos hemos peinado		
te has peinado	os habéis peinado		
se ha peinado	se han peinado		

2 imperfecto de indicativo

me peinaba	nos peinábamos
te peinabas	os peinabais
se peinaba	se peinaban

9 pluscuamperfecto de indicativo

me había peinado	nos habíamos peinado
te habías peinado	os habíais peinado
se había peinado	se habían peinado

3 pretérito

me peiné	nos peinamos
te peinaste	os peinasteis
se peinó	se peinaron

10 pretérito anterior

me hube peinado	nos hubimos peinado
te hubiste peinado	os hubisteis peinado
se hubo peinado	se hubieron peinado

4 futuro

me peinaré	nos peinaremos
te peinarás	os peinaréis
se peinará	se peinarán

11 futuro perfecto

me habré peinado	nos habremos peinado
te habrás peinado	os habréis peinado
se habrá peinado	se habrán peinado

5 potencial simple

me peinaría	nos peinaríamos
te peinarías	os peinaríais
se peinaría	se peinarían

12 potencial compuesto

me habría peinado	nos habríamos peinado
te habrías peinado	os habríais peinado
se habría peinado	se habrían peinado

6 presente de subjuntivo

me peine	nos peinemos
te peines	os peinéis
se peine	se peinen

13 perfecto de subjuntivo

me haya peinado	nos hayamos peinado
te hayas peinado	os hayáis peinado
se haya peinado	se hayan peinado

7 imperfecto de subjuntivo

me peinara	nos peináramos
te peinaras	os peinarais
se peinara	se peinaran
OR	
me peinase	nos peinásemos
te peinases	os peinaseis
se peinase	se peinasen

14 pluscuamperfecto de subjuntivo

me hubiera peinado	nos hubiéramos peinado
te hubieras peinado	os hubierais peinado
se hubiera peinado	se hubieran peinado
OR	
me hubiese peinado	nos hubiésemos peinado
te hubieses peinado	os hubieseis peinado
se hubiese peinado	se hubiesen peinado

imperativo

—	peinémonos
péinate; no te peines	peinaos; no os peinéis
péinese	péinense

Words related to this verb

un peine a cómb
una peineta shell comb (used by women as an ornament in the hair)
un peinado hairdo, hair style
un peinador dressing gown
peinar to comb; **peinarse** to comb one's hair
despeinarse to dishevel, to take down one's hair

The Seven Simple Tenses		The Seven Compound Tenses	
Singular	Plural	Singular	Plural

1   presente de indicativo

		8 perfecto de indicativo	
pienso	pensamos	he pensado	hemos pensado
piensas	pensáis	has pensado	habéis pensado
piensa	piensan	ha pensado	han pensado

2   imperfecto de indicativo

		9 pluscuamperfecto de indicativo	
pensaba	pensábamos	había pensado	habíamos pensado
pensabas	pensabais	habías pensado	habíais pensado
pensaba	pensaban	había pensado	habían pensado

3   pretérito

		10 pretérito anterior	
pensé	pensamos	hube pensado	hubimos pensado
pensaste	pensasteis	hubiste pensado	hubisteis pensado
pensó	pensaron	hubo pensado	hubieron pensado

4   futuro

		11 futuro perfecto	
pensaré	pensaremos	habré pensado	habremos pensado
pensarás	pensaréis	habrás pensado	habréis pensado
pensará	pensarán	habrá pensado	habrán pensado

5   potencial simple

		12 potencial compuesto	
pensaría	pensaríamos	habría pensado	habríamos pensado
pensarías	pensaríais	habrías pensado	habríais pensado
pensaría	pensarían	habría pensado	habrían pensado

6   presente de subjuntivo

		13 perfecto de subjuntivo	
piense	pensemos	haya pensado	hayamos pensado
pienses	penséis	hayas pensado	hayáis pensado
piense	piensen	haya pensado	hayan pensado

7   imperfecto de subjuntivo

		14 pluscuamperfecto de subjuntivo	
pensara	pensáramos	hubiera pensado	hubiéramos pensado
pensaras	pensarais	hubieras pensado	hubierais pensado
pensara	pensaran	hubiera pensado	hubieran pensado
OR		OR	
pensase	pensásemos	hubiese pensado	hubiésemos pensado
pensases	pensaseis	hubieses pensado	hubieseis pensado
pensase	pensasen	hubiese pensado	hubiesen pensado

imperativo

—	pensemos
piensa; no pienses	pensad; no penséis
piense	piensen

Words and expressions related to this verb

¿Qué piensa Ud. de eso? What do you think of that?
¿En qué piensa Ud.? What are you thinking of?
pensativo, pensativa thoughtful, pensive
un pensador, una pensadora thinker

pensar + inf. to intend + inf.
pensar en to think of, about
sin pensar thoughtlessly
repensar to think over (again)

Consult the back pages for the section on verbs used in idiomatic expressions.

The subject pronouns are found on the page facing page 1.

to perceive

The Seven Simple Tenses		The Seven Compound Tenses	
Singular	Plural	Singular	Plural

1 presente de indicativo

		8 perfecto de indicativo	
percibo	percibimos	he percibido	hemos percibido
percibes	percibís	has percibido	habéis percibido
percibe	perciben	ha percibido	han percibido

2 imperfecto de indicativo

		9 pluscuamperfecto de indicativo	
percibía	percibíamos	había percibido	habíamos percibido
percibías	percibíais	habías percibido	habíais percibido
percibía	percibían	había percibido	habían percibido

3 pretérito

		10 pretérito anterior	
percibí	percibimos	hube percibido	hubimos percibido
percibiste	percibisteis	hubiste percibido	hubisteis percibido
percibió	percibieron	hubo percibido	hubieron percibido

4 futuro

		11 futuro perfecto	
percibiré	percibiremos	habré percibido	habremos percibido
percibirás	percibiréis	habrás percibido	habréis percibido
percibirá	percibirán	habrá percibido	habrán percibido

5 potencial simple

		12 potencial compuesto	
percibiría	percibiríamos	habría percibido	habríamos percibido
percibirías	percibiríais	habrías percibido	habríais percibido
percibiría	percibirían	habría percibido	habrían percibido

6 presente de subjuntivo

		13 perfecto de subjuntivo	
perciba	percibamos	haya percibido	hayamos percibido
percibas	percibáis	hayas percibido	hayáis percibido
perciba	perciban	haya percibido	hayan percibido

7 imperfecto de subjuntivo

		14 pluscuamperfecto de subjuntivo	
percibiera	percibiéramos	hubiera percibido	hubiéramos percibido
percibieras	percibierais	hubieras percibido	hubierais percibido
percibiera	percibieran	hubiera percibido	hubieran percibido
OR		OR	
percibiese	percibiésemos	hubiese percibido	hubiésemos percibido
percibieses	percibieseis	hubieses percibido	hubieseis percibido
percibiese	percibiesen	hubiese percibido	hubiesen percibido

imperativo

—	**percibamos**
percibe; no percibas	**percibid; no percibáis**
perciba	**perciban**

Words related to this verb

la percepción perception   **perceptiblemente** perceptibly
la perceptibilidad perceptibility   **perceptivo, perceptiva** perceptive
perceptible perceptible, perceivable

Consult the sections on verbs used in idiomatic expressions, verbs with prepositions, and the list of over 1,000 verbs conjugated like model verbs in the back pages.

The Seven Simple Tenses		The Seven Compound Tenses	
Singular	Plural	Singular	Plural
1 presente de indicativo		**8 perfecto de indicativo**	
pierdo	perdemos	he perdido	hemos perdido
pierdes	perdéis	has perdido	habéis perdido
pierde	pierden	ha perdido	han perdido
2 imperfecto de indicativo		**9 pluscuamperfecto de indicativo**	
perdía	perdíamos	había perdido	habíamos perdido
perdías	perdíais	habías perdido	habíais perdido
perdía	perdían	había perdido	habían perdido
3 pretérito		**10 pretérito anterior**	
perdí	perdimos	hube perdido	hubimos perdido
perdiste	perdisteis	hubiste perdido	hubisteis perdido
perdió	perdieron	hubo perdido	hubieron perdido
4 futuro		**11 futuro perfecto**	
perderé	perderemos	habré perdido	habremos perdido
perderás	perderéis	habrás perdido	habréis perdido
perderá	perderán	habrá perdido	habrán perdido
5 potencial simple		**12 potencial compuesto**	
perdería	perderíamos	habría perdido	habríamos perdido
perderías	perderíais	habrías perdido	habríais perdido
perdería	perderían	habría perdido	habrían perdido
6 presente de subjuntivo		**13 perfecto de subjuntivo**	
pierda	perdamos	haya perdido	hayamos perdido
pierdas	perdáis	hayas perdido	hayáis perdido
pierda	pierdan	haya perdido	hayan perdido
7 imperfecto de subjuntivo		**14 pluscuamperfecto de subjuntivo**	
perdiera	perdiéramos	hubiera perdido	hubiéramos perdido
perdieras	perdierais	hubieras perdido	hubierais perdido
perdiera	perdieran	hubiera perdido	hubieran perdido
OR		OR	
perdiese	perdiésemos	hubiese perdido	hubiésemos perdido
perdieses	perdieseis	hubieses perdido	hubieseis perdido
perdiese	perdiesen	hubiese perdido	hubiesen perdido

imperativo	
—	perdamos
pierde; no pierdas	perded; no perdáis
pierda	pierdan

Words and expressions related to this verb

un perdedor, una perdedora loser
la pérdida loss
¡Pierda Ud. cuidado! Don't worry!

perder el juicio to go mad (crazy)
perder los estribos to lose self control
perderse to lose one's way, to get lost

to pardon, to forgive, to excuse

The Seven Simple Tenses		The Seven Compound Tenses	
Singular	Plural	Singular	Plural
1 presente de indicativo		**8 perfecto de indicativo**	
perdono	perdonamos	he perdonado	hemos perdonado
perdonas	perdonáis	has perdonado	habéis perdonado
perdona	perdonan	ha perdonado	han perdonado
2 imperfecto de indicativo		**9 pluscuamperfecto de indicativo**	
perdonaba	perdonábamos	había perdonado	habíamos perdonado
perdonabas	perdonabais	habías perdonado	habíais perdonado
perdonaba	perdonaban	había perdonado	habían perdonado
3 pretérito		**10 pretérito anterior**	
perdoné	perdonamos	hube perdonado	hubimos perdonado
perdonaste	perdonasteis	hubiste perdonado	hubisteis perdonado
perdonó	perdonaron	hubo perdonado	hubieron perdonado
4 futuro		**11 futuro perfecto**	
perdonaré	perdonaremos	habré perdonado	habremos perdonado
perdonarás	perdonaréis	habrás perdonado	habréis perdonado
perdonará	perdonarán	habrá perdonado	habrán perdonado
5 potencial simple		**12 potencial compuesto**	
perdonaría	perdonaríamos	habría perdonado	habríamos perdonado
perdonarías	perdonaríais	habrías perdonado	habríais perdonado
perdonaría	perdonarían	habría perdonado	habrían perdonado
6 presente de subjuntivo		**13 perfecto de subjuntivo**	
perdone	perdonemos	haya perdonado	hayamos perdonado
perdones	perdonéis	hayas perdonado	hayáis perdonado
perdone	perdonen	haya perdonado	hayan perdonado
7 imperfecto de subjuntivo		**14 pluscuamperfecto de subjuntivo**	
perdonara	perdonáramos	hubiera perdonado	hubiéramos perdonado
perdonaras	perdonarais	hubieras perdonado	hubierais perdonado
perdonara	perdonaran	hubiera perdonado	hubieran perdonado
OR		OR	
perdonase	perdonásemos	hubiese pedonado	hubiésemos perdonado
perdonases	perdonaseis	hubieses perdonado	hubieseis perdonado
perdonase	perdonasen	hubiese perdonado	hubiesen perdonado

	imperativo	
—	perdonemos	
perdona; no perdones	perdonad; no perdonéis	
perdone	perdonen	

Words and expressions related to this verb

el perdón   pardon, forgiveness
perdonable   pardonable, forgivable

Perdóneme   Pardon me.
donar   to donate; **el don**   gift

Consult the back pages for the section on verbs with prepositions.

to permit, to admit, to allow, to grant

The Seven Simple Tenses		The Seven Compound Tenses	
Singular	Plural	Singular	Plural

1   presente de indicativo

		8 perfecto de indicativo	
permito	permitimos	he permitido	hemos permitido
permites	permitís	has permitido	habéis permitido
permite	permiten	ha permitido	han permitido

2   imperfecto de indicativo

		9 pluscuamperfecto de indicativo	
permitía	permitíamos	había permitido	habíamos permitido
permitías	permitíais	habías permitido	habíais permitido
permitía	permitían	había permitido	habían permitido

3   pretérito

		10 pretérito anterior	
permití	permitimos	hube permitido	hubimos permitido
permitiste	permitisteis	hubiste permitido	hubisteis permitido
permitió	permitieron	hubo permitido	hubieron permitido

4   futuro

		11 futuro perfecto	
permitiré	permitiremos	habré permitido	habremos permitido
permitirás	permitiréis	habrás permitido	habréis permitido
permitirá	permitirán	habrá permitido	habrán permitido

5   potencial simple

		12 potencial compuesto	
permitiría	permitiríamos	habría permitido	habríamos permitido
permitirías	permitiríais	habrías permitido	habríais permitido
permitiría	permitirían	habría permitido	habrían permitido

6   presente de subjuntivo

		13 perfecto de subjuntivo	
permita	permitamos	haya permitido	hayamos permitido
permitas	permitáis	hayas permitido	hayáis permitido
permita	permitan	haya permitido	hayan permitido

7   imperfecto de subjuntivo

		14 pluscuamperfecto de subjuntivo	
permitiera	permitiéramos	hubiera permitido	hubiéramos permitido
permitieras	permitierais	hubieras permitido	hubierais permitido
permitiera	permitieran	hubiera permitido	hubieran permitido
OR		OR	
permitiese	permitiésemos	hubiese permitido	hubiésemos permitido
permitieses	permitieseis	hubieses permitido	hubieseis permitido
permitiese	permitiesen	hubiese permitido	hubiesen permitido

imperativo

—	permitamos
permite; no permitas	permitid; no permitáis
permita	permitan

Words and expressions related to this verb

el permiso   permit, permission
¡Con permiso!   Excuse me!
la permisión   permission
emitir   to emit

admitir   to admit
permitirse + inf.   to take the liberty + inf.
el permiso de conducir   driver's license
transmitir   to transmit

The subject pronouns are found on the page facing page 1.   **359**

pertenecer

Gerundio **perteneciendo**   Part. pas. **pertenecido**

to pertain, to appertain, to belong

The Seven Simple Tenses		The Seven Compound Tenses	
Singular	Plural	Singular	Plural
1 presente de indicativo		**8 perfecto de indicativo**	
pertenezco	pertenecemos	he pertenecido	hemos pertenecido
perteneces	pertenecéis	has pertenecido	habéis pertenecido
pertenece	pertenecen	ha pertenecido	han pertenecido
2 imperfecto de indicativo		**9 pluscuamperfecto de indicativo**	
pertenecía	pertenecíamos	había pertenecido	habíamos pertenecido
pertenecías	pertenecíais	habías pertenecido	habíais pertenecido
pertenecía	pertenecían	había pertenecido	habían pertenecido
3 pretérito		**10 pretérito anterior**	
pertenecí	pertenecimos	hube pertenecido	hubimos pertenecido
perteneciste	pertenecisteis	hubiste pertenecido	hubisteis pertenecido
perteneció	pertenecieron	hubo pertenecido	hubieron pertenecido
4 futuro		**11 futuro perfecto**	
perteneceré	perteneceremos	habré pertenecido	habremos pertenecido
pertenecerás	perteneceréis	habrás pertenecido	habréis pertenecido
pertenecerá	pertenecerán	habrá pertenecido	habrán pertenecido
5 potencial simple		**12 potencial compuesto**	
pertenecería	perteneceríamos	habría pertenecido	habríamos pertenecido
pertenecerías	perteneceríais	habrías pertenecido	habríais pertenecido
pertenecería	pertenecerían	habría pertenecido	habrían pertenecido
6 presente de subjuntivo		**13 perfecto de subjuntivo**	
pertenezca	pertenezcamos	haya pertenecido	hayamos pertenecido
pertenezcas	pertenezcáis	hayas pertenecido	hayáis pertenecido
pertenezca	pertenezcan	haya pertenecido	hayan pertenecido
7 imperfecto de subjuntivo		**14 pluscuamperfecto de subjuntivo**	
perteneciera	perteneciéramos	hubiera pertenecido	hubiéramos pertenecido
pertenecieras	pertenecierais	hubieras pertenecido	hubierais pertenecido
perteneciera	pertenecieran	hubiera pertenecido	hubieran pertenecido
OR		OR	
perteneciese	perteneciésemos	hubiese pertenecido	hubiésemos pertenecido
pertenecieses	pertenecieseis	hubieses pertenecido	hubieseis pertenecido
perteneciese	perteneciesen	hubiese pertenecido	hubiesen pertenecido

imperativo	
—	pertenezcamos
pertenece; no pertenezcas	perteneced; no pertenezcáis
pertenezca	pertenezcan

Words and expressions related to this verb

el pertenecido ownership, proprietorship
perteneciente belonging, pertaining
la pertinencia pertinence, relevance

la pertenencia right of possession
ser de la pertenencia de to be in the
 domain of

The Seven Simple Tenses		The Seven Compound Tenses	
Singular	Plural	Singular	Plural

1 presente de indicativo		8 perfecto de indicativo	
pinto	pintamos	he pintado	hemos pintado
pintas	pintáis	has pintado	habéis pintado
pinta	pintan	ha pintado	han pintado

2 imperfecto de indicativo		9 pluscuamperfecto de indicativo	
pintaba	pintábamos	había pintado	habíamos pintado
pintabas	pintabais	habías pintado	habíais pintado
pintaba	pintaban	había pintado	habían pintado

3 pretérito		10 pretérito anterior	
pinté	pintamos	hube pintado	hubimos pintado
pintaste	pintasteis	hubiste pintado	hubisteis pintado
pintó	pintaron	hubo pintado	hubieron pintado

4 futuro		11 futuro perfecto	
pintaré	pintaremos	habré pintado	habremos pintado
pintarás	pintaréis	habrás pintado	habréis pintado
pintará	pintarán	habrá pintado	habrán pintado

5 potencial simple		12 potencial compuesto	
pintaría	pintaríamos	habría pintado	habríamos pintado
pintarías	pintaríais	habrías pintado	habríais pintado
pintaría	pintarían	habría pintado	habrían pintado

6 presente de subjuntivo		13 perfecto de subjuntivo	
pinte	pintemos	haya pintado	hayamos pintado
pintes	pintéis	hayas pintado	hayáis pintado
pinte	pinten	haya pintado	hayan pintado

7 imperfecto de subjuntivo		14 pluscuamperfecto de subjuntivo	
pintara	pintáramos	hubiera pintado	hubiéramos pintado
pintaras	pintarais	hubieras pintado	hubierais pintado
pintara	pintaran	hubiera pintado	hubieran pintado
OR		OR	
pintase	pintásemos	hubiese pintado	hubiésemos pintado
pintases	pintaseis	hubieses pintado	hubieseis pintado
pintase	pintasen	hubiese pintado	hubiesen pintado

imperativo	
—	pintemos
pinta; no pintes	pintad; no pintéis
pinte	pinten

For words related to this verb see the verb **pintarse**.

Also, be sure to consult the sections on verbs used in idiomatic expressions, verbs with prepositions, and the list of over 1,000 verbs conjugated like model verbs in the back pages.

The subject pronouns are found on the page facing page 1.   **361**

to make up (one's face), to tint, to color (one's hair, lips, etc.)

The Seven Simple Tenses		The Seven Compound Tenses	
Singular	Plural	Singular	Plural

1 presente de indicativo		8 perfecto de indicativo	
me pinto	nos pintamos	me he pintado	nos hemos pintado
te pintas	os pintáis	te has pintado	os habéis pintado
se pinta	se pintan	se ha pintado	se han pintado

2 imperfecto de indicativo		9 pluscuamperfecto de indicativo	
me pintaba	nos pintábamos	me había pintado	nos habíamos pintado
te pintabas	os pintabais	te habías pintado	os habíais pintado
se pintaba	se pintaban	se había pintado	se habían pintado

3 pretérito		10 pretérito anterior	
me pinté	nos pintamos	me hube pintado	nos hubimos pintado
te pintaste	os pintasteis	te hubiste pintado	os hubisteis pintado
se pintó	se pintaron	se hubo pintado	se hubieron pintado

4 futuro		11 futuro perfecto	
me pintaré	nos pintaremos	me habré pintado	nos habremos pintado
te pintarás	os pintaréis	te habrás pintado	os habréis pintado
se pintará	se pintarán	se habrá pintado	se habrán pintado

5 potencial simple		12 potencial compuesto	
me pintaría	nos pintaríamos	me habría pintado	nos habríamos pintado
te pintarías	os pintaríais	te habrías pintado	os habríais pintado
se pintaría	se pintarían	se habría pintado	se habrían pintado

6 presente de subjuntivo		13 perfecto de subjuntivo	
me pinte	nos pintemos	me haya pintado	nos hayamos pintado
te pintes	os pintéis	te hayas pintado	os hayáis pintado
se pinte	se pinten	se haya pintado	se hayan pintado

7 imperfecto de subjuntivo		14 pluscuamperfecto de subjuntivo	
me pintara	nos pintáramos	me hubiera pintado	nos hubiéramos pintado
te pintaras	os pintarais	te hubieras pintado	os hubierais pintado
se pintara	se pintaran	se hubiera pintado	se hubieran pintado
OR		OR	
me pintase	nos pintásemos	me hubiese pintado	nos hubiésemos pintado
te pintases	os pintaseis	te hubieses pintado	os hubieseis pintado
se pintase	se pintasen	se hubiese pintado	se hubiesen pintado

imperativo

—	pintémonos
píntate; no te pintes	pintaos; no os pintéis
píntese	píntense

Words and expressions related to this verb

un pintor, una pintora   painter (artist)
una pintura   painting (picture)
un pintor de brocha gorda   house (sign) painter
una pintura al fresco   fresco painting

una pintura al óleo   oil painting
una pintura al pastel   pastel painting
pinturero, pinturera   conceited person
pintoresco, pintoresca   picturesque

When using this verb to mean to color one's hair, lips, etc., you must mention **el pelo, los labios**, etc.

to tread (on), to step on, to trample

The Seven Simple Tenses		The Seven Compound Tenses	
Singular	Plural	Singular	Plural

1   presente de indicativo

piso	pisamos		
pisas	pisáis		
pisa	pisan		

8   perfecto de indicativo

he pisado	hemos pisado		
has pisado	habéis pisado		
ha pisado	han pisado		

2   imperfecto de indicativo

pisaba	pisábamos
pisabas	pisabais
pisaba	pisaban

9   pluscuamperfecto de indicativo

había pisado	habíamos pisado
habías pisado	habíais pisado
había pisado	habían pisado

3   pretérito

pisé	pisamos
pisaste	pisasteis
pisó	pisaron

10   pretérito anterior

hube pisado	hubimos pisado
hubiste pisado	hubisteis pisado
hubo pisado	hubieron pisado

4   futuro

pisaré	pisaremos
pisarás	pisaréis
pisará	pisarán

11   futuro perfecto

habré pisado	habremos pisado
habrás pisado	habréis pisado
habrá pisado	habrán pisado

5   potencial simple

pisaría	pisaríamos
pisarías	pisaríais
pisaría	pisarían

12   potencial compuesto

habría pisado	habríamos pisado
habrías pisado	habríais pisado
habría pisado	habrían pisado

6   presente de subjuntivo

pise	pisemos
pises	piséis
pise	pisen

13   perfecto de subjuntivo

haya pisado	hayamos pisado
hayas pisado	hayáis pisado
haya pisado	hayan pisado

7   imperfecto de subjuntivo

pisara	pisáramos
pisaras	pisarais
pisara	pisaran
OR	
pisase	pisásemos
pisases	pisaseis
pisase	pisasen

14   pluscuamperfecto de subjuntivo

hubiera pisado	hubiéramos pisado
hubieras pisado	hubierais pisado
hubiera pisado	hubieran pisado
OR	
hubiese pisado	hubiésemos pisado
hubieses pisado	hubieseis pisado
hubiese pisado	hubiesen pisado

imperativo

—	pisemos
pisa; no pises	pisad; no piséis
pise	pisen

Words and expressions related to this verb

la pisa kicking	**el piso principal** main floor
el piso floor, story (of a building)	**el piso bajo** ground floor
el piso alto top floor	**el pisoteo** abuse, trampling
repisar to pack down	**la repisa** shelf; **repisa de ventana** window sill

to gratify, to humor, to please

The Seven Simple Tenses		The Seven Compound Tenses	
Singular	Plural	Singular	Plural
1 presente de indicativo		**8 perfecto de indicativo**	
plazco	placemos	he placido	hemos placido
places	placéis	has placido	habéis placido
place	placen	ha placido	han placido
2 imperfecto de indicativo		**9 pluscuamperfecto de indicativo**	
placía	placíamos	había placido	habíamos placido
placías	placíais	habías placido	habíais placido
placía	placían	había placido	habían placido
3 pretérito		**10 pretérito anterior**	
plací	placimos	hube placido	hubimos placido
placiste	placisteis	hubiste placido	hubisteis placido
plació	placieron	hubo placido	hubieron placido
4 futuro		**11 futuro perfecto**	
placeré	placeremos	habré placido	habremos placido
placerás	placeréis	habrás placido	habréis placido
placerá	placerán	habrá placido	habrán placido
5 potencial simple		**12 potencial compuesto**	
placería	placeríamos	habría placido	habríamos placido
placerías	placeríais	habrías placido	habríais placido
placería	placerían	habría placido	habrían placido
6 presente de subjuntivo		**13 perfecto de subjuntivo**	
plazca	plazcamos	haya placido	hayamos placido
plazcas	plazcáis	hayas placido	hayáis placido
plazca	plazcan	haya placido	hayan placido
7 imperfecto de subjuntivo		**14 pluscuamperfecto de subjuntivo**	
placiera	placiéramos	hubiera placido	hubiéramos placido
placieras	placierais	hubieras placido	hubierais placido
placiera	placieran	hubiera placido	hubieran placido
OR		OR	
placiese	placiésemos	hubiese placido	hubiésemos placido
placieses	placieseis	hubieses placido	hubieseis placido
placiese	placiesen	hubiese placido	hubiesen placido

imperativo

—	plazcamos
place; no plazcas	placed; no plazcáis
plazca	plazcan

Words related to this verb

el placer pleasure   **el placero, la placera** market merchant
la placidez contentment   **placentero, placentera** agreeable, pleasant
placenteramente joyfully   **placible** agreeable, placid

In poetry, **plugo** is sometimes used instead of **plació**, **pluguieron** instead of **placieron**, **plegue** instead of **plazca**, **pluguiera** instead of **placiera**, and **pluguiese** instead of **placiese**.

to chat, to talk over, to discuss

The Seven Simple Tenses		The Seven Compound Tenses	
Singular	Plural	Singular	Plural

1   presente de indicativo

platico	platicamos		
platicas	platicáis		
platica	platican		

8   perfecto de indicativo

he platicado	hemos platicado		
has platicado	habéis platicado		
ha platicado	han platicado		

2   imperfecto de indicativo

platicaba	platicábamos
platicabas	platicabais
platicaba	platicaban

9   pluscuamperfecto de indicativo

había platicado	habíamos platicado
habías platicado	habíais platicado
había platicado	habían platicado

3   pretérito

platiqué	platicamos
platicaste	platicasteis
platicó	platicaron

10   pretérito anterior

hube platicado	hubimos platicado
hubiste platicado	hubisteis platicado
hubo platicado	hubieron platicado

4   futuro

platicaré	platicaremos
platicarás	platicaréis
platicará	platicarán

11   futuro perfecto

habré platicado	habremos platicado
habrás platicado	habréis platicado
habrá platicado	habrán platicado

5   potencial simple

platicaría	platicaríamos
platicarías	platicaríais
platicaría	platicarían

12   potencial compuesto

habría platicado	habríamos platicado
habrías platicado	habríais platicado
habría platicado	habrían platicado

6   presente de subjuntivo

platique	platiquemos
platiques	platiquéis
platique	platiquen

13   perfecto de subjuntivo

haya platicado	hayamos platicado
hayas platicado	hayáis platicado
haya platicado	hayan platicado

7   imperfecto de subjuntivo

platicara	platicáramos
platicaras	platicarais
platicara	platicaran
OR	
platicase	platicásemos
platicases	platicaseis
platicase	platicasen

14   pluscuamperfecto de subjuntivo

hubiera platicado	hubiéramos platicado
hubieras platicado	hubierais platicado
hubiera platicado	hubieran platicado
OR	
hubiese platicado	hubiésemos platicado
hubieses platicado	hubieseis platicado
hubiese platicado	hubiesen platicado

imperativo

—	platiquemos
platica; no platiques	platicad; no platiquéis
platique	platiquen

Words related to this verb

una plática   chat, talk, conversation
un platicador, una platicadora   talker; *as an adj.,* talkative

Consult the back pages for the sections on verbs used in idiomatic expressions, Spanish proverbs using verbs, weather expressions using verbs, verbs with prepositions, and over 1,000 Spanish verbs conjugated like model verbs.

to be able, can

The Seven Simple Tenses		The Seven Compound Tenses	
Singular	Plural	Singular	Plural
1 presente de indicativo		**8 perfecto de indicativo**	
puedo	podemos	he podido	hemos podido
puedes	podéis	has podido	habéis podido
puede	pueden	ha podido	han podido
2 imperfecto de indicativo		**9 pluscuamperfecto de indicativo**	
podía	podíamos	había podido	habíamos podido
podías	podíais	habías podido	habíais podido
podía	podían	había podido	habían podido
3 pretérito		**10 pretérito anterior**	
pude	pudimos	hube podido	hubimos podido
pudiste	pudisteis	hubiste podido	hubisteis podido
pudo	pudieron	hubo podido	hubieron podido
4 futuro		**11 futuro perfecto**	
podré	podremos	habré podido	habremos podido
podrás	podréis	habrás podido	habréis podido
podrá	podrán	habrá podido	habrán podido
5 potencial simple		**12 potencial compuesto**	
podría	podríamos	habría podido	habríamos podido
podrías	podríais	habrías podido	habríais podido
podría	podrían	habría podido	habrían podido
6 presente de subjuntivo		**13 perfecto de subjuntivo**	
pueda	podamos	haya podido	hayamos podido
puedas	podáis	hayas podido	hayáis podido
pueda	puedan	haya podido	hayan podido
7 imperfecto de subjuntivo		**14 pluscuamperfecto de subjuntivo**	
pudiera	pudiéramos	hubiera podido	hubiéramos podido
pudieras	pudierais	hubieras podido	hubierais podido
pudiera	pudieran	hubiera podido	hubieran podido
OR		OR	
pudiese	pudiésemos	hubiese podido	hubiésemos podido
pudieses	pudieseis	hubieses podido	hubieseis podido
pudiese	pudiesen	hubiese podido	hubiesen podido

imperativo	
—	podamos
puede; no puedas	poded; no podáis
pueda	puedan

Words and expressions related to this verb

el poder power
apoderar to empower
apoderarse de to take possession, to take over
poderoso, poderosa powerful
No se puede. It can't be done.

a poder de by dint of (by the power or force of)
estar en el poder to be in power
Querer es poder Where there's a will there's a way.

Consult the back pages for verbs with prepositions and verbs used in idiomatic expressions.

to put, to place

The Seven Simple Tenses		The Seven Compound Tenses	
Singular	Plural	Singular	Plural

1   presente de indicativo

		8 perfecto de indicativo	
pongo	ponemos	he puesto	hemos puesto
pones	ponéis	has puesto	habéis puesto
pone	ponen	ha puesto	han puesto

2   imperfecto de indicativo

		9 pluscuamperfecto de indicativo	
ponía	poníamos	había puesto	habíamos puesto
ponías	poníais	habías puesto	habíais puesto
ponía	ponían	había puesto	habían puesto

3   pretérito

		10 pretérito anterior	
puse	pusimos	hube puesto	hubimos puesto
pusiste	pusisteis	hubiste puesto	hubisteis puesto
puso	pusieron	hubo puesto	hubieron puesto

4   futuro

		11 futuro perfecto	
pondré	pondremos	habré puesto	habremos puesto
pondrás	pondréis	habrás puesto	habréis puesto
pondrá	pondrán	habrá puesto	habrán puesto

5   potencial simple

		12 potencial compuesto	
pondría	pondríamos	habría puesto	habríamos puesto
pondrías	pondríais	habrías puesto	habríais puesto
pondría	pondrían	habría puesto	habrían puesto

6   presente de subjuntivo

		13 perfecto de subjuntivo	
ponga	pongamos	haya puesto	hayamos puesto
pongas	pongáis	hayas puesto	hayáis puesto
ponga	pongan	haya puesto	hayan puesto

7   imperfecto de subjuntivo

		14 pluscuamperfecto de subjuntivo	
pusiera	pusiéramos	hubiera puesto	hubiéramos puesto
pusieras	pusierais	hubieras puesto	hubierais puesto
pusiera	pusieran	hubiera puesto	hubieran puesto
OR		OR	
pusiese	pusiésemos	hubiese puesto	hubiésemos puesto
pusieses	pusieseis	hubieses puesto	hubieseis puesto
pusiese	pusiesen	hubiese puesto	hubiesen puesto

imperativo

—	pongamos
pon; no pongas	poned; no pongáis
ponga	pongan

Common idiomatic expressions using this verb

poner fin a   to put a stop to
poner la mesa   to set the table
poner de acuerdo   to reach an agreement
posponer   to postpone

la puesta de sol   sunset
bien puesto, bien puesta   well placed
reponer   to replace, to put back

For additional words and expressions related to this verb, see **ponerse** and **componer**.
See also the back pages for verbs used in idiomatic expressions.

The subject pronouns are found on the page facing page 1.

to put on (clothing), to become, to set (of sun)

The Seven Simple Tenses		The Seven Compound Tenses	
Singular	Plural	Singular	Plural
1 presente de indicativo		**8 perfecto de indicativo**	
me pongo	nos ponemos	me he puesto	nos hemos puesto
te pones	os ponéis	te has puesto	os habéis puesto
se pone	se ponen	se ha puesto	se han puesto
2 imperfecto de indicativo		**9 pluscuamperfecto de indicativo**	
me ponía	nos poníamos	me había puesto	nos habíamos puesto
te ponías	os poníais	te habías puesto	os habíais puesto
se ponía	se ponían	se había puesto	se habían puesto
3 pretérito		**10 pretérito anterior**	
me puse	nos pusimos	me hube puesto	nos hubimos puesto
te pusiste	os pusisteis	te hubiste puesto	os hubisteis puesto
se puso	se pusieron	se hubo puesto	se hubieron puesto
4 futuro		**11 futuro perfecto**	
me pondré	nos pondremos	me habré puesto	nos habremos puesto
te pondrás	os pondréis	te habrás puesto	os habréis puesto
se pondrá	se pondrán	se habrá puesto	se habrán puesto
5 potencial simple		**12 potencial compuesto**	
me pondría	nos pondríamos	me habría puesto	nos habríamos puesto
te pondrías	os pondríais	te habrías puesto	os habríais puesto
se pondría	se pondrían	se habría puesto	se habrían puesto
6 presente de subjuntivo		**13 perfecto de subjuntivo**	
me ponga	nos pongamos	me haya puesto	nos hayamos puesto
te pongas	os pongáis	te hayas puesto	os hayáis puesto
se ponga	se pongan	se haya puesto	se hayan puesto
7 imperfecto de subjuntivo		**14 pluscuamperfecto de subjuntivo**	
me pusiera	nos pusiéramos	me hubiera puesto	nos hubiéramos puesto
te pusieras	os pusierais	te hubieras puesto	os hubierais puesto
se pusiera	se pusieran	se hubiera puesto	se hubieran puesto
OR		OR	
me pusiese	nos pusiésemos	me hubiese puesto	nos hubiésemos puesto
te pusieses	os pusieseis	te hubieses puesto	os hubieseis puesto
se pusiese	se pusiesen	se hubiese puesto	se hubiesen puesto

imperativo	
—	pongámonos
ponte; no te pongas	poneos; no os pongáis
póngase	pónganse

Common idiomatic expressions using this verb

ponerse el abrigo to put on one's overcoat
ponerse a + inf. to begin, to start + inf.
María se puso pálida. Mary become pale.

reponerse to calm down, to recover (one's health)
indisponerse to become ill

For additional words and expressions related to this verb, see **poner** and **componer**.
See also the back pages for verbs used in idiomatic expressions.

to possess, to own

The Seven Simple Tenses		The Seven Compound Tenses	
Singular	Plural	Singular	Plural

1   presente de indicativo

poseo	poseemos	
posees	poseéis	
posee	poseen	

8   perfecto de indicativo

he poseído	hemos poseído
has poseído	habéis poseído
ha poseído	han poseído

2   imperfecto de indicativo

poseía	poseíamos
poseías	poseíais
poseía	poseían

9   pluscuamperfecto de indicativo

había poseído	habíamos poseído
habías poseído	habíais poseído
había poseído	habían poseído

3   pretérito

poseí	poseímos
poseíste	poseísteis
poseyó	poseyeron

10   pretérito anterior

hube poseído	hubimos poseído
hubiste poseído	hubisteis poseído
hubo poseído	hubieron poseído

4   futuro

poseeré	poseeremos
poseerás	poseeréis
poseerá	poseerán

11   futuro perfecto

habré poseído	habremos poseído
habrás poseído	habréis poseído
habrá poseído	habrán poseído

5   potencial simple

poseería	poseeríamos
poseerías	poseeríais
poseería	poseerían

12   potencial compuesto

habría poseído	habríamos poseído
habrías poseído	habríais poseído
habría poseído	habrían poseído

6   presente de subjuntivo

posea	poseamos
poseas	poseáis
posea	posean

13   perfecto de subjuntivo

haya poseído	hayamos poseído
hayas poseído	hayáis poseído
haya poseído	hayan poseído

7   imperfecto de subjuntivo

poseyera	poseyéramos
poseyeras	poseyerais
poseyera	poseyeran
OR	
poseyese	poseyésemos
poseyeses	poseyeseis
poseyese	poseyesen

14   pluscuamperfecto de subjuntivo

hubiera poseído	hubiéramos poseído
hubieras poseído	hubierais poseído
hubiera poseído	hubieran poseído
OR	
hubiese poseído	hubiésemos poseído
hubieses poseído	hubieseis poseído
hubiese poseído	hubiesen poseído

imperativo

—	poseamos
posee; no poseas	poseed; no poseáis
posea	posean

Words related to this verb

el poseedor, la poseedora owner, possessor
la posesión possession
poseerse to control oneself

posesional possessive
el posesor, la posesora owner, possessor

The subject pronouns are found on the page facing page 1.   **369**

to practice

The Seven Simple Tenses		The Seven Compound Tenses	
Singular	Plural	Singular	Plural

1 presente de indicativo

		8 perfecto de indicativo	
practico	practicamos	he practicado	hemos practicado
practicas	practicáis	has practicado	habéis practicado
practica	practican	ha practicado	han practicado

2 imperfecto de indicativo

		9 pluscuamperfecto de indicativo	
practicaba	practicábamos	había practicado	habíamos practicado
practicabas	practicabais	habías practicado	habíais practicado
practicaba	practicaban	había practicado	habían practicado

3 pretérito

		10 pretérito anterior	
practiqué	practicamos	hube practicado	hubimos practicado
practicaste	practicasteis	hubiste practicado	hubisteis practicado
practicó	practicaron	hubo practicado	hubieron practicado

4 futuro

		11 futuro perfecto	
practicaré	practicaremos	habré practicado	habremos practicado
practicarás	practicaréis	habrás practicado	habréis practicado
practicará	practicarán	habrá practicado	habrán practicado

5 potencial simple

		12 potencial compuesto	
practicaría	practicaríamos	habría practicado	habríamos practicado
practicarías	practicaríais	habrías practicado	habríais practicado
practicaría	practicarían	habría practicado	habrían practicado

6 presente de subjuntivo

		13 perfecto de subjuntivo	
practique	practiquemos	haya practicado	hayamos practicado
practiques	practiquéis	hayas practicado	hayáis practicado
practique	practiquen	haya practicado	hayan practicado

7 imperfecto de subjuntivo

		14 pluscuamperfecto de subjuntivo	
practicara	practicáramos	hubiera practicado	hubiéramos practicado
practicaras	practicarais	hubieras practicado	hubierais practicado
practicara	practicaran	hubiera practicado	hubieran practicado
OR		OR	
practicase	practicásemos	hubiese practicado	hubiésemos practicado
practicases	practicaseis	hubieses practicado	hubieseis practicado
practicase	practicasen	hubiese practicado	hubiesen practicado

imperativo

—	practiquemos
practica; no practiques	practicad; no practiquéis
practique	practiquen

Words and expressions related to this verb

práctico, práctica practical
la práctica practice, habit
en la práctica in practice

practicar investigaciones to look into, to investigate
practicar un informe to make a report

to predict, to forecast, to foretell

The Seven Simple Tenses		The Seven Compound Tenses	
Singular	Plural	Singular	Plural

1 presente de indicativo		8 perfecto de indicativo	
predigo	**predecimos**	**he predicho**	**hemos predicho**
predices	**predecís**	**has predicho**	**habéis predicho**
predice	**predicen**	**ha predicho**	**han predicho**

2 imperfecto de indicativo		9 pluscuamperfecto de indicativo	
predecía	**predecíamos**	**había predicho**	**habíamos predicho**
predecías	**predecíais**	**habías predicho**	**habíais predicho**
predecía	**predecían**	**había predicho**	**habían predicho**

3 pretérito		10 pretérito anterior	
predije	**predijimos**	**hube predicho**	**hubimos predicho**
predijiste	**predijisteis**	**hubiste predicho**	**hubisteis predicho**
predijo	**predijeron**	**hubo predicho**	**hubieron predicho**

4 futuro		11 futuro perfecto	
predeciré	**predeciremos**	**habré predicho**	**habremos predicho**
predecirás	**predeciréis**	**habrás predicho**	**habréis predicho**
predecirá	**predecirán**	**habrá predicho**	**habrán predicho**

5 potencial simple		12 potencial compuesto	
predeciría	**predeciríamos**	**habría predicho**	**habríamos predicho**
predecirías	**predeciríais**	**habrías predicho**	**habrías predicho**
predeciría	**predecirían**	**habría predicho**	**habrían predicho**

6 presente de subjuntivo		13 perfecto de subjuntivo	
prediga	**predigamos**	**haya predicho**	**hayamos predicho**
predigas	**predigáis**	**hayas predicho**	**hayáis predicho**
prediga	**predigan**	**haya predicho**	**hayan predicho**

7 imperfecto de subjuntivo		14 pluscuamperfecto de subjuntivo	
predijera	**predijéramos**	**hubiera predicho**	**hubiéramos predicho**
predijeras	**predijerais**	**hubieras predicho**	**hubierais predicho**
predijera	**predijeran**	**hubiera predicho**	**hubieran predicho**
OR		OR	
predijese	**predijésemos**	**hubiese predicho**	**hubiésemos predicho**
predijeses	**predijeseis**	**hubieses predicho**	**hubieseis predicho**
predijese	**predijesen**	**hubiese predicho**	**hubiesen predicho**

	imperativo	
—		**predigamos**
predice; no predigas		**predecid; no predigáis**
prediga		**predigan**

Words and expressions related to this verb

decir to say, to tell   **la predicción del tiempo** weather forecasting
una predicción prediction   **la dicción** diction

Consult the back pages for the list of over 1,000 verbs conjugated like model verbs.

predicar

Gerundio **predicando**   Part. pas. **predicado**

to preach

The Seven Simple Tenses		The Seven Compound Tenses	
Singular	Plural	Singular	Plural
1 presente de indicativo		**8 perfecto de indicativo**	
predico	predicamos	he predicado	hemos predicado
predicas	predicáis	has predicado	habéis predicado
predica	predican	ha predicado	han predicado
2 imperfecto de indicativo		**9 pluscuamperfecto de indicativo**	
predicaba	predicábamos	había predicado	habíamos predicado
predicabas	predicabais	habías predicado	habíais predicado
predicaba	predicaban	había predicado	habían predicado
3 pretérito		**10 pretérito anterior**	
prediqué	predicamos	hube predicado	hubimos predicado
predicaste	predicasteis	hubiste predicado	hubisteis predicado
predicó	predicaron	hubo predicado	hubieron predicado
4 futuro		**11 futuro perfecto**	
predicaré	predicaremos	habré predicado	habremos predicado
predicarás	predicaréis	habrás predicado	habréis predicado
predicará	predicarán	habrá predicado	habrán predicado
5 potencial simple		**12 potencial compuesto**	
predicaría	predicaríamos	habría predicado	habríamos predicado
predicarías	predicaríais	habrías predicado	habríais predicado
predicaría	predicarían	habría predicado	habrían predicado
6 presente de subjuntivo		**13 perfecto de subjuntivo**	
predique	prediquemos	haya predicado	hayamos predicado
prediques	prediquéis	hayas predicado	hayáis predicado
predique	prediquen	haya predicado	hayan predicado
7 imperfecto de subjuntivo		**14 pluscuamperfecto de subjuntivo**	
predicara	predicáramos	hubiera predicado	hubiéramos predicado
predicaras	predicarais	hubieras predicado	hubierais predicado
predicara	predicaran	hubiera predicado	hubieran predicado
OR		OR	
predicase	predicásemos	hubiese predicado	hubiésemos predicado
predicases	predicaseis	hubieses predicado	hubieseis predicado
predicase	predicasen	hubiese predicado	hubiesen predicado

imperativo

—	prediquemos
predica; no prediques	predicad; no prediquéis
predique	prediquen

Words related to this verb

la predicación preaching
predicante predicant

la predicadera gift of preaching
predicativo, predicativa predicative

Consult the back pages for the section on verbs with prepositions.

The Seven Simple Tenses		The Seven Compound Tenses	
Singular	Plural	Singular	Plural

1   presente de indicativo

		8 perfecto de indicativo	
prefiero	**preferimos**	**he preferido**	**hemos preferido**
prefieres	**preferís**	**has preferido**	**habéis preferido**
prefiere	**prefieren**	**ha preferido**	**han preferido**

2   imperfecto de indicativo

		9 pluscuamperfecto de indicativo	
prefería	**preferíamos**	**había preferido**	**habíamos preferido**
preferías	**preferíais**	**habías preferido**	**habíais preferido**
prefería	**preferían**	**había preferido**	**habían preferido**

3   pretérito

		10 pretérito anterior	
preferí	**preferimos**	**hube preferido**	**hubimos preferido**
preferiste	**preferisteis**	**hubiste preferido**	**hubisteis preferido**
prefirió	**prefirieron**	**hubo preferido**	**hubieron preferido**

4   futuro

		11 futuro perfecto	
preferiré	**preferiremos**	**habré preferido**	**habremos preferido**
preferirás	**preferiréis**	**habrás preferido**	**habréis preferido**
preferirá	**preferirán**	**habrá preferido**	**habrán preferido**

5   potencial simple

		12 potencial compuesto	
preferiría	**preferiríamos**	**habría preferido**	**habríamos preferido**
preferirías	**preferiríais**	**habrías preferido**	**habríais preferido**
preferiría	**preferirían**	**habría preferido**	**habrían preferido**

6   presente de subjuntivo

		13 perfecto de subjuntivo	
prefiera	**prefiramos**	**haya preferido**	**hayamos preferido**
prefieras	**prefiráis**	**hayas preferido**	**hayáis preferido**
prefiera	**prefieran**	**haya preferido**	**hayan preferido**

7   imperfecto de subjuntivo

		14 pluscuamperfecto de subjuntivo	
prefiriera	**prefiriéramos**	**hubiera preferido**	**hubiéramos preferido**
prefirieras	**prefirierais**	**hubieras preferido**	**hubierais preferido**
prefiriera	**prefirieran**	**hubiera preferido**	**hubieran preferido**
OR		OR	
prefiriese	**prefiriésemos**	**hubiese preferido**	**hubiésemos preferido**
prefirieses	**prefirieseis**	**hubieses preferido**	**hubieseis preferido**
prefiriese	**prefiriesen**	**hubiese preferido**	**hubiesen preferido**

imperativo

—	**prefiramos**
prefiere; no prefieras	**preferid; no prefiráis**
prefiera	**prefieran**

Words related to this verb

preferiblemente preferably	**de preferencia** preferably
preferible preferable	**preferentemente** preferably
la preferencia preference	**referir** to refer, to relate
preferido, preferida preferred	

preguntar

Gerundio **preguntando**   Part. pas. **preguntado**

to ask, to inquire, to question

The Seven Simple Tenses		The Seven Compound Tenses	
Singular	Plural	Singular	Plural
1 presente de indicativo		**8 perfecto de indicativo**	
pregunto	preguntamos	he preguntado	hemos preguntado
preguntas	preguntáis	has preguntado	habéis preguntado
pregunta	preguntan	ha preguntado	han preguntado
2 imperfecto de indicativo		**9 pluscuamperfecto de indicativo**	
preguntaba	preguntábamos	había preguntado	habíamos preguntado
preguntabas	preguntabais	habías preguntado	habíais preguntado
preguntaba	preguntaban	había preguntado	habían preguntado
3 pretérito		**10 pretérito anterior**	
pregunté	preguntamos	hube preguntado	hubimos preguntado
preguntaste	preguntasteis	hubiste preguntado	hubisteis preguntado
preguntó	preguntaron	hubo preguntado	hubieron preguntado
4 futuro		**11 futuro perfecto**	
preguntaré	preguntaremos	habré preguntado	habremos preguntado
preguntarás	preguntaréis	habrás preguntado	habréis preguntado
preguntará	preguntarán	habrá preguntado	habrán preguntado
5 potencial simple		**12 potencial compuesto**	
preguntaría	preguntaríamos	habría preguntado	habríamos preguntado
preguntarías	preguntaríais	habrías preguntado	habríais preguntado
preguntaría	preguntarían	habría preguntado	habrían preguntado
6 presente de subjuntivo		**13 perfecto de subjuntivo**	
pregunte	preguntemos	haya preguntado	hayamos preguntado
preguntes	preguntéis	hayas preguntado	hayáis preguntado
pregunte	pregunten	haya preguntado	hayan preguntado
7 imperfecto de subjuntivo		**14 pluscuamperfecto de subjuntivo**	
preguntara	preguntáramos	hubiera preguntado	hubiéramos preguntado
preguntaras	preguntarais	hubieras preguntado	hubierais preguntado
preguntara	preguntaran	hubiera preguntado	hubieran preguntado
OR		OR	
preguntase	preguntásemos	hubiese preguntado	hubiésemos preguntado
preguntases	preguntaseis	hubieses preguntado	hubieseis preguntado
preguntase	preguntasen	hubiese preguntado	hubiesen preguntado

imperativo	
—	preguntemos
pregunta; no preguntes	preguntad; no preguntéis
pregunte	pregunten

Words and expressions related to this verb

una pregunta   question
hacer una pregunta   to ask a question
un preguntón, una preguntona
    inquisitive individual

preguntarse   to wonder, to ask oneself
preguntante   inquiring

Consult the back pages for the section on verbs used in idiomatic expressions.

to be concerned, to worry, to be worried

The Seven Simple Tenses		The Seven Compound Tenses	
Singular	Plural	Singular	Plural
1 presente de indicativo		**8 perfecto de indicativo**	
me preocupo	nos preocupamos	me he preocupado	nos hemos preocupado
te preocupas	os preocupáis	te has peocupado	os habéis preocupado
se preocupa	se preocupan	se ha peocupado	se han preocupado
2 imperfecto de indicativo		**9 pluscuamperfecto de indicativo**	
me preocupaba	nos preocupábamos	me había preocupado	nos habíamos preocupado
te preocupabas	os preocupabais	te habías preocupado	os habíais preocupado
se preocupaba	se preocupaban	se había preocupado	se habían preocupado
3 pretérito		**10 pretérito anterior**	
me preocupé	nos preocupamos	me hube preocupado	nos hubimos preocupado
te preocupaste	os preocupasteis	te hubiste preocupado	os hubisteis preocupado
se preocupó	se preocuparon	se hubo preocupado	se hubieron preocupado
4 futuro		**11 futuro perfecto**	
me preocuparé	nos preocuparemos	me habré preocupado	nos habremos preocupado
te preocuparás	os preocuparéis	te habrás preocupado	os habréis preocupado
se preocupará	se preocuparán	se habrá preocupado	se habrán preocupado
5 potencial simple		**12 potencial compuesto**	
me preocuparía	nos preocuparíamos	me habría preocupado	nos habríamos preocupado
te preocuparías	os preocuparíais	te habrías preocupado	os habríais preocupado
se preocuparía	se preocuparían	se habría preocupado	se habrían preocupado
6 presente de subjuntivo		**13 perfecto de subjuntivo**	
me preocupe	nos preocupemos	me haya preocupado	nos hayamos preocupado
te preocupes	os preocupéis	te hayas preocupado	os hayáis preocupado
se preocupe	se preocupen	se haya preocupado	se hayan preocupado
7 imperfecto de subjuntivo		**14 pluscuamperfecto de subjuntivo**	
me preocupara	nos preocupáramos	me hubiera preocupado	nos hubiéramos preocupado
te preocuparas	os preocuparais	te hubieras preocupado	os hubierais preocupado
se preocupara	se preocuparan	se hubiera preocupado	se hubieran preocupado
OR		OR	
me preocupase	nos preocupásemos	me hubiese preocupado	nos hubiésemos preocupado
te preocupases	os preocupaseis	te hubieses preocupado	os hubieseis preocupado
se preocupase	se preocupasen	se hubiese preocupado	se hubiesen preocupado

imperativo

—	preocupémonos
preocúpate; no te preocupes	preocupaos; no os preocupéis
preocúpese	preocúpense

Words related to this verb

preocupar   to preoccupy, to worry
la preocupación   preoccupation, worry

preocuparse de   to take care of, to worry about
ocupar   to occupy

For other words and expressions related to this verb, see **ocupar.**

to prepare

The Seven Simple Tenses		The Seven Compound Tenses	
Singular	Plural	Singular	Plural
1 presente de indicativo		**8 perfecto de indicativo**	
preparo	preparamos	he preparado	hemos preparado
preparas	preparáis	has preparado	habéis preparado
prepara	preparan	ha preparado	han preparado
2 imperfecto de indicativo		**9 pluscuamperfecto de indicativo**	
preparaba	preparábamos	había preparado	habíamos preparado
preparabas	preparabais	habías preparado	habíais preparado
preparaba	preparaban	había preparado	habían preparado
3 pretérito		**10 pretérito anterior**	
preparé	preparamos	hube preparado	hubimos preparado
preparaste	preparasteis	hubiste preparado	hubisteis preparado
preparó	prepararon	hubo preparado	hubieron preparado
4 futuro		**11 futuro perfecto**	
prepararé	prepararemos	habré preparado	habremos preparado
prepararás	prepararéis	habrás preparado	habréis preparado
preparará	prepararán	habrá preparado	habrán preparado
5 potencial simple		**12 potencial compuesto**	
prepararía	prepararíamos	habría preparado	habríamos preparado
prepararías	prepararíais	habrías preparado	habríais preparado
prepararía	prepararían	habría preparado	habrían preparado
6 presente de subjuntivo		**13 perfecto de subjuntivo**	
prepare	preparemos	haya preparado	hayamos preparado
prepares	preparéis	hayas preparado	hayáis preparado
prepare	preparen	haya preparado	hayan preparado
7 imperfecto de subjuntivo		**14 pluscuamperfecto de subjuntivo**	
preparara	preparáramos	hubiera preparado	hubiéramos preparado
prepararas	prepararais	hubieras preparado	hubierais preparado
preparara	prepararan	hubiera preparado	hubieran preparado
OR		OR	
preparase	preparásemos	hubiese preparado	hubiésemos preparado
preparases	preparaseis	hubieses preparado	hubieseis preparado
preparase	preparasen	hubiese preparado	hubiesen preparado

	imperativo
—	preparemos
prepara; no prepares	preparad; no preparéis
prepare	preparen

Words related to this verb

preparatorio, preparatoria preparatory
el preparativo preparation, preparative

la preparación preparation
prepararse to prepare oneself

to be prepared, to get ready, to prepare oneself

The Seven Simple Tenses		The Seven Compound Tenses	
Singular	Plural	Singular	Plural

1 presente de indicativo		8 perfecto de indicativo	
me preparo	nos preparamos	me he preparado	nos hemos preparado
te preparas	os preparáis	te has preparado	os habéis preparado
se prepara	se preparan	se ha preparado	se han preparado

2 imperfecto de indicativo		9 pluscuamperfecto de indicativo	
me preparaba	nos preparábamos	me había preparado	nos habíamos preparado
te preparabas	os preparabais	te habías preparado	os habíais preparado
se preparaba	se preparaban	se había preparado	se habían preparado

3 pretérito		10 pretérito anterior	
me preparé	nos preparamos	me hube preparado	nos hubimos preparado
te preparaste	os preparasteis	te hubiste preparado	os hubisteis preparado
se preparó	se prepararon	se hubo preparado	se hubieron preparado

4 futuro		11 futuro perfecto	
me prepararé	nos prepararemos	me habré preparado	nos habremos preparado
te prepararás	os prepararéis	te habrás preparado	os habréis preparado
se preparará	se prepararán	se habrá preparado	se habrán preparado

5 potencial simple		12 potencial compuesto	
me prepararía	nos prepararíamos	me habría preparado	nos habríamos preparado
te prepararías	os prepararíais	te habrías preparado	os habríais preparado
se prepararía	se prepararían	se habría preparado	se habrían preparado

6 presente de subjuntivo		13 perfecto de subjuntivo	
me prepare	nos preparemos	me haya preparado	nos hayamos preparado
te prepares	os preparéis	te hayas preparado	os hayáis preparado
se prepare	se preparen	se haya preparado	se hayan preparado

7 imperfecto de subjuntivo		14 pluscuamperfecto de subjuntivo	
me preparara	nos preparáramos	me hubiera preparado	nos hubiéramos preparado
te prepararas	os prepararais	te hubieras preparado	os hubierais preparado
se preparara	se prepararan	se hubiera preparado	se hubieran preparado
OR		OR	
me preparase	nos preparásemos	me hubiese preparado	nos hubiésemos preparado
te preparases	os preparaseis	te hubieses preparado	os hubieseis preparado
se preparase	se preparasen	se hubiese preparado	se hubiesen preparado

imperativo	
—	preparémonos
prepárate; no te prepares	preparaos; no os preparéis
prepárese	preparense

Words related to this verb

preparar   to prepare
el preparamiento, la preparación   preparation

For other words related to this verb, see **preparar**.

Consult the back pages for the list of over 1,000 verbs conjugated like model verbs.

presentar

Gerundio **presentando**   Part. pas. **presentado**

to present, to display, to show, to introduce

The Seven Simple Tenses		The Seven Compound Tenses	
Singular	Plural	Singular	Plural
1 presente de indicativo		**8 perfecto de indicativo**	
presento	presentamos	he presentado	hemos presentado
presentas	presentáis	has presentado	habéis presentado
presenta	presentan	ha presentado	han presentado
2 imperfecto de indicativo		**9 pluscuamperfecto de indicativo**	
presentaba	presentábamos	había presentado	habíamos presentado
presentabas	presentabais	habías presentado	habíais presentado
presentaba	presentaban	había presentado	habían presentado
3 pretérito		**10 pretérito anterior**	
presenté	presentamos	hube presentado	hubimos presentado
presentaste	presentasteis	hubiste presentado	hubisteis presentado
presentó	presentaron	hubo presentado	hubieron presentado
4 futuro		**11 futuro perfecto**	
presentaré	presentaremos	habré presentado	habremos presentado
presentarás	presentaréis	habrás presentado	habréis presentado
presentará	presentarán	habrá presentado	habrán presentado
5 potencial simple		**12 potencial compuesto**	
presentaría	presentaríamos	habría presentado	habríamos presentado
presentarías	presentaríais	habrías presentado	habríais presentado
presentaría	presentarían	habría presentado	habrían presentado
6 presente de subjuntivo		**13 perfecto de subjuntivo**	
presente	presentemos	haya presentado	hayamos presentado
presentes	presentéis	hayas presentado	hayáis presentado
presente	presenten	haya presentado	hayan presentado
7 imperfecto de subjuntivo		**14 pluscuamperfecto de subjuntivo**	
presentara	presentáramos	hubiera presentado	hubiéramos presentado
presentaras	presentarais	hubieras presentado	hubierais presentado
presentara	presentaran	hubiera presentado	hubieran presentado
OR		OR	
presentase	presentásemos	hubiese presentado	hubiésemos presentado
presentases	presentaseis	hubieses presentado	hubieseis presentado
presentase	presentasen	hubiese presentado	hubiesen presentado

	imperativo
—	presentemos
presenta; no presentes	presentad; no presentéis
presente	presenten

Words and expressions related to this verb

representar   to represent
presentarse   to introduce oneself
el presente   present; present tense
por lo presente   for the present

al presente, de presente   at present
presentar armas   to present arms
la presentación   presentation

Consult the back pages for verbs with prepositions.

to lend

The Seven Simple Tenses		The Seven Compound Tenses	
Singular	Plural	Singular	Plural

1 presente de indicativo		8 perfecto de indicativo	
presto	**prestamos**	**he prestado**	**hemos prestado**
prestas	**prestáis**	**has prestado**	**habéis prestado**
presta	**prestan**	**ha prestado**	**han prestado**

2 imperfecto de indicativo		9 pluscuamperfecto de indicativo	
prestaba	**prestábamos**	**había prestado**	**habíamos prestado**
prestabas	**prestabais**	**habías prestado**	**habíais prestado**
prestaba	**prestaban**	**había prestado**	**habían prestado**

3 pretérito		10 pretérito anterior	
presté	**prestamos**	**hube prestado**	**hubimos prestado**
prestaste	**prestasteis**	**hubiste prestado**	**hubisteis prestado**
prestó	**prestaron**	**hubo prestado**	**hubieron prestado**

4 futuro		11 futuro perfecto	
prestaré	**prestaremos**	**habré prestado**	**habremos prestado**
prestarás	**prestaréis**	**habrás prestado**	**habréis prestado**
prestará	**prestarán**	**habrá prestado**	**habrán prestado**

5 potencial simple		12 potencial compuesto	
prestaría	**prestaríamos**	**habría prestado**	**habríamos prestado**
prestarías	**prestaríais**	**habrías prestado**	**habríais prestado**
prestaría	**prestarían**	**habría prestado**	**habrían prestado**

6 presente de subjuntivo		13 perfecto de subjuntivo	
preste	**prestemos**	**haya prestado**	**hayamos prestado**
prestes	**prestéis**	**hayas prestado**	**hayáis prestado**
preste	**presten**	**haya prestado**	**hayan prestado**

7 imperfecto de subjuntivo		14 pluscuamperfecto de subjuntivo	
prestara	**prestáramos**	**hubiera prestado**	**hubiéramos prestado**
prestaras	**prestarais**	**hubieras prestado**	**hubierais prestado**
prestara	**prestaran**	**hubiera prestado**	**hubieran prestado**
OR		OR	
prestase	**prestásemos**	**hubiese prestado**	**hubiésemos prestado**
prestases	**prestaseis**	**hubieses prestado**	**hubieseis prestado**
prestase	**prestasen**	**hubiese prestado**	**hubiesen prestado**

imperativo	
—	**prestemos**
presta; no prestes	**prestad; no prestéis**
preste	**presten**

Words and expressions related to this verb

pedir prestado to borrow   **prestar atención**   to pay attention
tomar prestado to borrow   **una casa de préstamos** pawn shop
prestador, prestadora lender   **un, una prestamista** money lender
un préstamo loan

to begin

The Seven Simple Tenses		The Seven Compound Tenses	
Singular	Plural	Singular	Plural

1 presente de indicativo

		8 perfecto de indicativo	
principio	principiamos	he principiado	hemos principiado
principias	principiáis	has principiado	habéis principiado
principia	principian	ha principiado	han principiado

2 imperfecto de indicativo

		9 pluscuamperfecto de indicativo	
principiaba	principiábamos	había principiado	habíamos principiado
principiabas	principiabais	habías principiado	habíais principiado
principiaba	principiaban	había principiado	habían principiado

3 pretérito

		10 pretérito anterior	
principié	principiamos	hube principiado	hubimos principiado
principiaste	principiasteis	hubiste principiado	hubisteis principiado
principió	principiaron	hubo principiado	hubieron principiado

4 futuro

		11 futuro perfecto	
principiaré	principiaremos	habré principiado	habremos principiado
principiarás	principiaréis	habrás principiado	habréis principiado
principiará	principiarán	habrá principiado	habrán principiado

5 potencial simple

		12 potencial compuesto	
principiaría	principiaríamos	habría principiado	habríamos principiado
principiarías	principiaríais	habrías principiado	habríais principiado
principiaría	principiarían	habría principiado	habrían principiado

6 presente de subjuntivo

		13 perfecto de subjuntivo	
principie	principiemos	haya principiado	hayamos principiado
principies	principiéis	hayas principiado	hayáis principiado
principie	principien	haya principiado	hayan principiado

7 imperfecto de subjuntivo

		14 pluscuamperfecto de subjuntivo	
principiara	principiáramos	hubiera principiado	hubiéramos principiado
principiaras	principiarais	hubieras principiado	hubierais principiado
principiara	principiaran	hubiera principiado	hubieran principiado
OR		OR	
principiase	principiásemos	hubiese principiado	hubiésemos principiado
principiases	principiaseis	hubieses principiado	hubieseis principiado
principiase	principiasen	hubiese principiado	hubiesen principiado

imperativo	
—	principiemos
principia; no principies	principiad; no principiéis
principie	principien

Words and expressions related to this verb

el principio beginning, start; principle
a principios de at the beginning of
desde el principio from the beginning
principio de admiración inverted
    exclamation point (¡)

en principio in principle
el, la principiante beginner
principio de interrogación inverted question
    mark (¿)
al principio (a los principios) at first, in the
    beginning

to test, to prove, to try, to try on

The Seven Simple Tenses		The Seven Compound Tenses	
Singular	Plural	Singular	Plural

1   presente de indicativo

pruebo	**probamos**	
pruebas	**probáis**	
prueba	**prueban**	

8   perfecto de indicativo

he probado	**hemos probado**
has probado	**habéis probado**
ha probado	**han probado**

2   imperfecto de indicativo

probaba	**probábamos**
probabas	**probabais**
probaba	**probaban**

9   pluscuamperfecto de indicativo

había probado	**habíamos probado**
habías probado	**habíais probado**
había probado	**habían probado**

3   pretérito

probé	**probamos**
probaste	**probasteis**
probó	**probaron**

10   pretérito anterior

hube probado	**hubimos probado**
hubiste probado	**hubisteis probado**
hubo probado	**hubieron probado**

4   futuro

probaré	**probaremos**
probarás	**probaréis**
probará	**probarán**

11   futuro perfecto

habré probado	**habremos probado**
habrás probado	**habréis probado**
habrá probado	**habrán probado**

5   potencial simple

probaría	**probaríamos**
probarías	**probaríais**
probaría	**probarían**

12   potencial compuesto

habría probado	**habríamos probado**
habrías probado	**habríais probado**
habría probado	**habrían probado**

6   presente de subjuntivo

pruebe	**probemos**
pruebes	**probéis**
pruebe	**prueben**

13   perfecto de subjuntivo

haya probado	**hayamos probado**
hayas probado	**hayáis probado**
haya probado	**hayan probado**

7   imperfecto de subjuntivo

probara	**probáramos**
probaras	**probarais**
probara	**probaran**
OR	
probase	**probásemos**
probases	**probaseis**
probase	**probasen**

14   pluscuamperfecto de subjuntivo

hubiera probado	**hubiéramos probado**
hubieras probado	**hubierais probado**
hubiera probado	**hubieran probado**
OR	
hubiese probado	**hubiésemos probado**
hubieses probado	**hubieseis probado**
hubiese probado	**hubiesen probado**

imperativo

—	**probemos**
prueba; no pruebes	**probad; no probéis**
pruebe	**prueben**

Words and expressions related to this verb

la prueba   proof, evidence
poner a prueba   to put to the test, to try out
probable   probable
probablemente   probably

probar de   to taste, to take a taste of
la probatura   test, experiment
la probación   proof, probation
la probabilidad   probability

probarse Gerundio **probándose** Part. pas. **probado**

to try on

The Seven Simple Tenses		The Seven Compound Tenses	
Singular	Plural	Singular	Plural

1 presente de indicativo

me pruebo	nos probamos		
te pruebas	os probáis		
se prueba	se prueban		

8 perfecto de indicativo

me he probado	nos hemos probado		
te has probado	os habéis probado		
se ha probado	se han probado		

2 imperfecto de indicativo

me probaba	nos probábamos
te probabas	os probabais
se probaba	se probaban

9 pluscuamperfecto de indicativo

me había probado	nos habíamos probado
te habías probado	os habíais probado
se había probado	se habían probado

3 pretérito

me probé	nos probamos
te probaste	os probasteis
se probó	se probaron

10 pretérito anterior

me hube probado	nos hubimos probado
te hubiste probado	os hubisteis probado
se hubo probado	se hubieron probado

4 futuro

me probaré	nos probaremos
te probarás	os probaréis
se probará	se probarán

11 futuro perfecto

me habré probado	nos habremos probado
te habrás probado	os habréis probado
se habrá probado	se habrán probado

5 potencial simple

me probaría	nos probaríamos
te probarías	os probaríais
se probaría	se probarían

12 potencial compuesto

me habría probado	nos habríamos probado
te habrías probado	os habríais probado
se habría probado	se habrían probado

6 presente de subjuntivo

me pruebe	nos probemos
te pruebes	os probéis
se pruebe	se prueben

13 perfecto de subjuntivo

me haya probado	nos hayamos probado
te hayas probado	os hayáis probado
se haya probado	se hayan probado

7 imperfecto de subjuntivo

me probara	nos probáramos
te probaras	os probarais
se probara	se probaran
OR	
me probase	nos probásemos
te probases	os probaseis
se probase	se probasen

14 pluscuamperfecto de subjuntivo

me hubiera probado	nos hubiéramos probado
te hubieras probado	os hubierais probado
se hubiera probado	se hubieran probado
OR	
me hubiese probado	nos hubiésemos probado
te hubieses probado	os hubieseis probado
se hubiese probado	se hubiesen probado

imperativo

—	probémonos
pruébate; no te pruebes	probaos; no os probéis
pruébese	pruébense

For words and expressions related to this verb, see **probar**.

to proclaim, to promulgate

The Seven Simple Tenses		The Seven Compound Tenses	
Singular	Plural	Singular	Plural
1 presente de indicativo		8 perfecto de indicativo	
proclamo	proclamamos	he proclamado	hemos proclamado
proclamas	proclamáis	has proclamado	habéis proclamado
proclama	proclaman	ha proclamado	han proclamado
2 imperfecto de indicativo		9 pluscuamperfecto de indicativo	
proclamaba	proclamábamos	había proclamado	habíamos proclamado
proclamabas	proclamabais	habías proclamado	habíais proclamado
proclamaba	proclamaban	había proclamado	habían proclamado
3 pretérito		10 pretérito anterior	
proclamé	proclamamos	hube proclamado	hubimos proclamado
proclamaste	proclamasteis	hubiste proclamado	hubisteis proclamado
proclamó	proclamaron	hubo proclamado	hubieron proclamado
4 futuro		11 futuro perfecto	
proclamaré	proclamaremos	habré proclamado	habremos proclamado
proclamarás	proclamaréis	habrás proclamado	habréis proclamado
proclamará	proclamarán	habrá proclamado	habrán proclamado
5 potencial simple		12 potencial compuesto	
proclamaría	proclamaríamos	habría proclamado	habríamos proclamado
proclamarías	proclamaríais	habrías proclamado	habríais proclamado
proclamaría	proclamarían	habría proclamado	habrían proclamado
6 presente de subjuntivo		13 perfecto de subjuntivo	
proclame	proclamemos	haya proclamado	hayamos proclamado
proclames	proclaméis	hayas proclamado	hayáis proclamado
proclame	proclamen	haya proclamado	hayan proclamado
7 imperfecto de subjuntivo		14 pluscuamperfecto de subjuntivo	
proclamara	proclamáramos	hubiera proclamado	hubiéramos proclamado
proclamaras	proclamarais	hubieras proclamado	hubierais proclamado
proclamara	proclamaran	hubiera proclamado	hubieran proclamado
OR		OR	
proclamase	proclamásemos	hubiese proclamado	hubiésemos proclamado
proclamases	proclamaseis	hubieses proclamado	hubieseis proclamado
proclamase	proclamasen	hubiese proclamado	hubiesen proclamado

imperativo

—	proclamemos
proclama; no proclames	proclamad; no proclaméis
proclame	proclamen

Words related to this verb

la proclamación, la proclama proclamation

Be sure to consult the back pages for sections on verbs used in idiomatic expressions, verbs with prepositions, and the list of over 1,000 verbs conjugated like model verbs.

to produce, to cause

The Seven Simple Tenses		The Seven Compound Tenses	
Singular	Plural	Singular	Plural
1 presente de indicativo		**8 perfecto de indicativo**	
produzco	producimos	he producido	hemos producido
produces	producís	has producido	habéis producido
produce	producen	ha producido	han producido
2 imperfecto de indicativo		**9 pluscuamperfecto de indicativo**	
producía	producíamos	había producido	habíamos producido
producías	producíais	habías producido	habíais producido
producía	producían	había producido	habían producido
3 pretérito		**10 pretérito anterior**	
produje	produjimos	hube producido	hubimos producido
produjiste	produjisteis	hubiste producido	hubisteis producido
produjo	produjeron	hubo producido	hubieron producido
4 futuro		**11 futuro perfecto**	
produciré	produciremos	habré producido	habremos producido
producirás	produciréis	habrás producido	habréis producido
producirá	producirán	habrá producido	habrán producido
5 potencial simple		**12 potencial compuesto**	
produciría	produciríamos	habría producido	habríamos producido
producirías	produciríais	habrías producido	habríais producido
produciría	producirían	habría producido	habrían producido
6 presente de subjuntivo		**13 perfecto de subjuntivo**	
produzca	produzcamos	haya producido	hayamos producido
produzcas	produzcáis	hayas producido	hayáis producido
produzca	produzcan	haya producido	hayan producido
7 imperfecto de subjuntivo		**14 pluscuamperfecto de subjuntivo**	
produjera	produjéramos	hubiera producido	hubiéramos producido
produjeras	produjerais	hubieras producido	hubierais producido
produjera	produjeran	hubiera producido	hubieran producido
OR		OR	
produjese	produjésemos	hubiese producido	hubiésemos producido
produjeses	produjeseis	hubieses producido	hubieseis producido
produjese	produjesen	hubiese producido	hubiesen producido

imperativo

—	produzcamos
produce; no produzcas	producid; no produzcáis
produzca	produzcan

Words and expressions related to this verb

la productividad productivity
productivo, productiva productive
el producto product, produce; proceeds
productos de belleza cosmetics
reproducir to reproduce

productos de aguja needlework
productos de consumo consumer goods
productos de tocador toilet articles
un productor, una productora producer

to prohibit, to forbid

The Seven Simple Tenses		The Seven Compound Tenses	
Singular	Plural	Singular	Plural
1 presente de indicativo		8 perfecto de indicativo	
prohibo	**prohibimos**	**he prohibido**	**hemos prohibido**
prohibes	**prohibís**	**has prohibido**	**habéis prohibido**
prohibe	**prohiben**	**ha prohibido**	**han prohibido**
2 imperfecto de indicativo		9 pluscuamperfecto de indicativo	
prohibía	**prohibíamos**	**había prohibido**	**habíamos prohibido**
prohibías	**prohibíais**	**habías prohibido**	**habíais prohibido**
prohibía	**prohibían**	**había prohibido**	**habían prohibido**
3 pretérito		10 pretérito anterior	
prohibí	**prohibimos**	**hube prohibido**	**hubimos prohibido**
prohibiste	**prohibisteis**	**hubiste prohibido**	**hubisteis prohibido**
prohibió	**prohibieron**	**hubo prohibido**	**hubieron prohibido**
4 futuro		11 futuro perfecto	
prohibiré	**prohibiremos**	**habré prohibido**	**habremos prohibido**
prohibirás	**prohibiréis**	**habrás prohibido**	**habréis prohibido**
prohibirá	**prohibirán**	**habrá prohibido**	**habrán prohibido**
5 potencial simple		12 potencial compuesto	
prohibiría	**prohibiríamos**	**habría prohibido**	**habríamos prohibido**
prohibirías	**prohibiríais**	**habrías prohibido**	**habríais prohibido**
prohibiría	**prohibirían**	**habría prohibido**	**habrían prohibido**
6 presente de subjuntivo		13 perfecto de subjuntivo	
prohiba	**prohibamos**	**haya prohibido**	**hayamos prohibido**
prohibas	**prohibáis**	**hayas prohibido**	**hayáis prohibido**
prohiba	**prohiban**	**haya prohibido**	**hayan prohibido**
7 imperfecto de subjuntivo		14 pluscuamperfecto de subjuntivo	
prohibiera	**prohibiéramos**	**hubiera prohibido**	**hubiéramos prohibido**
prohibieras	**prohibierais**	**hubieras prohibido**	**hubierais prohibido**
prohibiera	**prohibieran**	**hubiera prohibido**	**hubieran prohibido**
OR		OR	
prohibiese	**prohibiésemos**	**hubiese prohibido**	**hubiésemos prohibido**
prohibieses	**prohibieseis**	**hubieses prohibido**	**hubieseis prohibido**
prohibiese	**prohibiesen**	**hubiese prohibido**	**hubiesen prohibido**

imperativo

—	**prohibamos**
prohibe; no prohibas	**prohibid; no prohibáis**
prohiba	**prohiban**

Words and expressions related to this verb

la prohibición   prohibition
el, la prohibicionista   prohibitionist
SE PROHIBE EL ESTACIONAMIENTO
   NO PARKING
SE PROHIBE FUMAR   NO SMOKING

prohibitivo, prohibitiva   prohibitive
prohibitorio, prohibitoria   prohibitory
SE PROHIBE LA ENTRADA   KEEP
   OUT
SE PROHIBE ESCUPIR   NO SPITTING
   ALLOWED

Be sure to consult the section on verbs used in idiomatic expressions.
The subject pronouns are found on the page facing page 1.   **385**

to pronounce

The Seven Simple Tenses		The Seven Compound Tenses	
Singular	Plural	Singular	Plural
1 presente de indicativo		**8 perfecto de indicativo**	
pronuncio	pronunciamos	he pronunciado	hemos pronunciado
pronuncias	pronunciáis	has pronunciado	habéis pronunciado
pronuncia	pronuncian	ha pronunciado	han pronunciado
2 imperfecto de indicativo		**9 pluscuamperfecto de indicativo**	
pronunciaba	pronunciábamos	había pronunciado	habíamos pronunciado
pronunciabas	pronunciabais	habías pronunciado	habíais pronunciado
pronunciaba	pronunciaban	había pronunciado	habían pronunciado
3 pretérito		**10 pretérito anterior**	
pronuncié	pronunciamos	hube pronunciado	hubimos pronunciado
pronunciaste	pronunciasteis	hubiste pronunciado	hubisteis pronunciado
pronunció	pronunciaron	hubo pronunciado	hubieron pronunciado
4 futuro		**11 futuro perfecto**	
pronunciaré	pronunciaremos	habré pronunciado	habremos pronunciado
pronunciarás	pronunciaréis	habrás pronunciado	habréis pronunciado
pronunciará	pronunciarán	habrá pronunciado	habrán pronunciado
5 potencial simple		**12 potencial compuesto**	
pronunciaría	pronunciaríamos	habría pronunciado	habríamos pronunciado
pronunciarías	pronunciaríais	habrías pronunciado	habríais pronunciado
pronunciaría	pronunciarían	habría pronunciado	habrían pronunciado
6 presente de subjuntivo		**13 perfecto de subjuntivo**	
pronuncie	pronunciemos	haya pronunciado	hayamos pronunciado
pronuncies	pronunciéis	hayas pronunciado	hayáis pronunciado
pronuncie	pronuncien	haya pronunciado	hayan pronunciado
7 imperfecto de subjuntivo		**14 pluscuamperfecto de subjuntivo**	
pronunciara	pronunciáramos	hubiera pronunciado	hubiéramos pronunciado
pronunciaras	pronunciarais	hubieras pronunciado	hubierais pronunciado
pronunciara	pronunciaran	hubiera pronunciado	hubieran pronunciado
OR		OR	
pronunciase	pronunciásemos	hubiese pronunciado	hubiésemos pronunciado
pronunciases	pronunciaseis	hubieses pronunciado	hubieseis pronunciado
pronunciase	pronunciasen	hubiese pronunciado	hubiesen pronunciado

imperativo

—	pronunciemos
pronuncia; no pronuncies	pronunciad; no pronunciéis
pronuncie	pronuncien

Words and expressions related to this verb

la pronunciación pronunciation
pronunciado, pronunciada pronounced
pronunciar un discurso to make a speech
enunciar to enunciate

pronunciar una conferencia to deliver a lecture
anunciar to announce
denunciar to denounce
renunciar to renounce

The Seven Simple Tenses		The Seven Compound Tenses	
Singular	Plural	Singular	Plural

1   presente de indicativo

		8 perfecto de indicativo	
protejo	protegemos	he protegido	hemos protegido
proteges	protegéis	has protegido	habéis protegido
protege	protegen	ha protegido	han protegido

2   imperfecto de indicativo   **9   pluscuamperfecto de indicativo**

protegía	protegíamos	había protegido	habíamos protegido
protegías	protegíais	habías protegido	habíais protegido
protegía	protegían	había protegido	habían protegido

3   pretérito   **10   pretérito anterior**

protegí	protegimos	hube protegido	hubimos protegido
protegiste	protegisteis	hubiste protegido	hubisteis protegido
protegió	protegieron	hubo protegido	hubieron protegido

4   futuro   **11   futuro perfecto**

protegeré	protegeremos	habré protegido	habremos protegido
protegerás	protegeréis	habrás protegido	habréis protegido
protegerá	protegerán	habrá protegido	habrán protegido

5   potencial simple   **12   potencial compuesto**

protegería	protegeríamos	habría protegido	habríamos protegido
protegerías	protegeríais	habrías protegido	habríais protegido
protegería	protegerían	habría protegido	habrían protegido

6   presente de subjuntivo   **13   perfecto de subjuntivo**

proteja	protejamos	haya protegido	hayamos protegido
protejas	protejáis	hayas protegido	hayáis protegido
proteja	protejan	haya protegido	hayan protegido

7   imperfecto de subjuntivo   **14   pluscuamperfecto de subjuntivo**

protegiera	protegiéramos	hubiera protegido	hubiéramos protegido
protegieras	protegierais	hubieras protegido	hubierais protegido
protegiera	protegieran	hubiera protegido	hubieran protegido
OR		OR	
protegiese	protegiésemos	hubiese protegido	hubiésemos protegido
protegieses	protegieseis	hubieses protegido	hubieseis protegido
protegiese	protegiesen	hubiese protegido	hubiesen protegido

imperativo

—	protejamos
protege; no protejas	proteged; no protejáis
proteja	protejan

Words related to this verb

la protección   protection
protegido, protegida   protected, favorite, protégé
el protector, la protectriz   protector, protectress
protectorio, protectoria   protective

to polish

The Seven Simple Tenses		The Seven Compound Tenses	
Singular	Plural	Singular	Plural
1 presente de indicativo		**8 perfecto de indicativo**	
pulo	pulimos	he pulido	hemos pulido
pules	pulís	has pulido	habéis pulido
pule	pulen	ha pulido	han pulido
2 imperfecto de indicativo		**9 pluscuamperfecto de indicativo**	
pulía	pulíamos	había pulido	habíamos pulido
pulías	pulíais	habías pulido	habíais pulido
pulía	pulían	había pulido	habían pulido
3 pretérito		**10 pretérito anterior**	
pulí	pulimos	hube pulido	hubimos pulido
puliste	pulisteis	hubiste pulido	hubisteis pulido
pulió	pulieron	hubo pulido	hubieron pulido
4 futuro		**11 futuro perfecto**	
puliré	puliremos	habré pulido	habremos pulido
pulirás	puliréis	habrás pulido	habréis pulido
pulirá	pulirán	habrá pulido	habrán pulido
5 potencial simple		**12 potencial compuesto**	
puliría	puliríamos	habría pulido	habríamos pulido
pulirías	puliríais	habrías pulido	habríais pulido
puliría	pulirían	habría pulido	habrían pulido
6 presente de subjuntivo		**13 perfecto de subjuntivo**	
pula	pulamos	haya pulido	hayamos pulido
pulas	puláis	hayas pulido	hayáis pulido
pula	pulan	haya pulido	hayan pulido
7 imperfecto de subjuntivo		**14 pluscuamperfecto de subjuntivo**	
puliera	puliéramos	hubiera pulido	hubiéramos pulido
pulieras	pulierais	hubieras pulido	hubierais pulido
puliera	pulieran	hubiera pulido	hubieran pulido
OR		OR	
puliese	puliésemos	hubiese pulido	hubiésemos pulido
pulieses	pulieseis	hubieses pulido	hubieseis pulido
puliese	puliesen	hubiese pulido	hubiesen pulido

	imperativo	
—		pulamos
pule; no pulas		pulid; no puláis
pula		pulan

Words related to this verb

el pulimento polish, gloss   **pulimentar** to polish
una pulidora polishing machine   **pulidamente** neatly

Consult the back pages for the section on verbs used in idiomatic expressions.

to remain, to stay

The Seven Simple Tenses		The Seven Compound Tenses	
Singular	Plural	Singular	Plural

1 presente de indicativo

		8 perfecto de indicativo	
me quedo	nos quedamos	me he quedado	nos hemos quedado
te quedas	os quedáis	te has quedado	os habéis quedado
se queda	se quedan	se ha quedado	se han quedado

2 imperfecto de indicativo

9 pluscuamperfecto de indicativo

me quedaba	nos quedábamos	me había quedado	nos habíamos quedado
te quedabas	os quedabais	te habías quedado	os habíais quedado
se quedaba	se quedaban	se había quedado	se habían quedado

3 pretérito

10 pretérito anterior

me quedé	nos quedamos	me hube quedado	nos hubimos quedado
te quedaste	os quedasteis	te hubiste quedado	os hubisteis quedado
se quedó	se quedaron	se hubo quedado	se hubieron quedado

4 futuro

11 futuro perfecto

me quedaré	nos quedaremos	me habré quedado	nos habremos quedado
te quedarás	os quedaréis	te habrás quedado	os habréis quedado
se quedará	se quedarán	se habrá quedado	se habrán quedado

5 potencial simple

12 potencial compuesto

me quedaría	nos quedaríamos	me habría quedado	nos habríamos quedado
te quedarías	os quedaríais	te habrías quedado	os habríais quedado
se quedaría	se quedarían	se habría quedado	se habrían quedado

6 presente de subjuntivo

13 perfecto de subjuntivo

me quede	nos quedemos	me haya quedado	nos hayamos quedado
te quedes	os quedéis	te hayas quedado	os hayáis quedado
se quede	se queden	se haya quedado	se hayan quedado

7 imperfecto de subjuntivo

14 pluscuamperfecto de subjuntivo

me quedara	nos quedáramos	me hubiera quedado	nos hubiéramos quedado
te quedaras	os quedarais	te hubieras quedado	os hubierais quedado
se quedara	se quedaran	se hubiera quedado	se hubieran quedado
OR		OR	
me quedase	nos quedásemos	me hubiese quedado	nos hubiésemos quedado
te quedases	os quedaseis	te hubieses quedado	os hubieseis quedado
se quedase	se quedasen	se hubiese quedado	se hubiesen quedado

imperativo

—	quedémonos
quédate; no te quedes	quedaos; no os quedéis
quédese	quédense

Words and expressions related to this verb

la quedada residence, stay
quedar to remain, to be left; **¿Cuánto dinero queda?** How much money is left?
  Me quedan dos dólares. I have two dollars left (remaining).
quedar limpio to be clean out (of money); to be broke
quedar bien to turn out well
quedarse muerto (muerta) to be speechless, dumbfounded

The subject pronouns are found on the page facing page 1.

to complain, to grumble

The Seven Simple Tenses		The Seven Compound Tenses	
Singular	Plural	Singular	Plural

1 presente de indicativo		**8 perfecto de indicativo**	
me quejo	nos quejamos	me he quejado	nos hemos quejado
te quejas	os quejáis	te has quejado	os habéis quejado
se queja	se quejan	se ha quejado	se han quejado
2 imperfecto de indicativo		**9 pluscuamperfecto de indicativo**	
me quejaba	nos quejábamos	me había quejado	nos habíamos quejado
te quejabas	os quejabais	te habías quejado	os habíais quejado
se quejaba	se quejaban	se había quejado	se habían quejado
3 pretérito		**10 pretérito anterior**	
me quejé	nos quejamos	me hube quejado	nos hubimos quejado
te quejaste	os quejasteis	te hubiste quejado	os hubisteis quejado
se quejó	se quejaron	se hubo quejado	se hubieron quejado
4 futuro		**11 futuro perfecto**	
me quejaré	nos quejaremos	me habré quejado	nos habremos quejado
te quejarás	os quejaréis	te habrás quejado	os habréis quejado
se quejará	se quejarán	se habrá quejado	se habrán quejado
5 potencial simple		**12 potencial compuesto**	
me quejaría	nos quejaríamos	me habría quejado	nos habríamos quejado
te quejarías	os quejaríais	te habrías quejado	os habríais quejado
se quejaría	se quejarían	se habría quejado	se habrían quejado
6 presente de subjuntivo		**13 perfecto de subjuntivo**	
me queje	nos quejemos	me haya quejado	nos hayamos quejado
te quejes	os quejéis	te hayas quejado	os hayáis quejado
se queje	se quejen	se haya quejado	se hayan quejado
7 imperfecto de subjuntivo		**14 pluscuamperfecto de subjuntivo**	
me quejara	nos quejáramos	me hubiera quejado	nos hubiéramos quejado
te quejaras	os quejarais	te hubieras quejado	os hubierais quejado
se quejara	se quejaran	se hubiera quejado	se hubieran quejado
OR		OR	
me quejase	nos quejásemos	me hubiese quejado	nos hubiésemos quejado
te quejases	os quejaseis	te hubieses quejado	os hubieseis quejado
se quejase	se quejasen	se hubiese quejado	se hubiesen quejado

imperativo	
—	quejémonos
quéjate; no te quejes	quejaos; no os quejéis
quéjese	quéjense

Words and expressions related to this verb

quejarse de to compain about
la queja complaint
el quejido groan, moan

Consult the back pages for verbs with prepositions.

to burn, to fire

The Seven Simple Tenses		The Seven Compound Tenses	
Singular	Plural	Singular	Plural

1 presente de indicativo

		8 perfecto de indicativo	
quemo	quemamos	he quemado	hemos quemado
quemas	quemáis	has quemado	habéis quemado
quema	queman	ha quemado	han quemado

2 imperfecto de indicativo

		9 pluscuamperfecto de indicativo	
quemaba	quemábamos	había quemado	habíamos quemado
quemabas	quemabais	habías quemado	habíais quemado
quemaba	quemaban	había quemado	habían quemado

3 pretérito

		10 pretérito anterior	
quemé	quemamos	hube quemado	hubimos quemado
quemaste	quemasteis	hubiste quemado	hubisteis quemado
quemó	quemaron	hubo quemado	hubieron quemado

4 futuro

		11 futuro perfecto	
quemaré	quemaremos	habré quemado	habremos quemado
quemarás	quemaréis	habrás quemado	habréis quemado
quemará	quemarán	habrá quemado	habrán quemado

5 potencial simple

		12 potencial compuesto	
quemaría	quemaríamos	habría quemado	habríamos quemado
quemarías	quemaríais	habrías quemado	habríais quemado
quemaría	quemarían	habría quemado	habrían quemado

6 presente de subjuntivo

		13 perfecto de subjuntivo	
queme	quememos	haya quemado	hayamos quemado
quemes	queméis	hayas quemado	hayáis quemado
queme	quemen	haya quemado	hayan quemado

7 imperfecto de subjuntivo

		14 pluscuamperfecto de subjuntivo	
quemara	quemáramos	hubiera quemado	hubiéramos quemado
quemaras	quemarais	hubieras quemado	hubierais quemado
quemara	quemaran	hubiera quemado	hubieran quemado
OR		OR	
quemase	quemásemos	hubiese quemado	hubiésemos quemado
quemases	quemaseis	hubieses quemado	hubieseis quemado
quemase	quemasen	hubiese quemado	hubiesen quemado

imperativo

—	quememos
quema; no quemes	quemad; no queméis
queme	quemen

Words and expressions related to this verb

la quemadura burn, scald, sunburn
el quemador de gas gas burner
la quema fire

quemarse las cejas to burn the midnight oil
huir de la quema to run away from trouble

to want, to wish

The Seven Simple Tenses		The Seven Compound Tenses	
Singular	Plural	Singular	Plural
1 presente de indicativo		**8 perfecto de indicativo**	
quiero	queremos	he querido	hemos querido
quieres	queréis	has querido	habéis querido
quiere	quieren	ha querido	han querido
2 imperfecto de indicativo		**9 pluscuamperfecto de indicativo**	
quería	queríamos	había querido	habíamos querido
querías	queríais	habías querido	habíais querido
quería	querían	había querido	habían querido
3 pretérito		**10 pretérito anterior**	
quise	quisimos	hube querido	hubimos querido
quisiste	quisisteis	hubiste querido	hubisteis querido
quiso	quisieron	hubo querido	hubieron querido
4 futuro		**11 futuro perfecto**	
querré	querremos	habré querido	habremos querido
querrás	querréis	habrás querido	habréis querido
querrá	querrán	habrá querido	habrán querido
5 potencial simple		**12 potencial compuesto**	
querría	querríamos	habría querido	habríamos querido
querrías	querríais	habrías querido	habríais querido
querría	querrían	habría querido	habrían querido
6 presente de subjuntivo		**13 perfecto de subjuntivo**	
quiera	queramos	haya querido	hayamos querido
quieras	queráis	hayas querido	hayáis querido
quiera	quieran	haya querido	hayan querido
7 imperfecto de subjuntivo		**14 pluscuamperfecto de subjuntivo**	
quisiera	quisiéramos	hubiera querido	hubiéramos querido
quisieras	quisierais	hubieras querido	hubierais querido
quisiera	quisieran	hubiera querido	hubieran querido
OR		OR	
quisiese	quisiésemos	hubiese querido	hubiésemos querido
quisieses	quisieseis	hubieses querido	hubieseis querido
quisiese	quisiesen	hubiese querido	hubiesen querido

imperativo

—	queramos
quiere; no quieras	quered; no queráis
quiera	quieran

Words and expressions related to this verb

querer decir   to mean;   **¿Qué quiere Ud. decir?**   What do you mean?
    ¿Qué quiere decir esto?   What does this mean?
querido, querida   dear;   **querido amigo, querida amiga**   dear friend
querido mío, querida mía   my dear
querer bien a   to love
Querer es poder   Where there's a will there's a way.

to take off (clothing), to remove oneself, to withdraw

The Seven Simple Tenses		The Seven Compound Tenses	
Singular	Plural	Singular	Plural

1   presente de indicativo

		8 perfecto de indicativo	
me quito	nos quitamos	me he quitado	nos hemos quitado
te quitas	os quitáis	te has quitado	os habéis quitado
se quita	se quitan	se ha quitado	se han quitado

2   imperfecto de indicativo

		9 pluscuamperfecto de indicativo	
me quitaba	nos quitábamos	me había quitado	nos habíamos quitado
te quitabas	os quitabais	te habías quitado	os habíais quitado
se quitaba	se quitaban	se había quitado	se habían quitado

3   pretérito

		10 pretérito anterior	
me quité	nos quitamos	me hube quitado	nos hubimos quitado
te quitaste	os quitasteis	te hubiste quitado	os hubisteis quitado
se quitó	se quitaron	se hubo quitado	se hubieron quitado

4   futuro

		11 futuro perfecto	
me quitaré	nos quitaremos	me habré quitado	nos habremos quitado
te quitarás	os quitaréis	te habrás quitado	os habréis quitado
se quitará	se quitarán	se habrá quitado	se habrán quitado

5   potencial simple

		12 potencial compuesto	
me quitaría	nos quitaríamos	me habría quitado	nos habríamos quitado
te quitarías	os quitaríais	te habrías quitado	os habríais quitado
se quitaría	se quitarían	se habría quitado	se habrían quitado

6   presente de subjuntivo

		13 perfecto de subjuntivo	
me quite	nos quitemos	me haya quitado	nos hayamos quitado
te quites	os quitéis	te hayas quitado	os hayáis quitado
se quite	se quiten	se haya quitado	se hayan quitado

7   imperfecto de subjuntivo

		14 pluscuamperfecto de subjuntivo	
me quitara	nos quitáramos	me hubiera quitado	nos hubiéramos quitado
te quitaras	os quitarais	te hubieras quitado	os hubierais quitado
se quitara	se quitaran	se hubiera quitado	se hubieran quitado
OR		OR	
me quitase	nos quitásemos	me hubiese quitado	nos hubiésemos quitado
te quitases	os quitaseis	te hubieses quitado	os hubieseis quitado
se quitase	se quitasen	se hubiese quitado	se hubiesen quitado

imperativo

—	quitémonos
quítate; no te quites	quitaos; no os quitéis
quítese	quítense

Words and expressions related to this verb

la quita   release (from owing money), acquittance
¡Quita de ahí!   Get away from here!
quitar   to remove, to take away; to rob, to strip
el quite   removal; **el quitasol** parasol (sunshade)

to scrape, to rub off, to erase, to wipe out

The Seven Simple Tenses		The Seven Compound Tenses	
Singular	Plural	Singular	Plural
1 presente de indicativo		**8 perfecto de indicativo**	
raigo	raemos	he raído	hemos raído
raes	raéis	has raído	habéis raído
rae	raen	ha raído	han raído
2 imperfecto de indicativo		**9 pluscuamperfecto de indicativo**	
raía	raíamos	había raído	habíamos raído
raías	raíais	habías raído	habíais raído
raía	raían	había raído	habían raído
3 pretérito		**10 pretérito anterior**	
raí	raímos	hube raído	hubimos raído
raíste	raísteis	hubiste raído	hubisteis raído
rayó	rayeron	hubo raído	hubieron raído
4 futuro		**11 futuro perfecto**	
raeré	raeremos	habré raído	habremos raído
raerás	raeréis	habrás raído	habréis raído
raerá	raerán	habrá raído	habrán raído
5 potencial simple		**12 potencial compuesto**	
raería	raeríamos	habría raído	habríamos raído
raerías	raeríais	habrías raído	habríais raído
raería	raerían	habría raído	habrían raído
6 presente de subjuntivo		**13 perfecto de subjuntivo**	
raiga	raigamos	haya raído	hayamos raído
raigas	raigáis	hayas raído	hayáis raído
raiga	raigan	haya raído	hayan raído
7 imperfecto de subjuntivo		**14 pluscuamperfecto de subjuntivo**	
rayera	rayéramos	hubiera raído	hubiéramos raído
rayeras	rayerais	hubieras raído	hubierais raído
rayera	rayeran	hubiera raído	hubieran raído
OR		OR	
rayese	rayésemos	hubiese raído	hubiésemos raído
rayeses	rayeseis	hubieses raído	hubieseis raído
rayese	rayesen	hubiese raído	hubiesen raído

imperativo	
—	raigamos
rae; no raigas	raed; no raigáis
raiga	raigan

Words related to this verb

la raedura scraping   **raerse** to wear away
el raedor, la raedora scraper

Consult the back pages for verbs used in idiomatic expressions.

to realize, to carry out, to fulfill

The Seven Simple Tenses		The Seven Compound Tenses	
Singular	Plural	Singular	Plural

1 presente de indicativo		8 perfecto de indicativo	
realizo	**realizamos**	**he realizado**	**hemos realizado**
realizas	**realizáis**	**has realizado**	**habéis realizado**
realiza	**realizan**	**ha realizado**	**han realizado**

2 imperfecto de indicativo		9 pluscuamperfecto de indicativo	
realizaba	**realizábamos**	**había realizado**	**habíamos realizado**
realizabas	**realizabais**	**habías realizado**	**habíais realizado**
realizaba	**realizaban**	**había realizado**	**habían realizado**

3 pretérito		10 pretérito anterior	
realicé	**realizamos**	**hube realizado**	**hubimos realizado**
realizaste	**realizasteis**	**hubiste realizado**	**hubisteis realizado**
realizó	**realizaron**	**hubo realizado**	**hubieron realizado**

4 futuro		11 futuro perfecto	
realizaré	**realizaremos**	**habré realizado**	**habremos realizado**
realizarás	**realizaréis**	**habrás realizado**	**habréis realizado**
realizará	**realizarán**	**habrá realizado**	**habrán realizado**

5 potencial simple		12 potencial compuesto	
realizaría	**realizaríamos**	**habría realizado**	**habríamos realizado**
realizarías	**realizaríais**	**habrías realizado**	**habríais realizado**
realizaría	**realizarían**	**habría realizado**	**habrían realizado**

6 presente de subjuntivo		13 perfecto de subjuntivo	
realice	**realicemos**	**haya realizado**	**hayamos realizado**
realices	**realicéis**	**hayas realizado**	**hayáis realizado**
realice	**realicen**	**haya realizado**	**hayan realizado**

7 imperfecto de subjuntivo		14 pluscuamperfecto de subjuntivo	
realizara	**realizáramos**	**hubiera realizado**	**hubiéramos realizado**
realizaras	**realizarais**	**hubieras realizado**	**hubierais realizado**
realizara	**realizaran**	**hubiera realizado**	**hubieran realizado**
OR		OR	
realizase	**realizásemos**	**hubiese realizado**	**hubiésemos realizado**
realizases	**realizaseis**	**hubieses realizado**	**hubieseis realizado**
realizase	**realizasen**	**hubiese realizado**	**hubiesen realizado**

imperativo		
—		**realicemos**
realiza; no realices		**realizad; no realicéis**
realice		**realicen**

Words and expressions related to this verb

realizar su deseo   to have one's wish   **el, la realista**   realist
la realización   fulfillment, realization   **la realidad**   reality
realizarse   to become fulfilled, to be carried out   **el realismo**   realism

to receive, to get

The Seven Simple Tenses		The Seven Compound Tenses	
Singular	Plural	Singular	Plural

1 presente de indicativo

		8 perfecto de indicativo	
recibo	recibimos	he recibido	hemos recibido
recibes	recibís	has recibido	habéis recibido
recibe	reciben	ha recibido	han recibido

2 imperfecto de indicativo

		9 pluscuamperfecto de indicativo	
recibía	recibíamos	había recibido	habíamos recibido
recibías	recibíais	habías recibido	habíais recibido
recibía	recibían	había recibido	habían recibido

3 pretérito

		10 pretérito anterior	
recibí	recibimos	hube recibido	hubimos recibido
recibiste	recibisteis	hubiste recibido	hubisteis recibido
recibió	recibieron	hubo recibido	hubieron recibido

4 futuro

		11 futuro perfecto	
recibiré	recibiremos	habré recibido	habremos recibido
recibirás	recibiréis	habrás recibido	habréis recibido
recibirá	recibirán	habrá recibido	habrán recibido

5 potencial simple

		12 potencial compuesto	
recibiría	recibiríamos	habría recibido	habríamos recibido
recibirías	recibiríais	habrías recibido	habríais recibido
recibiría	recibirían	habría recibido	habrían recibido

6 presente de subjuntivo

		13 perfecto de subjuntivo	
reciba	recibamos	haya recibido	hayamos recibido
recibas	recibáis	hayas recibido	hayáis recibido
reciba	reciban	haya recibido	hayan recibido

7 imperfecto de subjuntivo

		14 pluscuamperfecto de subjuntivo	
recibiera	recibiéramos	hubiera recibido	hubiéramos recibido
recibieras	recibierais	hubieras recibido	hubierais recibido
recibiera	recibieran	hubiera recibido	hubieran recibido
OR		OR	
recibiese	recibiésemos	hubiese recibido	hubiésemos recibido
recibieses	recibieseis	hubieses recibido	hubieseis recibido
recibiese	recibiesen	hubiese recibido	hubiesen recibido

imperativo

—	recibamos
recibe; no recibas	**recibid; no recibáis**
reciba	**reciban**

Words and expressions related to this verb

un recibo receipt
acusar recibo to acknowledge receipt
la recepción reception
recibir a cuenta to receive on account

de recibo acceptable; **ser de recibo** to be acceptable
recibirse to be admitted, to be received

to pick (up), to gather, to harvest

The Seven Simple Tenses		The Seven Compound Tenses	
Singular	Plural	Singular	Plural

1 presente de indicativo		8 perfecto de indicativo	
recojo	**recogemos**	**he recogido**	**hemos recogido**
recoges	**recogéis**	**has recogido**	**habéis recogido**
recoge	**recogen**	**ha recogido**	**han recogido**

2 imperfecto de indicativo		9 pluscuamperfecto de indicativo	
recogía	**recogíamos**	**había recogido**	**habíamos recogido**
recogías	**recogíais**	**habías recogido**	**habíais recogido**
recogía	**recogían**	**había recogido**	**habían recogido**

3 pretérito		10 pretérito anterior	
recogí	**recogimos**	**hube recogido**	**hubimos recogido**
recogiste	**recogisteis**	**hubiste recogido**	**hubisteis recogido**
recogió	**recogieron**	**hubo recogido**	**hubieron recogido**

4 futuro		11 futuro perfecto	
recogeré	**recogeremos**	**habré recogido**	**habremos recogido**
recogerás	**recogeréis**	**habrás recogido**	**habréis recogido**
recogerá	**recogerán**	**habrá recogido**	**habrán recogido**

5 potencial simple		12 potencial compuesto	
recogería	**recogeríamos**	**habría recogido**	**habríamos recogido**
recogerías	**recogeríais**	**habrías recogido**	**habríais recogido**
recogería	**recogerían**	**habría recogido**	**habrían recogido**

6 presente de subjuntivo		13 perfecto de subjuntivo	
recoja	**recojamos**	**haya recogido**	**hayamos recogido**
recojas	**recojáis**	**hayas recogido**	**hayáis recogido**
recoja	**recojan**	**haya recogido**	**hayan recogido**

7 imperfecto de subjuntivo		14 pluscuamperfecto de subjuntivo	
recogiera	**recogiéramos**	**hubiera recogido**	**hubiéramos recogido**
recogieras	**recogierais**	**hubieras recogido**	**hubierais recogido**
recogiera	**recogieran**	**hubiera recogido**	**hubieran recogido**
OR		OR	
recogiese	**recogiésemos**	**hubiese recogido**	**hubiésemos recogido**
recogieses	**recogieseis**	**hubieses recogido**	**hubieseis recogido**
recogiese	**recogiesen**	**hubiese recogido**	**hubiesen recogido**

	imperativo	
—	**recojamos**
recoge; no recojas	**recoged; no recojáis**
recoja	**recojan**

Words and expressions related to this verb

la recogida   harvest; **la recogida de basuras**   garbage collection
un recogegotas   drip pan

For other words related to this verb, see **coger.**

recomendar

Gerundio **recomendando**   Part. pas. **recomendado**

to recommend, to commend, to advise

The Seven Simple Tenses		The Seven Compound Tenses	
Singular	Plural	Singular	Plural
1 presente de indicativo		**8 perfecto de indicativo**	
recomiendo	recomendamos	he recomendado	hemos recomendado
recomiendas	recomendáis	has recomendado	habéis recomendado
recomienda	recomiendan	ha recomendado	han recomendado
2 imperfecto de indicativo		**9 pluscuamperfecto de indicativo**	
recomendaba	recomendábamos	había recomendado	habíamos recomendado
recomendabas	recomendabais	habías recomendado	habíais recomendado
recomendaba	recomendaban	había recomendado	habían recomendado
3 pretérito		**10 pretérito anterior**	
recomendé	recomendamos	hube recomendado	hubimos recomendado
recomendaste	recomendasteis	hubiste recomendado	hubisteis recomendado
recomendó	recomendaron	hubo recomendado	hubieron recomendado
4 futuro		**11 futuro perfecto**	
recomendaré	recomendaremos	habré recomendado	habremos recomendado
recomendarás	recomendaréis	habrás recomendado	habréis recomendado
recomendará	recomendarán	habrá recomendado	habrán recomendado
5 potencial simple		**12 potencial compuesto**	
recomendaría	recomendaríamos	habría recomendado	habríamos recomendado
recomendarías	recomendaríais	habrías recomendado	habríais recomendado
recomendaría	recomendarían	habría recomendado	habrían recomendado
6 presente de subjuntivo		**13 perfecto de subjuntivo**	
recomiende	recomendemos	haya recomendado	hayamos recomendado
recomiendes	recomendéis	hayas recomendado	hayáis recomendado
recomiende	recomienden	haya recomendado	hayan recomendado
7 imperfecto de subjuntivo		**14 pluscuamperfecto de subjuntivo**	
recomendara	recomendáramos	hubiera recomendado	hubiéramos recomendado
recomendaras	recomendarais	hubieras recomendado	hubierais recomendado
recomendara	recomendaran	hubiera recomendado	hubieran recomendado
OR		OR	
recomendase	recomendásemos	hubiese recomendado	hubiésemos recomendado
recomendases	recomendaseis	hubieses recomendado	hubieseis recomendado
recomendase	recomendasen	hubiese recomendado	hubiesen recomendado

imperativo	
—	recomendemos
recomienda; no recomiendes	recomendad; no recomendéis
recomiende	recomienden

Words related to this verb

la recomendación recommendation
recomendablemente commendably

recomendable commendable, praiseworthy
recomendar + inf. to urge + inf.

Consult the back pages for the list of over 1,000 verbs conjugated like model verbs.

to recognize, to acknowledge, to be grateful for

The Seven Simple Tenses		The Seven Compound Tenses	
Singular	Plural	Singular	Plural

1   presente de indicativo

		8 perfecto de indicativo	
reconozco	reconocemos	he reconocido	hemos reconocido
reconoces	reconocéis	has reconocido	habéis reconocido
reconoce	reconocen	ha reconocido	han reconocido

2   imperfecto de indicativo

		9 pluscuamperfecto de indicativo	
reconocía	reconocíamos	había reconocido	habíamos reconocido
reconocías	reconocíais	habías reconocido	habíais reconocido
reconocía	reconocían	había reconocido	habían reconocido

3   pretérito

		10 pretérito anterior	
reconocí	reconocimos	hube reconocido	hubimos reconocido
reconociste	reconocisteis	hubiste reconocido	hubisteis reconocido
reconoció	reconocieron	hubo reconocido	hubieron reconocido

4   futuro

		11 futuro perfecto	
reconoceré	reconoceremos	habré reconocido	habremos reconocido
reconocerás	reconoceréis	habrás reconocido	habréis reconocido
reconocerá	reconocerán	habrá reconocido	habrán reconocido

5   potencial simple

		12 potencial compuesto	
reconocería	reconoceríamos	habría reconocido	habríamos reconocido
reconocerías	reconoceríais	habrías reconocido	habríais reconocido
reconocería	reconocerían	habría reconocido	habrían reconocido

6   presente de subjuntivo

		13 perfecto de subjuntivo	
reconozca	reconozcamos	haya reconocido	hayamos reconocido
reconozcas	reconozcáis	hayas reconocido	hayáis reconocido
reconozca	reconozcan	haya reconocido	hayan reconocido

7   imperfecto de subjuntivo

		14 pluscuamperfecto de subjuntivo	
reconociera	reconociéramos	hubiera reconocido	hubiéramos reconocido
reconocieras	reconocierais	hubieras reconocido	hubierais reconocido
reconociera	reconocieran	hubiera reconocido	hubieran reconocido
OR		OR	
reconociese	reconociésemos	hubiese reconocido	hubiésemos reconocido
reconocieses	reconocieseis	hubieses reconocido	hubieseis reconocido
reconociese	reconociesen	hubiese reconocido	hubiesen reconocido

imperativo

—	**reconozcamos**
reconoce; no reconozcas	**reconoced; no reconozcáis**
reconozca	**reconozcan**

Words related to this verb

reconocible recognizable
el reconocimiento recognition, gratitude

reconocimiento médico medical examination
reconocidamente gratefully

For other words and expressions related to this verb, see **conocer.**

recordar

to remember, to recall, to remind

The Seven Simple Tenses		The Seven Compound Tenses	
Singular	Plural	Singular	Plural
1 presente de indicativo		**8 perfecto de indicativo**	
recuerdo	recordamos	he recordado	hemos recordado
recuerdas	recordáis	has recordado	habéis recordado
recuerda	recuerdan	ha recordado	han recordado
2 imperfecto de indicativo		**9 pluscuamperfecto de indicativo**	
recordaba	recordábamos	había recordado	habíamos recordado
recordabas	recordabais	habías recordado	habíais recordado
recordaba	recordaban	había recordado	habían recordado
3 pretérito		**10 pretérito anterior**	
recordé	recordamos	hube recordado	hubimos recordado
recordaste	recordasteis	hubiste recordado	hubisteis recordado
recordó	recordaron	hubo recordado	hubieron recordado
4 futuro		**11 futuro perfecto**	
recordaré	recordaremos	habré recordado	habremos recordado
recordarás	recordaréis	habrás recordado	habréis recordado
recordará	recordarán	habrá recordado	habrán recordado
5 potencial simple		**12 potencial compuesto**	
recordaría	recordaríamos	habría recordado	habríamos recordado
recordarías	recordaríais	habrías recordado	habríais recordado
recordaría	recordarían	habría recordado	habrían recordado
6 presente de subjuntivo		**13 perfecto de subjuntivo**	
recuerde	recordemos	haya recordado	hayamos recordado
recuerdes	recordéis	hayas recordado	hayáis recordado
recuerde	recuerden	haya recordado	hayan recordado
7 imperfecto de subjuntivo		**14 pluscuamperfecto de subjuntivo**	
recordara	recordáramos	hubiera recordado	hubiéramos recordado
recordaras	recordarais	hubieras recordado	hubierais recordado
recordara	recordaran	hubiera recordado	hubieran recordado
OR		OR	
recordase	recordásemos	hubiese recordado	hubiésemos recordado
recordases	recordaseis	hubieses recordado	hubieseis recordado
recordase	recordasen	hubiese recordado	hubiesen recordado

imperativo

–	recordemos
recuerda; no recuerdes	recordad; no recordéis
recuerde	recuerden

Words and expressions related to this verb

el recuerdo   memory, recollection
los recuerdos   regards, compliments
recordable   memorable

recordar algo a uno   to remind someone of
   something
un recordatorio   memento, reminder

to refer, to relate

The Seven Simple Tenses		The Seven Compound Tenses	
Singular	Plural	Singular	Plural

1   presente de indicativo

		8 perfecto de indicativo	
refiero	**referimos**	**he referido**	**hemos referido**
refieres	**referís**	**has referido**	**habéis referido**
refiere	**refieren**	**ha referido**	**han referido**

2   imperfecto de indicativo

		9 pluscuamperfecto de indicativo	
refería	**referíamos**	**había referido**	**habíamos referido**
referías	**referíais**	**habías referido**	**habíais referido**
refería	**referían**	**había referido**	**habían referido**

3   pretérito

		10 pretérito anterior	
referí	**referimos**	**hube referido**	**hubimos referido**
referiste	**referisteis**	**hubiste referido**	**hubisteis referido**
refirió	**refirieron**	**hubo referido**	**hubieron referido**

4   futuro

		11 futuro perfecto	
referiré	**referiremos**	**habré referido**	**habremos referido**
referirás	**referiréis**	**habrás referido**	**habréis referido**
referirá	**referirán**	**habrá referido**	**habrán referido**

5   potencial simple

		12 potencial compuesto	
referiría	**referiríamos**	**habría referido**	**habríamos referido**
referirías	**referiríais**	**habrías referido**	**habríais referido**
referiría	**referirían**	**habría referido**	**habrían referido**

6   presente de subjuntivo

		13 perfecto de subjuntivo	
refiera	**refiramos**	**haya referido**	**hayamos referido**
refieras	**refiráis**	**hayas referido**	**hayáis referido**
refiera	**refieran**	**haya referido**	**hayan referido**

7   imperfecto de subjuntivo

		14 pluscuamperfecto de subjuntivo	
refiriera	**refiriéramos**	**hubiera referido**	**hubiéramos referido**
refirieras	**refirierais**	**hubieras referido**	**hubierais referido**
refiriera	**refirieran**	**hubiera referido**	**hubieran referido**
OR		OR	
refiriese	**refiriésemos**	**hubiese referido**	**hubiésemos referido**
refirieses	**refirieseis**	**hubieses referido**	**hubieseis referido**
refiriese	**refiriesen**	**hubiese referido**	**hubiesen referido**

imperativo

—	**refiramos**
refiere; no refieras	**referid; no refiráis**
refiera	**refieran**

Words related to this verb

la referencia   reference, account (narration)
referente   concerning, referring, relating (to)
el referéndum   referendum

preferir   to prefer
el referido, la referida   the person
referred to

to give as a present, to make a present of, to give as a gift

The Seven Simple Tenses		The Seven Compound Tenses	
Singular	Plural	Singular	Plural
1 presente de indicativo		**8 perfecto de indicativo**	
regalo	regalamos	he regalado	hemos regalado
regalas	regaláis	has regalado	habéis regalado
regala	regalan	ha regalado	han regalado
2 imperfecto de indicativo		**9 pluscuamperfecto de indicativo**	
regalaba	regalábamos	había regalado	habíamos regalado
regalabas	regalabais	habías regalado	habíais regalado
regalaba	regalaban	había regalado	habían regalado
3 pretérito		**10 pretérito anterior**	
regalé	regalamos	hube regalado	hubimos regalado
regalaste	regalasteis	hubiste regalado	hubisteis regalado
regaló	regalaron	hubo regalado	hubieron regalado
4 futuro		**11 futuro perfecto**	
regalaré	regalaremos	habré regalado	habremos regalado
regalarás	regalaréis	habrás regalado	habréis regalado
regalará	regalarán	habrá regalado	habrán regalado
5 potencial simple		**12 potencial compuesto**	
regalaría	regalaríamos	habría regalado	habríamos regalado
regalarías	regalaríais	habrías regalado	habríais regalado
regalaría	regalarían	habría regalado	habrían regalado
6 presente de subjuntivo		**13 perfecto de subjuntivo**	
regale	regalemos	haya regalado	hayamos regalado
regales	regaléis	hayas regalado	hayáis regalado
regale	regalen	haya regalado	hayan regalado
7 imperfecto de subjuntivo		**14 pluscuamperfecto de subjuntivo**	
regalara	regaláramos	hubiera regalado	hubiéramos regalado
regalaras	regalarais	hubieras regalado	hubierais regalado
regalara	regalaran	hubiera regalado	hubieran regalado
OR		OR	
regalase	regalásemos	hubiese regalado	hubiésemos regalado
regalases	regalaseis	hubieses regalado	hubieseis regalado
regalase	regalasen	hubiese regalado	hubiesen regalado

imperativo

—	regalemos
regala; no regales	regalad; no regaléis
regale	regalen

Words and expressions related to this verb

regalar el oído   to flatter   **un regalejo**   small gift
un regalo, una regalaría   gift, present   **de regalo**   free, gratis, complimentary

Consult the back pages for the section on verbs with prepositions.

to water, to irrigate, to sprinkle

The Seven Simple Tenses		The Seven Compound Tenses	
Singular	Plural	Singular	Plural
1 presente de indicativo		**8 perfecto de indicativo**	
riego	regamos	he regado	hemos regado
riegas	regáis	has regado	habéis regado
riega	riegan	ha regado	han regado
2 imperfecto de indicativo		**9 pluscuamperfecto de indicativo**	
regaba	regábamos	había regado	habíamos regado
regabas	regabais	habías regado	habíais regado
regaba	regaban	había regado	habían regado
3 pretérito		**10 pretérito anterior**	
regué	regamos	hube regado	hubimos regado
regaste	regasteis	hubiste regado	hubisteis regado
regó	regaron	hubo regado	hubieron regado
4 futuro		**11 futuro perfecto**	
regaré	regaremos	habré regado	habremos regado
regarás	regaréis	habrás regado	habréis regado
regará	regarán	habrá regado	habrán regado
5 potencial simple		**12 potencial compuesto**	
regaría	regaríamos	habría regado	habríamos regado
regarías	regaríais	habrías regado	habríais regado
regaría	regarían	habría regado	habrían regado
6 presente de subjuntivo		**13 perfecto de subjuntivo**	
riegue	reguemos	haya regado	hayamos regado
riegues	reguéis	hayas regado	hayáis regado
riegue	rieguen	haya regado	hayan regado
7 imperfecto de subjuntivo		**14 pluscuamperfecto de subjuntivo**	
regara	regáramos	hubiera regado	hubiéramos regado
regaras	regarais	hubieras regado	hubierais regado
regara	regaran	hubiera regado	hubieran regado
OR		OR	
regase	regásemos	hubiese regado	hubiésemos regado
regases	regaseis	hubieses regado	hubieseis regado
regase	regasen	hubiese regado	hubiesen regado

imperativo

—	reguemos
riega; no riegues	regad; no reguéis
riegue	rieguen

Words and expressions related to this verb

una regata   regatta, boat race; irrigation ditch
el riego   irrigation, sprinkling

boca de riego   hydrant
un carro de riego   irrigator

Consult the back pages for the section on verbs with prepositions.

The subject pronouns are found on the page facing page 1.

to return, to go back, to regress

The Seven Simple Tenses		The Seven Compound Tenses	
Singular	Plural	Singular	Plural
1 presente de indicativo		8 perfecto de indicativo	
regreso	regresamos	he regresado	hemos regresado
regresas	regresáis	has regresado	habéis regresado
regresa	regresan	ha regresado	han regresado
2 imperfecto de indicativo		9 pluscuamperfecto de indicativo	
regresaba	regresábamos	había regresado	habíamos regresado
regresabas	regresabais	habías regresado	habíais regresado
regresaba	regresaban	había regresado	habían regresado
3 pretérito		10 pretérito anterior	
regresé	regresamos	hube regresado	hubimos regresado
regresaste	regresasteis	hubiste regresado	hubisteis regresado
regresó	regresaron	hubo regresado	hubieron regresado
4 futuro		11 futuro perfecto	
regresaré	regresaremos	habré regresado	habremos regresado
regresarás	regresaréis	habrás regresado	habréis regresado
regresará	regresarán	habrá regresado	habrán regresado
5 potencial simple		12 potencial compuesto	
regresaría	regresaríamos	habría regresado	habríamos regresado
regresarías	regresaríais	habrías regresado	habríais regresado
regresaría	regresarían	habría regresado	habrían regresado
6 presente de subjuntivo		13 perfecto de subjuntivo	
regrese	regresemos	haya regresado	hayamos regresado
regreses	regreséis	hayas regresado	hayáis regresado
regrese	regresen	haya regresado	hayan regresado
7 imperfecto de subjuntivo		14 pluscuamperfecto de subjuntivo	
regresara	regresáramos	hubiera regresado	hubiéramos regresado
regresaras	regresarais	hubieras regresado	hubierais regresado
regresara	regresaran	hubiera regresado	hubieran regresado
OR		OR	
regresase	regresásemos	hubiese regresado	hubiésemos regresado
regresases	regresaseis	hubieses regresado	hubieseis regresado
regresase	regresasen	hubiese regresado	hubiesen regresado

imperativo

—	regresemos
regresa; no regreses	regresad; no regreséis
regrese	regresen

Words and expressions related to this verb

progresar to progress
la regresión regression
regresivo, regresiva regressive
ingresar en to join a club, etc.
ingresado, ingresada someone newly admitted

el regreso return
estar de regreso to be back
el ingreso income; ingress, admission, entry;
  ingreso imponible taxable income

The Seven Simple Tenses		The Seven Compound Tenses	
Singular	Plural	Singular	Plural

1 presente de indicativo		8 perfecto de indicativo	
río	reímos	he reído	hemos reído
ríes	reís	has reído	habéis reído
ríe	ríen	ha reído	han reído

2 imperfecto de indicativo		9 pluscuamperfecto de indicativo	
reía	reíamos	había reído	habíamos reído
reías	reíais	habías reído	habíais reído
reía	reían	había reído	habían reído

3 pretérito		10 pretérito anterior	
reí	reímos	hube reído	hubimos reído
reíste	reísteis	hubiste reído	hubisteis reído
rió	rieron	hubo reído	hubieron reído

4 futuro		11 futuro perfecto	
reiré	reiremos	habré reído	habremos reído
reirás	reiréis	habrás reído	habréis reído
reirá	reirán	habrá reído	habrán reído

5 potencial simple		12 potencial compuesto	
reiría	reiríamos	habría reído	habríamos reído
reirías	reiríais	habrías reído	habríais reído
reiría	reirían	habría reído	habrían reído

6 presente de subjuntivo		13 perfecto de subjuntivo	
ría	riamos	haya reído	hayamos reído
rías	riáis	hayas reído	hayáis reído
ría	rían	haya reído	hayan reído

7 imperfecto de subjuntivo		14 pluscuamperfecto de subjuntivo	
riera	riéramos	hubiera reído	hubiéramos reído
rieras	rierais	hubieras reído	hubierais reído
riera	rieran	hubiera reído	hubieran reído
OR		OR	
riese	riésemos	hubiese reído	hubiésemos reído
rieses	rieseis	hubieses reído	hubieseis reído
riese	riesen	hubiese reído	hubiesen reído

imperativo

—	riamos
ríe; no rías	reíd; no riáis
ría	rían

Common idiomatic expressions using this verb

reír a carcajadas   to laugh loudly   **risible**   laughable
reír de   to laugh at, to make fun of   **risueño, risueña**   smiling
la risa   laugh, laughter

For additional words and expressions related to this verb, see **sonreír** and **reírse**.

to laugh

The Seven Simple Tenses		The Seven Compound Tenses	
Singular	Plural	Singular	Plural

1 presente de indicativo

me río	nos reímos	
te ríes	os reís	
se ríe	se ríen	

8 perfecto de indicativo

me he reído	nos hemos reído
te has reído	os habéis reído
se ha reído	se han reído

2 imperfecto de indicativo

me reía	nos reíamos
te reías	os reíais
se reía	se reían

9 pluscuamperfecto de indicativo

me había reído	nos habíamos reído
te habías reído	os habíais reído
se había reído	se habían reído

3 pretérito

me reí	nos reímos
te reíste	os reísteis
se rió	se rieron

10 pretérito anterior

me hube reído	nos hubimos reído
te hubiste reído	os hubisteis reído
se hubo reído	se hubieron reído

4 futuro

me reiré	nos reiremos
te reirás	os reiréis
se reirá	se reirán

11 futuro perfecto

me habré reído	nos habremos reído
te habrás reído	os habréis reído
se habrá reído	se habrán reído

5 potencial simple

me reiría	nos reiríamos
te reirías	os reiríais
se reiría	se reirían

12 potencial compuesto

me habría reído	nos habríamos reído
te habrías reído	os habríais reído
se habría reído	se habrían reído

6 presente de subjuntivo

me ría	nos riamos
te rías	os riáis
se ría	se rían

13 perfecto de subjuntivo

me haya reído	nos hayamos reído
te hayas reído	os hayáis reído
se haya reído	se hayan reído

7 imperfecto de subjuntivo

me riera	nos riéramos
te rieras	os rierais
se riera	se rieran
OR	
me riese	nos riésemos
te rieses	os rieseis
se riese	se riesen

14 pluscuamperfecto de subjuntivo

me hubiera reído	nos hubiéramos reído
te hubieras reído	os hubierais reído
se hubiera reído	se hubieran reído
OR	
me hubiese reído	nos hubiésemos reído
te hubieses reído	os hubieseis reído
se hubiese reído	se hubiesen reído

imperativo

—	riámonos
ríete; no te rías	reíos; no os riáis
ríase	ríanse

Words and expressions related to this verb

reírse de to laugh at, to make fun of
reírse de uno en sus propias barbas
    to laugh up one's sleeve
una cosa de risa a laughing matter

reír a carcajadas to laugh loudly
la risa laughter; **¡Qué risa!** What a laugh!
una risa reprimida smirk

For other words related to this verb, see **sonreír** and **reír**.

to refill, to fill again, to stuff

The Seven Simple Tenses		The Seven Compound Tenses	
Singular	Plural	Singular	Plural

1 presente de indicativo

		8 perfecto de indicativo	
relleno	rellenamos	he rellenado	hemos rellenado
rellenas	rellenáis	has rellenado	habéis rellenado
rellena	rellenan	ha rellenado	han rellenado

2 imperfecto de indicativo

		9 pluscuamperfecto de indicativo	
rellenaba	rellenábamos	había rellenado	habíamos rellenado
rellenabas	rellenabais	habías rellenado	habíais rellenado
rellenaba	rellenaban	había rellenado	habían rellenado

3 pretérito

		10 pretérito anterior	
rellené	rellenamos	hube rellenado	hubimos rellenado
rellanste	rellenasteis	hubiste rellenado	hubisteis rellenado
rellenó	rellenaron	hubo rellenado	hubieron rellenado

4 futuro

		11 futuro perfecto	
rellenaré	rellenaremos	habré rellenado	habremos rellenado
rellenarás	rellenaréis	habrás rellenado	habréis rellenado
rellenará	rellenarán	habrá rellenado	habrán rellenado

5 potencial simple

		12 potencial compuesto	
rellenaría	rellenaríamos	habría rellenado	habríamos rellenado
rellenarías	rellenaríais	habrías rellenado	habríais rellenado
rellenaría	rellenarían	habría rellenado	habrían rellenado

6 presente de subjuntivo

		13 perfecto de subjuntivo	
rellene	rellenemos	haya rellenado	hayamos rellenado
rellenes	rellenéis	hayas rellenado	hayáis rellenado
rellene	rellenen	haya rellenado	hayan rellenado

7 imperfecto de subjuntivo

		14 pluscuamperfecto de subjuntivo	
rellenara	rellenáramos	hubiera rellenado	hubiéramos rellenado
rellenaras	rellenarais	hubieras rellenado	hubierais rellenado
rellenara	rellenaran	hubiera rellenado	hubieran rellenado
OR		OR	
rellenase	rellenásemos	hubiese rellenado	hubiésemos rellenado
rellenases	rellenaseis	hubieses rellenado	hubieseis rellenado
rellenase	rellenasen	hubiese rellenado	hubiesen rellenado

imperativo

—	rellenemos
rellena; no rellenes	rellenad; no rellenéis
rellene	rellenen

Words related to this verb

el relleno   filling, stuffing   **rellenable**   refillable
relleno, rellena   stuffed, filled

For other words and expressions related to this verb, see **llenar.**

to remit, to forward, to transmit

The Seven Simple Tenses		The Seven Compound Tenses	
Singular	Plural	Singular	Plural
1 presente de indicativo		**8 perfecto de indicativo**	
remito	remitimos	he remitido	hemos remitido
remites	remitís	has remitido	habéis remitido
remite	remiten	ha remitido	han remitido
2 imperfecto de indicativo		**9 pluscuamperfecto de indicativo**	
remitía	remitíamos	había remitido	habíamos remitido
remitías	remitíais	habías remitido	habíais remitido
remitía	remitían	había remitido	habían remitido
3 pretérito		**10 pretérito anterior**	
remití	remitimos	hube remitido	hubimos remitido
remitiste	remitisteis	hubiste remitido	hubisteis remitido
remitió	remitieron	hubo remitido	hubieron remitido
4 futuro		**11 futuro perfecto**	
remitiré	remitiremos	habré remitido	habremos remitido
remitirás	remitiréis	habrás remitido	habréis remitido
remitirá	remitirán	habrá remitido	habrán remitido
5 potencial simple		**12 potencial compuesto**	
remitiría	remitiríamos	habría remitido	habríamos remitido
remitirías	remitiríais	habrías remitido	habríais remitido
remitiría	remitirían	habría remitido	habrían remitido
6 presente de subjuntivo		**13 perfecto de subjuntivo**	
remita	remitamos	haya remitido	hayamos remitido
remitas	remitáis	hayas remitido	hayáis remitido
remita	remitan	haya remitido	hayan remitido
7 imperfecto de subjuntivo		**14 pluscuamperfecto de subjuntivo**	
remitiera	remitiéramos	hubiera remitido	hubiéramos remitido
remitieras	remitierais	hubieras remitido	hubierais remitido
remitiera	remitieran	hubiera remitido	hubieran remitido
OR		OR	
remitiese	remitiésemos	hubiese remitido	hubiésemos remitido
remitieses	remitieseis	hubieses remitido	hubieseis remitido
remitiese	remitiesen	hubiese remitido	hubiesen remitido

imperativo	
—	remitamos
remite; no remitas	remitid; no remitáis
remita	remitan

Words and expressions related to this verb

remitirse a   to refer oneself to
el, la remitente   sender, shipper

la remisión   remission
la remisión de los pecados   remission of sins

Be sure to consult the back pages for sections on verbs used in idiomatic expressions, verbs with prepositions, and the list of over 1,000 verbs conjugated like model verbs.

to scold, to quarrel

The Seven Simple Tenses		The Seven Compound Tenses	
Singular	Plural	Singular	Plural
1 presente de indicativo		8 perfecto de indicativo	
riño	reñimos	he reñido	hemos reñido
riñes	reñís	has reñido	habéis reñido
riñe	riñen	ha reñido	han reñido
2 imperfecto de indicativo		9 pluscuamperfecto de indicativo	
reñía	reñíamos	había reñido	habíamos reñido
reñías	reñíais	habías reñido	habíais reñido
reñía	reñían	había reñido	habían reñido
3 pretérito		10 pretérito anterior	
reñí	reñimos	hube reñido	hubimos reñido
reñiste	reñisteis	hubiste reñido	hubisteis reñido
riñó	riñeron	hubo reñido	hubieron reñido
4 futuro		11 futuro perfecto	
reñiré	reñiremos	habré reñido	habremos reñido
reñirás	reñiréis	habrás reñido	habréis reñido
reñirá	reñirán	habrá reñido	habrán reñido
5 potencial simple		12 potencial compuesto	
reñiría	reñiríamos	habría reñido	habríamos reñido
reñirías	reñiríais	habrías reñido	habríais reñido
reñiría	reñirían	habría reñido	habrían reñido
6 presente de subjuntivo		13 perfecto de subjuntivo	
riña	riñamos	haya reñido	hayamos reñido
riñas	riñáis	hayas reñido	hayáis reñido
riña	riñan	haya reñido	hayan reñido
7 imperfecto de subjuntivo		14 pluscuamperfecto de subjuntivo	
riñera	riñéramos	hubiera reñido	hubiéramos reñido
riñeras	riñerais	hubieras reñido	hubierais reñido
riñera	riñeran	hubiera reñido	hubieran reñido
OR		OR	
riñese	riñésemos	hubiese reñido	hubiésemos reñido
riñeses	riñeseis	hubieses reñido	hubieseis reñido
riñese	riñesen	hubiese reñido	hubiesen reñido

	imperativo	
—	riñamos	
riñe; no riñas	reñid; no riñáis	
riña	riñan	

Words related to this verb

reñidor, reñidora quarreller   **la reñidura** reprimand, scolding
reñidamente stubbornly

Consult the back pages for verbs used in weather expressions and Spanish proverbs.

to mend, to repair, to notice, to observe

The Seven Simple Tenses		The Seven Compound Tenses	
Singular	Plural	Singular	Plural
1 presente de indicativo		8 perfecto de indicativo	
reparo	reparamos	he reparado	hemos reparado
reparas	reparáis	has reparado	habéis reparado
repara	reparan	ha reparado	han reparado
2 imperfecto de indicativo		9 pluscuamperfecto de indicativo	
reparaba	reparábamos	había reparado	habíamos reparado
reparabas	reparabais	habías reparado	habíais reparado
reparaba	reparaban	había reparado	habían reparado
3 pretérito		10 pretérito anterior	
reparé	reparamos	hube reparado	hubimos reparado
reparaste	reparasteis	hubiste reparado	hubisteis reparado
reparó	repararon	hubo reparado	hubieron reparado
4 futuro		11 futuro perfecto	
repararé	repararemos	habré reparado	habremos reparado
repararás	repararéis	habrás reparado	habréis reparado
reparará	repararán	habrá reparado	habrán reparado
5 potencial simple		12 potencial compuesto	
repararía	repararíamos	habría reparado	habríamos reparado
repararías	repararíais	habrías reparado	habríais reparado
repararía	repararían	habría reparado	habrían reparado
6 presente de subjuntivo		13 perfecto de subjuntivo	
repare	reparemos	haya reparado	hayamos reparado
repares	reparéis	hayas reparado	hayáis reparado
repare	reparen	haya reparado	hayan reparado
7 imperfecto de subjuntivo		14 pluscuamperfecto de subjuntivo	
reparara	reparáramos	hubiera reparado	hubiéramos reparado
repararas	repararais	hubieras reparado	hubierais reparado
reparara	repararan	hubiera reparado	hubieran reparado
OR		OR	
reparase	reparásemos	hubiese reparado	hubiésemos reparado
reparases	reparaseis	hubieses reparado	hubieseis reparado
reparase	reparasen	hubiese reparado	hubiesen reparado

	imperativo	
—	reparemos
repara; no repares	reparad; no reparéis
repare	reparen

Words and expressions related to this verb

reparar en   to notice, to pay attention to
un reparo   repairs, repairing; notice
una reparación   repairing, reparation

reparaciones provisionales   temporary repairs
reparable   reparable; noteworthy
un reparador, una reparadora   repairer

Consult the back pages for the section on verbs with prepositions.

to distribute, to deal cards

The Seven Simple Tenses		The Seven Compound Tenses	
Singular	Plural	Singular	Plural

1   presente de indicativo

		8 perfecto de indicativo	
reparto	**repartimos**	**he repartido**	**hemos repartido**
repartes	**repartís**	**has repartido**	**habéis repartido**
reparte	**reparten**	**ha repartido**	**han repartido**

2   imperfecto de indicativo

		9 pluscuamperfecto de indicativo	
repartía	**repartíamos**	**había repartido**	**habíamos repartido**
repartías	**repartíais**	**habías repartido**	**habíais repartido**
repartía	**repartían**	**había repartido**	**habían repartido**

3   pretérito

		10 pretérito anterior	
repartí	**repartimos**	**hube repartido**	**hubimos repartido**
repartiste	**repartisteis**	**hubiste repartido**	**hubisteis repartido**
repartió	**repartieron**	**hubo repartido**	**hubieron repartido**

4   futuro

		11 futuro perfecto	
repartiré	**repartiremos**	**habré repartido**	**habremos repartido**
repartirás	**repartiréis**	**habrás repartido**	**habréis repartido**
repartirá	**repartirán**	**habrá repartido**	**habrán repartido**

5   potencial simple

		12 potencial compuesto	
repartiría	**repartiríamos**	**habría repartido**	**habríamos repartido**
repartirías	**repartiríais**	**habrías repartido**	**habríais repartido**
repartiría	**repartirían**	**habría repartido**	**habrían repartido**

6   presente de subjuntivo

		13 perfecto de subjuntivo	
reparta	**repartamos**	**haya repartido**	**hayamos repartido**
repartas	**repartáis**	**hayas repartido**	**hayáis repartido**
reparta	**repartan**	**haya repartido**	**hayan repartido**

7   imperfecto de subjuntivo

		14 pluscuamperfecto de subjuntivo	
repartiera	**repartiéramos**	**hubiera repartido**	**hubiéramos repartido**
repartieras	**repartierais**	**hubieras repartido**	**hubierais repartido**
repartiera	**repartieran**	**hubiera repartido**	**hubieran repartido**
OR		OR	
repartiese	**repartiésemos**	**hubiese repartido**	**hubiésemos repartido**
repartieses	**repartieseis**	**hubieses repartido**	**hubieseis repartido**
repartiese	**repartiesen**	**hubiese repartido**	**hubiesen repartido**

imperativo

—	**repartamos**
reparte; no repartas	**repartid; no repartáis**
reparta	**repartan**

Words and expressions related to this verb

repartir un dividendo   to declare a dividend
la repartición, el repartimiento   distribution
repartible   distributable

See also **partir.**
Consult the back pages for the section on verbs used in idiomatic expressions.

Gerundio **repitiendo**   Part. pas. **repetido**

to repeat

The Seven Simple Tenses		The Seven Compound Tenses	
Singular	Plural	Singular	Plural

1 presente de indicativo		8 perfecto de indicativo	
repito	repetimos	he repetido	hemos repetido
repites	repetís	has repetido	habéis repetido
repite	repiten	ha repetido	han repetido

2 imperfecto de indicativo		9 pluscuamperfecto de indicativo	
repetía	repetíamos	había repetido	habíamos repetido
repetías	repetíais	habías repetido	habíais repetido
repetía	repetían	había repetido	habían repetido

3 pretérito		10 pretérito anterior	
repetí	repetimos	hube repetido	hubimos repetido
repetiste	repetisteis	hubiste repetido	hubisteis repetido
repitió	repitieron	hubo repetido	hubieron repetido

4 futuro		11 futuro perfecto	
repetiré	repetiremos	habré repetido	habremos repetido
repetirás	repetiréis	habrás repetido	habréis repetido
repetirá	repetirán	habrá repetido	habrán repetido

5 potencial simple		12 potencial compuesto	
repetiría	repetiríamos	habría repetido	habríamos repetido
repetirías	repetiríais	habrías repetido	habríais repetido
repetiría	repetirían	habría repetido	habrían repetido

6 presente de subjuntivo		13 perfecto de subjuntivo	
repita	repitamos	haya repetido	hayamos repetido
repitas	repitáis	hayas repetido	hayáis repetido
repita	repitan	haya repetido	hayan repetido

7 imperfecto de subjuntivo		14 pluscuamperfecto de subjuntivo	
repitiera	repitiéramos	hubiera repetido	hubiéramos repetido
repitieras	repitierais	hubieras repetido	hubierais repetido
repitiera	repitieran	hubiera repetido	hubieran repetido
OR		OR	
repitiese	repitiésemos	hubiese repetido	hubiésemos repetido
repitieses	repitieseis	hubieses repetido	hubieseis repetido
repitiese	repitiesen	hubiese repetido	hubiesen repetido

imperativo

—	repitamos
repite; no repitas	repetid; no repitáis
repita	repitan

Words related to this verb

la repetición   repetition
repetidamente   repeatedly

repitiente (*adj.*)   repeating
repetirse   to repeat to oneself

Consult the back pages for various sections on verb usage.

to resolve, to solve (a problem)

The Seven Simple Tenses		The Seven Compound Tenses	
Singular	Plural	Singular	Plural

1 presente de indicativo		8 perfecto de indicativo	
resuelvo	**resolvemos**	**he resuelto**	**hemos resuelto**
resuelves	**resolvéis**	**has resuelto**	**habéis resuelto**
resuelve	**resuelven**	**ha resuelto**	**han resuelto**

2 imperfecto de indicativo		9 pluscuamperfecto de indicativo	
resolvía	**resolvíamos**	**había resuelto**	**habíamos resuelto**
resolvías	**resolvíais**	**habías resuelto**	**habíais resuelto**
resolvía	**resolvían**	**había resuelto**	**habían resuelto**

3 pretérito		10 pretérito anterior	
resolví	**resolvimos**	**hube resuelto**	**hubimos resuelto**
resolviste	**resolvisteis**	**hubiste resuelto**	**hubisteis resuelto**
resolvió	**resolvieron**	**hubo resuelto**	**hubieron resuelto**

4 futuro		11 futuro perfecto	
resolveré	**resolveremos**	**habré resuelto**	**habremos resuelto**
resolverás	**resolveréis**	**habrás resuelto**	**habréis resuelto**
resolverá	**resolverán**	**habrá resuelto**	**habrán resuelto**

5 potencial simple		12 potencial compuesto	
resolvería	**resolveríamos**	**habría resuelto**	**habríamos resuelto**
resolverías	**resolveríais**	**habrías resuelto**	**habríais resuelto**
resolvería	**resolverían**	**habría resuelto**	**habrían resuelto**

6 presente de subjuntivo		13 perfecto de subjuntivo	
resuelva	**resolvamos**	**haya resuelto**	**hayamos resuelto**
resuelvas	**resolváis**	**hayas resuelto**	**hayáis resuelto**
resuelva	**resuelvan**	**haya resuelto**	**hayan resuelto**

7 imperfecto de subjuntivo		14 pluscuamperfecto de subjuntivo	
resolviera	**resolviéramos**	**hubiera resuelto**	**hubiéramos resuelto**
resolvieras	**resolvierais**	**hubieras resuelto**	**hubierais resuelto**
resolviera	**resolvieran**	**hubiera resuelto**	**hubieran resuelto**
OR		OR	
resolviese	**resolviésemos**	**hubiese resuelto**	**hubiésemos resuelto**
resolvieses	**resolvieseis**	**hubieses resuelto**	**hubieseis resuelto**
resolviese	**resolviesen**	**hubiese resuelto**	**hubiesen resuelto**

imperativo

—	**resolvamos**
resuelve; no resuelvas	**resolved; no resolváis**
resuelva	**resuelvan**

Words and expressions related to this verb

resolver un conflicto   to settle a dispute
resolverse   to resolve (oneself)
resolverse a + inf.   to resolve + inf.
una resolución   resolution

una resolución definitiva   final decision
resolutivamente   resolutely
resoluto, resoluta   resolute

The subject pronouns are found on the page facing page 1.   **413**

to answer, to reply, to respond

The Seven Simple Tenses		The Seven Compound Tenses	
Singular	Plural	Singular	Plural
1 presente de indicativo		**8 perfecto de indicativo**	
respondo	respondemos	he respondido	hemos respondido
respondes	respondéis	has respondido	habéis respondido
responde	responden	ha respondido	han respondido
2 imperfecto de indicativo		**9 pluscuamperfecto de indicativo**	
respondía	respondíamos	había respondido	habíamos respondido
respondías	respondíais	habías respondido	habíais respondido
respondía	respondían	había respondido	habían respondido
3 pretérito		**10 pretérito anterior**	
respondí	respondimos	hube respondido	hubimos respondido
respondiste	respondisteis	hubiste respondido	hubisteis respondido
respondió	respondieron	hubo respondido	hubieron respondido
4 futuro		**11 futuro perfecto**	
responderé	responderemos	habré respondido	habremos respondido
responderás	responderéis	habrás respondido	habréis respondido
responderá	responderán	habrá respondido	habrán respondido
5 potencial simple		**12 potencial compuesto**	
respondería	responderíamos	habría respondido	habríamos respondido
responderías	responderíais	habrías respondido	habríais respondido
respondería	responderían	habría respondido	habrían respondido
6 presente de subjuntivo		**13 perfecto de subjuntivo**	
responda	respondamos	haya respondido	hayamos respondido
respondas	respondáis	hayas respondido	hayáis respondido
responda	respondan	haya respondido	hayan respondido
7 imperfecto de subjuntivo		**14 pluscuamperfecto de subjuntivo**	
respondiera	respondiéramos	hubiera respondido	hubiéramos respondido
respondieras	respondierais	hubieras respondido	hubierais respondido
respondiera	respondieran	hubiera respondido	hubieran respondido
OR		OR	
respondiese	respondiésemos	hubiese respondido	hubiésemos respondido
respondieses	respondieseis	hubieses respondido	hubieseis respondido
respondiese	respondiesen	hubiese respondido	hubiesen respondido

imperativo	
—	**respondamos**
responde; no respondas	**responded; no respondáis**
responda	**respondan**

Words related to this verb

una respuesta answer, reply, response
respondiente respondent
la correspondencia correspondence
correspondientemente correspondingly

responsivo, responsiva responsive
corresponder to correspond
corresponder a to reciprocate

to retire, to withdraw

The Seven Simple Tenses		The Seven Compound Tenses	
Singular	Plural	Singular	Plural

1 presente de indicativo		8 perfecto de indicativo	
retiro	**retiramos**	**he retirado**	**hemos retirado**
retiras	**retiráis**	**has retirado**	**habéis retirado**
retira	**retiran**	**ha retirado**	**han retirado**

2 imperfecto de indicativo		9 pluscuamperfecto de indicativo	
retiraba	**retirábamos**	**había retirado**	**habíamos retirado**
retirabas	**retirabais**	**habías retirado**	**habíais retirado**
retiraba	**retiraban**	**había retirado**	**habían retirado**

3 pretérito		10 pretérito anterior	
retiré	**retiramos**	**hube retirado**	**hubimos retirado**
retiraste	**retirasteis**	**hubiste retirado**	**hubisteis retirado**
retiró	**retiraron**	**hubo retirado**	**hubieron retirado**

4 futuro		11 futuro perfecto	
retiraré	**retiraremos**	**habré retirado**	**habremos retirado**
retirarás	**retiraréis**	**habrás retirado**	**habréis retirado**
retirará	**retirarán**	**habrá retirado**	**habrán retirado**

5 potencial simple		12 potencial compuesto	
retiraría	**retiraríamos**	**habría retirado**	**habríamos retirado**
retirarías	**retiraríais**	**habrías retirado**	**habríais retirado**
retiraría	**retirarían**	**habría retirado**	**habrían retirado**

6 presente de subjuntivo		13 perfecto de subjuntivo	
retire	**retiremos**	**haya retirado**	**hayamos retirado**
retires	**retiréis**	**hayas retirado**	**hayáis retirado**
retire	**retiren**	**haya retirado**	**hayan retirado**

7 imperfecto de subjuntivo		14 pluscuamperfecto de subjuntivo	
retirara	**retiráramos**	**hubiera retirado**	**hubiéramos retirado**
retiraras	**retirarais**	**hubieras retirado**	**hubierais retirado**
retirara	**retiraran**	**hubiera retirado**	**hubieran retirado**
OR		OR	
retirase	**retirásemos**	**hubiese retirado**	**hubiésemos retirado**
retirases	**retiraseis**	**hubieses retirado**	**hubieseis retirado**
retirase	**retirasen**	**hubiese retirado**	**hubiesen retirado**

imperativo

—	**retiremos**
retira; no retires	**retirad; no retiréis**
retire	**retiren**

Words and expressions related to this verb

retirarse   to retire
retirarse a dormir   to turn in (go to bed)
el retiro   retirement, withdrawal
El Retiro (El Buen Retiro)   name of a famous
    beautiful park in Madrid

la retirada   retirement, retreat
el retiramiento   retirement
el retiro obrero   social security

The subject pronouns are found on the page facing page 1.   **415**

to delay, to retard

The Seven Simple Tenses		The Seven Compound Tenses	
Singular	Plural	Singular	Plural

1 presente de indicativo

		8 perfecto de indicativo	
retraso	**retrasamos**	**he retrasado**	**hemos retrasado**
retrasas	**retrasáis**	**has retrasado**	**habéis retrasado**
retrasa	**retrasan**	**ha retrasado**	**han retrasado**

2 imperfecto de indicativo

		9 pluscuamperfecto de indicativo	
retrasaba	**retrasábamos**	**había retrasado**	**habíamos retrasado**
retrasabas	**retrasabais**	**habías retrasado**	**habíais retrasado**
retrasaba	**retrasaban**	**había retrasado**	**habían retrasado**

3 pretérito

		10 pretérito anterior	
retrasé	**retrasamos**	**hube retrasado**	**hubimos retrasado**
retrasaste	**retrasasteis**	**hubiste retrasado**	**hubisteis retrasado**
retrasó	**retrasaron**	**hubo retrasado**	**hubieron retrasado**

4 futuro

		11 futuro perfecto	
retrasaré	**retrasaremos**	**habré retrasado**	**habremos retrasado**
retrasarás	**retrasaréis**	**habrás retrasado**	**habréis retrasado**
retrasará	**retrasarán**	**habrá retrasado**	**habrán retrasado**

5 potencial simple

		12 potencial compuesto	
retrasaría	**retrasaríamos**	**habría retrasado**	**habríamos retrasado**
retrasarías	**retrasaríais**	**habrías retrasado**	**habríais retrasado**
retrasaría	**retrasarían**	**habría retrasado**	**habrían retrasado**

6 presente de subjuntivo

		13 perfecto de subjuntivo	
retrase	**retrasemos**	**haya retrasado**	**hayamos retrasado**
retrases	**retraséis**	**hayas retrasado**	**hayáis retrasado**
retrase	**retrasen**	**haya retrasado**	**hayan retrasado**

7 imperfecto de subjuntivo

		14 pluscuamperfecto de subjuntivo	
retrasara	**retrasáramos**	**hubiera retrasado**	**hubiéramos retrasado**
retrasaras	**retrasarais**	**hubieras retrasado**	**hubierais retrasado**
retrasara	**retrasaran**	**hubiera retrasado**	**hubieran retrasado**
OR		OR	
retrasase	**retrasásemos**	**hubiese retrasado**	**hubiésemos retrasado**
retrasases	**retrasaseis**	**hubieses retrasado**	**hubieseis retrasado**
retrasase	**retrasasen**	**hubiese retrasado**	**hubiesen retrasado**

imperativo	
—	**retrasemos**
retrasa; no retrases	**retrasad; no retraséis**
retrase	**retrasen**

Words and expressions related to this verb

retrasarse en + inf.   to be slow in, to be late + pres. part.
el retraso   delay, lag, slowness
con retraso   late (behind time)
atrasar   to be slow, slow down (watch, clock); **el atraso**   delay, tardiness; **en atraso**   in arrears
atrás   backward, back; **atrás de**   behind, back of; **días atrás**   days ago; **hacia atrás** backwards; **quedarse atrás**   to lag behind

to assemble, to get together, to meet, to gather

The Seven Simple Tenses		The Seven Compound Tenses	
Singular	Plural	Singular	Plural

1   presente de indicativo

me reúno	nos reunimos
te reúnes	os reunís
se reúne	se reúnen

8   perfecto de indicativo

me he reunido	nos hemos reunido
te has reunido	os habéis reunido
se ha reunido	se han reunido

2   imperfecto de indicativo

me reunía	nos reuníamos
te reunías	os reuníais
se reunía	se reunían

9   pluscuamperfecto de indicativo

me había reunido	nos habíamos reunido
te habías reunido	os habíais reunido
se había reunido	se habían reunido

3   pretérito

me reuní	nos reunimos
te reuniste	os reunisteis
se reunió	se reunieron

10   pretérito anterior

me hube reunido	nos hubimos reunido
te hubiste reunido	os hubisteis reunido
se hube reunido	se hubieron reunido

4   futuro

me reuniré	nos reuniremos
te reunirás	os reuniréis
se reunirá	se reunirán

11   futuro perfecto

me habré reunido	nos habremos reunido
te habrás reunido	os habréis reunido
se habrá reunido	se habrán reunido

5   potencial simple

me reuniría	nos reuniríamos
te reunirías	os reuniríais
se reuniría	se reunirían

12   potencial compuesto

me habría reunido	nos habríamos reunido
te habrías reunido	os habríais reunido
se habría reunido	se habrían reunido

6   presente de subjuntivo

me reúna	nos reunamos
te reúnas	os reunáis
se reúna	se reúnan

13   perfecto de subjuntivo

me haya reunido	nos hayamos reunido
te hayas reunido	os hayáis reunido
se haya reunido	se hayan reunido

7   imperfecto de subjuntivo

me reuniera	nos reuniéramos
te reunieras	os reunierais
se reuniera	se reunieran
OR	
me reuniese	nos reuniésemos
te reunieses	os reunieseis
se reuniese	se reuniesen

14   pluscuamperfecto de subjuntivo

me hubiera reunido	nos hubiéramos reunido
te hubieras reunido	os hubierais reunido
se hubiera reunido	se hubieran reunido
OR	
me hubiese reunido	nos hubiésemos reunido
te hubieses reunido	os hubieseis reunido
se hubiese reunido	se hubiesen reunido

imperativo

—	reunámonos
reúnete; no te reúnas	reuníos; no os reunáis
reúnase	reúnanse

Words and expressions related to this verb

reunirse con   to meet with
la reunión   reunion, meeting, gathering
una reunión en masa   mass meeting

una reunión plenaria   full meeting
la libertad de reunión   free assemblage
una reunión extraordinaria   special meeting

For other words related to this verb, see **unir**.

to revoke, to repeal

The Seven Simple Tenses		The Seven Compound Tenses	
Singular	Plural	Singular	Plural

1 presente de indicativo		8 perfecto de indicativo	
revoco	revocamos	he revocado	hemos revocado
revocas	revocáis	has revocado	habéis revocado
revoca	revocan	ha revocado	han revocado

2 imperfecto de indicativo		9 pluscuamperfecto de indicativo	
revocaba	revocábamos	había revocado	habíamos revocado
revocabas	revocabais	habías revocado	habíais revocado
revocaba	revocaban	había revocado	habían revocado

3 pretérito		10 pretérito anterior	
revoqué	revocamos	hube revocado	hubimos revocado
revocaste	revocasteis	hubiste revocado	hubisteis revocado
revocó	revocaron	hubo revocado	hubieron revocado

4 futuro		11 futuro perfecto	
revocaré	revocaremos	habré revocado	habremos revocado
revocarás	revocaréis	habrás revocado	habréis revocado
revocará	revocarán	habrá revocado	habrán revocado

5 potencial simple		12 potencial compuesto	
revocaría	revocaríamos	habría revocado	habríamos revocado
revocarías	revocaríais	habrías revocado	habríais revocado
revocaría	revocarían	habría revocado	habrían revocado

6 presente de subjuntivo		13 perfecto de subjuntivo	
revoque	revoquemos	haya revocado	hayamos revocado
revoques	revoquéis	hayas revocado	hayáis revocado
revoque	revoquen	haya revocado	hayan revocado

7 imperfecto de subjuntivo		14 pluscuamperfecto de subjuntivo	
revocara	revocáramos	hubiera revocado	hubiéramos revocado
revocaras	revocarais	hubieras revocado	hubierais revocado
revocara	revocaran	hubiera revocado	hubieran revocado
OR		OR	
revocase	revocásemos	hubiese revocado	hubiésemos revocado
revocases	revocaseis	hubieses revocado	hubieseis revocado
revocase	revocasen	hubiese revocado	hubiesen revocado

imperativo

—	revoquemos
revoca; no revoques	revocad; no revoquéis
revoque	revoquen

Words related to this verb

la revocación revocation	**irrevocado, irrevocada** unrevoked
revocable revocable, reversible	**irrevocable** irrevocable, irreversible
revocablemente revocably	**irrevocablemente** irrevocably

Consult the back pages for various sections on verb usage.

to revolve, to turn around, to turn over, to turn upside down

The Seven Simple Tenses		The Seven Compound Tenses	
Singular	Plural	Singular	Plural

1   presente de indicativo

revuelvo	revolvemos		
revuelves	revolvéis		
revuelve	revuelven		

8   perfecto de indicativo

he revuelto		hemos revuelto	
has revuelto		habéis revuelto	
ha revuelto		han revuelto	

2   imperfecto de indicativo

revolvía	revolvíamos
revolvías	revolvíais
revolvía	revolvían

9   pluscuamperfecto de indicativo

había revuelto	habíamos revuelto
habías revuelto	habíais revuelto
había revuelto	habían revuelto

3   pretérito

revolví	revolvimos
revolviste	revolvisteis
revolvió	revolvieron

10   pretérito anterior

hube revuelto	hubimos revuelto
hubiste revuelto	hubisteis revuelto
hubo revuelto	hubieron revuelto

4   futuro

revolveré	revolveremos
revolverás	revolveréis
revolverá	revolverán

11   futuro perfecto

habré revuelto	habremos revuelto
habrás revuelto	habréis revuelto
habrá revuelto	habrán revuelto

5   potencial simple

revolvería	revolveríamos
revolverías	revolveríais
revolvería	revolverían

12   potencial compuesto

habría revuelto	habríamos revuelto
habrías revuelto	habríais revuelto
habría revuelto	habrían revuelto

6   presente de subjuntivo

revuelva	revolvamos
revuelvas	revolváis
revuelva	revuelvan

13   perfecto de subjuntivo

haya revuelto	hayamos revuelto
hayas revuelto	hayáis revuelto
haya revuelto	hayan revuelto

7   imperfecto de subjuntivo

revolviera	revolviéramos
revolvieras	revolvierais
revolviera	revolvieran
OR	
revolviese	revolviésemos
revolvieses	revolvieseis
revolviese	revolviesen

14   pluscuamperfecto de subjuntivo

hubiera revuelto	hubiéramos revuelto
hubieras revuelto	hubierais revuelto
hubiera revuelto	hubieran revuelto
OR	
hubiese revuelto	hubiésemos revuelto
hubieses revuelto	hubieseis revuelto
hubiese revuelto	hubiesen revuelto

imperativo

—	revolvamos
revuelve; no revuelvas	revolved; no revolváis
revuelva	revuelvan

Words and expressions related to this verb

huevos revueltos   scrambled eggs   **el revolvimiento**   revolving, revolution
la revolución   revolution   **revueltamente**   upside down

For other words and expressions related to this verb, see **volver.**

to rob, to steal

The Seven Simple Tenses		The Seven Compound Tenses	
Singular	Plural	Singular	Plural

1   presente de indicativo

robo	robamos		
robas	robáis		
roba	roban		

8   perfecto de indicativo

he robado	hemos robado
has robado	habéis robado
ha robado	han robado

2   imperfecto de indicativo

robaba	robábamos
robabas	robabais
robaba	robaban

9   pluscuamperfecto de indicativo

había robado	habíamos robado
habías robado	habíais robado
había robado	habían robado

3   pretérito

robé	robamos
robaste	robasteis
robó	robaron

10   pretérito anterior

hube robado	hubimos robado
hubiste robado	hubisteis robado
hubo robado	hubieron robado

4   futuro

robaré	robaremos
robarás	robaréis
robará	robarán

11   futuro perfecto

habré robado	habremos robado
habrás robado	habréis robado
habrá robado	habrán robado

5   potencial simple

robaría	robaríamos
robarías	robaríais
robaría	robarían

12   potencial compuesto

habría robado	habríamos robado
habrías robado	habríais robado
habría robado	habrían robado

6   presente de subjuntivo

robe	robemos
robes	robéis
robe	roben

13   perfecto de subjuntivo

haya robado	hayamos robado
hayas robado	hayáis robado
haya robado	hayan robado

7   imperfecto de subjuntivo

robara	robáramos
robaras	robarais
robara	robaran
OR	
robase	robásemos
robases	robaseis
robase	robasen

14   pluscuamperfecto de subjuntivo

hubiera robado	hubiéramos robado
hubieras robado	hubierais robado
hubiera robado	hubieran robado
OR	
hubiese robado	hubiésemos robado
hubieses robado	hubieseis robado
hubiese robado	hubiesen robado

imperativo

—	robemos
roba; no robes	robad; no robéis
robe	roben

Words and expressions related to this verb

robarle algo a alguien   to rob somebody of something
robado, robada   stolen
un robador, una robadora   robber, thief
el robamiento   robbery, theft

Consult the back pages for various sections on verb usage.

to supplicate, to ask, to ask for, to request, to beg, to pray

The Seven Simple Tenses		The Seven Compound Tenses	
Singular	Plural	Singular	Plural

1   presente de indicativo

ruego	rogamos	
ruegas	rogáis	
ruega	ruegan	

8   perfecto de indicativo

he rogado	hemos rogado
has rogado	habéis rogado
ha rogado	han rogado

2   imperfecto de indicativo

rogaba	rogábamos
rogabas	rogabais
rogaba	rogaban

9   pluscuamperfecto de indicativo

había rogado	habíamos rogado
habías rogado	habíais rogado
había rogado	habían rogado

3   pretérito

rogué	rogamos
rogaste	rogasteis
rogó	rogaron

10   pretérito anterior

hube rogado	hubimos rogado
hubiste rogado	hubisteis rogado
hubo rogado	hubieron rogado

4   futuro

rogaré	rogaremos
rogarás	rogaréis
rogará	rogarán

11   futuro perfecto

habré rogado	habremos rogado
habrás rogado	habréis rogado
habrá rogado	habrán rogado

5   potencial simple

rogaría	rogaríamos
rogarías	rogaríais
rogaría	rogarían

12   potencial compuesto

habría rogado	habríamos rogado
habrías rogado	habríais rogado
habría rogado	habrían rogado

6   presente de subjuntivo

ruegue	roguemos
ruegues	roguéis
ruegue	rueguen

13   perfecto de subjuntivo

haya rogado	hayamos rogado
hayas rogado	hayáis rogado
haya rogado	hayan rogado

7   imperfecto de subjuntivo

rogara	rogáramos
rogaras	rogarais
rogara	rogaran
OR	
rogase	rogásemos
rogases	rogaseis
rogase	rogasen

14   pluscuamperfecto de subjuntivo

hubiera rogado	hubiéramos rogado
hubieras rogado	hubierais rogado
hubiera rogado	hubieran rogado
OR	
hubiese rogado	hubiésemos rogado
hubieses rogado	hubieseis rogado
hubiese rogado	hubiesen rogado

imperativo

—	roguemos
ruega; no ruegues	rogad; no roguéis
ruegue	rueguen

Sentences using this verb and words related to it

A Dios rogando y con el mazo dando.   Put your faith in God and keep your powder dry.
rogador, rogadora   supplicant
rogativo, rogativa   supplicatory
rogar por   to plead for

romper

to break, to shatter, to tear

The Seven Simple Tenses		The Seven Compound Tenses	
Singular	Plural	Singular	Plural
1 presente de indicativo		**8 perfecto de indicativo**	
rompo	rompemos	he roto	hemos roto
rompes	rompéis	has roto	habéis roto
rompe	rompen	ha roto	han roto
2 imperfecto de indicativo		**9 pluscuamperfecto de indicativo**	
rompía	rompíamos	había roto	habíamos roto
rompías	rompíais	habías roto	habíais roto
rompía	rompían	había roto	habían roto
3 pretérito		**10 pretérito anterior**	
rompí	rompimos	hube roto	hubimos roto
rompiste	rompisteis	hubiste roto	hubisteis roto
rompió	rompieron	hubo roto	hubieron roto
4 futuro		**11 futuro perfecto**	
romperé	romperemos	habré roto	habremos roto
romperás	romperéis	habrás roto	habréis roto
romperá	romperán	habrá roto	habrán roto
5 potencial simple		**12 potencial compuesto**	
rompería	romperíamos	habría roto	habríamos roto
romperías	romperíais	habrías roto	habríais roto
rompería	romperían	habría roto	habrían roto
6 presente de subjuntivo		**13 perfecto de subjuntivo**	
rompa	rompamos	haya roto	hayamos roto
rompas	rompáis	hayas roto	hayáis roto
rompa	rompan	haya roto	hayan roto
7 imperfecto de subjuntivo		**14 pluscuamperfecto de subjuntivo**	
rompiera	rompiéramos	hubiera roto	hubiéramos roto
rompieras	rompierais	hubieras roto	hubierais roto
rompiera	rompieran	hubiera roto	hubieran roto
OR		OR	
rompiese	rompiésemos	hubiese roto	hubiésemos roto
rompieses	rompieseis	hubieses roto	hubieseis roto
rompiese	rompiesen	hubiese roto	hubiesen roto

imperativo	
—	rompamos
rompe; no rompas	romped; no rompáis
rompa	rompan

Words and expressions related to this verb

un rompenueces nutcracker
una rompedura breakage, rupture
romper la cabeza to rack one's brains
romper con to break relations with

romper a + inf. to start suddenly + inf.
romper a llorar to break into tears
romper las relaciones to break off relations, an engagement

to know, to know how

The Seven Simple Tenses		The Seven Compound Tenses	
Singular	Plural	Singular	Plural

1 presente de indicativo

sé	sabemos
sabes	sabéis
sabe	saben

8 perfecto de indicativo

he sabido	hemos sabido
has sabido	habéis sabido
ha sabido	han sabido

2 imperfecto de indicativo

sabía	sabíamos
sabías	sabíais
sabía	sabían

9 pluscuamperfecto de indicativo

había sabido	habíamos sabido
habías sabido	habíais sabido
había sabido	habían sabido

3 pretérito

supe	supimos
supiste	supisteis
supo	supieron

10 pretérito anterior

hube sabido	hubimos sabido
hubiste sabido	hubisteis sabido
hubo sabido	hubieron sabido

4 futuro

sabré	sabremos
sabrás	sabréis
sabrá	sabrán

11 futuro perfecto

habré sabido	habremos sabido
habrás sabido	habréis sabido
habrá sabido	habrán sabido

5 potencial simple

sabría	sabríamos
sabrías	sabríais
sabría	sabrían

12 potencial compuesto

habría sabido	habríamos sabido
habrías sabido	habríais sabido
habría sabido	habrían sabido

6 presente de subjuntivo

sepa	sepamos
sepas	sepáis
sepa	sepan

13 perfecto de subjuntivo

haya sabido	hayamos sabido
hayas sabido	hayáis sabido
haya sabido	hayan sabido

7 imperfecto de subjuntivo

supiera	supiéramos
supieras	supierais
supiera	supieran
OR	
supiese	supiésemos
supieses	supieseis
supiese	supiesen

14 pluscuamperfecto de subjuntivo

hubiera sabido	hubiéramos sabido
hubieras sabido	hubierais sabido
hubiera sabido	hubieran sabido
OR	
hubiese sabido	hubiésemos sabido
hubieses sabido	hubieseis sabido
hubiese sabido	hubiesen sabido

imperativo

—	sepamos
sabe; no sepas	sabed; no sepáis
sepa	sepan

Words and expressions related to this verb

sabio, sabia   wise, learned
un sabidillo, una sabidilla   a know-it-all individual
la sabiduría   knowledge, learning, wisdom
¿Sabe Ud. nadar?   Do you know how to swim?
Sí, yo sé nadar.   Yes, I know how to swim.

Que yo sepa. . .   As far as I know. . .
¡Quién sabe!   Who knows! Perhaps! Maybe!

Consult the back pages for verbs used in idiomatic expressions.

The subject pronouns are found on the page facing page 1.

to take out, to get

The Seven Simple Tenses		The Seven Compound Tenses	
Singular	Plural	Singular	Plural
1 presente de indicativo		**8 perfecto de indicativo**	
saco	sacamos	he sacado	hemos sacado
sacas	sacáis	has sacado	habéis sacado
saca	sacan	ha sacado	han sacado
2 imperfecto de indicativo		**9 pluscuamperfecto de indicativo**	
sacaba	sacábamos	había sacado	habíamos sacado
sacabas	sacabais	habías sacado	habíais sacado
sacaba	sacaban	había sacado	habían sacado
3 pretérito		**10 pretérito anterior**	
saqué	sacamos	hube sacado	hubimos sacado
sacaste	sacasteis	hubiste sacado	hubisteis sacado
sacó	sacaron	hubo sacado	hubieron sacado
4 futuro		**11 futuro perfecto**	
sacaré	sacaremos	habré sacado	habremos sacado
sacarás	sacaréis	habrás sacado	habréis sacado
sacará	sacarán	habrá sacado	habrán sacado
5 potencial simple		**12 potencial compuesto**	
sacaría	sacaríamos	habría sacado	habríamos sacado
sacarías	sacaríais	habrías sacado	habríais sacado
sacaría	sacarían	habría sacado	habrían sacado
6 presente de subjuntivo		**13 perfecto de subjuntivo**	
saque	saquemos	haya sacado	hayamos sacado
saques	saquéis	hayas sacado	hayáis sacado
saque	saquen	haya sacado	hayan sacado
7 imperfecto de subjuntivo		**14 pluscuamperfecto de subjuntivo**	
sacara	sacáramos	hubiera sacado	hubiéramos sacado
sacaras	sacarais	hubieras sacado	hubierais sacado
sacara	sacaran	hubiera sacado	hubieran sacado
OR		OR	
sacase	sacásemos	hubiese sacado	hubiésemos sacado
sacases	sacaseis	hubieses sacado	hubieseis sacado
sacase	sacasen	hubiese sacado	hubiesen sacado

	imperativo	
—	saquemos	
saca; no saques	sacad; no saquéis	
saque	saquen	

Words and expressions related to this verb

sacar agua to draw water
sacar a paseo to take out for a walk; **ensacar** to put in a bag, to bag
un saco bag, sack; **saco de noche** overnight bag
un sacapuntas pencil sharpener (**un afilalápices**)

to shake, to jerk, to jolt

The Seven Simple Tenses		The Seven Compound Tenses	
Singular	Plural	Singular	Plural

1 presente de indicativo		8 perfecto de indicativo	
sacudo	sacudimos	he sacudido	hemos sacudido
sacudes	sacudís	has sacudido	habéis sacudido
sacude	sacuden	ha sacudido	han sacudido

2 imperfecto de indicativo		9 pluscuamperfecto de indicativo	
sacudía	sacudíamos	había sacudido	habíamos sacudido
sacudías	sacudíais	habías sacudido	habíais sacudido
sacudía	sacudían	había sacudido	habían sacudido

3 pretérito		10 pretérito anterior	
sacudí	sacudimos	hube sacudido	hubimos sacudido
sacudiste	sacudisteis	hubiste sacudido	hubisteis sacudido
sacudió	sacudieron	hubo sacudido	hubieron sacudido

4 futuro		11 futuro perfecto	
sacudiré	sacudiremos	habré sacudido	habremos sacudido
sacudirás	sacudiréis	habrás sacudido	habréis sacudido
sacudirá	sacudirán	habrá sacudido	habrán sacudido

5 potencial simple		12 potencial compuesto	
sacudiría	sacudiríamos	habría sacudido	habríamos sacudido
sacudirías	sacudiríais	habrías sacudido	habríais sacudido
sacudiría	sacudirían	habría sacudido	habrían sacudido

6 presente de subjuntivo		13 perfecto de subjuntivo	
sacuda	sacudamos	haya sacudido	hayamos sacudido
sacudas	sacudáis	hayas sacudido	hayáis sacudido
sacuda	sacudan	haya sacudido	hayan sacudido

7 imperfecto de subjuntivo		14 pluscuamperfecto de subjuntivo	
sacudiera	sacudiéramos	hubiera sacudido	hubiéramos sacudido
sacudieras	sacudierais	hubieras sacudido	hubierais sacudido
sacudiera	sacudieran	hubiera sacudido	hubieran sacudido
OR		OR	
sacudiese	sacudiésemos	hubiese sacudido	hubiésemos sacudido
sacudieses	sacudieseis	hubieses sacudido	hubieseis sacudido
sacudiese	sacudiesen	hubiese sacudido	hubiesen sacudido

imperativo	
—	sacudamos
sacude; no sacudas	sacudid; no sacudáis
sacuda	sacudan

Words and expressions related to this verb

un sacudimiento shaking, jolt, jerk
sacudidamente in a jerky way
una sacudida jerk, jolt, shake

sacudir el yugo to shake off the yoke (to become independent)
a sacudidas in jerks

Consult the back pages for the list of over 1,000 verbs conjugated like model verbs.

salir

to go out, to leave

The Seven Simple Tenses		The Seven Compound Tenses	
Singular	Plural	Singular	Plural
1 presente de indicativo		**8 perfecto de indicativo**	
salgo	salimos	he salido	hemos salido
sales	salís	has salido	habéis salido
sale	salen	ha salido	han salido
2 imperfecto de indicativo		**9 pluscuamperfecto de indicativo**	
salía	salíamos	había salido	habíamos salido
salías	salíais	habías salido	habíais salido
salía	salían	había salido	habían salido
3 pretérito		**10 pretérito anterior**	
salí	salimos	hube salido	hubimos salido
saliste	salisteis	hubiste salido	hubisteis salido
salió	salieron	hubo salido	hubieron salido
4 futuro		**11 futuro perfecto**	
saldré	saldremos	habré salido	habremos salido
saldrás	saldréis	habrás salido	habréis salido
saldrá	saldrán	habrá salido	habrán salido
5 potencial simple		**12 potencial compuesto**	
saldría	saldríamos	habría salido	habríamos salido
saldrías	saldríais	habrías salido	habríais salido
saldría	saldrían	habría salido	habrían salido
6 presente de subjuntivo		**13 perfecto de subjuntivo**	
salga	salgamos	haya salido	hayamos salido
salgas	salgáis	hayas salido	hayáis salido
salga	salgan	haya salido	hayan salido
7 imperfecto de subjuntivo		**14 pluscuamperfecto de subjuntivo**	
saliera	saliéramos	hubiera salido	hubiéramos salido
salieras	salierais	hubieras salido	hubierais salido
saliera	salieran	hubiera salido	hubieran salido
OR		OR	
saliese	saliésemos	hubiese salido	hubiésemos salido
salieses	salieseis	hubieses salido	hubieseis salido
saliese	saliesen	hubiese salido	hubiesen salido

	imperativo	
—		salgamos
	sal; no salgas	salid; no salgáis
	salga	salgan

Words and expressions related to this verb

la salida   exit
sin salida   no exit, dead-end street
salir de compras   to go out shopping
salir mal   to go wrong, to do badly

salir a   to resemble, to look like
salir al encuentro de   to go to meet
salir de   to leave from, to get out of

Consult the back pages for verbs used in idiomatic expressions.

to jump, to leap, to hop, to spring

The Seven Simple Tenses		The Seven Compound Tenses	
Singular	Plural	Singular	Plural
1 presente de indicativo		**8 perfecto de indicativo**	
salto	saltamos	he saltado	hemos saltado
saltas	saltáis	has saltado	habéis saltado
salta	saltan	ha saltado	han saltado
2 imperfecto de indicativo		**9 pluscuamperfecto de indicativo**	
saltaba	saltábamos	había saltado	habíamos saltado
saltabas	saltabais	habías saltado	habíais saltado
saltaba	saltaban	había saltado	habían saltado
3 pretérito		**10 pretérito anterior**	
salté	saltamos	hube saltado	hubimos saltado
saltaste	saltasteis	hubiste saltado	hubisteis saltado
saltó	saltaron	hubo saltado	hubieron saltado
4 futuro		**11 futuro perfecto**	
saltaré	saltaremos	habré saltado	habremos saltado
saltarás	saltaréis	habrás saltado	habréis saltado
saltará	saltarán	habrá saltado	habrán saltado
5 potencial simple		**12 potencial compuesto**	
saltaría	saltaríamos	habría saltado	habríamos saltado
saltarías	saltaríais	habrías saltado	habríais saltado
saltaría	saltarían	habría saltado	habrían saltado
6 presente de subjuntivo		**13 perfecto de subjuntivo**	
salte	saltemos	haya saltado	hayamos saltado
saltes	saltéis	hayas saltado	hayáis saltado
salte	salten	haya saltado	hayan saltado
7 imperfecto de subjuntivo		**14 pluscuamperfecto de subjuntivo**	
saltara	saltáramos	hubiera saltado	hubiéramos saltado
saltaras	saltarais	hubieras saltado	hubierais saltado
saltara	saltaran	hubiera saltado	hubieran saltado
OR		OR	
saltase	saltásemos	hubiese saltado	hubiésemos saltado
saltases	saltaseis	hubieses saltado	hubieseis saltado
saltase	saltasen	hubiese saltado	hubiesen saltado

imperativo

—	saltemos
salta; no saltes	saltad; no saltéis
salte	salten

Words and expressions related to this verb

hacer saltar la banca   to break the bank
    (in gambling)
saltar de gozo   to jump with joy
saltar por   to jump over

un salto   jump, leap
un salto con esquí   ski jump
un salto del ángel   swan dive

The subject pronouns are found on the page facing page 1.   **427**

to greet, to salute

The Seven Simple Tenses		The Seven Compound Tenses	
Singular	Plural	Singular	Plural
1 presente de indicativo		**8 perfecto de indicativo**	
saludo	saludamos	he saludado	hemos saludado
saludas	saludáis	has saludado	habéis saludado
saluda	saludan	ha saludado	han saludado
2 imperfecto de indicativo		**9 pluscuamperfecto de indicativo**	
saludaba	saludábamos	había saludado	habíamos saludado
saludabas	saludabais	habías saludado	habíais saludado
saludaba	saludaban	había saludado	habían saludado
3 pretérito		**10 pretérito anterior**	
saludé	saludamos	hube saludado	hubimos saludado
saludaste	saludasteis	hubiste saludado	hubisteis saludado
saludó	saludaron	hubo saludado	hubieron saludado
4 futuro		**11 futuro perfecto**	
saludaré	saludaremos	habré saludado	habremos saludado
saludarás	saludaréis	habrás saludado	habréis saludado
saludará	saludarán	habrá saludado	habrán saludado
5 potencial simple		**12 potencial compuesto**	
saludaría	saludaríamos	habría saludado	habríamos saludado
saludarías	saludaríais	habrías saludado	habríais saludado
saludaría	saludarían	habría saludado	habrían saludado
6 presente de subjuntivo		**13 perfecto de subjuntivo**	
salude	saludemos	haya saludado	hayamos saludado
saludes	saludéis	hayas saludado	hayáis saludado
salude	saluden	haya saludado	hayan saludado
7 imperfecto de subjuntivo		**14 pluscuamperfecto de subjuntivo**	
saludara	saludáramos	hubiera saludado	hubiéramos saludado
saludaras	saludarais	hubieras saludado	hubierais saludado
saludara	saludaran	hubiera saludado	hubieran saludado
OR		OR	
saludase	saludásemos	hubiese saludado	hubiésemos saludado
saludases	saludaseis	hubieses saludado	hubieseis saludado
saludase	saludasen	hubiese saludado	hubiesen saludado

imperativo

—	saludemos
saluda; no saludes	saludad; no saludéis
salude	saluden

Words and expressions related to this verb

la salutación greeting, salutation
el saludo salutation, greeting, salute
el saludo final closing (of a letter)
saludarse uno a otro to greet each other

la salud health; **¡A su salud!** To your health!
estar bien de salud to be in good health
estar mal de salud to be in bad health

Consult the back pages for the section on verbs with prepositions.

The Seven Simple Tenses		The Seven Compound Tenses	
Singular	Plural	Singular	Plural

1 presente de indicativo		8 perfecto de indicativo	
satisfago	**satisfacemos**	**he satisfecho**	**hemos satisfecho**
satisfaces	**satisfacéis**	**has satisfecho**	**habéis satisfecho**
satisface	**satisfacen**	**ha satisfecho**	**han satisfecho**

2 imperfecto de indicativo		9 pluscuamperfecto de indicativo	
satisfacía	**satisfacíamos**	**había satisfecho**	**habíamos satisfecho**
satisfacías	**satisfacíais**	**habías satisfecho**	**habíais satisfecho**
satisfacía	**satisfacían**	**había satisfecho**	**habían satisfecho**

3 pretérito		10 pretérito anterior	
satisfice	**satisficimos**	**hube satisfecho**	**hubimos satisfecho**
satisficiste	**satisficisteis**	**hubiste satisfecho**	**hubisteis satisfecho**
satisfizo	**satisficieron**	**hubo satisfecho**	**hubieron satisfecho**

4 futuro		11 futuro perfecto	
satisfaré	**satisfaremos**	**habré satisfecho**	**habremos satisfecho**
satisfarás	**satisfaréis**	**habrás satisfecho**	**habréis satisfecho**
satisfará	**satisfarán**	**habrá satisfecho**	**habrán satisfecho**

5 potencial simple		12 potencial compuesto	
satisfaría	**satisfaríamos**	**habría satisfecho**	**habríamos satisfecho**
satisfarías	**satisfaríais**	**habrías satisfecho**	**habríais satisfecho**
satisfaría	**satisfarían**	**habría satisfecho**	**habrían satisfecho**

6 presente de subjuntivo		13 perfecto de subjuntivo	
satisfaga	**satisfagamos**	**haya satisfecho**	**hayamos satisfecho**
satisfagas	**satisfagáis**	**hayas satisfecho**	**hayáis satisfecho**
satisfaga	**satisfagan**	**haya satisfecho**	**hayan satisfecho**

7 imperfecto de subjuntivo		14 pluscuamperfecto de subjuntivo	
satisficiera	**satisficiéramos**	**hubiera satisfecho**	**hubiéramos satisfecho**
satisficieras	**satisficierais**	**hubieras satisfecho**	**hubierais satisfecho**
satisficiera	**satisficieran**	**hubiera satisfecho**	**hubieran satisfecho**
OR		OR	
satisficiese	**satisficiésemos**	**hubiese satisfecho**	**hubiésemos satisfecho**
satisficieses	**satisficieseis**	**hubieses satisfecho**	**hubieseis satisfecho**
satisficiese	**satisficiesen**	**hubiese satisfecho**	**hubiesen satisfecho**

imperativo

—	**satisfagamos**
satisfaz (satisface); no satisfagas	**satisfaced; no satisfagáis**
satisfaga	**satisfagan**

Words and expressions related to this verb

la satisfacción satisfaction
a satisfacción satisfactorily
a satisfacción de to the satisfaction of
satisfacer una demanda to meet a demand

satisfecho, satisfecha satisfied
satisfactorio, satisfactoria satisfactory
satisfaciente satisfying

to dry, to wipe dry

The Seven Simple Tenses		The Seven Compound Tenses	
Singular	Plural	Singular	Plural
1 presente de indicativo		**8 perfecto de indicativo**	
seco	secamos	he secado	hemos secado
secas	secáis	has secado	habéis secado
seca	secan	ha secado	han secado
2 imperfecto de indicativo		**9 pluscuamperfecto de indicativo**	
secaba	secábamos	había secado	habíamos secado
secabas	secabais	habías secado	habíais secado
secaba	secaban	había secado	habían secado
3 pretérito		**10 pretérito anterior**	
sequé	secamos	hube secado	hubimos secado
secaste	secasteis	hubiste secado	hubisteis secado
secó	secaron	hubo secado	hubieron secado
4 futuro		**11 futuro perfecto**	
secaré	secaremos	habré secado	habremos secado
secarás	secaréis	habrás secado	habréis secado
secará	secarán	habrá secado	habrán secado
5 potencial simple		**12 potencial compuesto**	
secaría	secaríamos	habría secado	habríamos secado
secarías	secaríais	habrías secado	habríais secado
secaría	secarían	habría secado	habrían secado
6 presente de subjuntivo		**13 perfecto de subjuntivo**	
seque	sequemos	haya secado	hayamos secado
seques	sequéis	hayas secado	hayáis secado
seque	sequen	haya secado	hayan secado
7 imperfecto de subjuntivo		**14 pluscuamperfecto de subjuntivo**	
secara	secáramos	hubiera secado	hubiéramos secado
secaras	secarais	hubieras secado	hubierais secado
secara	secaran	hubiera secado	hubieran secado
OR		OR	
secase	secásemos	hubiese secado	hubiésemos secado
secases	secaseis	hubieses secado	hubieseis secado
secase	secasen	hubiese secado	hubiesen secado

	imperativo
—	sequemos
seca; no seques	secad; no sequéis
seque	sequen

Words and expressions related to this verb

seco, seca dry, dried up
la seca drought
secado al sol sun dried

limpiar en seco to dry-clean
en seco high and dry

For other words and expressions related to this verb, see **secarse**.

to dry oneself

The Seven Simple Tenses		The Seven Compound Tenses	
Singular	Plural	Singular	Plural

1 presente de indicativo		8 perfecto de indicativo	
me seco	nos secamos	me he secado	nos hemos secado
te secas	os secáis	te has secado	os habéis secado
se seca	se secan	se ha secado	se han secado

2 imperfecto de indicativo		9 pluscuamperfecto de indicativo	
me secaba	nos secábamos	me había secado	nos habíamos secado
te secabas	os secabais	te habías secado	os habíais secado
se secaba	se secaban	se había secado	se habían secado

3 pretérito		10 pretérito anterior	
me sequé	nos secamos	me hube secado	nos hubimos secado
te secaste	os secasteis	te hubiste secado	os hubisteis secado
se secó	se secaron	se hubo secado	se hubieron secado

4 futuro		11 futuro perfecto	
me secaré	nos secaremos	me habré secado	nos habremos secado
te secarás	os secaréis	te habrás secado	os habréis secado
se secará	se secarán	se habrá secado	se habrán secado

5 potencial simple		12 potencial compuesto	
me secaría	nos secaríamos	me habría secado	nos habríamos secado
te secarías	os secaríais	te habrías secado	os habríais secado
se secaría	se secarían	se habría secado	se habrían secado

6 presente de subjuntivo		13 perfecto de subjuntivo	
me seque	nos sequemos	me haya secado	nos hayamos secado
te seques	os sequéis	te hayas secado	os hayáis secado
se seque	se sequen	se haya secado	se hayan secado

7 imperfecto de subjuntivo		14 pluscuamperfecto de subjuntivo	
me secara	nos secáramos	me hubiera secado	nos hubiéramos secado
te secaras	os secarais	te hubieras secado	os hubierais secado
se secara	se secaran	se hubiera secado	se hubieran secado
OR		OR	
me secase	nos secásemos	me hubiese secado	nos hubiésemos secado
te secases	os secaseis	te hubieses secado	os hubieseis secado
se secase	se secasen	se hubiese secado	se hubiesen secado

imperativo

—	sequémonos
sécate; no te seques	secaos; no os sequéis
séquese	séquense

Words and expressions related to this verb

la secarropa   clothes drier   **dejar seco (seca)**   to dumbfound
secado, secada   dried   **el vino seco**   dry wine

For other words and expressions related to this verb, see **secar.**

to follow, to pursue, to continue

The Seven Simple Tenses		The Seven Compound Tenses	
Singular	Plural	Singular	Plural
1 presente de indicativo		**8 perfecto de indicativo**	
sigo	seguimos	he seguido	hemos seguido
sigues	seguís	has seguido	habéis seguido
sigue	siguen	ha seguido	han seguido
2 imperfecto de indicativo		**9 pluscuamperfecto de indicativo**	
seguía	seguíamos	había seguido	habíamos seguido
seguías	seguíais	habías seguido	habíais seguido
seguía	seguían	había seguido	habían seguido
3 pretérito		**10 pretérito anterior**	
seguí	seguimos	hube seguido	hubimos seguido
seguiste	seguisteis	hubiste seguido	hubisteis seguido
siguió	siguieron	hubo seguido	hubieron seguido
4 futuro		**11 futuro perfecto**	
seguiré	seguiremos	habré seguido	habremos seguido
seguirás	seguiréis	habrás seguido	habréis seguido
seguirá	seguirán	habrá seguido	habrán seguido
5 potencial simple		**12 potencial compuesto**	
seguiría	seguiríamos	habría seguido	habríamos seguido
seguirías	seguiríais	habrías seguido	habríais seguido
seguiría	seguirían	habría seguido	habrían seguido
6 presente de subjuntivo		**13 perfecto de subjuntivo**	
siga	sigamos	haya seguido	hayamos seguido
sigas	sigáis	hayas seguido	hayáis seguido
siga	sigan	haya seguido	hayan seguido
7 imperfecto de subjuntivo		**14 pluscuamperfecto de subjuntivo**	
siguiera	siguiéramos	hubiera seguido	hubiéramos seguido
siguieras	siguierais	hubieras seguido	hubierais seguido
siguiera	siguieran	hubiera seguido	hubieran seguido
OR		OR	
siguiese	siguiésemos	hubiese seguido	hubiésemos seguido
siguieses	siguieseis	hubieses seguido	hubieseis seguido
siguiese	siguiesen	hubiese seguido	hubiesen seguido

	imperativo
—	sigamos
sigue; no sigas	seguid; no sigáis
siga	sigan

Words and expressions related to this verb

según according to
al día siguiente on the following day
las frases siguientes the following sentences
seguir + pres. part. to keep on + pres. part.;
  Siga leyendo Keep on reading.

conseguir to attain, to get,
  to obtain
proseguir to prosecute
perseguir to pursue
seguirle los pasos a uno to keep
  one's eye on someone

to sit down

The Seven Simple Tenses		The Seven Compound Tenses	
Singular	Plural	Singular	Plural

1   presente de indicativo

me siento	nos sentamos
te sientas	os sentáis
se sienta	se sientan

8   perfecto de indicativo

me he sentado	nos hemos sentado
te has sentado	os habéis sentado
se ha sentado	se han sentado

2   imperfecto de indicativo

me sentaba	nos sentábamos
te sentabas	os sentabais
se sentaba	se sentaban

9   pluscuamperfecto de indicativo

me había sentado	nos habíamos sentado
te habías sentado	os habíais sentado
se había sentado	se habían sentado

3   pretérito

me senté	nos sentamos
te sentaste	os sentasteis
se sentó	se sentaron

10   pretérito anterior

me hube sentado	nos hubimos sentado
te hubiste sentado	os hubisteis sentado
se hubo sentado	se hubieron sentado

4   futuro

me sentaré	nos sentaremos
te sentarás	os sentaréis
se sentará	se sentarán

11   futuro perfecto

me habré sentado	nos habremos sentado
te habrás sentado	os habréis sentado
se habrá sentado	se habrán sentado

5   potencial simple

me sentaría	nos sentaríamos
te sentarías	os sentaríais
se sentaría	se sentarían

12   potencial compuesto

me habría sentado	nos habríamos sentado
te habrías sentado	os habríais sentado
se habría sentado	se habrían sentado

6   presente de subjuntivo

me siente	nos sentemos
te sientes	os sentéis
se siente	se sienten

13   perfecto de subjuntivo

me haya sentado	nos hayamos sentado
te hayas sentado	os hayáis sentado
se haya sentado	se hayan sentado

7   imperfecto de subjuntivo

me sentara	nos sentáramos
te sentaras	os sentarais
se sentara	se sentaran
OR	
me sentase	nos sentásemos
te sentases	os sentaseis
se sentase	se sentasen

14   pluscuamperfecto de subjuntivo

me hubiera sentado	nos hubiéramos sentado
te hubieras sentado	os hubierais sentado
se hubiera sentado	se hubieran sentado
OR	
me hubiese sentado	nos hubiésemos sentado
te hubieses sentado	os hubieseis sentado
se hubiese sentado	se hubiesen sentado

imperativo

—	sentémonos; no nos sentemos
siéntate; no te sientes	sentaos; no os sentéis
siéntese; no se siente	siéntense; no se sienten

Words and expressions related to this verb

un asiento   a seat
sentado, sentada   seated
¡Siéntese Ud.!   Sit down!
¡Vamos a sentarnos!   Let's sit down!

sentar, asentar   to seat
una sentada   a sitting; **de una sentada**   in one sitting

The subject pronouns are found on the page facing page 1.   **433**

to feel sorry, to regret, to feel

The Seven Simple Tenses		The Seven Compound Tenses	
Singular	Plural	Singular	Plural
1 presente de indicativo		**8 perfecto de indicativo**	
siento	sentimos	he sentido	hemos sentido
sientes	sentís	has sentido	habéis sentido
siente	sienten	ha sentido	han sentido
2 imperfecto de indicativo		**9 pluscuamperfecto de indicativo**	
sentía	sentíamos	había sentido	habíamos sentido
sentías	sentíais	habías sentido	habíais sentido
sentía	sentían	había sentido	habían sentido
3 pretérito		**10 pretérito anterior**	
sentí	sentimos	hube sentido	hubimos sentido
sentiste	sentisteis	hubiste sentido	hubisteis sentido
sintió	sintieron	hubo sentido	hubieron sentido
4 futuro		**11 futuro perfecto**	
sentiré	sentiremos	habré sentido	habremos sentido
sentirás	sentiréis	habrás sentido	habréis sentido
sentirá	sentirán	habrá sentido	habrán sentido
5 potencial simple		**12 potencial compuesto**	
sentiría	sentiríamos	habría sentido	habríamos sentido
sentirías	sentiríais	habrías sentido	habríais sentido
sentiría	sentirían	habría sentido	habrían sentido
6 presente de subjuntivo		**13 perfecto de subjuntivo**	
sienta	sintamos	haya sentido	hayamos sentido
sientas	sintáis	hayas sentido	hayáis sentido
sienta	sientan	haya sentido	hayan sentido
7 imperfecto de subjuntivo		**14 pluscuamperfecto de subjuntivo**	
sintiera	sintiéramos	hubiera sentido	hubiéramos sentido
sintieras	sintierais	hubieras sentido	hubierais sentido
sintiera	sintieran	hubiera sentido	hubieran sentido
OR		OR	
sintiese	sintiésemos	hubiese sentido	hubiésemos sentido
sintieses	sintieseis	hubieses sentido	hubieseis sentido
sintiese	sintiesen	hubiese sentido	hubiesen sentido

imperativo	
—	sintamos
siente; no sientas	sentid; no sintáis
sienta	sientan

Words and expressions related to this verb

Lo siento.   I regret it; I'm sorry.   **el sentir**   feeling; judgment
el sentimiento   feeling, sentiment   **un, una sentimental**   sentimentalist
sentimentalmente   sentimentally

For additional words and expressions related to this verb, see **sentirse**.

to feel (well, ill)

The Seven Simple Tenses		The Seven Compound Tenses	
Singular	Plural	Singular	Plural

1 presente de indicativo

me siento	nos sentimos		
te sientes	os sentís		
se siente	se sienten		

8 perfecto de indicativo

me he sentido	nos hemos sentido
te has sentido	os habéis sentido
se ha sentido	se han sentido

2 imperfecto de indicativo

me sentía	nos sentíamos
te sentías	os sentíais
se sentía	se sentían

9 pluscuamperfecto de indicativo

me había sentido	nos habíamos sentido
te habías sentido	os habíais sentido
se había sentido	se habían sentido

3 pretérito

me sentí	nos sentimos
te sentiste	os sentisteis
se sintió	se sintieron

10 pretérito anterior

me hube sentido	nos hubimos sentido
te hubiste sentido	os hubisteis sentido
se hubo sentido	se hubieron sentido

4 futuro

me sentiré	nos sentiremos
te sentirás	os sentiréis
se sentirá	se sentirán

11 futuro perfecto

me habré sentido	nos habremos sentido
te habrás sentido	os habréis sentido
se habrá sentido	se habrán sentido

5 potencial simple

me sentiría	nos sentiríamos
te sentirías	os sentiríais
se sentiría	se sentirían

12 potencial compuesto

me habría sentido	nos habríamos sentido
te habrías sentido	os habríais sentido
se habría sentido	se habrían sentido

6 presente de subjuntivo

me sienta	nos sintamos
te sientas	os sintáis
se sienta	se sientan

13 perfecto de subjuntivo

me haya sentido	nos hayamos sentido
te hayas sentido	os hayáis sentido
se haya sentido	se hayan sentido

7 imperfecto de subjuntivo

me sintiera	nos sintiéramos
te sintieras	os sintierais
se sintiera	se sintieran
OR	
me sintiese	nos sintiésemos
te sintieses	os sintieseis
se sintiese	se sintiesen

14 pluscuamperfecto de subjuntivo

me hubiera sentido	nos hubiéramos sentido
te hubieras sentido	os hubierais sentido
se hubiera sentido	se hubieran sentido
OR	
me hubiese sentido	nos hubiésemos sentido
te hubieses sentido	os hubieseis sentido
se hubiese sentido	se hubiesen sentido

imperativo

—	**sintámonos**
siéntete; no te sientas	**sentíos; no os sintáis**
siéntase	**siéntanse**

Words and expressions related to this verb

¿Cómo se siente Ud.?   How do you feel?   **Me siento mal.**   I feel sick.
el sentido   sense;   **los sentidos**   the senses

For additional words and expressions related to this verb, see **sentir**.

to signal, to indicate, to point out, to show

The Seven Simple Tenses		The Seven Compound Tenses	
Singular	Plural	Singular	Plural
1 presente de indicativo		**8 perfecto de indicativo**	
señalo	señalamos	he señalado	hemos señalado
señalas	señaláis	has señalado	habéis señalado
señala	señalan	ha señalado	han señalado
2 imperfecto de indicativo		**9 pluscuamperfecto de indicativo**	
señalaba	señalábamos	había señalado	habíamos señalado
señalabas	señalabais	habías señalado	habíais señalado
señalaba	señalaban	había señalado	habían señalado
3 pretérito		**10 pretérito anterior**	
señalé	señalamos	hube señaldo	hubimos señalado
señalaste	señalasteis	hubiste señalado	hubisteis señalado
señaló	señalaron	hubo señalado	hubieron señalado
4 futuro		**11 futuro perfecto**	
señalaré	señalaremos	habré señalado	habremos señalado
señalarás	señalaréis	habrás señalado	habréis señalado
señalará	señalarán	habrá señalado	habrán señalado
5 potencial simple		**12 potencial compuesto**	
señalaría	señalaríamos	habría señalado	habríamos señalado
señalarías	señalaríais	habrías señalado	habríais señalado
señalaría	señalarían	habría señalado	habrían señalado
6 presente de subjuntivo		**13 perfecto de subjuntivo**	
señale	señalemos	haya señalado	hayamos señalado
señales	señaléis	hayas señalado	hayáis señalado
señale	señalen	haya señalado	hayan señalado
7 imperfecto de subjuntivo		**14 pluscuamperfecto de subjuntivo**	
señalara	señaláramos	hubiera señalado	hubiéramos señalado
señalaras	señalarais	hubieras señalado	hubierais señalado
señalara	señalaran	hubiera señalado	hubieran señalado
OR		OR	
señalase	señalásemos	hubiese señalado	hubiésemos señalado
señalases	señalaseis	hubieses señalado	hubieseis señalado
señalase	señalasen	hubiese señalado	hubiesen señalado

imperativo	
—	señalemos
señala; no señales	señalad; no señaléis
señale	señalen

Words and expressions related to this verb

señalar un día   to set a day
señalar una fecha   to set a date
señalar con el dedo   to point out,
        to indicate (with your finger)

una seña   mark, sign, signal
por señas   by signs
dar señas de   to show signs of
una señal   sign, mark; **señal de parada**   stop sign

to separate, to detach, to sort, to set apart

The Seven Simple Tenses		The Seven Compound Tenses	
Singular	Plural	Singular	Plural
1 presente de indicativo		**8 perfecto de indicativo**	
separo	separamos	he separado	hemos separado
separas	separáis	has separado	habéis separado
separa	separan	ha separado	han separado
2 imperfecto de indicativo		**9 pluscuamperfecto de indicativo**	
separaba	separábamos	había separado	habíamos separado
separabas	separabais	habías separado	habíais separado
separaba	separaban	había separado	habían separado
3 pretérito		**10 pretérito anterior**	
separé	separamos	hube separado	hubimos separado
separaste	separasteis	hubiste separado	hubisteis separado
separó	separaron	hubo separado	hubieron separado
4 futuro		**11 futuro perfecto**	
separaré	separaremos	habré separado	habremos separado
separarás	separaréis	habrás separado	habréis separado
separará	separarán	habrá separado	habrán separado
5 potencial simple		**12 potencial compuesto**	
separaría	separaríamos	habría separado	habríamos separado
separarías	separaríais	habrías separado	habríais separado
separaría	separarían	habría separado	habrían separado
6 presente de subjuntivo		**13 perfecto de subjuntivo**	
separe	separemos	haya separado	hayamos separado
separes	separéis	hayas separado	hayáis separado
separe	separen	haya separado	hayan separado
7 imperfecto de subjuntivo		**14 pluscuamperfecto de subjuntivo**	
separara	separáramos	hubiera separado	hubiéramos separado
separaras	separarais	hubieras separado	hubierais separado
separara	separaran	hubiera separado	hubieran separado
OR		OR	
separase	separásemos	hubiese separado	hubiésemos separado
separases	separaseis	hubieses separado	hubieseis separado
separase	separasen	hubiese separado	hubiesen separado

imperativo

—	separemos
separa; no separes	separad; no separéis
separe	separen

Words and expressions related to this verb

la separación separation
separante separating
separar un asiento to reserve a seat
por separado separately

una separata reprint
separativo, separativa separative
separado, separada separate, separated

The subject pronouns are found on the page facing page 1.   **437**

to be

The Seven Simple Tenses		The Seven Compound Tenses	
Singular	Plural	Singular	Plural
1 presente de indicativo		**8 perfecto de indicativo**	
soy	somos	he sido	hemos sido
eres	sois	has sido	habéis sido
es	son	ha sido	han sido
2 imperfecto de indicativo		**9 pluscuamperfecto de indicativo**	
era	éramos	había sido	habíamos sido
eras	erais	habías sido	habíais sido
era	eran	había sido	habían sido
3 pretérito		**10 pretérito anterior**	
fui	fuimos	hube sido	hubimos sido
fuiste	fuisteis	hubiste sido	hubisteis sido
fue	fueron	hubo sido	hubieron sido
4 futuro		**11 futuro perfecto**	
seré	seremos	habré sido	habremos sido
serás	seréis	habrás sido	habréis sido
será	serán	habrá sido	habrán sido
5 potencial simple		**12 potencial compuesto**	
sería	seríamos	habría sido	habríamos sido
serías	seríais	habrías sido	habríais sido
sería	serían	habría sido	habrían sido
6 presente de subjuntivo		**13 perfecto de subjuntivo**	
sea	seamos	haya sido	hayamos sido
seas	seáis	hayas sido	hayáis sido
sea	sean	haya sido	hayan sido
7 imperfecto de subjuntivo		**14 pluscuamperfecto de subjuntivo**	
fuera	fuéramos	hubiera sido	hubiéramos sido
fueras	fuerais	hubieras sido	hubierais sido
fuera	fueran	hubiera sido	hubieran sido
OR		OR	
fuese	fuésemos	hubiese sido	hubiésemos sido
fueses	fueseis	hubieses sido	hubieseis sido
fuese	fuesen	hubiese sido	hubiesen sido

	imperativo	
—	seamos
sé; no seas	sed; no seáis
sea	sean

Common idiomatic expressions using this verb

Dime con quien andas y te diré quien eres. Tell me who your friends are and I will tell you who you are.

es decir that is, that is to say; **Si yo fuera usted. . .** If I were you. . .

¿Qué hora es? What time is it? **Es la una.** It is one o'clock. **Son las dos.** It is two o'clock.

See the back pages for verbs used in idiomatic expressions.

The Seven Simple Tenses		The Seven Compound Tenses	
Singular	Plural	Singular	Plural
1 presente de indicativo		**8 perfecto de indicativo**	
sirvo	servimos	he servido	hemos servido
sirves	servís	has servido	habéis servido
sirve	sirven	ha servido	han servido
2 imperfecto de indicativo		**9 pluscuamperfecto de indicativo**	
servía	servíamos	había servido	habíamos servido
servías	servíais	habías servido	habíais servido
servía	servían	había servido	habían servido
3 pretérito		**10 pretérito anterior**	
serví	servimos	hube servido	hubimos servido
serviste	servisteis	hubiste servido	hubisteis servido
sirvió	sirvieron	hubo servido	hubieron servido
4 futuro		**11 futuro perfecto**	
serviré	serviremos	habré servido	habremos servido
servirás	serviréis	habrás servido	habréis servido
servirá	servirán	habrá servido	habrán servido
5 potencial simple		**12 potencial compuesto**	
serviría	serviríamos	habría servido	habríamos servido
servirías	serviríais	habrías servido	habríais servido
serviría	servirían	habría servido	habrían servido
6 presente de subjuntivo		**13 perfecto de subjuntivo**	
sirva	sirvamos	haya servido	hayamos servido
sirvas	sirváis	hayas servido	hayáis servido
sirva	sirvan	haya servido	hayan servido
7 imperfecto de subjuntivo		**14 pluscuamperfecto de subjuntivo**	
sirviera	sirviéramos	hubiera servido	hubiéramos servido
sirvieras	sirvierais	hubieras servido	hubierais servido
sirviera	sirvieran	hubiera servido	hubieran servido
OR		OR	
sirviese	sirviésemos	hubiese servido	hubiésemos servido
sirvieses	sirvieseis	hubieses servido	hubieseis servido
sirviese	sirviesen	hubiese servido	hubiesen servido

imperativo

—	sirvamos
sirve; no sirvas	servid; no sirváis
sirva	sirvan

Words and expressions related to this verb

servidor, servidora servant, waiter, waitress
el servicio service
una servilleta table napkin
servirse to serve oneself
¡Sírvase usted! Help yourself!

Esto no sirve para nada This serves no purpose; This is good for nothing.
servir para to be good for, to be used for

to help, to aid, to assist, to succor

The Seven Simple Tenses		The Seven Compound Tenses	
Singular	Plural	Singular	Plural

1 presente de indicativo		8 perfecto de indicativo	
socorro	socorremos	he socorrido	hemos socorrido
socorres	socorréis	has socorrido	habéis socorrido
socorre	socorren	ha socorrido	han socorrido

2 imperfecto de indicativo		9 pluscuamperfecto de indicativo	
socorría	socorríamos	había socorrido	habíamos socorrido
socorrías	socorríais	habías socorrido	habíais socorrido
socorría	socorrían	había socorrido	habían socorrido

3 pretérito		10 pretérito anterior	
socorrí	socorrimos	hube socorrido	hubimos socorrido
socorriste	socorristeis	hubiste socorrido	hubisteis socorrido
socorrió	socorrieron	hubo socorrido	hubieron socorrido

4 futuro		11 futuro perfecto	
socorreré	socorreremos	habré socorrido	habremos socorrido
socorrerás	socorreréis	habrás socorrido	habréis socorrido
socorrerá	socorrerán	habrá socorrido	habrán socorrido

5 potencial simple		12 potencial compuesto	
socorrería	socorreríamos	habría socorrido	habríamos socorrido
socorrerías	socorreríais	habrías socorrido	habríais socorrido
socorrería	socorrerían	habría socorrido	habrían socorrido

6 presente de subjuntivo		13 perfecto de subjuntivo	
socorra	socorramos	haya socorrido	hayamos socorrido
socorras	socorráis	hayas socorrido	hayáis socorrido
socorra	socorran	haya socorrido	hayan socorrido

7 imperfecto de subjuntivo		14 pluscuamperfecto de subjuntivo	
socorriera	socorriéramos	hubiera socorrido	hubiéramos socorrido
socorrieras	socorrierais	hubieras socorrido	hubierais socorrido
socorriera	socorrieran	hubiera socorrido	hubieran socorrido
OR		OR	
socorriese	socorriésemos	hubiese socorrido	hubiésemos socorrido
socorrieses	socorrieseis	hubieses socorrido	hubieseis socorrido
socorriese	socorriesen	hubiese socorrido	hubiesen socorrido

imperativo	
—	socorramos
socorre; no socorras	socorred; no socorráis
socorra	socorran

Words and expressions related to this verb

el socorro   help;   **¡Socorro! ¡Socorro!**   Help! Help!
un puesto de socorro   first-aid station

Consult the back pages for various sections on verb usage.

to choke, to smother, to suffocate, to stifle

The Seven Simple Tenses		The Seven Compound Tenses	
Singular	Plural	Singular	Plural
1 presente de indicativo		8 perfecto de indicativo	
sofoco	sofocamos	he sofocado	hemos sofocado
sofocas	sofocáis	has sofocado	habéis sofocado
sofoca	sofocan	ha sofocado	han sofocado
2 imperfecto de indicativo		9 pluscuamperfecto de indicativo	
sofocaba	sofocábamos	había sofocado	habíamos sofocado
sofocabas	sofocabais	habías sofocado	habíais sofocado
sofocaba	sofocaban	había sofocado	habían sofocado
3 pretérito		10 pretérito anterior	
sofoqué	sofocamos	hube sofocado	hubimos sofocado
sofocaste	sofocasteis	hubiste sofocado	hubisteis sofocado
sofocó	sofocaron	hubo sofocado	hubieron sofocado
4 futuro		11 futuro perfecto	
sofocaré	sofocaremos	habré sofocado	habremos sofocado
sofocarás	sofocaréis	habrás sofocado	habréis sofocado
sofocará	sofocarán	habrá sofocado	habrán sofocado
5 potencial simple		12 potencial compuesto	
sofocaría	sofocaríamos	habría sofocado	habríamos sofocado
sofocarías	sofocaríais	habrías sofocado	habríais sofocado
sofocaría	sofocarían	habría sofocado	habrían sofocado
6 presente de subjuntivo		13 perfecto de subjuntivo	
sofoque	sofoquemos	haya sofocado	hayamos sofocado
sofoques	sofoquéis	hayas sofocado	hayáis sofocado
sofoque	sofoquen	haya sofocado	hayan sofocado
7 imperfecto de subjuntivo		14 pluscuamperfecto de subjuntivo	
sofocara	sofocáramos	hubiera sofocado	hubiéramos sofocado
sofocaras	sofocarais	hubieras sofocado	hubierais sofocado
sofocara	sofocaran	hubiera sofocado	hubieran sofocado
OR		OR	
sofocase	sofocásemos	hubiese sofocado	hubiésemos sofocado
sofocases	sofocaseis	hubieses sofocado	hubieseis sofocado
sofocase	sofocasen	hubiese sofocado	hubiesen sofocado

imperativo

—	sofoquemos
sofoca; no sofoques	sofocad; no sofoquéis
sofoque	sofoquen

Words and expressions related to this verb

sofocarse   to get out of breath   **la sofocación**   suffocation, choking
sofocarse por   to get excited over   **sofocante**   suffocating, stifling

Consult the back pages for the section on verbs with prepositions.

The subject pronouns are found on the page facing page 1.   **441**

to be accustomed to, to be in the habit of, to have the custom of

The Seven Simple Tenses		The Seven Compound Tenses	
Singular	Plural	Singular	Plural
1 presente de indicativo		**8 perfecto de indicativo**	
suelo	**solemos**	**he solido**	**hemos solido**
sueles	**soléis**	**has solido**	**habéis solido**
suele	**suelen**	**ha solido**	**han solido**
2 imperfecto de indicativo			
solía	**solíamos**		
solías	**solíais**		
solía	**solían**		
6 presente de subjuntivo			
suela	**solamos**		
suelas	**soláis**		
suela	**suelan**		

This verb is defective and it is, therefore, used primarily in the tenses given above. When used, it is always followed by an infinitive.

Suelo acostarme a las diez. Mi hermanito suele acostarse a las ocho y mis padres suelen acostarse a las once. Durante las vacaciones del verano pasado, solía levantarme tarde.

Be sure to consult the sections on verbs used in idiomatic expressions, verbs with prepositions, and the list of over 1,000 verbs conjugated like model verbs in the back pages.

to sob, to whimper

The Seven Simple Tenses		The Seven Compound Tenses	
Singular	Plural	Singular	Plural

1 presente de indicativo		8 perfecto de indicativo	
sollozo	sollozamos	he sollozado	hemos sollozado
sollozas	sollozáis	has sollozado	habéis sollozado
solloza	sollozan	ha sollozado	han sollozado

2 imperfecto de indicativo		9 pluscuamperfecto de indicativo	
sollozaba	sollozábamos	había sollozado	habíamos sollozado
sollozabas	sollozabais	habías sollozado	habíais sollozado
sollozaba	sollozaban	había sollozado	habían sollozado

3 pretérito		10 pretérito anterior	
sollocé	sollozamos	hube sollozado	hubimos sollozado
sollozaste	sollozasteis	hubiste sollozado	hubisteis sollozado
sollozó	sollozaron	hubo sollozado	hubieron sollozado

4 futuro		11 futuro perfecto	
sollozaré	sollozaremos	habré sollozado	habremos sollozado
sollozarás	sollozaréis	habrás sollozado	habréis sollozado
sollozará	sollozarán	habrá sollozado	habrán sollozado

5 potencial simple		12 potencial compuesto	
sollozaría	sollozaríamos	habría sollozado	habríamos sollozado
sollozarías	sollozaríais	habrías sollozado	habríais sollozado
sollozaría	sollozarían	habría sollozado	habrían sollozado

6 presente de subjuntivo		13 perfecto de subjuntivo	
solloce	sollocemos	haya sollozado	hayamos sollozado
solloces	sollocéis	hayas sollozado	hayáis sollozado
solloce	sollocen	haya sollozado	hayan sollozado

7 imperfecto de subjuntivo		14 pluscuamperfecto de subjuntivo	
sollozara	sollozáramos	hubiera sollozado	hubiéramos sollozado
sollozaras	sollozarais	hubieras sollozado	hubierais sollozado
sollozara	sollozaran	hubiera sollozado	hubieran sollozado
OR		OR	
sollozase	sollozásemos	hubiese sollozado	hubiésemos sollozado
sollozases	sollozaseis	hubieses sollozado	hubieseis sollozado
sollozase	sollozasen	hubiese sollozado	hubiesen sollozado

	imperativo	
—	sollocemos	
solloza; no solloces	sollozad; no sollocéis	
solloce	sollocen	

Words related to this verb

un sollozo sob   **sollozante** sobbing

Be sure to consult the back pages for sections on verbs used in idiomatic expressions, verbs with prepositions, and the list of over 1,000 verbs conjugated like model verbs.

to subdue, to subject, to surrender, to submit

The Seven Simple Tenses		The Seven Compound Tenses	
Singular	Plural	Singular	Plural
1 presente de indicativo		**8 perfecto de indicativo**	
someto	sometemos	he sometido	hemos sometido
sometes	sometéis	has sometido	habéis sometido
somete	someten	ha sometido	han sometido
2 imperfecto de indicativo		**9 pluscuamperfecto de indicativo**	
sometía	sometíamos	había sometido	habíamos sometido
sometías	sometíais	habías sometido	habíais sometido
sometía	sometían	había sometido	habían sometido
3 pretérito		**10 pretérito anterior**	
sometí	sometimos	hube sometido	hubimos sometido
sometiste	sometisteis	hubiste sometido	hubisteis sometido
sometió	sometieron	hubo sometido	hubieron sometido
4 futuro		**11 futuro perfecto**	
someteré	someteremos	habré sometido	habremos sometido
someterás	someteréis	habrás sometido	habréis sometido
someterá	someterán	habrá sometido	habrán sometido
5 potencial simple		**12 potencial compuesto**	
sometería	someteríamos	habría sometido	habríamos sometido
someterías	someteríais	habrías sometido	habríais sometido
sometería	someterían	habría sometido	habrían sometido
6 presente de subjuntivo		**13 perfecto de subjuntivo**	
someta	sometamos	haya sometido	hayamos sometido
sometas	sometáis	hayas sometido	hayáis sometido
someta	sometan	haya sometido	hayan sometido
7 imperfecto de subjuntivo		**14 pluscuamperfecto de subjuntivo**	
sometiera	sometiéramos	hubiera sometido	hubiéramos sometido
sometieras	sometierais	hubieras sometido	hubierais sometido
sometiera	sometieran	hubiera sometido	hubieran sometido
OR		OR	
sometiese	sometiésemos	hubiese sometido	hubiésemos sometido
sometieses	sometieseis	hubieses sometido	hubieseis sometido
sometiese	sometiesen	hubiese sometido	hubiesen sometido

imperativo	
—	**sometamos**
somete; no sometas	**someted; no sometáis**
someta	**sometan**

Words and expressions related to this verb

someterse to surrender, to humble oneself   **el sometimiento** submission
sometido, sometida submissive, docile   **someter la renuncia** to resign

Consult the back pages for the list of over 1,000 verbs conjugated like model verbs.

to ring, to echo, to resound, to sound

The Seven Simple Tenses		The Seven Compound Tenses	
Singular	Plural	Singular	Plural
1 presente de indicativo		**8 perfecto de indicativo**	
sueno	sonamos	he sonado	hemos sonado
suenas	sonáis	has sonado	habéis sonado
suena	suenan	ha sonado	han sonado
2 imperfecto de indicativo		**9 pluscuamperfecto de indicativo**	
sonaba	sonábamos	había sonado	habíamos sonado
sonabas	sonabais	habías sonado	habíais sonado
sonaba	sonaban	había sonado	habían sonado
3 pretérito		**10 pretérito anterior**	
soné	sonamos	hube sonado	hubimos sonado
sonaste	sonasteis	hubiste sonado	hubisteis sonado
sonó	sonaron	hubo sonado	hubieron sonado
4 futuro		**11 futuro perfecto**	
sonaré	sonaremos	habré sonado	habremos sonado
sonarás	sonaréis	habrás sonado	habréis sonado
sonará	sonarán	habrá sonado	habrán sonado
5 potencial simple		**12 potencial compuesto**	
sonaría	sonaríamos	habría sonado	habríamos sonado
sonarías	sonaríais	habrías sonado	habríais sonado
sonaría	sonarían	habría sonado	habrían sonado
6 presente de subjuntivo		**13 perfecto de subjuntivo**	
suene	sonemos	haya sonado	hayamos sonado
suenes	sonéis	hayas sonado	hayáis sonado
suene	suenen	haya sonado	hayan sonado
7 imperfecto de subjuntivo		**14 pluscuamperfecto de subjuntivo**	
sonara	sonáramos	hubiera sonado	hubiéramos sonado
sonaras	sonarais	hubieras sonado	hubierais sonado
sonara	sonaran	hubiera sonado	hubieran sonado
OR		OR	
sonase	sonásemos	hubiese sonado	hubiésemos sonado
sonases	sonaseis	hubieses sonado	hubieseis sonado
sonase	sonasen	hubiese sonado	hubiesen sonado

imperativo

—	sonemos
suena; no suenes	sonad; no sonéis
suene	suenen

Words and expressions related to this verb

sonar a   to seem like
sonarse   to blow one's nose
sonante   sonant, sonorous, sounding

una sonata   sonata
una sonatina   sonatina

The subject pronouns are found on the page facing page 1.   **445**

to smile

The Seven Simple Tenses		The Seven Compound Tenses	
Singular	Plural	Singular	Plural
1 presente de indicativo		8 perfecto de indicativo	
sonrío	sonreímos	he sonreído	hemos sonreído
sonríes	sonreís	has sonreído	habéis sonreído
sonríe	sonríen	ha sonreído	han sonreído
2 imperfecto de indicativo		9 pluscuamperfecto de indicativo	
sonreía	sonreíamos	había sonreído	habíamos sonreído
sonreías	sonreíais	habías sonreído	habíais sonreído
sonreía	sonreían	había sonreído	habían sonreído
3 pretérito		10 pretérito anterior	
sonreí	sonreímos	hube sonreído	hubimos sonreído
sonreíste	sonreísteis	hubiste sonreído	hubisteis sonreído
sonrió	sonrieron	hubo sonreído	hubieron sonreído
4 futuro		11 futuro perfecto	
sonreiré	sonreiremos	habré sonreído	habremos sonreído
sonreirás	sonreiréis	habrás sonreído	habréis sonreído
sonreirá	sonreirán	habrá sonreído	habrán sonreído
5 potencial simple		12 potencial compuesto	
sonreiría	sonreiríamos	habría sonreído	habríamos sonreído
sonreirías	sonreiríais	habrías sonreído	habríais sonreído
sonreiría	sonreirían	habría sonreído	habrían sonreído
6 presente de subjuntivo		13 perfecto de subjuntivo	
sonría	sonriamos	haya sonreído	hayamos sonreído
sonrías	sonriáis	hayas sonreído	hayáis sonreído
sonría	sonrían	haya sonreído	hayan sonreído
7 imperfecto de subjuntivo		14 pluscuamperfecto de subjuntivo	
sonriera	sonriéramos	hubiera sonreído	hubiéramos sonreído
sonrieras	sonrierais	hubieras sonreído	hubierais sonreído
sonriera	sonrieran	hubiera sonreído	hubieran sonreído
OR		OR	
sonriese	sonriésemos	hubiese sonreído	hubiésemos sonreído
sonrieses	sonrieseis	hubieses sonreído	hubieseis sonreído
sonriese	sonriesen	hubiese sonreído	hubiesen sonreído

	imperativo	
—	sonriamos
sonríe; no sonrías	sonreíd; no sonriáis
sonría	sonrían

Words related to this verb

la sonrisa, el sonriso smile   **un, una sonriente** smiling person

For additional words and expressions related to this verb, see **reír.**

The Seven Simple Tenses		The Seven Compound Tenses	
Singular	Plural	Singular	Plural

1   presente de indicativo

		8 perfecto de indicativo	
sueño	soñamos	he soñado	hemos soñado
sueñas	soñáis	has soñado	habéis soñado
sueña	sueñan	ha soñado	han soñado

2   imperfecto de indicativo / **9   pluscuamperfecto de indicativo**

soñaba	soñábamos	había soñado	habíamos soñado
soñabas	soñabais	habías soñado	habíais soñado
soñaba	soñaban	había soñado	habían soñado

3   pretérito / **10   pretérito anterior**

soñé	soñamos	hube soñado	hubimos soñado
soñaste	soñasteis	hubiste soñado	hubisteis soñado
soñó	soñaron	hubo soñado	hubieron soñado

4   futuro / **11   futuro perfecto**

soñaré	soñaremos	habré soñado	habremos soñado
soñarás	soñaréis	habrás soñado	habréis soñado
soñará	soñarán	habrá soñado	habrán soñado

5   potencial simple / **12   potencial compuesto**

soñaría	soñaríamos	habría soñado	habríamos soñado
soñarías	soñaríais	habrías soñado	habríais soñado
soñaría	soñarían	habría soñado	habrían soñado

6   presente de subjuntivo / **13   perfecto de subjuntivo**

sueñe	soñemos	haya soñado	hayamos soñado
sueñes	soñéis	hayas soñado	hayáis soñado
sueñe	sueñen	haya soñado	hayan soñado

7   imperfecto de subjuntivo / **14   pluscuamperfecto de subjuntivo**

soñara	soñáramos	hubiera soñado	hubiéramos soñado
soñaras	soñarais	hubieras soñado	hubierais soñado
soñara	soñaran	hubiera soñado	hubieran soñado
OR		OR	
soñase	soñásemos	hubiese soñado	hubiésemos soñado
soñases	soñaseis	hubieses soñado	hubieseis soñado
soñase	soñasen	hubiese soñado	hubiesen soñado

imperativo

—	soñemos
sueña; no sueñes	soñad; no soñéis
sueñe	sueñen

Words and expressions related to this verb

soñar con, soñar en   to dream of
soñar despierto   to daydream
soñador, soñadora   dreamer
el sueño   sleep, dream
tener sueño   to be sleepy
un sueño hecho realidad   a dream come true
sueño pesado   sound sleep
echar un sueño   to take a nap

to blow, to blow out

The Seven Simple Tenses		The Seven Compound Tenses	
Singular	Plural	Singular	Plural

1   presente de indicativo

		8 perfecto de indicativo	
soplo	soplamos	he soplado	hemos soplado
soplas	sopláis	has soplado	habéis soplado
sopla	soplan	ha soplado	han soplado

2   imperfecto de indicativo

9   pluscuamperfecto de indicativo

soplaba	soplábamos	había soplado	habíamos soplado
soplabas	soplabais	habías soplado	habíais soplado
soplaba	soplaban	había soplado	habían soplado

3   pretérito

10   pretérito anterior

soplé	soplamos	hube soplado	hubimos soplado
soplaste	soplasteis	hubiste soplado	hubisteis soplado
sopló	soplaron	hubo soplado	hubieron soplado

4   futuro

11   futuro perfecto

soplaré	soplaremos	habré soplado	habremos soplado
soplarás	soplaréis	habrás soplado	habréis soplado
soplará	soplarán	habrá soplado	habrán soplado

5   potencial simple

12   potencial compuesto

soplaría	soplaríamos	habría soplado	habríamos soplado
soplarías	soplaríais	habrías soplado	habríais soplado
soplaría	soplarían	habría soplado	habrían soplado

6   presente de subjuntivo

13   perfecto de subjuntivo

sople	soplemos	haya soplado	hayamos soplado
soples	sopléis	hayas soplado	hayáis soplado
sople	soplen	haya soplado	hayan soplado

7   imperfecto de subjuntivo

14   pluscuamperfecto de subjuntivo

soplara	sopláramos	hubiera soplado	hubiéramos soplado
soplaras	soplarais	hubieras soplado	hubierais soplado
soplara	soplaran	hubiera soplado	hubieran soplado
OR		OR	
soplase	soplásemos	hubiese soplado	hubiésemos soplado
soplases	soplaseis	hubieses soplado	hubieseis soplado
soplase	soplasen	hubiese soplado	hubiesen soplado

imperativo

—	soplemos
sopla; no soples	**soplad; no sopléis**
sople	**soplen**

Words and expressions related to this verb

un soplamocos a punch in the nose
una sopladura air hole
un soplón, una soplona tattletale

un soplete atomizador paint sprayer
un soplo puff;   **en un soplo** in a jiffy

to surprise, to astonish

The Seven Simple Tenses		The Seven Compound Tenses	
Singular	Plural	Singular	Plural

1   presente de indicativo

sorprendo	**sorprendemos**		
sorprendes	**sorprendéis**		
sorprende	**sorprenden**		

8   perfecto de indicativo

he sorprendido	**hemos sorprendido**		
has sorprendido	**habéis sorprendido**		
ha sorprendido	**han sorprendido**		

2   imperfecto de indicativo

sorprendía	**sorprendíamos**
sorprendías	**sorprendíais**
sorprendía	**sorprendían**

9   pluscuamperfecto de indicativo

había sorprendido	**habíamos sorprendido**
habías sorprendido	**habíais sorprendido**
había sorprendido	**habían sorprendido**

3   pretérito

sorprendí	**sorprendimos**
sorprendiste	**sorprendisteis**
sorprendió	**sorprendieron**

10   pretérito anterior

hube sorprendido	**hubimos sorprendido**
hubiste sorprendido	**hubisteis sorprendido**
hubo sorprendido	**hubieron sorprendido**

4   futuro

sorprenderé	**sorprenderemos**
sorprenderás	**sorprenderéis**
sorprenderá	**sorprenderán**

11   futuro perfecto

habré sorprendido	**habremos sorprendido**
habrás sorprendido	**habréis sorprendido**
habrá sorprendido	**habrán sorprendido**

5   potencial simple

sorprendería	**sorprenderíamos**
sorprenderías	**sorprenderíais**
sorprendería	**sorprenderían**

12   potencial compuesto

habría sorprendido	**habríamos sorprendido**
habrías sorprendido	**habríais sorprendido**
habría sorprendido	**habrían sorprendido**

6   presente de subjuntivo

sorprenda	**sorprendamos**
sorprendas	**sorprendáis**
sorprenda	**sorprendan**

13   perfecto de subjuntivo

haya sorprendido	**hayamos sorprendido**
hayas sorprendido	**hayáis sorprendido**
haya sorprendido	**hayan sorprendido**

7   imperfecto de subjuntivo

sorprendiera	**sorprendiéramos**
sorprendieras	**sorprendierais**
sorprendiera	**sorprendieran**
OR	
sorprendiese	**sorprendiésemos**
sorprendieses	**sorprendieseis**
sorprendiese	**sorprendiesen**

14   pluscuamperfecto de subjuntivo

hubiera sorprendido	**hubiéramos sorprendido**
hubieras sorprendido	**hubierais sorprendido**
hubiera sorprendido	**hubieran sorprendido**
OR	
hubiese sorprendido	**hubiésemos sorprendido**
hubieses sorprendido	**hubieseis sorprendido**
hubiese sorprendido	**hubiesen sorprendido**

imperativo

—	**sorprendamos**
sorprende; no sorprendas	**sorprended; no sorprendáis**
sorprenda	**sorprendan**

Words and expressions related to this verb

sorprender en el hecho   to catch in the act
una sorpresa   surprise

coger de sorpresa   to take by surprise
sorprendente   surprising

to subscribe, to agree to, to sign

The Seven Simple Tenses		The Seven Compound Tenses	
Singular	Plural	Singular	Plural
1 presente de indicativo		**8 perfecto de indicativo**	
subscribo	subscribimos	he subscrito	hemos subscrito
subscribes	subscribís	has subscrito	habéis subscrito
subscribe	subscriben	ha subscrito	han subscrito
2 imperfecto de indicativo		**9 pluscuamperfecto de indicativo**	
subscribía	subscribíamos	había subscrito	habíamos subscrito
subscribías	subscribíais	habías subscrito	habíais subscrito
subscribía	subscribían	había subscrito	habían subscrito
3 pretérito		**10 pretérito anterior**	
subscribí	subscribimos	hube subscrito	hubimos subscrito
subscribiste	subscibisteis	hubiste subscrito	hubisteis subscrito
subscribió	subscribieron	hubo subscrito	hubieron subscrito
4 futuro		**11 futuro perfecto**	
subscribiré	subscribiremos	habré subscrito	habremos subscrito
subscribirás	subscribiréis	habrás subscrito	habréis subscrito
subscribirá	subscribirán	habrá subscrito	habrán subscrito
5 potencial simple		**12 potencial compuesto**	
subscribiría	subscribiríamos	habría subscrito	habríamos subscrito
subscribirías	subscribiríais	habrías subscrito	habríais subscrito
subscribiría	subscribirían	habría subscrito	habrían subscrito
6 presente de subjuntivo		**13 perfecto de subjuntivo**	
subscriba	subscribamos	haya subscrito	hayamos subscrito
subscribas	subscribáis	hayas subscrito	hayáis subscrito
subscriba	subscriban	haya subscrito	hayan subscrito
7 imperfecto de subjuntivo		**14 pluscuamperfecto de subjuntivo**	
subscribiera	subscribiéramos	hubiera subscrito	hubiéramos subscrito
subscribieras	subscribierais	hubieras subscrito	hubierais subscrito
subscribiera	subscribieran	hubiera subscrito	hubieran subscrito
OR		OR	
subscribiese	subscribiésemos	hubiese subscrito	hubiésemos subscrito
subscribieses	subscribieseis	hubieses subscrito	hubieseis subscrito
subscribiese	subscribiesen	hubiese subscrito	hubiesen subscrito

imperativo

—	subscribamos
subscribe; no subscribas	subscribid; no subscribáis
subscriba	subscriban

Words and expressions related to this verb

subscribirse a to subscribe to (a magazine, etc.)
la subscripción subscription
subscrito, subscrita subscribed, signed

For other words and expressions related to this verb, see **escribir.**

to happen

The Seven Simple Tenses

Singular	Plural
1 presente de indicativo	
sucede	**suceden**
2 imperfecto de indicativo	
sucedía	**sucedían**
3 pretérito	
sucedió	**sucedieron**
4 futuro	
sucederá	**sucederán**
5 potencial simple	
sucedería	**sucederían**
6 presente de subjuntivo	
suceda	**sucedan**
7 imperfecto de subjuntivo	
sucediera	**sucedieran**
OR	
sucediese	**sucediesen**

The Seven Compound Tenses

Singular	Plural
8 perfecto de indicativo	
ha sucedido	**han sucedido**
9 pluscuamperfecto de indicativo	
había sucedido	**habían sucedido**
10 pretérito anterior	
hubo sucedido	**hubieron sucedido**
11 futuro perfecto	
habrá sucedido	**habrán sucedido**
12 potencial compuesto	
habría sucedido	**habrían sucedido**
13 perfecto de subjuntivo	
haya sucedido	**hayan sucedido**
14 pluscuamperfecto de subjuntivo	
hubiera sucedido	**hubieran sucedido**
OR	
hubiese sucedido	**hubiesen sucedido**

imperativo

¡Que suceda!   **¡Que sucedan!**
Let it happen!   Let them happen!

Words and expressions related to this verb

suceder a   to succeed to (a high position, etc.)   **un sucedido**   event, happening
suceder con   to happen to   **sucediente**   succeeding, following

Suceda lo que sucediere.   Come what may.
The verb form **sucediere** is the future subjunctive. For the formation and use of the future subjunctive, see p. xxxvii.

The subject pronouns are found on the page facing page 1.   **455**

to suffer, to endure, to bear up, to undergo

The Seven Simple Tenses		The Seven Compound Tenses	
Singular	Plural	Singular	Plural
1 presente de indicativo		**8 perfecto de indicativo**	
sufro	sufrimos	he sufrido	hemos sufrido
sufres	sufrís	has sufrido	habéis sufrido
sufre	sufren	ha sufrido	han sufrido
2 imperfecto de indicativo		**9 pluscuamperfecto de indicativo**	
sufría	sufríamos	había sufrido	habíamos sufrido
sufrías	sufríais	habías sufrido	habíais sufrido
sufría	sufrían	había sufrido	habían sufrido
3 pretérito		**10 pretérito anterior**	
sufrí	sufrimos	hube sufrido	hubimos sufrido
sufriste	sufristeis	hubiste sufrido	hubisteis sufrido
sufrió	sufrieron	hubo sufrido	hubieron sufrido
4 futuro		**11 futuro perfecto**	
sufriré	sufriremos	habré sufrido	habremos sufrido
sufrirás	sufriréis	habrás sufrido	habréis sufrido
sufrirá	sufrirán	habrá sufrido	habrán sufrido
5 potencial simple		**12 potencial compuesto**	
sufriría	sufriríamos	habría sufrido	habríamos sufrido
sufrirías	sufriríais	habrías sufrido	habríais sufrido
sufriría	sufrirían	habría sufrido	habrían sufrido
6 presente de subjuntivo		**13 perfecto de subjuntivo**	
sufra	suframos	haya sufrido	hayamos sufrido
sufras	sufráis	hayas sufrido	hayáis sufrido
sufra	sufran	haya sufrido	hayan sufrido
7 imperfecto de subjuntivo		**14 pluscuamperfecto de subjuntivo**	
sufriera	sufriéramos	hubiera sufrido	hubiéramos sufrido
sufrieras	sufrierais	hubieras sufrido	hubierais sufrido
sufriera	sufrieran	hubiera sufrido	hubieran sufrido
OR		OR	
sufriese	sufriésemos	hubiese sufrido	hubiésemos sufrido
sufrieses	sufrieseis	hubieses sufrido	hubieseis sufrido
sufriese	sufriesen	hubiese sufrido	hubiesen sufrido

imperativo	
—	suframos
sufre; no sufras	sufrid; no sufráis
sufra	sufran

Words and expressions related to this verb

el sufrimiento suffering
sufrible sufferable
insufrible insufferable

sufrir una multa to be given a fine
sufrir un accidente to have an accident
sufrir una pérdida to suffer a loss

Consult the back pages for the list of over 1,000 verbs conjugated like model verbs.

to hint, to insinuate, to suggest

The Seven Simple Tenses		The Seven Compound Tenses	
Singular	Plural	Singular	Plural

1 presente de indicativo		8 perfecto de indicativo	
sugiero	**sugerimos**	**he sugerido**	**hemos sugerido**
sugieres	**sugerís**	**has sugerido**	**habéis sugerido**
sugiere	**sugieren**	**ha sugerido**	**han sugerido**

2 imperfecto de indicativo		9 pluscuamperfecto de indicativo	
sugería	**sugeríamos**	**había sugerido**	**habíamos sugerido**
sugerías	**sugeríais**	**habías sugerido**	**habíais sugerido**
sugería	**sugerían**	**había sugerido**	**habían sugerido**

3 pretérito		10 pretérito anterior	
sugerí	**sugerimos**	**hube sugerido**	**hubimos sugerido**
sugeriste	**sugeristeis**	**hubiste sugerido**	**hubisteis sugerido**
sugirió	**sugirieron**	**hubo sugerido**	**hubieron sugerido**

4 futuro		11 futuro perfecto	
sugeriré	**sugeriremos**	**habré sugerido**	**habremos sugerido**
sugerirás	**sugeriréis**	**habrás sugerido**	**habréis sugerido**
sugerirá	**sugerirán**	**habrá sugerido**	**habran sugerido**

5 potencial simple		12 potencial compuesto	
sugeriría	**sugeriríamos**	**habría sugerido**	**habríamos sugerido**
sugerirías	**sugeriríais**	**habrías sugerido**	**habríais sugerido**
sugeriría	**sugerirían**	**habría sugerido**	**habrían sugerido**

6 presente de subjuntivo		13 perfecto de subjuntivo	
sugiera	**sugiramos**	**haya sugerido**	**hayamos sugerido**
sugieras	**sugiráis**	**hayas sugerido**	**hayáis sugerido**
sugiera	**sugieran**	**haya sugerido**	**hayan sugerido**

7 imperfecto de subjuntivo		14 pluscuamperfecto de subjuntivo	
sugiriera	**sugiriéramos**	**hubiera sugerido**	**hubiéramos sugerido**
sugirieras	**sugirierais**	**hubieras sugerido**	**hubierais sugerido**
sugiriera	**sugirieran**	**hubiera sugerido**	**hubieran sugerido**
OR		OR	
sugiriese	**sugiriésemos**	**hubiese sugerido**	**hubiésemos sugerido**
sugirieses	**sugirieseis**	**hubieses sugerido**	**hubieseis sugerido**
sugiriese	**sugiriesen**	**hubiese sugerido**	**hubiesen sugerido**

imperativo

—	**sugiramos**
sugiere; no sugieras	**sugerid; no sugiráis**
sugiera	**sugieran**

Words related to this verb

una sugestión, una sugerencia suggestion
la sugestibilidad suggestibility

sugestivo, sugestiva suggestive
sugerente suggestive

Consult the back pages for the section on verbs used with prepositions.

suprimir   Gerundio **suprimiendo**   Part. pas. **suprimido (supreso**, *as an adj.*)

to suppress, to abolish, to cancel (in mathematics), to eliminate

The Seven Simple Tenses		The Seven Compound Tenses	
Singular	Plural	Singular	Plural
1 presente de indicativo		**8 perfecto de indicativo**	
suprimo	suprimimos	he suprimido	hemos suprimido
suprimes	suprimís	has suprimido	habéis suprimido
suprime	suprimen	ha suprimido	han suprimido
2 imperfecto de indicativo		**9 pluscuamperfecto de indicativo**	
suprimía	suprimíamos	había suprimido	habíamos suprimido
suprimías	suprimíais	habías suprimido	habíais suprimido
suprimía	suprimían	había suprimido	habían suprimido
3 pretérito		**10 pretérito anterior**	
suprimí	suprimimos	hube suprimido	hubimos suprimido
suprimiste	suprimisteis	hubiste suprimido	hubisteis suprimido
suprimió	suprimieron	hubo suprimido	hubieron suprimido
4 futuro		**11 futuro perfecto**	
suprimiré	suprimiremos	habré suprimido	habremos suprimido
suprimirás	suprimiréis	habrás suprimido	habréis suprimido
suprimirá	suprimirán	habrá suprimido	habrán suprimido
5 potencial simple		**12 potencial compuesto**	
suprimiría	suprimiríamos	habría suprimido	habríamos suprimido
suprimirías	suprimiríais	habrías suprimido	habríais suprimido
suprimiría	suprimirían	habría suprimido	habrían suprimido
6 presente de subjuntivo		**13 perfecto de subjuntivo**	
suprima	suprimamos	haya suprimido	hayamos suprimido
suprimas	suprimáis	hayas suprimido	hayáis suprimido
suprima	supriman	haya suprimido	hayan suprimido
7 imperfecto de subjuntivo		**14 pluscuamperfecto de subjuntivo**	
suprimiera	suprimiéramos	hubiera suprimido	hubiéramos suprimido
suprimieras	suprimierais	hubieras suprimido	hubierais suprimido
suprimiera	suprimieran	hubiera suprimido	hubieran suprimido
OR		OR	
suprimiese	suprimiésemos	hubiese suprimido	hubiésemos suprimido
suprimieses	suprimieseis	hubieses suprimido	hubieseis suprimido
suprimiese	suprimiesen	hubiese suprimido	hubiesen suprimido

	imperativo	
—	suprimamos
suprime; no suprimas	suprimid; no suprimáis
suprima	supriman

Words related to this verb

la supresión suppression
suprimido, suprimida suppresssed

suprimible suppressible
supreso, supresa suppressed

Consult the back pages for the list of over 1,000 verbs conjugated like model verbs.

to surge, to appear, to spout, to spurt

The Seven Simple Tenses		The Seven Compound Tenses	
Singular	Plural	Singular	Plural

1 presente de indicativo		8 perfecto de indicativo	
surjo	**surgimos**	**he surgido**	**hemos surgido**
surges	**surgís**	**has surgido**	**habéis surgido**
surge	**surgen**	**ha surgido**	**han surgido**

2 imperfecto de indicativo		9 pluscuamperfecto de indicativo	
surgía	**surgíamos**	**había surgido**	**habíamos surgido**
surgías	**surgíais**	**habías surgido**	**habíais surgido**
surgía	**surgían**	**había surgido**	**habían surgido**

3 pretérito		10 pretérito anterior	
surgí	**surgimos**	**hube surgido**	**hubimos surgido**
surgiste	**surgisteis**	**hubiste surgido**	**hubisteis surgido**
surgió	**surgieron**	**hubo surgido**	**hubieron surgido**

4 futuro		11 futuro perfecto	
surgiré	**surgiremos**	**habré surgido**	**habremos surgido**
surgirás	**surgiréis**	**habrás surgido**	**habréis surgido**
surgirá	**surgirán**	**habrá surgido**	**habrán surgido**

5 potencial simple		12 potencial compuesto	
surgiría	**surgiríamos**	**habría surgido**	**habríamos surgido**
surgirías	**surgiríais**	**habrías surgido**	**habríais surgido**
surgiría	**surgirían**	**habría surgido**	**habrían surgido**

6 presente de subjuntivo		13 perfecto de subjuntivo	
surja	**surjamos**	**haya surgido**	**hayamos surgido**
surjas	**surjáis**	**hayas surgido**	**hayáis surgido**
surja	**surjan**	**haya surgido**	**hayan surgido**

7 imperfecto de subjuntivo		14 pluscuamperfecto de subjuntivo	
surgiera	**surgiéramos**	**hubiera surgido**	**hubiéramos surgido**
surgieras	**surgierais**	**hubieras surgido**	**hubierais surgido**
surgiera	**surgieran**	**hubiera surgido**	**hubieran surgido**
OR		OR	
surgiese	**surgiésemos**	**hubiese surgido**	**hubiésemos surgido**
surgieses	**surgieseis**	**hubieses surgido**	**hubieseis surgido**
surgiese	**surgiesen**	**hubiese surgido**	**hubiesen surgido**

imperativo

—	**surjamos**
surge; no surjas	**surgid; no surjáis**
surja	**surjan**

Words related to this verb

surgente   surging, salient   **urgir**   to be urgent
urgente   urgent   **urgentemente**   urgently

Be sure to consult the back pages for sections on verbs used in idiomatic expressions, verbs with prepositions, and the list of over 1,000 verbs conjugated like model verbs.

to sigh

The Seven Simple Tenses		The Seven Compound Tenses	
Singular	Plural	Singular	Plural

1 presente de indicativo		8 perfecto de indicativo	
suspiro	suspiramos	he suspirado	hemos suspirado
suspiras	suspiráis	has suspirado	habéis suspirado
suspira	suspiran	ha suspirado	han suspirado

2 imperfecto de indicativo		9 pluscuamperfecto de indicativo	
suspiraba	suspirábamos	había suspirado	habíamos suspirado
suspirabas	suspirabais	habías suspirado	habíais suspirado
suspiraba	suspiraban	había suspirado	habían suspirado

3 pretérito		10 pretérito anterior	
suspiré	suspiramos	hube suspirado	hubimos suspirado
suspiraste	suspirasteis	hubiste suspirado	hubisteis suspirado
suspiró	suspiraron	hubo suspirado	hubieron suspirado

4 futuro		11 futuro perfecto	
suspiraré	suspiraremos	habré suspirado	habremos suspirado
suspirarás	suspiraréis	habrás suspirado	habréis suspirado
suspirará	suspirarán	habrá suspirado	habrán suspirado

5 potencial simple		12 potencial compuesto	
suspiraría	suspiraríamos	habría suspirado	habríamos suspirado
suspirarías	suspiraríais	habrías suspirado	habríais suspirado
suspiraría	suspirarían	habría suspirado	habrían suspirado

6 presente de subjuntivo		13 perfecto de subjuntivo	
suspire	suspiremos	haya suspirado	hayamos suspirado
suspires	suspiréis	hayas suspirado	hayáis suspirado
suspire	suspiren	haya suspirado	hayan suspirado

7 imperfecto de subjuntivo		14 pluscuamperfecto de subjuntivo	
suspirara	suspiráramos	hubiera suspirado	hubiéramos suspirado
suspiraras	suspirarais	hubieras suspirado	hubierais suspirado
suspirara	suspiraran	hubiera suspirado	hubieran suspirado
OR		OR	
suspirase	suspirásemos	hubiese suspirado	hubiésemos suspirado
suspirases	suspiraseis	hubieses suspirado	hubieseis suspirado
suspirase	suspirasen	hubiese suspirado	hubiesen suspirado

imperativo

—	suspiremos
suspira; no suspires	suspirad; no suspiréis
suspire	suspiren

Words and expressions related to this verb

suspirar por   to long for
el suspiro   sigh, breath; **exhalar el último suspiro**   to breathe one's last breath

Consult the back pages for the section on verbs with prepositions.

to pluck, to play (a stringed musical instrument)

The Seven Simple Tenses		The Seven Compound Tenses	
Singular	Plural	Singular	Plural

1   presente de indicativo

taño	tañemos
tañes	tañéis
tañe	tañen

8   perfecto de indicativo

he tañido	hemos tañido
has tañido	habéis tañido
ha tañido	han tañido

2   imperfecto de indicativo

tañía	tañíamos
tañías	tañíais
tañía	tañían

9   pluscuamperfecto de indicativo

había tañido	habíamos tañido
habías tañido	habíais tañido
había tañido	habían tañido

3   pretérito

tañí	tañimos
tañiste	tañisteis
tañó	tañeron

10   pretérito anterior

hube tañido	hubimos tañido
hubiste tañido	hubisteis tañido
hubo tañido	hubieron tañido

4   futuro

tañeré	tañeremos
tañerás	tañeréis
tañerá	tañerán

11   futuro perfecto

habré tañido	habremos tañido
habrás tañido	habréis tañido
habrá tañido	habrán tañido

5   potencial simple

tañería	tañeríamos
tañerías	tañeríais
tañería	tañerían

12   potencial compuesto

habría tañido	habríamos tañido
habrías tañido	habríais tañido
habría tañido	habrían tañido

6   presente de subjuntivo

taña	tañamos
tañas	tañáis
taña	tañan

13   perfecto de subjuntivo

haya tañido	hayamos tañido
hayas tañido	hayáis tañido
haya tañido	hayan tañido

7   imperfecto de subjuntivo

tañera	tañéramos
tañeras	tañerais
tañera	tañeran
OR	
tañese	tañésemos
tañeses	tañeseis
tañese	tañesen

14   pluscuamperfecto de subjuntivo

hubiera tañido	hubiéramos tañido
hubieras tañido	hubierais tañido
hubiera tañido	hubieran tañido
OR	
hubiese tañido	hubiésemos tañido
hubieses tañido	hubieseis tañido
hubiese tañido	hubiesen tañido

imperativo

—	tañamos
tañe; no tañas	tañed; no tañáis
taña	tañan

Words related to this verb

el tañido   sound, tone; twang of a stringed musical instrument; **el tañimiento**   plucking, strumming of a stringed musical instument

Be sure to consult the back pages for sections on verbs used in idiomatic expressions, verbs with prepositions, and the list of over 1,000 verbs conjugated like model verbs.

to telephone

The Seven Simple Tenses		The Seven Compound Tenses	
Singular	Plural	Singular	Plural

1 presente de indicativo		8 perfecto de indicativo	
telefoneo	telefoneamos	he telefoneado	hemos telefoneado
telefoneas	telefoneáis	has telefoneado	habéis telefoneado
telefonea	telefonean	ha telefoneado	han telefoneado

2 imperfecto de indicativo		9 pluscuamperfecto de indicativo	
telefoneaba	telefoneábamos	había telefoneado	habíamos telefoneado
telefoneabas	telefoneabais	habías telefoneado	habíais telefoneado
telefoneaba	telefoneaban	había telefoneado	habían telefoneado

3 pretérito		10 pretérito anterior	
telefoneé	telefoneamos	hube telefoneado	hubimos telefoneado
telefoneaste	telefoneasteis	hubiste telefoneado	hubisteis telefoneado
telefoneó	telefonearon	hubo telefoneado	hubieron telefoneado

4 futuro		11 futuro perfecto	
telefonearé	telefonearemos	habré telefoneado	habremos telefoneado
telefonearás	telefonearéis	habrás telefoneado	habréis telefoneado
telefoneará	telefonearán	habrá telefoneado	habrán telefoneado

5 potencial simple		12 potencial compuesto	
telefonearía	telefonearíamos	habría telefoneado	habríamos telefoneado
telefonearías	telefonearíais	habrías telefoneado	habríais telefoneado
telefonearía	telefonearían	habría telefoneado	habrían telefoneado

6 presente de subjuntivo		13 perfecto de subjuntivo	
telefonee	telefoneemos	haya telefoneado	hayamos telefoneado
telefonees	telefoneéis	hayas telefoneado	hayáis telefoneado
telefonee	telefoneen	haya telefoneado	hayan telefoneado

7 imperfecto de subjuntivo		14 pluscuamperfecto de subjuntivo	
telefoneara	telefoneáramos	hubiera telefoneado	hubiéramos telefoneado
telefonearas	telefonearais	hubieras telefoneado	hubierais telefoneado
telefoneara	telefonearan	hubiera telefoneado	hubieran telefoneado
OR		OR	
telefonease	telefoneásemos	hubiese telefoneado	hubiésemos telefoneado
telefoneases	telefoneaseis	hubieses telefoneado	hubieseis telefoneado
telefonease	telefoneasen	hubiese telefoneado	hubiesen telefoneado

	imperativo	
—	telefoneemos
telefonea; no telefonees	telefonead; no telefoneéis
telefonee	telefoneen

Words and expressions related to this verb

el teléfono telephone
telefonista telephone operator
telefónico, telefónica telephonic
marcar el número de teléfono to dial a telephone number

la guía telefónica telephone book
la cabina telefónica telephone booth
el número de teléfono telephone number
por teléfono by telephone

to telegraph, to cable

The Seven Simple Tenses		The Seven Compound Tenses	
Singular	Plural	Singular	Plural

1   presente de indicativo

		8 perfecto de indicativo	
telegrafío	telegrafiamos	he telegrafiado	hemos telegrafiado
telegrafías	telegrafiáis	has telegrafiado	habéis telegrafiado
telegrafía	telegrafían	ha telegrafiado	han telegrafiado

2   imperfecto de indicativo

		9 pluscuamperfecto de indicativo	
telegrafiaba	telegrafiábamos	había telegrafiado	habíamos telegrafiado
telegrafiabas	telegrafiabais	habías telegrafiado	habíais telegrafiado
telegrafiaba	telegrafiaban	había telegrafiado	habían telegrafiado

3   pretérito

		10 pretérito anterior	
telegrafié	telegrafiamos	hube telegrafiado	hubimos telegrafiado
telegrafiaste	telegrafiasteis	hubiste telegrafiado	hubisteis telegrafiado
telegrafió	telegrafiaron	hubo telegrafiado	hubieron telegrafiado

4   futuro

		11 futuro perfecto	
telegrafiaré	telegrafiaremos	habré telegrafiado	habremos telegrafiado
telegrafiarás	telegrafiaréis	habrás telegrafiado	habréis telegrafiado
telegrafiará	telegrafiarán	habrá telegrafiado	habrán telegrafiado

5   potencial simple

		12 potencial compuesto	
telegrafiaría	telegrafiaríamos	habría telegrafiado	habríamos telegrafiado
telegrafiarías	telegrafiaríais	habrías telegrafiado	habríais telegrafiado
telegrafiaría	telegrafiarían	habría telegrafiado	habrían telegrafiado

6   presente de subjuntivo

		13 perfecto de subjuntivo	
telegrafíe	telegrafiemos	haya telegrafiado	hayamos telegrafiado
telegrafíes	telegrafiéis	hayas telegrafiado	hayáis telegrafiado
telegrafíe	telegrafíen	haya telegrafiado	hayan telegrafiado

7   imperfecto de subjuntivo

		14 pluscuamperfecto de subjuntivo	
telegrafiara	telegrafiáramos	hubiera telegrafiado	hubiéramos telegrafiado
telegrafiaras	telegrafiarais	hubieras telegrafiado	hubierais telegrafiado
telegrafiara	telegrafiaran	hubiera telegrafiado	hubieran telegrafiado
OR		OR	
telegrafiase	telegrafiásemos	hubiese telegrafiado	hubiésemos telegrafiado
telegrafiases	telegrafiaseis	hubieses telegrafiado	hubieseis telegrafiado
telegrafiase	telegrafiasen	hubiese telegrafiado	hubiesen telegrafiado

imperativo

—	**telegrafiemos**
telegrafía; no telegrafíes	**telegrafiad; no telegrafiéis**
telegrafíe	**telegrafíen**

Words and expressions related to this verb

el telégrafo   telegraph
el telegrama   telegram, cablegram
telegrafista   telegraph operator

la telegrafía   telegraphy
el telégrafo sin hilos   wireless telegraph

temblar

Gerundio **temblando**   Part. pas. **temblado**

to tremble, to quake, to quiver, to shake, to shiver

The Seven Simple Tenses		The Seven Compound Tenses	
Singular	Plural	Singular	Plural
1 presente de indicativo		**8 perfecto de indicativo**	
tiemblo	temblamos	he temblado	hemos temblado
tiemblas	tembláis	has temblado	habéis temblado
tiembla	tiemblan	ha temblado	han temblado
2 imperfecto de indicativo		**9 pluscuamperfecto de indicativo**	
temblaba	temblábamos	había temblado	habíamos temblado
temblabas	temblabais	habías temblado	habíais temblado
temblaba	temblaban	había temblado	habían temblado
3 pretérito		**10 pretérito anterior**	
temblé	temblamos	hube temblado	hubimos temblado
temblaste	temblasteis	hubiste temblado	hubisteis temblado
tembló	temblaron	hubo temblado	hubieron temblado
4 futuro		**11 futuro perfecto**	
temblaré	temblaremos	habré temblado	habremos temblado
temblarás	temblaréis	habrás temblado	habréis temblado
temblará	temblarán	habrá temblado	habrán temblado
5 potencial simple		**12 potencial compuesto**	
temblaría	temblaríamos	habría temblado	habríamos temblado
temblarías	temblaríais	habrías temblado	habríais temblado
temblaría	temblarían	habría temblado	habrían temblado
6 presente de subjuntivo		**13 perfecto de subjuntivo**	
tiemble	temblemos	haya temblado	hayamos temblado
tiembles	tembléis	hayas temblado	hayáis temblado
tiemble	tiemblen	haya temblado	hayan temblado
7 imperfecto de subjuntivo		**14 pluscuamperfecto de subjuntivo**	
temblara	tembláramos	hubiera temblado	hubiéramos temblado
temblaras	temblarais	hubieras temblado	hubierais temblado
temblara	temblaran	hubiera temblado	hubieran temblado
OR		OR	
temblase	temblásemos	hubiese temblado	hubiésemos temblado
temblases	temblaseis	hubieses temblado	hubieseis temblado
temblase	temblasen	hubiese temblado	hubiesen temblado

imperativo

—	temblemos
tiembla; no tiembles	temblad; no tembléis
tiemble	tiemblen

Words and expressions related to this verb

temblante trembling, shaking; **el temblante** bracelet
el temblor tremor, shaking
un temblor de tierra earthquake; **un temblor de voz** quivering of one's voice

Consult the back pages for the section on verbs with prepositions.

to fear, to dread

The Seven Simple Tenses		The Seven Compound Tenses	
Singular	Plural	Singular	Plural

1   presente de indicativo

temo	tememos		
temes	teméis		
teme	temen		

8   perfecto de indicativo

he temido	hemos temido
has temido	habéis temido
ha temido	han temido

2   imperfecto de indicativo

temía	temíamos
temías	temíais
temía	temían

9   pluscuamperfecto de indicativo

había temido	habíamos temido
habías temido	habíais temido
había temido	habían temido

3   pretérito

temí	temimos
temiste	temisteis
temió	temieron

10   pretérito anterior

hube temido	hubimos temido
hubiste temido	hubisteis temido
hubo temido	hubieron temido

4   futuro

temeré	temeremos
temerás	temeréis
temerá	temerán

11   futuro perfecto

habré temido	habremos temido
habrás temido	habréis temido
habrá temido	habrán temido

5   potencial simple

temería	temeríamos
temerías	temeríais
temería	temerían

12   potencial compuesto

habría temido	habríamos temido
habrías temido	habríais temido
habría temido	habrían temido

6   presente de subjuntivo

tema	temamos
temas	temáis
tema	teman

13   perfecto de subjuntivo

haya temido	hayamos temido
hayas temido	hayáis temido
haya temido	hayan temido

7   imperfecto de subjuntivo

temiera	temiéramos
temieras	temierais
temiera	temieran
OR	
temiese	temiésemos
temieses	temieseis
temiese	temiesen

14   pluscuamperfecto de subjuntivo

hubiera temido	hubiéramos temido
hubieras temido	hubierais temido
hubiera temido	hubieran temido
OR	
hubiese temido	hubiésemos temido
hubieses temido	hubieseis temido
hubiese temido	hubiesen temido

imperativo

—	temamos
teme; no temas	temed; no temáis
tema	teman

Words and expressions related to this verb

temer + inf.   to fear + inf.
temer por   to fear for
temedor, temedora   afraid, fearing
temedero, temedera   dreadful, fearful

Consult the back pages for the section on verbs used in idiomatic expressions.

The subject pronouns are found on the page facing page 1.   **467**

tender

to extend, to offer, to stretch, to spread out, to hang out (washing)

The Seven Simple Tenses		The Seven Compound Tenses	
Singular	Plural	Singular	Plural
1 presente de indicativo		**8 perfecto de indicativo**	
tiendo	tendemos	he tendido	hemos tendido
tiendes	tendéis	has tendido	habéis tendido
tiende	tienden	ha tendido	han tendido
2 imperfecto de indicativo		**9 pluscuamperfecto de indicativo**	
tendía	tendíamos	había tendido	habíamos tendido
tendías	tendíais	habías tendido	habíais tendido
tendía	tendían	había tendido	habían tendido
3 pretérito		**10 pretérito anterior**	
tendí	tendimos	hube tendido	hubimos tendido
tendiste	tendisteis	hubiste tendido	hubisteis tendido
tendió	tendieron	hubo tendido	hubieron tendido
4 futuro		**11 futuro perfecto**	
tenderé	tenderemos	habré tendido	habremos tendido
tenderás	tenderéis	habrás tendido	habréis tendido
tenderá	tenderán	habrá tendido	habrán tendido
5 potencial simple		**12 potencial compuesto**	
tendería	tenderíamos	habría tendido	habríamos tendido
tenderías	tenderíais	habrías tendido	habríais tendido
tendería	tenderían	habría tendido	habrían tendido
6 presente de subjuntivo		**13 perfecto de subjuntivo**	
tienda	tendamos	haya tendido	hayamos tendido
tiendas	tendáis	hayas tendido	hayáis tendido
tienda	tiendan	haya tendido	hayan tendido
7 imperfecto de subjuntivo		**14 pluscuamperfecto de subjuntivo**	
tendiera	tendiéramos	hubiera tendido	hubiéramos tendido
tendieras	tendierais	hubieras tendido	hubierais tendido
tendiera	tendieran	hubiera tendido	hubieran tendido
OR		OR	
tendiese	tendiésemos	hubiese tendido	hubiésemos tendido
tendieses	tendieseis	hubieses tendido	hubieseis tendido
tendiese	tendiesen	hubiese tendido	hubiesen tendido

	imperativo	
—		**tendamos**
tiende; no tiendas		**tended; no tendáis**
tienda		**tiendan**

Words and expressions related to this verb

tender a + inf.   to tend + inf.
un tendero, una tendera shopkeeper
un tenderete booth, stand (for selling merchandise)
una tienda shop, store; **tienda de pacotilla** junk store; **tienda de campaña** tent

468

to have, to hold

The Seven Simple Tenses		The Seven Compound Tenses	
Singular	Plural	Singular	Plural

1 presente de indicativo		8 perfecto de indicativo	
tengo	tenemos	he tenido	hemos tenido
tienes	tenéis	has tenido	habéis tenido
tiene	tienen	ha tenido	han tenido

2 imperfecto de indicativo		9 pluscuamperfecto de indicativo	
tenía	teníamos	había tenido	habíamos tenido
tenías	teníais	habías tenido	habíais tenido
tenía	tenían	había tenido	habían tenido

3 pretérito		10 pretérito anterior	
tuve	tuvimos	hube tenido	hubimos tenido
tuviste	tuvisteis	hubiste tenido	hubisteis tenido
tuvo	tuvieron	hubo tenido	hubieron tenido

4 futuro		11 futuro perfecto	
tendré	tendremos	habré tenido	habremos tenido
tendrás	tendréis	habrás tenido	habréis tenido
tendrá	tendrán	habrá tenido	habrán tenido

5 potencial simple		12 potencial compuesto	
tendría	tendríamos	habría tenido	habríamos tenido
tendrías	tendríais	habrías tenido	habríais tenido
tendría	tendrían	habría tenido	habrían tenido

6 presente de subjuntivo		13 perfecto de subjuntivo	
tenga	tengamos	haya tenido	hayamos tenido
tengas	tengáis	hayas tenido	hayáis tenido
tenga	tengan	haya tenido	hayan tenido

7 imperfecto de subjuntivo		14 pluscuamperfecto de subjuntivo	
tuviera	tuviéramos	hubiera tenido	hubiéramos tenido
tuvieras	tuvierais	hubieras tenido	hubierais tenido
tuviera	tuvieran	hubiera tenido	hubieran tenido
OR		OR	
tuviese	tuviésemos	hubiese tenido	hubiésemos tenido
tuvieses	tuvieseis	hubieses tenido	hubieseis tenido
tuviese	tuviesen	hubiese tenido	hubiesen tenido

imperativo

—	tengamos
ten; no tengas	tened; no tengáis
tenga	tengan

Common idiomatic expressions using this verb

Anda despacio que tengo prisa.   Make haste slowly.
tener prisa   to be in a hurry   **tener frío**   to be (feel) cold (persons)
tener hambre   to be hungry   **tener calor**   to be (feel) warm (persons)
tener sed   to be thirsty   **retener**   to retain

Consult the back pages for the section on verbs used in idiomatic expressions.

to examine by touch, to feel with the fingers, to attempt, to try

The Seven Simple Tenses		The Seven Compound Tenses	
Singular	Plural	Singular	Plural
1 presente de indicativo		**8 perfecto de indicativo**	
tiento	tentamos	he tentado	hemos tentado
tientas	tentáis	has tentado	habéis tentado
tienta	tientan	ha tentado	han tentado
2 imperfecto de indicativo		**9 pluscuamperfecto de indicativo**	
tentaba	tentábamos	había tentado	habíamos tentado
tentabas	tentabais	habías tentado	habíais tentado
tentaba	tentaban	había tentado	habían tentado
3 pretérito		**10 pretérito anterior**	
tenté	tentamos	hube tentado	hubimos tentado
tentaste	tentasteis	hubiste tentado	hubisteis tentado
tentó	tentaron	hubo tentado	hubieron tentado
4 futuro		**11 futuro perfecto**	
tentaré	tentaremos	habré tentado	habremos tentado
tentarás	tentaréis	habrás tentado	habréis tentado
tentará	tentarán	habrá tentado	habrán tentado
5 potencial simple		**12 potencial compuesto**	
tentaría	tentaríamos	habría tentado	habríamos tentado
tentarías	tentaríais	habrías tentado	habríais tentado
tentaría	tentarían	habría tentado	habrían tentado
6 presente de subjuntivo		**13 perfecto de subjuntivo**	
tiente	tentemos	haya tentado	hayamos tentado
tientes	tentéis	hayas tentado	hayáis tentado
tiente	tienten	haya tentado	hayan tentado
7 imperfecto de subjuntivo		**14 pluscuamperfecto de subjuntivo**	
tentara	tentáramos	hubiera tentado	hubiéramos tentado
tentaras	tentarais	hubieras tentado	hubierais tentado
tentara	tentaran	hubiera tentado	hubieran tentado
OR		OR	
tentase	tentásemos	hubiese tentado	hubiésemos tentado
tentases	tentaseis	hubieses tentado	hubieseis tentado
tentase	tentasen	hubiese tentado	hubiesen tentado

imperativo	
—	tentemos
tienta; no tientes	tentad; no tentéis
tiente	tienten

Words and expressions related to this verb

tentar a uno a + inf. to tempt somebody + inf.
tentar al diablo to tempt the devil (to look for trouble)
el tentador the devil; **un tentador** tempter; **una tentadora** temptress
la tentación temptation

to end, to terminate, to finish

The Seven Simple Tenses		The Seven Compound Tenses	
Singular	Plural	Singular	Plural

1 presente de indicativo		8 perfecto de indicativo	
termino	terminamos	he terminado	hemos terminado
terminas	termináis	has terminado	habéis terminado
termina	terminan	ha terminado	han terminado

2 imperfecto de indicativo		9 pluscuamperfecto de indicativo	
terminaba	terminábamos	había terminado	habíamos terminado
terminabas	terminabais	habías terminado	habíais terminado
terminaba	terminaban	había terminado	habían terminado

3 pretérito		10 pretérito anterior	
terminé	terminamos	hube terminado	hubimos terminado
terminaste	terminasteis	hubiste terminado	hubisteis terminado
terminó	terminaron	hubo terminado	hubieron terminado

4 futuro		11 futuro perfecto	
terminaré	terminaremos	habré terminado	habremos terminado
terminarás	terminaréis	habrás terminado	habréis terminado
terminará	terminarán	habrá terminado	habrán terminado

5 potencial simple		12 potencial compuesto	
terminaría	terminaríamos	habría terminado	habríamos terminado
terminarías	terminaríais	habrías terminado	habríais terminado
terminaría	terminarían	habría terminado	habrían terminado

6 presente de subjuntivo		13 perfecto de subjuntivo	
termine	terminemos	haya terminado	hayamos terminado
termines	terminéis	hayas terminado	hayáis terminado
termine	terminen	haya terminado	hayan terminado

7 imperfecto de subjuntivo		14 pluscuamperfecto de subjuntivo	
terminara	termináramos	hubiera terminado	hubiéramos terminado
terminaras	terminarais	hubieras terminado	hubierais terminado
terminara	terminaran	hubiera terminado	hubieran terminado
OR		OR	
terminase	terminásemos	hubiese terminado	hubiésemos terminado
terminases	terminaseis	hubieses terminado	hubieseis terminado
terminase	terminasen	hubiese terminado	hubiesen terminado

imperativo

	terminemos
termina; no termines	terminad; no terminéis
termine	terminen

Words and expressions related to this verb

la terminación termination, ending, completion
el término end, ending; term
en otros términos in other terms, in other words
determinar to determine

a término on credit
estar en buenos términos con to be on good terms with

to pull, to draw, to pitch (a ball), to shoot (a gun), to throw, to fling

The Seven Simple Tenses		The Seven Compound Tenses	
Singular	Plural	Singular	Plural
1 presente de indicativo		**8 perfecto de indicativo**	
tiro	tiramos	he tirado	hemos tirado
tiras	tiráis	has tirado	habéis tirado
tira	tiran	ha tirado	han tirado
2 imperfecto de indicativo		**9 pluscuamperfecto de indicativo**	
tiraba	tirábamos	había tirado	habíamos tirado
tirabas	tirabais	habías tirado	habíais tirado
tiraba	tiraban	había tirado	habían tirado
3 pretérito		**10 pretérito anterior**	
tiré	tiramos	hube tirado	hubimos tirado
tiraste	tirasteis	hubiste tirado	hubisteis tirado
tiró	tiraron	hubo tirado	hubieron tirado
4 futuro		**11 futuro perfecto**	
tiraré	tiraremos	habré tirado	habremos tirado
tirarás	tiraréis	habrás tirado	habréis tirado
tirará	tirarán	habrá tirado	habrán tirado
5 potencial simple		**12 potencial compuesto**	
tiraría	tiraríamos	habría tirado	habríamos tirado
tirarías	tiraríais	habrías tirado	habríais tirado
tiraría	tirarían	habría tirado	habrían tirado
6 presente de subjuntivo		**13 perfecto de subjuntivo**	
tire	tiremos	haya tirado	hayamos tirado
tires	tiréis	hayas tirado	hayáis tirado
tire	tiren	haya tirado	hayan tirado
7 imperfecto de subjuntivo		**14 pluscuamperfecto de subjuntivo**	
tirara	tiráramos	hubiera tirado	hubiéramos tirado
tiraras	tirarais	hubieras tirado	hubierais tirado
tirara	tiraran	hubiera tirado	hubieran tirado
OR		OR	
tirase	tirásemos	hubiese tirado	hubiésemos tirado
tirases	tiraseis	hubieses tirado	hubieseis tirado
tirase	tirasen	hubiese tirado	hubiesen tirado

	imperativo	
—		tiremos
	tira; no tires	tirad; no tiréis
	tire	tiren

Words and expressions related to this verb

tirar a   to shoot at
tirar una línea   to draw a line
a tiro   within reach; **a tiro de piedra**   within a stone's throw; **ni a tiros**   not for love nor
   money; **al tiro**   right away

to toast, to tan, to roast (coffee)

The Seven Simple Tenses		The Seven Compound Tenses	
Singular	Plural	Singular	Plural

1 presente de indicativo		8 perfecto de indicativo	
tuesto	tostamos	he tostado	hemos tostado
tuestas	tostáis	has tostado	habéis tostado
tuesta	tuestan	ha tostado	han tostado

2 imperfecto de indicativo		9 pluscuamperfecto de indicativo	
tostaba	tostábamos	había tostado	habíamos tostado
tostabas	tostabais	habías tostado	habíais tostado
tostaba	tostaban	había tostado	habían tostado

3 pretérito		10 pretérito anterior	
tosté	tostamos	hube tostado	hubimos tostado
tostaste	tostasteis	hubiste tostado	hubisteis tostado
tostó	tostaron	hubo tostado	hubieron tostado

4 futuro		11 futuro perfecto	
tostaré	tostaremos	habré tostado	habremos tostado
tostarás	tostaréis	habrás tostado	habréis tostado
tostará	tostarán	habrá tostado	habrán tostado

5 potencial simple		12 potencial compuesto	
tostaría	tostaríamos	habría tostado	habríamos tostado
tostarías	tostaríais	habrías tostado	habríais tostado
tostaría	tostarían	habría tostado	habrían tostado

6 presente de subjuntivo		13 perfecto de subjuntivo	
tueste	tostemos	haya tostado	hayamos tostado
tuestes	tostéis	hayas tostado	hayáis tostado
tueste	tuesten	haya tostado	hayan tostado

7 imperfecto de subjuntivo		14 pluscuamperfecto de subjuntivo	
tostara	tostáramos	hubiera tostado	hubiéramos tostado
tostaras	tostarais	hubieras tostado	hubierais tostado
tostara	tostaran	hubiera tostado	hubieran tostado
OR		OR	
tostase	tostásemos	hubiese tostado	hubiésemos tostado
tostases	tostaseis	hubieses tostado	hubieseis tostado
tostase	tostasen	hubiese tostado	hubiesen tostado

imperativo

—	tostemos
tuesta; no tuestes	tostad; no tostéis
tueste	tuesten

Words and expressions related to this verb

un tostador   toaster, toasting machine
pan tostado   toast, toasted bread; **una tostada**   piece of toast

Be sure to consult the back pages for sections on verbs used in idiomatic expressions, verbs with prepositions, and the list of over 1,000 verbs conjugated like model verbs.

Gerundio **valiendo**   Part. pas. **valido**

valer

to be worth

The Seven Simple Tenses | The Seven Compound Tenses

Singular · Plural | Singular · Plural

1 presente de indicativo
valgo · valemos
vales · valéis
vale · valen

8 perfecto de indicativo
he valido · hemos valido
has valido · habéis valido
ha valido · han valido

2 imperfecto de indicativo
valía · valíamos
valías · valíais
valía · valían

9 pluscuamperfecto de indicativo
había valido · habíamos valido
habías valido · habíais valido
había valido · habían valido

3 pretérito
valí · valimos
valiste · valisteis
valió · valieron

10 pretérito anterior
hube valido · hubimos valido
hubiste valido · hubisteis valido
hubo valido · hubieron valido

4 futuro
valdré · valdremos
valdrás · valdréis
valdrá · valdrán

11 futuro perfecto
habré valido · habremos valido
habrás valido · habréis valido
habrá valido · habrán valido

5 potencial simple
valdría · valdríamos
valdrías · valdríais
valdría · valdrían

12 potencial compuesto
habría valido · habríamos valido
habrías valido · habríais valido
habría valido · habrían valido

6 presente de subjuntivo
valga · valgamos
valgas · valgáis
valga · valgan

13 perfecto de subjuntivo
haya valido · hayamos valido
hayas valido · hayáis valido
haya valido · hayan valido

7 imperfecto de subjuntivo
valiera · valiéramos
valieras · valierais
valiera · valieran
OR
valiese · valiésemos
valieses · valieseis
valiese · valiesen

14 pluscuamperfecto de subjuntivo
hubiera valido · hubiéramos valido
hubieras valido · hubierais valido
hubiera valido · hubieran valido
OR
hubiese valido · hubiésemos valido
hubieses valido · hubieseis valido
hubiese valido · hubiesen valido

imperativo

— · valgamos
val; no valgas · valed; no valgáis
valga · valgan

Sentences using this verb and words related to it

Más vale pájaro en mano que ciento volando.   A bird in the hand is worth two in the bush.
Más vale tarde que nunca.   Better late than never.
el valor   value, price, valor   **valorar**   to appraise, to increase the value
valor facial   face value   **No vale la pena**   It's not worth the trouble.

The subject pronouns are found on the page facing page 1.

485

to stay awake, to guard, to watch over

The Seven Simple Tenses		The Seven Compound Tenses	
Singular	Plural	Singular	Plural
1 presente de indicativo		**8 perfecto de indicativo**	
velo	velamos	he velado	hemos velado
velas	veláis	has velado	habéis velado
vela	velan	ha velado	han velado
2 imperfecto de indicativo		**9 pluscuamperfecto de indicativo**	
velaba	velábamos	había velado	habíamos velado
velabas	velabais	habías velado	habíais velado
velaba	velaban	había velado	habían velado
3 pretérito		**10 pretérito anterior**	
velé	velamos	hube velado	hubimos velado
velaste	velasteis	hubiste velado	hubisteis velado
veló	velaron	hubo velado	hubieron velado
4 futuro		**11 futuro perfecto**	
velaré	velaremos	habré velado	habremos velado
velarás	velaréis	habrás velado	habréis velado
velará	velarán	habrá velado	habrán velado
5 potencial simple		**12 potencial compuesto**	
velaría	velaríamos	habría velado	habríamos velado
velarías	velaríais	habrías velado	habríais velado
velaría	velarían	habría velado	habrían velado
6 presente de subjuntivo		**13 perfecto de subjuntivo**	
vele	velemos	haya velado	hayamos velado
veles	veléis	hayas velado	hayáis velado
vele	velen	haya velado	hayan velado
7 imperfecto de subjuntivo		**14 pluscuamperfecto de subjuntivo**	
velara	veláramos	hubiera velado	hubiéramos velado
velaras	velarais	hubieras velado	hubierais velado
velara	velaran	hubiera velado	hubieran velado
OR		OR	
velase	velásemos	hubiese velado	hubiésemos velado
velases	velaseis	hubieses velado	hubieseis velado
velase	velasen	hubiese velado	hubiesen velado

imperativo

—	velemos
vela; no veles	velad; no veléis
vele	velen

Words and expressions related to this verb

un velador watchman, night guard; wooden candlestick
la vela vigil; candle; **en vela** without sleeping; **quedarse en velas** to stay up
(during the night); **estar entre dos velas** to be tipsy

to conquer, to overcome, to defeat

The Seven Simple Tenses		The Seven Compound Tenses	
Singular	Plural	Singular	Plural
1 presente de indicativo		**8 perfecto de indicativo**	
venzo	vencemos	he vencido	hemos vencido
vences	vencéis	has vencido	habéis vencido
vence	vencen	ha vencido	han vencido
2 imperfecto de indicativo		**9 pluscuamperfecto de indicativo**	
vencía	vencíamos	había vencido	habíamos vencido
vencías	vencíais	habías vencido	habíais vencidó
vencía	vencían	había vencido	habían vencido
3 pretérito		**10 pretérito anterior**	
vencí	vencimos	hube vencido	hubimos vencido
venciste	vencisteis	hubiste vencido	hubisteis vencido
venció	vencieron	hubo vencido	hubieron vencido
4 futuro		**11 futuro perfecto**	
venceré	venceremos	habré vencido	habremos vencido
vencerás	venceréis	habrás vencido	habréis vencido
vencerá	vencerán	habrá vencido	habrán vencido
5 potencial simple		**12 potencial compuesto**	
vencería	venceríamos	habría vencido	habríamos vencido
vencerías	venceríais	habrías vencido	habríais vencido
vencería	vencerían	habría vencido	habrían vencido
6 presente de subjuntivo		**13 perfecto de subjuntivo**	
venza	venzamos	haya vencido	hayamos vencido
venzas	venzáis	hayas vencido	hayáis vencido
venza	venzan	haya vencido	hayan vencido
7 imperfecto de subjuntivo		**14 pluscuamperfecto de subjuntivo**	
venciera	venciéramos	hubiera vencido	hubiéramos vencido
vencieras	vencierais	hubieras vencido	hubierais vencido
venciera	vencieran	hubiera vencido	hubieran vencido
OR		OR	
venciese	venciésemos	hubiese vencido	hubiésemos vencido
vencieses	vencieseis	hubieses vencido	hubieseis vencido
venciese	venciesen	hubiese vencido	hubiesen vencido

imperativo

—	venzamos
vence; no venzas	venced; no venzáis
venza	venzan

Words and expressions related to this verb

vencedor, vencedora victor   **darse por vencido** to give in
vencible conquerable   **vencerse** to control oneself

See also **convencer.**

vender

Gerundio **vendiendo**   Part. pas. **vendido**

to sell

The Seven Simple Tenses		The Seven Compound Tenses	
Singular	Plural	Singular	Plural
1 presente de indicativo		**8 perfecto de indicativo**	
vendo	vendemos	he vendido	hemos vendido
vendes	vendéis	has vendido	habéis vendido
vende	venden	ha vendido	han vendido
2 imperfecto de indicativo		**9 pluscuamperfecto de indicativo**	
vendía	vendíamos	había vendido	habíamos vendido
vendías	vendíais	habías vendido	habíais vendido
vendía	vendían	había vendido	habían vendido
3 pretérito		**10 pretérito anterior**	
vendí	vendimos	hube vendido	hubimos vendido
vendiste	vendisteis	hubiste vendido	hubisteis vendido
vendió	vendieron	hubo vendido	hubieron vendido
4 futuro		**11 futuro perfecto**	
venderé	venderemos	habré vendido	habremos vendido
venderás	venderéis	habrás vendido	habréis vendido
venderá	venderán	habrá vendido	habrán vendido
5 potencial simple		**12 potencial compuesto**	
vendería	venderíamos	habría vendido	habríamos vendido
venderías	venderíais	habrías vendido	habríais vendido
vendería	venderían	habría vendido	habrían vendido
6 presente de subjuntivo		**13 perfecto de subjuntivo**	
venda	vendamos	haya vendido	hayamos vendido
vendas	vendáis	hayas vendido	hayáis vendido
venda	vendan	haya vendido	hayan vendido
7 imperfecto de subjuntivo		**14 pluscuamperfecto de subjuntivo**	
vendiera	vendiéramos	hubiera vendido	hubiéramos vendido
vendieras	vendierais	hubieras vendido	hubierais vendido
vendiera	vendieran	hubiera vendido	hubieran vendido
OR		OR	
vendiese	vendiésemos	hubiese vendido	hubiésemos vendido
vendieses	vendieseis	hubieses vendido	hubieseis vendido
vendiese	vendiesen	hubiese vendido	hubiesen vendido

	imperativo
—	**vendamos**
vende; no vendas	**vended; no vendáis**
venda	**vendan**

Words and expressions related to this verb

vendedor, vendedora   seller, sales person
la venta   sale
venta al mayor, venta por mayor   wholesale
venta al menor, venta por menor   retail sale

vender a comisión   to sell on commission
vender al peso   to sell by weight
revender   to resell

488

The Seven Simple Tenses		The Seven Compound Tenses	
Singular	Plural	Singular	Plural
1 presente de indicativo		**8 perfecto de indicativo**	
vengo	**venimos**	**he venido**	**hemos venido**
vienes	**venís**	**has venido**	**habéis venido**
viene	**vienen**	**ha venido**	**han venido**
2 imperfecto de indicativo		**9 pluscuamperfecto de indicativo**	
venía	**veníamos**	**había venido**	**habíamos venido**
venías	**veníais**	**habías venido**	**habíais venido**
venía	**venían**	**había venido**	**habían venido**
3 pretérito		**10 pretérito anterior**	
vine	**vinimos**	**hube venido**	**hubimos venido**
viniste	**vinisteis**	**hubiste venido**	**hubisteis venido**
vino	**vinieron**	**hubo venido**	**hubieron venido**
4 futuro		**11 futuro perfecto**	
vendré	**vendremos**	**habré venido**	**habremos venido**
vendrás	**vendréis**	**habrás venido**	**habréis venido**
vendrá	**vendrán**	**habrá venido**	**habrán venido**
5 potencial simple		**12 potencial compuesto**	
vendría	**vendríamos**	**habría venido**	**habríamos venido**
vendrías	**vendríais**	**habrías venido**	**habríais venido**
vendría	**vendrían**	**habría venido**	**habrían venido**
6 presente de subjuntivo		**13 perfecto de subjuntivo**	
venga	**vengamos**	**haya venido**	**hayamos venido**
vengas	**vengáis**	**hayas venido**	**hayáis venido**
venga	**vengan**	**haya venido**	**hayan venido**
7 imperfecto de subjuntivo		**14 pluscuamperfecto de subjuntivo**	
viniera	**viniéramos**	**hubiera venido**	**hubiéramos venido**
vinieras	**vinierais**	**hubieras venido**	**hubierais venido**
viniera	**vinieran**	**hubiera venido**	**hubieran venido**
OR		OR	
viniese	**viniésemos**	**hubiese venido**	**hubiésemos venido**
vinieses	**vinieseis**	**hubieses venido**	**hubieseis venido**
viniese	**viniesen**	**hubiese venido**	**hubiesen venido**

imperativo

—	**vengamos**
ven; no vengas	**venid; no vengáis**
venga	**vengan**

Common idiomatic expressions using this verb

la semana que viene   next week
el mes que viene   next month
el porvenir   the future
Venga lo que viniere   Come what may.

venir a las manos   to come to blows
venir a buscar   to come for, to get
en lo por venir   hereafter

See also **convenir.**

The subject pronouns are found on the page facing page 1.

to see

The Seven Simple Tenses		The Seven Compound Tenses	
Singular	Plural	Singular	Plural
1 presente de indicativo		**8 perfecto de indicativo**	
veo	vemos	he visto	hemos visto
ves	veis	has visto	habéis visto
ve	ven	ha visto	han visto
2 imperfecto de indicativo		**9 pluscuamperfecto de indicativo**	
veía	veíamos	había visto	habíamos visto
veías	veíais	habías visto	habíais visto
veía	veían	había visto	habían visto
3 pretérito		**10 pretérito anterior**	
vi	vimos	hube visto	hubimos visto
viste	visteis	hubiste visto	hubisteis visto
vio	vieron	hubo visto	hubieron visto
4 futuro		**11 futuro perfecto**	
veré	veremos	habré visto	habremos visto
verás	veréis	habrás visto	habréis visto
verá	verán	habrá visto	habrán visto
5 potencial simple		**12 potencial compuesto**	
vería	veríamos	habría visto	habríamos visto
verías	veríais	habrías visto	habríais visto
vería	verían	habría visto	habrían visto
6 presente de subjuntivo		**13 perfecto de subjuntivo**	
vea	veamos	haya visto	hayamos visto
veas	veáis	hayas visto	hayáis visto
vea	vean	haya visto	hayan visto
7 imperfecto de subjuntivo		**14 pluscuamperfecto de subjuntivo**	
viera	viéramos	hubiera visto	hubiéramos visto
vieras	vierais	hubieras visto	hubierais visto
viera	vieran	hubiera visto	hubieran visto
OR		OR	
viese	viésemos	hubiese visto	hubiésemos visto
vieses	vieseis	hubieses visto	hubieseis visto
viese	viesen	hubiese visto	hubiesen visto

	imperativo	
—	veamos
ve; no veas	ved; no veáis
vea	vean

Words and expressions related to this verb

¡**Vamos a ver!** Let's see
¡**A ver!** Let's see!
Ver es creer. Seeing is believing.
la vista sight, seeing, view, vision
vivir para ver to live and learn

Está por ver It remains to be seen.
Es de ver It is worth seeing.
ver claro to see clearly
¡**Ya se ve!** Of course! Certainly!

to dress oneself, to get dressed

The Seven Simple Tenses		The Seven Compound Tenses	
Singular	Plural	Singular	Plural
1 presente de indicativo		**8 perfecto de indicativo**	
me visto	nos vestimos	me he vestido	nos hemos vestido
te vistes	os vestís	te has vestido	os habéis vestido
se viste	se visten	se ha vestido	se han vestido
2 imperfecto de indicativo		**9 pluscuamperfecto de indicativo**	
me vestía	nos vestíamos	me había vestido	nos habíamos vestido
te vestías	os vestíais	te habías vestido	os habíais vestido
se vestía	se vestían	se había vestido	se habían vestido
3 pretérito		**10 pretérito anterior**	
me vestí	nos vestimos	me hube vestido	nos hubimos vestido
te vestiste	os vestisteis	te hubiste vestido	os hubisteis vestido
se vistió	se vistieron	se hubo vestido	se hubieron vestido
4 futuro		**11 futuro perfecto**	
me vestiré	nos vestiremos	me habré vestido	nos habremos vestido
te vestirás	os vestiréis	te habrás vestido	os habréis vestido
se vestirá	se vestirán	se habrá vestido	se habrán vestido
5 potencial simple		**12 potencial compuesto**	
me vestiría	nos vestiríamos	me habría vestido	nos habríamos vestido
te vestirías	os vestiríais	te habrías vestido	os habríais vestido
se vestiría	se vestirían	se habría vestido	se habrían vestido
6 presente de subjuntivo		**13 perfecto de subjuntivo**	
me vista	nos vistamos	me haya vestido	nos hayamos vestido
te vistas	os vistáis	te hayas vestido	os hayáis vestido
se vista	se vistan	se haya vestido	se hayan vestido
7 imperfecto de subjuntivo		**14 pluscuamperfecto de subjuntivo**	
me vistiera	nos vistiéramos	me hubiera vestido	nos hubiéramos vestido
te vistieras	os vistierais	te hubieras vestido	os hubierais vestido
se vistiera	se vistieran	se hubiera vestido	se hubieran vestido
OR		OR	
me vistiese	nos vistiésemos	me hubiese vestido	nos hubiésemos vestido
te vistieses	os vistieseis	te hubieses vestido	os hubieseis vestido
se vistiese	se vistiesen	se hubiese vestido	se hubiesen vestido

	imperativo
—	**vistámonos; no nos vistamos**
vístete; no te vistas	**vestíos; no os vistáis**
vístase; no se vista	**vístanse; no se vistan**

Words and expressions related to this verb

vestir   to clothe, to dress
desvestirse   to undress oneself, to get undressed
el vestido   clothing, clothes, dress
vestidos usados   secondhand clothing

bien vestido   well dressed
vestir de uniforme   to dress in uniform
vestir de blanco   to dress in white

to travel

The Seven Simple Tenses		The Seven Compound Tenses	
Singular	Plural	Singular	Plural
1 presente de indicativo		**8 perfecto de indicativo**	
viajo	viajamos	he viajado	hemos viajado
viajas	viajáis	has viajado	habéis viajado
viaja	viajan	ha viajado	han viajado
2 imperfecto de indicativo		**9 pluscuamperfecto de indicativo**	
viajaba	viajábamos	había viajado	habíamos viajado
viajabas	viajabais	habías viajado	habíais viajado
viajaba	viajaban	había viajado	habían viajado
3 pretérito		**10 pretérito anterior**	
viajé	viajamos	hube viajado	hubimos viajado
viajaste	viajasteis	hubiste viajado	hubisteis viajado
viajó	viajaron	hubo viajado	hubieron viajado
4 futuro		**11 futuro perfecto**	
viajaré	viajaremos	habré viajado	habremos viajado
viajarás	viajaréis	habrás viajado	habréis viajado
viajará	viajarán	habrá viajado	habrán viajado
5 potencial simple		**12 potencial compuesto**	
viajaría	viajaríamos	habría viajado	habríamos viajado
viajarías	viajaríais	habrías viajado	habríais viajado
viajaría	viajarían	habría viajado	habrían viajado
6 presente de subjuntivo		**13 perfecto de subjuntivo**	
viaje	viajemos	haya viajado	hayamos viajado
viajes	viajéis	hayas viajado	hayáis viajado
viaje	viajen	haya viajado	hayan viajado
7 imperfecto de subjuntivo		**14 pluscuamperfecto de subjuntivo**	
viajara	viajáramos	hubiera viajado	hubiéramos viajado
viajaras	viajarais	hubieras viajado	hubierais viajado
viajara	viajaran	hubiera viajado	hubieran viajado
OR		OR	
viajase	viajásemos	hubiese viajado	hubiésemos viajado
viajases	viajaseis	hubieses viajado	hubieseis viajado
viajase	viajasen	hubiese viajado	hubiesen viajado

imperativo	
—	viajemos
viaja; no viajes	viajad; no viajéis
viaje	viajen

Words and expressions related to this verb

el viaje   trip
hacer un viaje   to take a trip
un viaje de ida y vuelta   round trip
viajero, viajera   traveler

¡Buen viaje!   Have a good trip!
un viaje de negocios   business trip
un viaje redondo   round trip
viajes espaciales   space travel

to watch (over), to keep guard, to look out for

The Seven Simple Tenses		The Seven Compound Tenses	
Singular	Plural	Singular	Plural
1 presente de indicativo		**8 perfecto de indicativo**	
vigilo	vigilamos	he vigilado	hemos vigilado
vigilas	vigiláis	has vigilado	habéis vigilado
vigila	vigilan	ha vigilado	han vigilado
2 imperfecto de indicativo		**9 pluscuamperfecto de indicativo**	
vigilaba	vigilábamos	había vigilado	habíamos vigilado
vigilabas	vigilabais	habías vigilado	habíais vigilado
vigilaba	vigilaban	había vigilado	habían vigilado
3 pretérito		**10 pretérito anterior**	
vigilé	vigilamos	hube vigilado	hubimos vigilado
vigilaste	vigilasteis	hubiste vigilado	hubisteis vigilado
vigiló	vigilaron	hubo vigilado	hubieron vigilado
4 futuro		**11 futuro perfecto**	
vigilaré	vigilaremos	habré vigilado	habremos vigilado
vigilarás	vigilaréis	habrás vigilado	habréis vigilado
vigilará	vigilarán	habrá vigilado	habrán vigilado
5 potencial simple		**12 potencial compuesto**	
vigilaría	vigilaríamos	habría vigilado	habríamos vigilado
vigilarías	vigilaríais	habrías vigilado	habríais vigilado
vigilaría	vigilarían	habría vigilado	habrían vigilado
6 presente de subjuntivo		**13 perfecto de subjuntivo**	
vigile	vigilemos	haya vigilado	hayamos vigilado
vigiles	vigiléis	hayas vigilado	hayáis vigilado
vigile	vigilen	haya vigilado	hayan vigilado
7 imperfecto de subjuntivo		**14 pluscuamperfecto de subjuntivo**	
vigilara	vigiláramos	hubiera vigilado	hubiéramos vigilado
vigilaras	vigilarais	hubieras vigilado	hubierais vigilado
vigilara	vigilaran	hubiera vigilado	hubieran vigilado
OR		OR	
vigilase	vigilásemos	hubiese vigilado	hubiésemos vigilado
vigilases	vigilaseis	hubieses vigilado	hubieseis vigilado
vigilase	vigilasen	hubiese vigilado	hubiesen vigilado

	imperativo	
—		vigilemos
vigila; no vigiles		vigilad; no vigiléis
vigile		vigilen

Words and expressions related to this verb

vigilar de cerca   to keep a close watch on
el, la vigilante   vigilante; vigilant, wakeful
la vigilancia   vigilance, watchfulness
vigilantemente   vigilantly

Consult the back pages for various sections on verb usage.

The subject pronouns are found on the page facing page 1.   **493**

visitar

to visit

The Seven Simple Tenses		The Seven Compound Tenses	
Singular	Plural	Singular	Plural

1 presente de indicativo		8 perfecto de indicativo	
visito	visitamos	he visitado	hemos visitado
visitas	visitáis	has visitado	habéis visitado
visita	visitan	ha visitado	han visitado

2 imperfecto de indicativo		9 pluscuamperfecto de indicativo	
visitaba	visitábamos	había visitado	habíamos visitado
visitabas	visitabais	habías visitado	habíais visitado
visitaba	visitaban	había visitado	habían visitado

3 pretérito		10 pretérito anterior	
visité	visitamos	hube visitado	hubimos visitado
visitaste	visitasteis	hubiste visitado	hubisteis visitado
visitó	visitaron	hubo visitado	hubieron visitado

4 futuro		11 futuro perfecto	
visitaré	visitaremos	habré visitado	habremos visitado
visitarás	visitaréis	habrás visitado	habréis visitado
visitará	visitarán	habrá visitado	habrán visitado

5 potencial simple		12 potencial compuesto	
visitaría	visitaríamos	habría visitado	habríamos visitado
visitarías	visitaríais	habrías visitado	habríais visitado
visitaría	visitarían	habría visitado	habrían visitado

6 presente de subjuntivo		13 perfecto de subjuntivo	
visite	visitemos	haya visitado	hayamos visitado
visites	visitéis	hayas visitado	hayáis visitado
visite	visiten	haya visitado	hayan visitado

7 imperfecto de subjuntivo		14 pluscuamperfecto de subjuntivo	
visitara	visitáramos	hubiera visitado	hubiéramos visitado
visitaras	visitarais	hubieras visitado	hubierais visitado
visitara	visitaran	hubiera visitado	hubieran visitado
OR		OR	
visitase	visitásemos	hubiese visitado	hubiésemos visitado
visitases	visitaseis	hubieses visitado	hubieseis visitado
visitase	visitasen	hubiese visitado	hubiesen visitado

imperativo

—	visitemos
visita; no visites	visitad; no visitéis
visite	visiten

Words and expressions related to this verb

una visita   visit
visitante   visitor
visitarse   to visit one another
hacer una visita   to pay a call, a visit

una visitación   visitation
pagar la visita   to return a visit
tener visita   to have company

The Seven Simple Tenses		The Seven Compound Tenses	
Singular	Plural	Singular	Plural

1   presente de indicativo

vivo	vivimos		
vives	vivís		
vive	viven		

8   perfecto de indicativo

he vivido	hemos vivido
has vivido	habéis vivido
ha vivido	han vivido

2   imperfecto de indicativo

vivía	vivíamos
vivías	vivíais
vivía	vivían

9   pluscuamperfecto de indicativo

había vivido	habíamos vivido
habías vivido	habíais vivido
había vivido	habían vivido

3   pretérito

viví	vivimos
viviste	vivisteis
vivió	vivieron

10   pretérito anterior

hube vivido	hubimos vivido
hubiste vivido	hubisteis vivido
hubo vivido	hubieron vivido

4   futuro

viviré	viviremos
vivirás	viviréis
vivirá	vivirán

11   futuro perfecto

habré vivido	habremos vivido
habrás vivido	habréis vivido
habrá vivido	habrán vivido

5   potencial simple

viviría	viviríamos
vivirías	viviríais
viviría	vivirían

12   potencial compuesto

habría vivido	habríamos vivido
habrías vivido	habríais vivido
habría vivido	habrían vivido

6   presente de subjuntivo

viva	vivamos
vivas	viváis
viva	vivan

13   perfecto de subjuntivo

haya vivido	hayamos vivido
hayas vivido	hayáis vivido
haya vivido	hayan vivido

7   imperfecto de subjuntivo

viviera	viviéramos
vivieras	vivierais
viviera	vivieran
OR	OR
viviese	viviésemos
vivieses	vivieseis
viviese	viviesen

14   pluscuamperfecto de subjuntivo

hubiera vivido	hubiéramos vivido
hubieras vivido	hubierais vivido
hubiera vivido	hubieran vivido
OR	OR
hubiese vivido	hubiésemos vivido
hubieses vivido	hubieseis vivido
hubiese vivido	hubiesen vivido

imperativo

—	vivamos
vive; no vivas	vivid; no viváis
viva	vivan

Words and expressions related to this verb

vivir de   to live on
la vida   life
en vida   while living, while alive
ganarse la vida   to earn one's living

vivir del aire   to live on thin air
vivir para ver   to live and learn
vivir a oscuras   to live in ignorance
revivir   to revive

to fly

The Seven Simple Tenses		The Seven Compound Tenses	
Singular	Plural	Singular	Plural
1　presente de indicativo		**8　perfecto de indicativo**	
vuelo	volamos	he volado	hemos volado
vuelas	voláis	has volado	habéis volado
vuela	vuelan	ha volado	han volado
2　imperfecto de indicativo		**9　pluscuamperfecto de indicativo**	
volaba	volábamos	había volado	habíamos volado
volabas	volabais	habías volado	habíais volado
volaba	volaban	había volado	habían volado
3　pretérito		**10　pretérito anterior**	
volé	volamos	hube volado	hubimos volado
volaste	volasteis	hubiste volado	hubisteis volado
voló	volaron	hubo volado	hubieron volado
4　futuro		**11　futuro perfecto**	
volaré	volaremos	habré volado	habremos volado
volarás	volaréis	habrás volado	habréis volado
volará	volarán	habrá volado	habrán volado
5　potencial simple		**12　potencial compuesto**	
volaría	volaríamos	habría volado	habríamos volado
volarías	volaríais	habrías volado	habríais volado
volaría	volarían	habría volado	habrían volado
6　presente de subjuntivo		**13　perfecto de subjuntivo**	
vuele	volemos	haya volado	hayamos volado
vueles	voléis	hayas volado	hayáis volado
vuele	vuelen	haya volado	hayan volado
7　imperfecto de subjuntivo		**14　pluscuamperfecto de subjuntivo**	
volara	voláramos	hubiera volado	hubiéramos volado
volaras	volarais	hubieras volado	hubierais volado
volara	volaran	hubiera volado	hubieran volado
OR		OR	
volase	volásemos	hubiese volado	hubiésemos volado
volases	volaseis	hubieses volado	hubieseis volado
volase	volasen	hubiese volado	hubiesen volado

imperativo	
—	volemos
vuela; no vueles	volad; no voléis
vuele	vuelen

Words and expressions related to this verb

el vuelo　flight
Más vale pájaro en mano que ciento volando　A bird in the hand is worth two in the bush.
Las horas vuelan　The hours go flying by.
volear　to volley (a ball); **el voleo**　volley
el volante　steering wheel

to return, to go back

The Seven Simple Tenses		The Seven Compound Tenses	
Singular	Plural	Singular	Plural

1 presente de indicativo		8 perfecto de indicativo	
vuelvo	**volvemos**	**he vuelto**	**hemos vuelto**
vuelves	**volvéis**	**has vuelto**	**habéis vuelto**
vuelve	**vuelven**	**ha vuelto**	**han vuelto**

2 imperfecto de indicativo		9 pluscuamperfecto de indicativo	
volvía	**volvíamos**	**había vuelto**	**habíamos vuelto**
volvías	**volvíais**	**habías vuelto**	**habíais vuelto**
volvía	**volvían**	**había vuelto**	**habían vuelto**

3 pretérito		10 pretérito anterior	
volví	**volvimos**	**hube vuelto**	**hubimos vuelto**
volviste	**volvisteis**	**hubiste vuelto**	**hubisteis vuelto**
volvió	**volvieron**	**hubo vuelto**	**hubieron vuelto**

4 futuro		11 futuro perfecto	
volveré	**volveremos**	**habré vuelto**	**habremos vuelto**
volverás	**volveréis**	**habrás vuelto**	**habréis vuelto**
volverá	**volverán**	**habrá vuelto**	**habrán vuelto**

5 potencial simple		12 potencial compuesto	
volvería	**volveríamos**	**habría vuelto**	**habríamos vuelto**
volverías	**volveríais**	**habrías vuelto**	**habríais vuelto**
volvería	**volverían**	**habría vuelto**	**habrían vuelto**

6 presente de subjuntivo		13 perfecto de subjuntivo	
vuelva	**volvamos**	**haya vuelto**	**hayamos vuelto**
vuelvas	**volváis**	**hayas vuelto**	**hayáis vuelto**
vuelva	**vuelvan**	**haya vuelto**	**hayan vuelto**

7 imperfecto de subjuntivo		14 pluscuamperfecto de subjuntivo	
volviera	**volviéramos**	**hubiera vuelto**	**hubiéramos vuelto**
volvieras	**volvierais**	**hubieras vuelto**	**hubierais vuelto**
volviera	**volvieran**	**hubiera vuelto**	**hubieran vuelto**
OR		OR	
volviese	**volviésemos**	**hubiese vuelto**	**hubiésemos vuelto**
volvieses	**volvieseis**	**hubieses vuelto**	**hubieseis vuelto**
volviese	**volviesen**	**hubiese vuelto**	**hubiesen vuelto**

imperativo

—	**volvamos**
vuelve; no vuelvas	**volved; no volváis**
vuelva	**vuelvan**

Common idiomatic expressions using this verb

volver en sí to regain consciousness, to come to
volver sobre sus pasos to retrace one's steps
una vuelta turn, revolution, turning
dar una vuelta to take a stroll

un revólver revolver, pistol
revolver to revolve, to shake (up), to turn around
revolverse to turn around (oneself)

See also **devolver and revolver.**

to vote, to vow

The Seven Simple Tenses		The Seven Compound Tenses	
Singular	Plural	Singular	Plural
1 presente de indicativo		**8 perfecto de indicativo**	
voto	votamos	he votado	hemos votado
votas	votáis	has votado	habéis votado
vota	votan	ha votado	han votado
2 imperfecto de indicativo		**9 pluscuamperfecto de indicativo**	
votaba	votábamos	había votado	habíamos votado
votabas	votabais	habías votado	habíais votado
votaba	votaban	había votado	habían votado
3 pretérito		**10 pretérito anterior**	
voté	votamos	hube votado	hubimos votado
votaste	votasteis	hubiste votado	hubisteis votado
votó	votaron	hubo votado	hubieron votado
4 futuro		**11 futuro perfecto**	
votaré	votaremos	habré votado	habremos votado
votarás	votaréis	habrás votado	habréis votado
votará	votarán	habrá votado	habrán votado
5 potencial simple		**12 potencial compuesto**	
votaría	votaríamos	habría votado	habríamos votado
votarías	votaríais	habrías votado	habríais votado
votaría	votarían	habría votado	habrían votado
6 presente de subjuntivo		**13 perfecto de subjuntivo**	
vote	votemos	haya votado	hayamos votado
votes	votéis	hayas votado	hayáis votado
vote	voten	haya votado	hayan votado
7 imperfecto de subjuntivo		**14 pluscuamperfecto de subjuntivo**	
votara	votáramos	hubiera votado	hubiéramos votado
votaras	votarais	hubieras votado	hubierais votado
votara	votaran	hubiera votado	hubieran votado
OR		OR	
votase	votásemos	hubiese votado	hubiésemos votado
votases	votaseis	hubieses votado	hubieseis votado
votase	votasen	hubiese votado	hubiesen votado

imperativo

—	votemos
vota; no votes	votad; no votéis
vote	voten

Words and expressions related to this verb

votar en pro   to vote for; **votar en contra**   to vote against
el votador, la votadora   voter
el voto   vote, vow; **voto de gracias**   vote of thanks; **voto activo**   right to vote;
    voto de confianza   vote of confidence; **echar votos**   to curse, to swear

to lie down, to be lying down, to lie in a grave

The Seven Simple Tenses		The Seven Compound Tenses	
Singular	Plural	Singular	Plural

1 presente de indicativo		8 perfecto de indicativo	
yazco	yacemos	he yacido	hemos yacido
yaces	yacéis	has yacido	habéis yacido
yace	yacen	ha yacido	han yacido

2 imperfecto de indicativo		9 pluscuamperfecto de indicativo	
yacía	yacíamos	había yacido	habíamos yacido
yacías	yacíais	habías yacido	habíais yacido
yacía	yacían	había yacido	habían yacido

3 pretérito		10 pretérito anterior	
yací	yacimos	hube yacido	hubimos yacido
yaciste	yacisteis	hubiste yacido	hubisteis yacido
yació	yacieron	hubo yacido	hubieron yacido

4 futuro		11 futuro perfecto	
yaceré	yaceremos	habré yacido	habremos yacido
yacerás	yaceréis	habrás yacido	habréis yacido
yacerá	yacerán	habrá yacido	habrán yacido

5 potencial simple		12 potencial compuesto	
yacería	yaceríamos	habría yacido	habríamos yacido
yacerías	yaceríais	habrías yacido	habríais yacido
yacería	yacerían	habría yacido	habrían yacido

6 presente de subjuntivo		13 perfecto de subjuntivo	
yazca	yazcamos	haya yacido	hayamos yacido
yazcas	yazcáis	hayas yacido	hayáis yacido
yazca	yazcan	haya yacido	hayan yacido

7 imperfecto de subjuntivo		14 pluscuamperfecto de subjuntivo	
yaciera	yaciéramos	hubiera yacido	hubiéramos yacido
yacieras	yacierais	hubieras yacido	hubierais yacido
yaciera	yacieran	hubiera yacido	hubieran yacido
OR		OR	
yaciese	yaciésemos	hubiese yacido	hubiésemos yacido
yacieses	yacieseis	hubieses yacido	hubieseis yacido
yaciese	yaciesen	hubiese yacido	hubiesen yacido

imperativo

—	yazcamos
yaz (or yace); no yazcas	yaced; no yazcáis
yazca	yazcan

Words and expressions related to this verb

la yacija   bed, couch; grave, tomb
el yacimiento   mineral deposit

Aquí yace don Juan   Here lies Don Juan.
una estatua yacente   statue lying in state
(usually on a catafalque)

Be sure to consult the back pages for verbs used in idiomatic expressions, Spanish proverbs using verbs, weather expressions using verbs, verbs with prepositions, and over 1,000 Spanish verbs conjugated like model verbs among the 501 in this book.

The subject pronouns are found on the page facing page 1.

to buzz, to hum, to flutter around

The Seven Simple Tenses		The Seven Compound Tenses	
Singular	Plural	Singular	Plural
1 presente de indicativo		**8 perfecto de indicativo**	
zumbo	zumbamos	he zumbado	hemos zumbado
zumbas	zumbáis	has zumbado	habéis zumbado
zumba	zumban	ha zumbado	han zumbado
2 imperfecto de indicativo		**9 pluscuamperfecto de indicativo**	
zumbaba	zumbábamos	había zumbado	habíamos zumbado
zumbabas	zumbabais	habías zumbado	habíais zumbado
zumbaba	zumbaban	había zumbado	habían zumbado
3 pretérito		**10 pretérito anterior**	
zumbé	zumbamos	hube zumbado	hubimos zumbado
zumbaste	zumbasteis	hubiste zumbado	hubisteis zumbado
zumbó	zumbaron	hubo zumbado	hubieron zumbado
4 futuro		**11 futuro perfecto**	
zumbaré	zumbaremos	habré zumbado	habremos zumbado
zumbarás	zumbaréis	habrás zumbado	habréis zumbado
zumbará	zumbarán	habrá zumbado	habrán zumbado
5 potencial simple		**12 potencial compuesto**	
zumbaría	zumbaríamos	habría zumbado	habríamos zumbado
zumbarías	zumbaríais	habrías zumbado	habríais zumbado
zumbaría	zumbarían	habría zumbado	habrían zumbado
6 presente de subjuntivo		**13 perfecto de subjuntivo**	
zumbe	zumbemos	haya zumbado	hayamos zumbado
zumbes	zumbéis	hayas zumbado	hayáis zumbado
zumbe	zumben	haya zumbado	hayan zumbado
7 imperfecto de subjuntivo		**14 pluscuamperfecto de subjuntivo**	
zumbara	zumbáramos	hubiera zumbado	hubiéramos zumbado
zumbaras	zumbarais	hubieras zumbado	hubierais zumbado
zumbara	zumbaran	hubiera zumbado	hubieran zumbado
OR		OR	
zumbase	zumbásemos	hubiese zumbado	hubiésemos zumbado
zumbases	zumbaseis	hubieses zumbado	hubieseis zumbado
zumbase	zumbasen	hubiese zumbado	hubiesen zumbado

imperativo	
—	zumbemos
zumba; no zumbes	zumbad; no zumbéis
zumbe	zumben

Words and expressions related to this verb

Me zumban los cincuenta años   I am close to fifty years old.
zumbarse de   to make fun of
una zumba, un zumbador   top (toy)
un zumbo, un zumbido   buzz, hum; **un zumbido de comunicación**   busy signal of a
  telephone

to darn, to mend

The Seven Simple Tenses		The Seven Compound Tenses	
Singular	Plural	Singular	Plural

1   presente de indicativo

zurzo	zurcimos		
zurces	zurcís		
zurce	zurcen		

2   imperfecto de indicativo

zurcía	zurcíamos
zurcías	zurcíais
zurcía	zurcían

3   pretérito

zurcí	zurcimos
zurciste	zurcisteis
zurció	zurcieron

4   futuro

zurciré	zurciremos
zurcirás	zurciréis
zurcirá	zurcirán

5   potencial simple

zurciría	zurciríamos
zurcirías	zurciríais
zurciría	zurcirían

6   presente de subjuntivo

zurza	zurzamos
zurzas	zurzáis
zurza	zurzan

7   imperfecto de subjuntivo

zurciera	zurciéramos
zurcieras	zurcierais
zurciera	zurcieran
OR	
zurciese	zurciésemos
zurcieses	zurcieseis
zurciese	zurciesen

8   perfecto de indicativo

he zurcido	hemos zurcido
has zurcido	habéis zurcido
ha zurcido	han zurcido

9   pluscuamperfecto de indicativo

había zurcido	habíamos zurcido
habías zurcido	habíais zurcido
había zurcido	habían zurcido

10   pretérito anterior

hube zurcido	hubimos zurcido
hubiste zurcido	hubisteis zurcido
hubo zurcido	hubieron zurcido

11   futuro perfecto

habré zurcido	habremos zurcido
habrás zurcido	habréis zurcido
habrá zurcido	habrán zurcido

12   potencial compuesto

habría zurcido	habríamos zurcido
habrías zurcido	habríais zurcido
habría zurcido	habrían zurcido

13   perfecto de subjuntivo

haya zurcido	hayamos zurcido
hayas zurcido	hayáis zurcido
haya zurcido	hayan zurcido

14   pluscuamperfecto de subjuntivo

hubiera zurcido	hubiéramos zurcido
hubieras zurcido	hubierais zurcido
hubiera zurcido	hubieran zurcido
OR	
hubiese zurcido	hubiésemos zurcido
hubieses zurcido	hubieseis zurcido
hubiese zurcido	hubiesen zurcido

imperativo

—	zurzamos
zurce; no zurzas	zurcid; no zurzáis
zurza	zurzan

Words related to this verb

la zurcidura   darning, mending
zurcido, zurcida   darned, mended

Be sure to consult the back pages for verbs used in idiomatic expressions, Spanish proverbs using verbs, weather expressions using verbs, verbs with prepositions, and over 1,000 Spanish verbs conjugated like model verbs among the 501 in this book.

The subject pronouns are found on the page facing page 1.

Appendix

Index of English-Spanish Verbs

The purpose of this index is to give you instantly the Spanish verb for the English verb you have in mind to use. This saves you time if you do not have a standard English-Spanish word dictionary at your fingertips.

When you find the Spanish verb you need through the English verb, look up its verb forms in this book where all verbs are listed alphabetically at the top of each page. If it is not listed among the 501 verbs in this book, consult the list of Over 1,000 Spanish Verbs Conjugated Like Model Verbs Among the 501 which begins on p. 549.

The preposition *to* has been omitted in front of the English verb.

A

abandon **abandonar**
able, to be **poder**
abolish **abolir, suprimir**
absolve **absolver**
abstain **abstenerse**
accelerate **acelerar**
accept **aceptar**
acclaim **aclamar**
accompany **acompañar**
accuse **acusar**
ache **doler**
acknowledge **reconocer**
acquainted with, to be **conocer**
acquire **adquirir**
acquit **absolver**
act (a part) **desempeñar**
add **agregar, añadir, sumar**
adjust **arreglar**
admire **admirar**
admit **admitir, permitir**
adopt **adoptar**
adore **adorar**
advance **adelantar, avanzar**
advantage, to take **aprovecharse**
advise **aconsejar, advertir, recomendar**
affirm **asegurar**
aggravate **agravar**
aggregate **agregar**
agitate **agitar**
agree **convenir**
agree to **subscribir**

agree upon **acordar**
aid **ayudar, socorrer**
allow **dejar, permitir**
allure **atraer**
amaze **asombrar**
angry, to become **enfadarse**
announce **anunciar**
annoy **aburrir, enojar**
annul **anular**
anoint **untar**
answer **contestar, responder**
apologize **disculparse**
appear **aparecer, surgir**
appear (seem) **parecer**
appertain **pertenecer**
applaud **aclamar, aplaudir**
appraise **apreciar**
appreciate **apreciar**
approach **acercarse**
approve **aprobar**
arrange **arreglar, ordenar, organizar**
arrive **llegar**
articulate **articular**
ask **preguntar, rogar**
ask for **pedir, rogar**
assail **asaltar**
assault **asaltar**
assemble **reunirse**
assert **asegurar**
assist **ayudar, socorrer**
assume **suponer**
assure **asegurar**

astonish **asombrar, sorprender**
attach **unir**
attack **atacar**
attain **conseguir, lograr**
attempt **tentar**
attend **acudir, asistir**
attest **certificar**
attract **atraer**
avail oneself **aprovecharse**
awaken **despertar**

B

bake **cocer**
baptize **bautizar**
bath, to take a **bañarse**
bathe oneself **bañarse**
battle **batallar**
be **estar, ser**
be able **poder**
be accustomed **acostumbrar, soler**
be acquainted with **conocer**
be bored **aburrirse**
be born **nacer**
be called **llamarse**
be concerned **preocuparse**
be contained in **caber**
be divorced **divorciarse**
be enough **bastar**
be frightened **asustarse**
be (get) high (tipsy) **alumbrarse**
be glad **alegrarse**
be grateful for **reconocer**
be guilty **delinquir**
be ignorant of **ignorar**
be important **importar**
be in the habit of **acostumbrar, soler**
be interested in **interesarse**
be lacking **faltar**
be lying down **yacer**
be mistaken **equivocarse**
be named **llamarse**
be pleasing **agradar**
be pleasing to **gustar**
be prepared **prepararse**
be present at **asistir**

be present frequently **acudir**
be scared **asustarse**
be silent **callarse**
be sorry for **lastimarse**
be sufficient **bastar**
be thankful for **agradecer**
be wanting **faltar**
be worth **valer**
bear up (endure) **sufrir**
beat **pegar**
become **ponerse**
become angry **calentarse, enfadarse, enojarse**
become excited **calentarse**
become ill **enfermarse**
become lively (from liquor) **alumbrarse**
become sick **enfermarse**
become tired **cansarse**
become weary **cansarse**
beg **implorar, rogar**
begin **comenzar, empezar, iniciar, principiar**
believe **creer**
belong **pertenecer**
bind **atar, unir**
bite **morder**
bless **bendecir**
blow **soplar**
blow out **soplar**
blunder **tropezar**
boil **bullir, cocer**
bore **aburrir**
bored, to be **aburrirse**
born, to be **nacer**
bow **inclinar**
break **romper**; — the law **delinquir**
breakfast, to (have) **desayunar(se)**
breed **criar**
bring **traer**
bring near **acercar**
bring up (breed, rear) **criar**
bronze **broncear**
brush **cepillar**
burden **cargar**
build **construir**
burn **abrasar, quemar**
bustle **bullir**

buy **comprar**
buzz **zumbar**

C

cable **telegrafiar**
call **llamar**
call together **convocar**
called, to be **llamarse**
calm **tranquilizar**
calm down **tranquilizar**
can **poder**
cancel (in mathematics) **suprimir**
carry (away) **llevar**
carry out **ejecutar, realizar**
cast **echar**
cast away **botar**
catch **coger, agarrar**
cause **producir**
cause grief **doler**
cause regret **doler**
celebrate **celebrar, festejar**
certify **certificar**
change **cambiar**
change one's clothes **mudarse**
change one's place of residence
    mudarse
characterize **caracterizar**
charm **atraer**
chat **charlar, platicar**
choke **sofocar**
choose **escoger, elegir**
christen **bautizar**
clamp **abrazar**
clarify **aclarar**
clean **limpiar**
clean oneself **limpiarse**
clear **aclarar**
climb **subir, montar**
clinch **fijar**
close **cerrar**
clothe **vestir**
clothe oneself **vestirse**
clutch **agarrar**
collate **agregar**
collect **agregar, colegir**
color (one's hair, *etc.*) **pintarse**

comb one's hair **peinarse**
come **venir**
come across or upon **encontrarse,**
                                hallar
come down **bajar**
come (in) **entrar**
come to an agreement **arreglarse**
come to the rescue **acudir**
come up **subir**
come upon **agarrar**
command **ordenar**
commence **comenzar**
commend **recomendar**
compare **medir**
complain **lastimarse, quejarse**
complete **acabar, completar**
compose **componer**
compromise **arreglarse**
conduct **conducir**
confess **confesar**
confide **fiar**
confine **encerrar**
confirm **confirmar**
conform **arreglarse**
congratulate **felicitar**
connect **juntar, unir**
conquer **vencer**
consecrate **bendecir**
consider **considerar**
constitute **constituir**
construct **construir**
contain **contener**
contained, to be **caber**
continue **continuar, seguir**
contradict **contradecir**
contribute **contribuir**
convene **convocar, convenir**
convert **convertir**
convince **convencer**
convoke **convocar**
cook **cocer, cocinar**
copy **copiar**
correct **corregir**
cost **costar**
counsel **aconsejar**
count **contar**
cover **cubrir, tapar**
cover up **tapar**

creak (as doors, hinges, *etc.*) **gruñir**
crease **chafar**
cross **atravesar, cruzar**
cross out **borrar**
crumple **chafar**
cry out **gritar**
cry (weep) **llorar**
curse **maldecir**
custom, to have the **soler**
cut **acuchillar, cortar**
cut off **cortar**
cut open **acuchillar**
cut out (eliminate) **suprimir, cortar**

D

dance **bailar**
dare **atreverse, osar**
darn **zurcir**
deal cards **repartir**
decide **decidir**
declare **declarar**
dedicate **dedicar**
defeat **vencer**
defend **defender**
delay **retrasar**
delineate **describir**
deliver **entregar**
demand **exigir**
demonstrate **demostrar**
denounce **denunciar**
deny **negar**
depart **partir**
depend on **atenerse, depender**
descend **bajar**
describe **describir**
deserve **merecer**
design **dibujar**
desire **desear**
destroy **destruir, deshacer**
detach **despegar, separar**
detain **detener**
devote **dedicar**
devote oneself **dedicarse**
die **morir**
direct **dirigir**
discharge **desempeñar**
discover **descubrir**

discuss **discutir, platicar**
dismiss **despedir**
dispense **dispensar**
display **presentar**
distinguish **distinguir**
distribute **dispensar, repartir**
divide **partir**
divine **adivinar**
divorced, to be (get) **divorciarse**
do **hacer**
do (something) right **acertar**
doubt **dudar**
draw **dibujar**
draw near **acercarse**
draw (pull) **tirar**
dread **temer**
dream **soñar**
dress **vestir**
dress oneself **vestirse**
drink **beber**
drive (a car) **conducir, manejar**
dry **secar**
dry oneself **secarse**
dwell **habitar**

E

earn **ganar**
ease **suavizar**
eat **comer**
eat breakfast **desayunar(se)**
eat lunch **almorzar**
eat supper **cenar**
echo **sonar**
economize **ahorrar**
elect **elegir**
eliminate **suprimir**
embrace **abrazar**
emphasize **subrayar**
employ **emplear, usar**
empty **vaciar**
enclose **encerrar, incluir**
encounter **encontrar**
end **acabar, terminar**
endure **sufrir**
enjoy **gozar**
enjoy oneself **divertirse**

enlarge **agrandar**
enliven **despertar**
enroll **inscribirse**
enter **entrar**
entertain **festejar**
entreat **implorar**
enunciate **enunciar**
erase **borrar, raer**
erect **erguir**
err **errar**
escape **huir**
escort **acompañar**
establish **establecer**
esteem **estimar, apreciar**
estimate **estimar**
examine **considerar**
examine by touch **tentar**
excite **mover**
excuse **dispensar, perdonar**
excuse oneself **disculparse**
execute **ejecutar**
exempt **dispensar**
exercise **ejercer**
exert **ejercer**
exhaust **agotar**
expect **aguardar, esperar**
explain **aclarar, explicar**
express **expresar**
extend **tender**
extinguish **apagar**

F

fabricate **fabricar**
fall **caer**
fall asleep **dormirse**
fall down **caerse**
fall ill **enfermarse**
fall sick **enfermarse**
fasten **fijar**
fatigue **cansar**
fear **temer**
feast **festejar**
feel **sentir(se)**
feel sorry **sentir**
feel (touch) **tentar**
feign **fingir, simular**

felicitate **felicitar**
fight **batallar, luchar**
fill **llenar**
fill again **rellenar**
find **encontrar(se), hallar**
find out **averiguar, informarse**
finish **acabar, terminar**
fire (burn) **abrasar, quemar**
fit (into) **caber**
fix **arreglar**
fix (fasten) **fijar**
fix (in the mind) **imprimir**
flatten **chafar**
flee **huir**
fling **arrojar, botar, echar,**
 lanzar, tirar
flow **correr**
fluctuate **vacillar**
fly **volar**
fly away **volarse**
follow **seguir**
forbid **defender, prohibir**
forecast **predecir**
foretell **adivinar, predecir**
forget **olvidar**
forgive **perdonar**
form **formar**
forsake **abandonar**
forward (remit) **remitir**
freeze **helar**
fret **apurarse**
frighten **asombrar, asustar**
fry **freír**
fulfill **cumplir, realizar**
fun of, to make **burlarse**
function (machine) **marchar,**
 funcionar

G

gain **ganar**
gape **bostezar**
gather **agregar, recoger**
gather (unite, meet) **reunir(se)**
get **adquirir, conseguir, lograr,**
 obtener, recibir, sacar
get angry **calentarse, enojarse**

get cross **enojarse**
get divorced **divorciarse**
get dressed **vestirse**
get excited **calentarse**
get ill **enfermarse**
get married **casarse**
get on **montar, subir**
get ready **prepararse**
get sick **enfermarse**
get tipsy **alumbrarse**
get tired **cansarse**
get together **reunirse**
get undressed **desvestirse**
get up **levantarse**
get weary **cansarse**
get wet **mojarse**
give **dar**
give as a gift **regalar**
give as a present **regalar**
give back (an object) **devolver**
give (hand over) **entregar**
give notice **advertir**
give up **abandonar**
give warning **advertir**
glitter **brillar**
glue **pegar**
go **ir**
go ahead **adelantar, adelantarse**
go around, turn around **versar**
go away **irse, marcharse**
go back **regresar, volver**
go down **bajar**
go forward **adelantarse**
go in **entrar**
go out **salir**
go through **atravesar**
go to bed **acostarse**
go up **subir, montar**
go with **acompañar**
good-by, to say **despedirse**
good time, to have a **divertirse**
govern **gobernar**
grab **coger**
grant **admitir, permitir**
grasp **agarrar, asir, coger**
gratify **placer**
grease **untar**
greet **saludar**

grieve **apurarse, gemir**
groan **gemir**
group **agrupar**
grow **crecer**
grow larger **agrandar**
grow tired **aburrirse**
grow weary **aburrirse**
growl **gruñir**
grumble **gruñir, quejarse**
grunt **gruñir**
guard **velar**
guess **adivinar**
guide **guiar**

H

habit, to be in the **soler**
hail **aclamar**
hand over **entregar**
handle **manejar**
hang out (washing) **tender**
hang up **colgar**
happen **pasar, suceder, ocurrir**
harm **herir**
harvest **recoger**
hasten **apresurarse, acelerar**
have (as an auxiliary verb) **haber**
have (hold) **tener**
have a good time **divertirse**
have breakfast **desayunarse**
have lunch **almorzar**
have something to eat or drink
    tomar
have supper **cenar**
have the custom of **soler**
have to **deber, tener (que)**
hear **oír**
heat **calentar**
heave **alzar**
help **ayudar, socorrer**
hesitate **vacilar**
hesitate (in speech) **balbucear**
hide (cover up) **tapar**
hide oneself **ocultarse**
hinder **impedir**
hint **sugerir**

hire (rent) **alquilar**
hit **pegar**
hit the mark **acertar**
hit upon **acertar**
hold **contener, tener**
hold fast (overcome) **sujetar**
hop **saltar**
hope **esperar**
hug **abrazar**
hum **zumbar**
humor **placer**
hurl **arrojar, echar, lanzar**
hurry **apresurarse, acelerar**
hurt **doler, herir**
hurt oneself **lastimarse**

insure **asegurar**
introduce **introducir, presentar**
intrust **fiar**
investigate **averiguar**
invite **invitar**
irrigate **regar**
irritate **enojar**

J

jerk **sacudir**
join **juntar, reunir, unir**
jolt **sacudir**
judge **medir, juzgar**
jump **saltar**

I

ill (to get, fall) **enfermarse**
illuminate **alumbrar**
imbibe **embeber**
immerse **sumergir**
impede **impedir**
implore **implorar**
important, to be **importar**
impress **impresionar**
impress (imprint) **imprimir**
imprint **imprimir**
improve **mejorar**
incite **encender**
incline **inclinar**
include **incluir**
increase **agrandar**
indicate **indicar, señalar**
induce **inducir**
inflame **encender**
influence **inducir, influir**
inform oneself **informarse**
inhabit **habitar**
inherit **heredar**
initiate **iniciar**
inquire **averiguar, preguntar**
inscribe **inscribir**
insinuate **sugerir**
insist **insistir**

K

keep (a promise) **cumplir**
keep company **acompañar**
keep guard **vigilar**
keep quiet **callarse**
keep still **callarse**
keep up (maintain) **mantener**
kill **matar**
kindle **encender**
knife **acuchillar**
knock down **abatir, derribar**
know **conocer, saber**
know how **saber**
know not, be unaware of **ignorar**

L

labor **trabajar**
lack **faltar**
lacking, to be **faltar**
laugh **reír(se)**
launch **lanzar, botar**
lead **conducir, guiar**
leap **saltar**
learn **aprender**

Index of English-Spanish Verbs 511

leave **dejar, marcharse, partir, salir**
leave (go out) **salir**
lend **prestar**
let **dejar**
let down **bajar**
let go **dejar, soltar**
let loose **soltar**
lie down **acostarse, yacer**
lie in a grave **yacer**
lie (tell a lie) **mentir**
lift **alzar, levantar**
light **alumbrar**
light (a flame) **encender**
like (be pleasing to) **gustar**
listen (to) **escuchar**
live **vivir**
live in (reside) **habitar**
load **cargar**
lock up **encerrar**
look **mirar**
look alike **parecerse**
look at **mirar**
look at oneself **mirarse**
look for **buscar**
look out (for) **vigilar**
loosen **soltar**
lose **perder**
love **amar**
lower **bajar**
lunch **almorzar**

M

maintain **mantener, sostener**
make **hacer**
make presents **regalar**
make an impression **impresionar**
make angry **enojar**
make clear **aclarar**
make fun of **burlarse**
make up (constitute) **constituir**
make up one's face **maquillarse,
                    pintarse**
make void (annul) **anular**
make worse **agravar**
manage **manejar**
manufacture **fabricar**

march **marchar**
mark **marcar, notar**
marry **casarse**
matter **importar**
measure **medir**
meet **encontrar(se), reunir(se)**
mend **zurcir, reparar**
mention **mencionar**
merit **merecer**
miss **errar, faltar**
mistaken, to be **equivocarse**
moan **gemir**
moisten **untar**
mount **subir, montar**
move **mover**
move ahead **adelantarse**
move along **caminar**
move (change residence) **mudarse**
mumble **chistar**
must **deber**
mutter **chistar**

N

name **llamar**
named, to be **llamarse**
navigate **navegar**
need **faltar, necesitar**
not to know **ignorar**
note **marcar, notar**
notice **notar, reparar**

O

obey **obedecer**
observe **marcar, notar, observar,
          reparar**
obtain **adquirir, agarrar, conseguir,
         lograr, obtener, recibir**
occupy **ocupar**
occur **ocurrir**
offend **delinquir, ofender**
offer **ofrecer, tender**
oil **untar**
open **abrir**

operate (a vehicle) **manejar**
oppose **oponer**
order **ordenar**
organize **organizar**
ought **deber**
overcome **sujetar, vencer**
overtake **alcanzar**
overthrow **abatir, derribar, vencer**
overturn **voltear**
owe **deber**
own **poseer**

P

pain **doler**
paint **pintar**
parade **pasearse**
pardon **perdonar**
pass a test **aprobar**
pass (by) **pasar**
paste **pegar**
pay **pagar**
pay attention **fijarse**
perceive **percibir**
perform **ejecutar**
perform (a duty) **desempeñar**
permit **admitir, dejar, permitir**
persist **insistir**
persuade **inducir, mover**
pertain **pertenecer**
pick **recoger**
pick up **alzar, recoger**
pitch **echar**
pitch (a ball) **tirar**
place **colocar, poner**
place near **acercar**
play (a game) **jugar**
play (a string instrument) **tañer**
play (music or a musical instrument)
  tocar
play (a part in) **desempeñar**
play (a sport) **jugar**
please **agradar, placer**
pluck **tañer**
plug up **tapar**
plunge **sumergir**

point out **enseñar, indicar, mostrar,
  señalar**
poke fun at **burlarse**
polish **pulir**
possess **poseer**
possession, to take **apoderarse**
power, to take **apoderarse**
practice **practicar**
prattle **charlar**
pray **rogar**
preach **predicar**
predict **predecir**
prefer **preferir**
prepare **preparar**
prepare oneself **prepararse**
present **presentar**
pretend **fingir, simular**
prevent **impedir**
print **imprimir**
proclaim **anunciar, proclamar**
procure **lograr**
produce **producir**
progress **adelantar**
prohibit **defender, prohibir**
promulgate **proclamar**
pronounce **pronunciar**
pronounce distinctly **articular**
protect **proteger**
prove **demostrar, probar**
provide for **mantener**
publish **publicar**
pull **tirar**
pull up (out) **arrancar**
purchase **comprar**
pursue **seguir**
put **colocar, poner**
put cosmetics on **maquillarse**
put in order **ordenar**
put makeup on **maquillarse**
put on clothing **ponerse**
put on (shoes) **calzar**
put out (flame, fire) **apagar**

Q

quake **temblar**
quarrel **reñir**

question **preguntar**
quiet down **tranquilizar**
quiet, to keep **callarse**
quiver **temblar**

R

race **correr**
rain **llover**
raise (breed) **criar**
raise (lift) **levantar**
raise (prices) **alzar**
reach **alcanzar**
reach one's birthday **cumplir**
read **leer**
realize (fulfill) **realizar**
rear (bring up, breed) **criar**
recall **recordar**
receive **recibir**
recognize **reconocer**
recommend **recomendar**
record (inscribe) **inscribir**
refer **referir**
refill **rellenar**
refund **devolver**
register **inscribirse**
register (a letter) **certificar**
regress **regresar**
regret **lastimarse, sentir**
regulate **arreglar**
rejoice **alegrarse**
relate **contar, referir**
rely on **atenerse**
remain **quedarse**
remark **notar**
remember **acordarse, recordar**
remind **recordar**
remit **remitir**
remove (oneself) **quitarse**
rent **alquilar**
repair **arreglar, reparar**
repeal **abolir, revocar**
repeat **repetir**
reply **contestar, responder**
request **pedir, rogar**
require **exigir**
resemble each other **parecerse**

reside **habitar**
resolve **resolver**
resound **sonar**
respect **estimar**
respond **responder**
respond (to a call) **acudir**
rest **descansar**
result **resultar**
retard **retrasar**
retire **retirar**
return (an object) **devolver**
return (go back) **regresar, volver**
revoke **revocar**
revolve **revolver, voltear**
ridicule **burlarse**
ring **sonar**
rinse **aclarar**
rise (get up) **levantarse**
rise (go up) **subir**
roam **errar**
roast (coffee) **tostar**
rob **robar**
root up (out) **arrancar**
rub off **raer**
rule **gobernar**
run **correr**
run away **huir**
run (machine) **marchar, funcionar**
run through **atravesar**
rush **apresurarse**

S

sail **navegar**
salute **saludar**
satisfy **satisfacer**
save (money) **ahorrar**
say **decir**
say good-by to **despedirse**
scan (verses) **medir**
scare **asustar**
scatter **esparcir**
scent **oler**
scold **reñir**
scramble (eggs) **revolver**
scrape **raer**
scream **gritar**

scrub **fregar**	smell **oler**
see **ver**	smile **sonreír**
seek **buscar**	smoke **fumar**
seem **parecer**	smooth **suavizar**
seize **agarrar, asir, coger**	smother **sofocar**
select **escoger, elegir**	snatch **arrancar**
sell **vender**	snow **nevar**
send **enviar**	soak in **embeber**
separate **separar**	soak up **embeber**
serve **servir**	sob **sollozar**
set apart **separar**	soften **suavizar**
set (of sun) **ponerse**	solve (a problem) **resolver**
set on fire **incendiar**	sort **separar**
set up (organize) **organizar**	sound **sonar**
set up straight **erguir**	sparkle **brillar**
settle **arreglar, arreglarse**	speak **hablar**
settle in **fijarse**	speed **acelerar**
shake **sacudir**	spend (money) **gastar**
shake (tremble) **temblar**	spend (time) **pasar**
shake up **agitar**	split **partir**
sham **simular**	spout **surgir**
shape **formar**	spread out **tender**
shatter **romper**	spread (scatter) **esparcir**
shave oneself **afeitarse**	spring **saltar**
shine **brillar**	sprinkle **regar**
shiver **temblar**	spurt **surgir**
shoe **calzar**	stagger **vacilar**
shoot (a gun) **tirar**	stammer **balbucear**
shout **aclamar, gritar**	stand erect **erguirse**
show **enseñar, mostrar, presentar,**	start **comenzar, empezar, iniciar**
señalar	state **enunciar**
show up **aparecer**	stay **quedarse**
shower oneself **ducharse**	stay awake **velar**
shriek **gritar**	steal **robar**
sick (to get, fall) **enfermarse**	step on **pisar**
sigh **suspirar**	stick **pegar**
sign **subscribir, firmar**	stifle **sofocar**
signal **señalar**	still, to keep **callarse**
simulate **simular**	stir **agitar**
sing **cantar**	stop (oneself) **detenerse, pararse**
sink **sumergir**	stop (someone or something)
sit down **sentarse**	**detener, parar**
sit erect **erguirse**	stop up **tapar**
sketch **describir, dibujar**	straighten up (oneself) **erguirse**
ski **esquiar**	stretch **tender**
slap **pegar**	stretch (oneself) **desperezarse**
slash **acuchillar**	strive **luchar**
sleep **dormir**	struggle **batallar, luchar**
slip away **huir**	study **estudiar**

stuff **rellenar**	take out (something) **sacar**
stumble **tropezar**	take possession **apoderarse**
subdue **someter, sujetar**	take power **apoderarse**
subject **someter, sujetar**	take the lead **adelantarse**
submerge **sumergir**	talk **hablar**
submit **someter**	talk over **platicar**
subscribe **subscribir**	tan **broncear, tostar**
succeed **lograr**	teach **enseñar**
succeed (in) **acertar**	tear (break) **romper**
succor **socorrer**	tear down **derribar**
suck **chupar**	tear off (away) **arrancar**
suck in **embeber**	telegraph **telegrafiar**
suffer **sufrir**	telephone **telefonear**
suffice **bastar**	tell **contar, decir**
suffocate **sofocar**	tell a lie **mentir**
suggest **sugerir**	temper **suavizar**
sum up **sumar**	tempt **tentar**
summon **convocar**	terminate **terminar**
supplicate **rogar**	test **probar**
support **mantener, sostener**	thank **agradecer**
suppose **suponer**	think **pensar**
suppress **suprimir**	think over **considerar**
surge **surgir**	throw **arrojar, echar, lanzar, tirar**
surprise **sorprender**	throw away **botar**
surrender **someter**	throw down **abatir, derribar**
suspect **sospechar**	tie **atar**
sustain **sostener**	tilt **inclinar**
swear **jurar**	tint (one's hair, *etc.*) **teñir**
sweep **barrer**	tire **cansar**
swim **nadar**	toast **tostar**
	touch **tocar**
	trample **pisar**
	tranquilize **tranquilizar**
	translate **traducir**
T	transmit **remitir**
	travel **viajar**
take **coger, tomar**	tread on **pisar**
take a bath **bañarse**	treat (a subject) **tratar**
take a shower **ducharse**	tremble **temblar**
take a walk **pasearse**	trot **trotar**
take advantage **aprovecharse**	try **probar, tentar, tratar**
take apart **deshacer**	try on **probar(se)**
take care of oneself **cuidarse**	tumble **caerse**
take on oath **jurar**	turn **versar, voltear**
take away **llevar**	turn around **versar, voltear**
take leave of **despedirse**	turn around (revolve) **revolver**
take notice (of) **advertir, fijarse**	turn off (flame, fire, light) **apagar**
take off (airplane) **despegar**	turn over **revolver**
take off (clothing) **quitarse**	turn upside down **revolver**
take out of pawn **desempeñar**	

U

undergo **sufrir**
underline **subrayar**
underscore **subrayar**
understand **comprender, entender**
undo **deshacer**
undress (oneself) **desvestirse**
unfasten **soltar**
unglue **despegar**
unite **juntar, reunir, unir**
unstick **despegar**
untie **soltar**
uphold **sostener**
urge **exigir**
use **usar, emplear**
use up **agotar**
utilize **utilizar**

V

vacillate **vacilar**
value **estimar**
venture **osar, atreverse**
verify **confirmar**
vex **aburrir, enojar**
vibrate **vibrar**
visit **visitar**
vote **votar**
vow **votar**

W

wait for **aguardar, esperar**
wake up (oneself) **despertarse**
walk **andar, caminar, marchar**
walk, to take a **pasearse**
wander **errar**
want **desear, querer**

wanting, to be **faltar**
warm up **calentar**
warn **advertir**
wash **lavar**
wash dishes **fregar**
wash oneself **lavarse**
waste **gastar**
watch **mirar**
watch over **velar, vigilar**
water **regar**
wave **agitar**
waver **vacilar**
wear **llevar, usar**
wear out **gastar**
wear (shoes) **calzar**
weary **cansar**
weep **llorar**
weigh **medir**
wet oneself **mojarse**
whimper **sollozar**
whine **llorar**
whisk **barrer**
win **ganar**
wind (a watch) **montar**
wipe dry **secar**
wipe out **raer**
wish **desear, querer**
withdraw **quitarse, retirar**
work **trabajar**
worried, to be **preocuparse**
worry **apurarse, preocuparse**
worship **adorar**
worth, to be **valer**
wound **herir**
wrap up **envolver**
wrestle **luchar**
write **escribir**

Y

yawn **bostezar**

Index of Common Irregular Spanish Verb Forms
Identified by Infinitives

The purpose of this index is to help you identify those verb forms which cannot be readily identified because they are irregular in some way. For example, if you come across the verb form *fui* (which is very common) in your Spanish readings, this index will tell you that *fui* is a form of *ir* or *ser*. Then you look up *ir* and *ser* in this book and you will find that verb form on the page where all the forms of *ir* and *ser* are given.

Verb forms whose first three or four letters are the same as the infinitive have not been included because they can easily be identified by referring to the alphabetical listing of the 501 verbs in this book.

After you find the verb of an irregular verb form, if it is not given among the 501 verbs, consult the list of Over 1,000 Spanish Verbs Conjugated Like Model Verbs which begins on p. 549.

A

abierto **abrir**
acierto, *etc.* **acertar**
acuerdo, *etc.* **acordar**
acuesto, *etc.* **acostarse**
aice, *etc.* **alzar**
andes **andar**
anduve, *etc.* **andar**
apruebo, *etc.* **aprobar**
ase, *etc.* **asir**
asgo, *etc* **asir**
ataque, *etc.* **atacar**
ate, *etc.* **atar**

C

cabré, *etc.* **caber**
caí, *etc.* **caer**
caía, *etc.* **caer**
caigo, *etc.* **caer**
calce, *etc.* **calzar**
caliento, *etc.* **calentar**
cayera, *etc.* **caer**
cierro, *etc.* **cerrar**
cojo, *etc.* **coger**
colija, *etc.* **colegir**
consigo, *etc.* **conseguir**
cuece, *etc.* **cocer**
cuelgo, *etc.* **colgar**
cuento, *etc.* **contar**

cuesta, *etc.* **costar**
cuezo, *etc.* **cocer**
cupe, *etc.* **caber**
cupiera, *etc.* **caber**

D

da, *etc.* **dar**
dad **dar**
das **dar**
dé **dar**
demos **dar**
den **dar**
des **dar**
di, *etc.* **dar, decir**
dice, *etc.* **decir**
diciendo **decir**
dicho **decir**
diera, *etc.* **dar**
diese, *etc.* **dar**
digo, *etc.* **decir**
dije, *etc.* **decir**
dimos, *etc.* **dar**
dio **dar**
diré, *etc.* **decir**
diría, *etc.* **decir**
diste **dar**
doy **dar**
duelo, *etc.* **doler**
duermo, *etc.* **dormir**
durmamos **dormir**
durmiendo **dormir**

E

eliges, *etc.* **elegir**
eligiendo **elegir**
eligiera, *etc.* **elegir**
elijo, *etc.* **elegir**
era, *etc.* **ser**
eres **ser**
es **ser**
estoy **estar**
estuve, *etc.* **estar**
exija, *etc.* **exigir**

F

fíe, *etc.* **fiar**
finja, *etc.* **fingir**
fío, *etc.* **fiar**
friego, *etc.* **fregar**
friendo **freír**
friera, *etc.* **freír**
frío, *etc.* **freír**
frito **freír**
fue, *etc.* **ir, ser**
fuera, *etc.* **ir, ser**
fuese, *etc.* **ir, ser**
fui, *etc.* **ir, ser**

G

gima, *etc.* **gemir**
gimiendo **gemir**
gimiera, *etc.* **gemir**
gimiese, *etc.* **gemir**
gimo, *etc.* **gemir**
goce, *etc.* **gozar**
gocé **gozar**

H

ha **haber**
había, *etc.* **haber**
habré *etc.* **haber**
haga, *etc.* **hacer**
hago, *etc.* **hacer**
han **haber**

haría, *etc.* **hacer**
has **haber**
haya, *etc.* **haber**
haz **hacer**
he **haber**
hecho **hacer**
hemos **haber**
hice, *etc.* **hacer**
hiciera, *etc.* **hacer**
hiciese, *etc.* **hacer**
hiela **helar**
hiele **helar**
hiera, *etc.* **herir**
hiero, *etc.* **herir**
hiramos **herir**
hiriendo **herir**
hiriera, *etc.* **herir**
hiriese, *etc.* **herir**
hizo **hacer**
hube, *etc.* **haber**
hubiera, *etc.* **haber**
hubiese, *etc.* **haber**
huela, *etc.* **oler**
huelo, *etc.* **oler**
huya, *etc.* **huir**
huyendo **huir**
huyera, *etc.* **huir**
huyese, *etc.* **huir**
huyo, *etc.* **huir**

I

iba, *etc.* **ir**
id **ir**
ido **ir**
idos **irse**
irgo, *etc.* **erguir**
irguiendo **erguir**
irguiera, *etc.* **erguir**
irguiese, *etc.* **erguir**

J

juego, *etc.* **jugar**
juegue, *etc.* **jugar**

L

lea, *etc.* **leer**
leído **leer**
leo, *etc.* **leer**
leyendo **leer**
leyera, *etc.* **leer**
leyese, *etc.* **leer**

LL

llueva **llover**
llueve **llover**

M

mida, *etc.* **medir**
midiendo **medir**
midiera, *etc.* **medir**
midiese, *etc.* **medir**
mido, *etc.* **medir**
mienta, *etc.* **mentir**
miento, *etc.* **mentir**
mintiendo **mentir**
mintiera, *etc.* **mentir**
mintiese, *etc.* **mentir**
muerda, *etc.* **morder**
muerdo, *etc.* **morder**
muero, *etc.* **morir**
muerto **morir**
muestre, *etc.* **mostrar**
muestro, *etc.* **mostrar**
mueva, *etc.* **mover**
muevo, *etc.* **mover**
muramos **morir**
muriendo **morir**
muriera, *etc.* **morir**
muriese, *etc.* **morir**

N

nazca, *etc.* **nacer**
nazco **nacer**

niego, *etc.* **negar**
niegue, *etc.* **negar**
nieva **nevar**
nieve **nevar**

O

oíd **oír**
oiga, *etc.* **oír**
oigo, *etc.* **oír**
oliendo **oler**
oliera, *etc.* **oler**
oliese, *etc.* **oler**
oye, *etc.* **oír**
oyendo **oír**
oyera, *etc.* **oír**
oyese, *etc.* **oír**

P

pida, *etc.* **pedir**
pidamos **pedir**
pidiendo **pedir**
pidiera, *etc.* **pedir**
pidiese, *etc.* **pedir**
pido, *etc.* **pedir**
pienso, *etc.* **pensar**
pierda, *etc.* **perder**
pierdo, *etc.* **perder**
plegue **placer**
plugo **placer**
pluguiera **placer**
pluguieron **placer**
pluguiese **placer**
ponga, *etc.* **poner**
pongámonos **ponerse**
ponte **ponerse**
pruebe, *etc.* **probar**
pruebo, *etc.* **probar**
pude, *etc.* **poder**
pudiendo **poder**
pudiera, *etc.* **poder**
pudiese, *etc.* **poder**
puedo, *etc.* **poder**
puesto **poner**

puse, *etc.* **poner**
pusiera, *etc.* **poner**
pusiese, *etc.* **poner**

Q

quepo, *etc.* **caber**
quiebro **quebrar**
quiero, *etc.* **querer**
quise, *etc.* **querer**
quisiera, *etc.* **querer**
quisiese, *etc.* **querer**

R

raí, *etc.* **raer**
raía, *etc.* **raer**
raiga, *etc.* **raer**
raigo, *etc.* **raer**
rayendo **raer**
rayera, *etc.* **raer**
rayese *etc* **raer**
ría, *etc* **reír**
riamos **reír**
riego, *etc* **regar**
riendo **reír**
riera, *etc.* **reír**
riese, *etc.* **reír**
riña, *etc.* **reñir**
riñendo **reñir**
riñera, *etc.* **reñir**
riñese, *etc.* **reñir**
riño, *etc.* **reñir**
río, *etc.* **reír**
roto **romper**
ruego, *etc.* **rogar**
ruegue, *etc.* **rogar**

S

sal, salgo, *etc.* **salir**
saque, *etc.* **sacar**
sé **saber, ser**
sea, *etc.* **ser**
sed **ser**

sepa, *etc.* **saber**
seque, *etc.* **secar**
sido **ser**
siendo **ser**
siento, *etc.* **sentar, sentir**
sigo, *etc.* **seguir**
siguiendo **seguir**
siguiera, *etc.* **seguir**
siguiese, *etc.* **seguir**
sintiendo **sentir**
sintiera, *etc.* **sentir**
sintiese, *etc.* **sentir**
sintió **sentir**
sirviendo **servir**
sirvo, *etc.* **servir**
sois **ser**
somos **ser**
son **ser**
soy **ser**
suela, *etc.* **soler**
suelo, *etc.* **soler**
suelto, *etc.* **soltar**
sueno, *etc.* **sonar**
sueño, *etc.* **soñar**
supe, *etc.* **saber**
supiera, *etc.* **saber**
supiese, *etc.* **saber**
surja, *etc.* **surgir**

T

ten, tengo **tener**
tiemblo, *etc.* **temblar**
tiendo, *etc.* **tender**
tienes, *etc.* **tener**
tiento, *etc.* **tentar**
toque, *etc.* **tocar**
traigo, *etc.* **traer**
traje, *etc.* **traer**
tuesto, *etc.* **tostar**
tuve, *etc.* **tener**

U

uno, *etc.* **unir**

V

va **ir**
vais **ir**
val, valgo, *etc.* **valer**
vámonos **irse**
vamos **ir**
van **ir**
vas **ir**
vaya, *etc.* **ir**
ve **ir, ver**
vea, *etc.* **ver**
ved **ver**
ven **venir**, ver
vendré, *etc.* **venir**
venga, vengo **venir**
veo, *etc.* **ver**
ves **ver**
vete **irse**
vi **ver**
viendo **ver**
viene, *etc.* **venir**
viera, *etc.* **ver**

viese, *etc.* **ver**
vimos, *etc.* **ver**
vine, *etc.* **venir**
vio **ver**
viste **ver, vestir**
vistiendo **vestir**
vistiéndose **vestirse**
vistiese **vestirse**
visto **ver, vestir**
voy **ir**
vuelo, *etc.* **volar**
vuelto **volver**
vuelvo, *etc.* **volver**

Y

yaz **yacer**
yazco, *etc.* **yacer**
yendo **ir**
yergo, *etc.* **erguir**
yerro, *etc.* **errar**

Verbs Used in Idiomatic Expressions

On the pages containing 501 verbs given in this book, I offer simple sentences, idiomatic expressions, or words and expressions related to verbs. They can help build your Spanish vocabulary and knowledge of Spanish idioms.

When you look up the verb forms of a particular verb in this book, consult the following list so that you may learn some common idiomatic expressions. Consulting this list will save you time because you will not have to use a standard Spanish-English word dictionary to find out what the verbal idiom means. Also, if you do this, you will learn two things at the same time: the verb forms for a particular verb and verbal idioms.

Remember that not all verbs in the Spanish language are used in idioms. Those given below are used very frequently in Spanish readings and in conversation. Some of the following entries contain words, usually nouns, that are related to the verb entry. This, too, will help build your vocabulary. I also include a few proverbs containing verbs because they are interesting, colorful, useful, and they help build your knowledge of Spanish words and idiomatic expressions.

acabar de + inf.

The Spanish idiomatic expression **acabar de + inf.** is expressed in English as *to have just* + past participle.

In the present indicative:
María acaba de llegar.   Mary has just arrived.
Acabo de comer.   I have just eaten.
Acabamos de terminar la lección.   We have just finished the lesson.

In the imperfect indicative:
María acababa de llegar.   Mary had just arrived.
Acababa de comer.   I had just eaten.
Acabábamos de terminar la lección.   We had just finished the lesson.

Note:
(a) When you use **acabar** in the present tense, it indicates that the action of the main verb (+ inf.) has just occurred now in the present. In English, we express this by using *have just* + the past participle of the main verb: *Acabo de llegar/*I have just arrived. (See the other examples above under present indicative.)

(b) When you use **acabar** in the imperfect indicative, it indicates that the action of the main verb (+ inf.) had occurred at some time in the past when another action occurred in the past. In English, we express this by using *had just* + the past participle of the main verb: *Acabábamos de entrar en la casa cuando el teléfono sonó/*We had just entered the house when the telephone rang. (See the other examples above under imperfect indicative.)

Note also that when **acabar** is used in the imperfect indicative + the inf. of the main verb being expressed, the verb in the other clause is usually in the preterit.

conocer and **saber** (See also **poder** and **saber**)

These two verbs mean *to know* but they are each used in a distinct sense:

(a) Generally speaking, **conocer** means to know in the sense of *being acquainted* with a person, a place, or a thing: *¿Conoce Ud. a María?*/Do you know Mary? *¿Conoce Ud. bien los Estados Unidos?*/Do you know the United States well? *¿Conoce Ud. este libro?*/Do you know (Are you acquainted with) this book?

In the preterit tense, **conocer** means *met* in the sense of *first met, first became acquainted with someone*: *¿Conoce Ud. a Elena?*/Do you know Helen? *Sí, (yo) la conocí anoche en casa de un amigo mío*/Yes, I met her (for the first time) last night at the home of one of my friends.

(b) Generally speaking, **saber** means to know a fact, to know something thoroughly: *¿Sabe Ud. qué hora es?*/Do you know what time it is? *¿Sabe Ud. la lección?*/Do you know the lesson?

When you use **saber + inf.**, it means *to know how*: *¿Sabe Ud. nadar?*/Do you know how to swim? *Sí, (yo) sé nadar*/Yes, I know how to swim.

In the preterit tense, **saber** means *found out*: *¿Lo sabe Ud.?*/Do you know it? *Sí, lo supe ayer*/Yes, I found it out yesterday.

---

dar and **darse**

dar a to face (*El comedor da al jardín*/The dining room faces the garden.)

dar con algo to find something, to come upon something (*Esta mañana di con dinero en la calle*/This morning I found money in the street.)

dar con alguien to meet someone, to run into someone, to come across someone, to find someone (*Anoche, di con mi amiga Elena en el cine*/Last night I met my friend Helen at the movies.)

dar cuerda al reloj to wind a watch

dar de beber a to give something to drink to

dar de comer a to feed, to give something to eat to (*Me gusta dar de comer a los pájaros en el parque*/I like to feed the birds in the park.)

dar en to hit against, to strike against

dar en el blanco to hit the target, to hit it right

dar gritos to shout

dar la bienvenida to welcome

dar la hora to strike the hour

dar la mano a alguien to shake hands with someone

dar las buenas noches a alguien to say good evening (good night) to someone

dar las gracias a alguien to thank someone

dar los buenos días a alguien to say good morning (hello) to someone

dar por + past part. to consider (*Lo doy por perdido*/I consider it lost.)

dar recuerdos a   to give one's regards (best wishes) to

dar un abrazo   to embrace

dar un paseo   to take a walk

dar un paseo a caballo   to go horseback riding

dar un paseo en automóvil   to go for a drive

dar una vuelta   to go for a short walk, to go for a stroll

dar unas palmadas   to clap one's hands

dar voces   to shout

darse cuenta de   to realize, to be aware of, to take into account

darse la mano   to shake hands with each other

darse por + past part.   to consider oneself (*Me doy por insultado*/I consider myself insulted.)

darse prisa   to hurry

deber, deber de and tener que

Generally speaking, use **deber** when you want to express a moral obligation, something you ought to do but that you may or may not actually do: *Debo estudiar esta noche pero estoy cansado y no me siento bien*/I ought to study tonight but I am tired and I do not feel well.

Generally speaking, **deber de + inf.** is used to express a supposition, something that is probable: *La señora Gómez debe de estar enferma porque sale de casa raramente*/Mrs. Gómez must be sick (is probably sick) because she goes out of the house rarely.

Generally speaking, use **tener que** when you want to say that you *have to* do something: *No puedo salir esta noche porque tengo que estudiar*/I cannot go out tonight because I have to study.

decir

decirle al oído   to whisper in one's ear

dicho y hecho   no sooner said than done

Es decir   That is to say . . .

querer decir   to mean (*¿Qué quiere decir este muchacho?*/What does this boy mean?)

dejar, salir, and salir de

These verbs mean *to leave*, but notice the difference in use:

Use **dejar** when you leave someone or when you leave something behind you: *El alumno dejó sus libros en la sala de clase*/The pupil left his books in the classroom.

Dejar also means *to let* or *to allow* or *to let go*: *Déjelo!*/Let it! (Leave it!)

Verbs Used in Idiomatic Expressions   525

Use **salir de** when you mean *to leave* in the sense of *to go out of* (a place): *El alumno salió de la sala de clase*/The pupil left the classroom; *¿Dónde está su madre? Mi madre salió*/Where is your mother? My mother went out.

dejar de + inf. and dejar caer

Use **dejar de + inf.** when you mean *to stop* or *to fail to*: *Los alumnos dejaron de hablar cuando la profesora entró en la sala de clase*/The students stopped talking when the teacher came into the classroom; *¡No deje Ud. de llamarme!*/Don't fail to call me!

Dejar caer means *to drop*: *Luis dejó caer sus libros*/Louis dropped his books.

estar (See also ser and estar beginning on p. 533)

está bien   all right, okay

estar a punto de + inf.   to be about + inf. (*Estoy a punto de salir*/I am about to go out.)

estar a sus anchas   to be comfortable

estar aburrido (aburrida)   to be bored

estar al día   to be up to date

estar bien   to be well

estar conforme con   to be in agreement with

estar de acuerdo   to agree

estar de acuerdo con   to be in agreement with

estar de boga   to be in fashion, to be fashionable

estar de buenas   to be in a good mood

estar de más   to be unnecessary

estar de pie   to be standing

estar de vuelta   to be back

estar en boga   to be in fashion, to be fashionable

estar listo (lista)   to be ready

estar mal   to be ill

estar para + inf.   to be about to (*Estoy para salir*/I am about to go out.)

estar por   to be in favor of

no estar para bromas   not to be in the mood for jokes

gastar and pasar

These two verbs mean *to spend*, but notice the difference in use:

Use **gastar** when you spend money: *No me gusta gastar mucho dinero*/I do not like to spend much money.

Use **pasar** when you spend time: *Me gustaría pasar un año en España*/I would like to spend a year in Spain.

526 Verbs Used in Idiomatic Expressions

gustar

(a) Essentially, the verb **gustar** means *to be pleasing to* . . .

(b) In English, we say, for example, *I like ice cream.* In Spanish, we say *Me gusta el helado*; that is to say, "Ice cream is pleasing to me (To me ice cream is pleasing)."

(c) In English, the thing that you like is the direct object. In Spanish, the thing that you like is the subject. Also, in Spanish, the person who likes the thing is the indirect object: to me, to you, etc.: *A Roberto le gusta el helado*/Robert likes ice cream; in other words, "To Robert, ice cream is pleasing to him."

(d) In Spanish, therefore, the verb **gustar** is used in the third person, either in the singular or plural, when you talk about something that you like — something that is pleasing to you. Therefore, the verb form must agree with the subject; if the thing liked is singular, the verb is third person singular; if the thing liked is plural, the verb **gustar** is third person plural: *Me gusta el café*/I like coffee; *Me gustan el café y la leche*/I like coffee and milk (Coffee and milk are pleasing to me).

(e) When you mention the person or the persons who like something, you must use the preposition **a** in front of the person; you must also use the indirect object pronoun of the noun which is the person: *A los muchachos y a las muchachas les gusta jugar*/Boys and girls like to play; that is to say, "To play is pleasing to them, to boys and girls."

(f) Other examples:

Me gusta leer.   I like to read.

Te gusta leer.   You (*familiar*) like to read.

A Felipe le gusta el helado.   Philip likes ice cream.

Al chico le gusta la leche.   The boy likes milk.

A Carlota le gusta bailar.   Charlotte likes to dance.

A las chicas les gustó el libro.   The girls liked the book.

Nos gustó el cuento.   We liked the story.

¿Le gusta a Ud. el español?   Do you like Spanish?

A Pedro y a Ana les gustó la película.   Peter and Anna liked the film.

A mi amigo le gustaron los chocolates.   My friend liked the chocolates; that is to say, "The chocolates were pleasing (pleased) to him (to my friend)."

haber

ha habido . . .   there has been . . . , there have been . . .

había . . .   there was . . . , there were . . .

habrá . . .   there will be . . .

habría . . .   there would be . . .

hubo . . .   there was . . . , there were . . .

Verbs Used in Idiomatic Expressions 527

haber, haber de + inf., and tener

The verb **haber** (to have) is used as an auxiliary verb (or helping verb) in order to form the seven compound tenses, which are as follows:

Compound Tenses	Example (in the 1st person sing.)
Present Perfect (or Perfect) Indicative	**he hablado** (I have spoken)
Pluperfect (or Past Perfect) Indicative	**había hablado** (I had spoken)
Preterit Perfect (or Past Anterior)	**hube hablado** (I had spoken)
Future Perfect (or Future Anterior)	**habré hablado** (I will have spoken)
Conditional Perfect	**habría hablado** (I would have spoken)
Present Perfect (or Past) Subjunctive	**haya hablado** (I may have spoken)
Pluperfect (or Past Perfect) Subjunctive	**hubiera hablado** *or* **hubiese hablado** (I might have spoken)

For an explanation of the formation of these tenses, see pp. xxxviii–xl.

The verb **haber** is also used to form the perfect (or past) infinitive: *haber hablado* (to have spoken). As you can see, this is formed by using the infinitive form of haber + the past participle of the main verb.

The verb **haber** is also used to form the perfect participle: *habiendo hablado* (having spoken). As you can see, this is formed by using the present participle of haber + the past participle of the main verb.

The verb **haber + de + inf.** is equivalent to the English use of "to be supposed to . . ." or "to be to . . .": *María ha de traer un pastel, yo he de traer el helado, y mis amigos han de traer sus discos/*Mary is supposed to bring a pie, I am supposed to bring the ice cream, and my friends are to bring their records.

The verb **tener** is used to mean *to have* in the sense of *to possess* or *to hold*: *Tengo un perro y un gato/*I have a dog and a cat; *Tengo un lápiz en la mano/* I have (am holding) a pencil in my hand.

In the preterit tense, **tener** can mean *received*: *Ayer mi padre tuvo un cheque/* Yesterday my father received a check.

hay and hay que + inf.

The word **hay** is not a verb. You might regard it as an impersonal irregular form of **haber**. Actually, the word is composed of **ha** + the archaic **y**, meaning *there*. It is generally regarded as an adverbial expression because it points out that something or someone "is there." Its English equivalent is *There is . . .* or *There are . . .*, for example: *Hay muchos libros en la mesa/*There are many books on the table; *Hay una mosca en la sopa/*There is a fly in the soup; *Hay veinte alumnos en esta clase/*There are twenty students in this class.

Hay que + inf. is an impersonal expression that denotes an obligation and it is commonly translated into English as: *One must . . .* or *It is necessary to . . .* Examples: *Hay que estudiar para aprender/*It is necessary to study in order to learn; *Hay que comer para vivir/*One must eat in order to live.

hacer and **hacerse** (See also **Weather Expressions Using Verbs** on p. 539)

hace poco   a little while ago

hace un año   a year ago

Hace un mes que partió el señor Molina.   Mr. Molina left one month ago.

hace una hora   an hour ago

hacer caso de   to pay attention to

hacer daño a algo   to harm something

hacer daño a alguien   to harm someone

hacer de   to act as (*El señor González siempre hace de jefe*/Mr. González always acts as a boss.)

hacer el baúl   to pack one's trunk

hacer el favor de + inf.   please (*Haga Ud. el favor de entrar*/Please come in.)

hacer el papel de   to play the role of

hacer la maleta   to pack one's suitcase

hacer pedazos   to smash, to break, to tear into pieces

hacer un viaje   to take a trip

hacer una broma   to play a joke

hacer una pregunta   to ask a question

hacer una visita   to pay a visit

hacerle falta   to need (*A Juan le hace falta un lápiz*/John needs a pencil.)

hacerse   to become (*Elena se hizo dentista*/Helen became a dentist.)

hacerse daño   to hurt oneself, to harm oneself

hacerse tarde   to be getting late (*Vámonos; se hace tarde*/Let's leave; it's getting late.)

¿Cuánto tiempo hace que + present tense . . . ?

(a) Use this formula when you want to ask *How long + the present perfect tense* in English:

¿Cuánto tiempo hace que Ud. estudia español?   How long have you been studying Spanish?

¿Cuánto tiempo hace que Ud. espera el autobús?   How long have you been waiting for the bus?

(b) When this formula is used, you generally expect the person to tell you how long a time it has been, e.g., one year, two months, a few minutes.

(c) This is used when the action began at some time in the past and continues up to the present moment. That is why you must use the present tense of the verb — the action of studying, waiting, etc. is still going on at the present.

Verbs Used in Idiomatic Expressions   **529**

Hace + length of time + que + present tense

(a) This formula is the usual answer to the question ¿**Cuánto tiempo hace que** + present tense . . . ?

(b) Since the question is asked in terms of *how long*, the usual answer is in terms of time: a year, two years, a few days, months, minutes, etc.:

Hace tres años que estudio español.   I have been studying Spanish for three years.

Hace veinte minutos que espero el autobús.   I have been waiting for the bus for twenty minutes.

(c) The same formula is used if you want to ask *how many weeks, how many months, how many minutes,* etc.:

¿Cuántos años hace que Ud. estudia español?   How many years have you been studying Spanish?

¿Cuántas horas hace que Ud. mira la televisión?   How many hours have you been watching television?

¿Desde cuándo + present tense . . . ?

¿Desde cuándo estudia Ud. español?   How long have you been studying Spanish?

Present tense + desde hace + length of time

Estudio español desde hace tres años.   I have been studying Spanish for three years.

¿Cuánto tiempo hacía que + imperfect tense

(a) If the action of the verb began in the past and ended in the past, use the imperfect tense.

(b) This formula is equivalent to the English: *How long + past perfect tense*:

¿Cuánto tiempo hacía que Ud. hablaba cuando entré en la sala de clase? How long had you been talking when I entered into the classroom?

(c) Note that the action of talking in this example began in the past and ended in the past when I entered the classroom.

Hacía + length of time + que + imperfect tense

The imperfect tense of the verb is used here because the action began in the past and ended in the past; it is not going on at the present moment.

Hacía una hora que yo hablaba cuando Ud. entró en la sala de clase.   I had been talking for one hour when you entered the classroom.

¿Desde cuándo + imperfect tense . . . ?

¿Desde cuándo hablaba Ud. cuando yo entré en la sala de clase?   How long had you been talking when I entered into the classroom?

Imperfect tense + desde hacía + length of time

(Yo) hablaba desde hacía una hora cuando Ud. entró en la sala de clase.
I had been talking for one hour when you entered into the classroom.

ir, irse

Use **ir** when you simply mean *to go*: *Voy al cine*/I am going to the movies.

Use **irse** when you mean *to leave* in the sense of *to go away*: *Mis padres se fueron al campo para visitar a mis abuelos*/My parents left for (went away to) the country to visit my grandparents.

ir a caballo   to ride horseback

ir a medias   to go halves

ir a pie   to walk (to go on foot)

ir bien   to get along well

ir con tiento   to go quietly, softly

ir delante   to go ahead

ir por   to go for, to go ahead

irse de prisa   to rush away

¡Qué va!   Nonsense! Rubbish!

¡Vaya!   You don't say!

Vaya con Dios.   God be with you.

jugar and tocar

Both these verbs mean *to play* but they have different uses. **Jugar a** means to play a sport, a game: *¿Juega Ud. al tenis?*/Do you play tennis?   *Me gusta jugar a la pelota*/I like to play ball.

The verb **tocar** means to play a musical instrument: *Carmen toca muy bien el piano*/Carmen plays the piano very well.

The verb **tocar** has other meanings, too. It is commonly used as follows:
to be one's turn, in which case it takes an indirect object: *¿A quién le toca?*/Whose turn is it?   *Le toca a Juan*/It is John's turn.
to knock on a door (tocar a la puerta): *Alguien toca a la puerta*/Someone is knocking on (at) the door.

Essentially, **tocar** means *to touch*.

llegar a ser, hacerse and ponerse

These three verbs mean *to become*. Note the difference in use:

Use **llegar a ser** + **a noun**, e.g., *to become a doctor, to become a teacher*; in other words, the noun indicates the goal that you are striving for: *Quiero llegar a ser doctor*/I want to become a doctor. **Hacerse** is used similarly: *Juan se hizo abogado*/John became a lawyer.

Use **ponerse** + **an adj.**, e.g., *to become pale, to become sick*; in other words, the adj. indicates the state or condition (physical or mental) that you have become: *Cuando vi el accidente, me puse pálido*/When I saw the accident, I became pale; *Mi madre se puso triste al oír la noticia desgraciada*/My mother became sad upon hearing the unfortunate news.

llevar and tomar

These two verbs mean *to take* but note the difference in use:

Llevar means *to take* in the sense of carry or transport from place to place: *José llevó la silla de la cocina al comedor*/Joseph took the chair from the kitchen to the dining room.

The verb **llevar** is also used when you *take someone somewhere*: *Pedro llevó a María al baile anoche*/Peter took Mary to the dance last night.

As you probably know, **llevar** also means *to wear*: *María, ¿por qué llevas la falda nueva?*/Mary, why are you wearing your new skirt?

Tomar means *to take* in the sense of grab or catch: *La profesora tomó el libro y comenzó a leer a la clase*/The teacher took the book and began to read to the class; *Mi amigo tomó el tren esta mañana a las siete*/My friend took the train this morning at seven o'clock.

pedir and preguntar

Both these verbs mean *to ask* but note the difference:

Pedir means *to ask for something* or *to request*: *El alumno pidió un lápiz al profesor*/The pupil asked the teacher for a pencil.

Preguntar means *to inquire, to ask a question*: *La alumna preguntó a la profesora cómo estaba*/The pupil asked the teacher how she was.

pensar de and pensar en

Both these verbs mean *to think of* but note the difference:

Pensar is used with the prep. **de** when you ask someone what he/she thinks of someone or something, when you ask for someone's opinion: *¿Qué piensa Ud. de este libro?*/What do you think of this book? *Pienso que es bueno*/I think that it is good.

532   Verbs Used in Idiomatic Expressions

Pensar is used with the prep. **en** when you ask someone what or whom he/she is thinking about: *Miguel, no hablas mucho; ¿en qué piensas?*/Michael, you are not talking much; of what are you thinking? (what are you thinking of?); *Pienso en las vacaciones de verano*/I'm thinking of summer vacation.

poder and **saber** (See also **conocer** and **saber**)

Both these verbs mean *can* but the difference in use is as follows:

Poder means *can* in the sense of *ability*: *No puedo ayudarle; lo siento*/I cannot (am unable to) help you; I'm sorry.

Saber means *can* in the sense of *to know how*: *Este niño no sabe contar*/This child can't (does not know how to) count.

In the preterit tense **poder** has the special meaning of *succeeded*: *Después de algunos minutos, Juan pudo abrir la puerta*/After a few minutes, John succeeded in opening the door.

In the preterit tense, **saber** has the special meaning of *found out*: *Lo supe ayer*/I found it out yesterday.

no poder más   to be exhausted, to be all in
No puede ser.   It's impossible. (It can't be.)

poner and **ponerse**

    al poner del sol   at sunset
    poner coto a   to put a stop to
    poner el dedo en la llaga   to hit the nail right on the head
    poner en claro   to explain simply and clearly
    poner en duda   to doubt, to question
    poner en marcha   to set in motion
    poner en ridículo   to ridicule
    poner los puntos sobre las íes   to mind one's p's and q's; to mind one's own business; to dot the i's
    poner por escrito   to put in writing
    ponerse de acuerdo   to reach an agreement
    ponerse cómodo   to make oneself at home
    ponerse en marcha   to start (out)
    ponerse mal   to get sick

ser

    Debe de ser . . .   It is probably . . .
    Debe ser . . .   It ought to be . . .

Verbs Used in Idiomatic Expressions   533

Es de lamentar.   It's too bad.

Es de mi agrado.   It's to my liking.

Es hora de . . .   It is time to . . .

Es lástima or **Es una lástima.**   It's a pity; It's too bad.

Es que . . .   The fact is . . .

para ser   in spite of being (*Para ser tan viejo, él es muy ágil*/In spite of being so old, he is very nimble.)

sea lo que sea   whatever it may be

ser aficionado a   to be a fan of (*Soy aficionado al béisbol*/I'm a baseball fan.)

ser amable con   to be kind to (*Mi profesora de español es amable conmigo*/My Spanish teacher is kind to me.)

ser todo oídos   to be all ears (*Te escucho; soy todo oídos*/I'm listening to you; I'm all ears.)

si no fuera por . . .   if it were not for . . .

---

ser and **estar** (See also **estar** on p. 526)

These two verbs mean *to be* but note the differences in use:

Generally speaking, use **ser** when you want to express *to be*.

Use **estar** when *to be* is used in the following ways:

(a) Health:
- (1) *¿Cómo está Ud.?*   How are you?
- (2) *Estoy bien.*   I am well.
- (3) *Estoy enfermo (enferma).*   I am sick.

(b) Location: persons, places, things
- (1) *Estoy en la sala de clase.*   I am in the classroom.
- (2) *La escuela está lejos.*   The school is far.
- (3) *Barcelona está en España.*   Barcelona is (located) in Spain.
- (4) *Los libros están en la mesa.*   The books are on the table.

(c) State or condition: persons
- (1) *Estoy contento (contenta).*   I am happy.
- (2) *Los alumnos están cansados. (Las alumnas están cansadas.)* The students are tired.
- (3) *María está triste hoy.*   Mary is sad today.
- (4) *Estoy listo (lista).*   I am ready.
- (5) *Estoy pálido (pálida).*   I am pale.
- (6) *Estoy ocupado (ocupada).*   I am busy.
- (7) *Estoy seguro (segura).*   I am sure.
- (8) *Este hombre está vivo.*   This man is alive.

(9) *Ese hombre está muerto.*　　That man is dead.

(10) *Este hombre está borracho.*　　This man is drunk.

(d) State or condition: things and places

(1) *La ventana está abierta.*　　The window is open.

(2) *La taza está llena.*　　The cup is full.

(3) *El té está caliente.*　　The tea is hot.

(4) *La limonada está fría.*　　The lemonade is cold.

(5) *La biblioteca está cerrada los domingos.*　　The library is closed on Sundays.

(e) To form the progressive present of a verb, use the present tense of **estar** + the present part. of the main verb:

Estoy estudiando en mi cuarto y no puedo salir esta noche.
I am studying in my room and I cannot go out tonight.

(f) To form the progressive past of a verb, use the imperfect tense of **estar** + the present part. of the main verb:

Mi hermano estaba leyendo cuando (yo) entré en el cuarto.
My brother was reading when I entered (came into) the room.

ser aburrido　　to be boring

ser de　　to belong to; **Este libro es de María.**　　This book is Mary's.

ser de rigor　　to be indispensable

ser de ver　　to be worth seeing

ser listo (lista)　　to be clever

estar aburrido (aburrida)　　to be bored

estar de buenas　　to be lucky

estar de buen humor　　to be in good spirits, a good mood

estar listo (lista)　　to be ready

See also the verbs **ser** and **estar** among the 501s in this book.

tener and tenerse

¿Cuántos años tienes?　¿Cuántos años tiene Ud.?　　How old are you?
Tengo diez y seis años.　　I am sixteen years old.

¿Qué tienes?　¿Qué tiene Ud.?　　What's the matter?　What's the matter with you?　**No tengo nada.**　　There's nothing wrong; There's nothing the matter (with me).

tener algo que hacer　　to have something to do

tener apetito　　to have an appetite

tener calor　　to feel (to be) warm (persons)

tener cuidado　　to be careful

tener dolor de cabeza　　to have a headache

tener dolor de estómago　　to have a stomach ache

Verbs Used in Idiomatic Expressions　535

tener en cuenta   to take into account

tener éxito   to be successful

tener frío   to feel (to be) cold (persons)

tener ganas de + inf.   to feel like + pres. part. (*Tengo ganas de tomar un helado*/I feel like having an ice cream.)

tener gusto en + inf.   to be glad + inf. (*Tengo mucho gusto en conocerle*/I am very glad to meet you.)

tener hambre   to feel (to be) hungry

tener la bondad de   please, please be good enough to . . . (*Tenga la bondad de cerrar la puerta*/Please close the door.)

tener la culpa de algo   to take the blame for something, to be to blame for something (*Tengo la culpa de eso*/I am to blame for that.)

tener lugar   to take place (*El accidente tuvo lugar anoche*/The accident took place last night.)

tener miedo de   to be afraid of

tener mucha sed   to feel (to be) very thirsty (persons)

tener mucho calor   to feel (to be) very warm (persons)

tener mucho frío   to feel (to be) very cold (persons)

tener mucho que hacer   to have a lot to do

tener poco que hacer   to have little to do

tener por   to consider as

tener prisa   to be in a hurry

tener que + inf.   to have + inf. (*Tengo que estudiar*/I have to study.)

tener que ver con   to have to do with (*No tengo nada que ver con él*/I have nothing to do with him.)

tener razón   to be right (*Usted tiene razón*/You are right.) **no tener razón** to be wrong (*Usted no tiene razón*/You are wrong.)

tener sed   to feel (to be) thirsty (persons)

tener sueño   to feel (to be) sleepy

tener suerte   to be lucky

tener vergüenza de   to be ashamed of

tenerse en pie   to stand

volver and **devolver**

These two verbs mean *to return* but note the difference:

Volver means *to return* in the sense of *to come back*: *Voy a volver a casa*/I am going to return home. A synonym of **volver** is **regresar**: *Los muchachos* *regresaron a las ocho de la noche/*The boys came back (returned) at eight o'clock.

Devolver means *to return* in the sense of *to give back*: *Voy a devolver el libro a la biblioteca/*I am going to return the book to the library.

See also the section on verbs with prepositions farther on.

A Dios rogando y con el mazo dando.   Put your faith in God and keep your powder dry. (Praise the Lord and pass the ammunition.)

Anda despacio que tengo prisa.   Make haste slowly.

Cuando el gato va a sus devociones, bailan los ratones.   When the cat is away, the mice will play.

Dicho y hecho.   No sooner said than done.

Dime con quien andas y te diré quien eres.   Tell me who your friends are and I will tell you who you are.

La práctica hace maestro al novicio.   Practice makes perfect.

El que mucho abarca poco aprieta.   Do not bite off more than you can chew.

El que no se aventura no cruza la mar: Quien no se arriesga no pasa la mar.   Nothing ventured, nothing gained.

El tiempo da buen consejo.   Time will tell.

Más vale pájaro en mano que ciento volando.   A bird in the hand is worth two in the bush.

Más vale tarde que nunca.   Better late than never.

Mientras hay vida hay esperanza.   Where there is life there is hope.

Perro que ladra no muerde.   A barking dog does not bite.

Piedra movediza, el moho no la cobija.   A rolling stone gathers no moss.

Querer es poder.   Where there's a will there's a way.

Quien canta su mal espanta.   When you sing you drive away your grief.

Quien siembra vientos recoge tempestades.   If you sow the wind, you will reap the whirlwind.

Si a Roma fueres, haz como vieres.   When in Rome do as the Romans do. [Note that it is not uncommon to use the future subjunctive in proverbs, as in *fueres* (**ir** or **ser**) and *vieres* (**ver**); see p. xxxvii.]

Ver y creer (or: **Ver es creer**).   Seeing is believing.

Weather Expressions Using Verbs

Weather expressions using hacer and hay

¿Qué tiempo hace?   What is the weather like?

Hace buen tiempo.   The weather is good.

Hace calor.   It is warm (hot).

Hace fresco hoy.   It is cool today.

Hace frío.   It is cold.

Hace mal tiempo.   The weather is bad.

Hace sol.   It is sunny.

Hace viento.   It is windy.

¿Qué tiempo hacía cuando usted salió esta mañana?   What was the weather like when you went out this morning?

Hacía mucho frío ayer por la noche.   It was very cold yesterday evening.

Hacía mucho viento.   It was very windy.

¿Qué tiempo hará mañana?   What will the weather be like tomorrow?

Se dice que hará mucho calor.   They say it will be very hot.

Hay lodo.   It is muddy.   **Había lodo.**   It was muddy.

Hay luna.   The moon is shining *or* There is moonlight.   **Había luna ayer por la noche.**   There was moonlight yesterday evening.

¿Hay mucha nieve aquí en el invierno?   Is there much snow here in winter?

Hay neblina.   It is foggy.   **Había mucha neblina.**   It was very foggy.

Hay polvo.   It is dusty.   **Había mucho polvo.**   It was very dusty.

Other weather expressions using other verbs

Está lloviendo ahora.   It is raining now.

Está nevando.   It is snowing.

Esta mañana llovía cuando tomé el autobús.   This morning it was raining when I took the bus.

Estaba lloviendo cuando tomé el autobús.   It was raining when I took the bus.

Estaba nevando cuando me desperté.   It was snowing when I woke up.

¿Nieva mucho aquí en el invierno?   Does it snow much here in winter?

Las estrellas brillan.   The stars are shining.

¿Le gusta a usted la lluvia?   Do you like rain?

¿Le gusta a usted la nieve?   Do you like snow?

Verbs with Prepositions

Spanish verbs are used with certain prepositions or no preposition at all. At times, the preposition used with a particular verb changes the meaning entirely, e.g., **contar** means *to count, to relate,* or *to tell;* **contar con** means *to rely on, to count on.*

When you look up a verb among the 501 to find its verb forms (or in the section of Over 1,000 Spanish Verbs Conjugated Like Model Verbs Among the 501), also consult all the categories given below so that you will learn what preposition that verb requires, if any.

The following are used frequently in Spanish readings and in conversation.

A. *Verbs of motion take the prep. a + inf.*

apresurarse a   to hasten to, to hurry to
dirigirse a   to go to, to go toward
ir a   to go to
regresar a   to return to
salir a   to go out to
venir a   to come to
volver a   to return to

Examples:
Me apresuré a tomar el tren.   I hurried to take the train.
El profesor se dirigió a abrir la puerta.   The teacher went to open the door.
María fue a comer.   Mary went to eat.

B. *The following verbs take the prep. a + inf.*

acertar a   to happen to
acostumbrarse a   to become used to, to become accustomed to
aficionarse a hacer algo   to become fond of doing something
alcanzar a   to succeed in (doing something)
aprender a   to learn to, to learn how to
aspirar a   to aspire to
atreverse a   to dare to
ayudar a (hacer algo)   to help to
comenzar a   to begin to
condenar a   to condemn to
convidar a   to invite to
decidirse a   to decide to
dedicarse a   to devote oneself to
detenerse a   to pause to, to stop to
disponerse a   to get ready to
echarse a   to begin to, to start to
empezar a   to begin to, to start to
enseñar a   to teach to

exponerse a   to run the risk of
invitar a   to invite to
negarse a   to refuse to
obligar a   to oblige to, to obligate to
ponerse a   to begin to, to start to
prepararse a   to prepare (oneself) to
principiar a   to begin to, to start to
resignarse a   to resign oneself to
resolverse a   to make up one's mind to
someter a   to submit to, to subdue to
venir a   to end up by
volver a   to (do something) again

Examples:

Me acostumbré a estudiar mis lecciones todas las noches.   I became used to studying my lessons every evening.

No me atreví a responder.   I did not dare to answer.

El hombre comenzó a llorar.   The man began to cry.

Me dispuse a salir.   I got ready to go out.

Me eché a llorar.   I began to cry.

El señor Gómez se negó a ir.   Mr. Gómez refused to go.

Juana se puso a correr.   Jane began to run.

El muchacho volvió a jugar.   The boy played again.

C. *The following verbs take the prep. a + noun (or pronoun if that is the required dependent element)*

---

acercarse a   to approach
acostumbrarse a   to become accustomed to, to become used to
aficionarse a   to become fond of
asemejarse a   to resemble, to look like
asistir a   to attend, to be present at
asomarse a   to appear at
cuidar a alguien   to take care of someone
dar a   to face, to overlook, to look out upon, to look out over
dedicarse a   to devote oneself to
echar una carta al correo   to mail, to post a letter
echar la culpa a alguien   to blame someone, to put the blame on someone
jugar a   to play (a game, sport, cards)
llegar a ser   to become
llevar a cabo   to carry out, to accomplish
oler a   to smell of, to smell like
parecerse a   to resemble, to look like
querer a   to love
saber a   to taste of, to taste like, to have the flavor of
ser aficionado a   to be fond of, to be a fan of
sonar a   to sound like

subir a   to get on, to get into (a bus, a train, a vehicle)
tocarle a una persona   to be a person's turn

Examples:

Nos acercamos a la ciudad.   We are approaching the city.

Una muchacha bonita se asomó a la puerta.   A pretty girl appeared at the door.

Mi cuarto da al jardín.   My room faces the garden.

Me dedicó a mis estudios.   I devote myself to my studies.

Me gusta jugar al tenis.   I like to play tennis.

Enrique llegó a ser profesor de matemáticas.   Henry became a mathematics teacher.

Jorge llevó a cabo sus responsabilidades.   George carried out his responsibilities.

Mi hermano se parece a mi padre y yo me parezco a mi madre.   My brother resembles my father and I resemble my mother.

Quiero a mi patria.   I love my country.

Soy aficionado a los deportes.   I am fond of sports.

Subí al tren.   I got on the train.

Le toca a Juan.   It is John's turn.

D. *The following verbs take the prep. con + inf.*

amenazar con   to threaten to
contar con   to count on, to rely on
contentarse con   to be satisfied with
soñar con   to dream of, to dream about

Examples:

Cuento con tener éxito.   I am counting on being successful.

Me contento con quedarme en casa.   I am satisfied with staying at home.

Sueño con ir a Chile.   I dream of going to Chile.

E. *The following verbs take the prep. con + noun (or pronoun if that is the required dependent element)*

acabar con   to finish, to put an end to, to make an end of, to finish off
casarse con   to marry, to get married to
conformarse con   to put up with
contar con   to count on, to rely on
contentarse con   to be satisfied with
cumplir con   to fulfill
dar con   to meet, to find, to come upon
encontrarse con   to run into, to meet by chance
entenderse con   to come to an understanding with
meterse con   to pick a quarrel with
quedarse con   to keep, to hold on to
soñar con   to dream of, to dream about
tropezar con   to come upon, to run across unexpectedly, to run into

Examples:

José se casó con Ana.   Joseph married Anna.

Me conformo con tus ideas.   I put up with your ideas.

Contamos con nuestros padres.   We count on our parents.

Me contento con poco dinero.   I am satisfied with little money.

Siempre cumplo con mi promesa.   I always fulfill my promise.

Anoche di con mis amigos en el cine.   Last night I met my friends at the movies.

Ayer por la tarde me encontré con un amigo mío.   Yesterday afternoon I ran into a friend of mine.

Me quedo con el dinero.   I am keeping the money; I am holding on to the money.

Sueño con un verano agradable.   I am dreaming of a pleasant summer.

F. *The following verbs take the prep. de + inf.*

acabar de   to have just
acordarse de   to remember to
alegrarse de   to be glad to
arrepentirse de   to repent
cansarse de   to become tired of
cesar de   to cease, to stop
dejar de   to stop, to fail to
encargarse de   to take charge of
haber de   *see* the section "Verbs used in idiomatic expressions" on p. 523.
ocuparse de   to be busy with, to attend to
olvidarse de   to forget to
tratar de   to try to
tratarse de   to be a question of

Examples:

Guillermo acaba de llegar.   William has just arrived.

Felipe acababa de partir.   Philip had just left.

Me alegro de hablarle.   I am glad to talk to you.

Me canso de esperar el autobús.   I'm getting tired of waiting for the bus.

Cesó de llover.   It stopped raining.

Jaime dejó de escribir la redacción.   James failed to write the composition.

Mi padre se ocupa de preparar la comida.   My father is busy preparing the meal.

Andrés se olvidó de estudiar.   Andrew forgot to study.

Siempre trato de hacer un buen trabajo.   I always try to do a good job.

Se trata de abstenerse.   It is a question of abstaining.

G. *The following verbs take the prep. de + noun (or pronoun if that is the required dependent element)*

abusar de   to abuse, to overindulge in
acordarse de   to remember

Verbs with Prepositions 543

alejarse de   to go away from
apartarse de   to keep away from
apoderarse de   to take possession of
aprovecharse de   to take advantage of
bajar de   to get out of, to descend from, to get off
burlarse de   to make fun of
cambiar de   to change (trains, buses, clothes, etc.)
cansarse de   to become tired of
carecer de   to lack
compadecerse de   to feel sorry for, to pity, to sympathize with
constar de   to consist of
cuidar de algo   to take care of something
depender de   to depend on
despedirse de   to say good-bye to, to take leave of
despojarse de   to take off (clothing)
disfrutar de   to enjoy
enamorarse de   to fall in love with
encogerse de hombros   to shrug one's shoulders
enterarse de   to find out about
fiarse de alguien   to trust someone
gozar de algo   to enjoy something
ocuparse de   to be busy with, to attend to
oír hablar de   to hear of, to hear about
olvidarse de   to forget
pensar de   to think of (**pensar de** is used when asking for an opinion)
perder de vista   to lose sight of
ponerse de acuerdo   to come to an agreement
preocuparse de   to worry about, to be concerned about
quejarse de   to complain about
reírse de   to laugh at
saber de memoria   to know by heart, to memorize
salir de   to go out of, to leave from
servir de   to serve as
servirse de   to make use of, to use
tratarse de   to be a question of, to deal with

Examples:

Me acuerdo de aquel hombre.   I remember that man.

Vamos a aprovecharnos de esta oportunidad.   Let's take advantage of this opportunity.

Después de bajar del tren, fui a comer.   After getting off the train, I went to eat.

Todos los días cambio de ropa.   Every day I change my clothes.

Me canso de este trabajo.   I am getting tired of this work.

Esta composición carece de calidad.   This composition lacks quality.

Me compadezco de ese pobre hombre.   I pity that poor man.

Ahora tengo que despedirme de usted.   Now I have to say good-bye.

Eduardo se enamoró de Carmen.   Edward fell in love with Carmen.

Mi madre se ocupa de mi padre que está enfermo.   My mother is busy with my father who is sick.

Oí hablar de la boda de Anita.   I heard about Anita's wedding.

Carlos se olvidó del aniversario de sus padres.   Charles forgot about his parents' anniversary.

¿Qué piensa Ud. de nuestro profesor de español?   What do you think of our Spanish teacher?

¡Mira! El mono se ríe de nosotros!   Look! The monkey is laughing at us.

Siempre salgo de casa a las ocho de la mañana.   I always leave (from, go out of) the house at eight in the morning.

En nuestro club, Cristóbal sirve de presidente.   In our club, Christopher serves as president.

H. *The following verbs generally take the prep. en + inf.*

---

complacerse en   to be pleased to, to delight in
consentir en   to consent to
convenir en   to agree to, to agree on
empeñarse en   to persist in, to insist on
esforzarse en   to strive for, to force oneself to, to try hard to
insistir en   to insist on
quedar en   to agree to, to agree on
tardar en   to be late (to delay) in

Examples:

La señora Pardo consintió en asistir a la conferencia.   Mrs. Pardo consented to attending the meeting.

El muchacho se empeñó en salir.   The boy insisted on going out.

Mis amigos insistieron en venir a verme.   My friends insisted on coming to see me.

El avión tardó en llegar.   The plane was late in arriving.

I. *The following verbs generally take the prep. en + noun (or pronoun if that is the required dependent element)*

---

apoyarse en   to lean against, to lean on
confiar en   to rely on, to trust in
consistir en   to consist of
convertirse en   to become, to convert to
entrar en   to enter (into), to go into
fijarse en   to stare at, to notice, to take notice, to observe
meterse en   to get involved in, to plunge into
pensar en   to think of, to think about [**pensar en** is used when asking or when stating what or whom a person is thinking of]
ponerse en camino   to set out, to start out
reparar en   to notice, to observe
volver en sí   to regain consciousness, to be oneself again

Verbs with Prepositions   545

Examples:

Me apoyé en la puerta.   I leaned against the door.

Entré en el restaurante.   I entered (I went into) the restaurant.

¿En qué piensa Ud.?   What are you thinking of?

Pienso en mi trabajo.   I am thinking of my work.

¿En quién piensa Ud.?   Whom are you thinking of?

Pienso en mi madre.   I am thinking of my mother.

¿En quiénes piensa Ud.?   Whom are you thinking of?

Pienso en mis padres.   I am thinking of my parents.

J. *The following verbs generally take the prep. por + inf., noun, pronoun, adj.,
if that is the required dependent element*

acabar por   to end up by

dar por   to consider, to regard as

darse por   to pretend (to be something), to think oneself (to be something)

estar por   to be in favor of

interesarse por   to take an interest in

pasar por   to be considered as

preguntar por   to ask for, to inquire about

tener por   to consider something, to have an opinion on something

tomar por   to take someone for

Examples:

Domingo acabó por casarse con Elena.   Dominic finally ended up by marrying
Helen.

¿Mi libro de español? Lo doy por perdido.   My Spanish book? I consider it lost.

La señorita López se da por actriz.   Miss López pretends to be an actress.

Estamos por quedarnos en casa esta noche.   We are in favor of staying at home this
evening.

El señor Pizarro pasa por experto.   Mr. Pizarro is considered an expert.

Pregunto por el señor Pardo. ¿Está en casa?   I am asking for Mr. Pardo. Is he at
home?

K. *Verb + NO PREPOSITION + inf. The following verbs do not ordinarily take
a preposition when followed by an infinitive*

deber + inf.   must, ought to
Debo hacer mis lecciones.   I must (ought to) do my lessons.

dejar + inf.   to allow to, to let
Mi madre me dejó salir.   My mother allowed me to go out.
Dejé caer mi libro.   I dropped my book (I let my book fall).

desear + inf.   to desire to, to wish to
Deseo tomar un café.   I wish to have a cup of coffee.

esperar + inf.   to expect to, to hope to
Espero ir a la América del Sur este invierno.   I expect to go to South America this winter.

hacer + inf.   to do, to make, to have something made or done
Tú me haces llorar.   You make me cry.
Mi padre hace construir una casita.   My father is having a small house built [by someone].
Note that the use of *hacer + inf.* can be described as the "causative (causal)" use of *hacer*
when there is an inf. directly after it. The construction *hacer + inf.* indicates that something is being made or being done by someone. Further examples: *hacer firmar*/to have
(something) signed (by someone); *hacer confesar*/to have (someone) confess or to make
(someone) confess. This causative use of *hacer* is used in a verb tense that is needed + inf.
form of the verb which tells what action is being done or being made: *Mi padre hizo
construir una casita*/My father had a little house built; *Le haré confesar*/I shall make him
confess; *El señor López lo hizo firmar la carta*/Mr. López made him sign the letter.

necesitar + inf.   to need
Necesito pasar una hora en la biblioteca.   I need to spend an hour in the library.

oír + inf.   to hear
Le oí entrar por la ventana.   I heard him enter through the window.
He oído hablar de su buena fortuna.   I have heard (talk) about your good fortune.
He oído decir que la señora Sierra está enferma.   I have heard (tell) that Mrs. Sierra is
sick.

pensar + inf.   to intend to, to plan to
Pienso hacer un viaje a México.   I plan to take a trip to Mexico.

poder + inf.   to be able to, can
Puedo venir a verle a la una.   I can come to see you at one o'clock.

preferir + inf.   to prefer
Prefiero quedarme en casa esta noche.   I prefer to stay at home this evening.

prometer + inf.   to promise
Prometo venir a verle a las ocho.   I promise to come to see you at eight o'clock.

querer + inf.   to want to, to wish to
Quiero comer ahora.   I want to eat now.
¿Qué quiere decir este muchacho?   What does this boy mean?

saber + inf.   to know how to
¿Sabe Ud. nadar?   Do you know how to swim?
Sí, yo sé nadar.   Yes, I know how to swim.

ver + inf.   to see
Veo venir el tren.   I see the train coming.

L. *The following verbs do not ordinarily require a preposition, whereas in English
a preposition is used*

---

agradecer   to thank for, to be thankful (to someone) for (something)
Le agradecí su paciencia.   I thanked him for his patience.

aprovechar   to take advantage of
¿No quiere Ud. aprovechar la oportunidad?   Don't you want to take advantage of the
opportunity?

buscar   to look for, to search for
Busco mi libro.   I am looking for my book.

Verbs with Prepositions 547

escuchar   to listen to
Escucho la música.   I am listening to the music.

esperar   to wait for
Espero el autobús.   I am waiting for the bus.

guardar cama   to stay in bed
La semana pasada guardé cama.   Last week I stayed in bed.

lograr   to succeed in
El alumno logró hacerlo.   The pupil succeeded in doing it.

mirar   to look at
Miro el cielo.   I am looking at the sky.

pagar   to pay for
Pagué los billetes.   I paid for the tickets.

pedir   to ask for
Pido un libro.   I am asking for a book.

soler + inf.   to be accustomed to, to be in the habit of
(Yo) suelo acompañar a mis amigos en el autobús.   I am in the habit of accompanying my
friends on the bus.

Over 1,000 Spanish Verbs Conjugated
Like Model Verbs Among the 501

The number after each verb is the page number in this book where a model verb is shown fully conjugated.

A

asomar 474
asombrar 113
aspirar 29
asurarse 112
atar 309
atender 163
atenerse 77
atraer 78
atribuir 138
autorizar 90
avenir 489
aventurarse 48
avisar 343
avocar 473
ayunar 170

B

bañar 87
batallar 260
batir 1
besar 233
blasfemar 245
bogar 344
bojar 85
bonificar 117
bostezar 94
botar 95
boxear 204
bregar 403
brillar 258
brincar 430
briscar 99
bromar 474
bromear 204
brumar 474
bufonearse 351
buzar 150

C

calcificar 117
calcular 258
calecer 336
calentar 103
calentarse 103
calificar 117
calmar 54
calzar 104
callar 105
cantonar 474

capar 334
caracterizar 110
carecer 336
casar 112
castigar 344
catar 309
catolizar 90
causar 482
cauterizar 342
cazar 150
ceder 414
censurar 72
cepillar 115
cercar 12
cesar 233
circular 71
circunscribir 222
citar 494
civilizar 90
clamar 15
clarar 16
clarificar 117
clasificar 117
cobijar 239
coleccionar 474
colonizar 90
colorar 32
colorear 174
comandar 109
combatir 1
comentar 109
cometer 83
comparar 346
compasar 350
competir 412
compilar 258
completar 309
complicar 76
comunicar 232
conceder 414
concentrar 213
concernir 434
concluir 269
condenar 114
confiar 238
confirmar 241
confluir 269
conformar 242
consentir 434
considerar 225
conspirar 315
constar 109
constatar 309

consultar 309
contemplar 258
contener 135
contentar 355
contraer 478
contraponer 367
contrastar 136
contratar 479
contravenir 489
controlar 258
convalecer 336
convencer 139
convenir 140
conversar 343
convertir 141
convocar 142
cooperar 225
copiar 106
copular 258
corresponder 414
corromper 422
crear 174
criticar 117
cuestionar 474
culpar 188
cultivar 288
cumular 258
curar 72
cursar 482
cuscurrear 204

CH

chafar 258
chamar 54
chantar 109
chapar 334
chapuzar 150
chascar 99
chirlar 258
chisparse 112
chocar 473
chufar 258
chulear 204

D

danzar 81
datar 309
debutar 136
decantar 109
declamar 296

facturar 113
falsear 204
falsificar 117
fallar 260
fallecer 130
familiarizar 342
fanatizar 342
fatigar 344
favorecer 147
festejar 237
fingir 240
firmar 241
flechar 198
florecer 147
fluir 272
formar 242
formular 71
fornicar 117
forzar 49
fotografiar 465
frisar 233
fruir 264
fumar 245
funcionar 246
fusilar 71
fusionar 274
fustigar 344

G

galantear 174
galibar 9
gallear 204
gandujar 476
gandulear 204
gañir 253
garabatear 464
garlar 258
gastar 248
generar 32
germinar 107
gobernar 250
golpear 174
golpetear 174
gormar 242
graduar 137
granar 247
gratar 309
guardar 258
guisar 25

H

habituar 137
hacinar 107
hadar 325
halagar 344
hambrear 204
haraganear 464
hastiar 149
heñir 409
heredar 262
holgar 121
honrar 32
hurtar 11

I

identificar 117
ignorar 265
igualar 258
iludir 60
iluminar 107
ilusionar 246
ilustrar 213
imaginar 107
imbuir 138
imbursar 25
imitar 252
impedir 266
implicar 99
implorar 301
imponer 367
impresionar 107
incendiar 106
incitar 257
inclinar 107
inducir 271
inferir 401
influenciar 386
informar 242,
  273
iniciar 386
inocular 258
inscribir 274
inscribirse 275
insinuar 137
inspirar 29
instituir 132
instruir 133
interpretar 379
inventar 11

investigar 344
investir 491
invitar 279
invocar 473
irritar 252

J

jabonar 474
jacarear 204
jactarse 48
jalar 258
jamar 54
jarapotear 204
jetar 309
juntar 283
jurar 284
justar 11

L

ladrar 126
lagrimar 229
lamentar 11
laminar 107
lascar 99
lastimar 287
lastimarse 287
lavar 288
levantar 291
limar 229
limpiar 293
limpiarse 294
lograr 29
lubricar 370
lucir 130, 495
luchar 295
lustrar 213

LL

llagar 344
llapar 258
lloriquear 204

M

machar 307
majar 85
malcomer 124
maldecir 303

revocar 418
revolar 496
revoltear 204
rezar 53
ridiculizar 90
rimar 54
rizar 53
robar 420
rodear 204
rotar 309
ruinar 107
rular 258
rumbar 54

S

saborear 204
sacudirse 425
salivar 288
saltarse 427
saltear 204
saludar 428
salvar 288
satirizar 90
satisfacerse 429
secarse 431
seducir 128
segregar 344
segurar 72
sembrar 355
sentar 433
señalarse 436
separarse 437
serrar 213
signar 114
significar 117
simbolizar 90
simpatizar 90
simplificar 117
simular 71
sitiar 230
situar 137
sobreponer 367
sobresalir 426
sobresaltarse 427
socorrer 440
sofocarse 441
solicitar 252
solidificar 99
soltar 134
solver 497
sollozar 443

sombrar 258
someterse 444
sonarse 445
sonorizar 90
soplarse 448
soportar 427
sorprenderse 449
sospechar 450
sostenerse 451
sostituir 132
suavizar 90
subdividir 57
subirse 452
sublimar 54
subordinar 341
subrayar 453
subscribirse 454
subsistir 74
substituir 132
substraer 478
subvenir 489
subvertir 34
sucederse 455
sufrir 456
sugerir 457
sugestionar 107
sujetar 309
sumar 54
sumergirse 458
suministrar 213
sumir 460
superponer 367
supervenir 489
suplantar 109
suplicar 117
suponer 459
suprimirse 460
surcar 99
surgir 461
suspirar 462
sustraer 478
susurrar 54
sutilizar 90

T

tacar 473
tajar 85
tamizar 90
tapar 334
tapiar 230

tapizar 90
tardar 197
tarjar 85
tascar 99
tejar 85
temblar 466
temer 467
tenderse 468
tentar 470
teorizar 90
testar 136
testificar 117
timar 229
timbar 22
timbrar 22
tintar 252
titular 258
tolerar 225
torcer 322, 487
tornar 299
tornear 204
torturar 72
tostar 475
tostarse 475
tranquilizar 90
transcribir 222
transferir 373
transformar 242
translimitar 252
transmitir 30
transpirar 315
transponer 367
transportar 427
tranzar 90
trasferir 373
tratarse 479
trotar 479
trucar 99
truhanear 204
trujamanear 204
tullecer 130
tumbar 9
turbar 9

U

ufanarse 87
ulular 258
unificar 117
uniformar 242
untar 374

urdir 57
urgir 231
usurpar 334
utilizarse 483

V

vacar 99
vaciarse 484
vacilar 115
vacunar 114
vagabundear 204
vagar 344
validar 39
valorar 301
valorear 204
valorizar 90
valsar 25
vallar 260
varar 32

variar 216
vaticinar 471
velar 486
velicar 117
verificar 117
versificar 117
versar 25
verter 468
vestir 491
vibrar 258
vigilar 493
vindicar 117
violar 258
virar 315
visar 25
vocalizar 90
vocear 204
vociferar 225
volarse 496
volcar 76, 134
voltear 204
vomitar 252
votarse 498

Y

yapar 376
yermar 54
yuxtaponer 367

Z

zafar 54
zaherir 263
zahondar 339
zahoriar 106
zampar 334
zanjar 85
zapar 54
zapatear 204
zapear 204
zapuzar 90
zarandear 204
zunchar 307
zurrar 54

The purpose of this guide is to help you pronounce Spanish words as correctly as possible so you can communicate effectively. It is not intended to perfect your pronunciation of Spanish; that is accomplished by imitating correct spoken Spanish, which you must hear from persons who pronounce Spanish accurately.

The system of transcription of Spanish sounds used here is English letters in italics. As soon as you catch on to this system, you will find it EE-zee. At first, you will have to refer to the list repeatedly until it is fixed in your mind. The sounds are arranged alphabetically in transcription form. This is the easiest way for you to find the transcription as you read the English letters next to the Spanish words.

Latin American pronunciation is used in the sound transcriptions. The same sounds are used in many regions of Spain but there are some areas where Castilian pronunciation is dominant; for example, the letter **c** before **e** or **i** and the letter **z** are pronounced *th*, as in the English word *thin*, and the double **ll** is similar to the sound as in the English word *million*. This is something you should be aware of in case you are visiting those areas in Spain where you will hear those sounds. Examples:

ENGLISH WORD	SPANISH WORD	LATIN AMERICAN PRONUNCIATION	CASTILIAN PRONUNCIATION
basket	**cesta**	*SEHS-tah*	*th-EHS-tah*
thank you	**gracias**	*GRAH-syahs*	*GRAH-thee-ahs*
pencil	**lápiz**	*LAH-pees*	*LAH-peeth*
I call	**llamo**	*YAH-mo*	*LYAH-mo*

Transcription sounds that are printed in capital letters indicate that you must raise your voice on those sounds for correct stress. The simple rule of stressed vowel sounds in Spanish is as follows:

1. When a word ends in a vowel, **n,** or **s** you must stress the vowel that *precedes* the last vowel or final syllable. Examples:

> **casa** *KAH-sah*   **comen** *KOH-mehn*   **comemos** *ko-MEH-mos*

2. When a word ends in a consonant other than **n** or **s,** you must stress the last vowel in the word. Examples:

> **calor** *kah-LOHR*   **abril** *ah-BREEL*   **arroz** *ahr-ROHS*   **salud** *sah-LOODH*

3. When the pronunciation of a word does not follow the above two rules, you must write an accent mark over the vowel that is stressed. The only way to know this is to hear the word pronounced accurately so you will know whether or not an accent mark is needed. Examples:

> **jabón** *hah-BOHN*   **árbol** *AHR-bohl*   **lápiz** *LAH-pees*   **sábado** *SAH-bah-dho*

4. An accent mark is written over a vowel at times to distinguish the meaning between two words spelled identically. Examples:

> yes **sí** *see*   he **él** *ehl*   that one   **ése** *EH-seh*
> if   **si** *see*   the **el** *ehl*   that book   **ese libro** *EH-seh LEE-bro*

In some Spanish-speaking countries, the simple vowel **e** is at times pronounced open or closed and it can sound like *ay* in the English word *say* or *eh* as in the English word *egg*. In other countries, the final **s** in a word is not pronounced. I am not talking about unacceptable pronunciation. I am talking about the characteristics of sounds that differ from one place to another. Also, the meaning of a particular word varies. But do not be alarmed about all these considerations. For your purposes, while traveling in a Spanish-speaking country or region, you will be able to get along because the Spanish words and sound transcriptions in these two new sections are of a standard level so you can communciate and be understood.

Now, become familiar with the EE-zee pronunciation guide. Remember, the transcriptions in italics serve only as a guide to pronouncing the Spanish. Practice pronouncing each sound first and then try it out by reading aloud some of the words and expressions on the pages that follow.

EE-zee GUIDE TO SPANISH PRONUNCIATION
Approximate pronunciation

TRANSCRIPTION LETTERS	ENGLISH WORD	SPANISH WORD	TRANSCRIPTION SOUNDS
ah	**ah!**	la	*lah*
ay	say	de	*dhay*
b	but	boca, vaso	*BOH-kah, BAH-so*
ch	church	mucho	*MOO-cho*
dh	they	de	*dhay*
eh	egg	el	*ehl*
ee	see	si	*see*
g	go	agua	*AH-gwah*
h	hello	gente, ojo	*HEHN-teh, OH-ho*
k	kit	como, que	*KOH-mo, kay*
ny	canyon	año	*AH-ny-o*
o	also	lomo	*LOH-mo*
oh	**oh!**	lo	*loh*
oo	too	tu	*too*
oy	toy	estoy	*ehs-TOY*
r	row	pero	*PEH-ro*
rr	burr	perro	*PEHR-ro*
s	see	si, brazo	*see, BRAH-so*
wah	watch	cuando	*KWAHN-dho*
weh	went	cuento	*KWEHN-toh*
y	yes	yo, llamo	*yoh, YAH-mo*

Thirty Practical Situations for Tourists

The purpose of this new feature is to give you useful basic verbs, expressions, and words for thirty practical situations you may find yourself in while visiting Spain or any Spanish-speaking country or region of the world.

On each page where a situation is given, for example, in a restaurant or hotel, a few basic statements and questions are also included to help you communicate your thoughts effectively in the spoken language.

For the convenience of the traveler who cannot read or speak Spanish, next to the Spanish words there is a transcription of Spanish sounds in italicized English letters. They are not words either in Spanish or English and the hyphens, therefore, do not represent a division of words into syllables. They are merely sound transcriptions, and the hyphens indicate very short pauses or breath groups for about one second between sounds. In this way, the hyphens set apart the different transcriptions of sounds as listed in the EE-zee Pronunciation Guide on the preceding page. Study that page to become familiar with the simple system of transcription of sounds that I devised. Also, consult the Guide to Thirty Practical Situations where you can find quickly the page number of the situation that is of interest to you.

If there are other verbs you need to use, besides the ones given in this section, consult those in the main part of this book between pages 1 and 501.

¡Buen viaje! *BWEHN BYAH-heh* Have a good trip!

GUIDE TO THIRTY PRACTICAL SITUATIONS

Basic verbs, expressions, and words useful in this situation:

decir *dhay-SEER* to say, to tell
esperar *ehs-peh-RAHR* to wait (for)
llegar *yeh-GAHR* to arrive
ir *eer* to go
¿a qué hora? *ah kay OH-rah* at what time?
¿cuándo... ? *KWAHN-dho* when . . . ?
dígame *DHEE-gah-meh* tell me
gracias *GRAH-syahs* thank you
el equipaje *ehl eh-kee-PAH-heh* baggage, luggage

poder *po-DHER* to be able, can
querer *kay-REHR* to want, to like
saber *sah-BEHR* to know
salir *sah-LEER* to leave
quisiera *kee-SYEHR-ah* I would like
el avión *ehl ah-bee-OHN* airplane
por favor *pohr fah-BOHR* please
el vuelo *ehl BWEH-lo* flight
el cambio *ehl KAHM-bee-o* money exchange
para *PAH-rah* for

Basic statements and questions useful in this situation:

1. **Yo quisiera saber a qué hora el avión sale para...**
   yoh kee-SYEHR-ah sah-BEHR ah kay OH-rah ehl ah-bee-OHN SAH-leh PAH-rah
   I would like to know at what time the plane leaves for . . .

2. **¿A qué hora llega el avión a... ?**
   ah kay OH-rah YEH-gah ehl ah-bee-OHN ah
   At what time does the plane arrive at . . . ?

3. **Yo quisiera un asiento de primera clase, por favor.**
   yoh kee-SYEHR-ah oon ah-SYEHN-toh dhay pree-MEH-rah KLAH-seh, pohr fah-BOHR
   I would like a first class seat, please.

4. **Dígame, por favor, dónde está la sala de espera.**
   DHEE-gah-meh, pohr fah-BOHR, DHOHN-dhay ehs-TAH lah SAH-lah dhay ehs-PEH-rah
   Tell me, please, where the waiting room is located.

For more verbs, expressions, and popular words commonly used, consult page 590.

Basic verbs, expressions, and words useful in this situation:

tener *tehn-EHR* to have
costar *kohs-TAHR* to cost
preferir *preh-feh-REER* to prefer
bajar *bah-HAHR* to go down
la habitación *lah ah-bee-tah-SYOHN*
  room
dos camas *dhos KAH-mahs* two beds
no hay toallas *noh AH-ee toh-AH-yahs*
  there are no towels
privado *pree-BAH-dho* private
me gusta *meh GOOS-tah* I like

valer *bah-LEHR* to be worth
subir *soo-BEER* to go up
pagar *pah-GAHR* to pay
una cama *OO-nah KAH-mah* bed
una gran cama *OO-nah gr-AHN KAH-mah* a large bed
una ducha *OO-nah DHOO-chah*
  shower
un baño *oon BAH-ny-o* bathtub
¿hay... ? *AH-ee* is there . . . ? are
  there . . . ?

Basic statements and questions useful in this situation:

1. **Buenos días. Quisiera una habitación para mí y mi esposa.**
   BWEH-nos DHEE-ahs. kee-SYEHR-ah OO-nah ah-bee-tah-SYOHN PAH-rah mee ee mee ehs-POH-sah
   Hello (Good day). I would like a room for me and my wife.

2. **Para una semana. Preferimos una habitación tranquila con un cuarto de baño privado, por favor.**
   PAH-rah OO-nah seh-MAH-nah. preh-feh-REE-mos OO-nah ah-bee-tah-SYOHN trahn-KEE-lah kohn oon KWAHR-toh dhay BAH-ny-o pree-BAH-dho, pohr fah-BOHR
   For one week. We prefer a quiet room with a private bathroom, please.

3. **¿Acepta usted tarjetas de crédito? Aquí tiene usted nuestros pasaportes.**
   ah-SEHP-tah oos-TEH-dh tahr-HEH-tahs dhay KREH-dhee-toh. ah-KEE tee-EHN-eh oos-TEH-dh NWEH-stros pah-sah-POHR-tehs
   Do you accept credit cards? Here are our passports.

4. **¿Cuál es el número de la habitación?**
   kwahl ehs ehl NOO-meh-ro dhay lah ah-bee-tah-SYOHN
   What is the room number?

For more verbs, expressions, and popular words commonly used, consult page 590.

Basic verbs, expressions, and words useful in this situation:

comprar *kohm-PRAHR* to buy

pagar al contado *pah-GAHR ahl kohn-TAH-dho* to pay in cash

un vendedor *oon behn-dhay-DOHR* salesman

un almacén *oon ahl-mah-SEHN* department store

¿en qué piso? *ehn kay PEE-so* on what floor?

la escalera mecánica *lah ehs-kah-LEH-rah meh-KAH-nee-kah* escalator

el precio *ehl PREH-see-o* price

buscar *boos-KAHR* to look for

¿puede usted... ? *PWEH-dhay oos-TEH-dh* can you . . . ?

una vendedora *OO-nah behn-dhay-DOHR-ah* saleslady

una tienda *OO-nah-TYEHN-dha* store, shop

un supermercado *oon soo-pehr-mehr-KAH-dho* supermarket

el ascensor *ehl ah-sehn-SOHR* elevator (lift)

¿cuánto cuesta? *KWAHN-toh KWEH-stah* how much does it cost?

Basic statements and questions useful in this situation:

1. **¿Puede indicarme dónde están los almacenes, por favor?**
   PWEH-dhay een-dhee-KAHR-meh DHOHN-dhay ehs-TAHN lohs ahl-mah-SEHN-ehs, pohr fah-BOHR
   Can you indicate to me where the department stores are located, please?

2. **Perdóneme. ¿Puede ayudarme? Busco una buena pastelería.**
   pehr-DHOH-neh-meh. PWEH-dhay ah-yoo-DHAHR-meh. BOOS-ko OO-nah BWEH-nah pahs-teh-leh-REE-ah.
   Pardon me. Can you help me? I'm looking for a good pastry shop.

3. **Quisiera comprar juguetes. ¿Dónde se venden juguetes?**
   kee-SYEHR-ah kohm-PRAHR hoo-GAY-tehs. DHOHN-dhay seh BEHN-dhen hoo-GAY-tehs.
   I would like to buy some toys. Where do they sell toys?

4. **Enséñeme algo de más barato, por favor.**
   ehn-SEH-ny-eh-meh AHL-go dhay mahs bah-RAH-toh, pohr fah-BOHR.
   Show me something cheaper, please.

For more verbs, expressions, and popular words commonly used, consult page 590.

En una librería-papelería *ehn OO-nah lee-brehr-EE-ah pah-pehl-eh-REE- ah*
In a bookstore-stationery shop

Basic verbs, expressions, and words useful in this situation:

leer *leh-EHR* to read

escribir *ehs-kree-BEER* to write

un libro *oon LEE-bro* book

a buen precio *ah BWEHN PREH-see-o* inexpensive

el arte *ehl AHR-teh* art

historia (f.) *ees-TOHR-ee-ah* history

un lápiz *oon LAH-pees* pencil

un sobre *oon SOH-breh* envelope

un plano de la ciudad *oon PLAH-no dhay lah see-oo-DHAHD* city map

papel sin rayas (m.) *pah-PEHL seen RAH-yahs* paper with no lines

muy costoso *mwee kohs-TOH-so* very expensive

libros de lance (m.) *LEE-bros dhay LAHN-seh* used books

goma de borrar (f.) *GOH-mah dhay bohr-RAHR* eraser

una novela *OO-nah noh-BEH-lah* novel

una guía turística *OO-nah GEE-ah too-REE-stee-kah* tourist guide book

---

Basic statements and questions useful in this situation:

1. **Buenos días. Quisiera un libro de arte, por favor. Será un regalo.**
   BWEH-nos DHEE-ahs. kee-SYEHR-ah oon LEE-bro dhay AHR-teh, pohr fah-BOHR. seh-RAH oon reh-GAH-lo.
   Hello. I would like an art book, please. It will be a gift.

2. **Prefiero el arte clásico. ¿Cuánto cuesta éste? ¡Oh! ¡Es muy caro!**
   preh-FYEH-ro ehl AHR-teh KLAH-see-ko. KWAHN-toh KWEH-stah EHS-teh. oh. ehs mwee KAH-ro.
   I prefer classic art. How much does this one cost? Oh! It's very expensive.

3. **¿Tiene algo de más barato? Necesito, también, revistas ilustradas y un cuaderno.**
   TYEH-neh AHL-go dhay mahs bah-RAH-toh. neh-seh-SEE-toh, tahm-bee-EHN, reh-BEES-tahs ee-loo-STRAH-dhahs ee oon kwah-DHEHR-no.
   Do you have something cheaper? I also need magazines and a notebook.

For more verbs, expressions, and popular words commonly used, consult page 590.

Basic verbs, expressions, and words useful in this situation:

llamar por teléfono *yah-MAHR pohr teh-LEH-fo-no* to telephone

marcar el número de teléfono *mahr-KAHR ehl NOO-meh-ro dhay teh-LEH-fo-no* to dial the telephone number

mi número es... *mee NOO-meh-ro ehs* my number is . . .

consultar *kohn-sool-TAHR* to consult

escucho *ehs-KOO-cho* I'm listening

¡cuelgue! *KWEHL-geh* hang up!

hablar *ah-BLAHR* to talk, to speak

¡descuelgue! *dhehs-KWEHL-geh* pick up (receiver of telephone)!

las cabinas telefónicas *lahs kah-BEE-nahs teh-leh-FOH-nee-kahs* telephone booths

las guías de teléfonos *lahs GEE-ahs dhay teh-LEH-fo-nos* telephone books

la (el) telefonista *lah (ehl) teh-leh-fo-NEES-tah* telephone operator

el número equivocado *ehl NOO-meh-ro eh-kee-boh-KAH-dho* the wrong number

¡diga! *DHEE-gah* hello! (answering a telephone call)

Basic statements and questions useful in this situation:

1. **Perdóneme. Quisiera consultar las guías de teléfonos. ¿Dónde están?**
   pehr-DHO-neh-meh. kee-SYEHR-ah kohn-sool-TAHR lahs GEE-ahs dhay teh-LEH-fo-nos. DHOHN-dhay ehs-TAHN
   Pardon me. I would like to consult the telephone books. Where are they?

2. **Quisiera telefonear a Nueva York. Quisiera poner una conferencia cuyo importe se carga al abonado solicitado.**
   kee-SYEHR-ah teh-leh-fo-neh-AHR ah noo-EH-bha yohrk. kee-SYEHR-ah po-NEHR OO-nah kohn-feh-REHN-syah KOO-yo eem-POHR-teh seh KAHR-gah ahl ah-bo-NAH-dho so-lee-see-TAH-dho.
   I would like to telephone New York. I would like to place a collect call.

3. **Perdóneme. ¿Puede ayudarme a hacer una llamada?**
   pehr-DHO-neh-meh. PWEH-dheh ah-yoo-DAHR-meh ah ah-SEHR OO-nah yah-MAH-dhah
   Pardon me. Can you help me make a telephone call?

For more verbs, expressions, and popular words commonly used, consult page 590.

Basic verbs, expressions, and words useful in this situation:

lavar   *lah-BAHR*   to wash
secar   *seh-KAHR*   to dry
lejía (f.)   *leh-HEE-ah*   bleach
una ficha   *OO-nah FEE-chah*   token
el secador   *ehl seh-kah-DHOR*   dryer
almidón (m.)   *ahl-mee-DHOHN*   starch
la moneda   *lah mo-NEH-dhah*   change (coins)
necesito   *neh-seh-SEE-toh*   I need
¿cuántos minutos?   *KWAHN-tohs mee-NOO-tohs*   how many minutes?

sin lejía   *seen leh-HEE-ah*   without bleach
mucho   *MOO-cho*   much, a lot
un poquito   *oon po-KEE-toh*   very little
los copos de jabón   *lohs KOH-pos dhay hah-BOHN*   soap flakes
es necesario esperar   *ehs neh-seh-SAH-ree-o ehs-peh-RAHR*   it is necessary to wait
ayúdeme, por favor   *ah-YOO-dheh-meh, pohr fah-BOHR*   help me, please

Basic statements and questions useful in this situation:

1. **Dispénseme, por favor. ¿Puede ayudarme? No sé nada de estas máquinas.**
   dhees-PEHN-seh-meh, pohr fah-BOHR. PWEH-dheh ah-yoo-DAHR-meh.
   noh seh NAH-dha dhay EHS-tahs MAH-kee-nahs.
   Excuse me, please. Can you help me? I don't know anything about these machines.

2. **¿Cómo marchan estas máquinas?**
   KOH-mo MAHR-chahn EHS-tahs MAH-kee-nahs.
   How do these machines work?

3. **¿Necesito fichas? ¿Dónde puedo conseguirlas?**
   neh-seh-SEE-toh FEE-chahs. DHOHN-dhay PWEH-dho kohn-seh-GEER-lahs.
   Do I need tokens? Where can I get them?

4. **Usted es muy amable. Muchas gracias.**
   oos-TEH-dh ehs mwee ah-MAH-bleh. MOO-chahs GRAH-syahs.
   You are very kind. Thank you very much.

For more verbs, expressions, and popular words commonly used, consult page 590.

Basic verbs, expressions, and words useful in this situation:

preparar *preh-pah-RAHR* to prepare

necesito aspirinas *neh-seh-SEE-toh ahs-pee-REE-nahs* I need aspirins

algo contra la tos *AHL-go KOHN-trah lah tohs* something for a cough

un resfriado *oon rehs-free-AH-dho* common cold

tengo un dolor de muelas *TEHN-go oon dho-LOHR dhay MWEH-lahs* I have a toothache

un cepillo de dientes *oon seh-PEE-yo dhay dhee-YEHN-tehs* tooth brush

polvo dentífrico (m.) *POHL-bo dhen-TEE-free-ko* tooth powder

una quemadura *OO-nah kay-mah-DHOO-rah* burn

crema (f.) **de afeitar** *KREH-mah dhay ah-feh-ee-TAHR* shaving cream

esta receta *EHS-tah reh-SEH-tah* this prescription

¿puedo... ? *PWEH-dho* may I . . . ?

un dolor de garganta *oon dho-LOHR dhay gahr-GAHN-tah* sore throat

volver *bohl-BEHR* to return (come back)

yodo (m.) *YOH-dho* iodine

un jabón *oon hah-BOHN* soap

pastillas contra la tos *pahs-TEE-yahs KOHN-trah lah tohs* cough drops

pasta dentífrica (f.) *PAHS-tah dhen-TEE-free-kah* tooth paste; with fluoride
con fluor *kohn floo-OHR*

un laxante *oon lahk-SAHN-teh* laxative

algo contra la diarrea *AHL-go KOHN-trah lah dhee-AHR-reh-ah* something for diarrhea

Basic statements and questions useful in this situation:

1. **Buenos días. Necesito algo contra un dolor de garganta y una enjuagadera.**
   BWEH-nos DHEE-ahs. neh-seh-SEE-toh AHL-go KOHN-trah oon dho-LOHR dhay gahr-GAHN-tah ee OO-nah ehn-hoo-ah-gah-DHEH-rah.
   Hello. I need something for a sore throat and a mouthwash solution.

2. **¿Puede usted preparar esta receta? ¿Cuándo podré volver?**
   PWEH-dhay oos-TEH-dh preh-pah-RAHR EHS-tah reh-SEH-tah. KWAHN-dho po-dh-RAY bohl-BEHR
   Can you prepare this prescription? When may I come back?

3. **¿Y la posología? ¿Cuántos comprimidos por día?**
   ee lah po-so-lo-HEE-ah. KWAHN-tohs kohm-pree-MEE-dhos pohr DHEE-ah
   And the dosage? How many tablets a day?

For more verbs, expressions, and popular words commonly used, consult page 590.

En el gabinete de un médico *ehn ehl gah-bee-NEH-teh dhay oon MEH-dhee-ko*
At the office of a doctor

Basic verbs, expressions, and words useful in this situation:

estar enfermo (enferma) *ehs-TAHR ehn-FEHR-mo (ehn-FEHR-mah)* to be sick

la angina *lah ahn-HEE-nah* angina

un constipado *oon kohn-stee-PAH-dho* head cold

estoy preñada *ehs-TOY preh-ny-AH-dhah* I'm pregnant

¿es grave? *ehs GRAH-beh* is it serious?

algunos días *ahl-GOO-nos DHEE-ahs* a few days

el vómito *ehl BOH-mee-toh* vomiting

el desmayo *ehl dh-ehs-MAH-yo* fainting spell

el estreñimiento *ehl ehs-treh-ny-ee-mee-EHN-toh* constipation

algunas semanas *ahl-GOO-nahs seh-MAH-nahs* a few weeks

la presión sanguínea *lah preh-SYOHN sahn-GEE-neh-ah* blood pressure

el insomnio *ehl een-SOHM-nee-o* insomnia

la fiebre *lah fee-EH-breh* fever

Basic statements and questions useful in this situation:

1. **¿Puede llamar a un médico, por favor? No me siento bien.**
   PWEH-dhay yah-MAHR ah oon MEH-dhee-ko, pohr fah-BOHR. noh meh see-EHN-toh bee-EHN.
   Can you call a doctor, please? I don't feel well.

2. **Buenos días, doctor. Tengo un poco de fiebre y duermo mal.**
   BWEH-nos DHEE-ahs, dhok-TOR. TEHN-go oon POH-ko dhay fee-EH-breh ee dh-WEHR-mo mahl.
   Hello, doctor. I have a little fever and I don't sleep well.

3. **Vomito cada mañana. ¿Estoy preñada?**
   boh-MEE-toh KAH-dhah mah-ny-AH-nah. ehs-TOY preh-ny-AH-dhah
   I vomit every morning. Am I pregnant?

4. **¿Cuánto le debo?**
   KWAHN-toh leh dh-EH-bo
   How much do I owe you?

For more verbs, expressions, and popular words commonly used, consult page 590.

Basic verbs, expressions, and words useful in this situation:

déme   *dh-EH-meh*   give me

quisiera   *kee-SYEHR-ah*   I would like

necesito   *neh-seh-SEE-toh*   I need

perfumes franceses   *pehr-FOO-mehs frahn-SEH-sehs*   French perfumes

un desodorante   *oon dheh-so-dho-RAHN-teh*   deodorant

¿cuánto vale?   *KWAHN-toh BAH-leh* how much does it cost?

para un hombre   *PAH-rah oon OHM-breh*   for a man

¿tiene Ud.... ?   *TYEH-neh oos-TEH-dh* do you have . . . ?

estoy buscando...   *ehs-TOY boos-KAHN-dho*   I'm looking for . . .

un perfume español   *oon pehr-FOO-meh ehs-pah-ny-OHL*   Spanish perfume

un frasquito   *oon frah-SKEE-toh*   vial, small bottle

para mí   *PAH-rah mee*   for me

para una dama   *PAH-rah OO-nah dh-AH-mah*   for a lady

Basic statements and questions useful in this situation:

1. **Necesito una barra de labios y una pastilla de jabón.**
   neh-seh-SEE-toh OO-nah BAHR-rah dhay LAH-bee-os ee OO-nah pah-STEE-yah dhay hah-BOHN
   I need a lipstick and a small bar of soap.

2. **Mi marido necesita una maquinilla de afeitar.**
   mee mah-REE-dho neh-seh-SEE-tah OO-nah mah-kee-NEE-yah dhay ah-feh-ee-TAHR
   My husband needs a safety razor.

3. **Necesito, también, una esponja, un peine, y un perfume de mejor calidad.**
   neh-seh-SEE-toh, tahm-BYEHN, OO-nah ehs-POHN-hah, oon PEH-een-eh, ee oon pehr-FOO-meh dhay meh-HOHR kah-lee-dh-AHDH
   I need, also, a sponge, a comb, and a perfume of the best quality.

4. **¿Acepta Ud. tarjetas de crédito?**
   ah-SEHP-tah oos-TEH-dh tahr-HEH-tahs dhay KREH-dhee-toh
   Do you accept credit cards?

For more verbs, expressions, and popular words commonly used, consult page 590.

Basic verbs, expressions, and words useful in this situation:

recomendar *reh-ko-mehn-DHAHR* to recommend

somos cuatro *SOH-mos KWAH-tro* we are four (four of us)

tomaré *toh-mah-RAY* I will have

tomaremos *toh-mah-RAY-mos* we will have

la propina *lah pro-PEE-nah* tip (gratuity)

cerca de la ventana *SEHR-kah dhay lah behn-TAH-nah* near the window

servir *sehr-BEER* to serve

comer *ko-MEHR* to eat

tráigame *TRAH-ee-gah-meh* bring me

déme *DHAY-meh* give me

dénos *DHAY-nos* give us

quisiera *kee-SYEHR-ah* I would like

la cuenta *lah KWEHN-tah* check (bill)

el servicio *ehl sehr-VEE-see-o* service

incluido *een-kloo-EE-dho* included

en la terraza *ehn lah tehr-RAH-sah* on the terrace

Basic statements and questions useful in this situation:

1. ¿Puede usted recomendarme un restaurante o una cafetería?
PWEH-dhay oos-TEH-dh reh-ko-mehn-DHAHR-meh oon rehs-tah-oo-RAHN-teh oh OO-nah kah-feh-tehr-EE-ah
Can you recommend to me a restaurant or a cafeteria?

2. Quisiera un bisté poco hecho, patatas fritas, y una ensalada de tomates.
kee-SYEHR-ah oon bee-STAY POH-ko EH-cho, pah-TAH-tahs FREE-tahs, ee OO-nah ehn-sah-LAH-dha dhay toh-MAH-tehs
I would like a steak rare, fried potatoes, and a tomato salad.

3. Necesito un tenedor, un cuchillo, y mucho pan, por favor.
neh-seh-SEE-toh oon teh-neh-dh-OHR, oon koo-CHEE-yo, ee MOO-cho pahn, pohr fah-BOHR
I need a fork, a knife, and a lot of bread, please.

4. Todo es satisfactorio. La cuenta, por favor. Muchas gracias.
TOH-dho ehs sah-tees-fahk-TOH-ree-o. lah KWEHN-tah, pohr fah-BOHR. MOO-chahs GRAH-syahs.
Everything is satisfactory. The check, please. Thank you very much.

For more verbs, expressions, and popular words commonly used, consult page 590.

Thirty Practical Situations for Tourists 569

En un taller de lavado y planchado *ehn oon tah-YEHR dhay lah-BAH-dho ee plahn-CHAH-dho*   In a laundry service shop

---

Basic verbs, expressions, and words useful in this situation:

estar listo *ehs-TAHR LEE-sto* to be ready

necesito *neh-seh-SEE-toh* I need

me gustaría *meh goos-tah-REE-ah* I would like

la falda *lah FAHL-dha* skirt

la blusa *lah BLOO-sah* blouse

los pañuelos *lohs pah-ny-WEH-los* handkerchiefs

¿cuándo puedo volver? *KWAHN-dho PWEH-dho bohl-BEHR* when can I return?

¿cuánto le debo? *KWAHN-toh leh dh-EH-bo* how much do I owe you?

los calcetines *lohs kahl-seh-TEE-nehs* socks

la camisa *lah kah-MEE-sah* shirt

el sostén *ehl so-STEHN* bra (brassiere)

almidón (m.) *ahl-mee-DHOHN* starch

con un poquito de lejía *kohn oon po-KEE-toh dhay leh-HEE-ah* with very little bleach

sin almidón *seen ahl-mee-DHOHN* without starch

Basic statements and questions useful in this situation:

1. **Buenos días. Aquí tengo mucha ropa. ¿Cuándo estará todo listo?**
   BWEH-nos DHEE-ahs. ah-KEE TEHN-go MOO-chah ROH-pah. KWAHN-dho ehs-tah-RAH TOH-dho LEE-sto
   Good day. Here I have a lot of clothes. When will it all be ready?

2. **Necesito esta ropa para mañana si es posible.**
   neh-seh-SEE-toh EHS-tah ROH-pah PAH-rah mah-ny-AH-nah see ehs po-SEE-bleh.
   I need these clothes for tomorrow if it is possible.

3. **¿Puede usted plancharme los pañuelos?**
   PWEH-dhay oos-TEH-dh plahn-CHAHR-meh lohs pah-ny-WEH-los
   Can you iron the handkerchiefs for me?

4. **Está bien. Vuelvo mañana a las cuatro de la tarde. Muchas gracias. Adiós.**
   ehs-TAH bee-EHN. BWEHL-bo mah-ny-AH-nah ah lahs KWAH-tro dhay lah TAHR-dhay. MOO-chahs GRAH-syahs. ah-dhee-OHS.
   Fine. I'll be back tomorrow at four in the afternoon. Thank you very much. Good-bye.

For more verbs, expressions, and popular words commonly used, consult page 590.

Basic verbs, expressions, and words useful in this situation:

¿qué película? *kay peh-LEE-koo-lah*
what film (movie)?

¿qué sesión? *kay sehs-YOHN* what showing?

¿dónde están los retretes? *DHOHN-dhay ehs-TAHN lohs reh-TREH-tehs* where are the rest rooms?

en español *ehn ehs-pah-ny-OHL* in Spanish

una butaca *OO-nah boo-TAH-kah* orchestra seat

déme *DHAY-meh* give me

¿qué espectáculo? *kay ehs-pehk-TAH-koo-lo* what show?

comenzar *ko-mehn-SAHR* to begin

¿cuántas horas? *KWAHN-tahs OH-rahs* how many hours?

las localidades *lahs lo-kah-lee-DHA-dh-ehs* the seats

en inglés *ehn een-GLEHS* in English

empezar *ehm-peh-SAHR* to begin

¿a qué hora? *ah kay OH-rah* at what time?

Basic statements and questions useful in this situation:

1. **Dos billetes, por favor, para la película a las dos de esta tarde.**
   dhos bee-y-EH-tehs, pohr fah-BOHR, PAH-rah lah peh-LEE-koo-lah ah lahs dhos dhay EHS-tah TAHR-dhay
   Two tickets, please, for the movie at two o'clock this afternoon.

2. **Preferimos dos butacas pero no muy cerca de la pantalla.**
   preh-feh-REE-mos dhos boo-TAH-kahs PEH-ro noh mwee SEHR-kah dhay lah pahn-TAH-yah
   We prefer two orchestra seats but not very close to the screen.

3. **¿Cuánto valen los billetes?**
   KWAHN-toh BAH-lehn lohs bee-YEH-tehs
   How much do the tickets cost?

4. **Nos gustan mucho las películas policíacas.**
   nohs GOOS-tahn MOO-cho lahs peh-LEE-koo-lahs po-lee-SEE-ah-kahs
   We like detective movies very much.

For more verbs, expressions, and popular words commonly used, consult page 590.

En la estación de ferrocarril *ehn lah ehs-tah-SYOHN dhay fehr-roh-kahr- REE.*
At the railroad station

Basic verbs, expressions, and words useful in this situation:

un billete *oon bee-YEH-teh* ticket
el tren *ehl trehn* train
el andén *ehl ahn-DHEHN* platform
la vía *lah BEE-ah* track
la cantina *lah kahn-TEE-nah* snack bar
el equipaje *ehl eh-kee-PAH-heh* baggage, luggage
el coche restaurante *ehl KOH-cheh rehs-tah-oo-RAHN-teh* dining car
un carrito *oon kahr-REE-toh* luggage cart

tengo *TEHN-go* I have
hacer cola *ah-SEHR KOH-lah* to stand in line (queue up)
la entrada *la ehn-TRAH-dha* entrance
la salida *lah sah-LEE-dha* exit
informaciones *een-fohrm-ah-see-OH-neh* information
el coche cama *ehl KOH-cheh KAH-mah* sleeping car
la maleta *lah mah-LEH-tah* valise, suitcase

Basic statements and questions useful in this situation:

1. **Un billete de primera, por favor, para ir a...**
   oon bee-YEH-teh dhay pree-MEHR-ah, pohr fah-BOHR, PAH-rah eer ah
   One first class ticket, please, to go to . . .

2. **¿Cuánto cuesta un billete de ida? ¿Y de ida y vuelta?**
   KWAHN-toh KWEHS-tah oon bee-YEH-teh dhay EE-dha. ee dhay EE-dha ee BWEHL-tah
   How much does a one-way ticket cost? And a round-trip?

3. **¿A qué hora sale el tren para... ?**
   ah kay OH-rah SAH-leh ehl trehn PAH-rah
   At what time does the train leave for . . . ?

4. **¿Es el tren rápido o local? ¿Tengo que trasbordar?**
   ehs ehl trehn RAH-pee-dho oh lo-KAHL. TEHN-go kay trahs-bohrdh-AHR
   Is the train an express or a local? Do I have to transfer?

For more verbs, expressions, and popular words commonly used, consult page 590.

Basic verbs, expressions, and words useful in this situation:

¿qué recomienda usted? *kay reh-kohm-YEHN-dhah oos-TEH-dh* what do you recommend?

comerlo aquí *kohm-EHR-loh ah-KEE* to eat it here

pastas danesas *PAHS-tahs dahn-EH-sahs* Danish pastries

el pastel de chocolate *ehl pahs-TEHL dhay cho-ko-LAH-teh* chocolate cake

una tarta *OO-nah TAHR-tah* tart

aquélla *ah-KEH-yah* that one

cerca de mí *SEHR-kah dhay mee* near me

galletas (f.) *gah-YEH-tahs* cookies

quisiera *kee-SYEHR-ah* I would like

comprar *kohm-PRAHR* to buy

¿puedo... ? *PWEH-dho* may I . . . ?

déme *DHAY-meh* give me

bollos blancos *BOH-yohs BLAHN-kos* small white rolls; **morenos** *moh-REH-nos* brown

el merengue *ehl mehr-EHN-gay* meringue

con miel *kohn mee-EHL* with honey

éste *EHS-teh* this one

aquéllas *ah-KEH-yahs* those

cerca de usted *SEHR-kah dhay oos-TEH-dh* near you

Basic statements and questions useful in this situation:

1. **Me gustaría un pastel que contiene almendras.**
   meh goos-tah-REE-yah oon pahs-TEHL kay kohn-TYEHN-eh ahl-MEHN-drahs
   I would like a pastry that contains almonds.

2. **¿Hay pasteles conteniendo nueces, castañas o avellanas?**
   AH-ee pahs-TEHL-ehs kohn-teh-ny-EHN-dho NWEH-sehs, kahs-TAH-ny-ahs oh ah-bay-YAHN-ahs
   Are there any pastries containing walnuts, chestnuts or hazelnuts?

3. **Déme, también, este gran pastel de chocolate. ¡Tengo mucha hambre!**
   DHAY-meh, tahm-bee-EHN, EHS-teh grahn pahs-TEHL dhay cho-ko-LAH-teh. TEHN-go MOO-chah AHM-breh.
   Give me, also, this big chocolate cake. I'm very hungry!

For more verbs, expressions, and popular words commonly used, consult page 590.

En un kiosco de periódicos   *ehn oon kee-YOHS-ko dhay peh-ree-OH-dhee- kos*
At a newsstand

Basic verbs, expressions, and words useful in this situation:

un periódico   *oon peh-ree-OH-dhee-ko*
newspaper
una revista   *OO-nah reh-BEES-tah*
magazine
un mapa de esta ciudad   *oon MAH-pah dhay EHS-tah syoo-DHA-dh*   a map of
this city
déme, por favor   *DHAY-meh, pohr fah-BOHR*   give me, please
en inglés   *ehn een-GLEHS*   in English
en alemán   *ehn ah-leh-MAHN*   in German

una tarjeta postal ilustrada   *OO-nah tahr-HEH-tah pohs-TAHL ee-loos-TRAH-dhah*   picture post card
una guía turística   *OO-nah GEE-ah too-REE-stee-kah*   tourist guidebook
¿cuánto por esta edición?   *KWAHN-toh pohr EHS-tah eh-dhee-SYOHN*   how much for this issue?
tomo   *TOH-mo*   I'll have, I'll take
en italiano   *ehn ee-tah-LYAH-no*   in Italian

Basic statements and questions useful in this situation:

1. **¿Tiene periódicos de los Estados Unidos de América?**
   TYEH-neh peh-ree-OH-dhee-kos dhay lohs ehs-TAH-dhos oo-NEE-dhos dhay ah-MEH-ree-kah
   Do you have newspapers from the United States of America?

2. **Tomo este periódico, esta guía, esta revista, y este mapa.**
   TOH-mo EHS-teh peh-ree-OH-dhee-ko, EHS-tah GEE-ah, EHS-tah reh-BEES-tah, ee EHS-teh MAH-pah
   I'll take this newspaper, this guide, this magazine, and this map.

3. **Aquí tiene usted el dinero. Muchas gracias, señor (señora, señorita).**
   ah-KEE TYEH-neh oos-TEH-dh el dhee-NEH-ro. MOO-chahs GRAH-syahs, sehn-YOHR (sehn-YOH-rah, sehn-yoh-REE-tah)
   Here is the money. Thank you very much, sir (madam, miss).

For more verbs, expressions, and popular words commonly used, consult page 590.

En una tienda de limpieza en seco *ehn OO-nah TYEHN-dhah dhay leem-PYEH-sah ehn SEH-ko*   In a dry cleaning store

---

Basic verbs, expressions, and words useful in this situation:

limpiar en seco *leem-pee-AHR ehn SEH-ko* to dry clean

planchar *plahn-CHAHR* to press

le traigo *leh TRAH-ee-go* I'm bringing to you

hay que... *AH-ee kay* it is necessary ...

un sastre *oon SAHS-treh* tailor

un pantalón *oon pahn-tah-LOHN* pants, trousers, slacks

arreglar *ah-reh-GLAHR* to mend

estos botones *EHS-tos boh-TOH-nehs* these buttons

¿cuándo estará listo? *KWAHN-dho ehs-tah-RAH LEE-sto* when will it be ready?

la tintura *lah teen-TOO-rah* dyeing

una falda *OO-nah FAHL-dha* skirt

esta mancha *EHS-tah MAHN-chah* this stain

Basic statements and questions useful in this situation:

1. **¿Puede ayudarme? Busco una tienda de limpieza en seco.**
   PWEH-dhe ah-yoo-dh-AHR-meh. BOOS-ko OO-nah TYEHN-dha dhay leem-PYEH-sah ehn SEH-ko.
   Can you help me? I'm looking for a dry cleaning store.

2. **¿Hay una tienda aquí en esta vecindad?**
   AH-ee OO-nah TYEHN-dha ah-KEE ehn EHS-tah beh-seen-dh-AH-dh.
   Is there a store here in this neighborhood?

3. **¿Hace usted tinturas?**
   AH-seh oos-TEH-dh teen-TOO-rahs.
   Do you do dyeing?

4. **Quíteme estas manchas, por favor.**
   KEE-teh-meh EHS-tahs MAHN-chahs, pohr fah-BOHR.
   Remove these stains for me, please.

5. **Las manchas en esta corbata son de sopa.**
   lahs MAHN-chahs ehn EHS-tah kohr-BAH-tah sohn dhay SOH-pah
   The stains on this necktie are from soup.

For more verbs, expressions, and popular words commonly used, consult page 590.

En una peluquería para señoras y señores   *ehn OO-nah peh-loo-kay-REE-ah*
PAH-rah sehn-YOH-rahs ee sehn-YOHR-ehs
In a hair stylist shop for men and women

Basic verbs, expressions, and words useful in this situation:

tener cita   *teh-NEHR SEE-tah*   to have an appointment

me gustaría tener un corte de pelo   *meh goos-tah-REE-ah tehn-EHR oon KOHR-teh dhay PEH-lo*   I would like to have a haircut

un nuevo corte   *oon NWEH-bo KOHR-teh*   a new cut

seco o mojado   *SEH-ko oh mo-HAH-dho*   dry or moist

un corte revuelto   *oon KOHR-teh reh-BWEHL-toh*   a wild, crazy hair style

me voy a la peluquería   *meh boy ah lah peh-loo-kay-REE-ah*   I'm going to the hair stylist shop

la peluquera   *lah peh-loo-KAY-rah*   hair stylist (woman)

el peluquero   *ehl peh-loo-KAY-ro*   hair stylist (man)

como este modelo   *KOH-mo EHS-teh mo-dh-EH-lo*   like this style

elegante   *eh-leh-GAHN-teh*   elegant

me gusta este modelo   *meh GOOS-tah EHS-teh mo-dh-EH-lo*   I like this style

un champú   *oon chahm-POO*   shampoo

eso es   *EH-so ehs*   that's right

Basic statements and questions useful in this situation:

1. **Buenos días, señorita (señora, señor). Mi nombre es... Quisiera una cita.**
   BWEH-nos DHEE-ahs, sehn-yoh-REE-tah (sehn-YOH-rah, sehn-YOHR). mee NOHM-breh ehs... kee-SYEHR-ah OO-nah SEE-tah
   Hello, miss (madam, sir). My name is . . . I would like an appointment.

2. **Para hoy. ¿Para esta mañana? ¿Esta tarde? ¿Mañana? ¿Ahora mismo?**
   PAH-rah oy. PAH-rah EHS-tah mah-ny-AH-nah. EHS-tah TAHR-dhay. mah ny-AH-nah. ah-OH-rah MEES-mo.
   For today. For this morning? This afternoon? Tomorrow? Right now?

3. **Me gustaría un corte revuelto. Primero, un champú, por favor.**
   meh goos-tah-REE-ah oon KOHR-teh reh-BWEHL-toh. pree-MEH-ro, oon chahm-POO, pohr fah-BOHR.
   I would like a wild, crazy hair style. First, a shampoo, please.

For more verbs, expressions, and popular words commonly used, consult page 590.

Basic verbs, expressions, and words useful in this situation:

desear   *dhay-seh-AHR*   to desire, to
   want, to wish
cobrar   *ko-BRAHR*   to cash a check
cambiar   *kahm-BYAHR*   to change
   (exchange money)
dólares americanos (m.)   *dh-OH-lahr-ehs
   ah-meh-ree-KAHN-os*   American
   dollars
libras esterlinas   *LEE-brahs ehs-tehr-
   LEE-nahs*   sterling pounds
cheques de viaje   *CHEH-kehs dhay
   BYAH-heh*   traveler's checks

pagar   *pah-GAHR*   to pay
recibir   *reh-see-BEER*   to receive, to get
necesitar   *neh-seh-see-TAHR*   to need
deber   *dhay-BEHR*   have to, must
dólares norteamericanos   *dh-OH-lahr-ehs
   nor-teh-ah-meh-ree-KAHN-os*
   American dollars: **dólares canadienses**
   dh-OH-lahr-ehs kah-nah-DYEHN-sehs
   Canadian dollars
mi pasaporte   *mee pah-sah-POHR-teh*
el banco más cercano   *ehl BAHN-ko mahs
   sehr-KAH-no*   the nearest bank

Basic statements and questions useful in this situation:

1. **Dígame, por favor, ¿dónde está el banco más cercano?**
   *DHEE-gah-meh, pohr fah-BOHR, DHOHN-dhay ehs-TAH ehl BAHN-ko
   mahs sehr-KAH-no*
   Tell me, please, where is the nearest bank?

2. **¿Puede usted darme mil pesetas en billetes de cien pesetas? Es más conveniente.**
   *PWEH-dhay oos-TEH-dh DAHR-me meel peh-SEH-tahs ehn bee-YEH-tehs
   dhay see-EHN peh-SEH-tahs? ehs mahs kohn-behn-YEHN-teh*
   Can you give me one thousand pesetas in bills of one hundred each?

3. **Deseo cambiar mil dólares americanos.**
   dhay-SEH-o kahm-BYAHR meel dh-OH-lah-rehs ah-meh-ree-KAHN-os
   I wish to change one thousand American dollars.

4. **Espero recibir dinero de los Estados Unidos (de Inglaterra, del Canadá, de
   Australia, de Italia)**
   *ehs-PEH-ro reh-see-BEER dhee-NEH-ro dhay lohs ehs-TAH-dhos oo-NEE-
   dhos (dhay een-glah-TEHR-rah, dhehl kah-nah-DHAH, dhay ah-oo-STRAH-
   lyah, dhay ee-TAH-lyah)*
   I expect to receive money from the United States (from England, from
   Canada, from Australia, from Italy).

For more verbs, expressions, and popular words commonly used, consult page 590.

Basic verbs, expressions, and words useful in this situation:

alquilar   *ahl-kee-LAHR*   to rent, to hire
ir   *eer*   to go
tengo que...   *TEHN-go kay*   I have to. . .
mi permiso de conducir   *mee pehr-MEE-so dhay kohn-dhoo-SEER*   my driver's license
un coche   *oon KOH-cheh*   car, automobile
el tren   *ehl trehn*   train
el autocar   *ehl ah-oo-toh-KAHR*   interurban (long distance) bus
la bicicleta   *lah bee-see-KLEH-tah*   bicycle

conducir   *kohn-dhoo-SEER*   to drive (a motor vehicle)
quisiera...   *kee-SYEHR-ah*   I would like . . .
al día   *ahl DHEE-ah*   by the day
a la semana   *ah lah seh-MAH-nah*   by the week
un camión   *oon kah-MYOHN*   truck
el autobús   *ehl ah-oo-toh-BOOS*   city bu
el metro   *ehl MEH-tro*   subway (tube)
el taxi   *ehl TAHK-see*   taxi
el estacionamiento   *ehl ehs-tah-syohn-ah-MYEHN-toh*   parking

Basic statements and questions useful in this situation:

1. **Quisiera alquilar un coche, por favor, para una semana.**
   kee-SYEHR-ah ahl-kee-LAHR oon KOH-cheh, pohr fah-BOHR, PAH-rah OO-nah seh-MAH-nah
   I would like to rent a car, please, for one week.

2. **¿Es necesario dejar una fianza? ¿La gasolina está incluida?**
   ehs neh-seh-SAHR-yo dhay-HAHR OO-nah fee-AHN-sah. lah gah-so-LEE-nah ehs-TAH een-kloo-EE-dhah
   Is it necessary to leave a deposit? Is the gasoline included?

3. **¿Cuál es la dirección para ir a... ?**
   kwahl ehs lah dhee-rehk-SYOHN PAH-rah eer ah . . .
   What is the direction to go to . . . ?

4. **¿Puede decirme si está lejos de aquí?**
   PWEH-dhay dhay-SEER-meh see ehs-TAH LEH-hos dhay ah-KEE
   Can you tell me if it is far from here?

For more verbs, expressions, and popular words commonly used, consult page 590.

En el metro *ehn ehl MEH-tro* In the subway (tube)

Basic verbs, expressions, and words useful in this situation:

ir *eer* to go

bajar *bah-HAHR* to get off

un billete *oon bee-YEH-teh* ticket

cambiar *kahm-BYAHR* to change

la salida *lah sah-LEE-dha* exit

llegar *yeh-GAHR* to arrive

¿por dónde? *pohr DHOHN-dhay* which way?

¿qué línea? *kay LEE-neh-ah* what line?

la escalera mecánica *lah ehs-kah-LEH-rah meh-KAH-nee-kah* escalator

trasbordar *trahs-bohr-DHAR* to transfer, change trains

la ventanilla *lah behn-tah-NEE-yah* ticket window

bajo *BAH-ho* I'm getting off

la entrada *lah ehn-TRAH-dhah* entrance

perdóneme *pehr-DHO-ne-meh* pardon me

ayúdeme, por favor *ah-YOO-dheh-meh, pohr fah-BOHR* help me, please

Basic statements and questions useful in this situation:

. Perdóneme. ¿Puede indicarme en dónde está situado el metro más cercano?
pehr-DHOH-neh-meh. PWEH-dhay een-dhee-KAHR-meh ehn DHOHN-dhay ehs-TAH see-too-AH-dho ehl MEH-tro mahs sehr-KAH-no
Pardon me. Can you point out to me where the nearest subway is located?

. Quisiera ir a... ¿Qué línea necesito tomar? ¿En qué estación debo bajar?
kee-SYEHR-ah eer ah . . . kay LEE-neh-ah neh-seh-SEE-toh toh-MAHR. ehn kay ehs-tah-SYOHN dh-EH-bo bah-HAHR
I would like to go to . . . What line do I have to take? At what station do I get off?

. Dígame, por favor, como abrir esta puerta. Muéstreme.
DHEE-gah-meh, pohr fah-BOHR, KOH-mo ahb-REER EHS-tah PWEHR-tah. MWEHS-treh-meh
Tell me, please, how to open this door. Show me.

. Déme, por favor, un taco de billetes. ¿Cuánto le debo? Muchas gracias.
DHAY-meh, pohr fah-BOHR, oon TAH-ko dhay bee-YEH-tehs. KWAHN-toh leh DHEH-bo. MOO-chahs GRAH-syahs.
Give me, please, a booklet of tickets. How much do I owe you? Thank you very much.

For more verbs, expressions, and popular words commonly used, consult page 590.

En la oficina de correos   *ehn lah o-fee-SEE-nah dhay kohr-REH-os*
In the post office

Basic verbs, expressions, and words useful in this situation:

enviar *ehn-bee-AHR* to send
mandar un telegrama *mahn-dh-AHR oon teh-leh-GRAH-mah* to send a telegram
el acuse de recibo *ehl ah-KOO-seh dhay reh-SEE-bo* return receipt
un sobre *oon SOH-breh* envelope
correo certificado *kohr-REH-o sehr-tee-fee-KAH-dho* registered mail
una estampilla *OO-nah ehs-tahm-PEE-yah* postage stamp
ningún valor *neen-GOON bah-LOHR* no value

¿dónde está? *DHOHN-dhay ehs-TAH* where is it located?
¿cuánto cuesta por palabra? *KWAHN-toh KWEHS-tah pohr pah-LAH-brah* How much does it cost for each word?
la dirección *lah dhee-rehk-SYOHN* the address
diez sellos aéreos *dhee-EHS SEH-yos ah EHR-eh-os* ten air mail stamps
impresos *eem-PREH-sos* printed matter
lista de correos *LEE-stah dhay kohr-REH-os* general delivery
la aduana *lah ah-dh-WAH-nah* customs

Basic statements and questions useful in this situation:

1. **Quisiera enviar estas cartas y tarjetas a los Estados Unidos. Por correo aéreo.**
   kee-SYEHR-ah ehn-bee-AHR EHS-tahs KAHR-tahs ee tahr-HEH-tahs ah lohs ehs-TAH-dhos oo-NEE-dhos. pohr kohr-REH-o ah-EHR-eh-o.
   I would like to send these letters and post cards to the United States. Air mail.

2. **Este paquete contiene libros. Son regalos.**
   EHS-teh pah-KEH-teh kohn-TYEHN-eh LEE-bros. sohn reh-GAH-los.
   This package contains books. They are gifts.

3. **¿Hay correo para mí en la lista de correos? Mi nombre es...**
   AH-ee kohr-REH-o PAH-rah mee ehn lah LEE-stah dhay kohr-REH-os. mee NOHM-breh ehs . . .
   Is there any mail for me in general delivery? My name is . . .

For more verbs, expressions, and popular words commonly used, consult page 590.

En una tienda de fotos   *ehn OO-nah TYEHN-dhah dhay FOH-tos*
In a photo shop

Basic verbs, expressions, and words useful in this situation:

sacar fotos   *sah-KAHR FOH-tos*   to take photos

una foto   *OO-nah FOH-toh*   photo, snapshot

una cámara   *OO-nah KAH-mah-rah*   camera

¿qué número?   *kay NOO-mehr-o*   what number?

en colores   *ehn koh-LOH-rehs*   in color

una copia   *OO-nah KOH-pee-ah*   one copy

revelar un carrete   *reh-behl-AHR oon kahr-REH-teh*   to develop a roll (of film)

una foto de identidad   *OO-nah FOH-toh dhay ee-dhen-tee-dh-AH-dh*   identification photo

pronto   *PROHN-toh*   fast, quickly

en blanco y negro   *ehn BLAHN-ko ee NEH-gro*   in white and black

en acabado brillante   *ehn ah-kah-BAH-dho bree-YAHN-teh*   in a glossy finish

en acabado mate   *ehn ah-kah-BAH-dho MAH-teh*   in a matte finish

Basic statements and questions useful in this situation:

. **Perdóneme. ¿Sabe usted si hay una tienda de fotos por aquí?**
pehr-DHOH-neh-meh. SAH-beh oos-TEH-dh see AH-ee OO-nah TYEHN-dhah dhay FOH-tos pohr ah-KEE
Pardon me. Do you know if there is a photo shop around here?

. **Hágame el favor de revelar este carrete ¿Cuánto cuesta?**
AH-gah-meh ehl fah-BOHR dhay reh-behl-AHR EHS-teh kahr-REH-teh. KWAHN-toh KWEHS-tah
Please be good enough to develop this roll (of film). How much does it cost?

. **En colores con acabado brillante.**
ehn koh-LOHR-ehs kohn ah-kah-BAH-dho bree-YAHN-teh
In color on a glossy finish.

. **¿Cuándo puedo volver para recogerlas?**
KWAHN-dho PWEH-dho bohl-BEHR PAH-rah reh-ko-HEHR-lahs
When can I come back to pick them up?

For more verbs, expressions, and popular words commonly used, consult page 590.

En una tienda de ropa para mujeres *ehn OO-nah TYEHN-dha dhay ROH-pah*
PAH-rah moo-HEHR-ehs In a clothing store for women

Basic verbs, expressions, and words useful in this situation:

¿**me puedo probar... ?** *meh PWEH-dho proh-BAHR* may I try on . . . ?
comprar *kohm-PRAHR* to buy
pagar al contado *pah-GAHR-ahl kohn-TAH-dho* to pay in cash
una blusa *OO-nah BLOO-sah* blouse
un sostén *oon soh-STEHN* bra (brassiere)
más corto *mahs KOHR-toh* shorter
medias (f.) *MEH-dhee-ahs* stockings
en seda (f.) *ehn SEH-dhah* in silk

devolver un artículo *deh-bohl-BEHR oon ahr-TEE-koo-lo* to return an article
tomar *toh-MAHR* to take
un vestido *oon behs-TEE-dho* a dress
una falda *OO-nah FAHL-dhah* a skirt
zapatos *sah-PAH-tohs* shoes
un traje de noche *oon TRAH-heh dhay NOH-cheh* evening gown
más largo *mahs LAHR-go* longer
algo más elegante *AHL-go mahs eh-leh-GAHN-teh* something more elegant

Basic statements and questions useful in this situation:

1. **Quisiera comprar algunos artículos. ¿Puede ayudarme, por favor?**
   kee-SYEHR-ah kohm-PRAHR ahl-GOO-nos ahr-TEE-koo-los. PWEH-dhay ah-yoo-dh-AHR-meh, pohr fah-BOHR
   I would like to buy a few things. Can you help me, please?

2. **¿Me puedo probar este vestido? Es bonito.**
   meh PWEH-dho proh-BAHR EHS-teh behs-TEE-dho. ehs bo-NEE-toh.
   May I try on this dress? It's pretty.

3. **No me gusta esta blusa. Es fea. ¿Tiene otras?**
   noh meh GOOS-tah EHS-tah BLOO-sah. ehs FEH-ah. TYEHN-eh OH-trahs
   I don't like this blouse. It's ugly. Do you have any others?

4. **Prefiero los colores rosado, rojo, amarillo, gris, y verde.**
   preh-FYEH-ro lohs ko-LOH-rehs roh-SAH-dho, ROH-ho, ah-mah-REE-yo, greess, ee BEHR-dhay
   I prefer the colors pink, red, yellow, gray, and green.

For more verbs, expressions, and popular words commonly used, consult page 590.

En una tienda de ropa para hombres *ehn OO-nah TYEHN-dha dhay ROH-pah*
PAH-rah OHM-brehs   In a clothing store for men

Basic verbs, expressions, and words useful in this situation:

¿me puedo probar... ? *meh PWEH-dho proh-BAHR* may I try on . . . ?

comprar *kohm-PRAHR* to buy

pagar al contado *pah-GAHR ahl kohn-TAH-dho* to pay in cash

un cinturón *oon seen-toor-OHN* belt

mangas cortas *MAHN-gahs KOHR-tahs* short sleeves

con rayas *kohn RAH-yahs* with stripes

devolver un artículo *deh-bohl-BEHR oon ahr-TEE-koo-lo* to return an article

tomar *toh-MAHR* to take

un traje *oon TRAH-heh* suit

un pantalón *oon pahn-tah-LOHN* pants, trousers, slacks

en cuero (m.) *ehn KWEH-ro* in leather

mangas largas *MAHN-gahs LAHR-gahs* long sleeves

demasiado estrecho *dhe-mah-SYAH-dho ehs-TREH-cho* too narrow

Basic statements and questions useful in this situation:

1. **Quisiera comprar algunos artículos. ¿Puede ayudarme, por favor?**
   kee-SYEHR-ah kohm-PRAHR ahl-GOO-nos ahr-TEE-koo-los. PWEH-dhay ah-yoo-dh-AHR-meh, pohr fah-BOHR
   I would like to buy a few things. Can you help me, please?

2. **¿Me puedo probar este traje? Me gusta mucho.**
   meh PWEH-dho proh-BAHR EHS-teh TRAH-heh. meh GOOS-tah MOO-cho.
   May I try on this suit? I like it very much.

3. **No me gusta esta camisa. Es fea. ¿Tiene otras?**
   noh meh GOOS-tah EHS-tah kah-MEE-sah. ehs FEH-ah. TYEHN-eh OH-trahs
   I don't like this shirt. It's ugly. Do you have any others?

4. **Prefiero los colores amarillo, gris, verde, y azul.**
   preh-FYEH-ro lohs ko-LOH-rehs ah-mah-REE-yo, greess, BEHR-dhay, ee ah-SOOL.
   I prefer the colors yellow, gray, green, and blue.

For more verbs, expressions, and popular words commonly used, consult page 590.

Basic verbs, expressions, and words useful in this situation:

probar *pro-BAHR* to take a taste

comer *koh-MEHR* to eat

con azúcar *kohn ah-SOO-kahr* with sugar

con leche *kohn LEH-cheh* with milk

con frutas *kohn FROO-tahs* with fruits

la especialidad de hoy *lah ehs-peh-see-ah-lee-dh-AH-dh dhay oy* today's special

mantequilla (f.) *mahn-teh-KEE-yah* butter

una gaseosa *OO-nah gah-seh-OH-sah* carbonated drink

tomar *toh-MAHR* to take, to have

más *mahs* more

poco *POH-ko* little (not much)

con limón *kohn lee-MOHN* with lemon

caliente *kah-LYEHN-tay* hot

un pastel con fresas *oon pahs-TEHL kohn FREH-sahs* a pastry with strawberries

con nata batida *kohn NAH-tah bah-TEE-dha* with whipped cream

algo crespo *AHL-go KREHS-po* something crispy

tostada (f.) *tohs-TAH-dha* toast

confitura (f.) *kohn-fee-TOO-rah* preserves (jam)

un bollo de crema *oon BOH-yo dhay kr-EH-mah* cream puff

Basic statements and questions useful in this situation:

1. **Buenos días. Una mesa para mí (para dos personas), por favor.**
   BWEH-nos DHEE-ahs. OO-nah MEH-sah PAH-rah mee (PAH-rah dhos pehr-SOH-nahs), pohr fah-BOHR.
   Hello. A table for me (for two persons), please.

2. **Quisiera un té y un pastel con fresas y nata batida.**
   kee-SYEHR-ah oon tay ee oon pahs-TEHL kohn FREH-sahs ee NAH-tah bah-TEE-dha.
   I would like some tea and a pastry with strawberries and whipped cream.

3. **Prefiero limón con el té. Para mi amigo (amiga), leche con el té.**
   preh-FYEH-ro lee-MOHN kohn ehl tay. PAH-rah mee ah-MEE-go (ah-MEE-gah), LEH-cheh kohn ehl tay.
   I prefer lemon with the tea. For my friend, milk with the tea.

For more verbs, expressions, and popular words commonly used, consult page 590.

Basic verbs, expressions, and words useful in this situation:

hace sol   *AH-seh sohl*   it's sunny

hace buen tiempo   *AH-seh bwehn TYEHM-po*   the weather is good

está nevando   *ehs-TAH neh-BAHN-dho*   it's snowing

hace viento   *AH-seh bee-YEHN-toh*   it's windy

un impermeable   *oon eem-pehr-meh-AH-bleh*   raincoat

dar un paseo   *dh-AHR oon pah-SEH-o*   to take a walk

en el parque   *ehn ehl PAHR-kay*   in the park

hace calor   *AH-seh kah-LOHR*   it's warm (hot)

está lloviendo ahora   *ehs-TAH yo-bee-EHN-dho ah-OH-rah*   it's raining now

la lluvia   *lah YOO-bee-ah*   the rain

hace mal tiempo   *AH-seh mahl TYEHM-po*   the weather is bad

un paraguas   *oon pah-RAH-gwahs*   umbrella

hace fresco hoy   *AH-seh FREHS-ko oy*   it's cool today

hace frío   *AH-seh FREE-o*   it's cold

Basic statements and questions useful in this situation:

. **¿Qué tiempo hace hoy? Tengo que salir.**
kay TYEHM-po AH-seh oy. TEHN-go kay sah-LEER.
What's the weather like today? I have to go out.

. **Me gustaría dar un paseo en el parque pero está lloviendo.**
meh goos-tah-REE-ah dh-AHR oon pah-SEH-o ehn ehl PAHR-kay PEH-ro ehs-TAH yo-bee-EHN-dho.
I would like to take a walk in the park but it's raining.

. **Necesito comprar un paraguas y un impermeable.**
neh-seh-SEE-toh kohm-PRAHR oon pah-RAH-gwahs ee oon eem-pehr-meh-AH-bleh
I need to buy an umbrella and a raincoat (mackintosh).

. **¿Hay mucha nieve aquí en el invierno?**
AH-ee MOO-chah ny-EH-beh ah-KEE ehn ehl een-bee-EHR-no
Is there much snow here in winter?

For more verbs, expressions, and popular words commonly used, consult page 590.

Basic verbs, expressions, and words useful in this situation:

mirar   *meer-AHR*   to look (at)
desear   *dhay-seh-AHR*   to desire, to want, to wish
una flor   *OO-nah flohr*   flower
ofrecer   *oh-freh-SEHR*   to offer
escoger   *ehs-koh-HEHR*   to choose
es para ofrecer   *ehs PAH-rah oh-freh-SEHR*   it's to give as a gift
estoque (m.)   *ehs-TOH-keh*   gladiolus
claveles (m.)   *klah-BEH-lehs*   carnations
violetas (f.)   *bee-oh-LEH-tahs*   violets
una cinta   *OO-nah SEEN-tah*   ribbon

ver   *behr*   to see
un ramillete de flores   *oon rah-mee-YAY-teh dhay FLOHR-ehs*   bunch of flowers
encontrar   *ehn-kohn-TRAHR*   to find, meet
valer   *bah-LEHR*   to be worth
preferir   *preh-feh-REER*   to prefer
una planta bonita   *OO-nah PLAHN-tah bo-NEE-tah*   a pretty plant
rosas (f.)   *ROH-sahs*   roses

Basic statements and questions useful in this situation:

1. **Quisiera comprar algunas flores para ofrecer.**
   kee-SYEHR-ah kohm-PRAHR ahl-GOO-nahs FLOHR-ehs PAH-rah oh-freh-SEHR.
   I would like to buy some flowers as a gift.

2. **Me gusta mucho este ramillete de flores.**
   meh GOOS-tah MOO-cho EHS-teh rah-mee-YAY-teh dhay FLOHR-ehs.
   I like this bunch of flowers very much.

3. **Lo llevo conmigo. Me gustaría, también, rosas y violetas.**
   loh YAY-bo kohn-MEE-go. meh goos-tah-REE-ah, tahm-BYEHN, ROH-sahs ee bee-oh-LEH-tahs.
   I'll take it with me. I would like, also, roses and violets.

4. **¿Cuánto le debo? Voy a pagar al contado.**
   KWAHN-toh leh dh-EH-bo. boy ah pah-GAHR ahl kohn-TAH-dho.
   How much do I owe you? I'm going to pay in cash.

For more verbs, expressions, and popular words commonly used, consult page 590.

Basic verbs, expressions, and words useful in this situation:

nadar   *nah-dh-AHR*   to swim

una piscina   *OO-nah pee-SEE-nah*   swimming pool

flotar   *flo-TAHR*   to float

¿dónde puedo cambiarme?   *DHOHN-dhay PWEH-dho kahm-bee-AHR-meh*   where can I change (my clothes)?

una limonada   *OO-nah lee-mo-NAH-dh-ah*   lemonade

un balón   *oon bah-LOHN*   beach ball

una ducha   *OO-nah DHOO-chah*   shower

PROHIBIDO BANARSE   *proh-ee-BEE-dho bah-ny-AHR-seh*   NO BATHING

el mar   *ehl mahr*   the sea

¿un helado de qué sabor?   *oon ehl-AH-dho dhay kay sah-BOHR*   what flavor ice cream?

bucear   *boo-seh-AHR*   to dive

un traje de baño   *oon TRAH-heh dhay BAH-ny-o*   swim suit

quiero alquilar...   *KYEH-ro ahl-kee-LAHR*   I would like to rent . . .

páseme una toalla   *PAH-seh-meh OO-nah toh-AH-yah*   hand me a towel

el esquí náutico   *ehl ehs-KEE NAH-oo-tee-ko*   water skiing

el agua   *ehl AH-gwah*   the water

en la arena   *ehn lah ah-REH-nah*   on the sand

para niños   *PAH-rah NEE-ny-os*   for children

una sombrilla   *OO-nah sohm-BREE-yah*   beach umbrella

Basic statements and questions useful in this situation:

1. **Quisiera pasar algunos días en la playa a...**
   kee-SYEHR-ah pah-SAHR ahl-GOO-nos DHEE-ahs ehn lah PLAH-yah ah
   I would like to spend a few days at the beach at . . .

2. **Quisiera alquilar una sombrilla. ¿Cuánto cuesta?**
   kee-SYEHR-ah ahl-kee-LAHR OO-nah sohm-BREE-yah. KWAHN-toh KWEHS-tah
   I would like to rent (hire) a beach umbrella. How much does it cost?

3. **No podemos nadar aquí. Es peligroso y es prohibido.**
   noh po-dh-EH-mos nah-dh-AHR ah-KEE. ehs peh-lee-GRO-so ee ehs proh-ee-BEE-dho.
   We can't swim here. It's dangerous and it is forbidden.

For more verbs, expressions, and popular words commonly used, consult page 590.

Basic verbs, expressions, and words useful in this situation:

partir *pahr-TEER* to leave

arreglar mi cuenta *ahr-reh-GLAHR mee KWEHN-tah* to settle my account

¿cuánto le debo? *KWAHN-toh leh dh-EH-bo* how much do I owe you?

magnífico *mahg-NEE-fee-ko* magnificent

mi equipaje *mee eh-kee-PAH-heh* my baggage, luggage

mañana por la mañana *mah-ny-AH-nah pohr lah mah-ny-AH-nah* tomorrow morning

voy a salir *boy ah sah-LEER* I'm going to leave (check out)

temprano *tehm-PRAH-no* early

mi estancia *mee ehs-TAHN-see-ah* my stay

agradable *ah-grah-DHAH-bleh* pleasant

un recibo *oon reh-SEE-bo* receipt

llame un taxi *YAH-meh oon TAHK-see* call a taxi

Basic statements and questions useful in this situation:

1. **Voy (Vamos) a partir temprano mañana por la mañana.**
   boy (BAH-mos) ah pahr-TEER tehm-PRAH-no mah-ny-AH-nah pohr lah mah-ny-AH-nah.
   I'm going (we're going) to leave early tomorrow morning.

2. **¿Antes de qué hora hay que desocupar la habitación?**
   AHN-tehs dhay kay OH-rah AH-ee kay dhay-so-koo-PAHR lah ah-bee-tah-SYOHN
   Before what time is it required to vacate the room?

3. **Mi estancia en su hotel y en su país ha sido agradable.**
   mee ehs-TAHN-see-ah ehn soo o-TEHL ee ehn soo pah-EES ah SEE-dho ah-grah-DHAH-bleh.
   My stay in your hotel and in your country has been pleasant.

4. **Quisiera arreglar mi cuenta ahora, por favor.**
   kee-SYEHR-ah ahr-reh-GLAHR mee KWEHN-tah ah-OH-rah, pohr fah-BOHR.
   I would like to settle my account now, please.

For more verbs, expressions, and popular words commonly used, consult page 590.

A la aduana *ah lah ah-dh-WAH-nah*   At customs

Basic verbs, expressions, and words useful in this situation:

NADA QUE DECLARAR *NAH-dha kay dhay-klah-RAHR* nothing to declare

yo no sé *yoh noh seh* I don't know

hable más despacio, por favor *AH-bleh mahs dh-ehs-PAH-see-o, pohr fah-BOHR* speak more slowly, please

nada *NAH-dha* nothing

lo siento *loh SYEHN-toh* I'm sorry

ARTICULOS PARA DECLARAR *ahr-TEE-koo-los PAH-rah dhay-klah-RAHR* articles to declare

presentar *preh-sehn-TAHR* to present

no comprendo *noh kohm-PREHN-dho* I don't understand

vuelvo a mi país *BWEHL-bo ah mee pah-EES* I'm returning to my country

sí, comprendo *see, kohm-PREHN-dho* yes, I understand

he aquí mi pasaporte *ay ah-KEE mee pah-sah-POHR-teh* here is my passport

¿puedo marcharme? *PWEH-dho mahr-CHAHR-meh* may I leave?

Basic statements and questions useful in this situation:

1. **Tengo una botella de vino y un frasco de perfume. Son regalos.**
   TEHN-go OO-nah boh-TEH-yah dhay BEE-no ee oon FRAHS-ko dhay pehr-FOO-meh. sohn reh-GAH-los.
   I have one bottle of wine and one small bottle of perfume. They are gifts.

2. **Busco mis llaves para abrir las maletas. Un momento, por favor.**
   BOOS-ko mees YAH-behs PAH-rah ah-BREER lahs mah-LEH-tahs. oon mo-MEHN-toh, por fah-BOHR.
   I'm looking for my keys to open the suitcases. Just a minute, please.

3. **Son artículos para mi uso personal.**
   sohn ahr-TEE-koo-los PAH-rah mee OO-so pehr-so-NAHL.
   They are articles for my own personal use.

4. **Mi estancia en su país ha sido agradable. Muchas gracias. ¡Adiós!**
   mee ehs-TAHN-see-ah ehn soo pah-EES ah SEE-dho ah-grah-DHAH-bleh. MOO-chahs GRAH-syahs. ah-dhee-OHS.
   My stay in your country has been pleasant. Thank you very much. Good-bye!

For more verbs, expressions, and popular words commonly used, consult page 590.

Popular Phrases, Words, and Expressions for Tourists

This new feature provides you with many popular phrases, words, expressions, abbreviations, signs, and notices that you will most likely need to understand when you hear them or when you see them posted in many public places in Spain or any Spanish-speaking country or region of the world. There are also many you will need to use yourself when speaking Spanish.

All the entries in English and Spanish are given in one alphabetical listing because it is more convenient to look in one place instead of two for an entry. One listing also prevents you from looking inadvertently in a Spanish listing for an English word or in an English listing for a Spanish word. Also, cognates and near-cognates in both languages are reduced to a single entry. Spanish words are printed in boldface letters. After the Spanish phrase or word, you are given an approximate sound so you may pronounce the Spanish as well as possible to communicate effectively. Consult the EE-zee guide to Spanish pronunciation on page 558.

If you do not find the word or phrase you have in mind, perhaps it is given in the thirty situations that precede this section. Be sure to consult the Guide to Thirty Practical Situations on page 559. Also, if there is a Spanish verb you wish to use, which is not given in this section, consult the 501 verbs in this book and the index of English-Spanish verbs that begins on page 505.

A

a, an **un** *oon;* **una** *OO-nah;* **un lápiz** *oon LAH-pees* a pencil; **una naranja** *OO-nah nah-RAHN-hah* an orange

A BORDO *ah BOHR-dho* ON BOARD

a little **un poco** *oon POH-ko*

a lot **mucho** *MOO-cho*

ABIERTO DE... HASTA... *ah-bee-EHR-toh dhay AH-stah* OPEN FROM . . . UNTIL . . .

ABIERTO TODOS LOS DIAS *ah-bee-EHR-toh TOH-dhos lohs DHEE-ahs* OPEN EVERY DAY

abortion **el aborto** *ehl ah-BOHR-toh*

about (approximately) **a eso de** *ah EH-so dhay;* (concerning) **de** *dhay*

above **arriba** *ahr-REE-bah;* **sobre** *SOH-breh;* above all **sobre todo** *SOH-breh TOH-dho*

accelerate **acelerar** *ah-seh-leh-RAHR;* accelerator **el acelerador** *ehl ah-seh-leh-rah-DHOR*

accident **el accidente** *ehl ahk-see-dh-EHN-teh*

ache **tener dolor** *teh-NEHR dho-LOHR;* ache (pain) **un dolor** *oon dho-LOHR*

address **la dirección** *lah dhee-REHK-see-OHN*

adorable **adorable** *ah-dhor-AH-bleh*

ADUANA (f.) *ah-dh-WAH-nah* CUSTOMS

adventure **la aventura** *lah ah-behn-TOO-rah*

advertisement **un anuncio** *oon ah-NOON-see-oh*

advice **el consejo** *ehl kohn-SEH-ho*

AEROPUERTO (m.) *ah-eh-ro-PWEHR-toh* AIRPORT

affection **el cariño** *ehl kah-REE-ny-o;* affectionately **con cariño** *kohn kah-REE-ny-o*

after **después** *dh-ehs-PWEHS*

afternoon **la tarde** *lah TAHR-dhe*

afterwards **luego** *LWEH-go*

again **otra vez** *OH-trah behs;* **de nuevo** *dhay NWEH-bo*

ago **hace** *AH-seh*

agua mineral *AH-gwah mee-neh-RAHL* mineral water

aid **el socorro** *ehl so-KOHR-ro;* **la ayuda** *lah ah-YOO-dh-ah*

AIDS SIDA *SEE-dh-ah* (sexually transmitted infectious fatal disease)

air **el aire** *ehl AH-ee-reh*

air conditioned **aire acondicionado** *AH-ee-reh ah-kohn-dhee-see-oh-NAH-dho*

air mail **por correo aéreo** *pohr kohr-REH-o ah-EH-reh-o*

airline **la línea aérea** *lah LEE-neh-ah ah-EH-reh-ah*

airplane **un avión** *oon ah-bee-OHN*

all **todo** *TOH-dho;* all day **todo el día** *TOH-dho ehl DHEE-ah*

almost **casi** *KAH-see*

almuerzo *ahl-MWEHR-so* lunch

alone **solo** (man); **sola** (woman); I am alone **estoy solo** *ehs-TOY-SOH-lo;* **estoy sola** *ehs-TOY SOH-lah*

already **ya** *yah*

also **también** *tahm-BYEHN*

ALTO *AHL-toh* STOP

always **siempre** *SYEHM-preh*

ambulance **una ambulancia** *OO-nah ahm-boo-LAHN-syah*

American, I am **soy norteamericano** (man) *soy nohr-teh-ah-meh-ree-KAH-no;* **soy norteamericana** (woman) *soy nohr-teh-ah-meh-ree-KAH-nah*

amusing **divertido** *dhee-behr-TEE-dho*

and **y** *ee* (when y is followed by a Spanish word beginning with **i** or **hi,** the word for "and" is **e** *eh*); sons and daughters **hijos e hijas** *EE-hos eh EE-hahs*

and you? **¿y usted?** *ee oos-TEH-dh*

ANDENES (m.) *ahn-dh-EH-nehs* PLATFORMS (TRAINS)

annoy **molestar** *mo-lehs-TAHR*

another **otro** *OH-tro;* **otra** *OH-trah*

anybody **alguien** *AHL-gee-ehn*

anything **algo** *AHL-go*

aperitif **el aperitivo** *ehl ah-peh-ree-TEE-bo*

apple **una manzana** *OO-nah mahn-SAH-nah*

April **abril** *ah-BREEL*

árbol *AHR-bohl* tree

are there . . . ? is there . . . ? **¿hay...?** *AH-ee*

arrested **arrestado** *ahr-rehs-TAH-dho*

arrival **la llegada** *lah yeh-GAH-dh-ah*

arroz *ahr-ROHS* rice

as little as **tan poco como** *tahn POH-ko KOH-mo*

as soon as possible **lo más pronto posible** *loh mahs PROHN-to po-SEE-bleh*

asados *ah-SAH-dhos* roasts

ASCENSOR (m.) *ah-sehn-SOHR* ELEVATOR (LIFT)

ashtray **un cenicero** *oon seh-nee-SEH-ro*

ask for someone **preguntar por alguien** *preh-goon-TAHR pohr AHL-gee-ehn*

ask (request) **preguntar** *preh-goon-TAHR*

asparagus **el espárrago** *ehl ehs-PAHR-rah-go*

aspirin **la aspirina** *lah ahs-pee-REE-nah*

at **a** *ah;* **en** *ehn;* at the beach **a la playa** *ah lah PLAH-yah;* at home **en casa** *ehn KAH-sah;* at all costs **a toda costa** *ah TOH-dha KOHS-tah;* at full speed **a toda prisa** *ah TOH-dha PREE-sah;* at least **por lo menos** *pohr loh MEH-nos*

ATENCION (f.) *ah-tehn-see-OHN* CAUTION

audio-visual **audiovisual** *AH-oo-dhee-o-bee-soo-AHL*

August **agosto** *ah-GOH-sto*

Australia **Australia** *ah-oo-STRAH-lee-ah*

Australian, I am **soy australiano** (man) *soy ah-oo-strah-lee-AH-no;* **soy australiana** (woman) *soy ah-oo-strah-lee-AH-nah*

auto **el auto** *ehl AH-oo-toh*

automatic **automático** *ah-oo-toh-MAH-tee-ko*

automobile **un coche** *oon KOH-cheh;* **un automóvil** *oon ah-oo-toh-MOH-beel*

AVISO (m.) *ah-BEE-so* NOTICE

awful **terrible** *tehr-REE-bleh*

B

baby **el bebé** *ehl bay-BAY*

baby bottle **un biberón** *oon bee-beh-ROHN*

bad **malo** *MAH-lo;* too bad! **¡es lástima!** *ehs LAHS-teem-ah*

baggage **el equipaje** *ehl eh-kee-PAH-heh;* **el bagaje** *ehl bah-GAH-heh*

baggage cart **un carrito** *oon kahr-REE-toh*

baggage room **la sala de equipajes** *lah SAH-lah dhay eh-kee-PAH-hehs*

baggage room checking **la consigna** *lah kohn-SEEG-nah*

BAJADA (f.) *bah-HAH-dha* DOWNHILL

bakery **la panadería** *lah pah-nah-dh-eh-REE-ah*

bank **el banco** *ehl BAHN-ko*

bargains **gangas** (f.) *GAHN-gahs*

bath, to take a **tomar un baño** *toh-MAHR oon BAH-ny-o*

bathroom **el cuarto de baño** *ehl KWAHR-toh dhay BAH-ny-o*

be quick! **¡dése prisa!** *dh-EH-seh PREE-sah*

beat it! (go away!) **¡váyase!** *BAH-yah-seh*

because **porque** *POHR-keh*

bed **la cama** *lah KAH-mah;* bed and board **pensión completa** *pehn-see-OHN kohm-PLEH-tah* bed bug **un chinche** *oon CHEEN-cheh*

bed cover, beadspread **una cubrecama** *OO-nah koo-breh-KAH-mah*

bed pan **una silleta de cama** *OO-nah see-YEH-tah dhay KAH-mah;* **una chata de cama** *OO-nah CHAH-tah dhay KAH-mah;* **un cómodo de cama** *oon KOH-mo-dho dhay KAH-mah*

beef **carne de vaca** *KAHR-neh dhay BAH-kah*

beefsteak **bistec** *bee-STEHK;* **biftec** *beef-TEHK;* **bisté** *bee-STEH*

beer **la cerveza** *lah sehr-BEH-sah*

behind **detrás** *dhay-TRAHS;* behind me **detrás de mí** *dhay-TRAHS dhay mee*

believe me! **¡créame!** *KREH-ah-meh*

between **entre** *EHN-treh*

bicycle **una bicicleta** *OO-nah bee-see-KLEH-tah*

BIENVENIDO *bee-yehn-beh-NEE-dho* WELCOME

bill (paid for services) **la cuenta** *lah KWEHN-tah*

black **negro** *NEH-gro*

black coffee **café solo** *kah-FEH SOH-lo*

bless my soul! **¡válgame Dios!** *BAHL-gah-meh dhee-OHS*

blood **la sangre** *lah SAHN-greh*

blue **azul** *ah-SOOL*

boat **un barco** *oon BAHR-ko;* **un bote** *oon BOH-teh;* **un buque** *oon BOO-keh*

book **un libro** *oon LEE-bro*

boss **el amo** *ehl AH-mo;* **ama** (woman) *AH-mah*

bottle **una botella** *OO-nah boh-TEH-yah*

bottle opener **un abridor para botella** *oon ah-bree-DOHR PAH-rah boh-TEH-yah*

bottled water **una botella de agua** *OO-nah boh-TEH-yah dhay AH-gwah*

boy **un muchacho** *oon moo-CHAH-cho;* **un chico** *oon CHEE-ko*

bread **el pan** *ehl pahn*

breakdown (vehicle) **la avería** *lah ah-beh-REE-ah*

breakfast **el desayuno** *ehl dhay-sah-YOO-no*

bring it, please **tráigalo, por favor** *TRAH-ee-gah-lo, pohr fah-BOHR*

bring me . . . , please **tráigame... , por favor** *TRAH-ee-gah-meh, pohr fah-BOHR*

British **británico** *bree-TAHN-ee-ko*

brown **marrón** *mahr-ROHN;* **pardo** *PAHR-dho*

bulb, electric light **una bombilla** *OO-nah bohm-BEE-yah*

bull **el toro** *ehl TOH-ro;* bull ring **la plaza de toros** *lah PLAH-sah dhay TOH-ros;* bullfight **la corrida de toros** *lah kohr-REE-dha dhay TOH-ros*

bus **un autobús** *oon ah-oo-toh-BOOS*

but **pero** *PEH-ro*

butter **la mantequilla** *lah mahn-teh-KEE-yah*

button **un botón** *oon boh-TOHN*

by the way (incidentally) **a propósito** *ah proh-POH-see-toh*

C

CABALLEROS (m.) *kah-bah-YEH-ros* GENTLEMEN

café *kah-FEH* coffee

CAIDA DE PIEDRAS (f.) *kah-EE-dhah dhay pee-EH-dh-rahs* FALLEN ROCK ZONE

CAJA (f.) *KAH-hah* CASHIER'S DESK

CALIENTE *kah-lee-EHN-teh* HOT

call now! **¡llame ahora!** *YAH-meh ah-OH-rah*

call the police! **¡llame a la policía!** *YAH-meh ah lah poh-lee-SEE-ah*

CAMBIO (m.) *KAHM-bee-o* CHANGE (MONEY EXCHANGE OFFICE)

can I . . . ? **¿puedo... ?** *PWEH-dho;* **con permiso** *kohn pehr-MEE-so*

can opener **un abrelatas** *oon ah-breh-LAH-tahs*

Canadian, I am **soy canadiense** (man or woman) *soy kah-nah-dh-ee-EHN-seh*

CANTINA (f.) *kahn-TEE-nah* SNACK BAR

car **un coche** *oon KOH-cheh*

careful **cuidado** *kwee-DAH-dho*

carne *KAHR-neh* meat

carne de cordero *KAHR-neh dhay kohr-dh-EH-ro* lamb

carne de vaca *KAHR-neh dhay BAH-kah* beef

CARRETERA PARTICULAR (f.) *kahr-reh-TEH-rah pahr-tee-koo-LAHR*
  PRIVATE ROAD

cart **un carrito** *oon kahr-REE-toh*

CEDA EL PASO *SEH-dhah ehl PAH-so* YIELD

cena *SEH-nah* dinner

centavos *sehn-TAH-bohs* cents

cereza *seh-REH-sah* cherry

CERRADO *sehr-RAH-dho* CLOSED

cerveza *sehr-BEH-sah* beer

change, to **cambiar** *kahm-bee-AHR*

cheaper **más barato** *mahs bah-RAH-toh*

check (paid for services) **la cuenta** *lah KWEHN-tah*

check baggage **facturar** *fahk-too-RAHR*

cheese **el queso** *ehl KEH-so*

cherry **la cereza** *lah seh-REH-sah*

chest (human body) **el pecho** *ehl PEH-cho*

child **un niño** (boy) *oon NEEN-yo;* **una niña** (girl) *OO-nah NEEN-yah*

chocolate **chocolate** *cho-ko-LAH-teh*

church **la iglesia** *lah eeg-LEH-syah*

cigarette lighter **un mechero** *oon meh-CHEH-ro*

clean **limpio** *LEEM-pee-o*

clock **el reloj** *ehl reh-LOH*

close the door, please **cierre la puerta, por favor** *see-EHR-eh lah PWEHR-tah, pohr fah-BOHR*

closed **cerrado** *sehr-RAH-dho*

clothes, clothing **la ropa** *lah ROH-pah*

coat hangers **los colgadores** *lohs kohl-gah-DOHR-ehs*

coat (overcoat) **el abrigo** *ehl ah-BREE-go*

COCHE RESTAURANTE (m.) *KOH-cheh rehs-tah-oo-RAHN-teh* DINING CAR

cockroach **la cucaracha** *lah koo-kah-RAH-chah*

coffee **el café** *ehl kah-FEH;* coffee black **un café solo** *oon kah-FEH SOH-lo;* with lots of milk **con mucha leche** *kohn MOO-chah LEH-cheh*

cold **frío** *FREE-o*

cold, I feel **tengo frío** *TEHN-go FREE-o;* it's cold in my room **hace frío en mi habitación** *AH-seh FREE-o ehn mee ah-bee-tah-SYOHN*

cold water **agua fría** *AH-gwah FREE-ah*

come here! **¡venga acá!** *BEHN-gah ah-KAH*

come in! **¡entre!** *EHN-treh;* **¡adelante!** *ah-dh-eh-LAHN-teh*

come on! **¡vamos!** *BAH-mos*

COMPLETO *kohm-PLEH-toh* FULL

computer **la computadora** *lah kohm-poo-tah-dh-OH-rah*

concert **un concierto** *oon kohn-see-EHR-toh*

confession **la confesión** *lah kohn-feh-SYOHN*

CONSIGNA (f.) *kohn-SEEG-nah* BAGGAGE CHECKING

contrary, on the **al contrario** *ahl kohn-TRAH-ree-o*

CONTROL DE SEGURIDAD (m.) *kohn-TROL dhay seh-goo-ree-dh-AH-dh* SECURITY CONTROL

corkscrew **un sacacorchos** *oon sah-kah-KOHR-chos*

corner (inside) **el rincón** *ehl reen-KOHN;* outside corner (as on a street) **la esquina** *lah ehs-KEE-nah*

CORREO AEREO (m.) *kohr-REH-o ah-EHR-eh-o* AIR MAIL

could you tell me . . . ? **¿podría decirme... ?** *po-dh-REE-ah dh-eh-SEER-meh*

cream **la crema** *lah KREH-mah*

creamed **puré** *poo-REH*

credit card **una tarjeta de crédito** *OO-nah tahr-HEH-tah dhay KREH-dhee-toh*

CRUCE PELIGROSO (m.) *KROO-seh peh-lee-GROH-so* DANGEROUS CROSSROADS

cts. (centavos) *sehn-TAH-bos* cents

CUIDADO *kwee-dh-AH-dho* CAREFUL, CAUTION

CUIDADO CON EL TREN *kwee-dh-AH-dho kohn ehl trehn* RAILROAD CROSSING

cup **una taza** *OO-nah TAH-sah*

CURVA PELIGROSA (f.) *KOOR-bah pehl-ee-GROH-sah* DANGEROUS CURVE

customs **la aduana** *lah ah-dh-WAH-nah*

D

daily **al día** *ahl DHEE-ah;* **por día** *pohr DHEE-ah*

DAMAS (f.) *dh-AH-mahs* LADIES

dance **un baile** *oon BAH-ee-leh*

danger **peligro** *peh-LEE-gro*

dark **obscuro** *ohb-SKOO-ro*

day **el día** *ehl DHEE-ah*

dead **muerto** *MWEHR-toh;* **muerta** *MWEHR-tah*

dear me! **¡Dios mío!** *dhee-OHS MEE-o*

Popular Phrases, Words, and Expressions for Tourists   595

decaffeinated **descafeinado** *dh-ehs-kah-feh-ee-NAH-dho*

December **diciembre** *dhee-see-EHM-breh*

dentist **el (la) dentista** *ehl (lah) dhen-TEES-tah*

department store **el almacén** *ehl ahl-mah-SEHN*

DERECHA (f.) *dh-eh-REH-chah* RIGHT

DESCUENTOS (m.) *dh-ehs-KWEHN-tohs* DISCOUNTS

DESPACIO *dh-ehs-PAH-see-oh* SLOW

dessert **postre** *POH-streh*

DESVIACION (f.) *dh-ehs-bee-ah-see-OHN* DETOUR

diapers **los pañales** *lohs pah-ny-AH-lehs*

dictionary **el diccionario** *ehl dh-eek-see-o-NAH-ree-o*

dining room **el comedor** *ehl koh-meh-DHOR*

dinner **la cena** *lah SEH-nah*

DIRECCION PROHIBIDA (f.) *dh-ee-rehk-see-OHN pro-ee-BEE-dh-ah* NO ENTRY

DIRECCION UNICA (f.) *dh-ee-rehk-see-OHN OO-nee-kah* ONE-WAY STREET

dirty **sucio** *SOO-see-o;* dirty water **agua sucia** *AH-gwah SOO-see-ah*

dizzy, I feel **estoy aturdido** (man); **aturdida** (woman); *ehs-TOY ah-toor-DHEE-dho (ah-toor-DHEE-dha)*

do you speak English? **¿habla usted inglés?** *AH-blah oos-TEH-dh een-GLEHS;* French **francés** *frahn-SEHS;* German **alemán** *ah-leh-MAHN;* Greek **griego** *gree-EH-go;* Italian **italiano** *ee-tah-lee-AH-no*

dollar **el dólar** *ehl dh-OH-lahr*

don't mention it (you're welcome) **de nada** *dhay NAH-dha;* **por nada** *poh NAH-dha;* **no hay de qué** *noh AH-ee dhay kay*

don't tell me! **¡no me diga!** *noh meh dh-EE-gah*

down **abajo** *ah-BAH-ho;* **debajo** *dhay-BAH-ho*

dozen **una docena** *OO-nah dho-SEH-nah*

dress **un vestido** *oon behs-TEE-dho*

drip (leak) **el escape** *ehl ehs-KAH-peh*

drugstore **la farmacia** *lah fahr-MAH-syah*

Dutch, I am **soy holandés** (man) *soy o-lahn-dh-EHS;* **holandesa** (woman) *o-lahn-dh-EHS-ah*

E

each **cada** *KAH-dha*

early **temprano** *tehm-PRAH-no*

EE.UU. (Estados Unidos) *ehs-TAH-dhos oo-NEE-dhos* United States (U.S.)

eggs **huevos** *WEH-bos;* scrambled eggs **huevos revueltos** *WEH-bos reh-BWEHL-tos;* omelet **tortilla** *tor-TEE-yah*

electricity **la electricidad** *lah eh-lehk-tree-see-dh-AH-dh*

eleven **once** *OHN-seh*

embassy **la embajada** *lah ehm-bah-HAH-dha*

emergency **una emergencia** *OO-nah ehm-ehr-HEHN-see-ah*

empty **vacío** *bah-SEE-o*

EMPUJE *ehm-POO-heh* PUSH

EN VENTA *ehn BEHN-tah* ON SALE

England **la Inglaterra** *lah een-glah-TEHR-rah*

English, I am **soy inglés** (man) *soy een-GLEHS;* **inglesa** (woman) *een-GLEHS-ah*

ENTRADA (f.) *ehn-TRAH-dha* ENTRANCE

ENTRADA PROHIBIDA (f.) *ehn-TRAH-dha pro-ee-BEE-dha* KEEP OUT

ENTRE SIN GOLPEAR *EHN-treh seen gohl-peh-AHR* ENTER WITHOUT KNOCKING

envelope **un sobre** *oon SOH-breh*

EQUIPAJE (m.) *eh-kee-PAH-heh* BAGGAGE

error **un error** *oon ehr-ROHR*

ESCUELA (f.) *ehs-KWEH-lah* SCHOOL

ESTACION (f.) *ehs-tah-SYOHN* STATION

ESTACIONAMIENTO PROHIBIDO (m.) *ehs-tah-syohn-ah-mee-EHN-toh pro-eé-BEE-dho* NO PARKING

ESTANCO (m.) *ehs-TAHN-ko* TOBACCO SHOP

ESTIMADOS GRATIS (m.) *ehs-tee-MAH-dhos GRAH-tees* FREE ESTIMATES

evening **la noche** *lah NOH-cheh*

every **cada** *KAH-dha*

everybody **todo el mundo** *TOH-dho ehl MOON-dho*

exchange **el cambio** *ehl KAHM-bee-o*

excursion **la excursión** *lah ehs-koor-SYOHN*

excuse me **perdóneme** *pehr-DHOH-neh-meh;*
  con permiso *kohn pehr-MEE-so*

exit **la salida** *lah sah-LEE-dha*

expensive **caro** *KAH-ro;* less expensive **menos caro** *MEH-nos KAH-ro*

express train **el expreso** *ehl ehs-PREH-so*

eye **el ojo** *ehl OH-ho*

eye glasses **las gafas** *lahs GAH-fahs*

F

facing the courtyard **dando al patio** *DAHN-dho ahl PAH-tee-o;* —the
  garden —**al jardín** *ahl hahr-DHEEN;* —the street **a la calle** *ah lah KAH-yeh*

family **la familia** *lah fah-MEEL-yah*

far **lejos** *LEH-hos;* far from **lejos de** *LEH-hos dhay*

fare **la tarifa** *lah tah-REE-fah*

fast **rápido** *RAH-pee-dho*

father **el padre** *ehl PAH-dh-reh*

faucet **el grifo** *ehl GREE-fo*

fault **la culpa** *lah KOOL-pah*

February **febrero** *feh-BREH-ro*

FERIA (f.) *FEH-ree-ah* FAIR (country fair)

fever **la fiebre** *lah fee-EH-breh*

film **la película** *lah peh-LEE-koo-lah*

fine **bueno** *BWEH-no;* **bien** *bee-YEHN;* it's fine! ¡**está bien!** *ehs-TAH bee-YEHN*

fire **el fuego** *ehl FWEH-go*
first **primero** *pree-MEH-ro;* **primera** *pree-MEH-rah*
fish **el pescado** *ehl pehs-KAH-dho*
flag **la bandera** *lah bahn-dh-EH-rah*
flashlight **una linterna eléctrica** *OO-nah leen-TEHR-nah eh-LEHK-tree-kah*
flight (plane) **el vuelo** *ehl BWEH-lo;* to fly **volar** *bo-LAHR*
fly (insect) **una mosca** *OO-nah MOH-skah;* there is a fly in my soup! **¡hay una mosca en mi sopa!** *AH-ee OO-nah MOH-skah ehn mee SOH-pah*
food **la comida** *lah ko-MEE-dhah;* **el alimento** *ehl ah-lee-MEHN-toh*
foot **el pie** *ehl pee-EH*
for **para** *PAH-rah*
fork **un tenedor** *oon teh-neh-dh-OHR*
forty **cuarenta** *kwah-REHN-tah*
four **cuatro** *KWAH-tro*
fourteen **catorce** *kah-TOHR-seh*
fourth **cuarto** *KWAHR-toh*
free **gratis** *GRAH-tees*
fresh water **agua fresca** *AH-gwah FREHS-kah*
Friday **viernes** *bee-EHR-nehs*
fried **frito** *FREE-toh*
friend **el amigo** *ehl ah-MEE-go (man);* **la amiga** *lah ah-MEE-gah* (woman)
friendly **amable** *ah-MAH-bleh*
FRIO (m.) *FREE-o* COLD
from **de** *dhay*
fruit **la fruta** *lah FROO-tah*
FUMADOR (m.) *foo-mah-dh-OHR* SMOKING CAR (ROOM)
funny **cómico** *KOH-mee-ko*

G

games **juegos** (m.) *HWEH-gos*
GANGAS (f.) *GAHN-gahs* BARGAINS
garlic **el ajo** *ehl AH-ho*
gas **gas** (m.) *gahss*
gasoline (petrol) **gasolina** (f.) *gah-so-LEE-nah*
generally **por lo general** *pohr loh hehn-eh-RAHL*
gentleman **el señor** *ehl seh-ny-OHR;* **el caballero** *ehl kah-bah-YEH-ro*
German, I am **soy alemán** (man) *soy ah-leh-MAHN;* **alemana** (woman) *ah-leh-MAHN-ah*
get a doctor **llame a un doctor** *YAH-meh ah oon dh-ohk-TOHR*
get help right away **busque ayuda rápido** *BOOS-keh ah-YOO-dhah RAH-pee-dho*
gift **un regalo** *oon reh-GAH-lo*
girl **la muchacha** *lah moo-CHAH-chah;* **la chica** *lah CHEE-kah*
GIROS POSTALES (m.) *HEE-ros po-STAHL-ehs* MONEY ORDERS
give me **déme** *DHAY-meh;* give us **dénos** *DHAY-nos*

glass (drinking) **un vaso** *oon BAH-so*
gloves **guantes** *GWAHN-tehs*
go away! **¡váyase!** *BAH-yah-seh*
go down **bajar** *bah-HAHR*
go in **entrar** *ehn-TRAHR*
go out **salir** *sah-LEER*
go shopping **ir de compras** *eer dhay KOHM-prahs*
go to bed **acostarse** *ah-kos-TAHR-seh*
go up **subir** *soo-BEER*
God **Dios** *dhee-OHS*
GOLPEE, POR FAVOR *GOHL-peh-eh, pohr fah-BOHR* KNOCK, PLEASE
good **bueno** *BWEH-no;* **buena** *BWEH-nah*
good afternoon **buenas tardes** *BWEH-nahs TAHR-dh-ehs*
good-bye **adiós** *ah-dhee-OHS*
good day **buenos días** *BWEH-nos DHEE-ahs*
good evening **buenas noches** *BWEH-nahs NOH-chehs*
good idea **buena idea** *BWEH-nah ee-dh-EH-ah*
good morning **buenos días** *BWEH-nos DHEE-ahs*
good night **buenas noches** *BWEH-nahs NOH-chehs*
GRATIS *GRAH-tees* FREE
gray **gris** *greess*
Great Britain **la Gran Bretaña** *lah grahn breh-TAH-ny-ah*
Greek, I am **soy griego** (man) *soy gree-YAY-go;* **griega** (woman) *gree-YAY-gah*
green **verde** *BEHR-dhe*
greetings **saludos** *sah-LOO-dhos*
guide **guía** *GEE-ah*
guisantes *gee-SAHN-tehs* green peas
gum (chewing) **el chicle** *ehl CHEE-kleh*

H

h. (hora) *OH-rah* hour
half **medio** *MEHDH-yo;* **la mitad** *lah mee-TAHDH*
ham **el jamón** *ehl hah-MOHN*
handbag **la bolsa** *lah BOHL-sah*
hang up! (on telephone) **¡cuelgue!** *KWEHL-geh*
happy **feliz** *feh-LEESS*
hard-boiled egg **un huevo duro** *oon WEH-bo DHOO-ro*
have a nice day! **¡pase un buen día!** *PAH-seh oon bwehn DHEE-ah*
he **él** *ehl*
headache **un dolor de cabeza** *oon dh-oh-LOHR dhay kah-BEH-sah*
heart **el corazón** *ehl koh-rah-SOHN*
heat **el calor** *ehl kah-LOHR*
heavy (in weight) **pesado** *peh-SAH-dho*
HECHO EN... *EH-cho ehn* MADE IN . . .

helado *eh-LAH-dho* ice cream

hello! **¡hola!** *OH-lah;* (on phone) **¡diga!** *DHEE-gah*

help! **¡socorro!** *soh-KOHR-ro*

help me, please **ayúdeme, por favor** *ah-YOO-dh-eh-meh, pohr fah-BOHR*

here **aquí** *ah-KEE*

here it is! **¡aquí lo tiene usted!** *ah-KEE loh TYHEN-eh oos-TEH-dh*

hold the line (on phone) **no cuelgue** *noh KWEHL-geh*

HOMBRES (m.) *OHM-brehs* MEN

HORAS DE SERVICIO (f.) *OH-rahs dhay sehr-VEES-yo* SERVING HOURS

hospital **el hospital** *ehl os-pee-TAHL*

hot **caliente** *kah-LYEHN-teh;* it's very hot in my room **hace mucho calor en mi habitación** *AH-seh MOO-cho kah-LOHR ehn mee ah-bee-tah-SYOHN*

hot chocolate **chocolate caliente** *cho-ko-LAH-teh kah-LYEHN-teh*

hour **la hora** *lah OH-rah*

how **como** *KOH-mo*

how are things? **¿qué tal?** *kay tahl*

how are you? **¿cómo está usted?** *KOH-mo ehs-TAH oos-TEH-dh*

how do you say . . . in Spanish? **¿cómo se dice... en español?** *KOH-mo seh DHEE-seh . . . ehn ehs-pah-ny-OHL*

how far? **¿a qué distancia?** *ah kay dhees-TAHN-syah*

low long? **¿cuánto tiempo?** *KWAHN-toh TYEHM-po*

how many? **¿cuántos?** *KWAHN-tohs*

how much? **¿cuánto?** *KWAHN-toh*

huevos (m.) *WEH-bos* eggs

hundred **ciento** *SYEHN-toh*

hurry up! **¡dése prisa!** *DHAY-seh PREE-sah*

husband **el marido** *ehl mah-REE-dho*

I

I **yo** *yoh*

I beg your pardon **perdóneme** *pehr-DHOH-neh-meh*

I certainly hope so! **¡ojalá!** *o-hah-LAH*

I certainly think so! **¡ya lo creo!** *yah loh KREH-o*

I don't like . . . **no me gusta...** *noh meh GOOS-tah*

I don't understand **no comprendo** *noh kohm-PREHN-dho;* **no entiendo** *noh ehn-TYEHN-dho*

I don't want **no quiero** *noh-KYEH-ro*

I hate **detesto** *dh-eh-TEHS-toh*

I have a family **tengo una familia** *TEHN-go OO-nah fah-MEEL-yah*

I have a husband **tengo un marido** *TEHN-go oon mah-REE-dho*

I have a problem **tengo un problema** *TEHN-go oon pro-BLEH-mah*

I have a wife **tengo una esposa** *TEHN-go OO-nah ehs-POH-sah*

I have no money **no tengo dinero** *noh TEHN-go dhee-NEH-ro*

I like . . . **me gusta...** *meh GOOS-tah*

I lost my . . . **perdí mi...** *pehr-DHEE mee*

I said . . . **dije...** *DHEE-heh*

speak a little Spanish **hablo español un poco** *AH-blo ehs-pah-ny-OHL oon POH-ko*

I understand **comprendo** *kohm-PREHN-dho;* **entiendo** *ehn-TYEHN-dho*

I visited . . . **visité...** *bee-see-TEH*

I went . . . **fui...** *fwee*

I would like . . . **quisiera...** *kee-SYEH-rah*

ice cream **el helado** *ehl eh-LAH-dho*

ice cubes **hielo en cubitos** *YEH-lo ehn koo-BEE-tos*

if **si** *see*

I'll scream! **¡grito!** *GREE-toh*

I'm afraid **tengo miedo** *TEHN-go MYEH-dho*

I'm bleeding **me desangro** *meh dh-eh-SAHN-gro*

I'm going . . . **me voy...** *meh boy*

I'm going to have . . . **voy a tomar...** *boy ah toh-MAHR*

I'm hungry **tengo hambre** *TEHN-go AHM-breh*

I'm lost **me he perdido** *meh eh pehr-DHEE-dho*

I'm resting **me descanso** *meh dhay-SKAHN-so*

I'm right **tengo razón** *TEHN-go rah-SOHN*

I'm sad **estoy triste** *eh-TOY TREE-steh*

I'm sick **estoy enfermo** (man) *ehs-TOY ehn-FEHR-mo;* **enferma** (woman) *ehn-FEHR-mah*

I'm sleepy **tengo sueño** *TEHN-go SWEH-ny-o*

I'm sorry **lo siento** *loh see-EHN-toh*

I'm thirsty **tengo sed** *TEHN-go SEH-dh*

I'm tired **estoy cansado** (man) *ehs-TOY kahn-SAH-dho;* **cansada** (woman) *kahn-SAH-dha*

I'm wounded **estoy herido** *ehs-TOY ehr-EE-dho*

I'm wrong **no tengo razón** *noh TEHN-go rah-SOHN*

immediately **en seguida** *ehn seh-GEE-dha;* **pronto** *PROHN-toh*

in **en** *ehn;* in a minute **en un momento** *ehn oon mo-MEHN-toh*

in front of me **delante de mí** *dh-eh-LAHN-teh dhay mee*

in the afternoon **por la tarde** *pohr lah TAHR-dh-eh*

in the distance **a lo lejos** *ah loh LEH-hos*

included **incluido** *een-kloo-EE-dho*

infant **el bebé** *ehl bay-BAY*

INFORMACIONES (f.) *een-for-mah-see-OH-nehs* INFORMATION

insects **insectos** *een-SEHK-tos*

inside **dentro** *dh-EHN-tro*

introduce **presentar** *preh-sehn-TAHR;* this is my wife **yo le presento mi esposa** *yoh leh preh-SEHN-toh mee ehs-POH-sah;* my husband **mi marido** *mee mah-REE-dho*

iodine **yodo** *YOH-dho*

Irish, I'm **soy irlandés** (man) *soy eer-lahn-dh-EHS;* **irlandesa** (woman) *eer-lahn-dh-EH-sah*

iron (press), to **planchar** *plahn-CHAHR*

is . . . ? **¿es...?** *ehs;* **¿está...?** *ehs-TAH*

is it closed? **¿está cerrado?** *ehs-TAH sehr-RAH-dho*

is it correct? **¡es correcto?** *ehs kor-REHK-toh*
is it necessary? **¿es necesario?** *ehs neh-seh-SAH-ree-o*
is it open? **¿está abierto?** *ehs-TAH ah-bee-EHR-toh*
is there? **¿hay?** *AH-ee*
is there any mail for me? **¿hay correo para mí?** *AH-ee kohr-REH-o PAH-rah mee*
it doesn't matter **no importa** *noh eem-POHR-tah*
Italian, I am **soy italiano** (man) *soy ee-tah-lee-AH-no;* **italiana** (woman) *ee tah-lee-AH-nah*
Italy **Italia** *ee-TAH-lee-ah*
it's a pleasure **es un placer** *ehs oon plah-SEHR*
it's dangerous **es peligroso** *ehs peh-lee-GROH-so*
it's early **es temprano** *ehs tehm-PRAH-no*
it's for me **es para mí** *ehs PAH-rah mee;* it's for us **es para nosotros** *ehs PAH-rah no-SOH-tros;* it's for you **es para usted** *ehs PAH-rah oos-TEH-dh*
it's funny **es cómico** *ehs KOH-mee-ko*
it's late **es tarde** *ehs TAHR-dh-eh*
it's my fault **es culpa mía** *ehs KOOL-pah MEE-ah*
it's not possible **no es posible** *noh ehs po-SEE-bleh*
it's possible **es posible** *ehs po-SEE-bleh*
it's your fault **es culpa suya** *ehs KOOL-pah SOO-yah*
IZQUIERDA (f.) *ees-kee-EHR-dhah* LEFT

J

jabón (m.) *hah-BOHN* soap
jam (preserves) **la mermelada** *lah mehr-meh-LAH-dh-ah*
jamón (m.) *hah-MOHN* ham
January **enero** *eh-NEH-ro*
JOYAS (f.) *HOH-yahs* JEWELRY
juice **el jugo** *ehl HOO-go*
July **julio** *HOOL-ee-o*
June **junio** *HOON-ee-o*
just a minute **un momento** *oon mo-MEHN-toh*

K

keep it **guárdelo** *GWAHR-dhe-lo*
keep your hands to yourself **quite sus manos** *KEE-teh soos MAH-nos*
key **la llave** *lah YAH-beh*
kind (friendly) **amable** *ah-MAH-bleh*
kitchen **la cocina** *lah ko-SEE-nah*
knife **un cuchillo** *oon koo-CHEE-yo*

ady **la dama** *lah dh-AH-mah*

amp **la lámpara** *lah LAHM-pah-rah*

arge **grande** *GRAHN-dh-eh;* larger **más grande** *mahs GRAHN-dh-eh*

ast week **la semana pasada** *lah seh-MAH-nah pah-SAH-dha*

ate **tarde** *TAHR-dh-eh*

avatory **el lavabo** *ehl lah-BAH-bo*

axative **el laxante** *ehl lahk-SAHN-teh*

eather **el cuero** *ehl KWEH-ro*

eave me alone! **¡váyase!** *BAH-yah-seh*

echuga (f.) *leh-CHOO-gah* lettuce

eft (opposite of right) **izquierda** *ees-kee-EHR-dhah*

egal services **servicios legales** *sehr-BEE-see-os leh-GAH-lehs*

egumbres (f.) *leh-GOOM-brehs* vegetables

emon **el limón** *ehl lee-MOHN*

emonade **la limonada** *lah lee-mo-NAH-dh-ah*

ess **menos** *MEH-nos*

et me get by, please **con permiso, déjeme pasar, por favor** *kohn pehr-MEE-so, dhay-heh-meh pah-SAHR, pohr fah-BOHR*

et's go! **¡vamos!** *BAH-mos*

et's leave, let's go away! **¡vámonos!** *BAH-mo-nos*

etter **una carta** *OO-nah KAHR-tah*

LIBRE *LEE-breh* VACANT, UNOCCUPIED

light (color) **claro** *KLAH-ro;* (in weight) **ligero** *lee-HEH-ro*

LISTA DE CORREOS *LEE-stah dhay kohr-REH-os* GENERAL DELIVERY (POST OFFICE)

listen to me **escúcheme** *ehs-KOO-cheh-meh*

little (in size) **pequeño** *peh-KEHN-yo;* (in quantity) **poco** *POH-ko*

look **¡mire!** *MEE-reh*

look out! **¡cuidado!** *kwee-dh-AH-dho*

lost and found office **la oficina de objetos perdidos** *lah o-fee-SEE-nah dhay ob-HEH-tos pehr-dh-EE-dhos*

low **bajo** *BAH-ho*

lunch **el almuerzo** *ehl ahl-MWEHR-so*

M

machine does not work **la máquina no marcha** *lah MAH-kee-nah noh MARCH-ah*

madam **señora** *seh-ny-OHR-ah* (abbreviation is **Sra.**)

magazine **una revista** *OO-nah reh-BEES-tah*

mail **el correo** *ehl kohr-REH-o*

mailbox **el buzón** *ehl boo-SOHN*

man **un hombre** *oon OHM-breh*

manager **el gerente** *ehl heh-REHN-teh*

many **muchos** *MOO-chos;* many things **muchas cosas** *MOO-chahs KOH-sahs*

map **un mapa** *oon MAH-pah*

March **marzo** *MAHR-so*

mashed potatoes **puré (m.) de patatas** *poo-REH dhay pah-TAH-tahs*

matches **cerillas (f.)** *sehre-EE-yahs*

May **mayo** *MAH-yo*

may I . . . ? **¿permite usted... ?** *pehr-MEE-teh oos-TEH-dh*

maybe **quizá** *kee-SAH*

MAYOR VENTA (f.) *mah-YOHR BEHN-tah* MAJOR SALE

meal **la comida** *lah ko-MEE-dhah*

meat **la carne** *lah KAHR-neh*

menu **el menú** *ehl meh-NOO*

message **el mensaje** *ehl mehn-SAH-heh*

middle of July **a mediados de julio** *ah meh-dhee-AH-dhos dhay HOOL-ee-o*

midnight **la medianoche** *lah meh-dhee-ah-NOH-cheh*

milk **la leche** *lah LEH-cheh*

minute **un minuto** *oon mee-NOO-toh*

miss **la señorita** *lah seh-ny-o-REE-tah* (abbreviation is **Srta.**)

miss the train **perder el tren** *pehr-dh-EHR ehl trehn*

mistake **un error** *oon ehr-ROHR*

mister **el señor** *ehl seh-ny-OHR*

Monday **el lunes** *ehl LOO-nehs*

money **el dinero** *ehl dhee-NEH-ro*

money exchange **cambio de moneda** *KAHM-bee-o dhay mo-NEH-dha*

month **el mes** *ehl mehs*

more **más** *mahs*

mother **la madre** *lah MAH-dh-reh*

motorcycle **una motocicleta** *OO-nah mo-toh-see-KLEH-tah*

movies, at the **al cine** *ahl SEE-neh*

Mr. **señor** *seh-ny-OHR* (abbreviation is **Sr.**)

Mrs. **señora** *seh-ny-OH-rah* (abbreviation is **Sra.**)

much **mucho** *MOO-cho*

MUJERES (f.) *moo-HEH-rehs* WOMEN

museum **el museo** *ehl moo-SEH-o*

my daughter **mi hija** *mee EE-hah*

my family **mi familia** *mee fah-MEEL-yah*

my God! **¡Dios mío** *dhee-OHS MEE-o*

my husband **mi marido** *mee mah-REE-dho*

my money **mi dinero** *mee dhee-NEH-ro*

my purse **mi bolsa** *mee BOHL-sah*

my son **mi hijo** *mee EE-hoh*

my wallet **mi cartera** *mee kahr-TEH-rah*

my wife **mi esposa** *mee ehs-POH-sah*

my wrist watch **mi reloj de pulsera** *mee reh-LOH dhay pool-SEH-rah*

N

name **el nombre** *ehl NOHM-breh*
napkin **la servilleta** *lah sehr-bee-YEH-tah*
nationality **la nacionalidad** *lah nah-see-o-nah-lee-dh-AH-dh*
naturally **naturalmente** *nah-toor-ahl-MEHN-teh*
near **cerca de** *SEHR-kah dhay;* **cercano** *sehr-KAH-no*
never **nunca** *NOON-kah*
next to **al lado de** *ahl LAH-dho dhay*
next week **la semana próxima** *lah seh-MAHN-ah PROHK-see-mah*
night **la noche** *lah NOH-cheh*
night club **el cabaret** *ehl kah-bah-REHT*
nine **nueve** *NWEH-beh*
nineteen **diez y nueve** *dhee-EHS ee NWEH-beh*
ninety **noventa** *no-BEHN-tah*
ninth **noveno** *no-BEH-no*
no **no** *noh*
NO FUMADORES *noh foo-mah-dh-OHR-ehs* NO SMOKERS
NO OBSTRUYA LA ENTRADA *noh ob-STROO-yah lah ehn-TRAH-dha* DO NOT
   BLOCK ENTRANCE
no problem! **¡no hay problema!** *noh AH-ee proh-BLEHM-ah*
NO TOCAR *noh toh-KAHR* DO NOT TOUCH
no way! **¡de ninguna manera!** *dhay neen-GOO-nah mah-NEH-rah*
noise **el ruido** *ehl RWEE-dho*
none **ninguno** *neen-GOO-no*
not **no** *noh*
nothing **nada** *NAH-dh-ah;* nothing more **nada más** *NAH-dh-ah mahs*
November **noviembre** *no-bee-EHM-breh*
now **ahora** *ah-OHR-ah*
number **el número** *ehl NOO-meh-ro*

O

OBRAS *OH-brahs* ROAD WORK
October **octubre** *ok-TOO-breh*
OCUPADO *o-koo-PAH-dho* OCCUPIED, IN USE
of course **claro que sí** *KLAH-ro kay see;* **por supuesto** *pohr soo-PWEH-sto*
office **la oficina** *lah o-fee-SEE-nah*
often **a menudo** *ah meh-NOO-dho*
okay, O.K. **está bien** *ehs-TAH bee-YEHN*
omelet **la tortilla** *lah tor-TEE-yah*
on **en** *ehn;* **sobre** *SOH-breh*
on the contrary **al contrario** *ahl kohn-TRAH-ree-o*
on vacation **de vacaciones** *dhay bah-kah-see-OHN-ehs*
once **una vez** *OO-nah behs*
one **un** *oon;* **una** *OO-nah*
only **solamente** *so-lah-MEHN-teh*

open **abierto** *ah-bee-EHR-toh*
orange **una naranja** *OO-nah nah-RAHN-hah*
outside **fuera** *FWEH-rah*
over here **acá** *ah-KAH*
over there **allá** *ah-YAH*
overcoat **el abrigo** *ehl ah-BREE-go*

P

paella (f.) *pah-EH-yah* rice with meat, green vegetables and shellfish
pain (ache) **un dolor** *oon dho-LOHR*
pan (m.) *pahn* bread
PARADA *pah-RAH-dhah* STOP
parade **un desfile** *oon dh-ehs-FEE-leh*
pardon me **perdóneme** *pehr-DHOH-neh-meh*
park **el parque** *ehl PAHR-kay;* to take a stroll in the park **dar un paseo en el parque** *dh-AHR oon pah-SEH-o ehn ehl PAHR-kay*
park, to (a vehicle) **estacionar** *ehs-tah-see-ohn-AHR;* **aparcar** *ah-pahr-KAHR*
party **una fiesta** *OO-nah fee-EHS-tah*
PASAJEROS (m.) *pah-sah-HEH-ros* PASSENGERS
PASO PROHIBIDO *PAH-so pro-ee-BEE-dho* NO ENTRY
passage **el pasaje** *ehl pah-SAH-heh*
passport lost **pasaporte perdido** *pah-sah-POHR-teh pehr-DHEE-dho*
pastry shop **una pastelería** *OO-nah pah-steh-leh-REE-yah*
patatas asadas (f.) *pah-TAH-tahs ah-SAH-dhas* roast potatoes; fried **fritas** *FREE-tahs*
payment **un pago** *oon PAH-go*
PEATONES (m.) *peh-ah-TOH-nehs* PEDESTRIANS
PELIGRO (m.) *peh-LEE-gro* DANGER; DE MUERTE *dhay moo-EHR-teh* OF DEATH
people **la gente** *lah HEHN-teh*
per cent **por ciento** *pohr see-EHN-toh*
perhaps **quizá** *kee-SAH*
PERMITIDO FUMAR *pehr-mee-TEE-dho foo-MAHR* SMOKING PERMITTED
person **una persona** *OO-nah pehr-SOH-nah;* this person **esta persona** *EHS-tah pehr-SOH-nah*
pescado (m.) *pehs-KAH-dho* fish
pesetas (pts.) (f.) *peh-SEH-tahs* pesetas
pesos (m.) *PEH-sos* pesos
petrol (gasoline) **la gasolina** *lah gah-so-LEE-nah*
phone me **llámeme por teléfono** *YAH-meh-meh pohr teh-LEH-fo-no*
pick up (receiver of telephone) **descuelgue** *dh-ehs-KWEHL-geh*
pickpocket **un ratero** *oon rah-TEH-ro;* **una ratera** *OO-nah rah-TEH-rah*
pill **una píldora** *OO-nah PEEL-dho-rah*
pink **rosa** *ROH-sah*
pleasant **agradable** *ah-grah-DHAH-blay*

lease **por favor** *pohr fah-BOHR*

leased to meet you **el gusto es mío** *ehl GOOS-toh ehs MEE-o*

leasure **el gusto** *ehl GOOS-toh;* **el placer** *ehl plah-SEHR*

ocket **el bolsillo** *ehl bohl-SEE-yo*

oison **el veneno** *ehl beh-NEH-no*

olice **la policía** *lah po-lee-SEE-ah*

ollo (m.) *POH-yo* chicken

OR FAVOR *pohr fah-BOHR* PLEASE

orter **portero de equipajes** *pohr-TEH-ro dhay eh-kee-PAH-hehs*

ostage stamp **un sello** *oon SEH-yo*

ostres (m.) *POHS-trehs* desserts

otatoes **patatas** (f.) *pah-TAH-tahs;* **papas** (f.) *PAH-pahs*

RECIO (m.) *PREH-see-o* PRICE

resent (gift) **un regalo** *oon reh-GAH-lo*

reserves (jam) **la mermelada** *lah mehr-meh-LAH-dh-ah*

ress (iron) **planchar** *plahn-CHAHR*

riest **el cura** *ehl KOO-rah*

RIVADO *pree-BAH-dho* PRIVATE

rivate bathroom **un cuarto de baño privado** *oon KWAHR-toh dhay BAH-ny-o pree-BAH-dho*

ROHIBIDO *pro-ee-BEE-dho* PROHIBITED

ROHIBIDO ADELANTAR *pro-ee-BEE-dho ah-dhay-lahn-TAHR* NO PASSING

ROHIBIDO APARCAR *pro-ee-BEE-dho ah-pahr-KAHR* NO PARKING

ROHIBIDO ENTRAR *pro-ee-BEE-dho ehn-TRAHR* KEEP OUT

ROHIBIDO FUMAR *pro-ee-BEE-dho foo-MAHR* NO SMOKING

ts. (pesetas) *peh-SEH-tahs* pesetas

UESTO DE SOCORRO *PWEHS-toh dhay so-KOHR-ro* FIRST-AID STATION

urse **la bolsa** *lah BOHL-sah*

ut this thing here **ponga esta cosa aquí** *POHN-gah EHS-tah KOH-sah ah-KEE;* put this thing there **ponga esta cosa allá** *POHN-gah EHS-tah KOH-sah ah-YAH*

Q

uality **la calidad** *lah kah-lee-dh-AH-dh*

uestion **una pregunta** *OO-nah preh-GOON-tah*

uick, quickly **rápido** *RAH-pee-dho;* **pronto** *PROHN-toh*

uiet **quieto** *kee-EH-toh*

uite enough, thank you **bastante, gracias** *bahs-TAHN-teh, GRAH-syahs*

R

adiator **el radiador** *ehl rah-dee-ah-dh-OHR*

ailroad **el ferrocarril** *ehl fehr-roh-kahr-REEL*

ain **la lluvia** *lah YOO-bee-ah;* is it raining? **¿está lloviendo?** *ehs-TAH yo-bee-EHN-dho* raincoat **un impermeable** *oon eem-pehr-meh-AH-bleh*

razor blade **una hojita de afeitar** *OO-nah o-HEE-tah dhay ah-feh-ee-TAHR*

ready **listo** *LEE-sto*

REBAJAS (f.) *reh-BAH-hahs* SALE, BARGAINS

receipt **un recibo** *oon reh-SEE-bo*

RECIEN PINTADO *reh-see-EHN peen-TAH-dho* WET PAINT

record (phonograph) **un disco** *oon DHEES-ko*

red **rojo** *ROH-ho*

repeat, please **repita, por favor** *reh-PEE-tah, pohr fah-BOHR*

RESERVADO *reh-sehr-BAH-dho* RESERVED

rest rooms **los labavos** *lohs lah-BAH-bos*

RETRETES (m.) *reh-TREH-tehs* TOILETS, REST ROOMS

rice **el arroz** *ehl ahr-ROHS*

right (opposite of left) **derecho** *dh-eh-REH-cho*

right away **pronto** *PROHN-toh*

right now **ahora mismo** *ah-OH-rah MEES-mo*

ring me up (telephone) **llámeme por teléfono** *YAH-meh-meh pohr teh-LEH-fo-no*

roast beef **el rosbif** *ehl ros-BEEF*

round trip **ida y vuelta** *EE-dha ee BWEHL-tah*

running water **el agua corriente** *ehl AH-gwah kor-ree-EHN-teh*

S

SALA DE ESPERA (f.) *SAH-lah dhay ehs-PEH-rah* WAITING ROOM

salad **la ensalada** *lah ens-sah-LAH-dha*

SALDOS (m.) *SAHL-dhos* LIQUIDATION SALE

SALIDA (f.) *sah-LEE-dha* EXIT

SALIDA DE EMERGENCIA (f.) *sah-LEE-dha dhay ehm-ehr-HEHN-see-ah* EMERGENCY EXIT

salty **salado** *sah-LAH-dho*

Saturday **el sábado** *ehl SAH-bah-dho*

SE ALQUILA *seh ahl-KEE-lah* FOR RENT (FOR HIRE, TO LET)

SE HABLA INGLES *seh AH-bleh een-GLEHS* ENGLISH IS SPOKEN

SE PROHIBE ADELANTAR *seh pro-EE-beh ah-dhay-lahn-TAHR* NO PASSING

SE PROHIBE LA ENTRADA *seh pro-EE-beh lah ehn-TRAH-dha* KEEP OUT

SE VENDE *seh BEHN-dh-eh* FOR SALE

seat **un asiento** *oon ah-see-EHN-toh*

second **segundo** *seh-GOON-dho*

see you later **hasta luego** *AH-stah LWEH-go*

see you next week **hasta la semana próxima** *AH-stah lah seh-MAH-nah PROHK-see-mah*

see you soon **hasta pronto** *AH-stah PROHN-toh*

see you tomorrow **hasta mañana** *AH-stah mah-ny-AH-nah*

SELLOS (m.) *SEH-yos* POSTAGE STAMPS

SEMAFORO (m.) *seh-MAH-fo-ro* TRAFFIC LIGHTS

SENDERO (m.) PARA BICICLETAS *sehn-dh-EH-ro PAH-rah bee-see-KLEH-tahs* BICYCLE ROUTE

ENORES *seh-ny-OHR-ehs* GENTLEMEN

eptember **septiembre** *sehp-tee-EHM-breh*

ervice **el servicio** *ehl sehr-BEE-see-o;* included **incluido** *een-kloo-EE-dho*

even **siete** *see-EH-teh*

eventeen **diez y siete** *dhee-EHS ee see-EH-teh*

eventh **séptimo** *SEHP-tee-mo*

eventy **setenta** *seh-TEHN-tah*

everal **varios** *BAH-ree-os*

he **ella** *EH-yah*

herbet **sorbete** *sor-BEH-teh*

hip **el barco** *ehl BAHR-ko;* **buque** *BOO-keh;* **vapor** *bah-POHR*

hopping **ir de compras** *eer dhay KOHM-prahs*

how me **muéstreme** *MWEHS-treh-meh*

hower **la ducha** *lah dh-OO-chah*

hrimp **el camarón** *ehl kah-mah-ROHN*

hut your mouth **cierre la boca** *see-EHR-reh lah BOH-kah*

ick **enfermo** *ehn-FEHR-mo;* **enferma** *ehn-FEHR-mah*

ir **señor** *seh-ny-OHR*

ix **seis** *SEH-ees*

ixteen **diez y seis** *dhee-EHS ee SEH-ees*

ixth **sexto** *SEHS-toh*

ixty **sesenta** *seh-SEHN-tah*

lowly **despacio** *dh-ehs-PAH-see-o*

mall **pequeño** *peh-KEH-ny-o*

nack **un bocadillo** *oon bo-kah-dh-EE-yo*

oap **el jabón** *ehl hah-BOHN*

omebody, someone **alguien** *AHL-gee-ehn*

opa *SOH-pah* soup

orbete (m.) *sor-BEH-teh* sherbet

pain **España** (f.) *ehs-PAH-ny-ah*

peak! **¡hable!** *AH-bleh*

pecial menu **el menú especial** *ehl mehn-OO ehs-peh-see-AHL*

poon **la cuchara** *lah koo-CHAH-rah*

ports **los deportes** *lohs dhay-POHR-tehs*

r. (señor) *seh-ny-OHR* Mr., sir

ra. (señora) *seh-ny-OH-rah* Mrs., madam

rta. (señorita) *seh-ny-oh-REE-tah* Miss

tewardess (plane) **la azafata** *lah ah-sah-FAH-tah*

ticker (label) **la etiqueta** *lah eh-tee-KEH-tah*

top! **¡deténgase!** *dhay-TEHN-gah-seh*

top her! **¡deténgala!** *dhay-TEHN-gah-lah*

top that man! **¡detenga a ese hombre!** *dhay-TEHN-gah ah EH-seh OHM-breh*

top that person! **¡detenga a esa persona!** *dhay-TEHN-gah ah EH-sah pehr-SOH-nah*

top that woman! **¡detenga a esa mujer!** *dhay-TEHN-gah ah EH-sah moo-HEHR*

top thief! **¡al ladrón!** *ahl lah-dh-ROHN*

store **la tienda** *lah tee-EHN-dha*
straight away **pronto** *PROHN-toh*
strawberry **la fresa** *lah FREH-sah*
street **la calle** *lah KAH-yeh*
subway (tube) **el metro** *ehl MEH-tro*
sugar **el azúcar** *ehl ah-SOO-kahr*
suitcase **la maleta** *lah mah-LEH-tah*
summer excursion **excursión de verano** *ehs-koor-see-OHN dhay behr-AH-no*
Sunday **el domingo** *ehl dho-MEEN-go*
sure **seguro** *seh-GOO-ro*
syphilis **la sífilis** *lah SEE-fee-lees*

T

table **una mesa** *OO-nah MEH-sah*
tablet (pill) **un comprimido** *oon kohm-pree-MEE-dho*
tailor **el sastre** *ehl SAHS-treh*
take a trip **hacer un viaje** *ah-SEHR oon bee-AH-heh*
tap (faucet) **el grifo** *ehl GREE-fo*
tea **el té** *ehl teh*
teaspoon **la cucharita** *lah koo-chah-REE-tah*
telegram **el telegrama** *ehl teh-leh-GRAH-mah*
telephone **el teléfono** *ehl teh-LEH-fo-no*
telephone booth **la cabina telefónica** *lah kah-BEE-nah teh-leh-FOH-nee-kah*
television **la televisión** *lah teh-leh-bee-see-OHN*
tell me **dígame** *DHEE-gah-meh*
ten **diez** *dhee-EHS*
ternera (f.) *tehr-NEH-rah* veal
thank you **gracias** *GRAH-syahs*
that's a good idea **es una buena idea** *ehs OO-nah BWEH-nah ee-dh-EH-ah*
that's all right **está bien** *ehs-TAH bee-YEHN*
that's funny **es cómico** *ehs KOH-mee-ko*
that's how it is! **¡es así!** *ehs ah-SEE*
that's right **eso es** *EH-so ehs*
theft **un robo** *oon ROH-bo*
there! **¡allá!** *ah-YAH*
there are . . . ; there is . . . **hay...** *AH-ee;* there aren't . . . ; there isn't . . .
no hay... *noh AH-ee*
thermometer **el termómetro** *ehl tehr-MOH-meh-tro*
they **ellos** *EH-yos;* **ellas** *EH-yahs*
thief **un ladrón** *oon lah-dh-ROHN*
thing **la cosa** *lah KOH-sah*
third **tercero** *tehr-SEH-ro*
thirteen **trece** *TREH-seh*
thirty **treinta** *TREH-een-tah*
this evening **esta noche** *EHS-tah NOH-cheh*
thousand **mil** *meel*

ree **tres** *trehs*

rough **a través** *ah trah-BEHS*

hursday **el jueves** *HWEH-behs*

cket **un billete** *oon bee-YEH-teh*

cket window **la ventanilla** *lah behn-tah-NEE-yah*

me (hour) **la hora** *lah OH-rah;* what time is it? **¿qué hora es?**
kay OH-rah es

metable **el horario** *ehl o-RAH-ree-o*

p *(gratuity)* **la propina** *lah pro-PEE-nah*

IRAR *tee-RAHR* PULL

a *ah*

ast (bread) **el pan tostado** *ehl pahn tos-TAH-dho;* **una tostada** *OO-nah
tos-TAH-dhah*

bacco **el tabaco** *ehl tah-BAH-ko*

day **hoy** *oy*

ilet paper (tissue) **el papel higiénico** *ehl pah-PEHL ee-hee-EHN-ee-ko*

ilets **los lavabos** *lohs lah-BAH-bos;* **los retretes** *lohs reh-TREH-tehs*

morrow **mañana** *mah-ny-AH-nah*

night **esta noche** *EHS-tah NOH-cheh*

o (also) **también** *tahm-bee-EHN*

o bad! **¡es lástima!** *ehs LAHS-tee-mah*

o much **demasiado** *dhay-mah-see-AH-dho*

OQUE EL TIMBRE *TOH-kay ehl TEEM-breh* RING THE BELL

ourism **el turismo** *ehl too-REES-mo*

ourist **el (la) turista** *ehl (lah) too-REES-tah*

ourist office **la oficina de turismo** *lah o-fee-SEE-nah dhay too-REES-mo*

owel **la toalla** *lah toh-AH-yah*

raffic **el tráfico** *ehl TRAH-fee-ko*

raffic light **el semáforo** *ehl seh-MAH-fo-ro*

rain **el tren** *el trehn*

ravel agency **una agencia de viajes** *OO-nah ah-HEHN-see-yah dhay bee-AH-
hehs*

raveler's check **el cheque de viajeros** *ehl CHEH-kay dhay bee-ah-HEH-ros*

ube (subway) **el metro** *ehl MEH-tro*

uesday **el martes** *ehl MAHR-tehs*

V set **el televisor** *ehl teh-leh-bee-SOHR*

welve **doce** *DHOH-seh*

wenty **veinte** *BEH-een-teh*

wice **dos veces** *dhos BEH-sehs*

wo **dos** *dhos*

wo hundred **doscientos** *dhos-see-EHN-tos*

ypewriter **una máquina de escribir** *OO-nah MAH-kee-nah dhay ehs-kree-
BEER*

U

Ud., Vd. (usted) *oos-TEH-dh* you (singular, polite form)
Uds., Vds. (ustedes) *oos-TEH-dh-ehs* you (plural, polite form)
umbrella **el paraguas** *ehl pah-RAH-gwahs*
under **debajo** *dheh-BAH-ho*
understood **entendido** *ehn-tehn-DHEE-dho;* **comprendido** *kohm-prehn-DHEE-dho*
United States **los Estados Unidos** *lohs ehs-TAH-dhos oo-NEE-dhos*
until **hasta** *AH-stah*
up **arriba** *ahr-REE-bah*
urgent **urgente** *oor-HEHN-teh*
U.S.A. EE.UU.
usted *oos-TEH-dh* you

V

vacant room **una habitación libre** *OO-nah ah-bee-tah-see-OHN LEE-breh*
valise **la maleta** *lah mah-LEH-tah*
valuables **objetos de valor** *ob-HEH-tohs dhay bah-LOHR*
vanilla **la vainilla** *lah bah-ee-NEE-yah*
veal **la ternera** *lah tehr-NEH-rah*
vegetables **legumbres** *leh-GOOM-brehs*
VELOCIDAD LIMITADA (f.) *beh-lo-see-dh-AH-dh lee-mee-TAH-dh-ah* SPEED LIMIT
VENTA (f.) *BEHN-tah* SALE
very **muy** *mwee;* very much **muchísimo** *moo-CHEE-see-mo*
VIA (f.) *BEE-ah* TRACK
vinegar **el vinagre** *ehl bee-NAH-greh*
vino (m.) *BEE-no* wine
vomit **vomitar** *bo-mee-TAHR*

W

wait! **¡espere!** *ehs-PEH-reh*
waiter **el mesero** *ehl meh-SEH-ro;* **el camarero** *ehl kah-mah-REH-ro*
waiting room **la sala de espera** *lah SAH-lah dhay ehs-PEH-rah*
waitress **la mesera** *lah meh-SEH-rah;* **la camarera** *lah kah-mah-REH-rah*
wake me up **despiérteme** *dh-ehs-pee-EHR-teh-me*
wallet **la cartera de bolsillo** *lah kahr-TEH-rah dhay bohl-SEE-yo*
warm **caliente** *kah-lee-EHN-teh*
watch out! **¡cuidado!** *kwee-dh-AH-dho*
water **el agua** *ehl AH-gwah*
watermelon **la sandía** *lah sahn-dh-EE-ah*
w.c. (Water Closet) toilet
we **nosotros** *no-SOH-tros;* **nosotras** *no-SOH-trahs*
Wednesday **el miércoles** *ehl mee-EHR-ko-lehs*
week **la semana** *lah seh-MAH-nah*

weekend **el fin de semana** *ehl feen dhay seh-MAH-nah*
weekly **a la semana** *ah lah seh-MAH-nah*
well **bien** *bee-EHN*
what? **¿cómo?** *KOH-mo*
what did you say? **¿qué dijo?** *kay DHEE-ho*
what does this mean? **¿qué quiere decir esto?** *kay kee-EH-reh dhay-SEER EH-sto*
what time? **¿qué hora?** *kay OH-rah*
what time is it? **¿qué hora es?** *kay OH-rah ehs*
whatever **cualquier** *kwahl-kee-EHR*
what's that **¿qué es eso?** *kay ehs EH-so*
what's this? **¿qué es esto?** *kay ehs EH-sto*
what's your name? **¿cuál es su nombre?** *kwahl ehs soo NOHM-breh*
when? **¿cuándo?** *KWAHN-dho*
where? **¿dónde?** *DHOHN-dh-eh*
where are . . . ? **¿dónde están... ?** *DHOHN-dh-eh ehs-TAHN*
where are the children? **¿dónde están los niños?** *DHOHN-dh-eh ehs-TAHN lohs NEE-ny-os*
where are the women? **¿dónde están las mujeres?** *DHOHN-dh-eh ehs-TAHN lahs moo-HEH-rehs*
where can I find . . . ? **¿dónde puedo encontrar... ?** *DHOHN-dh-eh PWEH-dho ehn-kohn-TRAHR*
where is . . . ? **¿dónde está... ?** *DHOHN-dh-eh ehs-TAH*
which way? **¿por dónde?** *pohr DHOHN-dh-eh*
whipped potatoes **puré de patatas (de papas)** *poo-REH dhay pah-TAH-tahs (dhay PAH-pahs)*
white **blanco** *BLAHN-ko*
who **quien** *kee-EHN;* who are you? **¿quién es usted?** *kee-EHN ehs oos-TEH-dh;* who is it? **¿quién es?** *kee-EHN ehs;* who is talking? **¿quién habla?** *kee-EHN AH-blah*
why? **¿por qué?** *pohr kay*
wide **ancho** *AHN-cho*
wife **la esposa** *lah ehs-POH-sah*
willingly **de buena gana** *dhay BWEH-nah GAH-nah*
window **la ventana** *lah behn-TAH-nah*
wine **el vino** *ehl BEE-no*
with **con** *kohn;* without **sin** *seen*
woman **la mujer** *lah moo-HEHR*
women's rest room **el lavabo para mujeres (damas)** *ehl lah-BAH-bo PAH-rah moo-HEH-rehs (dh-AH-mahs)*
word **la palabra** *lah pah-LAH-brah*
wrist watch **el reloj de pulsera** *ehl reh-LOH dhay pool-SEH-rah*
write to me **escríbame** *ehs-KREE-bah-meh*

Y

year **el año** *ehl AH-ny-o*
yellow **amarillo** *ah-mah-REE-yo*
yes **sí** *see*
yesterday **ayer** *ah-YEHR*
yet **todavía** *toh-dha-BEE-ah;* not yet **todavía no** *toh-dha-BEE-ah noh*
you **usted** *oos-TEH-dh* (polite, singular form); **tú** *too* (familiar, singular
  form used when you know the person very well)
you are right **usted tiene razón** *oos-TEH-dh TYEHN-eh rah-SOHN*
you are wrong **usted no tiene razón** *oos-TEH-dh noh TYEHN-eh rah-SOHN*
you don't say! **¡no me diga!** *noh meh DHEE-gah*
you said **usted dijo** *oos-TEH-dh DHEE-ho*
your **su** *soo;* **sus** *soos*
you're welcome **de nada** *dhay NAH-dha;* **por nada** *pohr NAH-dha;* **no
  hay de qué** *noh AH-ee dhay kay*
youth hostel **albergue juvenil** (m.) *ahl-BEHR-geh hoo-behn-EEL*

Z

zipper **un cierre relámpago** *oon SYEHR-reh reh-LAHM-pah-go*
ZONA AZUL *SOH-nah ah-SOOL* LIMITED PARKING